EUROPA LEHRMITTEL

EUROPA-FACHBUCHREIHE
für Farbtechnik un[illegible]altung

Wolfgang Pehle

Gestalten mit Farbe, Form und Schrift

VERLAG EUROPA-LEHRMITTEL · Nourney, Vollmer GmbH & Co. KG
Düsselberger Straße 23 · 42781 Haan-Gruiten

Europa-Nr.: 44228

Autor:

Wolfgang Pehle, Diplom-Gewerbelehrer i. R., Radebeul bei Dresden

Lektor:

Peter Peschel, Oberstudiendirektor, Göttingen

Bildmaterial:

Bilder des Autors,
Verlag Europa-Lehrmittel,
Abt. Bildbearbeitung, Leinfelden-Echterdingen

Die neuen Regeln für die deutsche Rechtschreibung sind in dieser Auflage berücksichtigt.

1. Auflage 2007

Druck 5 4 3 2 1

Alle Drucke derselben Auflage sind parallel einsetzbar, da sie bis auf die Behebung von Druckfehlern untereinander unverändert sind.

ISBN: 978-3-8085-4422-8

Umschlaggestaltung: idüll, 60329 Frankfurt/Main

Satz, Grafik und Bildbearbeitung: YellowHand GbR, 73257 Köngen, www.yellowhand.de

Druck: B.o.s.s Druck und Medien GmbH, 47574 Goch

Vorwort

Das vorliegende Buch »GESTALTEN MIT FARBE, FORM UND SCHRIFT« ergänzt die durch die »TECHNISCHE MATHEMATIK« begonnene Europa-Fachbuchreihe für Maler und Lackierer.

Es wendet sich insbesondere an **Maler und Lackierer, Fahrzeuglackierer und Baubeschichter**. Aber auch angehenden Schauwerbegestaltern und Raumausstattern, Fotografen, Mediengestaltern, Innenarchitekten und Architekten werden Sachverhalte aufgezeigt und handwerkliches Rüstzeug sowie Anregungen für ihren gewählten Beruf gegeben. Das Buch eignet sich darüber hinaus für Schülerinnen und Schüler der Berufsfachschule Farbtechnik und der Fachoberschule Gestaltung. Seine Inhalte können auch der Vorbereitung der Meisterausbildung dienen, um fachliche Kenntnisse wieder aufzufrischen.

Das Buch ist in **fünf Hauptkapitel** gegliedert, deren Inhalte es ermöglichen, die seit 2003 gültigen Lehrpläne zur **Erstausbildung nach Lernfeldern** zu bearbeiten. Dabei wurde Wert darauf gelegt, dass sich die Auszubildenden auch selbstständig Kenntnisse und Fertigkeiten durch Üben aneignen. Vorgeschlagene Arbeitsanleitungen ermöglichen ein rationelles Erarbeiten der Themen.

Zum Aneignen der komplexen Fachkenntnisse im Maler- und Lackiererbereich ist die Nutzung von Büchern und anderen Informationsquellen technologischen Inhalts sowie Technischer Mathematik notwendig. Auf eine Vermischung der drei Teilgebiete Gestaltung, Technologie und Technische Mathematik wurde in diesem Buch verzichtet, weil damit viele Zusammenhänge zerrissen würden. Aus dem gleichen Grunde wurde eine Aufteilung der Informationen nach den Lernfeldern verzichtet. Eine übersichtliche Gliederung und ein aufwändiges Sachwortverzeichnis wird es jedoch ermöglichen, sich lernfeldorientiert die notwendigen Kenntnisse zu erarbeiten.

Im Hauptkapitel **Fachzeichnen** werden die Grundlagen für das Verstehen technischer Zeichnungen behandelt. Das Hauptkapitel **Schriftlehre** beschreibt die Entwicklungsstufen der Schrift in Europa und zeigt, wie sie am Objekt, z. B. am Bau oder am Fahrzeug, eingesetzt werden kann. Handwerklich-technische und gestalterische Hinweise sind dazu eingefügt. Im Hauptkapitel **Ornamentlehre** werden für selbst herzustellende Formen Grundordnungen, Gestaltungstechniken und Kompositionen aufgezeigt. Das Hauptkapitel **Farbenlehre** erläutert das Wesen der Farbe und die Farbwahrnehmung in seiner Komplexität. Dabei wird die Harmonie der Farben in den Vordergrund gestellt und versucht, sie auf Objekte im Handwerk der Maler und Lackierer sowie der Fahrzeuglackierer oder allgemein zur fachgerechten Gestaltung zu übertragen. Im Hauptkapitel **Farbanwendung** werden prinzipielle Regeln für die Farbgebung und die Gestaltungsmöglichkeiten von Innenräumen, Fassaden, Werbemitteln und Dekoren an Bauten und Fahrzeugen aufgezeigt. Die Kenntnisse dazu bereiten die Entwicklung eines eigenen Farbgefühls vor.

Die **Lösungen der gestellten Aufgaben** können manuell in üblichen **Maltechniken** erfolgen. Jedoch wurden in den Ausführungen Möglichkeiten gezeigt, um sie mit geeigneten **Zeichenprogrammen am PC** anzufertigen. Deshalb sind in der **beiliegenden CD** eine **Testversion von Corel Draw** und die meisten im Kapitel Schriftlehre verwendeten **Schriftarten** beigefügt. Von der CD können auch geeignete Zeichnungen kopiert werden, um sie weiter zu bearbeiten. Das Auffinden ist unter den Seiten- und Bildnummerierungen möglich (Beispiel: 2/96 Treppenhauspodest).

Die erworbenen Fähigkeiten und Fertigkeiten können durch die am Ende der Hauptkapitel eingefügten **komplexen Projektaufgaben** überprüft werden. Die Objekte in den Aufgaben sind als Muster zu verstehen. Sie können durch weitere passende Beispiele ergänzt werden.

Für Unterrichtszwecke sind Informationen zur Herstellung und Beschaffung von Hilfs- und Anschauungsmitteln vorhanden.

Das **Bildmaterial des Buches** ist auf der CD außerdem komplex- bzw. seitenweise zusammengefasst, damit es von den Lehrkräften als Anschauungsmittel mithilfe eines Beamers über den PC zur Demonstration im Unterricht genutzt werden kann.

Gedankt sei an dieser Stelle meinem langjährigen und hochgeschätzten Kollegen und Freund **Gerhard Zeugner**. Er hat als Fachbuchautor und Berufsschullehrer in Leipzig vorhandene Parallelen bei der Interpretation wichtiger Begriffe im Zusammenhang mit Farben untersucht und neue sachgerechte Formulierungen angeboten. Sie sind in die Ausführungen dieses Buches so weit wie möglich eingearbeitet, um Grundlagenwissen zeitgemäß zu vermitteln.

Weiterer Dank gilt meinem ehemaligen Kollegen **Gunnar Liese**, Diplom-Ingenieurpädagoge der TU Dresden, der wichtige Informationen zur Baustilkunde eingebracht hat.

Autor, Lektor und Verlag sind allen Benutzern für Hinweise und Anregungen zur Verbesserung Buches dankbar.

Radebeul im Frühjahr 2007

Inhaltsverzeichnis

Ornamentlehre 167

Farbenlehre 211

Inhalt

Fachzeichnen

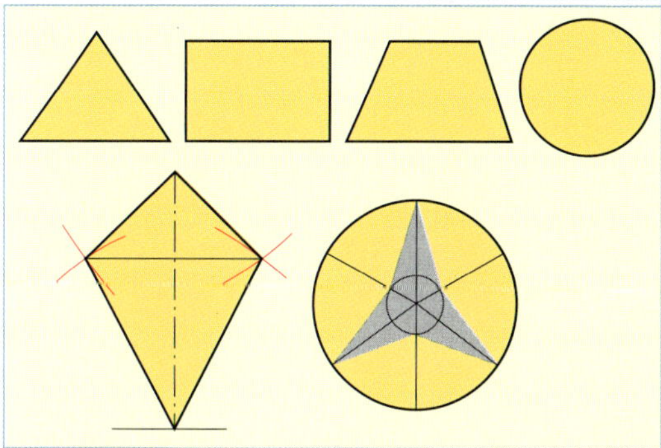

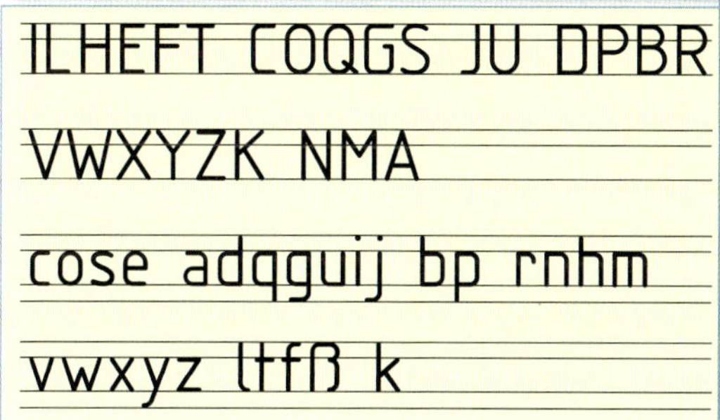

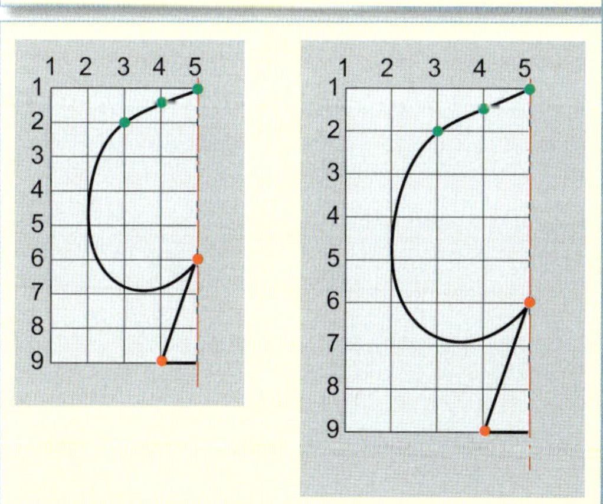

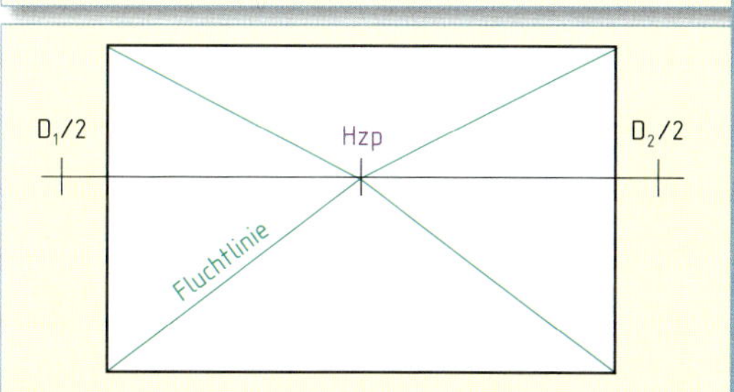

1 Einführung

Der Beruf des Malers und Lackierers fügt sich nahtlos in den Gesamtbereich des Bauwesens ein. In diesem vielfältigen Beruf ist es üblich, zum Erstellen oder Erhalten (Reparieren, Rekonstruieren) von Bauten zeichnerische Entwürfe anzufertigen.

Aus diesem Grund werden zu Beginn des Kapitels Grundregeln des Zeichnens erläutert. Die sich anschließenden Informationen befähigen dazu, Zeichnungen in vielfältiger Form fachgerecht herzustellen.

Zur sicheren und eindeutigen Verständigung der Vertreter der einzelnen Berufsgruppen untereinander müssen Zeichnungen normgerecht ausgeführt werden. Allerdings sind im gestalterischen Bereich auch künstlerische Freiheiten erlaubt. So kommen für bestimmte Entwürfe im Maler- und Lackiererhandwerk auch Freihandskizzen vor. Alle Zeichnungen können zusätzlich farbig gestaltet bzw. koloriert werden.

Vorteile von normgerechten Darstellungen

- Der **Auftraggeber** wird mithilfe von Zeichnungen eindeutig über das geplante Bauwerk informiert. Er kann daraufhin entscheiden, ob der Vorschlag seinen Plänen entspricht, Änderungswünsche unterbreiten und schließlich den Auftrag erteilen. Für Architekten sind farbige Zeichnungen, die das geplante Bauwerk aus unterschiedlichen Perspektiven zeigen, wegen ihrer besonderen Werbewirksamkeit selbstverständlich.
- Die Zeichnungen dienen auch **zur Verständigung der einzelnen Berufsgruppen** untereinander. Dazu muss jeder am Projekt beteiligte Mitarbeiter sie „lesen“, d.h. verstehen können. Auch die Fähigkeit, eine normgerechte Zeichnung selbst anfertigen und nach den Wünschen des Auftraggebers ändern zu können, ist für die gegenseitige Abstimmung wichtig.
- Bei Neu- oder Umbauten dienen Zeichnungen zum Erstellen von **Aufmaßen.** Damit können die benötigten Materialmengen und Zeitvorgaben für den Arbeitsprozess rationell ermittelt werden. Auf der Grundlage des Aufmaßes wird dann die **Rechnung** geschrieben.

Fachzeichnungen im Maler- und Lackiererhandwerk und bei Fahrzeuglackierern

Fachzeichnungen im Maler- und Lackiererhandwerk basieren in der Regel auf geometrischen Grundformen. Aus ihnen können Innenräume und Fassaden erstellt werden. Auch Fahrzeuge bauen grundsätzlich auf diesen Formelementen auf. Bei präziser Untersuchung ist festzustellen, dass auch Hinweiszeichen, Firmenzeichen und sogar die Schrift aus geometrischen Formen abgeleitet sind.

Geometrische Grundformen

Bei geometrischen Formen handelt es sich um zweidimensionale Formen wie Dreiecke, Vierecke, Kreise, Ellipsen usw. Sie sind die Basis zum Zeichnen komplizierterer Gebilde, die in **Bild 1** als Beispiel zu sehen sind.

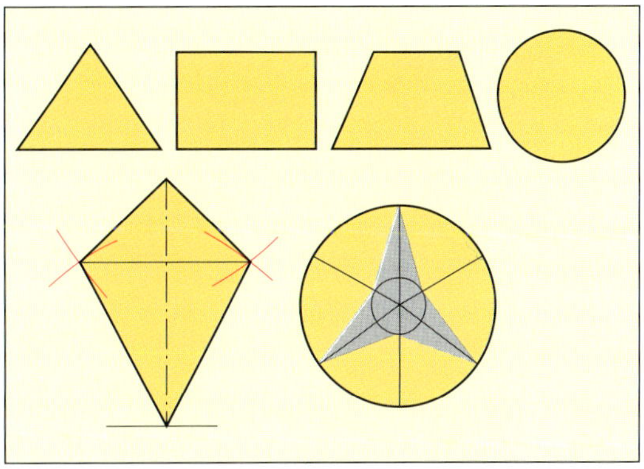

Bild 1: Beispiele für geometrische Formen

Darstellungen von Innenraumen und Fassaden

Im Maler- und Lackiererhandwerk werden zwei-, in besonderen Fällen auch dreidimensionale Darstellungen von Räumen oder Gebäuden benötigt. Zweidimensional sind z.B. Grundrisse von Gebäuden und Ansichten. Dreidimensional sind z.B. perspektivische Darstellungen.

Neben dem selbstständigen Anfertigen der Fachzeichnungen muss der Maler und Lackierer auch in der Lage sein, bereits bestehende Zeichnungen von Innenräumen oder Fassaden **(Bild 1, S. 14)** je nach Bedarf zu verkleinern oder zu vergrößern, um Details besser zeigen zu können.

Bild 1: **Beispiele für Zeichnungen von Innenräumen und Fassaden**

Fahrzeuge

Auch für den Fahrzeuglackierer ist die Fähigkeit zum Anfertigen von Zeichnungen wichtig. Sie dient zur Planung der farblichen Gestaltung der Fahrzeuge, der Beschriftung der Fahrzeugaußenflächen zu Werbezwecken **(Bild 2)** oder zum Anbringen eines speziellen Dekors. Die Fachzeichnungen entstehen dazu meist durch das Vergrößern oder Verkleinern entsprechender Vorlagen aus Firmenprospekten.

Bild 2: Beispiel für eine Fahrzeuggestaltung

Hinweis- und Firmenzeichen

Hinweis- und Firmenzeichen werden zwar in der Regel nicht vom Maler und Lackierer entworfen, sie müssen aber für die vorgesehene Anwendungsfläche vergrößert oder verkleinert und nach der fachgerechten Übertragung farblich gestaltet werden **(Bild 3)**. Somit sind dafür Kenntnisse zum rationellen Konstruieren notwendig.

Bild 3: Beispiel für die Vergrößerung eines Piktogramms

Für diese für das Maler- und Lackiererhandwerk wichtigen Fachzeichnungen werden neben den normalen Werkzeugen und Hilfsmitteln zum „handwerklichen" Zeichnen technische Geräte benötigt. Computergestützte Zeichenprogramme, wie z. B. Corel Draw oder AutoSketch, spielen in der heutigen Zeit dabei eine überragende Rolle.

Corel Draw **(Bild 4)** ist zum Zeichnen und zur Farbgebung vielfältiger. Bei AutoSketch ist das Zeichnen relativ einfach, zur Farbgebung stehen aber nur voreingestellte Farben zur Verfügung. Aus dem Grunde werden in diesem Buch neben den Informationen zum normalen Zeichnen Hinweise zum Arbeiten mit Corel Draw gegeben. Dazu ist mindestens die Variante Corel Draw 8 nötig, worauf sich auch die Zeichnungshinweise dieses Buches beziehen. Die weiteren Varianten bis Corel 12 basieren prinzipiell auf den gleichen Begriffen in der Bildschirmoberfläche und können also ebenso genutzt werden.

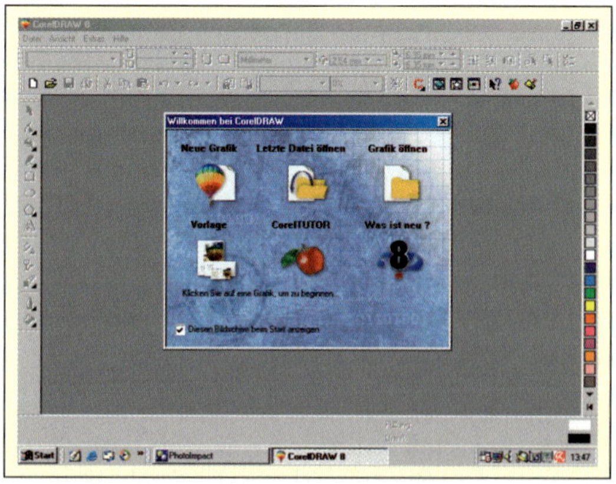

Bild 4: Bildschirmoberfläche Corel Draw

2 Hilfsmittel zum Fachzeichnen

Zum Zeichnen werden unterschiedliche Materialien und Werkzeuge benötigt. Das sind beispielsweise Papiersorten unterschiedlicher Qualität, Zeichenstifte und Zeichengeräte. Benutzt man einen Computer, ist ein leistungsfähiges Zeichenprogramm unerlässlich.

2.1 Zeichenpapiere

Die im Maler- und Lackiererhandwerk gebräuchlichen Papiersorten sind Zeichenkarton, Zeichenpapier und Transparentpapier. Diese unterscheiden sich in ihrer Größe (Format), in ihrer Oberflächenbeschaffenheit, in der daraus resultierenden Saugfähigkeit sowie in ihrem Gewicht erheblich voneinander.

Papierformate

Die Papierformate sind genormt. Den Zusammenhang zwischen den DIN A-Formaten und den entsprechenden Größen zeigt **Tabelle 1**. Das jeweils größere Format ergibt sich normalerweise aus dem vorhergehenden Format durch Verdoppeln der kleineren Seite.

Tabelle 1: Genormte Papierformate

Format	Größe in mm	Prinzip
DIN A0	841 × 1 189	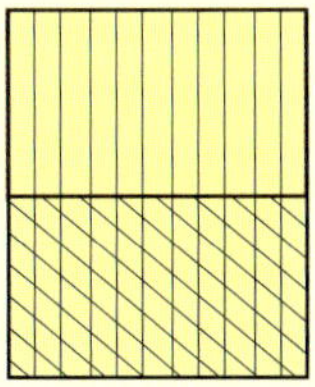
DIN A1	594 × 841	
DIN A2	420 × 594	
DIN A3	297 × 420	
DIN A4	210 × 297	

Die in Tabelle 1 genannten rechteckigen Papierformate können liegend oder stehend benutzt werden. Stehende Rechtecke weisen eine senkrechte Ausdehnungstendenz, liegende eine waagerechte Ausdehnungstendenz auf. Man spricht von Hoch- und Querformat. Die Anordnung des Papierformats entspricht in der Regel der Lage der Zeichnungsmotive, d. h. schmale hohe Motive werden im Hochformat angeordnet **(vgl. Bild 1, S. 63)**, waagerecht betonte Motive im Querformat **(vgl. Bild 3, S. 23)**.

Oberflächenstruktur des Papiers

Betrachtet und befühlt man die Oberflächen verschiedener Papiersorten, stellt man fest, dass die Oberflächenstruktur glatter oder rauer, fester oder weicher sein kann. Auf glattem, festerem Papier kann man mit dem Bleistift besser zeichnen und radieren als auf rauem. Es entstehen „durchgehende" Striche.

Saugfähigkeit des Papiers

Auch die Saugfähigkeit ist ein wichtiges Kriterium für die Wahl des Papiers. Sie wird durch den Leimanteil im Papier beeinflusst. Stärker geleimtes Papier saugt beim Malen mit wasserverdünnbaren Farben nicht so viel Wasser auf. Deshalb wird es für Arbeiten mit Dispersions-, Tempera- und Aquarellfarben bevorzugt benutzt.

Gewicht des Papiers

Eine weitere Qualitätsbeurteilung ergibt sich aus dem Gewicht des Papiers in Gramm pro Quadratmeter (g/m^2). Dickere, schwerere Papiere nennt man Zeichenkarton (ab 150 g/m^2). Dieser ist für die Anforderungen an Fachzeichnungen im Maler- und Lackiererhandwerk gut geeignet. Papiere mit 80 g/m^2, wie sie zu Kopierzwecken eingesetzt werden, sind wegen geringer Radierfestigkeit nicht zu empfehlen. Darüber hinaus verzieht sich zu leichtes Papier, wenn die Zeichnung mit wasserlöslichen Farben koloriert wird.

TIPP Für den normalen Gebrauch sind Papiere je nach ihrer Leimung mit einem Gewicht von ca. 120 g/m^2 bis 150 g/m^2 zu empfehlen.

Papier für besondere Anwendungen

Will man mit Aquarellfarbe arbeiten, sollte der entsprechend bezeichnete Aquarellkarton benutzt werden. Für ihn sind andere Formate gültig als in Tabelle 1 festgelegt wurde.

Eine weitere für das Maler- und Lackiererhandwerk wichtige Papiersorte ist das Transparentpapier. Es ist durchscheinend, relativ hart, reißt leicht und dient zum Anfertigen von Durchdrück- und Stechpausen bzw. zum Kopieren von Zeichnungen. Man verwechselt es gern mit „Butterbrotpapier".

Beim Zeichnen mit dem Bleistift fällt die raue Oberfläche des Transparentpapiers unangenehm auf. Deshalb sollte in diesem Fall nur ein harter Bleistift benutzt werden.

2.2 Zeichenwerkzeuge

Wesentliche Zeichenwerkzeuge für Fachzeichnungen im Maler- und Lackiererhandwerk sind Zeichenstifte, Radierer, Zeichenunterlagen, Lineale, Maßstäbe, Zeichendreiecke und Zeichenschablonen.

Im Normalfall werden für Fachzeichnungen **Bleistifte** benutzt. Diese haben den Vorteil, dass mangelhaft gezeichnete Linien wieder entfernt werden können. Dazu dienen **Radiergummis** verschiedener „Härte" und Form. So sollten z. B. weiche Radierer für Linien von weichen Stiften benutzt werden.

Faserstifte und **Tuschezeichengeräte** werden bei Malern und Lackierern seltener verwendet. Die Linien der Faserstifte können sich beim Kolorieren mit wasserverdünnbaren Farben auflösen und unschöne Konturen hinterlassen. Tuschelinien sind zwar wasserbeständig, durch die intensiv schwarze Farbe entstehen aber auf der Zeichnung harte Konturen oder Einrahmungen, die die Kanten von Wandflächen nicht praxisgerecht wiedergeben. Die Linien von Faserstiften sind nicht mehr entfernbar, weil sich die Farbflüssigkeit in das Papier eingesaugt hat. Tuschelinien lassen sich mittels einer **Rasierklinge,** speziellen **Radiermessern,** die mit Schablonenmessern vergleichbar sind, oder mit **Radierpinseln** aus Glasfasern ein wenig korrigieren.

Zeichenkohle und **Malkreiden** dienen zum künstlerischen Zeichnen. Da diese Materialien kein Bindemittel enthalten, müssen Zeichnungen dieser Art gefestigt (fixiert) werden. Dazu besprüht man sie vorsichtig in mehreren Lagen mit entsprechenden schnelltrocknenden **Fixiermitteln**.

2.2.1 Bleistifte

Das Herzstück des Bleistiftes ist die Mine. Diese besteht seit langem nicht mehr aus Blei, sondern aus einer Mischung aus Grafit und Ton. Die spezielle Zusammensetzung dieser Mischung sowie deren Brennzeit bestimmen die Härte der Mine.

Zur praktischen Handhabung sind Minen von verschiedenen Fassungen aus Holz oder Metall umhüllt. Von „normalen" **Bleistiften** spricht man, wenn die Mine in Holz gefasst ist. Stifte, in denen die Mine durch eine Metallfassung stabilisiert wird, heißen **Druck-** oder **Fallminenstifte.** Druckstifte mit Minen unter 1 mm bis 0,3 mm Durchmesser bezeichnet man als **Feinminenstifte (Fine-Liner).** Eine Auswahl der Stifte zeigt **Bild 1.**

Bild 1: Bleistiftarten

Tabelle 1 gibt einen Überblick über die unterschiedlichen Bleistiftarten und ihre Besonderheiten.

Tabelle 1: Bleistiftarten

Bezeichnung	Fassung	Besonderheiten
„Normaler" Bleistift	Holz	Die Linienbreite nimmt beim Zeichnen zu, wenn der Stift nicht regelmäßig angespitzt wird.
Druck- oder Fallminenstift	Metall	Die Zeichenmine rutscht durch Knopfdruck nach und lässt sich leicht durch den integrierten Spitzer anspitzen.
Feinminenstift (Fine-Liner)	Metall	Die Mine rutscht durch Knopfdruck nach. Anspitzen ist nicht nötig, denn durch die geringe Minenstärke (0,3 mm, 0,5 mm, 0,7 mm, 0,9 mm) kann bei gleichmäßigem Druck immer eine gleich bleibende Strichstärke erreicht werden. Leider schreiben sich die dünnen Minen schnell ab und brechen leicht.

Minenstärken

In Holz gefasste Bleistifte und Fallminenstifte haben normalerweise eine Minendicke von 2 mm. Diese Dicke ist besonders bei weichen Minen notwendig, damit die Spitze beim Zeichnen nicht so leicht bricht. Besonders weiche Fallminenstifte werden deshalb sogar mit einer Minendicke über 3 mm angeboten.

Sie sind jedoch nicht für Fachzeichnungen, sondern in erster Linie für künstlerische Zwecke geeignet.

Bei Feinminenstiften stabilisiert die Fassung die Mine. Deshalb sind Minendicken von 0,3 mm bis 1,0 mm in jeder Härte möglich.

Härtegrade

Harte Minen tragen die Kennzeichnung **H** (engl. hard = hart).

Weiche Minen werden durch ein **B** gekennzeichnet. Black ist das englische Wort für schwarz. Die Bezeichnung wurde gewählt, weil weiche Bleistifte viel Farbe an das Papier abgeben. Die Linie erscheint somit intensiv schwarz.

Minen mittlerer Härte tragen die Bezeichnung **HB** oder **F** (engl. firm = fest).

Durch Zahlen werden weitere Unterteilungen der Härtegrade vorgenommen. Alternativ dazu werden Sonderkennzeichnungen verwendet. **Tabelle 1** zeigt eine Übersicht über die angebotenen Härtegrade von Bleistiftminen.

Tabelle 1: Härtegrade von Bleistiftminen

Kennzeichnung	Eigenschaft
6H bis 2H	sehr hart bis geringere Härte
H, HB oder F	mittlere Härte
B, 2B bis 6B	relativ weich bis sehr weich
Nr. 1	entspricht der Härte 2B
Nr. 2	entspricht der Härte B
Nr. 2½	entspricht der Härte HB
Nr. 3	entspricht der Härte H

TIPP Für den normalen Zeichenbereich sind Fine-Liner der Härte 2H und HB zu empfehlen. 2H eignet sich besonders für Hilfslinien und zum Zeichnen auf Transparentpapier, HB für Volllinien und Beschriften auf Zeichenkarton. B-Minen dienen meist für Freihandzeichnungen.

2.2.2 Faserstifte

Faserstifte gibt es in unterschiedlichen Größen und Stiftformen. Dünne Stifte dienen zum farbigen Linieren, breitere können zusätzlich zum farbigen Auslegen von Flächen dienen. Man kann sie auch zum Konturieren von ungenau ausgemalten Farbflächen benutzen.

Besser geeignet sind sie jedoch zum Auslegen kleiner Schrifttexte. Allerdings muss der Untergrund weiß sein, da die Farbflüssigkeit nicht deckt und sich mit andersfarbigen Untergründen vermischt.

Mit einer breiten flachen Spitzenform werden Farbsortimente angeboten, die beim schnellen Farbskizzieren recht beliebt sind. Jedoch erzielt man mit Malfarben gleichmäßigere Gesamtergebnisse.

Faserstifte mit Metalleffekten können zur Imitation von Gold- und Silberbronze eingesetzt werden.

2.2.3 Tuschezeichengeräte

Da Maler und Lackierer gezeichnete Flächen mit Malfarben auslegen, stören die harten Konturen der Zeichentusche. Sie werden deshalb für den Normalgebrauch nicht benötigt und deshalb hier auch nicht näher vorgestellt.

Eine Ausnahme stellt jedoch die Ziehfeder des Zirkelkastens dar. Man kann sie mithilfe eines Malpinsels mit Malfarbe füllen und ungenau abgegrenzte Farbkanten exakt konturieren. Zum sauberen Arbeiten wird dabei ein Lineal benötigt.

2.2.4 Zeichenunterlagen

Als Zeichenunterlage sind Zeichenbretter zu empfehlen (für den Unterricht am besten für das Format DIN A3 mit den Abmessungen 500 mm × 350 mm). Früher wurden sie aus Pappel- oder Lindenholz hergestellt, heute bestehen sie aus Kunststoff oder Metall. Damit die Reißschiene zum Zeichnen sicher geführt werden kann, müssen die Zeichenunterlagen exakt rechtwinklig und die Kanten gerade sein. Platten aus Kunststoff sind mit einem arretierbaren Lineal ausgestattet, das in einer umlaufenden Nut geführt wird.

Die Zeichenblätter werden durch Einklemmen in der Schiene des Bretts befestigt. Fehlt diese Halterung, benutzt man ablösbares Klebeband.

2.2.5 Zeichengeräte

Lineale werden zum Abmessen und zum Zeichnen gerader Linien eingesetzt. Die Länge einer Strecke kann mit einem handelsüblichen Lineal bis auf einen Millimeter genau abgelesen werden. Lineale sollten eine Hohlkante besitzen. Sie verhindert, dass sich beim Tuschezeichnen die Tuscheflüssigkeit unter das Lineal saugt.

Lineale von 30 cm Länge sind für normale Zeichenvorgänge im Maler- und Lackiererhandwerk gut geeignet. Heutzutage sind Kunststofflineale üblich. Liegt die Maßeintragung des Lineals bei durchsichtigen Sorten direkt auf dem Papier auf, ist ein genaues Messen sogar von ½ Millimeter möglich (per Augenmaß).

Wenn Linien mit einem Pinsel und Farbe gezogen werden sollen, sind Holzlineale mit Metalleinlage zu empfehlen. Sie biegen sich beim Zeichnen von Linien nicht durch, wenn man an ihren Enden Abstandhalter, z. B. Holzklötzchen oder zur Not gleich hohe Bücher, unterlegt. Besser ist für diesen Zweck natürlich ein Malbänkchen oder ein Malstock geeignet. **(s. Schriftlehre, 8.1)**. Darüber hinaus dienen Lineale mit Metalleinlage als ideales Hilfsmittel zum Schneiden mit dem Schablonenmesser, weil das Metall das Einschneiden in die Holzkante verhindert.

Zeichendreiecke werden in zwei unterschiedlichen Arten angeboten:

Dreiecke mit Winkeln von 90°/45°/45°,

Dreiecke mit Winkeln von 90°/60°/30°.

Zur jeweiligen Anwendung kann man Dreiecke mit oder ohne Messskala und in entsprechender Größe auswählen.

Winkelmesser dienen zum Antragen von Winkeln. Dabei ist besonders auf ein genaues Ansetzen des Anfangspunktes zu achten.

Zeichenschablonen gibt es in folgenden Arten:

Kreisschablonen werden alternativ zum Zirkel eingesetzt **(Bild 1)**. Ihr Vorteil besteht darin, dass der Einstichpunkt in der Mitte des Kreises vermieden wird. Außerdem kann man bei der Anwendung der Schablone die Strichstärke des Bleistiftes frei wählen.

Das ist nützlich beim Zeichnen von Schriften, insbesondere von Groteskschriften **(s. Schriftlehre, 4.1)**, da man vor dem Ziehen der Linien den Verlauf des geplanten Bogens erkennen kann.

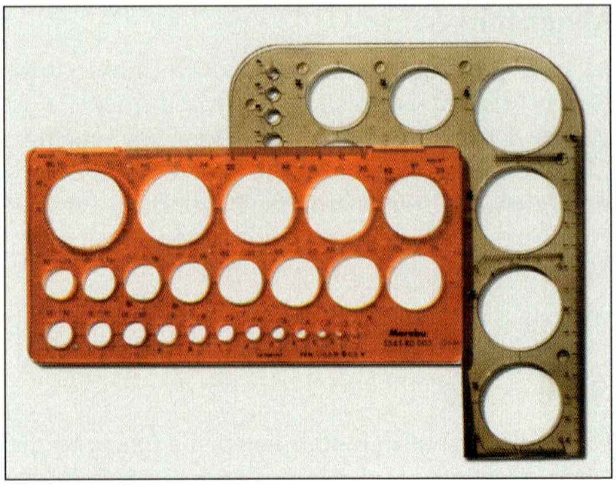

Bild 1: Kreisschablonen

Tipp Beim Kauf von Kreisschablonen sollte auf unterschiedlich abgerundete „Ecken" geachtet werden. Sie ermöglichen es zusätzlich, statt mit den Kreisen Vierecke an den Ecken „abzurunden".

Kurvenschablonen (Bild 2) bzw. **Kurvenlineale** dienen zum Zeichnen von Bogenformen. Im Burmestersatz sind Kurvenschablonen in drei unterschiedlichen Größen enthalten.

Bild 2: Kurvenschablone

Schriftschablonen (Bild 3) werden für verschiedene Schriftarten und Schriftgrößen angeboten und sind vor allem bei Bauzeichnern zum Beschriften von Zeichnungen mit dem Tuschezeichengerät in Gebrauch.

Bild 3: Schriftschablone

2.3 Schneidwerkzeuge

Wichtige Schneidgeräte im Maler- und Lackiererhandwerk sind Messer, Scheren und Kreisschneider. Als zusätzliches Hilfsmittel ist eine geeignete Schneidunterlage nötig.

2.3.1 Schneidgeräte

Schneidgeräte werden zum Anfertigen von Schablonen genutzt. Viele Gestalter „malen" ihre Flächen nicht aus, sondern sie kleben ausgeschnittene Formen zusammen. Der Vorteil des Klebens oder „Applizierens" besteht darin, dass nicht gelungene Farbarbeiten schneller ausgetauscht werden können.

Zum Schneiden gerader Kanten sind Scheren weniger gut geeignet als Messer. Man verwendet am besten Messer, deren Klingen ausgewechselt werden können. Will man dies hinauszögern, kann man sie an feinen Schleifsteinen oder Schleifpapieren durch Nassschleifen nachschärfen.

Folgende Messerarten werden unterschieden:

Schablonenmesser: Ihre Klingen sind entweder feststehend **(Bild 1)** oder um ihre Achse drehbar. Das Schneiden von Bögen wird dadurch erleichtert.

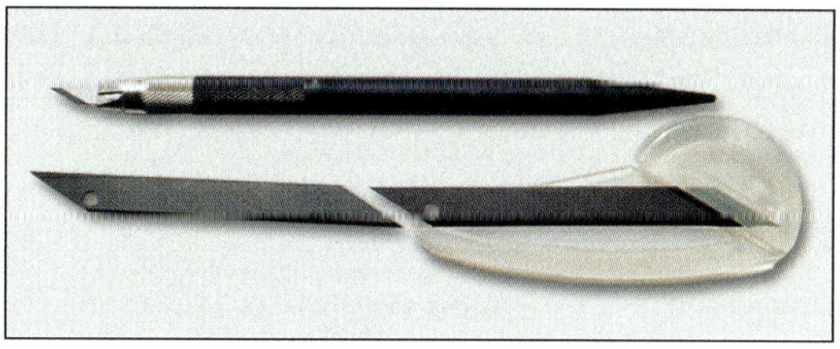

Bild 1: Schablonenmesser mit Zubehör

TIPP Ein gerader Schnitt wird erzielt, indem man das Schablonenmesser an einem Metall- oder Holzlineal mit Metallkante entlangzieht. Reine Holz- oder Kunststofflineale würden durch das Messer beschädigt. Die Lineale müssen beim Schneidvorgang fest auf das zu schneidende Material gepresst werden, damit es nicht verrutscht. Das Schneiden von Bögen gelingt besonders präzise, wenn nicht das Schablonenmesser, sondern das Zeichenblatt gedreht wird.

Cuttermesser (Bild 2) (sprich: Kattermesser; von to cut: engl. = schneiden) werden für einfache Schneidaufgaben benutzt, z. B. zum Trennen von Tapeten, Schablonen- und Schriftfolien. Konturen von Texten auf Schriftfolien sollte man damit nicht schneiden, denn die Trägermaterialien werden zu leicht zerschnitten. Schneidet man Folien für Texte oder Zierlinien mit dieser Messerart direkt auf Lackflächen aus, wird sie ebenfalls sehr leicht verletzt.

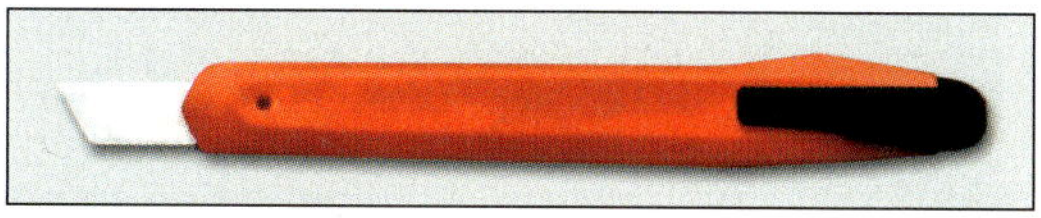

Bild 2: Cuttermesser

Kreisschneider (Bild 3) werden wie ein Zirkel zum Schneiden von Kreisen benutzt. Auf den Skalen des Schneidgeräts können sowohl der Radius des geplanten Kreises als auch sein Durchmesser abgelesen werden.

In **Bild 3** ist z. B. der Radius bei R = 5 cm eingestellt. Auf der darunter angebrachten Skala ist ein Durchmesser (Ø) des zu zeichnenden Kreises von 10 cm angezeigt.

HINWEIS Im **Bild 3** ist die Bezeichnung R für den Radius nicht normgerecht, denn in der Regel werden Linien, also auch Radien, mit Kleinbuchstaben benannt.

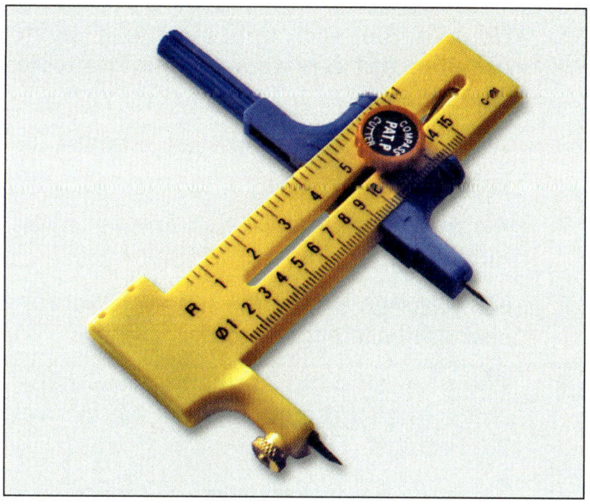

Bild 3: Kreisschneider

Schneidemaschinen werden zum Schneiden von Papieren und Folien genutzt. Sie bestehen aus verwindungssteifen Ganzmetallkonstruktionen und können bis zu 30 Blatt Papier auf einmal schneiden. Tischgeräte (TG) sind je nach Schnittlänge unterschiedlich groß. Bei einer Schnittlänge von ca. 43 cm TG sind Papiergrößen von 36 cm × 48 cm, bei ca. 60 cm TG sind 61 cm × 36 cm möglich. Bei der Arbeit ist auf den Schneide- und Messerschutz zu achten.

2.3.2 Schneidunterlagen

Als Schneidunterlagen dienen besonders schnittfeste Kunststoffplatten **(Bild 1)**. Glasflächen sind nur bedingt geeignet, denn sie werden durch den Schneidevorgang zerkratzt und nutzen das Messer schneller ab.

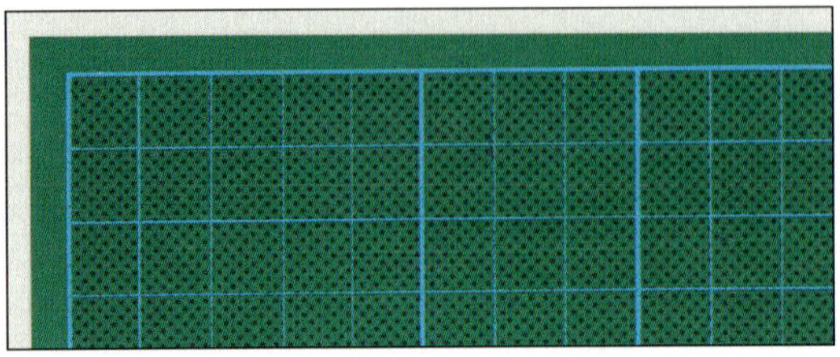

Bild 1: Ausschnitt einer Schneidunterlage

2.4 Aufgaben

1. Welche Maße besitzen Zeichenblätter der Größe DIN A4 im Vergleich zum nächstgrößeren Format?
2. Welche Zeichenpapiere spielen für Bauzeichnungen eine wichtige Rolle?
3. Welche Papierformatgrößen werden im Unterricht benötigt?
4. Wie wird der Härtegrad von Bleistiften angegeben?
5. Nennen Sie Vor- und Nachteile beim Arbeiten mit Bleistiften, Fallstiften und Fine-Linern!
6. Welchem Zweck dient die Stahlkante des Holzlineals?
7. Warum sollte man Zeichnungen nicht mit einem Faserstift anfertigen?
8. Mit welchen Winkelmaßen werden Zeichendreiecke angeboten?
9. Wie groß sind die übrigen Winkelmaße eines Zeichendreiecks, wenn ein Winkel 30° beträgt?
10. Zeichnen Sie folgende zehn Flächen!

a) ein Quadrat von 5 cm Seitenlänge

b) Rechtecke mit einer Grundseite von 5 cm und Höhen, die Sie aus dem 1,118fachen, dem 1,207fachen, dem 1,376fachen, dem 1,414fachen, dem 1,5fachen, dem 1,618fachen, dem 1,732fachen und dem 2fachen der Grundseite berechnen!

Welche der Flächen erscheint Ihnen ideal?

3 Vorschriften zum Anfertigen von Bauzeichnungen

Für das Anfertigen von Bauzeichnungen gelten Vorschriften, z. B. DIN- und Europa-Normen (EN), Arbeitsanleitungen, Verordnungen von Bauämtern. Dadurch wird die Verständigung mit dem Auftraggeber und mit den anderen am Bau arbeitenden Personen vereinfacht. Lediglich für Zeichnungen im künstlerischen Bereich besteht persönliche Handlungsfreiheit. Man sollte jedoch bei freier Gestaltung immer bedenken, dass nur Übersichtlichkeit und Qualität der Darstellung den Auftraggeber überzeugen.

In den folgenden Abschnitten wird gezeigt, welche Festlegungen beim Zeichnen von Linien gelten, wie Bauzeichnungen bemaßt werden, welche Maßstäbe dafür infrage kommen und in welcher Form die Zeichnung zu beschriften ist.

3.1 Linienarten

Die Stärken der Linien werden beim Arbeiten mit Bleistiften durch den Minendurchmesser, den Härtegrad und den Druck beim Linienziehen beeinflusst. Normale Bleistifte und Fallminenstifte sind regelmäßig anzuspitzen, damit die Strichstärke beim Zeichnen einheitlich bleibt.

Bei Tuschezeichnungen können die Linien in Liniengruppen eingeteilt werden:

Gruppe 0,7	breite Volllinie 0,7 mm schmale Volllinie 0,35 mm
Gruppe 0,5	breite Volllinie 0,5 mm schmale Volllinie 0,25 mm

Tipp Wenn man beim Ziehen von Linien den Stift am Lineal langsam um seine Achse zwischen Daumen und Zeigefinger nach außen und innen dreht, schreibt sich die Mine gleichmäßig ab. So entstehen auch ohne häufiges Anspitzen gleichmäßige Strichstärken.

Diese Technik ist besonders beim Zeichnen mit Stiften mit weichen Minen von Bedeutung.

Bild 1, Seite 21 zeigt ein Beispiel für eine einfache Zeichnung mit unterschiedlichen Linienstärken.

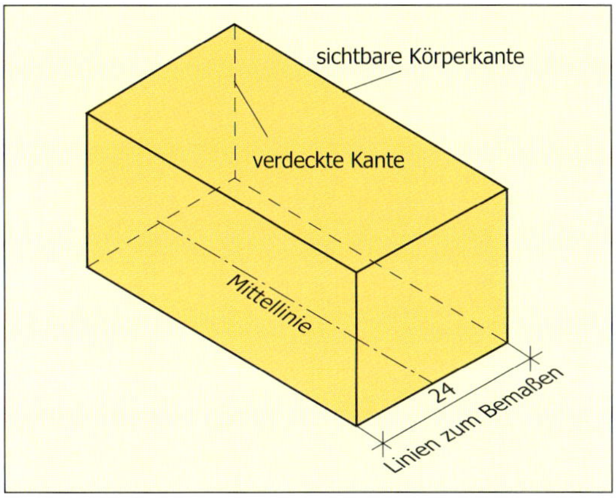

Bild 1: Beispiele für Linienarten in einer Zeichnung

In DIN ISO 128-20 ist die Bedeutung der Linienarten und Strichstärken festgelegt **(Tabelle 1)**. DIN ist die Abkürzung für Deutsches Institut für Normung, ISO die der Internationalen Organisation für Normung.

Tabelle 1: Wichtige Linienarten in technischen Zeichnungen

Linienart	Darstellung	Anwendung
Volllinie (breit)	———	sichtbare Körperkanten (Hauptlinien)
Volllinie (schmal)	———	zum Vorzeichnen, Linien zum Bemaßen, Schriftlinien
Strichlinie (schmal)	– – – –	verdeckte Kanten
Strichlinie (breit)	– – – –	Kennzeichnung der Lage von Schnittebenen
Strich-Punkt-Linie	–·–·–·–·–	Mittellinien/Symmetrieachsen
Freihandlinie		Schnittflächen von Holz darstellen 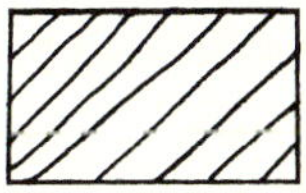 Freihandzeichnungen

TIPP Da bei Bleistiftzeichnungen die Dicke der Linien nicht genau gemessen werden kann, gilt als Grundsatz, dass die Hauptlinien doppelt so dick zu zeichnen sind als die Nebenlinien.

3.2 Bemaßung

Während die Körperkanten in Bauzeichnungen mit breiten Volllinien mit weicherem Bleistift gezeichnet werden, erfolgt die Bemaßung mit schmalen Volllinien. Die Maßlinien liegen parallel zu den Körperkanten und werden mit einem harten Stift gezeichnet.

Der **Abstand der Maßlinien** wird in Abhängigkeit von der Zeichnungsgröße bzw. dem Maßstab gewählt. Im Normalfall beträgt er 10 mm.

Maßzahlen besitzen meist eine Höhe von 3 mm. Sie werden mittig über und unter die Maßlinie in einem Abstand von 1 mm geschrieben.

Breiten- und Längenangaben erfolgen in Grundrissen über der Maßlinie, **Höhenangaben** unter der Maßlinie. In Längs- oder Querschnitten stehen die Höhenangaben jedoch über der Maßlinie.

TIPP Damit die Maßzahlen gleichmäßig aussehen, ist es ratsam, dafür zwei Hilfslinien zu ziehen.

Zur Maßbegrenzung zieht man von den Körperkanten aus senkrechte Striche, die als Maßhilfslinien bezeichnet werden. So entsteht das Maßkreuz. Die Maßhilfslinien sollen die Linien des Baukörpers auf der Zeichnung nicht berühren. In der Kreuzungsmitte erfolgt zusätzlich eine Maßlinienbegrenzung. Das ist in der Regel ein Schrägstrich in Leserichtung im Winkel von 45° von links unten nach rechts oben. Alle Linienenden sollen möglichst Längen von 2 mm aufweisen **(Bild 2)**. Seltener werden anstelle des Schrägstriches kleine Kreise oder Punkte gesetzt.

Im Bauwesen sind im Gegensatz zu Zeichnungen des Maschinenbaus Maßpfeile nur für Längenangaben an Kreisradien gebräuchlich.

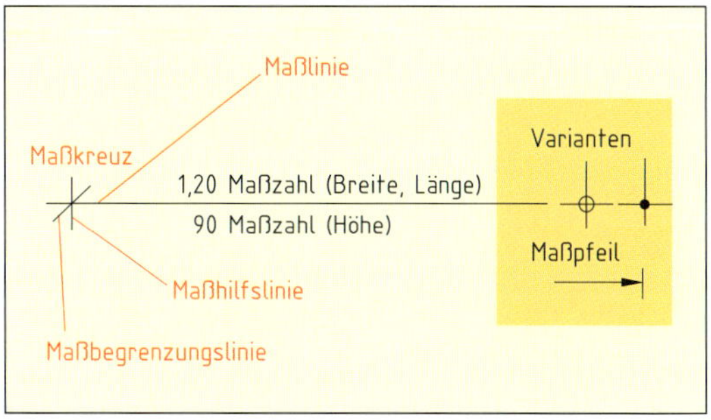

Bild 2: Bemaßungslinien und Maßzahlen

Für die **Maßzahlen** gelten weiterhin folgende Regeln:

- Es werden **keine Maßeinheiten** geschrieben. Man erkennt diese nur an der Schreibweise der Zahlen.
- Angaben der Längen **bis zu einem Meter** erfolgen in Zentimetern.

  Beispiel: 90 cm als 90.
- Angaben **ab einem Meter** erfolgen in Metern und werden mit zwei Dezimalstellen geschrieben.

  Beispiel: 6,55 m als 6,55.
- **Halbe Zentimeter** werden in der dritten Kommastelle als Hochzahl geschrieben. (Man sollte diese aber nicht mit Potenzen verwechseln).

Beispiel: 1,135 m als $1{,}13^5$, 67,5 cm als 67^5.

Die Anordnung der Zahlen erfolgt in Leserichtung so, dass sie von der Blattunterkante aus gelesen werden können und nach dem Rechtsdrehen des Zeichenblattes um 90° wieder von unten lesbar sind **(Bild 1)**.

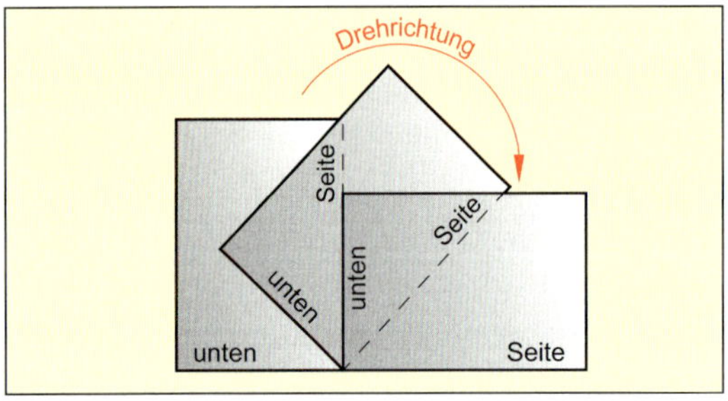

Bild 1: Leserichtungen auf einem Zeichenblatt

Das Innere eines Bauteils wird zur **Kennzeichnung des eingesetzten Baustoffes** mit bestimmten Symbolen versehen. Ziegelmauerwerk wird z.B. mit gleichmäßigen Schrägstrichen schraffiert **(Bild 2)**. Einfärbungen sind möglich, aber kaum üblich. Lediglich Altbausubstanz legt man grau an.

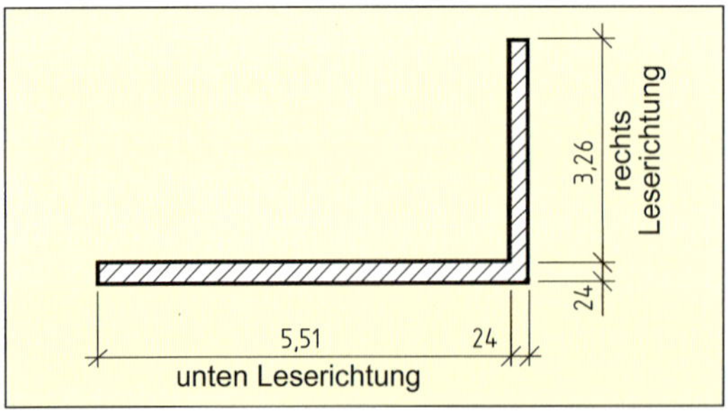

Bild 2: Beispiel für Mauerwerk mit Bemaßung

3.3 Maßstäbe

Maßstäbe werden z.B. benötigt, um Bauzeichnungen als verkleinerte Abbildungen eines Bauwerks darzustellen.

Der Maßstab (abgekürzt M) gibt das Verhältnis der wirklichen Länge eines Objektes zu dessen Länge in einer Zeichnung an.

Allgemein gilt:

$$\textbf{Maßstab} = \frac{\textbf{Zeichnungslänge}}{\textbf{wirkliche Länge}}$$

Wird die Zeichnungslänge mit 1, die wirkliche Länge mit einer beliebigen Zahl *n* angegeben, gilt auch:

$$\textbf{Maßstab} = \frac{1}{n}, \text{ oder besser } \mathbf{M\ 1 : n}.$$

Ist ***n* größer als 1,** also z.B. 2, lautet der Maßstab 1 : 2. Das bedeutet: Wenn die wirkliche Länge des Objekts 2 cm beträgt, ist das Maß in der Zeichnung nur 1 cm lang. Bei der Zeichnung handelt es sich also um eine Verkleinerung des wirklichen Objekts.

Ist ***n* = 1,** lautet der Maßstab 1 : 1. Dabei sind Zeichnungslänge und wirkliche Länge bzw. das Originalmaß gleich groß.

Ist ***n*** aber **kleiner als 1,** z.B. $\frac{1}{2}$ bzw. 0,5, dann beträgt der Maßstab $1 : \frac{1}{2}$.

Durch Umrechnung erhält man $\frac{2}{1}$, und somit den Maßstab 2 : 1. Bei einer Zeichnungslänge von 2 cm und einem Originalmaß von 1 cm liegt damit eine Vergrößerung vor **(Bild 3)**.

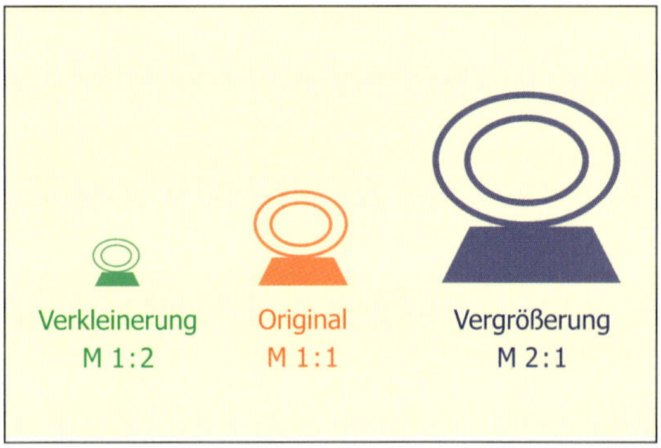

Bild 3: Beispiele für maßstabgerechte Größenveränderungen

Um Zeichnungsmaße zu errechnen, stellt man die Gleichung zur Berechnung des Maßstabs um.

Sie lautet dann:

Zeichnungslänge = wirkliche Länge × Maßstab

Beispiel 1: Zeichnungslänge für eine Bauzeichnung ermitteln (Verkleinerung)

Ein Gebäude besitzt im Originalmaß eine wirkliche Länge von 15,00 m. Sie soll in den Maßstab 1 : 100 umgerechnet werden.

Lösung:

Weil in der Zeichnung mit Zentimetern gearbeitet wird, muss zuerst die Umrechnung der Maßeinheit Meter in Zentimeter erfolgen:

Dafür gilt folgende Rechnung:
1,00 m = 100 cm.
Also rechnet man 15,00 m × 100 = 1500 cm.

Wird diese Zahl in die Formel zur Berechnung der Zeichnungslänge eingesetzt, ergibt sich Zeichnungslänge = $1500\ \text{cm} \times \frac{1}{100} = 15\ \text{cm}$.

Ergebnis:

Das Originalmaß von 15,00 m wird in der Zeichnung beim gewählten Maßstab von 1 : 100 in einer Länge von 15 cm dargestellt.

Beispiel 2: Zeichnungslänge zur Vergrößerung eines Firmenlogos ermitteln

Das Firmenlogo ist auf dem Briefkopf eines Betriebes 1,5 cm lang. Es soll um das 20fache vergrößert werden, um es auf die Tür eines Firmenwagens zu übertragen.

Lösung:

Der Maßstab beträgt 20 : 1 bzw. $\frac{20}{1}$.

Um das vergrößerte Zeichnungsmaß zu erhalten, setzt man diese Werte in die Formel der Zeichnungslänge ein und erhält:

Zeichnungslänge = $1{,}5\ \text{cm} \cdot \frac{20}{1} = 30\ \text{cm}$

Ergebnis:

1,5 cm des Firmenlogos auf dem Briefkopf (wirkliche Länge) entsprechen bei M 20 : 1 damit 30 cm auf der Fahrzeugtür.

Beispiel 3: Ermitteln der wirklichen Größe eines Objekts aus einer Zeichnungsvorlage

Wie groß ist die wirkliche Länge eines Raumes in Metern, wenn das Längenmaß in einer Zeichnung mit dem Maßstab M 1 : 50 bzw. $\frac{1}{50}$ durch Nachmessen mit 5 cm festgestellt wurde?

Lösung:

Um die wirkliche Länge eines Objektes zu ermitteln, ist die Formel zur Berechnung der Zeichnungslänge umzustellen.

$$\textbf{Wirkliche Länge} = \frac{\textbf{Zeichnungslänge}}{\textbf{Maßstab}}$$

Setzt man Zahlen ein, ergibt sich:

$$\text{Wirkliche Länge} = \frac{5\ \text{cm}}{\frac{1}{50}} = \frac{5\ \text{cm} \cdot 50}{1} = 250\ \text{cm}$$

Dividiert man dieses Maß durch 100 (100 cm = 1,00 m), erhält man die wirkliche Länge in Metern: wirkliche Länge = 2,50 m.

Ergebnis:

Die wirkliche Länge des Raumes beträgt 2,50 m.

HINWEIS Maßstäbe sind je nach Aussageziel der Zeichnung frei wählbar.

Entwurfs- und **Ausführungszeichnungen** für ein Gebäude erstellt man meist im Maßstab 1 : 100 – m, cm. Die beigefügten Maßeinheiten lässt man normalerweise aber weg, vgl. S. 63.

Details von Bauwerken, z. B. von einzelnen Räumen, werden im Maßstab 1 : 50, 1 : 20 oder größer dargestellt.

Für **gestalterische Aufgaben** gibt es keine besonderen Festlegungen. Angaben wie M 1 : 33 für Verkleinerungen oder M 5 : 1 für Vergrößerungen sind also möglich.

Zeichenblätter können bei perspektivischen Raumdarstellungen auf diese Weise besser gefüllt werden. Leider ist das Umrechnen jedoch etwas mühsamer. Aber die Anwendung des Taschenrechners erleichtert die Arbeit.

Aufgaben

1. Zeichnen Sie auf einem DIN A4-Blatt die 10 Flächen aus Aufgabe 10 Seite 20 im Maßstab 1 : 2,5.
2. Wo wird ein Maßstab 2 : 1 oder 5 : 1 benötigt?
3. In welchem Maßstab sind in der Regel die Grundrisse für Wohnhäuser in der Entwurfszeichnung bzw. in der Ausführungszeichnung dargestellt?
4. Warum sind Maßstäbe wie 1 : 8, 1 : 17,5 und 1 : 33 recht unüblich?

3.4 Beschriftung

Beschriftungen für technische Zeichnungen sind laut **DIN EN ISO 3098** festgelegt und werden mit dem Begriff **Normschrift** bezeichnet. Dabei ist EN die Abkürzung für Europäisches Komitee für Normung.

Die Schrift kann senkrecht oder schräg (kursiv) im Winkel von 75° frei Hand oder mit Schablonen geschrieben werden **(Bild 1)**. Typisch für die Normschrift ist eine gewisse „Eckigkeit“. Sie ist nach der Norm in Schriftform A und B eingeteilt **(Tabelle 1, S. 25)**, wobei die Form B die gebräuchlichste ist und deshalb hier erläutert wird.

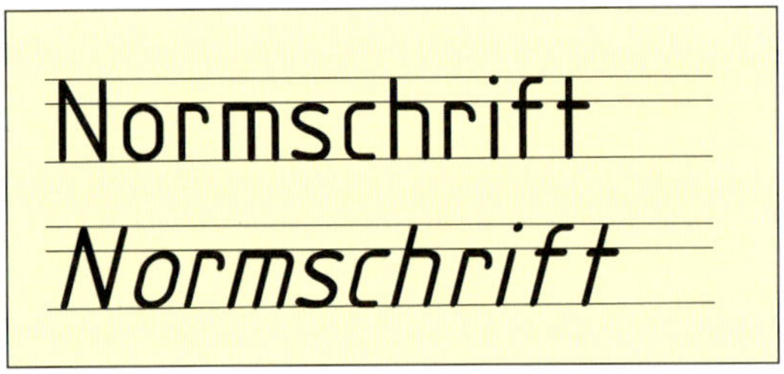

Bild 1: Buchstaben in Normschrift (senkrecht und kursiv)

Beim Erlernen der Normschrift sind folgende Regeln zu beachten:

Zum normgerechten Schreiben sind Schriftzeilen nötig. Eine Zeile wird in **Oberlänge, Mittellänge** und **Unterlänge** eingeteilt. Die Namen der Hilfslinien sind in **Bild 2** angegeben.

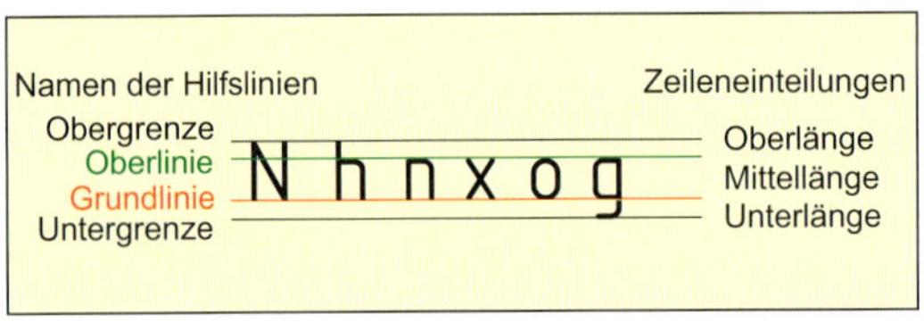

Bild 2: Schriftlinien und Zeileneinteilungen

Basis aller Maße der Normschrift ist die **Strichstärke** oder Linienbreite bzw. **-dicke *d*** der Schrift. Das Maß *d* gibt man in Millimetern an. Es entsteht aus der **Federbreite** der zum Schreiben verwendeten Redisfeder **(Bild 3)** bzw. aus der Minenbreite des Bleistiftes.

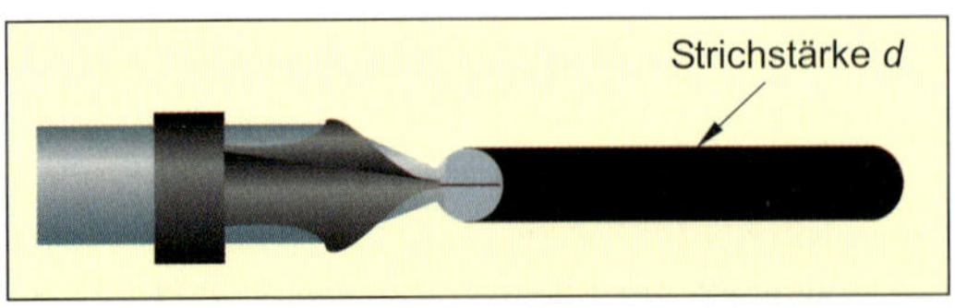

Bild 3: Strichstärke aufgrund der Breite der Redisfeder

Dadurch gelten folgende Höhenmaße:

- Die **Höhe der Oberlänge** beträgt 3 Strichdicken, die Höhe der Mittellänge 7 Strichdicken und die Höhe der Unterlänge wiederum 3 Strichdicken.
- Die Summe aus Oberlänge und Mittellänge wird als **Schrifthöhe** oder als **Nennhöhe** *(h)* bezeichnet. Somit beträgt die Nennhöhe 10 Strichdicken. Daraus ergibt sich auch, dass die Strichdicke ***d*** = **1/10 der Nennhöhe *(h)* beträgt.**

  Die Nennhöhe gibt das Maß für **Großbuchstaben** und **Kleinbuchstaben mit Oberlänge** wie h, b, k in Millimetern an.
- Die **Mittellänge** heißt im Grafikerbereich ***n*-Höhe** (sprich „klein *n*-Höhe“). Sie ist das Maß für **Buchstaben ohne Ober- und Unterlänge,** z.B. n, x, e, o. Die Buchstaben sind damit 7 Linienbreiten groß.

> Bei der Normschrift heißt die *n*-Höhe ungenau Höhe der Kleinbuchstaben *(c)*. Damit wären aber auch Buchstaben wie b oder q gemeint.

- Das Maß für **Kleinbuchstaben mit Unterlänge** ergibt sich aus der Summe von Mittellänge und Unterlänge und beträgt 10 Linienbreiten. Beispiele sind g, p, q.
- Als **Zeilenabstand** wird die Entfernung von der Untergrenze der vorangegangenen Zeile zur Obergrenze der folgenden Zeile bezeichnet. In den meisten Fällen entspricht der Zeilenabstand der *n*-Höhe, d.h. er beträgt 7 Strichdicken.

Aus diesen Angaben ergeben sich die Höhenverhältnisse der Normschrift. Zusätzlich hat sich jedoch das **Höhenverhältnis der Großbuchstaben zu den Kleinbuchstaben** eingebürgert. Es sind aber nur die Buchstaben ohne Oberlänge gemeint. Für die Normschrift beträgt demzufolge das Höhenverhältnis von Großbuchstaben zu Kleinbuchstaben 10 : 7.

$$\frac{\textbf{Großbuchstaben (Nennhöhe)}}{\textbf{Kleinbuchstaben (}\boldsymbol{n}\textbf{-Höhe)}} = \frac{10\,e}{7\,e}.$$

Bei bekannter Strichstärke lassen sich damit die Schrifthöhe, die Ober-, Mittel- und Unterlänge sowie der erforderliche Zeilenabstand berechnen.

TIPP Für normale Beschriftungsarbeiten mit Bleistift der Härte HB bei Zeichnungen im Format DIN A4 und DIN A3 ist die Schrifthöhe von 7 mm völlig ausreichend **(Bild 1).**

Überschriften können 10 mm hoch sein, aber man „verwackelt" diese leicht beim Schreiben.

Beschriftungen mit Feder und Tusche sind nur bei Tuschezeichnungen sinnvoll.

Beispiel 1: Berechnen Sie die Maße für Großbuchstaben (Nennhöhe *h)* und Kleinbuchstaben (*n*-Höhe) in Millimetern, wenn die Strichstärke 1 mm beträgt. Geben Sie auch den Zeilenabstand und die Höhen für Ober-, Mittel- und Unterlänge an!

Lösung:
Vorgegebene Strichstärke
1 Strichstärke *(d)* = 1 mm
Großbuchstabenhöhe = Nennhöhe *h* = 10 *d*
10 *d* = 10 · 1 mm = 10 mm
Kleinbuchstabenhöhe = *n*-Höhe = Mittellänge – Zeilenabstand = 7 *d*
7 *d* = 7 · 1 mm = 7 mm
Oberlänge = Unterlänge = 10 *d* – 7 *d* = 3 *d*
3 *d* = 3 · 1 mm = 3 mm

Antwort:
Bei 1 mm Strichstärke haben Großbuchstaben (Nennhöhe *h*) eine Höhe von 10 mm. Kleinbuchstaben (*n*-Höhe) sind 7 mm hoch. Die Höhen von Ober- und Unterlänge betragen 3 mm. Der Zeilenabstand entspricht der Mittellänge und beträgt 7 mm.

HINWEIS Es ist möglich, bei vorgegebener bzw. geplanter Großbuchstabenhöhe (Nennhöhe *h*) die Kleinbuchstabenhöhe (*n*-Höhe) zu berechnen. Man stellt dazu eine Gleichung mit dem bekannten Höhenverhältnis 10 *d* : 7 *d* der Groß- und Kleinbuchstaben auf.

Gleichung zur Berechnung der Buchstabenhöhen in mm

$$\frac{\textbf{Nennhöhe } h \textbf{ (10 } d\textbf{)}}{n\textbf{-Höhe (7 } d\textbf{)}} = \frac{\textbf{geplante Nennhöhe in mm}}{\textbf{zu berechnende } n\textbf{-Höhe in mm (x)}}$$

Beispiel 2: Berechnen Sie bei einer vorgegebenen Großbuchstabenhöhe von 7 mm die Maße der *n*-Höhe!

Lösung:
Man setzt den Wert 7 mm bei der geplanten Nennhöhe in die Gleichung zur Berechnung der Buchstabenhöhen ein und erhält:

$$\frac{10}{7} = \frac{7\text{ mm}}{x}.$$

Wenn man die Gleichung nach x umstellt, kann man die *n*-Höhe in mm errechnen:

$$10\,d \cdot x = 7\,d \cdot 7\text{ mm}$$
$$x = 4{,}9\text{ mm}.$$

Das Ergebnis wird aus Gründen der Messmöglichkeit meist gerundet: x ≈ 5 cm.

Antwort:
Bei einer geplanten Schrifthöhe (Nennhöhe *h*) von 7 mm sind die Kleinbuchstaben (*n*-Höhe) 5 mm hoch, **vgl. Bild 1, S. 28.**

Tabelle 1: Größen und Abstände des Schriftbilds nach DIN EN ISO 3098

Größen und Abstände	Schriftform A vertikal/kursiv	Schriftform B vertikal/kursiv	Beispiel	
			A	B
Linienbreite *(d)*	*d* = (1/14) *h*	*d* = (1/10) *h*	0,5 mm	0,7 mm
Höhe der Großbuchstaben *(h)*	*h* = Nennhöhe = 14/14 *(h)*	*h* = Nennhöhe = 10/10 *(h)*	7 mm	7 mm
Höhe der Kleinbuchstaben *(c)*	*c* = (10/14) *h*	*c* = (7/10) *h*	5 mm	(5) mm
Mindestabstand zwischen den Schriftzeichen *(a)*	*a* = (2/14) *h*	*a* = (2/10) *h*	1 mm	1,4 mm
Mindestabstand zwischen den Grundlinien	*b* = (20/14) *h*	*b* = (14/10) *h*	10 mm	(10) mm
Mindestabstand zwischen den Wörtern *(e)*	*e* = (6/14) *h*	*e* = (6/10) *h*	3 mm	4,2 mm

Bild 1 und **Bild 2** zeigen Schriftvorlagen der Normschrift in senkrechter und kursiver Ausführung.

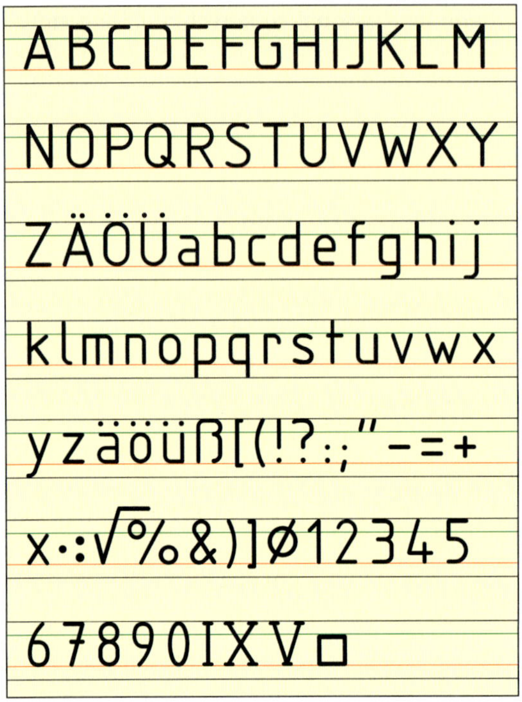

Bild 1: Normschrift senkrecht

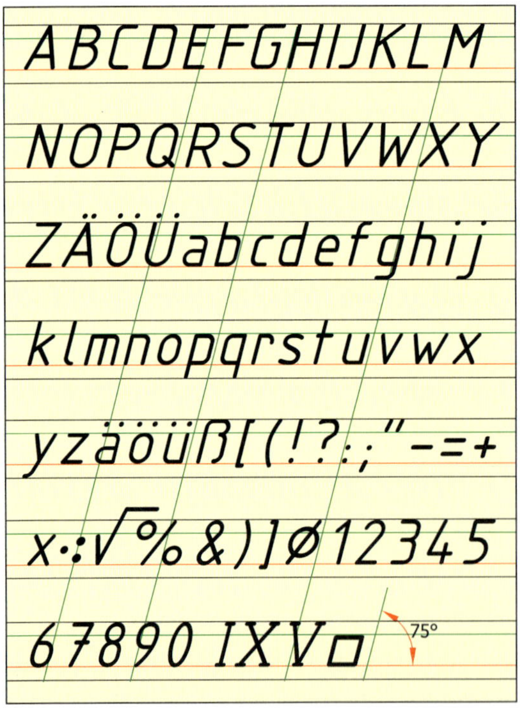

Bild 2: Normschrift kursiv, mit 75°-Markierung

3.5 Aufgaben

Aufgaben zum Bereich Bemaßung

1. Nennen Sie vier Begriffe, die für die Bemaßung einer Zeichnung von Bedeutung sind!

2. Wie werden sichtbare Körperkanten im Vergleich zu Maßlinien gezeichnet?

3. Geben Sie folgende Maße so an, wie sie in einer Bauzeichnung normgerecht geschrieben werden müssen!

   a) 3,70 m b) 4,25 m

   c) 2,465 m d) 0,35 m

   e) 0,885 m f) 125 mm

   Fertigen Sie zur Beantwortung eine Tabelle nach folgendem Muster an!

Originalmaße	In die Bauzeichnung einzutragende Maße
8,75 m	8,75

4. Rechnen Sie folgende Maße für die Maßstäbe 1 : 100, 1 : 50, 1 : 25 in cm um!

   a) 1,10 m b) 2,18 m

   c) 3,35 m d) 0,90 m

   e) 0,25 m f) 0,36 m

   g) 70 cm h) 435 mm

   i) 1355 mm j) 88^5

   Vor dem Umrechnen in den Maßstab wandeln Sie alle Originalmaße in cm um. Benutzen Sie zur Arbeit eine Tabelle nach folgendem Muster!

Originalmaß der Aufgabe in			Umgerechnete Maße in cm		
m	mm	cm	1 : 100	1 : 50	1 : 25
1,10	xxx	110			

5. Rechnen Sie ein Originalmaß von 23 cm in das entsprechende Maß für eine Zeichnung im Maßstab 5 : 1 um!

6. Zeichnen Sie normgerecht ein Rechteck von 4,80 m Breite und 3,15 m Höhe im Maßstab 1 : 100! Bemaßen Sie die Zeichnung!

3.5 Aufgaben

Aufgaben zum Bereich Schrift

1. Erläutern Sie den Zusammenhang zwischen der Strichstärke und der Oberlänge, der Mittellänge sowie der Unterlänge der Normschrift!

2. Berechnen Sie für eine Schrifthöhe von 12 mm die ableitbaren Maße der Normschrift, d.h. Strichstärke, Mittellänge (*n*-Höhe), Oberlänge, Unterlänge sowie den Zeilenabstand! Runden Sie die Ergebnisse auf ganze Millimeter!

3. Ermitteln Sie die Höhe der Kleinbuchstaben mit und ohne Ober- bzw. Unterlänge, bei folgender Höhe der Großbuchstaben:

   a) 5 mm b) 14 mm!

4. Üben Sie die gerade oder die kursive Normschrift! Die Ausführung soll in Bleistift erfolgen. Als Schrifthöhen benutzen Sie für Großbuchstaben 7 mm und für die *n*-Höhe 5 mm!

   Zum Üben schreiben Sie nachfolgende Buchstabengruppen mit ähnlichen Eigenschaften mehrmals, bis diese gleichmäßig aussehen, zuerst die Großbuchstaben, dann die Kleinbuchstaben und Zahlen!

ILHEFT COQGS JU DPBR

VWXYZK NMA

cose adqguij bp rnhm

vwxyz ltfß k

174 562 0389

HINWEIS Die Beschriftung von Zeichnungen erfolgt meist mit senkrechter Normschrift. Vermeiden Sie beim Üben, dass diese Buchstaben beim Schreiben nach links kippen!

TIPP Führen Sie die Hilfslinien für die Schrift mit einem harten Bleistift, die Normschrift selbst mit einem weichen Bleistift (HB) aus! So bleiben die Hilfslinien dünn und die Schrift hebt sich gut lesbar ab.

Für die angegebene Schrifthöhe eignet sich Rechenkästchenpapier (Quadratmaß = 5 mm) besonders gut, weil nur die 2-mm-Hilfslinien für die Obergrenze eingezeichnet werden müssen. Die Linie für die Unterlänge wird selten gezogen. Es genügt, die Unterlängen der Buchstaben nach Augenmaß in 2 mm Höhe zu schreiben.

Bevor Sie schräge Normschrift schreiben, zeichnen Sie Hilfslinien im Winkel von 75° zur Grundlinie ein **(Bild 2, S. 26)**!

Achten Sie beim Üben auf gleiche Breiten der Buchstaben und auf gleiche Abstände (nach Augenmaß) zwischen den Buchstaben! Auch zwischen den Buchstabengruppen sollten Sie gleiche Abstände anstreben, damit ein ausgewogenes Schriftbild wie beim Textschreiben entsteht.

3.5 Aufgaben

5. Schreiben Sie einen fortlaufenden Text Ihrer Wahl in Groß- und Kleinbuchstaben!

   Benutzen Sie Rechenkästchenpapier und Bleistift! Die Schrifthöhe soll 7 mm betragen.

   Achten Sie beim Schreiben insbesondere auf das Gleichmaß ähnlicher Buchstaben sowie auf einheitliche Abstände zwischen den Buchstaben und Wörtern! Benutzen Sie die in **Aufgabe 4** gewählte Schreibrichtung!

6. Schreiben Sie einen symmetrisch angeordneten Text in Normschrift in Groß- und Kleinbuchstaben mit persönlichen Angaben auf ein weißes DIN A4-Zeichenblatt mit Einrahmung **(Bild 2, S. 28)**!

   Das Blatt soll zur Präsentation aller späteren Zeichnungen benutzt werden. Arbeiten Sie mit Bleistift bei einer Schrifthöhe von 7 mm (vgl. **Bild 1, S.28**)! Die Zeilenabstände wählen Sie frei!

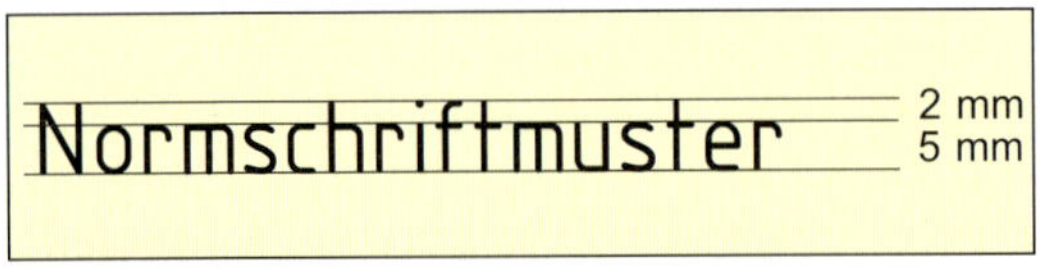

Bild 1: Normschriftmuster

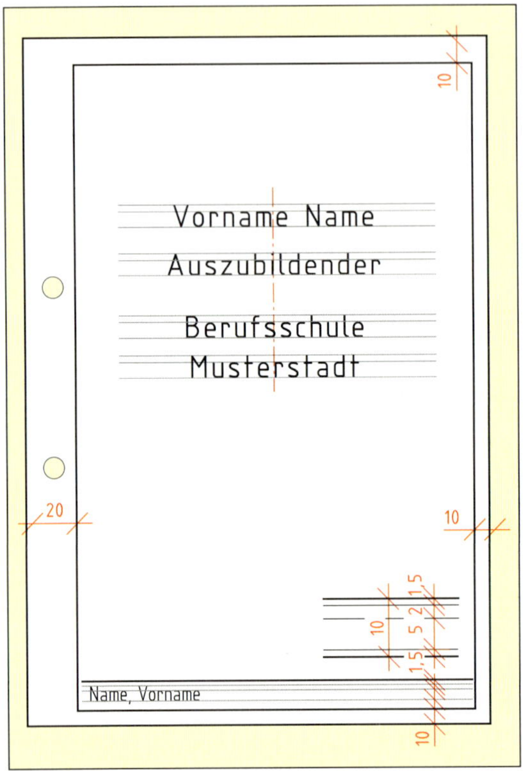

Bild 2: Blattgestaltung für Zeichnungen

> **Tipp** Beachten Sie bei Textgestaltungen immer, dass inhaltlich zusammengehörende Wortgruppen durch einen kürzeren Abstand gekennzeichnet werden!
>
> Durch große Abstände werden Texte demzufolge inhaltlich getrennt.

Für Aufgabe 6 bedeutet dies, dass zwischen der 1. und 2. Zeile sowie der 3. und 4. Zeile ein kürzerer Zwischenraum hergestellt werden muss als zwischen der 2. und 3. Zeile.

Arbeitsschritte zur Gestaltung des Zeichenblattes

- Versehen Sie das DIN A4-Zeichenblatt mit einem Rahmen für die Arbeitsfläche nach den angegebenen Maßen:

  Abstand zum linken Blattrand 20 mm. Damit ist das Blatt zur Lochung geeignet und kann als Belegarbeit den textlichen Aufzeichnungen beigefügt werden.

  Übrige Abstände: 10 mm (oder 5 mm).

  Schriftfeldhöhe für persönliche Angaben: 10 mm.
- Zeichnen Sie in das Schriftfeld 3 Hilfslinien für die Beschriftung in 7 mm Höhe! Der Abstand von der oberen und unteren Kante beträgt jeweils 1,5 mm. Versehen Sie das Feld mit Name, Vorname, usw.!

  Benutzen Sie folgende Linienstärken: zur Einrahmung dicke Volllinien, für Schriftlinien dünne Volllinien!

Arbeitsschritte zur symmetrischen Textanordnung

- Schreiben Sie den Text auf ein Blatt Rechenkästchenpapier **(Bild 3)** und schneiden Sie ihn zeilenweise aus!

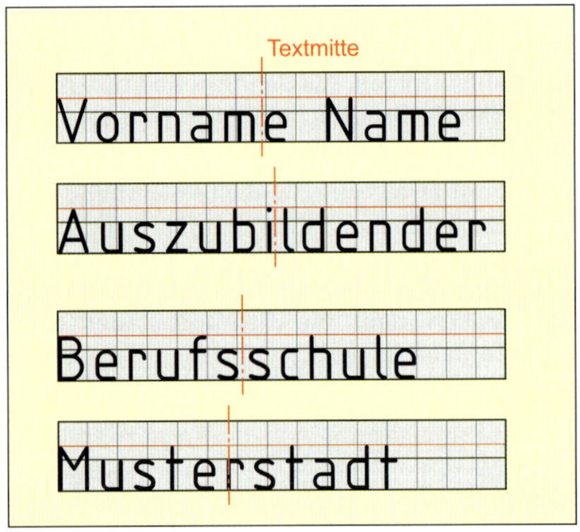

Bild 3: Vorgeschriebener und ausgeschnittener Text

- Markieren Sie auf den Textzeilen jeweils die Mittelachse, indem Sie die Mitte abmessen und mit einem Strich markieren oder indem Sie durch Falten die Mitte bestimmen!
- Übertragen Sie den Text auf ein weiteres Zeichenblatt! Zeichnen Sie dazu auf dem Blatt eine Hilfslinie als senkrechte Mittelachse!
- Ordnen Sie entsprechend des Tipps dieser Seite die ausgeschnittenen Zeilen in solchen Abständen waagerecht an, dass eine Anordnung entsteht, die inhaltliche Zusammenhänge verdeutlicht! Wenn Sie die Mittelmarkierung der ausgeschnittenen Zeilen auf die Symmetrieachse legen, erhalten Sie den symmetrisch angeordneten Text **(Bild 1, S. 29)**.

Bild 1: Hinweise zum symmetrischen Anordnen

- Markieren Sie mit einem Punkt die Anfänge und die Abstände der Zeilen! Ziehen Sie von diesen Punkten aus rechtwinklig zur Mittelachse die Schriftlinien dünn vor! Das ist notwendig, weil sie später nicht mehr wegradiert werden können, denn die Beschriftung mit Bleistift würde dadurch undeutlich.
- Legen Sie jeweils eine der Textzeilen über die Schriftzeilen (Textmittelachse über Schriftblattachse) und schreiben Sie den Text mit dem Bleistift gewissenhaft nach!
- Schneiden Sie den so erhaltenen, symmetrisch angeordneten Text großräumig rechteckig aus und kleben Sie ihn in die Arbeitsfläche Ihres gerahmten Zeichenblattes! Zum Kleben benutzen Sie am besten einen Klebestift. Es genügt, wenn die Kanten der Zeichnungsrückseite damit bestrichen werden.

TIPP Wenn Sie Zeichnungen anfertigen, insbesondere Farbarbeiten, nutzen Sie die Methode des Ausschneidens und Aufklebens, um Beschriftungs- und Präsentationsaufgaben rationell zu lösen. Bei nicht ganz gelungenen Arbeiten kann auf diese Weise eine zeitraubende Wiederholung vermieden werden.

4 Geometrische Grundkonstruktionen

Im Maler- und Lackiererhandwerk sind zur Information des Auftraggebers Zeichnungen von Innenräumen, Fassaden, dekorativen Formen usw. anzufertigen, die auf geometrischen Grundformen basieren. Für Zeichnungen von Fahrzeugen und deren Details gelten die gleichen Grundlagen. In diesem Kapitel wird deshalb beschrieben, wie wichtige Linien und geometrische Grundformen zweckmäßig gezeichnet werden können.

Notwendige Arbeitsmittel

- Zeichenbrett DIN A4 oder DIN A3 mit Reißschiene
- Zeichenpapier entsprechender Größe
- Zeichenstifte, Anspitzer, Radiergummi
- Lineal mit 30 cm Länge, zwei seiner Größe angepasste Zeichendreiecke für 45° und 30°/60°, Winkelmesser, Kurvenlineale
- Zirkel.

4.1 Linien

Linien können in verschiedenen **Strichstärken** gezeichnet werden. Für Bauzeichnungen werden sie mit entsprechenden Zeichengeräten nach den genannten DIN-Vorschriften angefertigt. Für Skizzen und künstlerische Zwecke benutzt man Freihandlinien.

Durch ihre **gerade oder gebogene Form** weisen sie immer eine Richtung auf.

Liegen sie nebeneinander, entstehen parallele Linien. Weisen sie unterschiedliche Richtungen auf, schneiden sie sich unter bestimmen Winkeln.

Führt die Linie durch Form und Richtungsänderung wieder zu ihrem Anfangspunkt zurück, entstehen eckige oder gebogene Flächen und Körper.

Linien **unterschiedlicher Länge und in Kombinationen mit Punkten** werden wegen ihrer besonderen Ausdruckskraft für symbolische Zwecke genutzt. So stellt man z. B. aus Strich-Punkt-Linien Mittelachsen dar.

Ein besonderes Anwendungsgebiet sind **Flächenfüllungen (Bild 1, Seite 30)**. Man kann damit Eigenschaften von Oberflächen imitieren oder Helligkeitswerte zeigen. In Bauzeichnungen symbolisiert man dadurch verschiedene Baustoffe.

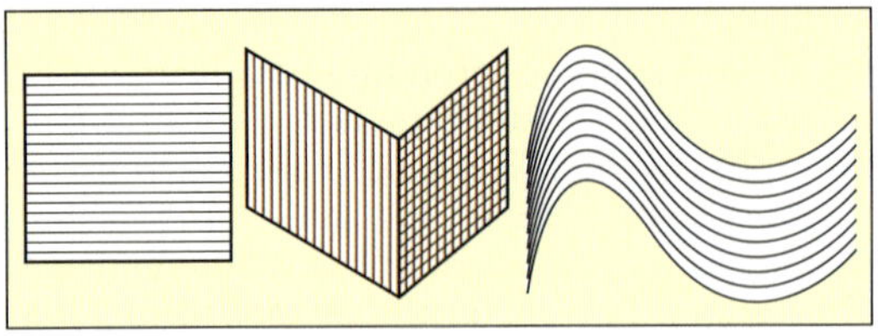

Bild 1: Flächenfüllungen durch Linien

4.1.1 Parallele Linien

Parallele Linien sind Linien, die an jeder Stelle den gleichen Abstand voneinander haben. Sie werden für Beschriftungen sowie zum Zeichnen von Rechtecken, Quadraten oder Parallelogrammen benötigt.

Zum rationellen Zeichnen der Parallelen benutzt man am Zeichenbrett eine Reißschiene. Die Arbeit mit Lineal und Dreieck stellt jedoch auch kein aufwändiges Problem dar.

Beim Zeichnen mehrerer waagerechter Linien sollte die Reißschiene an der Reißbrettkante bzw. das Dreieck am Lineal von oben nach unten verschoben werden. Man kann beim Vorgehen in dieser Reihenfolge gut kontrollieren, ob die Linienabstände eingehalten werden **(Bild 2)**.

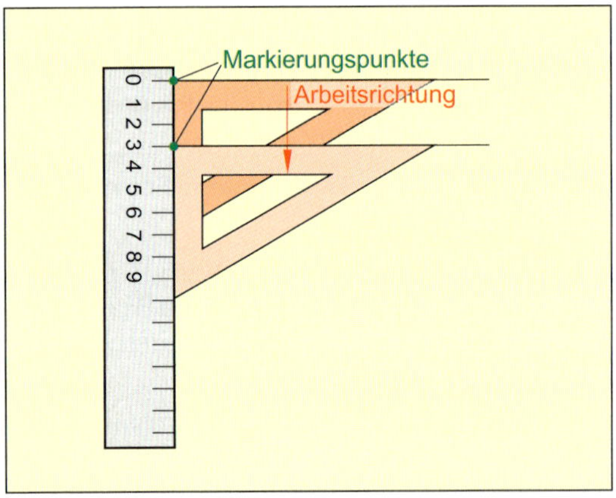

Bild 2: Waagerechte parallele Linien zeichnen

TIPP Setzen Sie vor dem Zeichnen der parallelen Linien jeweils dort einen Markierungspunkt, wo die Linien beginnen! Den Endpunkt sollte man nicht markieren, da beidseitiges (doppeltes) Messen und Antragen oft mit Ungenauigkeiten verbunden ist.

Sollen senkrechte parallele Linien gezeichnet werden, muss das Lineal, das an das Dreieck angesetzt wird, in die Waagerechte gedreht werden **(Bild 3)**. Die Linien sollten nach dem Antragen der Markierungspunkte dann von links nach rechts gezeichnet werden.

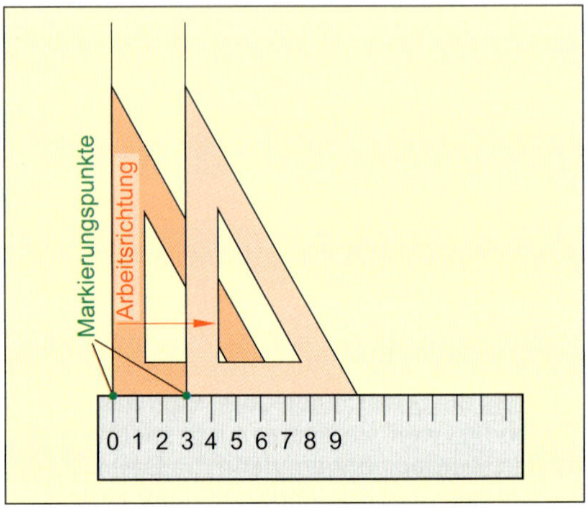

Bild 3: Senkrechte parallele Linien zeichnen

Eine besondere Art, Maße für parallele Linien anzutragen, ist mit einem **schräg gelegten Lineal** möglich.

Dazu wird an einer zuerst zu zeichnenden senkrechten Begrenzungslinie, an der die Parallelen beginnen, ein Lineal in beliebigem Winkel schräg angelegt. Entsprechend der Maßeinteilung trägt man z. B. im Abstand von je 1 cm Markierungspunkte auf dem Papier an, auf denen dann die Parallelen mit der Reißschiene oder mit Lineal und Dreieck gezogen werden. Man erhält je nach Schräglage kürzere, gleichmäßige Abstände als beim normalen senkrechten Anlegen und Messen **(Bild 4)**.

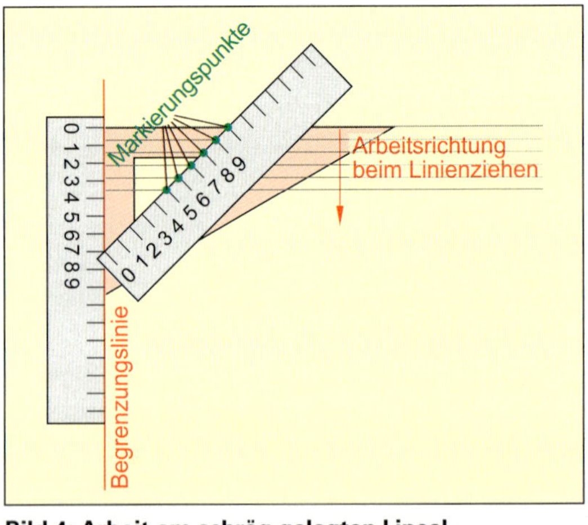

Bild 4: Arbeit am schräg gelegten Lineal

▪ Anwendung des schräg gelegten Lineals

Es kann als Messstreifen und zum gleichmäßigen Teilen einer Strecke eingesetzt werden.

Messstreifen für Schriftlinien

An den Rand eines Papierstreifens werden z. B. für einen Text in Normschrift mit einer Nennhöhe von 10 mm die notwendigen Abstände markiert. Es genügt, die Maße darauf dreimal anzutragen. Damit werden die Linien markiert, wie dies in **Bild 1** zu sehen ist. Benötigt man mehr Linien, wird der Messstreifen erneut angelegt. Je nach Schräglage des Streifens entstehen so proportional veränderte Linienabstände. Der besondere Vorteil dieser Methode besteht darin, dass man die Maße an der Millimetereinteilung des Lineals nicht mühsam abzählen muss.

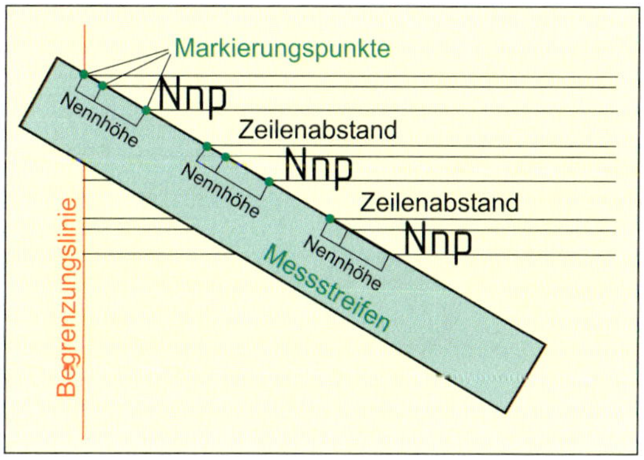

Bild 1: Schriftlinien mit Messstreifen markieren

Teilen einer Strecke

Mithilfe des schräg gelegten Lineals wird eine beliebig lange Strecke $\overline{AB}$ z. B. in 8 gleiche Teile geteilt **(Bild 2)**.

Arbeitsschritte

- Strecke $\overline{AB}$ zeichnen!
- Lineal mit Nullpunkt in A schräg anlegen!
- Punkte 1 bis 8 auf dem Papier vom Lineal aus markieren!
- Punkt 8 mit B durch eine Gerade verbinden!
- Parallelen zur Geraden durch B von den übrigen Markierungspunkten zur Strecke $\overline{AB}$ zeichnen! Durch die Schnittpunkte entsteht darauf die geplante Streckenteilung.

HINWEIS Das schräg gelegte Lineal muss immer länger sein als die zu teilende Strecke.

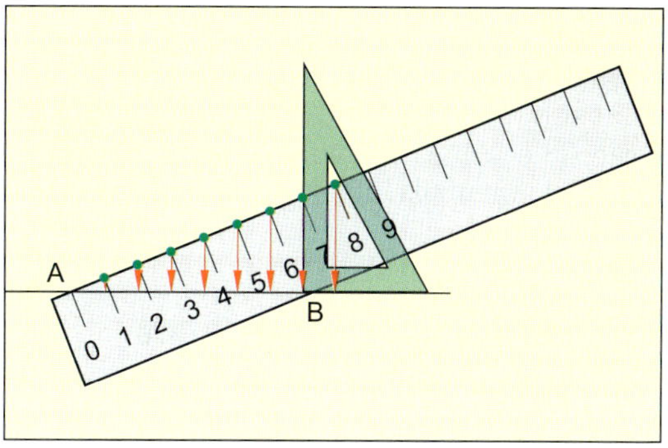

Bild 2: Teilung einer Strecke mit schräg gelegtem Lineal

4.1.2 Mittelsenkrechte

Auf dem Mittelpunkt einer Strecke $\overline{AB}$ soll eine Senkrechte errichtet werden. Dazu muss diese zuerst **halbiert** werden.

Die Teilung kann erfolgen, indem man die Strecke abmisst und rechnerisch halbiert.

Man kann diese Strecke aber auch zeichnerisch mit einem Zirkel halbieren **(Bild 3)**.

Arbeitsschritte

- Strecke $\overline{AB}$ zeichnen!
- Zwei gleich große Kreisbögen ($r > \frac{1}{2}\,\overline{AB}$) von A und B zeichnen, bis sie sich oberhalb der Strecke $\overline{AB}$ schneiden! Der Schnittpunkt ist C!
- Auf die gleiche Weise den Punkt D unter der Strecke ermitteln!
- Die Verbindung der Punkte C und D durch eine Gerade ist die Mittelsenkrechte.
- Die Zeichnung bietet auch die Möglichkeit, ein gleichschenkliges Dreieck zu zeichnen.

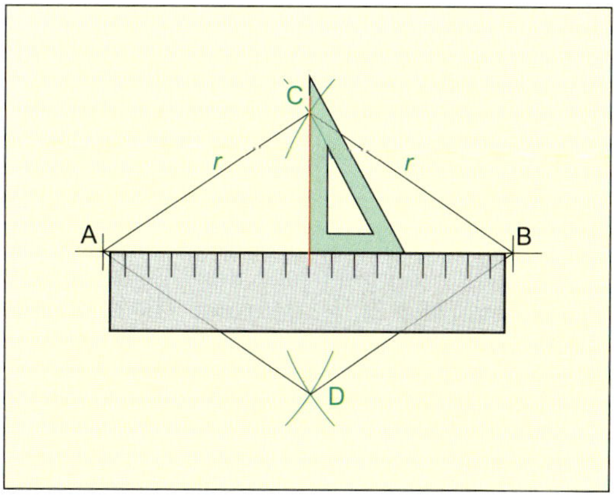

Bild 3: Mittelsenkrechte auf Strecke $\overline{AB}$ errichten

TIPP Wenn man den Punkt D nicht ermitteln will, wird mit dem Zeichendreieck eine Senkrechte auf der Strecke $\overline{AB}$ errichtet, die durch Punkt C verläuft. Sie ist ebenfalls die Mittelsenkrechte der Strecke $\overline{AB}$.

4.1.3 Winkel bestimmter Größe

In manchen Fällen steht für bestimmte Arbeiten kein hinreichend großer Winkelmesser zur Verfügung, um Winkel von 30°, 45°, 60° oder 75° anzutragen. Für diesen Zweck kann man an quadratischen Rastern, wie sie bei Rechenkästchenpapier vorliegen, die Winkel hinreichend genau antragen. Besonders bei Arbeiten an großen Tafeln oder an Flächen eines Raumes kann diese Methode von Nutzen sein. Die nötigen Raster werden mit Gliedermaßstab, Lot, Wasserwaage und gefärbter Schlagschnur hergestellt. Dann zählt man für den geplanten Winkel die in **Tabelle 1** angegebenen Kästchen wie Katheten eines rechtwinkligen Dreiecks nacheinander waagerecht und senkrecht ab. Die Hypotenuse ergibt den Winkel **(Bild 1)**.

Tabelle 1: Winkelgrößen (Näherungslösung)

geplanter Winkel	waagerechte Kästchen	senkrechte Kästchen
30°	7	4
45°	4	4
60°	4	7
75°	2	7

Den nötigen rechten Winkel zum Rasterzeichnen erhält man mit dem Gliedermaßstab **(Bild 2)**. Dazu müssen beim Abmessen an die Katheten Längen von 30 cm und 40 cm im Winkel von 90° angetragen werden. Um diesen Winkel zu kontrollieren, muss die Hypotenuse eine Länge von 50 cm besitzen. An senkrechten Flächen sind zusätzlich Lot und Wasserwaage nötig.

Die Angaben beruhen auf dem Lehrsatz des **PYTHAGORAS (Bild 3)**, in dem der Flächeninhalt des Quadrats über der Hypotenuse (meist als *c* bezeichnet) der Summe des Flächeninhalts der Quadrate über den Katheten (meist *a* und *b*) entspricht. Für ein Dreieck mit den Eckpunkten ABC und mit dem Winkel von 90° bei ∢ ACB gilt dann $c^2 = a^2 + b^2$.

Setzt man in die Formel die Seitenmaße ein, ergibt sich

$$c^2 = (30\text{ cm})^2 + (40\text{ cm})^2$$
$$c^2 = 900\text{ cm}^2 + 1600\text{ cm}^2$$
$$c^2 = 2500\text{ cm}^2$$
$$c = \sqrt{2500\text{ cm}^2} = 50\text{ cm}.$$

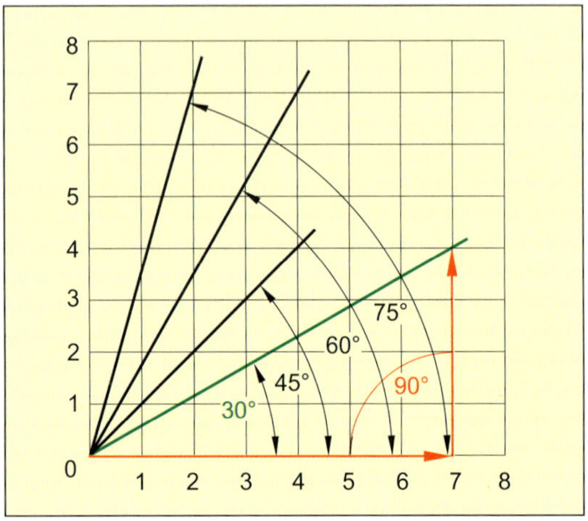

Bild 1: Winkel zeichnen ohne Winkelmesser

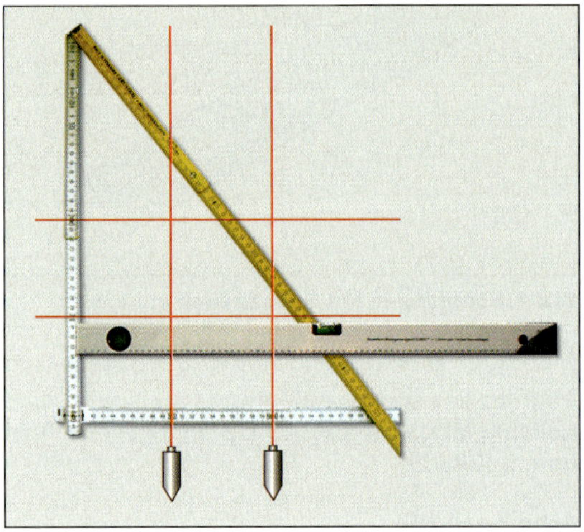
Bild 2: Rechten Winkel mit Gliedermaßstab anlegen

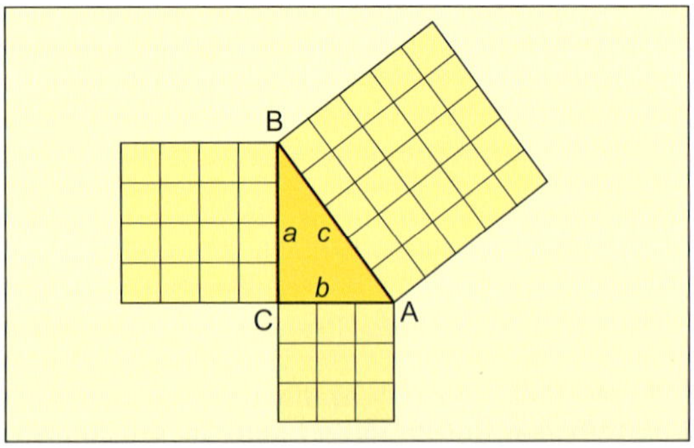

Bild 3: Lehrsatz des PYTHAGORAS

4.2 Flächen

Im Maler- und Lackiererhandwerk werden für Farbgestaltungen oder Ornamente oft flächige geometrische Formen gebraucht. Diese sind entweder eckig (dreieckig, viereckig, usw.), kreisförmig oder oval.

4.2.1 Dreiecke

▪ Arten von Dreiecken

Man bezeichnet Dreiecke nach ihren Seiten **(Bild 1)** oder nach ihren Winkeln **(Bild 2)**. Bei drei gleich langen Seiten heißt ein Dreieck **gleichseitig.** Drei ungleiche Seiten ergeben ein **ungleichseitiges Dreieck**. Sind zwei Seiten gleich lang, nennt man sie Schenkel und bezeichnet das Dreieck als **gleichschenklig.**

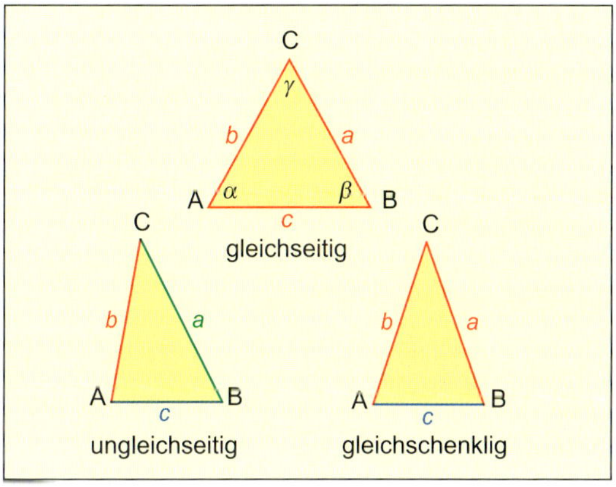

Bild 1: Dreiecke, nach Seiten bezeichnet

Je nach Winkelgröße gibt es spitzwinklige, rechtwinklige und stumpfwinklige Dreiecke **(Bild 2)**. Es spielt dabei keine Rolle, wo sich die genannten Winkel im Dreieck befinden.

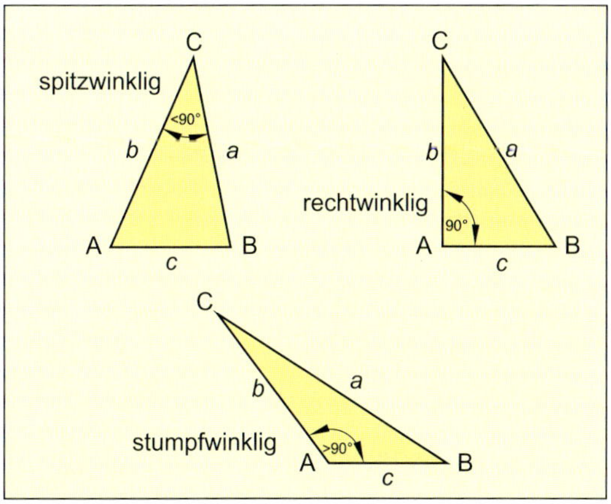

Bild 2: Dreiecke, nach Winkeln bezeichnet

▪ Bezeichnung der Ecken, Seiten und Höhen

Die **Eckpunkte** werden mit den Großbuchstaben A, B, C entgegen dem Uhrzeigersinn, die **Seiten** mit den Kleinbuchstaben *a, b, c* bezeichnet. Dabei liegt jedem Eckpunkt die gleichnamige Seite gegenüber, d.h. die Seite *a* liegt dem Eckpunkt A gegenüber usw.

In manchen Fällen werden die Seiten auch statt mit *a, b* und *c* mit l_1, l_2, l_3 bezeichnet. Die **Grundseite** trägt auch die Bezeichnung *g*.

Die **Höhen** werden mit *h* bezeichnet.

Sie stehen rechtwinklig auf den Seiten oder deren Verlängerung und beginnen in den gegenüberliegenden Eckpunkten. Ihre Bezeichnung hängt von der jeweiligen Seite ab: h_a, h_b und h_c. Die drei Höhen schneiden sich in einem Punkt, dem Höhenschnittpunkt H **(Bild 3)**.

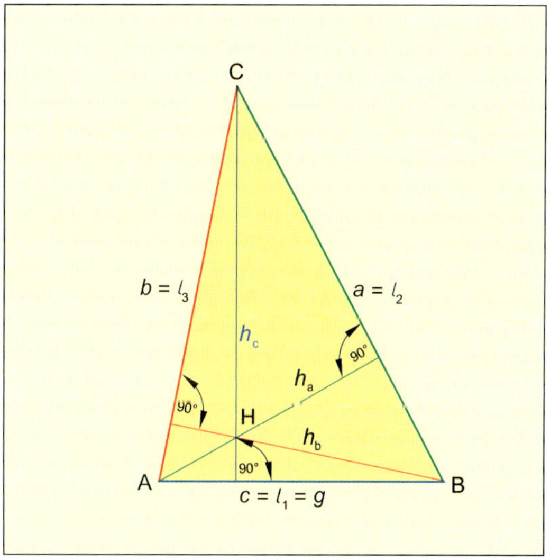

Bild 3: Bezeichnungen von Seiten und Höhen

▪ Dreiecke zeichnen

Gleichschenklige Dreiecke

Gleichschenklige Dreiecke werden nach folgender Methode gezeichnet **(Bild 1, S. 34):**

- Strecke $\overline{AB}$ zeichnen!
- Zum Zeichnen der Schenkel Kreisbögen mit dem Radius $r \geq \frac{1}{2}\,\overline{AB}$ um die Punkte A und B ziehen, bis diese sich schneiden! Dadurch entsteht Punkt C.
- Wenn man von C nach A und B Verbindungslinien zieht, entstehen die gewünschten Dreieckseiten $\overline{AB}$ und $\overline{BC}$.

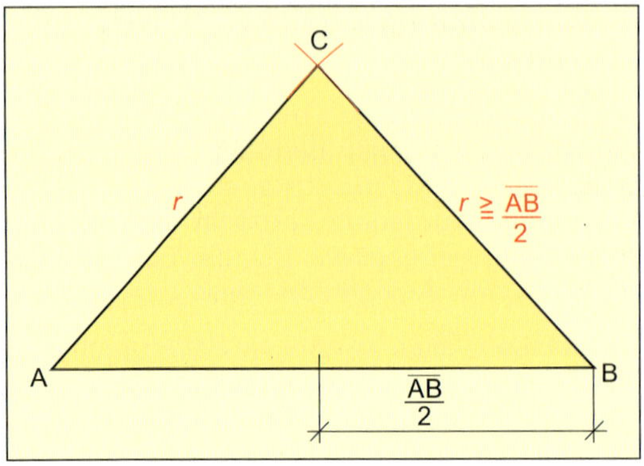

Bild 1: Gleichschenkliges Dreieck zeichnen

Gleichseitige Dreiecke

Gleichschenklige Dreiecke werden nach folgender Methode gezeichnet **(Bild 2)**:

- Strecke $\overline{AB}$ zeichnen!
- Mit der Seite $\overline{AB}$ als Radius *r* um A und B Kreisbögen ziehen, bis der Schnittpunkt C entsteht!
- Seiten $\overline{AC}$ und $\overline{BC}$ zeichnen!

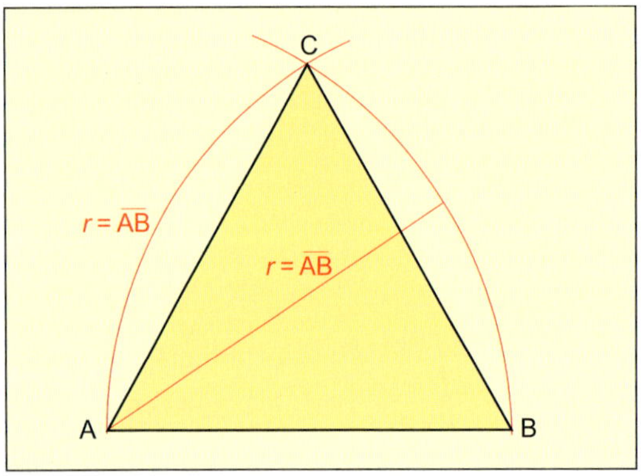

Bild 2: Gleichseitiges Dreieck zeichnen

4.2.2 Vierecke

Man unterteilt die Vierecke nach ihrer Form in Quadrate, Rechtecke, Parallelogramme, Rhomben (Einzahl: Rhombus), Drachenvierecke und Trapeze. Neben diesen regelmäßigen Flächen gibt es noch unregelmäßige Vierecke, die jedoch keinen besonderen Namen haben.

▪ Quadrate

Quadrate sind Vierecke mit vier gleich langen Seiten, die rechtwinklig zueinander stehen. Gegenüberliegende Seiten verlaufen parallel. Die Eckpunkte erhalten die Bezeichnung A, B, C, D, die wie beim Dreieck entgegengesetzt zum Uhrzeigersinn erfolgt. Die Seiten werden mit dem Buchstaben *a* oder l_1 bezeichnet. Weil Höhen immer senkrecht auf den Seiten der Flächen stehen, entspricht die senkrechte Seite auch der Höhe *h*. Zeichnet man die Diagonalen *e* und *f* ein, schneiden sie sich in der Mitte der Fläche in Punkt M **(Bild 3)**.

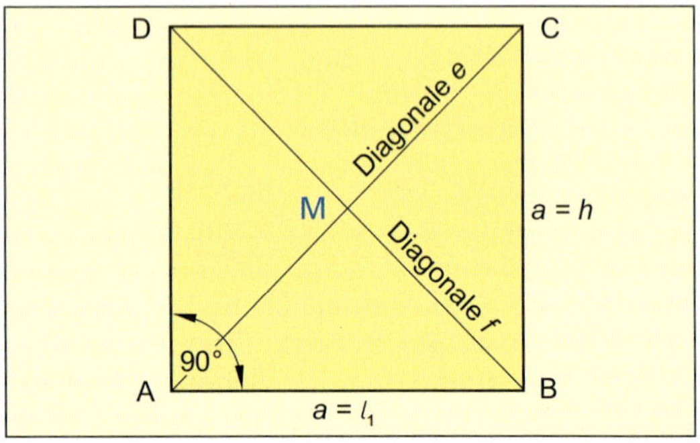

Bild 3: Quadrat mit Bezeichnungen

Quadrate zeichnen

- Strecke $\overline{AB}$ waagerecht zeichnen!
- In den Punkten A und B Senkrechte errichten!
- Auf der Senkrechten von A ausgehend die Länge der Seite $\overline{AB}$ antragen! Der Endpunkt heißt D.
- Durch D eine Parallele zu $\overline{AB}$ nach rechts ziehen, wodurch Punkt C entsteht!
- Wenn man die gegenüberliegenden Eckpunkte A mit C und B mit D verbindet, entstehen die Diagonalen *e* und *f*, die die gleiche Länge besitzen. Diese Linien können auch mit Strichpunkt-Linien gezeichnet werden, weil sie Symmetrieachsen sind.

▪ Rechtecke

Rechtecke sind Vierecke mit zwei Paar sich gegenüberliegenden parallelen Seiten. Alle Winkel in den Eckpunkten betragen 90°. Die Eckpunkte werden in der Regel wieder mit A, B, C, D bezeichnet. Die Seiten werden mit *a* und *b*, manchmal auch mit l_1 und l_2 bezeichnet. Die waagerechte untere Seite heißt auch Grundlinie *g*. Die Seite *b* entspricht wieder der Höhe *h*. Die Höhe *h* steht wie beim Quadrat senkrecht auf der Grundlinie des Rechtecks. Zeichnet man Diagonalen ein, schneiden sich diese wieder im Flächenmittelpunkt M **(Bild 1, S. 35)**. Gut gestaltete Rechtecke genügen einem ausgewiesenen Seitenverhältnis, z.B. 1 : 1,414 ist ähnlich DIN A4, 1 : 1,618 entspricht dem „goldenen Schnitt".

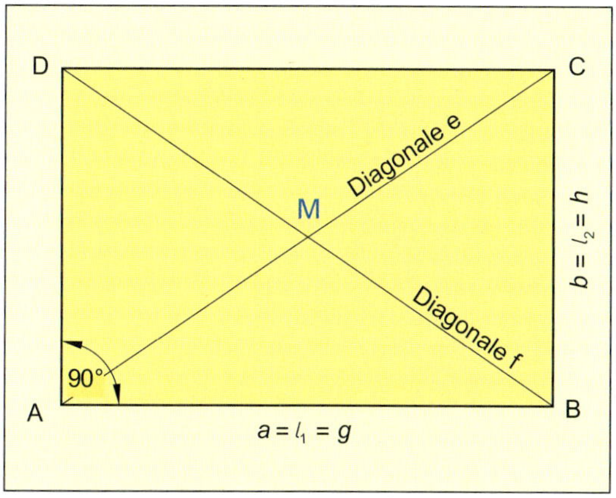

Bild 1: Rechteck mit Bezeichnungen

Rechtecke zeichnen

- Strecke $\overline{AB}$ waagerecht zeichnen!
- In A und B Senkrechte errichten!
- Auf der Senkrechten von B ausgehend die Länge der zweiten Seite *(b)* antragen! Sie muss kleiner oder größer als die Seite $\overline{AB}$ (bzw. *a*) sein. Der Endpunkt heißt C.
- Von C aus eine Parallele zu $\overline{AB}$ nach links ziehen, wodurch Punkt D entsteht!
- Die Verbindungslinien von A und C sowie B und D ergeben die Diagonalen *e* und *f*, die sich wie beim Quadrat in der Flächenmitte M treffen.

▪ Rhomben (Rauten), Parallelogramme

Rhomben sind von Quadraten und **Parallelogramme** von Rechtecken abgeleitete, „verschobene" Flächen. Ihre „Verschiebungsrichtung" ist dabei gleichgültig **(Bild 2)**. Die Längen der parallelen Seiten sind gleich, es gibt jedoch keine Winkel von 90°, sondern spitze und stumpfe Winkel. Gleich große Winkel liegen sich diagonal gegenüber.

Einen Rhombus kann man auch als **Raute** bezeichnen, ein Parallelogramm als **Rhomboid**. Oft wird der Begriff Raute nur für einen auf die Spitze gestellten Rhombus verwendet **(Bild 3)**.

HINWEIS Eine Raute ist immer zu zwei Achsen und zum Schnittpunkt ihrer Diagonalen symmetrisch, strahlt dadurch Ruhe und Harmonie aus **(Bild 3)**.

Ein Parallelogramm ist nur punktsymmetrisch zum Schnittpunkt seiner Diagonalen **(Bild 1)**.

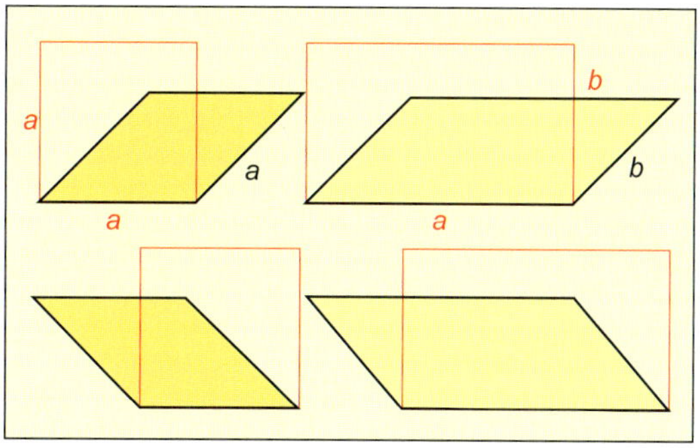

Bild 2: Rhombus (links) und Parallelogramm (rechts)

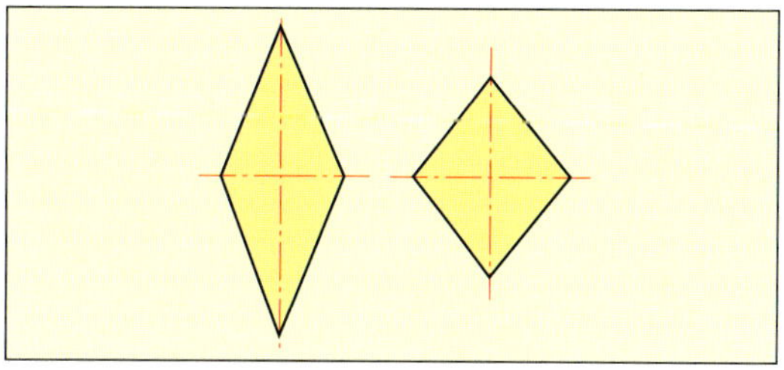

Bild 3: Besondere Lagen von Rhomben (Rauten)

Beim **Rhombus** sind alle **Seiten** gleich lang. Sie werden wie beim Quadrat mit *a* oder l_1 bezeichnet. Das **Parallelogramm** besitzt wegen seiner Verwandtschaft zum Rechteck zwei Paar unterschiedlich lange parallele Seiten mit der Bezeichnung *a* bzw. l_1 und *b* bzw. l_2. Die untere waagerechte Linie wird oft als Grundlinie *g* bezeichnet **(Bild 4)**.

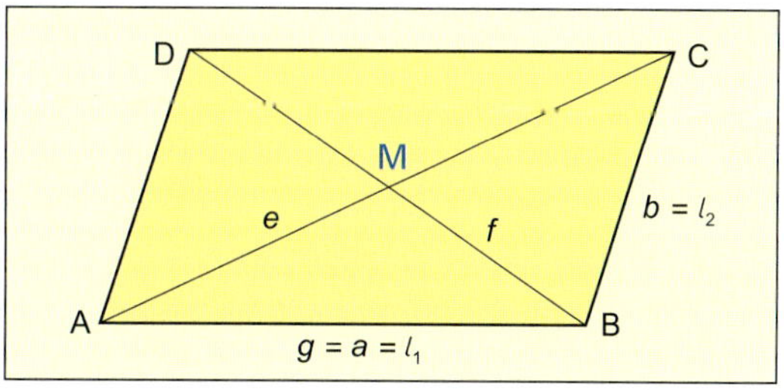

Bild 4: Seitenbezeichnungen am Parallelogramm

Die **Höhe *h*** steht immer senkrecht auf der entsprechenden Grundlinie und ist kürzer als die geneigten Seiten. Dabei kann die Messung an verschiedenen Stellen erfolgen **(Bild 5)**.

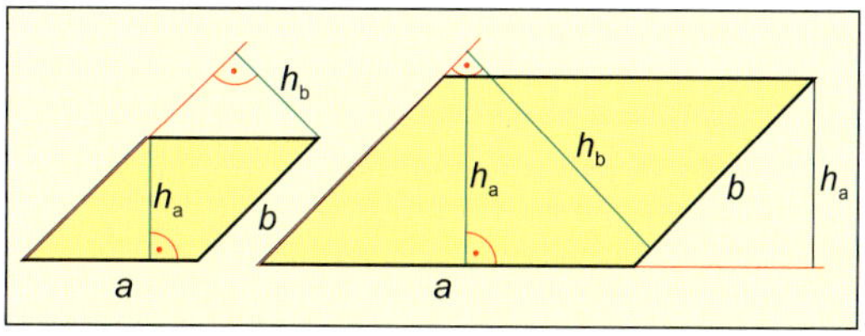

Bild 5: Höhenmessung im Rhombus oder Parallelogramm

Rhomben zeichnen

- Strecke $\overline{AB}$ zeichnen!
- In den Punkten A und B einen Winkel von z. B. 60° rechts antragen und die Seitenlinien ziehen!
- An der bei Punkt A beginnenden Linie die Länge von $\overline{AB}$ antragen, sodass der Punkt D entsteht!
- Parallele zur Grundlinie $\overline{AB}$ von Punkt D nach rechts ziehen, wobei Punkt C entsteht!
- Abschließend können die Diagonalen sowie die Höhe eingezeichnet und einschließlich der Eckpunkte und Seiten bezeichnet werden **(Bild 1)**.

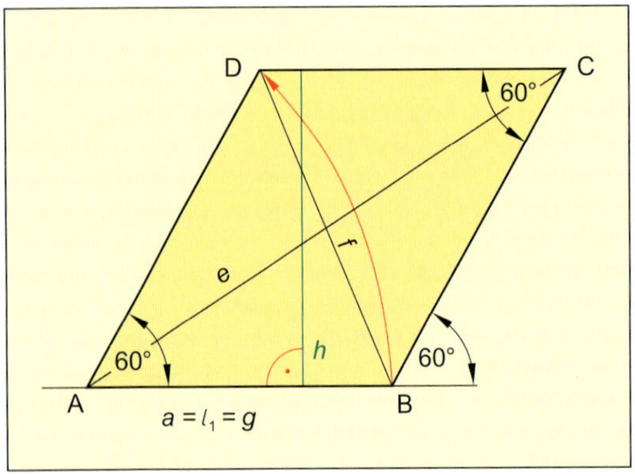

Bild 1: Rhombus zeichnen

Rauten zeichnen (Bild 2)

- Waagerechte zeichnen und darauf einen Punkt A markieren!
- Am Punkt A einen Winkel von z. B. 60° nach rechts und links antragen und in diesen Richtungen Geraden zeichnen!
- Von Punkt A mit dem Zirkel die Seitenlänge *a* auf den Geraden antragen! Die entstehenden Schnittpunkte mit B und D kennzeichnen!
- Von den Punkten B und D weitere Kreisbögen mit der gleichen Seitenlänge nach oben schlagen, bis sie sich schneiden und den Punkt C ergeben!
- Punkte B mit C sowie D mit C verbinden!
- Eckpunkte und Seiten bezeichnen!
- Von Punkt A aus eine Senkrechte zeichnen! Sie muss im Punkt C enden und stellt eine Symmetrieachse *e* dar. Sie ist gleichzeitig die Höhe der auf die Spitze gestellten Raute. Indem man Punkt D mit Punkt B verbindet, entsteht die zweite Symmetrieachse *f*.

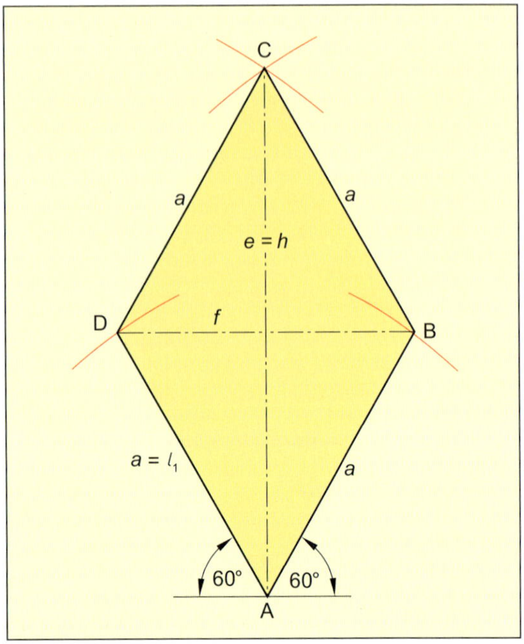

Bild 2: Auf die Spitze gestellte Raute zeichnen

Parallelogramme zeichnen

- Strecke $\overline{AB}$ zeichnen!
- In den Punkten A und B Winkel von z. B. 60° rechts antragen und Seitenlinien zeichnen!
- An der bei A beginnenden Linie die Länge $\overline{AD}$ antragen, sodass der Punkt D entsteht! Ihre Größe muss sich von $\overline{AB}$ unterscheiden.
- Parallele zur Grundlinie $\overline{AB}$ von Punkt D nach Punkt C zeichnen!
- Abschließend können die Diagonalen *e* und *f* sowie die Höhe *h* eingezeichnet und einschließlich der Eckpunkte und Seiten bezeichnet werden **(Bild 3)**.

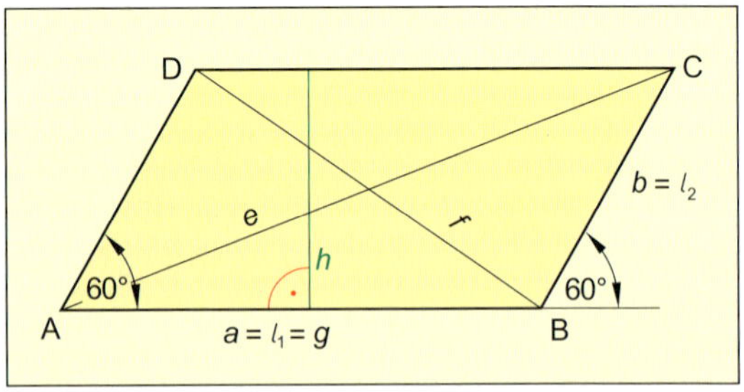

Bild 3: Parallelogramm zeichnen

Hinweis In jedem Viereck beträgt die Summe der Innenwinkel 360°.

In jedem Viereck halbieren sich die Mittellinien.

▪ Drachenvierecke (Drachen)

Drachenvierecke bestehen aus zwei um ihre senkrechte Symmetrieachse gespiegelten Dreiecken. Die Achse ist gleichzeitig die Höhe des Drachenvierecks. Die beiden unteren Seiten der Dreiecke heißen *a* oder l_1, die oberen *b* oder l_2. Dabei sind die unteren Seiten länger als die oberen **(Bild 1)**.

Drachenvierecke zeichnen

- Eine Waagerechte in Punkt A zeichnen!
- In Punkt A eine Senkrechte zeichnen, die die Symmetrieachse des Drachenvierecks darstellt! Darauf wird von A die Höhe *h* angetragen und mit Punkt C markiert.
- Mit der Seitenlänge *a* werden um Punkt A zwei Kreisbögen nach oben geschlagen, die die unteren seitlichen Begrenzungen des Vierecks bilden.
- Mit der Seitenlänge *b*, die kleiner als *a* ist, werden um Punkt C zwei weitere Kreisbögen nach unten geschlagen. Schneiden sie sich mit den von A ausgehenden Bögen, entstehen die Punkte B und D.
- Zieht man Verbindungslinien von Punkt A nach D und von Punkt A nach B sowie von Punkt C nach D und von Punkt C nach B, entstehen die Seitenbegrenzungen *a* und *b* des Drachenvierecks.

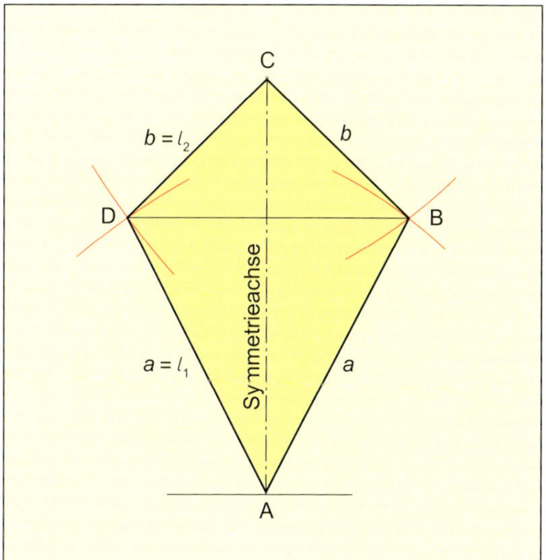

Bild 1: Drachenviereck mit Hinweisen zum Zeichnen

HINWEIS Wenn die Zeichnung mit vier gleich langen Seiten ausgeführt wird, entsteht eine Raute.

▪ Trapeze

Trapeze sind Vierecke mit einem Paar paralleler ungleich langer Seiten $a = l_1$ und $c = l_3$. Die Seite *a* bezeichnet man oft auch mit *g*. Die beiden andern Seiten $b = l_2$ und $d = l_4$ heißen Schenkel. Es gibt gleichschenklige **(Bild 2)** und ungleichschenklige **(Bild 3)** Trapeze.

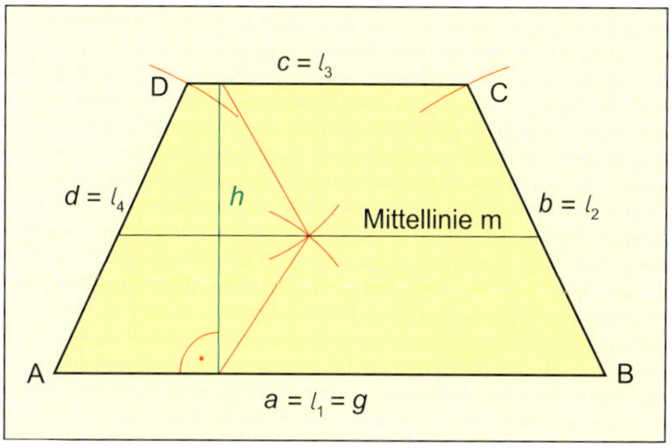

Bild 2: Gleichschenkliges Trapez

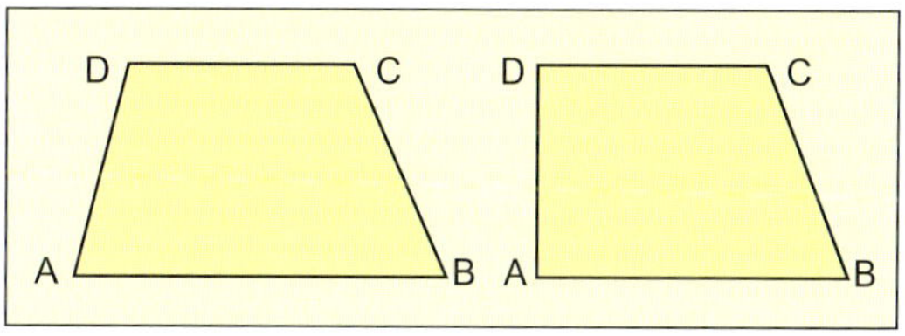

Bild 3: Ungleichschenklige Trapeze

Die Seitenbezeichnung erfolgt entgegen dem Uhrzeigersinn.

Der senkrechte Abstand zwischen den Parallelen heißt Höhe *h*.

Halbiert man die Höhe und zeichnet durch diesen Punkt eine Parallele zur Grundlinie, entsteht die Mittellinie *m*.

Die nachfolgenden Trapeze weisen Besonderheiten auf.

In **Bild 4** wurden die Trapeze gespiegelt, sodass die ursprüngliche Grundseite oben liegt.

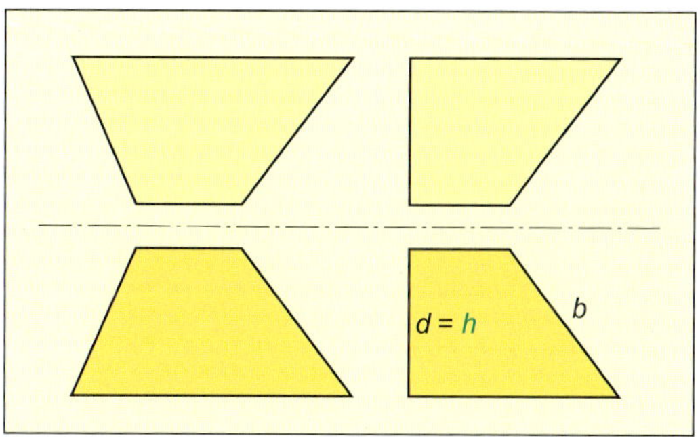

Bild 4: Gespiegelte Trapeze

Beim Konstruieren sollte man bei ihnen trotzdem mit der Unterseite, in diesem Fall mit der kürzeren Seite beginnen.

Beim zweiten Trapez wurde die Höhe *h* genauso groß gewählt wie die Seite *d*. Statt Seite *d* kann auch Seite *b* senkrecht stehen und somit der Höhe entsprechen.

Anwendung könnten diese Formen z.B. beim Zeichnen von Transportcontainern finden.

Die folgenden Trapeze wurden in andere Stellungen **gedreht**, sodass die **Parallelen nicht mehr waagerecht** angeordnet sind **(Bild 1)**.

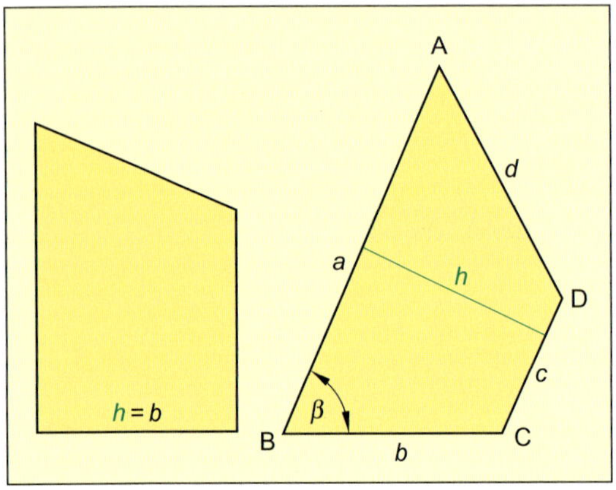

Bild 1: Gedrehte Trapeze

Die linke Form könnte bei Häusern mit Pultdach eine Rolle spielen, die rechte bei modernen Baukonstruktionen.

Das linke Trapez kann wie die vorhergehenden Trapeze konstruiert werden. Die Trapezhöhe ist aber waagerecht einzuzeichnen. Bei der rechten Form muss zusätzlich der Winkel *β* am Punkt B bekannt sein.

Trapeze zeichnen

- Strecke $\overline{AB}$ waagerecht zeichnen **(Bild 2, S. 37)**!
- Höhe *h* auf $\overline{AB}$ antragen und durch ihren Endpunkt eine Parallele zur Grundlinie ziehen.
- Von den Punkten A bzw. B Kreisbögen mit den Längen der Schenkel schlagen, bis sie die obere Parallele schneiden! Wenn gleiche Längen verwendet werden, entsteht ein gleichschenkliges Trapez, bei unterschiedlichen Maßen ein ungleichschenkliges. Die Eckpunkte werden mit C und D bezeichnet.
- Um die Trapezschenkel zu erhalten, werden die Punkte A mit D bzw. B mit C verbunden.
- Zum Eintragen der Mittellinie ist die Höhe zu halbieren und dann eine Parallele zu *a* durch diesen Punkt zu zeichnen!

4.2.3 Kreise

Kreise sind in sich geschlossene Bögen, die von ihrem Mittelpunkt immer den gleichen Abstand, den Radius *r* haben. Der doppelte Radius heißt Durchmesser *d*.

Im **Bild 2** sind in einem Kreis besondere Linien und Teilungsflächen eingetragen.

- **Sehnen:** Sehnen *(s)* sind die gerade Verbindung zweier Punkte auf der Kreislinie (Peripherie).
- **Durchmesser:** Der Durchmesser *d* ist die größte Sehne des Kreises. Er verläuft durch den Mittelpunkt M.
- **Radius:** Der Radius *r* ist der halbierte Durchmesser.
- **Tangenten:** Tangenten sind Geraden, die die Kreislinie *b* in einem Punkt berühren.
- **Kreisabschnitte:** Kreisabschnitte sind Flächen, die von einem Teil des Kreisbogens *b* und der angrenzenden Sehne *s* gebildet wird. Die Höhe wird als **Stichhöhe** s_h bezeichnet. Sie ist gleichzeitig die Mittelsenkrechte der Sehne.
- **Kreisausschnitte:** Kreisabschnitte sind Flächen, die durch zwei Radien, die von M in beliebigem Winkel ausgehen und dem dazugehörigen Teil des **Kreisbogens *b*** begrenzt werden.

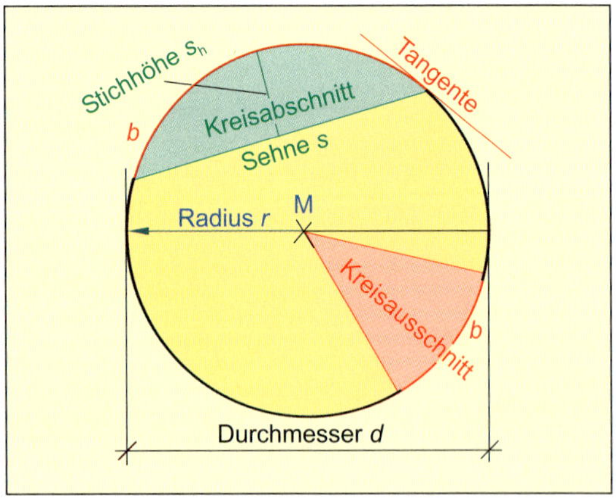

Bild 2: Kreis mit wichtigen Linien und Teilflächen

Von besonderer Bedeutung ist die Lage von zwei Kreisen zueinander: Sie können außerhalb ihrer Kreisränder (Peripherien) liegen oder sich dabei berühren. Sie können sich schneiden oder innerhalb der Kreisränder liegen. Besitzen zwei unterschiedlich große Kreise den gleichen Mittelpunkt, entsteht ein **Kreisring.**

Kreise zeichnen

Kreise werden normalerweise mit dem Zirkel gezeichnet.

Beim Anfertigen von Maßlinien an Bauzeichnungen wird jedoch ein Nullenzirkel oder eine Kreisschablone verwendet.

Größere Kreise (z. B. an Tafeln) entstehen mit dem Schultafelzirkel.

An noch größeren Flächen, z. B. einer Deckenfläche, arbeitet man mithilfe einer Schnur mit der Länge des Radius, an deren Ende sich ein Stück Kreide befindet. Befestigt man die Schnur am Mittelpunkt und zieht die Schnur straff gespannt kreisförmig herum, entsteht der Kreis.

▪ Wiederauffinden eines Kreismittelpunktes

Für Renovierungsarbeiten werden von teilweise vorhandenen Kreislinien die Mittelpunkte benötigt, um diese neu zu zeichnen.

Es ist möglich, auf zweierlei Art vorzugehen:

Mithilfe von zwei Sehnen

Zwei Sehnen werden in einem beliebigen Winkel, der meist kleiner als 90° ist, gezogen. Beim Arbeiten auf Papier benutzt man einen Bleistift, auf Arbeitsplatten und größeren Flächen werden Schnurschläge ausgeführt.

Errichtet man auf beiden Sehnen die Mittelsenkrechten, so schneiden sich diese im Mittelpunkt M des Kreises **(Bild 1).**

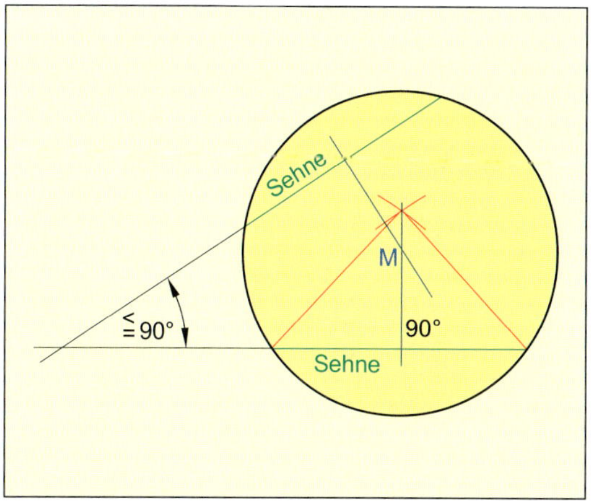

Bild 1: Mittelpunkt durch Sehnen finden

Mithilfe eines Quadrats

Man zeichnet um den Kreis ein Quadrat mithilfe von rechtwinklig aufeinander stehenden Tangenten.

Werden dann beide Diagonalen in das Quadrat eingezeichnet, schneiden sich diese im Mittelpunkt des Kreises **(Bild 2).** Je nach Kreisgröße werden Lineal oder Schlagschnur dazu verwendet.

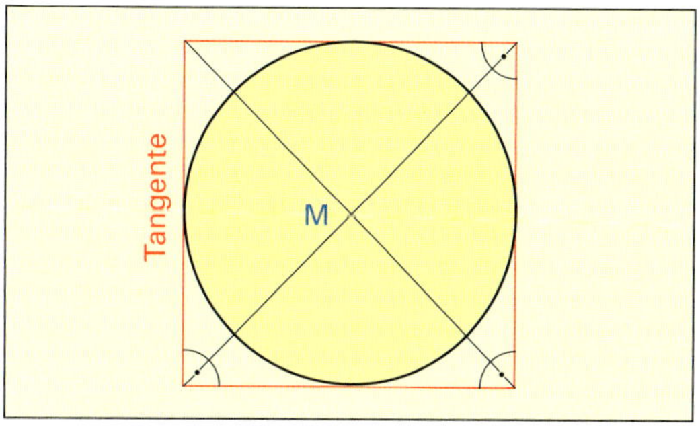

Bild 2: Mittelpunkt durch ein Quadrat finden

Bei kleinen Kreisen ist es mit einer Kreisschablone möglich, die Mittelpunkte zu finden. An den Kreisen der Schablone befinden sich kleine Markierungen, die beim Verlängern zum Kreismittelpunkt M führen **(Bild 3).**

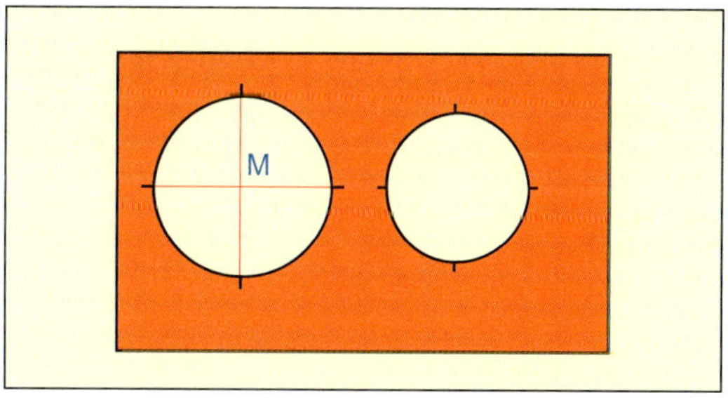

Bild 3: Mittelpunkt mit einer Kreisschablone finden

▪ Kreisteilungen

Kreisteilungen sind von Bedeutung, wenn z. B. Ornamentmotive kreisförmig angeordnet werden sollen. Die Kreisteilung wird auch zum Zeichnen von regelmäßigen Vielecken und Sternen benötigt. Sie kann mit dem Zirkel oder durch Berechnungen erfolgen.

Kreisteilungen mit dem Zirkel sind nur bei **Winkelhalbierungen** relativ einfach durchzuführen. Teilungen auf der Basis von drei, fünf, sechs Teilen und deren Vielfachen sind komplizierter. Deshalb wendet man dafür die rechnerische Teilung an.

Die **konstruktive Winkelhalbierung** ist für die Kreisteilung auf der Basis von vier, acht, sechzehn Teilen usw. von Bedeutung. Sie wird in folgenden Arbeitsschritten ausgeführt **(Bild 1)**:

- Zeichnen Sie einen Winkel von z. B. 46°! Der Anfangspunkt wird mit M gekennzeichnet.
- Von M ziehen Sie einen Kreisbogen *b* zu den Begrenzungslinien des Winkels, sodass die Punkte A und B entstehen!
- Dann werden Kreisbögen gleicher Länge um A und B geschlagen, bis sie sich in Punkt P schneiden.
- Die Verbindungslinie von P nach M halbiert den Winkel.

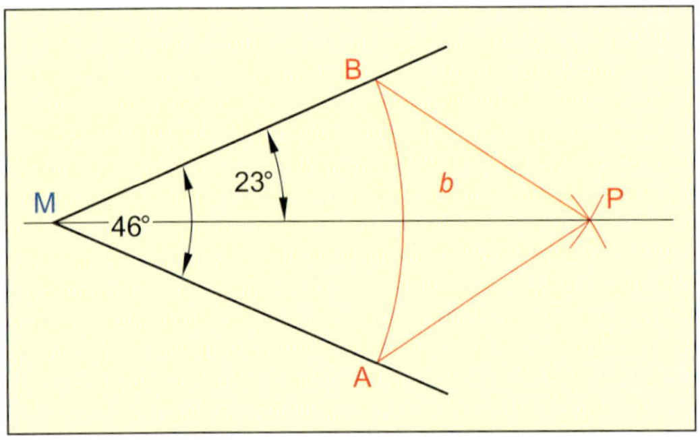

Bild 1: Konstruktive Winkelhalbierung

In **Bild 2** ist die konstruktive Methode der Winkelhalbierung an einem Kreis angewendet worden, wobei der Winkel von 90° mehrmals halbiert wurde. Der Kreis ist in diesem Fall in vier, acht, sechzehn Teile usw. teilbar.

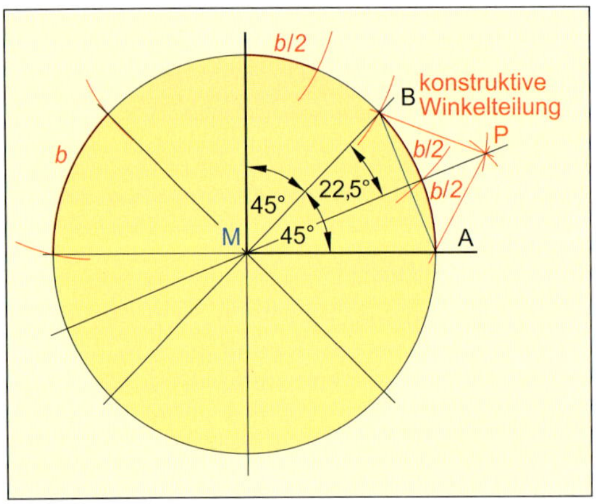

Bild 2: Kreis durch Winkelhalbierung teilen

Einfacher als die konstruktive Methode und immer anwendbar ist die **rechnerische Winkelteilung.** Man dividiert zu dem Zweck die Winkelsumme des Kreises von 360° durch die Anzahl der geplanten Kreisteile.

Zum Beispiel

360° : 3 Teile = 120° pro Kreisteil oder
360° : 5 Teile = 72° oder
360° : 6 Teile = 60° oder
360° : 12 Teile = 30° usw.

Die errechneten Winkel werden vom Kreismittelpunkt aus mit dem Winkelmesser möglichst so angetragen, dass geplante Dekorformen achsialsymmetrisch angeordnet werden **(Bild 3).**

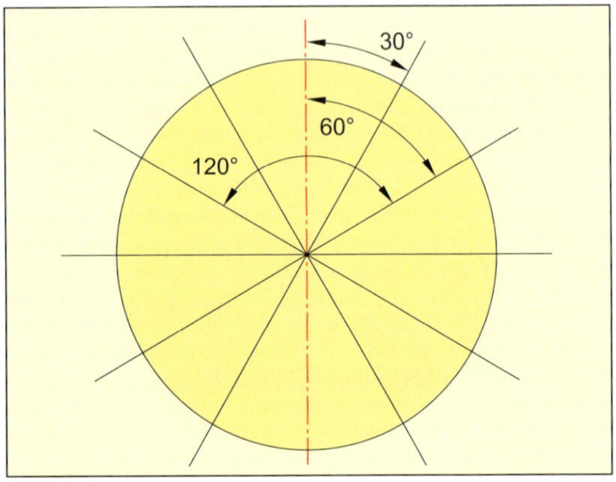

Bild 3: Kreis mithilfe des Winkelmessers teilen

TIPP Beachten Sie das Prinzip der Teilungen: Die Verdoppelung der Zahlenwerte des Divisors halbiert die Winkel!

▪ Bogenkonstruktionen

Einfache Bogenkonstruktionen sind der Rundbogen (Halbkreis), der Segmentbogen (Kreisabschnitt) und der gotische Bogen.

Gotischen Bogen zeichnen (Bild 4)

Mit der Spannweite *s* um Punkt A und um Punkt B einen Kreisbogen mit $r = \overline{AB}$ geschlagen, ergibt den Scheitelpunkt S. Die Verbindung der Punkte A, B, S ergeben ein gleichseitiges Dreieck. Liegt der Einstichpunkt E für den Kreisbogen außerhalb $\overline{AB}$, wirkt der Bogen gestreckt, liegt der Einstichpunkt innerhalb $\overline{AB}$, wirkt der Bogen gedrückt.

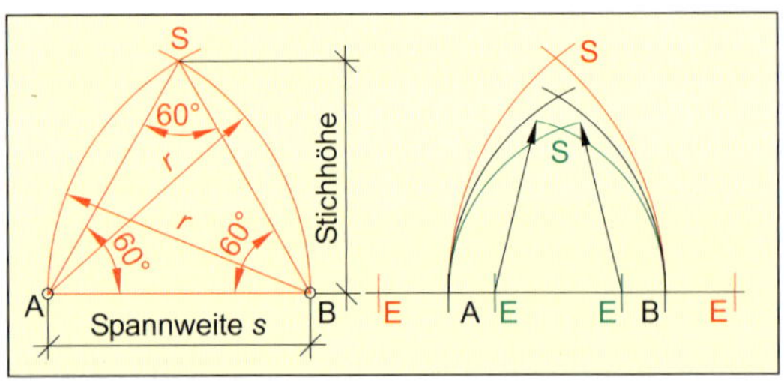

Bild 4: Gotische Bögen

4.2.4 Vielecke und Sterne

Vielecke und Sterne kann man von den Kreisteilungen ableiten.

Vielecke zeichnen

Vielecke entstehen am einfachsten, indem man die durch Rechnung ermittelten Teilungspunkte am Kreisbogen durch Geraden verbindet. Aus der **Dreierteilung** entstehen Dreiecke **(Bild 1)**, Sechsecke, Zwölfecke, aus der **Viererteilung** Vier-, Acht-, Sechzehnecke, aus der **Fünferteilung** Fünfecke, Zehnecke usw.

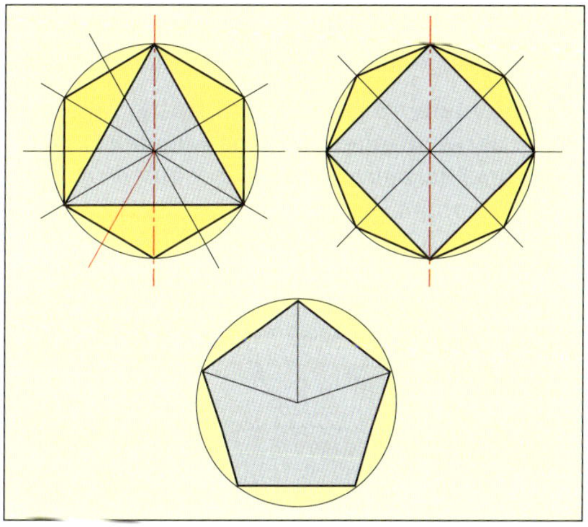

Bild 1: Vielecke zeichnen

TIPP Vielecke sollten beim Zeichnen an der senkrechten Symmetrieachse beginnen!

Sterne zeichnen

Sterne können ebenso wie Vielecke auf der Grundlage der Kreisteilung konstruiert werden. Man benötigt allerdings einen weiteren kleineren Kreis, an dem die inneren Ecken liegen **(Bild 2)**.

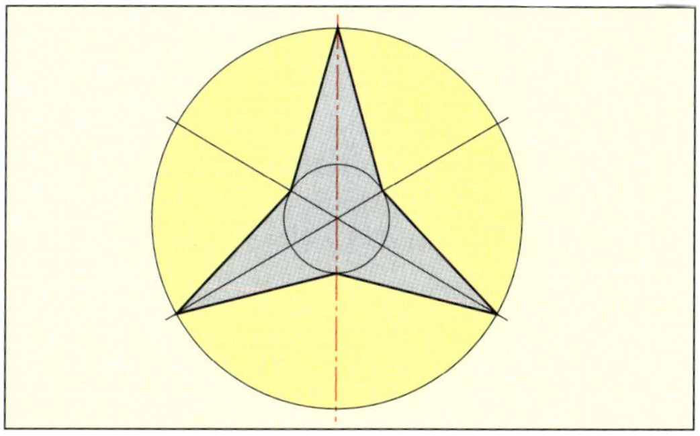

Bild 2: Stern zeichnen

4.2.5 Ellipsen

Ellipsen **(Bild 3)** unterscheiden sich von Kreisen dadurch, dass sie zwei unterschiedlich lange Durchmesser bzw. Achsen besitzen. Diese Achsen kreuzen sich im Mittelpunkt M.

Der **große Durchmesser** (d_1) ist die waagerechte Hauptachse, der **kleine Durchmesser** (d_2) die senkrechte Nebenachse. Halbiert man die Durchmesser, entstehen die Radien r_1 und r_2. Sie beginnen im **Mittelpunkt M** der Ellipse und bilden Kreise, die die Ellipse in beiden Richtungen einfassen.

Ein weiteres Merkmal von Ellipsen sind die **Brennpunkte**. Sie heißen $\mathbf{F_1}$ und $\mathbf{F_2}$ und liegen auf der Hauptachse. Von ihnen gehen gerade Linien an jeden Punkt P auf dem Rand der Ellipse, deren Summe $f_1 + f_2$ immer gleich groß ist. Die Linien heißen **Fahrstrahlen *(f)***. Mit ihnen kann man den Ellipsenbogen zeichnen.

Um F_1 und F_2 zu erhalten, wird der große Radius r_1 von Punkt D auf die Hauptachse nach links und rechts mit einem Zirkel übertragen.

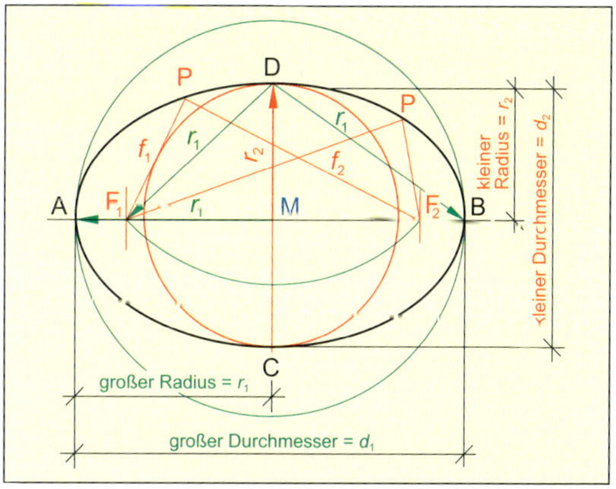

Bild 3: Merkmale einer Ellipse

Anwendung finden Ellipsen z. B. als dekorative Einfassung einer Decke, die man als **Deckenspiegel** bezeichnet **(Bild 4)**.

Bild 4: Deckengestaltung durch eine Ellipse

In manchen Gebäuden werden Öffnungen nicht mit waagerechten Stürzen, sondern mit Halbbögen von Ellipsen begrenzt. Die bogenförmige Linie nennt man **Korbbogen (Bild 1)**. Ihre Bogenhöhe entspricht dem kleinen Radius r_2, die in diesem Fall jedoch wie beim Kreisabschnitt als **Stichhöhe s_h** bezeichnet wird.

Bild 1: Korbbogen an einer Fensteröffnung

Ellipsen zeichnen

Zum Zeichnen von Ellipsen benötigt man entweder die Brennpunkte und Fahrstrahlen oder die Radien und arbeitet mit Kreisen.

▪ Zeichnen mit Fahrstrahlen

Diese Methode ist für große Flächen, z. B. für Deckenflächen, geeignet.

Man benötigt eine Schnur ausreichender Länge, ein Malerlineal, ein Messgerät (Gliedermaßstab oder Bandmaß) sowie Kreide oder einen Bleistift. Zum Zeichnen werden je nach Größe der Ellipse mindestens zwei Personen benötigt.

Arbeitsschritte

- Legen Sie zuerst die sich im Mittelpunkt M kreuzenden Durchmesser der Ellipse an, entweder mit Lineal und Kreide oder durch Schnurschläge! Markieren Sie die Endpunkte der Radien r_1 und r_2 mit A, B, C und D!
- Ermitteln Sie die Brennpunkte F_1 und F_2, indem Sie den großen Radius r_1 von M nach A messen! Überträgt man seine Länge vom Endpunkt D des kleinen Durchmessers auf die große Achse durch Zirkelschläge, entstehen die beiden Brennpunkte F_1 und F_2.
- Markieren Sie nun auf der Schnur die Länge des großen Durchmessers $\overline{AB}$ und halten Sie ihre Enden an den Brennpunkten fest! Wenn jetzt die Schnur in der Mitte straff gezogen wird, entsteht ein bewegliches Dreieck mit den Eckpunkten F_1, P, F_2, in dessen Spitze man die Kreide oder den Stift einlegt. Fährt man mit der Kreide an der straff gespannten Schnur von D nach A und anschließend von D nach B, entsteht der obere Ellipsenbogen.
- Den unteren Bogen der Ellipse zeichnen Sie mit der gestrafften durchhängenden Schnur, indem Sie beim Punkt C beginnen und die Linie ziehen!

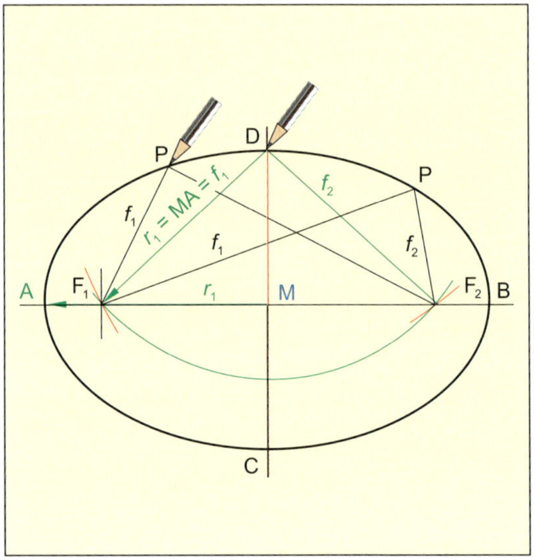

Bild 2: Ellipse mit Fahrstrahlen zeichnen

TIPP Um das mühevolle Arbeiten an der Decke mit Leitern zu vereinfachen, wird die Ellipse auf dem Fußboden gezeichnet und mit Schablonen aus Pappe an die Decke übertragen. Für den Zweck genügt ein Viertel der Form, die man an die geschnürten Achsen zum Anzeichnen der Bögen anlegt.

Arbeiten Sie zu Übungszwecken an einer Schultafel oder einer senkrecht stehenden rechteckigen Platte für dekorative Arbeiten **(Bild 2)**!

▪ Zeichnen mit Radien und Kreisen

Diese Konstruktion ist für die Konstruktion auf Papier geeignet und stellt eine Näherungslösung dar.

Man benötigt neben Lineal und Zeichendreieck einen Zirkel, ein Kurvenlineal und einen Bleistift.

- Zeichnen Sie als erstes wieder die beiden Achsen für die Ellipse und kennzeichnen Sie den Mittelpunkt M! Zeichnen Sie die Radien r_1 und r_2 **(Bild 1)**! Markieren Sie darauf die Punkte A, B, C und D! Damit erhalten Sie die Gesamtausdehnung der geplanten Ellipse.
- Zeichnen Sie anschließend vom Mittelpunkt M ausgehend einen Kreis mit dem kleinen Radius r_2!
- Anschließend werden zwei Kreise mit einem Radius r_3 auf der waagerechten Achse gezeichnet. Der Radius r_3 muss immer kleiner als der Radius r_2 sein.

Zeichnen Sie die zwei Kreisbögen so, dass sie in den Punkten A bzw. B enden! Ihre Mittelpunkte M_1 finden Sie, wenn Sie von A (oder B) Zirkelschläge mit dem Radius r_3 zur Mitte M durchführen.

Die gezeichneten Kreisbögen entsprechen allerdings nur teilweise den Ellipsenbögen. Deshalb muss man ein Kurvenlineal an die Kreisbögen anlegen, um die fehlenden Ellipsenbögen b_1 zu ergänzen.

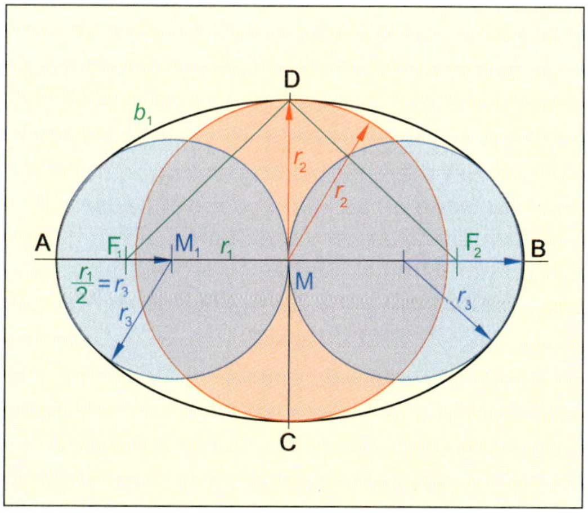

Bild 1: Ellipsenkonstruktion mit Kreisen

Elliptisches Band zeichnen

Zu diesem Zweck ist es nötig, zwei Ellipsen mit gleichen Abständen ineinander zu zeichnen.

- Zeichnen Sie zuerst die äußere Ellipse, z. B. mit der Fahrstrahlmethode, nachdem Sie die Achsen festgelegt haben!
- Die innere, kleinere Ellipse kann man an die äußere in der Weise anpassen, indem einem Messstreifen gearbeitet wird. Auf dem Streifen wird die Bandbreite markiert und mehrmals senkrecht zur Bogenlinie angetragen. Es genügt, die Messungen nur an einem Viertel der Ellipse vorzunehmen.
- Wenn die Markierungen mit einem Kurvenlineal verbunden werden, entsteht der innere Bogen. Für einen großen Bogen verbindet man die Punkte freihändig.
- Stellt man von diesem ersten Bogen eine Pappschablone her, können mit ihrer Hilfe die übrigen drei Bögen gezeichnet werden, indem man sie an den Ellipsenachsen anlegt **(Bild 2)**. **Bild 3** zeigt ein Anwendungsbeispiel.

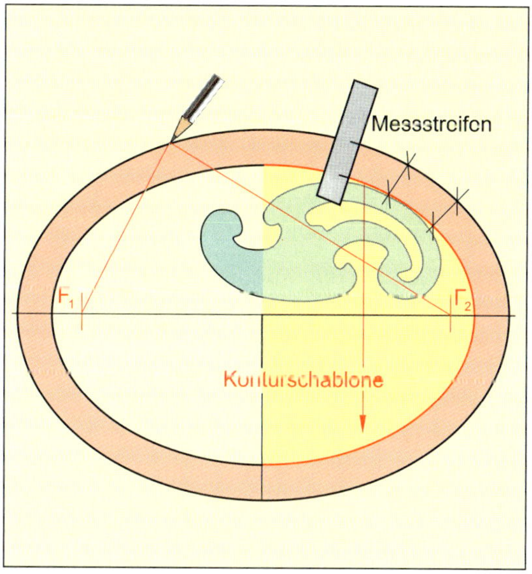

Bild 2: Ellipsenband zeichnen

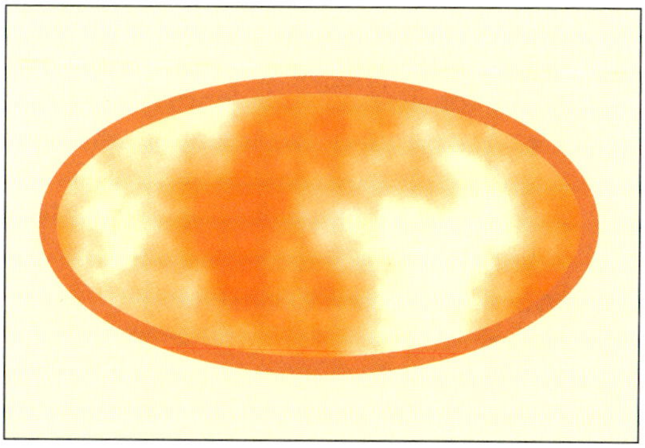

Bild 3: Ellipsenband als Dekoreinfassung

4.3 Aufgaben

1. Zeichnen Sie auf kariertem Papier ein gleichschenkliges Dreieck ohne Winkelmesser! Die Grundlinie soll 10 cm lang sein und die Winkel α und β sollen 30° betragen.

   Wie lang sind die gleichschenkligen Seiten?

2. Zeichnen Sie ein gleichseitiges Dreieck mit der Seitenlänge von 12 cm! Wie groß sind die Winkel α, β und γ?

3. Kann man ein gleichseitiges Dreieck mit Winkeln von 45° zeichnen? Begründen Sie die Antwort!

4. Konstruieren Sie ein Dreieck mit den Seiten $c = 8{,}5$ cm und $a = 6{,}2$ cm! Der Winkel β beträgt 90°.

a) Tragen Sie die Höhen ein und bezeichnen Sie diese!

b) Geben Sie die Maße der Höhen an!

5. Zeichnen Sie die rechteckige Wand eines Wohnraumes mit einer Breite von 5,70 m und einer Höhe von 2,85 m im Maßstab 1 : 50!

a) Fügen Sie die Diagonalen ein!

b) Stellen Sie die Längen der Diagonalen durch Messen fest!

c) Überprüfen Sie das Messergebnis durch eine Berechnung!

6. Zeichnen Sie die Seitenansicht eines ungleichschenkligen trapezförmigen Abfallcontainers im Maßstab 1 : 30! Seine Grundseite hat eine Länge von 2,00 m, die Seitenkanten betragen 1,90 m und 2,20 m, die Höhe 1,60 m.

7. Die Seitenwand eines Pavillons hat die Form von einem Parallelogramm. Zeichnen Sie diese mit den Maßen $a = 4{,}50$ m, $b = 3{,}20$ m und dem Winkel von 75° im Punkt A! Benutzen Sie den Maßstab 1 : 50!

a) Wie hoch ist der Pavillon in der Zeichnung?

b) Berechnen Sie seine ungefähre wirkliche Höhe aus dem gemessenen Wert!

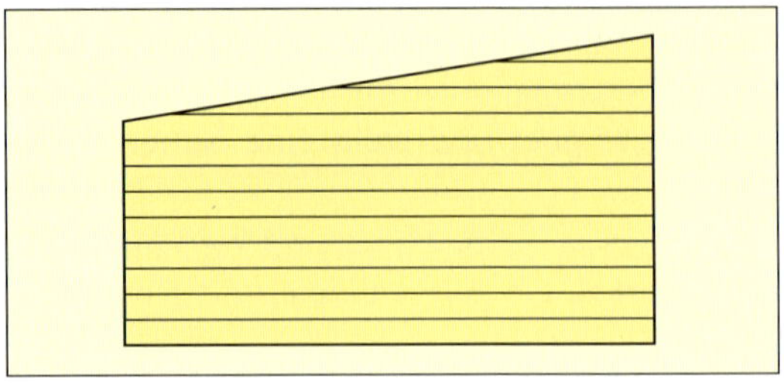

Bild 1: Skizze zu Aufgabe 8

8. Zeichnen Sie die Seitenwand eines trapezförmigen Carports **(Bild 1)** mit waagerechter Holzverschalung! Er trägt ein Pultdach. Seine Grundseite beträgt 5,00 m, die beiden Höhenmaße 2,05 m und 2,40 m. Arbeiten Sie mit dem Maßstab 1 : 50!

a) Zeichnen Sie die Verschalung ein, die aus 12 Bretterreihen besteht, indem Sie mit einem schräg gelegten Lineal arbeiten und davon die Zentimeterteilung von 0 bis 12 benutzen!

b) Warum ist es sinnvoll, die Teilung mit einem schräg gelegten Lineal vorzunehmen?

9. Teilen Sie ein Rechteck von 4 cm Breite und 5 cm Höhe in der Senkrechten in 7 gleiche Teile, indem Sie mit dem schräg gelegten Lineal arbeiten! Legen Sie das Lineal an den Anfangspunkt des Rechtecks an.

10. Teilen Sie ein Rechteck von 12 cm Breite und 16 cm Höhe wie in Aufgabe 9 in 7 gleiche Teile! Welches Problem tritt bei dieser Zeichnung auf und wie löst man es?

11. In der maßstäblichen Zeichnung der Giebelseite eines kleinen Gartenhauses aus einem Quadrat und einem gleichschenkligen Dreieck werden die quadratischen Seiten mit $a = 3{,}2$ cm, die Dachschrägen mit 2,1 cm gemessen.

a) Zeichnen Sie den Giebel!

b) Führen Sie die Bemaßung der Zeichnung normgerecht durch! Der Abstand der Maßlinien soll 10 mm betragen. Die Maßzahlen sollen 3 mm groß sein.

c) Wie groß sind die Originalmaße des Giebels, wenn die Zeichnung im Maßstab 1 : 100 ausgeführt wurde?

4.3 Aufgaben

12. In eine quadratische Decke mit einer Kantenlänge von 8,50 m soll ein kreisförmiges Band zentral eingezeichnet werden. Das Band soll vom Deckenrand einen Abstand von 60 cm haben und 37,5 cm breit sein.

    Stellen Sie mit diesen Angaben eine Zeichnung im Maßstab 1 : 75 her!

13. Ein Raum mit quadratischem Grundriss mit den Seitenmaßen von 8,00 m soll an der Decke ein kreisförmig angeordnetes Dekor erhalten. Dazu muss er in 16 gleich große Teile in Form von Kreisausschnitten gegliedert werden. Der Durchmesser des Kreises beträgt 6,50 m.

    Zeichnen Sie die Decke im Maßstab 1 : 50 und teilen Sie den Kreis! Arbeiten Sie nur mit Zirkel, Lineal und Dreieck!

14. Entwerfen Sie die maßstäbliche Zeichnung einer quadratischen Decke mit einer Seitenlänge von 16 cm mit einem geschlossenen regelmäßig achteckigen Band! Der zur Konstruktion des Achtecks notwendige Kreis soll einen Durchmesser von 10 cm besitzen. Die Bandbreite soll 4 mm betragen. Arbeiten Sie nur mit Lineal, Dreieck und Zirkel!

15. Zeichnen Sie das sechseckige sternförmige Symbol einer Firma für die Seitenfläche ihres LKWs! Der für den Stern notwendige äußere Hilfskreis soll einen Durchmesser von 14 cm besitzen, der innere 6 cm. Die erste Sternspitze soll auf der senkrechten Kreisachse liegen.

16. Zeichnen Sie einen Kreis von 15 cm Durchmesser und teilen Sie ihn in vier gleiche Teile! Tragen Sie auf die entstandenen Achsen je ein Dekor in Form eines Drachenvierecks mit den Seitenmaßen von $a = 6$ cm und $b = 3,5$ cm ein! Die Spitzen berühren sich im Kreismittelpunkt. Das Motiv könnte als Firmenzeichen dienen, **vgl. Bild 1**.

TIPP Wenn Sie in Aufgabe 15 auf Rechenkästchenpapier arbeiten, brauchen Sie keinen Winkelmesser!

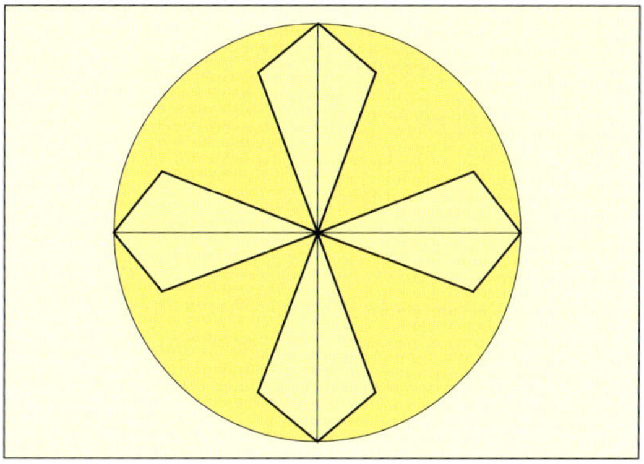

Bild 1: Zeichnung zu Aufgabe 16

17. Übertragen Sie mithilfe von Transparentpapier die Ellipse von **Bild 2** auf Rechenkästchenpapier! Zeichnen Sie nun die beiden Durchmesser ein! Versuchen Sie mithilfe von einem großen und zwei kleinen Kreisen die wichtigsten Bögen der Ellipse zu erhalten! Suchen Sie dann die Stelle Ihres Kurvenlineals auf, die den restlichen Bogen ergeben würde! Fertigen Sie nach dieser Methode eine doppelt so große Ellipse an!

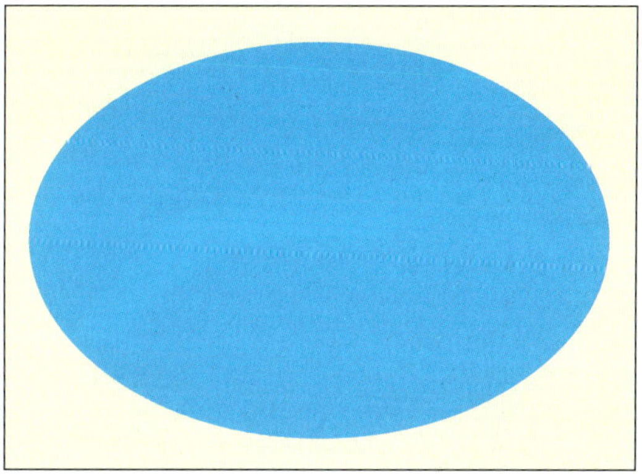

Bild 2: Ellipse für Aufgabe 17

18. Zeichnen Sie ein Fenster aus einem **Rechteck** und einem **Kreisabschnitt** als oberen Abschluss! Die Öffnung soll in der Zeichnung eine Breite von 4,6 cm und eine Gesamthöhe von 7,0 cm besitzen. Die Stichhöhe beträgt 1,1 cm. Zeichnen Sie zu dem Zweck zuerst das Rechteck und tragen Sie eine senkrechte Mittelachse in die Zeichnung ein! Finden Sie auf dieser Achse mit dem Zirkel den passenden Mittelpunkt für den Kreisbogenabschnitt, um den Fensterbogen zu zeichnen!

5 Vergrößern von Zeichnungen

An Fassaden oder Fahrzeugen werden neben entsprechend großen Schrifttexten auch Firmenlogos oder andere Werbezeichen benötigt. Der Auftraggeber liefert dem Malerbetrieb oder dem Lackierer Arbeitsvorlagen, die zu diesem Zweck in der Größe verändert werden müssen.

5.1 Vergrößerungsmethoden

Zur Vergrößerung einer Vorlage gibt es verschiedene Möglichkeiten. Sie werden je nach gewähltem Objekt angewendet.

Rasternetzmethode

Sie wurde schon im alten Ägypten benutzt und wird heute noch bei komplizierten Formen angewendet. In **Bild 1** sieht man die plastische Figur einer Sphinx, auf deren angeschnittener Körperseite ein Raster eingezeichnet wurde.

Bild 1: Sphinx mit Rasternetz (Ägyptisches Museum Berlin)

Konstruktive Vergrößerung

Sie kommt hauptsächlich bei geometrischen Formen zum Einsatz und erfordert die entsprechenden Kenntnisse zum Zeichnen.

Vergrößern mithilfe eines Kopiergerätes

Die Methode ist an das Vorhandensein entsprechender Geräte gebunden und eignet sich für Vergrößerungen komplizierterer Formen bis zum Format DIN A3. Grafikbetriebe können auch größere Formate liefern.

Vergrößern mithilfe eines Episkops

Die Vergrößerungsvorlage kann höchstens die Größe von DIN A4 besitzen, weil sie von der Projektorfläche des Episkops abhängt. Bedingung ist, dass ein ausreichend verdunkelter Raum zur Verfügung steht, da die Geräte lichtschwach sind.

Vergrößerung durch einen Diaprojektor

Auch hier ist zum Vergrößern ein verdunkelter Raum empfehlenswert. Von dem zu vergrößernden Motiv muss ein Diapositiv angefertigt werden. Diese Arbeit wird oft als zu aufwändig empfunden und man nutzt eine der vorher genannten Methoden.

5.2 Vergrößerungsobjekte

Die Objekte zum Vergrößern kann man in zwei Gruppen einteilen. Sie können einerseits von geometrischen Grundformen abgeleitet sein, wozu auch Schriftzüge zählen **(Bild 2)**. Andererseits handelt es sich um Naturformen, die zu diesem Zweck vereinfacht gezeichnet werden müssen **(Bild 3)**.

Bild 2: Vergrößerungsmotive (geometrische Formen und Schrift)

Bild 3: Vergrößerungsmotive (vereinfachte Naturformen)

Bevor man die Größenveränderungen vornehmen kann, ist es notwendig, den Faktor zu bestimmen, mit dem die Vergrößerung bzw. Verkleinerung erfolgen soll.

5.3 Vergrößerungsfaktor

Während der Vergrößerungsfaktor beim Vergrößern mit dem Episkop oder einem Diaprojektor experimentell gefunden wird, werden beim Rasternetzverfahren und bei der konstruktiven Methode alle Originalmaße gemessen und mit einem **Vergrößerungsfaktor** multipliziert. Bei Verkleinerungen wird durch diese Zahl dividiert.

Um den Vergrößerungsfaktor zu ermitteln, vergleicht man die geplante Größe (Plangröße) des zu vergrößernden Objekts mit seiner Originalgröße, indem man die Werte dividiert. Das Ergebnis wird möglichst günstig gerundet, um sich das Rechnen zu erleichtern oder die Ergebnisse übersichtlicher zu gestalten.

$$\textbf{Vergrößerungsfaktor} = \frac{\textbf{Plangröße}}{\textbf{Orginalgröße}}$$

Beispiel: Von **Bild 1** soll die kleine Zeichnung auf eine Plangröße von 31 mm gebracht werden.

Lösung:
Der Außenkreis des Originals besitzt einen Durchmesser von 21 mm. Die Division von 31 : 21 ergibt 1,47. Als gerundeter Vergrößerungsfaktor kommt 1,5 in Betracht.

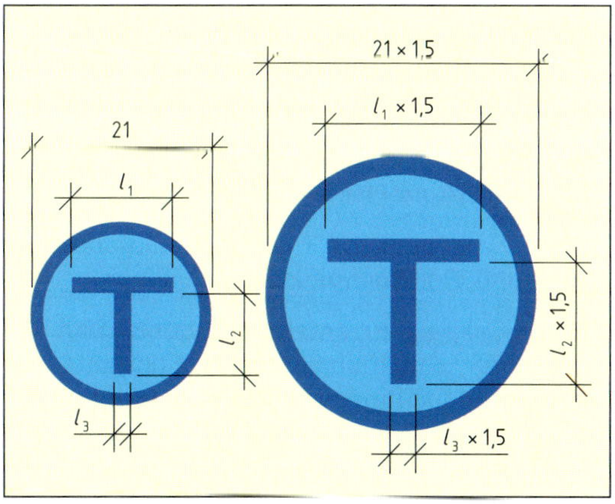

Bild 1: Vergleich von Original- und Planzeichnung

Um die vergrößerte Zeichnung herzustellen, wird jede Einzelheit der Zeichnung gemessen, in unserm Beispiel zu Musterzwecken nur die Teilobjekte l_1 bis l_3. Die Originalmaße werden mit dem Faktor 1,5 multipliziert. Auf der Grundlage dieser Maße wird dann die neue Zeichnung erstellt.

Diese Berechnungsart gilt für alle Vergrößerungsmethoden.

5.4 Vergrößern

Nachfolgend werden die Rasternetzmethode, die konstruktive Methode und Vergrößerungen mithilfe von technischen Geräten beschrieben.

5.4.1 Rasternetzmethode

Um die für diese Methode infrage kommenden komplizierteren Motive vergrößern zu können, benötigt man folgende Arbeitsmaterialien:

Der Auftraggeber liefert eine **Originalzeichnung,** die unbeschädigt wieder zurückgegeben werden muss. Aus diesem Grunde wird zunächst von ihr eine Kopie hergestellt. Dazu benötigt man **Transparentpapier** oder man stellt sie mit einem **Fotokopiergerät** her.

Darüber hinaus werden quadratisches **Rechenkästchenpapier** zum Vergrößern und **Zeichenpapier** für die Reinzeichnung gebraucht.

Als **Zeichengeräte** sind Fine-Liner, Lineal, Zeichendreiecke und Kurvenlineal, evtl. auch eine Kreisschablone oder ein Zirkel nötig. Ein Stechzirkel kann zum genaueren Abnehmen der Maße dienen.

Zur **Übertragung** der vergrößerten Zeichnung auf den neuen Untergrund dienen Pausnadel, Pausrädchen, dünner Stoff und Pappe als Pausunterlage sowie ein Pausbeutel mit Papierkohle **(s. Schriftlehre, 8.1)**.

Arbeitsschritte

1. Konturzeichnung herstellen

Die Konturen der Originalzeichnung werden mit dem Fine-Liner sehr präzise auf Transparentpapier übertragen. Für Geraden sollte man ein Lineal, für Bogenformen ein Kurvenlineal oder den Zirkel bzw. die Kreisschablone einsetzen.

Ist das Motiv symmetrisch, zeichnet man die Symmetrieachse ein und vergrößert nur die Hälfte **(Bild 1, Seite 48)**. Durch Pausen erhält man später die Gesamtzeichnung.

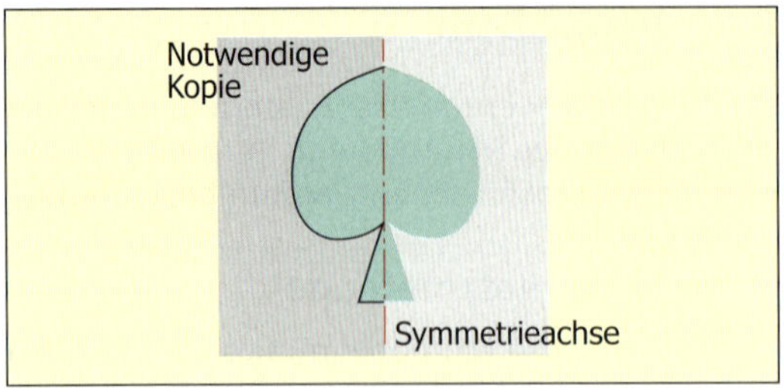

Bild 1: Originalmotiv auf Transparentpapier

2. Rasternetz auf das Motiv aufzeichnen

Die Quadratlinien des Rasternetzes sollten möglichst einfach erstellt werden. Deshalb bevorzugt man Maße von 5 mm, 10 mm usw., wie sie beim Rechenkästchenpapier vorkommen.

Das Transparentpapier legt man umgekehrt, also mit der Zeichnung nach unten, auf ein Blatt Rechenkästchenpapier und zeichnet die Rasterlinien mit hartem Stift nach. Ungenau gezogene Linien können bei der Methode korrigiert werden, ohne die Konturen der zu vergrößernden Zeichnung zu zerstören. Die Rasterlinien sollten immer an den Achsen oder an einer Motivkante beginnen.

Dann dreht man das Blatt wieder um und nummeriert die Linien an der waagerechten und senkrechten Zeichnungskante **(Bild 2)**.

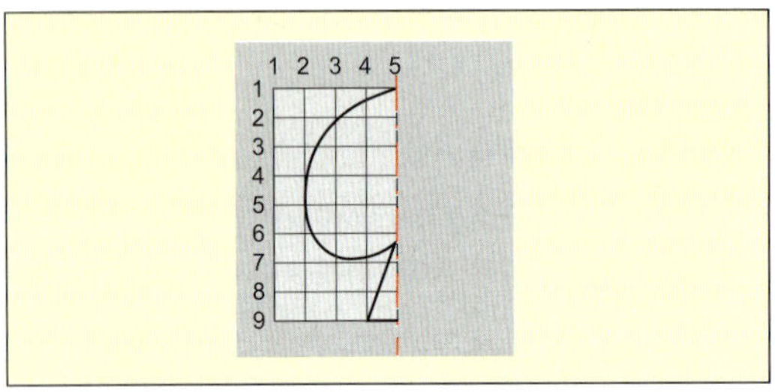

Bild 2: Originalmotiv mit nummerierten Rasterlinien auf Transparentpapier

3. Vergrößerte Zeichnung (Plangröße) als Pause herstellen

Zuerst wird ein **vergrößertes Rasternetz** entsprechend der gewählten Vergrößerungszahl **auf einem zweiten Blatt Transparentpapier** angefertigt. Die Linien können bei günstig gewählter Vergrößerungszahl wieder vom Rechenkästchenpapier übernommen werden. Wenn das Netz fertig ist, wendet man das Blatt und **nummeriert** die **Rasterlinien** wie bei der Originalzeichnung.

Jetzt beginnt auf der Rückseite des Rasternetzes die eigentliche Vergrößerung, um wieder eventuelle Zeichnungskorrekturen ohne Beschädigung der Rasterlinien vornehmen zu können.

Man **überträgt die Schnittpunkte** des Rasters mit der Zeichnungskontur der Originalzeichnung auf die neuen Rasterlinien **(Bild 3)**. Dazu hilft die Nummerierung. Der 1. Schnittpunkt liegt auf den Koordinaten 5/1, der 2. auf 4/1,5, der 3. auf 3/2 usw. Bei Geraden sind die Anfangs- und Endpunkte nötig: 5/6 und 4/9.

Werden jetzt die **Schnittpunkte verbunden,** bei Bögen entweder frei Hand oder mithilfe des Kurvenlineals, bei geraden Konturen wie beim Blattstiel mit dem Lineal, entsteht die vergrößerte Zeichnung auf dem Transparentpapier, die in eine Pause umgewandelt werden muss.

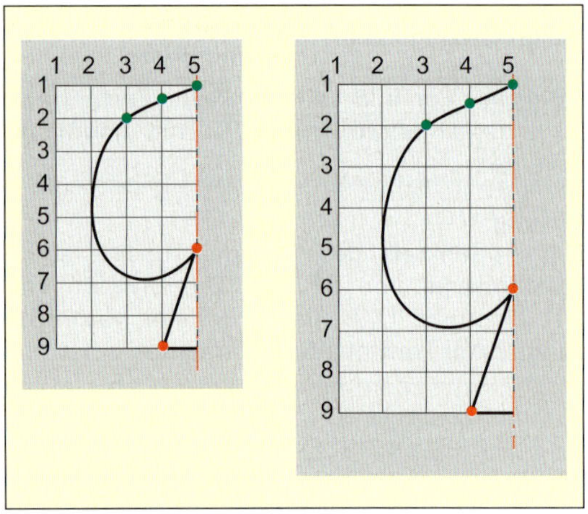

Bild 3: Übertragung der Markierungspunkte vom Original zur Planzeichnung

Es gibt zwei Arten von Pausen, die **Durchdrückpause** und die **Stechpause.**

Durchdrückpausen entstehen, wenn man die Kontur der Zeichnung auf der Rückseite mit weichem Bleistift nachzeichnet.

Sie sind für ebene Untergründe wie Zeichenpapier oder lackierte Flächen geeignet. Wegen des relativ großen Arbeitsaufwands beim Durchdrücken sind sie nur für eine geringe Anzahl von Kopien gedacht.

Stechpausen stellt man her, wenn man das Transparentpapier mit der Zeichnung auf ein dünnes Tuch legt und die Kontur mit einer Pausnadel **(Bild 1, S. 49),** Zirkelnadel oder mit dem Pausrädchen durchsticht. Da beim Stechen eine normale Tischplatte beschädigt wird, legt man unter das Tuch noch eine Pappe oder Schneidmatte.

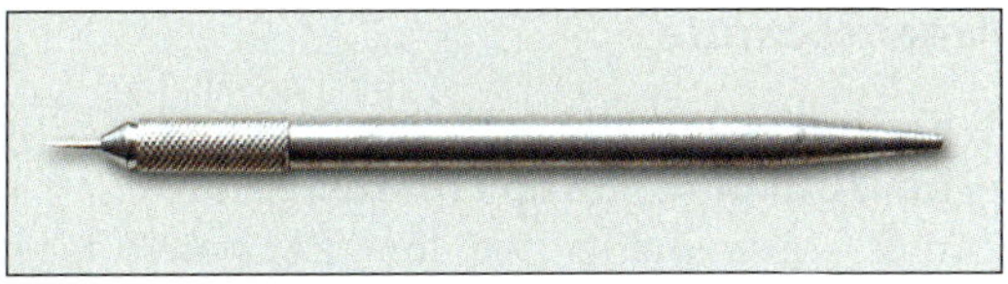

Bild 1: Pausnadel

Zum Schluss muss man die Rückseite der Pause mit feinem Schleifpapier schleifen. So öffnen sich die Löcher zum Pausen. Die fertige Pause ist auf **Bild 2** zu sehen.

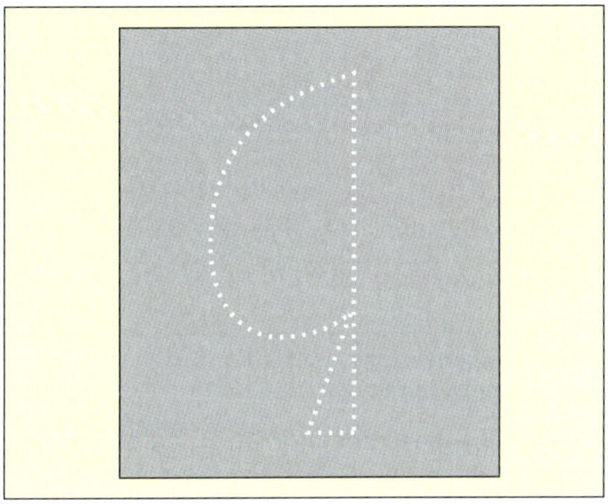

Bild 2: Stechpause aus Transparentpapier

Stechpausen sind besonders für raue Untergründe, z. B. Putzflächen, gedacht. Sie liefern schneller eine Kopie als Durchdrückpausen und werden angefertigt, wenn man eine größere Anzahl von Vergrößerungen benötigt. Aber die mit der Stechpause gepausten Konturen sind sehr empfindlich und verwischen.

4. Arbeit mit Pausen

Nachdem die Pausen fertiggestellt sind, werden sie zum Übertragen auf den neuen Untergrund gelegt.

Bei **Durchdrückpausen** werden die Konturen mit einem harten Bleistift durch präzises Nachzeichnen an einem Kurvenlineal und einem Lineal übertragen.

Durch zu häufiges Übertragen werden die Konturen jedoch immer ungenauer.

TIPP Bei symmetrisch angelegten Durchdrückpausen ist das zusätzliche Einfärben der Rückseite nicht nötig. Wenn man die Pause mit der Motivseite auf den Motivträger legt und mit dem Bleistift nachzieht, wird diese Seite gleichzeitig zum Kopieren vorbereitet.

Wie im Tipp erläutert wurde, entsteht auf dem Zeichenpapier die rechte Hälfte des Motivs zuerst und gleichzeitig wird diese Seite des Transparentpapiers eingefärbt. Wendet man die Pause und legt sie genau an die Motivachse an, kann die linke Blattseite durchgedrückt werden **(Bild 3)**.

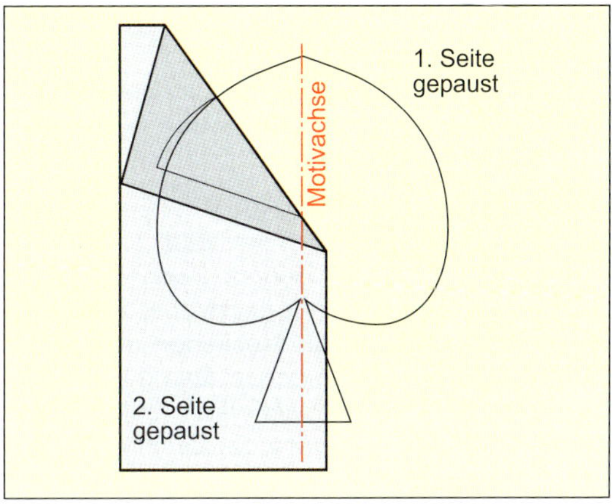

Bild 3: Mit der Durchdrückpause hergestellte symmetrische Zeichnung auf Zeichenpapier

Bei Stechpausen überträgt man die Konturen der Zeichnung mit einem mit Papierkohle gefüllten Pausbeutel. Indem man ihn kräftig über den Pauslöchern kreisend reibt, überträgt man die Zeichnung auf den vorgesehenen Untergrund. Die Papierkohle ergibt kleine Pünktchen, die wie Konturen wirken und als Begrenzung beim Auslegen der Zeichnung dienen **(Bild 4)**. Für symmetrische Zeichnungen wird die Stechpause gewendet und nochmals zum Pausen an die Motivachse angelegt.

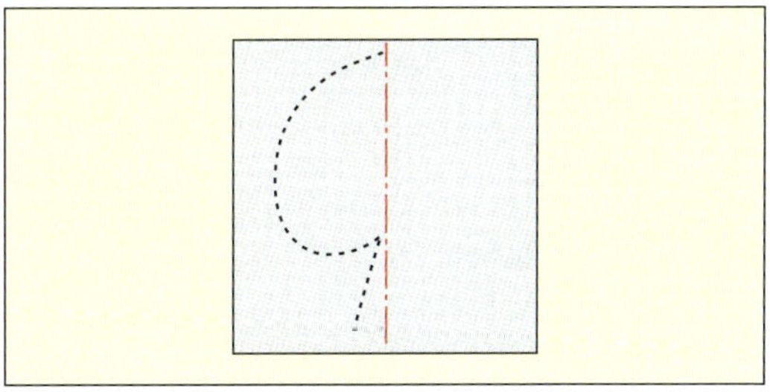

Bild 4: Mit einer Stechpause übertragene Zeichnung

Die Papierkohle ist nach dem farbigen Auslegen manchmal, insbesondere bei hellen Farben noch sichtbar. In diesem Fall benutzt man stattdessen farbiges Pigmentpulver **(Bild 1, S. 50)** oder man hellt die Kohle mit Kreide auf. Gips darf nicht verwendet werden. Er würde bei wasserverdünnbaren Farben erhärten und unsaubere Konturen ergeben.

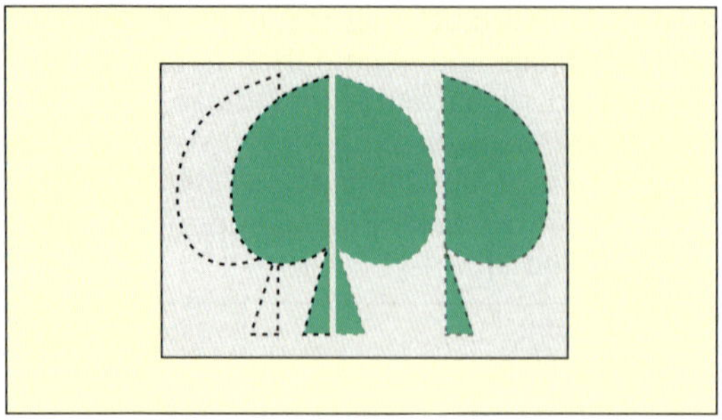

Bild 1: Mit der Stechpause hergestellte, farbig ausgelegte Zeichnungen

Ein weiteres Problem sind die trotz Einsatz von farbigen Pigmentpulvern im **Bild 1** noch zu erkennenden Pauspünktchen. Beim Auslegen der Form, besonders mit Lackfarbe, zieht sich etwas Bindemittel in die trockenen und damit saugfähigen Pulverpünktchen. Damit bekommt die Form farbige oder schwarze „Plattfüße". Übermalt man diese, wird die Zeichnung größer.

Die **Pauslöcher** müssen deshalb immer innerhalb der Zeichnung liegen. Auch sollten diese nicht zu groß sein, damit nicht so viel Pausmaterial durchgepudert wird **(Bild 2)**. Die Arbeit des Auslegens ist in **Schriftlehre, 8.1** näher erläutert.

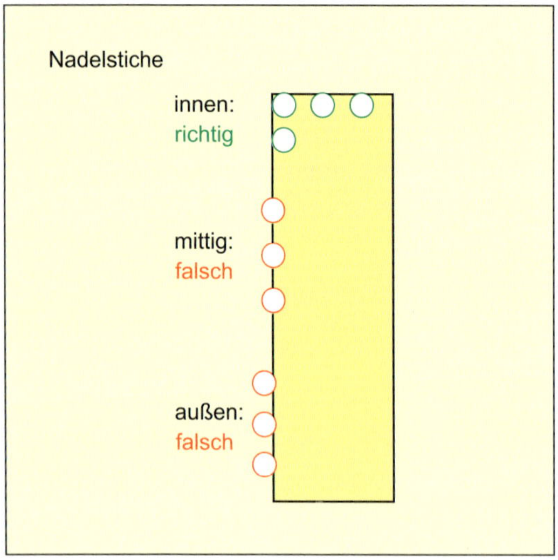

Bild 2: Lage der Pauslöcher in Stechpausen

5.4.2 Konstruktive Methode

Für die konstruktive Methode benötigt man die gleichen Arbeitsmaterialien wie für die Rasternetzmethode.

Arbeitsschritte

1. Konturzeichnung herstellen und Konstruktionsprinzip ermitteln

Zuerst sollte wieder von der Zeichenvorlage eine Kopie in Form einer Konturzeichnung auf darüber gelegtem Transparentpapier hergestellt werden. Dabei kann man gleichzeitig das Konstruktionsprinzip ermitteln, das dann zum Vergrößern angewendet wird **(Bild 3)**.

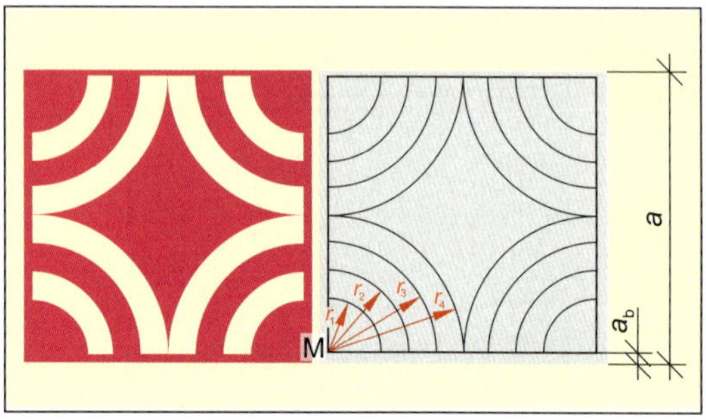

Bild 3: Zeichenvorlage, in eine Konturzeichnung umgewandelt

Um das Konstruktionsprinzip zu erkennen, benötigt man Kenntnisse über das Zeichnen der entsprechenden geometrischen Formen.

In der Zeichnung von **Bild 3** ist festzustellen, ob die Eckpunkte des umgebenden Quadrates Einstichpunkte für die Kreislinien des Dekors sein könnten oder in einer zusätzlichen Einfassung liegen könnten. Hat man den Punkt gefunden, kann die Kopie auf dem Transparentpapier mit Zirkel und Lineal angefertigt werden. Zum Konstruieren müssen die wichtigsten Maße abgemessen werden:

- Seitenlänge a des Quadrats,
- Kreisradien r_1, r_2, r_3, r_4 vom Mittelpunkt M,
- Abstand a_b der Bogenformen vom begrenzenden Quadrat.

2. Vergrößerungsfaktor ermitteln

Man benutzt in der Regel wie bei der Rasternetzmethode das größte Maß der Zeichnung und dividiert es durch das geplante Maß. Eventuell rundet man das Ergebnis.

3. Plangrößen für die Zeichnung berechnen

Es ist praktisch, wenn man vor dem Zeichnen alle gemessenen Werte mit dem Vergrößerungsfaktor multipliziert, um den Zeichenprozess nicht ständig durch Rechnen unterbrechen zu müssen.

4. Zeichnung mit vergrößerten Maßen konstruieren

Bei symmetrischen Figuren wird, wie im Zeichnungsbeispiel zu sehen ist, nur ein Teilstück vergrößert auf Transparentpapier konstruiert **(Bild 1)**, das dann als Pause zum Vervielfältigen dienen soll.

- Zuerst wird ein Viertel der quadratischen Abgrenzung gezeichnet.
- Da der Mittelpunkt M für die Kreisteile nicht die Ecke des Quadrats mit der Seite *a* ist, sondern den Abstand a_b aufweist, werden alle Kreisbögen unter Berücksichtigung dieses Abstands mit den vergrößerten Maßen gezeichnet.
- Zuletzt werden je zwei Bögen mit Geraden unter Beachten des Abstands a_b vom Rahmen des Motivs geschlossen.

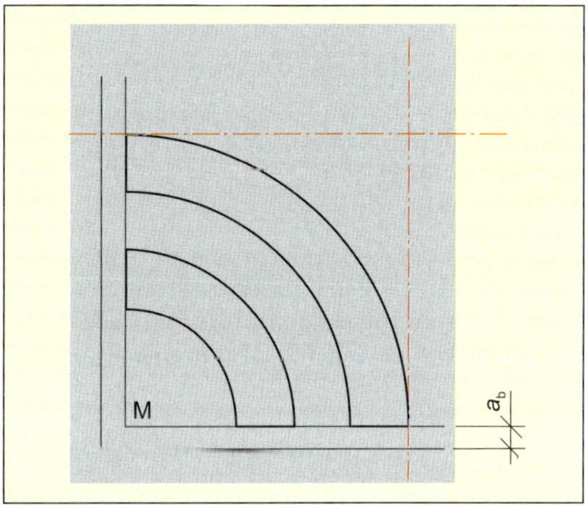

Bild 1: Pause mit der vergrößerten Teilzeichnung

5. Pause herstellen

Abschließend ist je nach Aufgabenstellung die entstandene Pause in eine Durchdrückpause oder Stechpause umzuwandeln.

5.4.3 Technische Geräte

Fotokopiergeräte

Fotokopiergeräte liefern nach dem Einstellen des Vergrößerungsfaktors „auf Knopfdruck" von der Originalzeichnung die vergrößerte Zeichnung auf Zeichenpapier.

Um eine Konturzeichnung zum Pausen zu erhalten, muss diese wieder in sorgfältiger Handarbeit auf Transparentpapier übertragen werden. Wurde beim Fotokopieren eine Konturzeichnung eingegeben, ist die Kontur ebenfalls vergrößert worden. Durch das Übertragen auf Transparentpapier erhält man bei den Konturen wieder die üblichen Linienstärken.

TIPP Beim Vergrößern durch Fotokopieren können Verzerrungen zustande kommen. Bei symmetrischen Figuren fallen sie besonders auf. In diesem Fall muss eine manuelle Zeichnungskorrektur vorgenommen werden: Bei symmetrischen Objekten genügt dafür eine Teilform.

Episkop und Diaprojektor

Bei Benutzung eines Episkops oder Diaprojektors werden die Vorlagen (Zeichnung oder Diapositiv) in die entsprechenden Geräte eingeführt und mithilfe von Lichtstrahlen auf einer Projektionsfläche vergrößert.

Je größer der Abstand des Gerätes von der Fläche ist, desto größer ist das Endergebnis. Damit ist diese Methode für große Flächen wie Werbetafeln oder gar Hausfassaden geeignet. Die Umgebung muss zu diesem Zweck ausreichend dunkel sein, damit die Konturen zum Nachzeichnen auf der Projektionsfläche gut zu erkennen sind!

Beim Projizieren sind eventuell Verzerrungen der Formen möglich. Man verhindert sie durch exakt rechtwinkliges Ausrichten des Vergrößerungsgeräts zur Projektionswand.

Sind die Motive auf die Fläche projiziert, werden die Konturen auf dem Objektträger nachgezeichnet. Der Arbeitsgang heißt **konturieren.** Bei mineralischen Untergründen eignen sich dazu Zeichenkohle oder Kreide. Manchmal konturiert man auch gleich mit Pinsel und passendem Anstrichstoff und legt die Flächen anschließend aus.

Beim Nachzeichnen ist zu beachten, dass die Konturen durch den Vergrößerungsvorgang unscharf geworden sind. Ein systematisches und gefühlvolles Nachzeichnen ist daher bei dieser Arbeit unerlässlich.

Einsatz von Pausen und Schablonen

Mithilfe von Projektionsgeräten lassen sich auch entsprechend große Pausen anfertigen. Man projiziert in diesem Fall nicht auf Transparentpapier, sondern auf stabileres Packpapier. Anschließend wird daraus eine Stechpause hergestellt. Zum Ausstechen wird ein Pausrädchen benutzt. Mit dem Pausbeutel überträgt man dann die Formen auf die Werbefläche und legt das Motiv entsprechend der Farbvorlage nach dem Konturieren flächig aus.

Wenn das Motiv mehrfach angebracht werden soll, sind **Schablonen (s. Ornamentlehre, 5.4)** rentabler. In dem Fall kann als Träger für die vergrößerte Zeichnung starker Karton oder eine ausreichend starke Kunststofffolie verwendet werden. Nach dem Schneiden der Konturen erfolgt relativ rationell das großflächige Auslegen der vergrößerten Motive mit Farbrollern oder Spritzgeräten. Der Vorteil des Schablonierens besteht darin, dass die Konturen der Formen schärfer und mit weniger Aufwand zustande kommen.

HINWEIS Die beschriebenen Verfahren dienen hauptsächlich zum Anfertigen einzelner Objekte zur dauerhaften Werbung. Sollen große Stückzahlen angefertigt werden, bietet das Grafikgewerbe rationellere Verfahren. Zum Beispiel können Papierbahnen bedruckt und auf Werbetafeln geklebt werden, jedoch ist die Standzeit dieser Werbemittel relativ begrenzt.

TIPP Damit die Zeichnung für Pausarbeiten wieder abgelöst werden kann, benutzen Sie zum Befestigen wieder ablösbares Klebeband, das Sie rechteckig beschneiden. Es sollte nicht schräg auf die Zeichnungsecken geklebt werden, sondern gerade, um eine repräsentative Gestaltung zu erhalten **(s. Bild 3, S. 161)**!

Zum eventuellen farbigen Auslegen lösen Sie die Zeichnung vom Zeichenblatt und übertragen Sie das Motiv auf Zeichenkarton.

Bemühen Sie sich beim Auslegen um saubere Konturen! Ein Spitzpinsel ist dafür das richtige Werkzeug.

Das flächige Auslegen erfolgt mit einem Plattpinsel. Achten Sie darauf, dass die Farben dabei gleichmäßig gut decken und keine Striemen aufweisen!

Als Malfarbe bei Pkw-Türen ist Aquarellfarbe besser geeignet, weil sie lasiert und damit der Eindruck von Glanzstellen erzeugt werden kann.

5.5 Aufgaben

Wählen Sie aus den Vergrößerungsobjekten auf **Seite 53** ein Motiv aus, um es auf ein Zeichenblatt im Format DIN A4 zu vergrößern! Die Liniendekore eignen sich auch für Zeichnungen auf DIN A3.

Arbeitsschritte zur Vergrößerung

1. Untersuchen Sie, welches Vergrößerungsverfahren anzuwenden ist, die Rasternetz- oder die konstruktive Methode!
2. Ermitteln Sie die Vergrößerungszahl!
3. Stellen Sie fest, wie Sie rationell arbeiten können, indem Sie Symmetrieverhältnisse klären!

   Fertigen Sie zwecks besserer Übersicht und eventueller Maßkontrolle eine Tabelle nach folgendem Muster an **(Tabelle 1)**!
4. Messen Sie die notwendigen Maße und rechnen Sie diese mit dem Vergrößerungsfaktor um!
5. Stellen Sie die Zeichnung auf Transparentpapier her! Damit die Arbeit repräsentativer wird, beschneiden Sie das Transparentpapier großzügig und kleben Sie es auf ein Zeichenblatt gemäß **Bild 1, S. 28**!

Tabelle 1: Ermitteln von Vergrößerungszahlen

Originalmaße in Millimeter	Vergrößerung im Maßstab ... : 1

PKW-Türen

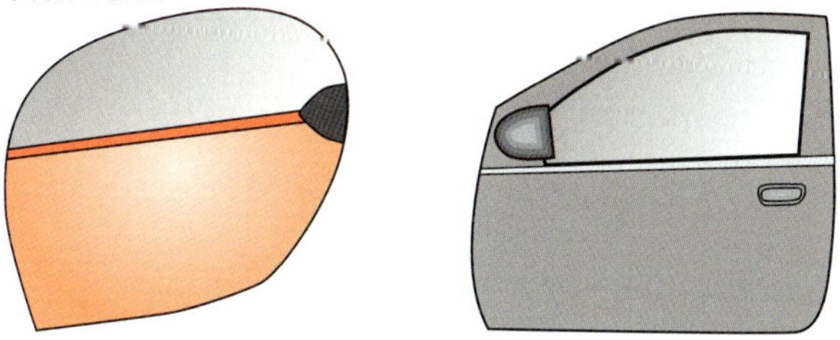

Liniendekor für Omnibusse

6 Bauzeichnungen

Im Bauwesen sind verschiedene Arten von Bauzeichnungen üblich. Sie können zwei- oder dreidimensional sein. Zweidimensional sind **Schnittzeichnungen, Ansichten** von Bauteilen und Gebäuden sowie **Abwicklungen.** Dreidimensional sind **räumliche Darstellungen.**

Die Darstellungen dienen den unterschiedlichsten Zwecken. Um sie anzufertigen, sind Zeichnungsnormen einzuhalten. Für das Bauzeichnen gilt die Fachnorm DIN 1356. In der folgenden Übersicht kann man Merkmale und Besonderheiten sowie ihren Verwendungszweck erkennen.

6.1 Schnittzeichnungen

Schnittzeichnungen entstehen, wenn man durch ein Gebäude oder einen Raum Schnittebenen legt. Je nach Lage der Ebenen entstehen **waagerechte** und **senkrechte Schnitte.** Sie werden mit Maßen versehen und sind daher Grundlage zum Bauen. Außerdem dienen sie zum Abrechnen der geleisteten Arbeiten bei Neu- oder Umbauten.

6.1.1 Waagerechte Schnitte

Durch einen waagerechten Schnitt **(Bild 1)** entstehen **Grundrisse** für die verschiedenen Geschosse, z. B. Erdgeschoss, Obergeschoss oder Dachgeschoss.

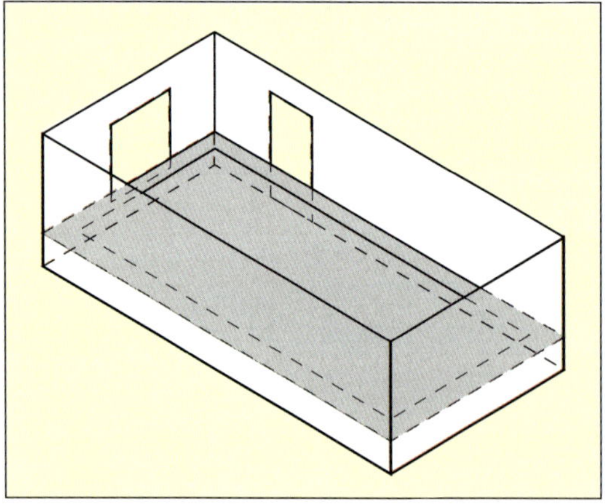

Bild 1: Waagerechter Schnitt im Innenraum

Grundrisse zeigen durch diesen Schnitt Draufsichten auf Mauerwerk, Öffnungen und Fußböden **(Bild 2).** In diesem Fall sind aber nur die wichtigsten Maße, die Raumbreite und die Raumlänge, mit eingezeichnet.

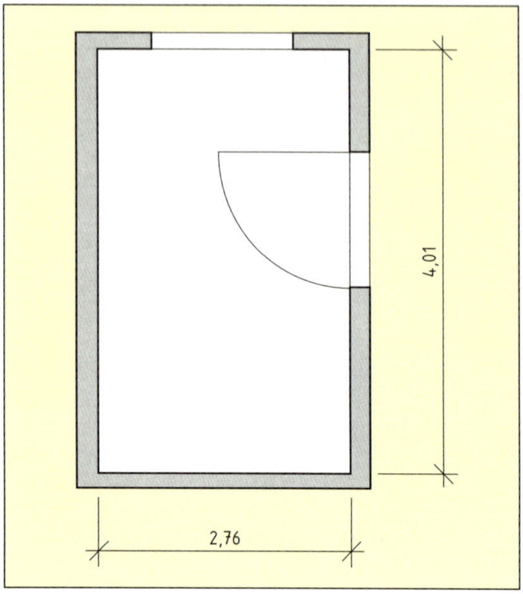

Bild 2: Grundrisszeichnung

6.1.2 Senkrechte Schnitte

Senkrechte Schnitte ergeben Darstellungen von Wänden mit angrenzenden Decken- und Fußbodenelementen. Diese Zeichnungen werden besonders für die Höhenangaben beim Bauen und zu Abrechnungszwecken benötigt. Entsprechend ihrer Schnittrichtung gibt es **Längs-** und **Querschnitte (Bild 3).**

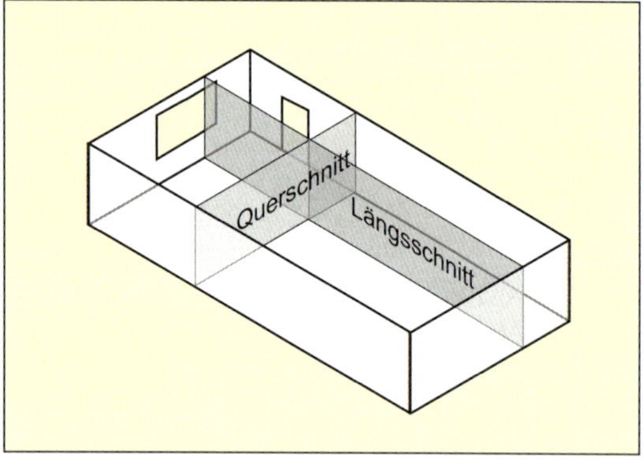

Bild 3: Lage von senkrechten Schnitten

In **Bild 1, S. 55** ist ein vereinfacht dargestellter Längsschnitt zu sehen, der den Blick auf die Wand mit angrenzenden Schnitten von Mauerwerk, Decke und Fußboden ermöglicht. Da der Schnitt durch die Fensteröffnung gelegt wurde, ist die Mauer unterbrochen eingezeichnet. Bei der gewählten Blickrichtung sind in der Zeichnung außerdem die Tür und die Fußleiste als Ansicht zu sehen.

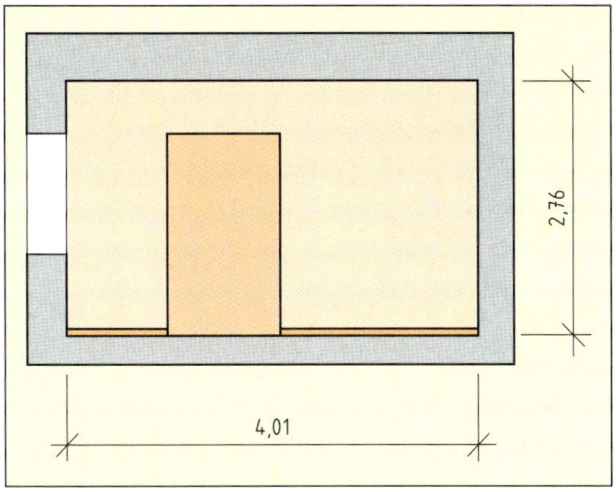

Bild 1: Längsschnitt eines Innenraumes

6.2 Ansichten

Ansichten von Gebäuden zeigen die Fassade oder Teile davon. Innenansichten zeigen Teile von Räumen. Da es möglich ist, sie farbig zu gestalten, besitzen derartige Zeichnungen einen höheren Informationsgehalt und können den Auftraggeber wirkungsvoller beeinflussen.

Um das Aussehen der Ansichtszeichnungen durch Maßangaben nicht zu stören, werden diese im Normalfall weggelassen. Die Zeichnung erfolgt jedoch maßstabgetreu. In **Bild 2** sind die möglichen Ansichtslagen eines Gebäudes von außen zu erkennen, in **Bild 3** entsprechend die **Giebelansicht** und die **Seitenansicht**. Zu ihrer genaueren Kennzeichnung werden sie mit der Himmelsrichtung (Nord oder Nord-Ost usw.) oder Straßenangaben versehen. Gegenüber den Schnittzeichnungen zeigt man dabei nicht mehr die Konstruktionselemente von Mauern, Fußböden und Decken, sondern nur die äußeren sichtbaren Flächen.

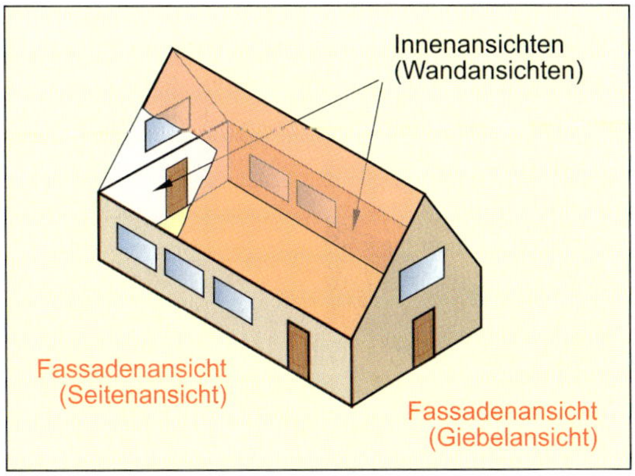

Bild 2: Ansichtslagen eines Gebäudes

Innenansichten von Räumen können also Wände **(Bild 4)**, Decken oder Fußböden zeigen, je nachdem, wozu nähere Informationen gegeben werden sollen.

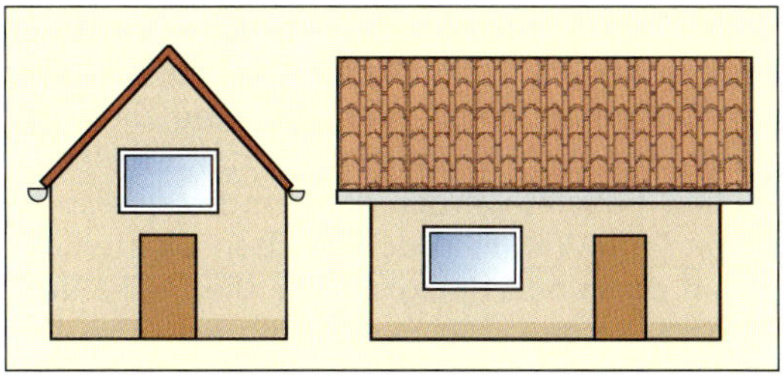

Bild 3: Giebel- und Seitenansicht eines Hauses

Bild 4: Wandansicht eines Innenraumes

6.3 Abwicklungen

Abwicklungen entstehen, wenn alle Raumflächen in einer Zeichenebene maßstabgetreu abgebildet werden. Am bekanntesten ist die **vollflächige Abwicklung (Bild 5)**. Da Abwicklungen farbig gestaltet werden können, sind Bemaßungen nicht sinnvoll.

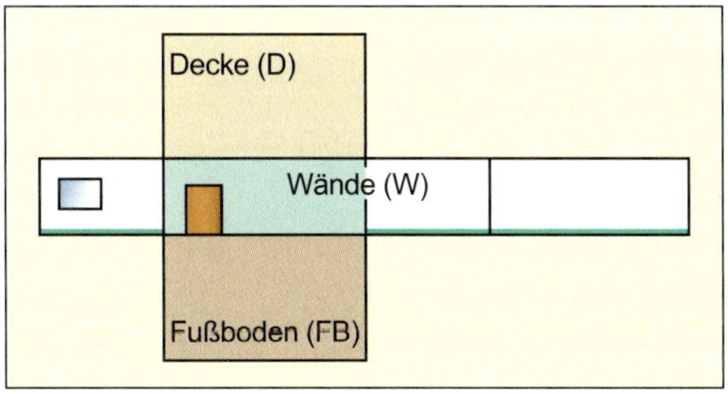

Bild 5: Vollflächige Abwicklung

Um die Decken- und Fußbodenfarben mit allen vier Wandfarben besser vergleichen zu können, werden **teilflächige Abwicklungen (Bild 1, S. 56)** hergestellt. Dazu werden Decken- und Fußbodenflächen zu einem schmalen Streifen verkürzt. Die Verkürzungen kann man unter Berücksichtigung der Aufgabenstellung frei wählen. Decke und Fußboden können gleiche

Höhen erhalten (z.B. 1/3 der Originalhöhe), oder man wählt für die Decke einen schmaleren Streifen (1/4) als für den Fußboden (1/3). Auf diese Weise erhält der untere Bereich der Abwicklung eine tragende Eigenschaft.

Farbige Abwicklungen haben den Vorteil, dass der Betrachter einen realitätsnahen Eindruck bekommt und mögliche Gestaltungsfehler leichter erkannt werden können: Beispielsweise sind die Wände in der farbigen Darstellung z.T. in derselben Helligkeit wie die Decke ausgeführt worden. Die Farben flimmern an der Berührungslinie, dem Ixel. Damit ist es sofort möglich, die Farbgebung zu korrigieren.

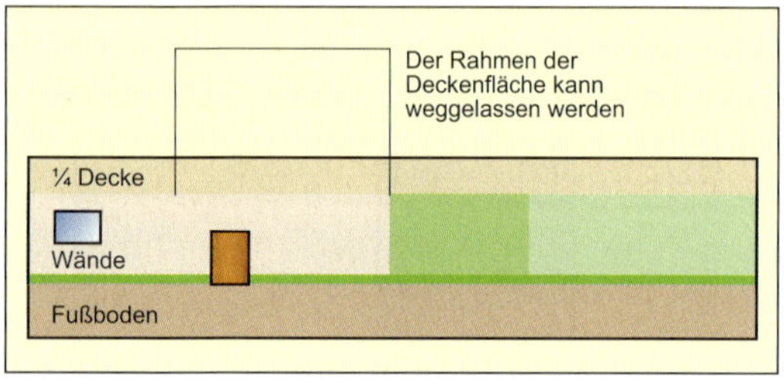

Bild 1: Teilflächige Abwicklung

Zusätzlich zu diesen Varianten ist auch eine Abwicklung von oben nach unten möglich. Man bezeichnet sie als **Detailabwicklung.** Bei dieser Darstellung ist nur eine Wandfläche vorhanden, die man mit Decken- und Fußbodenteilen verbindet, wie in **Bild 2** zu sehen ist.

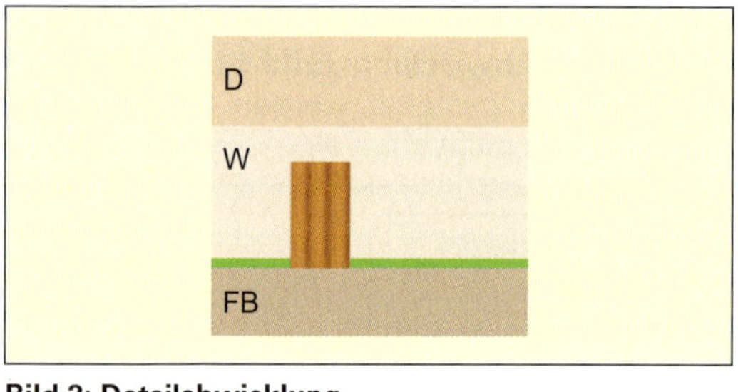

Bild 2: Detailabwicklung

Für Fassaden ist ebenfalls eine Abwicklung als „Rundum"-Darstellung möglich. Benutzt man ein PC-Programm, ist nicht nur eine Farbdarstellung der Wände, sondern auch eine Füllung mit Ziegelkonturen des Daches möglich **(Bild 3).**

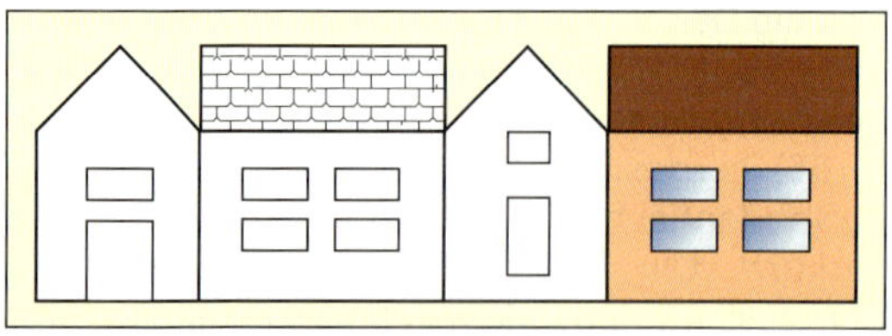

Bild 3: Fassadenabwicklung

6.4 Räumliche Darstellungen

Räumliche Darstellungen weisen die Dimensionen **Länge, Breite** und **Höhe** auf. Man zeichnet maßstabgerecht, fügt aber normalerweise keine Bemaßung hinzu, weil dadurch der dekorative Effekt gestört wird.

Man unterscheidet **Schrägdarstellungen** und **perspektivische Darstellungen.** Schrägdarstellungen bezeichnet man auch als schräge Parallelprojektionen oder axonometrische Darstellungen. Dazu gehören Isometrie, Kabinettprojektionen (fälschlich auch als Kavalierperspektive bezeichnet) und dimetrische Darstellungen. Von den perspektivischen Darstellungen gebraucht man im Malerhandwerk die Frontalperspektive und die Perspektive mit zwei Fluchtpunkten am häufigsten.

6.4.1 Schrägdarstellungen

Bei Schrägdarstellungen sieht man von Räumen neben der Decke oder dem Fußboden immer zwei Seitenwände. Die Raumflächen weisen darin aber statt der rechteckigen bzw. quadratischen Form die Form von Parallelogrammen und Rhomben auf. Dabei bleiben senkrechte Kanten immer senkrecht und parallele Linien immer parallel.

Die Seitenflächen werden je nach Darstellungsart in bestimmten Winkeln gezeichnet. Sie sind nicht mehr waagerecht stehend, sondern schräg abgebildet. Auf dieser Wirkung beruht die Bezeichnung **Schrägdarstellung.**

Weil die Flächen immer mit parallelen Linien gezeichnet werden, entstand der Name **schräge Parallelprojektion.** So kommt die Eigenart zustande, dass die **Höhenmaße** eines Objekts vorne und hinten **gleich** sind. Unter bestimmten Winkeln erscheinen diese Zeichnungen manchmal etwas eigenartig. Bei perspektivischen Zeichnungen werden die Höhen hingegen nach hinten verkleinert und sie wirken natürlicher **(Bild 4).**

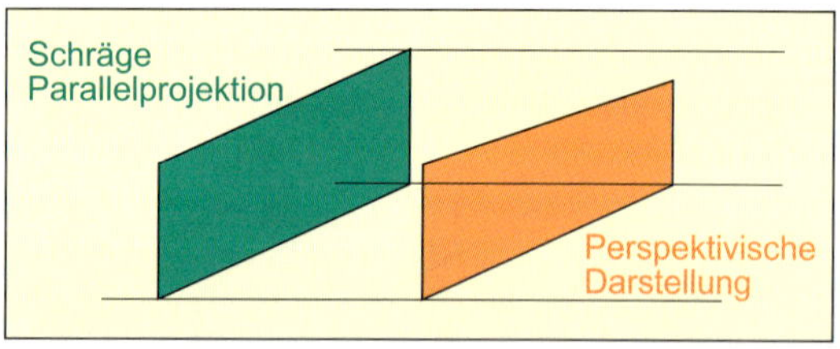

Bild 4: Höhenvergleich von schräger Parallelprojektion mit perspektivischer Darstellung

Um Schrägdarstellungen besser an die Wirklichkeit des räumlichen Sehens anzupassen, verkürzt man bei den verschiedenen Zeichnungsarten die in die Tiefe gehenden Linien. Auf diese Weise entstehen die verschiedenen Varianten der schrägen Parallelprojektionen, die Isometrie, die Kabinettprojektion und die dimetrischen Darstellungen.

6.4.1.1 Isometrie

Bei der isometrischen Darstellung erfolgt **keine Verkürzung der Seiten und Höhen**. Der Name ist vom Griechischen abgeleitet (griech. isos = gleich).

Die zur Schrägdarstellung der Flächen benutzten **Winkel** können 30°/30°, 45°/45°, 30°/60° oder 60°/60° betragen und Raumeindrücke vom fast „normalen" Zustand bis zu verzerrten Darstellungen ergeben **(Bild 1)**. Üblich sind die Winkel 30°/30°.

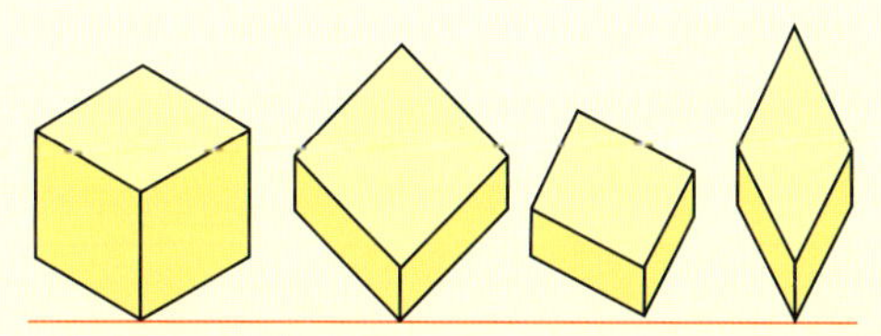

Bild 1: Isometrische Darstellungen mit unterschiedlichen Zeichnungswinkeln

6.4.1.2 Kabinettprojektion

Bei der Kabinettprojektion zeichnet man immer **eine Seite als parallele Fläche zur Zeichenebene**. Deshalb empfindet man diese Seite als Vorderseite.

Die andere Seite verläuft scheinbar schräg nach hinten in **Winkeln** von 30°, 45° oder 60° von einer gedachten Grundlinie *g* aus gesehen.

Im Gegensatz zur isometrischen Darstellung wird die **Tiefe** (t_v) **verkürzt** dargestellt und man spricht nicht vom Längenmaß, sondern vom **Tiefenmaß.** Bei 30° wird die Tiefe um 1/3, bei 45° um 1/2 und bei 60° um 2/3 verkürzt.

In **Bild 2** ist als Beispiel ein Würfel mit Kantenlängen von 33 mm dargestellt. Die rechte Seite ist im Winkel von 30° mit einer Verkürzung um 1/3 zu sehen. Dazu war folgende Berechnung nötig:

33 mm : 3 = 11 mm

Das verkürzte Tiefenmaß t_v ergibt sich aus

33 mm – 11 mm = 22 mm.

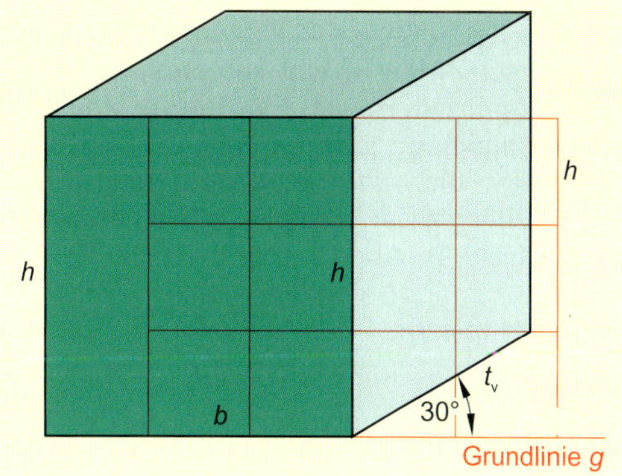

Bild 2: Würfel in Kabinettprojektion

6.4.1.3 Dimetrie

Bei der dimetrischen Darstellung (griech. di = zwei) werden **beide Seitenflächen schräg** gezeichnet, eine im Winkel von 7°, die andere in einem Winkel von 42° von einer gedachten Grundlinie *g* aus gesehen.

Zusätzlich wird die Tiefe der Seite t_v mit dem Winkel von 42° um 1/2 verkürzt. In **Bild 3** ist ein Würfel mit 40 mm Kantenlänge dimetrisch dargestellt. Die verkürzte Seite t_v ist also 20 mm lang.

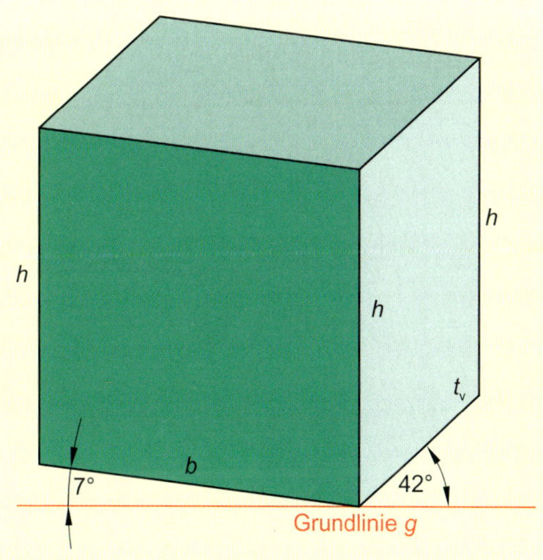

Bild 3: Würfel in dimetrischer Darstellung

6.4.2 Perspektivische Darstellungen

Perspektivische Darstellungen vermitteln den natürlichsten Eindruck von Räumen. Der Tiefeneindruck ist in der Realität erkennbar, wenn man gleich große Objekte in unterschiedlichen Entfernungen betrachtet. An der Straße könnten dies z. B. mehrere Plakatwände oder Lichtmasten sein. Man spricht von perspektivischer Verkürzung. Um diesen Eindruck in Zeichnungen zu erzielen, zeichnet man zur optischen Täuschung die nahe gelegenen Teile in Höhe und Breite größer und die weiter entfernten kleiner **(Bild 1)**. Aber auch die in die Tiefe gehenden Abstände verkürzen sich in bestimmten Verhältnissen.

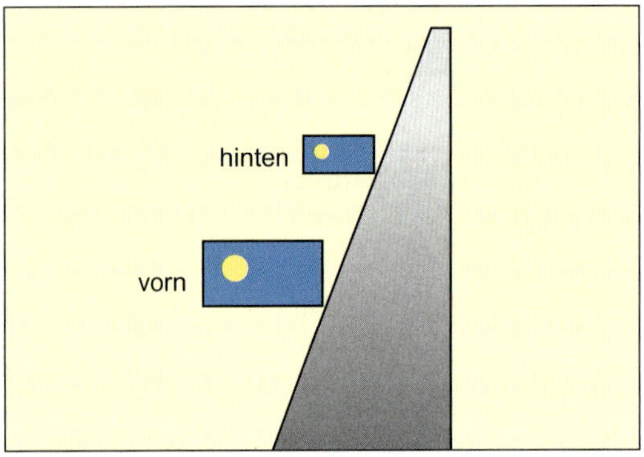

Bild 1: Scheinbare Größenveränderung bei perspektivischen Darstellungen

Typisch für diese Zeichnungen ist weiterhin, dass sich Linien, die in die Tiefe führen (man nennt sie **Tiefenlinien** oder **Fluchtlinien**), in der Verlängerung je nach Art der Perspektive in den **Fluchtpunkten (FP)** oder dem **Horizontpunkt (Hzp)** treffen **(Bild 2)**.

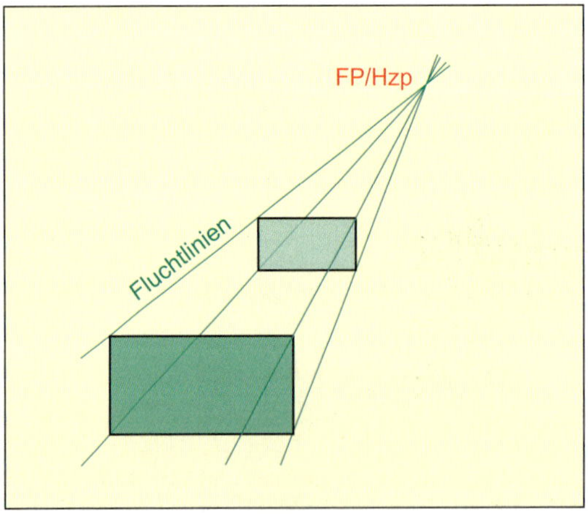

Bild 2: Verlauf von Fluchtlinien

Im Maler- und Lackiererhandwerk sind folgende Arten von perspektivischen Darstellungen wegen ihrer relativ einfachen Konstruktionsweise gebräuchlich:

- **Perspektive mit zwei Distanzpunkten,** die auch als **Malerperspektive** oder **Frontalperspektive** bezeichnet wird. In **Bild 3** ist als Beispiel ein Innenraum zu sehen.
- **Perspektive mit zwei Fluchtpunkten.** In **Bild 4** ist als Beispiel ein Würfel gezeichnet, den man von außen betrachtet. Seine Konstruktionslinien für den inneren Bereich sind darin unverdeckt dargestellt.

In den Zeichnungen bedeuten

Hzp Horizontpunkt,

D Distanzpunkt,

D/2 Distanzpunkt, der durch Halbierung der Distanz entstanden ist **(s. Bild 3, S. 69** und **Abschnitt 7.4.1, S. 70)**.

FP Fluchtpunkt.

> **Hinweis** Beiderseitig anzutreffende Punkte können zusätzlich auch mit dem Index 1 und 2 oder *l* für links und *r* für rechts bezeichnet werden.

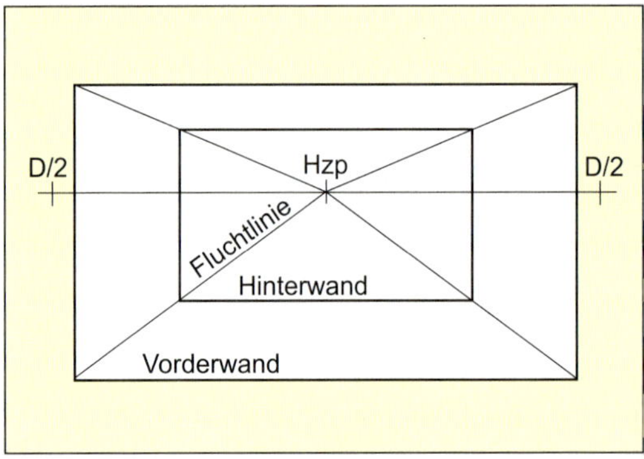

Bild 3: Innenraum in Perspektive mit zwei Distanzpunkten (Frontalperspektive)

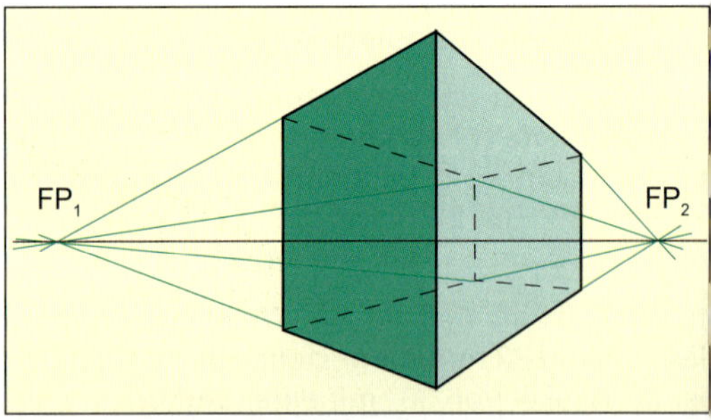

Bild 4: Würfelförmiges Objekt in Perspektive mit zwei Fluchtpunkten

6.4.3 Betrachtungsmöglichkeiten der räumlichen Darstellungen

Der Betrachter sieht in der Natur räumliche Gebilde immer von seinem Standpunkt aus. Wechselt er ihn, ändert sich auch das Abbild des betrachteten Objekts in Seitenrichtung und Höhe.

Bei Schrägbildern sind von einem Quader immer zwei Raumseiten zu sehen. In **Bild 1** sind die linke und rechte Seite eines Gebäudes so gezeichnet, als hätte man einen Vorsprung gezeichnet. Zusätzlich hat man das Gefühl, von oben herabzublicken. Also weisen die Seiten nach hinten und man möchte z. B. nun ein Dach sehen oder auf den Quader drauf schauen. Diese Betrachtungsweise nennt man **Vogelperspektive** oder **Militärperspektive.**

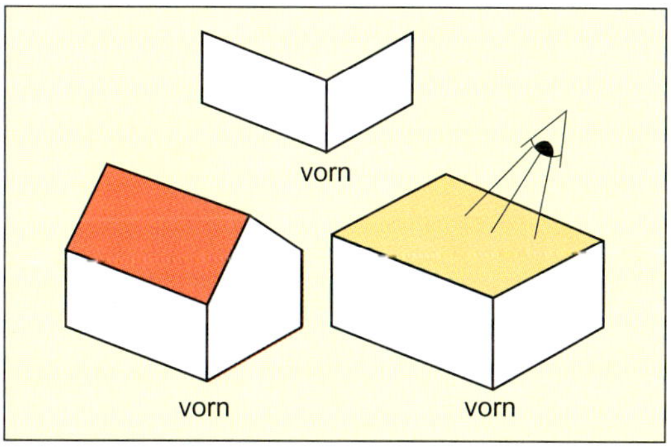

Bild 1: Betrachtungsmöglichkeit 1: von oben (Vogelperspektive)

Betrachtet man ein Objekt von unten, spricht man von **Froschperspektive (Bild 2)**. Die senkrechte Mittelkante scheint hinten zu liegen. Allerdings ist es aufgrund der optischen Täuschung möglich, dass man auch meint, die senkrechte Mittelkante würde vorn liegen.

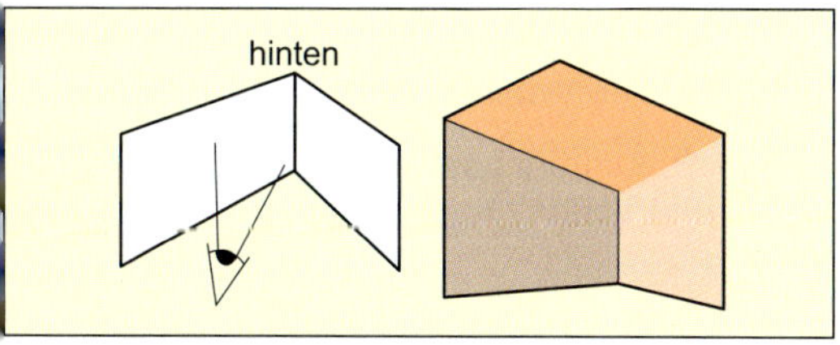

Bild 2: Betrachtungsmöglichkeit 2: von unten (Froschperspektive)

Bei perspektivischen Darstellungen sieht man von Außenobjekten, z. B. von einem Würfel, nur die Seitenwände. Die vordere senkrechte Kante erscheint durch die vorhandene optische Täuschung größer als die beiden hinteren senkrechten Kanten der Seitenflächen **(Bild 3)**. Steht man dicht vor der Vorderkante, erscheint diese sehr groß, wie in der linken Zeichnung zu sehen ist. Erst in einem größeren Abstand erscheint sie kleiner und natürlicher (rechte Darstellung).

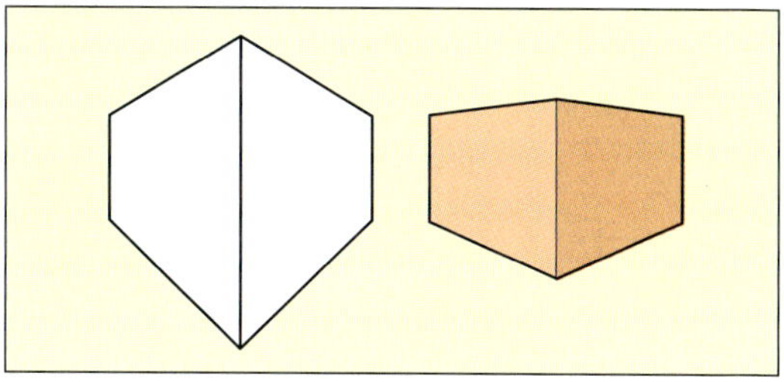

Bild 3: Betrachtung eines perspektivisch gezeichneten Würfels von außen und vorn

Betrachtet man einen in Frontalperspektive gezeichneten Innenraum, so erscheint aufgrund derselben scheinbaren Höhenveränderung die Hinterwand in der Zeichnung niedriger als die Vorderwand **(Bild 4)**. Decke und Fußboden sind in dem Beispiel gleich groß. Der Betrachter oder Zeichner steht scheinbar vor dem Raum und schaut in ihn hinein, als wäre die vordere Wand durchsichtig.

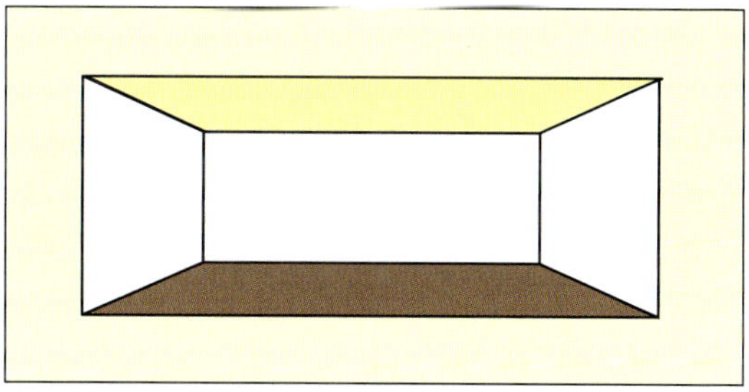

Bild 4: Blick in einen perspektivisch gezeichneten Innenraum

Schaut man in den Raum entweder von oben oder von unten hinein, verändern sich scheinbar die Größen von Decke und Fußboden. Beim Blick von oben sieht man einen großen Fußboden und eine kleine Decke, beim Blick von unten erscheint die Decke größer als der Fußboden **(Bild 5)**.

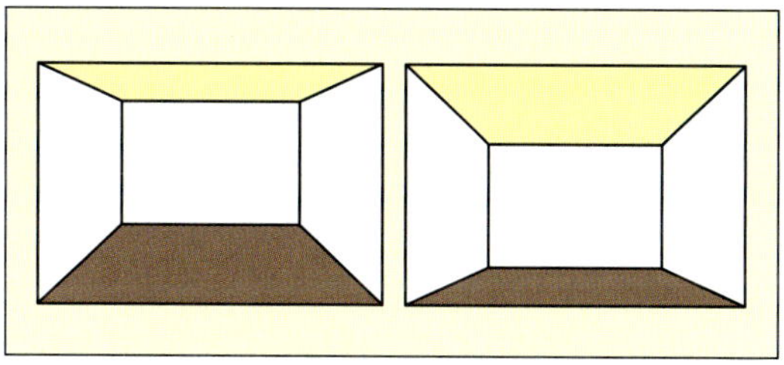

Bild 5: Scheinbare Größenveränderung durch veränderte Blickrichtungen: von oben und von unten

Bei der **Perspektive mit zwei Fluchtpunkten** ist die Konstruktion des Raumes etwas komplizierter, aber die scheinbaren Größenveränderungen von Decke und Fußboden sind wieder dieselben. Im **Bild 1** ist der Raum so gezeichnet, dass man den Fußboden durch den Blick von oben größer sieht.

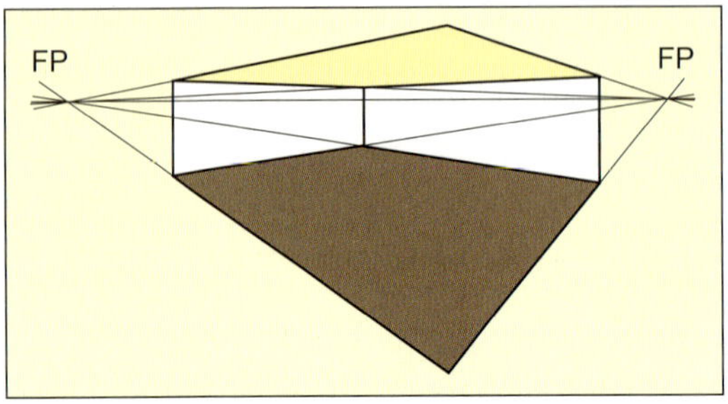

Bild 1: Perspektive mit zwei Fluchtpunkten: Blick von oben

Im Raum von **Bild 2** erscheint der Fußboden durch die Betrachtung von unten kleiner. Entsprechend kleiner bzw. größer wirken dann die Decken.

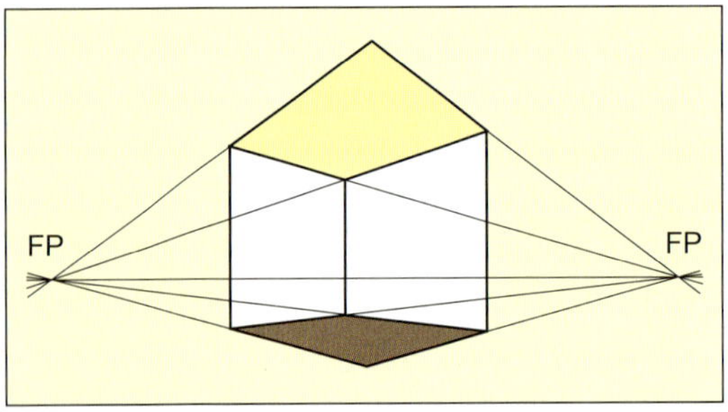

Bild 2: Perspektive mit zwei Fluchtpunkten: Blick von unten

6.5 Aufgaben

1. In welcher Ebene wird ein Schnitt in einem Bauwerk gelegt, um einen

a) Grundriss

b) Längsschnitt zu erhalten?

2. Stellen Sie nach dem Muster von **Bild 5, S. 55** die Skizze einer vollflächigen Raumabwicklung im Maßstab 1 : 100 mit Lineal, Dreieck und Bleistift her! Benutzen Sie für b = 3,20 m, l = 4,10 m und h = 2,60 m!

3. Skizzieren Sie nach dem Muster der Zeichnungen von **Bild 3, S. 55** mit Lineal, Dreieck und Bleistift zwei Giebelansichten von einem Wohnhaus mit einer Etage, Spritzsockel, Hauseingangstür und einem Fenster!

a) als Giebelansicht mit Satteldach,

b) als Giebelansicht mit Walmdach!

Die Gesamthöhe der Gebäudezeichnung soll jeweils 10 cm betragen. Alle übrigen Maße wählen Sie selbst!

4. In dieser Aufgabe soll ein Quader in isometrischer Darstellung auf quadratisches Rechenkästchenpapier gezeichnet werden. Beginnen Sie die Zeichnung, indem Sie an den mit A gekennzeichneten Anfangspunkt die ersten drei Linien mit ihren Maßen in den entsprechenden Richtungen antragen **(Bild 3)!** Arbeiten Sie nur mit einem Lineal!

Die Maße sind:

Breite	b = 5 cm,
Länge (Tiefe)	t = 4 cm,
Höhe	h = 2,5 cm.

Die Winkel wählen Sie selbst!

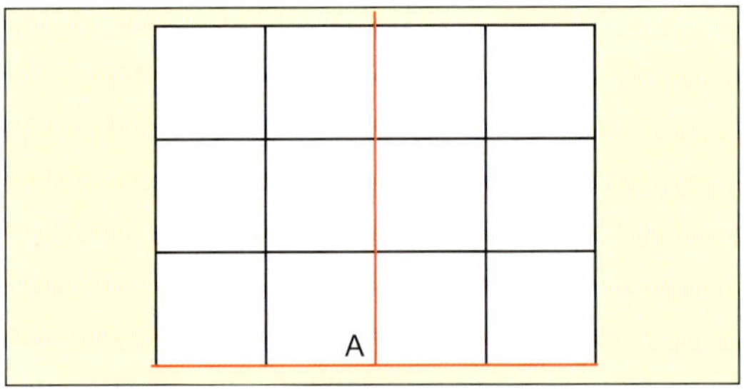

Bild 3: Zeichnungshilfe für Aufgabe 4

5. Skizzieren Sie auf Rechenkästchenpapier wiederum mit den Maßen aus Aufgabe 4 mit drei Linien die Anfangskonstruktion eines Quaders in Kabinettprojektion mit dem Winkel von 30°!

Arbeiten Sie nur mit einem Lineal! Muss eine Verkürzung an den Maßen erfolgen?

6. Ein Raum soll perspektivisch gezeichnet werden. Es ist ein niedriger Standpunkt vorgesehen, weil der Betrachter darin sitzt.

a) Erscheint dann der Fußboden oder die Decke größer?

b) Welchem Bild auf **Seite 59** würde die Zeichnung entsprechen?

7 Anfertigen von Bauzeichnungen

Nach der im vorangegangenen Kapitel gezeigten Übersicht über die wichtigsten Bauzeichnungen, die im Malerhandwerk eine Rolle spielen können, werden nun Einzelheiten zur Konstruktion gezeigt. Die Darstellungen sind so aufgebaut, dass ein schrittweise selbstständiges Anfertigen der Bauzeichnungen möglich ist. Zu diesem Zweck erfolgen entsprechende Arbeitsanleitungen.

Im Maler- und Lackiererhandwerk spielt das Zeichnen von Grundrissen weniger eine Rolle als das Lesen der Grundrisse. Demgegenüber sind alle anderen Darstellungen (Ansichten, Abwicklungen, räumliche Darstellungen) von größerer Bedeutung, weil sie farbig behandelt werden können.

7.1 Grundrisse

Grundrisse werden maßstäblich gezeichnet und mit Originalmaßen versehen. Dadurch kann der Bauarbeiter sofort die notwendigen Arbeiten ausführen, z.B. das Anlegen einer Mauer, Freilassen von Öffnungen usw. Des Weiteren erfolgt mit den Zeichnungsmaßen das Abrechnen des Arbeitsauftrages.

Man unterscheidet zwischen **Rohbaumaßen** und **Ausbaumaßen**. Zeichnungen für Neubauten enthalten immer Rohbaumaße. Fügt man dem Mauerwerk jedoch die Putzdicken hinzu, entstehen Ausbaumaße.

Die dabei entstehenden Maßänderungen spielen für Ausbauberufe im Bauwesen, also auch für Maler und Lackierer, eine Rolle.

Zur Darstellung von Grundrissen werden zwei Techniken angewendet, die Skizziertechnik und die konstruktive Methode.

Skizziertechnik

Grundrissskizzen dieser Art dienen einer ersten Übersicht über das geplante Bauwerk. Sie können der Einfachheit halber als Freihandzeichnungen auf kariertem Papier angefertigt werden. Man arbeitet dabei annähernd maßstabgetreu, damit die geplanten Maße des Objekts der Wirklichkeit möglichst nahe kommen **(Bild 1)**.

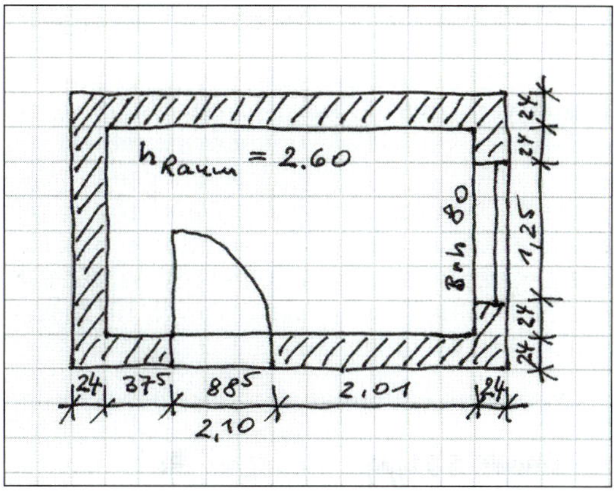

Bild 1: Grundriss als Freihandskizze

Konstruktionsmethode

Die dabei entstehenden Grundrisse sind maßstabgetreue Zeichnungen, die meist auf Transparentpapier angefertigt werden. In der heutigen Zeit werden sie mit speziellen PC-Programmen entworfen und ausgedruckt.

Die Zeichnungen erhalten Bemaßungen und zu weiteren Informationen über Bauteile und verwendete Baustoffe genormte Symbole und Schraffuren. Es werden auch Gesamtmaße angegeben **(Bild 2)**.

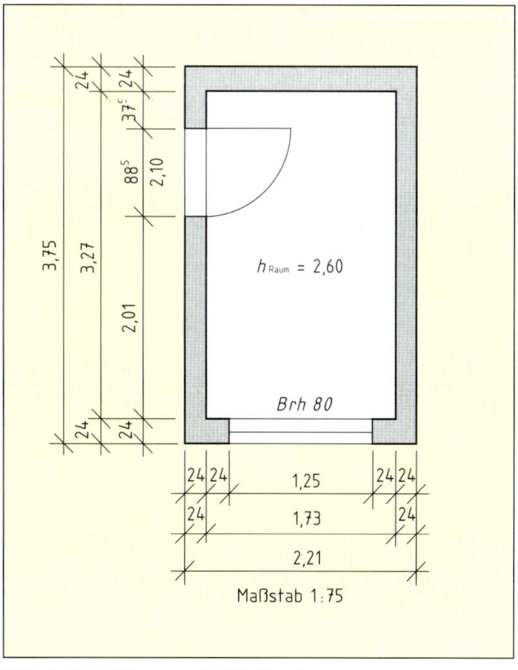

Bild 2: Ausführung als PC-Zeichnung

7.1.1 Zeichnungssymbole und Kennzeichnungen

Mauerwerk (Bild 1) wird in der Regel, ohne auf die Baustoffart einzugehen, **schraffiert** mit nach rechts geneigten schmalen Volllinien dargestellt. Die **Umrandung der Wand** erfolgt **mit breiten schwarzen Volllinien.** Bei sehr klein dargestellten Grundrissen stellt man der Einfachheit halber das Mauerwerk nur mit dicken schwarzen Volllinien dar.

Auch **farbige Füllungen** sind möglich, werden aber kaum ausgeführt. Zum Beispiel wird Altbausubstanz bei Zeichnungen für Umbauten grau eingefärbt, zu entfernende Bauteile werden gelb lasiert. Aufwändigere Zeichnungen erhalten spezielle genormte **Füllmuster** für die verwendeten Baustoffe, die man der entsprechenden Fachliteratur entnimmt.

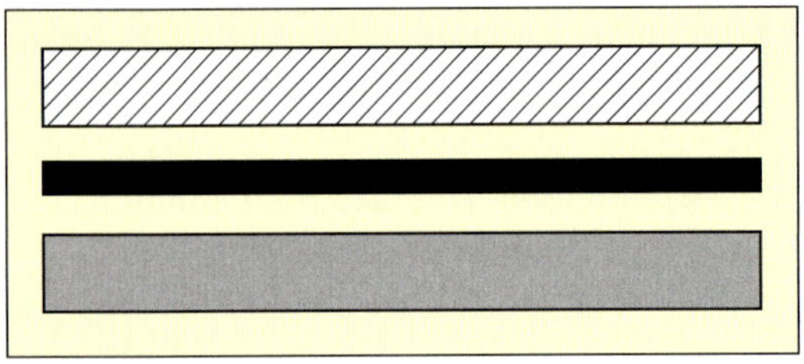

Bild 1: Allgemeine Symbolik für Mauerwerk

> **TIPP** Legen Sie für vereinfachte Mauerwerksdarstellungen das Innere grau aus! Die graue Färbung erreicht man mit einem schräg gelegten harten Bleistift. Die Kontur wird mit einem weichen Stift kräftig abgesetzt.

Öffnungen werden wie in **Bild 2** dargestellt.

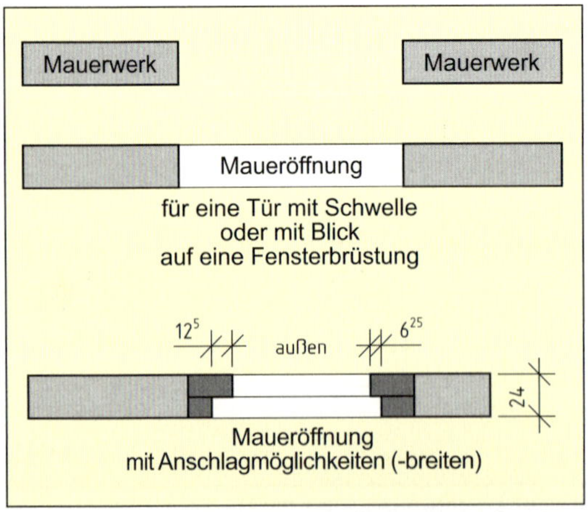

Bild 2: Darstellung von Öffnungen im Mauerwerk

Normalerweise werden Öffnungen als leere rechteckige Flächen im Grundriss gezeichnet. Bei dickerem Mauerwerk (ab 24 cm) wird oft ein so genannter Anschlag hergestellt, das ist ein schmaler Mauervorsprung von ½ Stein oder ¼ Stein Breite. Beim Ziegel im Normalformat mit einer Länge von 24 cm, einer Breite von 11,5 cm und einer Höhe von 7,1 cm entstehen auf diese Weise kleine seitliche Vorsprünge von 12,5 cm oder 6,25 cm.

Wenn Öffnungen durch Volllinien eingefasst werden, stellen sie bei Türen geplante Schwellen dar. Bei Fenstern blickt man auf die waagerechten Kanten der Fensterbrüstung.

Fensteröffnungen haben den Anschlag gewöhnlich außen. An seiner Innenseite wird der Fensterrahmen befestigt, d.h. angeschlagen. Die Fensterflügel werden in Deutschland normalerweise nach innen geöffnet.

Türen werden immer so gezeichnet, dass man erkennt, in welcher Richtung sie geöffnet werden. In **Bild 3** zeigt die Öffnungsrichtung nach innen. Die Öffnung besitzt weder einen Anschlag noch eine Schwelle. Türen werden je nach Anschlagsart, wo sich die zur Befestigung des Türblatts benötigten Türbänder befinden, als Links- oder Rechtstür bezeichnet. Zu dem Zweck muss man sich vor die Türseite stellen, nach der sie geöffnet wird, d.h. aufschlägt.

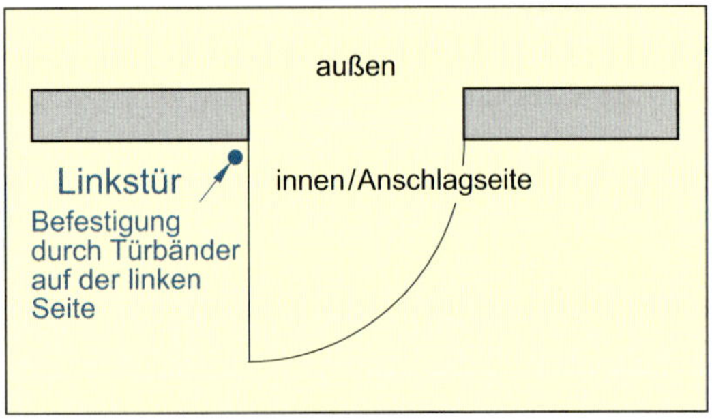

Bild 3: Türöffnung ohne Anschlag, ohne Schwelle

Schornsteine und Lüftungsschächte werden in Grundrissen wie in **Bild 4** dargestellt.

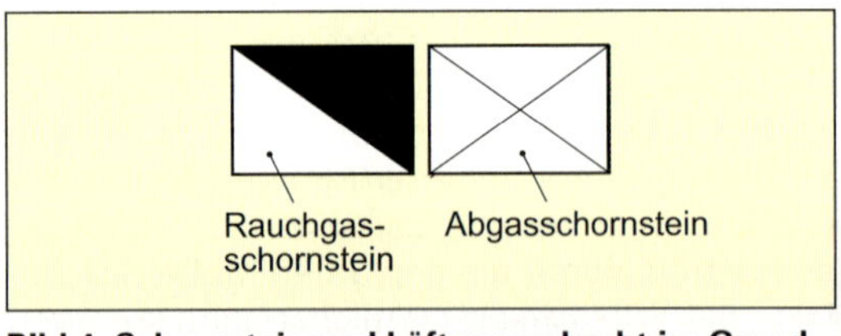

Bild 4: Schornstein und Lüftungsschacht im Grundriss

7.1.2 Bemaßen und Beschriften

Zur Bemaßung von Bauzeichnungen **(Bild 1)** werden Maßlinien benötigt. Man zeichnet dazu mit hartem Bleistift dünne Volllinien. Die Linien stehen in einem bestimmten Abstand zum Mauerwerk und enden meist mit dem Maßkreuz. Maßpfeile werden im Bauwesen außer zur Bemaßung von Bögen nicht verwendet. Die Maßzahlen für Breiten stehen mittig über den Maßlinien, ohne diese zu berühren. Höhenangaben für Öffnungen werden unter die Maßlinien geschrieben (mehr dazu in **Abschnitt 3.2**). Als Schriftart verwendet man meist die Normschrift in senkrechter Ausführung. Damit die Beschriftung gut zu erkennen ist, sollte ein weicherer Bleistift benutzt werden. Weitere **Hinweise für Beschriftungen** sind im **Abschnitt 3.4** zu finden.

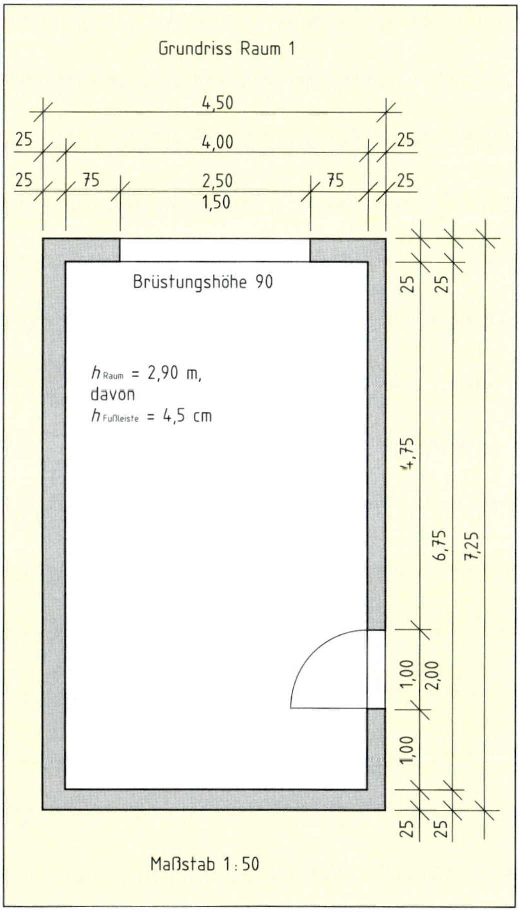

Bild 1: Grundriss Raum 1

> **HINWEIS** Der Grundriss wird zu späteren Zeichenübungen verwendet und enthält deshalb vereinfachte Maße.

7.1.3 Zeichnungsmaßstäbe

Der **Zeichnungsmaßstab** ist von der Zeichnungsgröße auf dem Zeichenblatt abhängig. Die Entwurfszeichnung eines gesamten Bauobjekts ist im Maßstab 1 : 100 üblich.

Wird ein Einzelraum, also eine Detailzeichnung gefordert, sind Maßstäbe wie 1 : 75, 1 : 50 oder 1 : 25 und andere möglich.

Zusätzlich gibt man zu den Maßstäben oft die verwendeten Maßeinheiten mit an, also 1 : 100 – m, cm. Das heißt, die Maße sind entweder in Meter angegeben, z. B. 1,80 oder in Zentimeter, z. B. 25. Hochgestellte Zahlen wie bei $1{,}87^5$ bedeuten Millimeter **(vgl. S. 22)**.

> **HINWEIS** Im Hochbau nennt man die Zeichnungsmaße auch **Rohbaurichtmaße.** Diese sind in der Regel durch 6,25 ganzzahlig teilbar. Fügt man den Rohbaumaßen Putz hinzu, entstehen die sog. **Ausbaumaße.**

7.1.4 Zeichnen eines Grundrisses

Der in **Bild 1** abgebildete Grundriss stellt ein Wohnzimmer dar. Es soll, wie die Abbildung zeigt, im Maßstab 1 : 50 auf Zeichenkarton im DIN A4-Hochformat angefertigt werden. Die Zeichnung ist in Bleistift auszuführen. Sie erhält den Titel **„Grundriss Raum 1"**, der mittig über der Zeichnung anzubringen ist. Die Beschriftung soll mit der Nennhöhe von 7 mm ausgeführt werden. Die Zahlen erhalten eine Nennhöhe von 3 mm.

Kleben Sie die fertige Zeichnung auf ein Zeichenblatt, das nach dem **Musterblatt von Bild 1, S. 28** eingerahmt und beschriftet wurde. So kann man vermeiden, dass eine repräsentative Einrahmung mehrfach hergestellt werden muss, wenn die Zeichnung eventuell misslungen ist.

Arbeitsschritte zum Zeichnen

1. Berechnung der Zeichnungsmaße

Zur Umrechnung der Maße ist beim Taschenrechner der Befehl Kettenrechnung zu empfehlen. Um eine bessere Übersicht beim Zeichnen zu erhalten, ist es nützlich, eine Tabelle mit den Baumaßen und Umrechnungsergebnissen zu erstellen.

Dabei werden Begriffe und ihre Abkürzungen verwendet, die in **Tabelle 1, S. 64** aufgelistet sind.

Die Umrechnungstabelle zum Eintragen der notwendigen Maße könnte nach dem Muster der **Tabelle 2** hergestellt werden. Zur Erleichterung des Umrechnens ist es nützlich, die Originalmaße des Grundrisses von **Bild 1, S. 63,** in cm umgerechnet, einzutragen, weil die Zeichnungsmaße in cm gebraucht werden.

Tabelle 1: Begriffe in Bauzeichnungen

Abkürzung	Begriffsklärung
b_R	Breite des Raums (innen)
b_g	Breite des Raums (gesamt, außen)
l_R	Länge des Raums (innen)
l_g	Länge des Raums (gesamt, außen)
a_T	Abstand der Tür von der Mauerkante
a_F	Abstand des Fensters von der Mauerkante
b_T	Breite der Tür
b_F	Breite des Fensters
h_T	Höhe der Tür
h_F	Höhe des Fensters
Brh	Brüstungshöhe
d_M	Dicke der Mauer
h_R	Höhe des Raums
h_{Fl}	Höhe der Fußleiste
EG	Erdgeschoss
KG	Kellergeschoss
UG	Untergeschoss
OG	Obergeschoss
RFB	Rohfußboden
FFB	Fertigfußboden
OK	Oberkante
UK	Unterkante
Stg	Steigung
FHT	Feuer hemmende Tür
RD	Rauchdicht
WD	Wanddurchbruch
WS	Wandschlitz
DD	Deckendurchbruch
DA	Deckenaussparung
HKN	Heizkörpernische

Tabelle 2: Umrechnungstabelle

	Baumaße, in cm umgerechnet	Zeichnungsmaße 1 : 50 in cm
b_g	450	9,00
b_R		
l_g	725	
l_R		
d_M	24	
a_T		
b_T		
a_F		
b_F		

HINWEIS Die in **Tabelle 2** eingetragenen Zahlen dienen als Muster. Fehlende Maße sind der Zeichnung aus **Bild 1, S. 63** zu entnehmen.

2. Zeichnungsgröße berechnen

In unserem Beispiel ist der Zeichnungsmaßstab vorgegeben (1 : 50). Er wurde nach folgenden Arbeitsschritten für das Zeichenformat DIN A4 berechnet (Musterblatt von **Bild 1, S. 28**):

- **Breite der Zeichnung ermitteln (b_z)**

  b_g = 450 cm : 50 = 9 cm.

  Zusätzlich werden 3 Maßlinienabstände von jeweils 1 cm benötigt = 3 cm.

  Zeichnungsbreite b_z = 9 cm + 3 cm **= 12 cm**

- **Länge (Höhe) der Zeichnung ermitteln (l_z)**

  l_g = 725 cm : 50 = 14,5 cm

  3 Maßlinienabstände je 1 cm = 3 cm

  Zeichnungslänge l_z = 14,5 cm + 3 cm **= 17,5 cm.**

- **Überprüfen, ob der Grundriss mit Bemaßung auf das DIN A4-Zeichenblatt passt**

  Arbeitsbreite des Zeichenblattes ermitteln

  21 cm (Blattbreite) – 3 cm (Rand) = 18 cm

  Zeichnungsbreite b_z = 12 cm

  Arbeitshöhe des Zeichenblattes

  29,7 cm (Blatthöhe) – 3 cm (Rand + Schriftfeld) = 26,7 cm

  Zeichnungslänge (-höhe) l_z = 17,5 cm

- **Schlussfolgerung**

  Die Zeichnung passt auf das Arbeitsfeld des Musterblattes, weil die Zeichnungsmaße kleiner sind als die Zeichenfläche.

3. Zeichenschritte

Sie sind in **Tabelle 1** aufgelistet.

Tabelle 1: Zeichenschritte

	Aufgabe	Tätigkeit
1	Senkrechte Mittellinie auf dem Zeichenblatt zeichnen. Sie ermöglicht das mittige Anordnen des Grundrisses einschließlich der Bemaßung.	Schmale Volllinie ziehen.
2	Zeichnungsbreite und -höhe (aus Umrissen des Mauerwerks und je 3 Maßlinien, vgl. S. 63, rechts und oben berechnen) mittig auf dem Blatt vorzeichnen.	Schmale Volllinien ziehen.
3	Mauerwerk und Öffnungen in das Mauerwerk zeichnen.	Schmale Volllinien ziehen.
4	3 Maßlinien im Abstand von je 1 cm oben und rechts zeichnen.	Schmale Volllinien parallel zur Mauer zeichnen.
5	Maßhilfslinien zeichnen. Sie beginnen 3 mm vor der Mauer.	Schmale Volllinien ziehen.
6	Maßbegrenzungslinien zeichnen.	Schmale Volllinien jeweils schräg von links unten nach rechts oben ziehen.
7	Maßzahlen als Originalmaß mittig eintragen: Breite und Länge über der Maßlinie, Höhen unter der Linie. Abstand der Zahlen 1 mm von der Maßlinie. Zahlenhöhe 3 mm.	Zuerst 2 Hilfslinien für die Zahlen zeichnen, dann Maße senkrecht eintragen.
8	Mauerwerk wie bei Umbauten darstellen.	Innenfläche der Mauer grau einfärben, schraffieren ist für diesen Zweck zu aufwändig.
9	Mauerwerksumrisse kräftig nachzeichnen.	Breite Volllinien ziehen.
10	Begriffe und Maße für Raumhöhe, Brüstungshöhe, Höhe der Fußleiste in den Grundriss mit Groß- und Kleinbuchstaben eintragen.	Zeilen als schmale Volllinien vorziehen: Schrifthöhe 5 mm, Zeilenabstand 5 mm.
11	Zeichnung großzügig rechteckig mit der Schere oder dem Schablonenmesser beschneiden und auf das Repräsentationsblatt (Musterblatt **Bild 1, S. 28**) kleben.	
12	Überschrift mit Groß- und Kleinbuchstaben symmetrisch eintragen; Text erst vorschreiben und zum Vergleich über die Schriftlinien legen; Namen und Klasse in das Schriftfeld eintragen; **Hinweise S. 26/27** beachten.	Als Zeilen schmale Volllinien ziehen (harte Bleistiftmine). Schrifthöhe 7 mm, Zeilenabstand 5 mm. Schrift kräftig schreiben (weiche Bleistiftmine).
13	Verschmutzungen mit weichem Radiergummi abradieren.	

7.2 Abwicklungen

Es soll eine vollflächige Abwicklung hergestellt werden, die später als Vorschlag für die farbige Gestaltung eines Innenraumes verwendet werden kann.

Die Maße für die Zeichnung im DIN A4-Querformat sind aus dem vorangegangenen Grundriss von **Raum 1, S. 63** zu entnehmen. Weil ein Innenraum darzustellen ist, werden jedoch nur die entsprechenden Innenmaße benötigt.

Der Maßstab ist selbst zu wählen, entweder M 1 : 100 oder M 1 : 50.

Der Zeichnungstitel lautet **„Abwicklung Wohnzimmer“**. Er soll über der Zeichnung angebracht werden, der benutzte Maßstab unter der Zeichnung (Schrifthöhen jeweils 7 mm).

Die fertige Zeichnung soll wie in **Bild 1** aussehen.

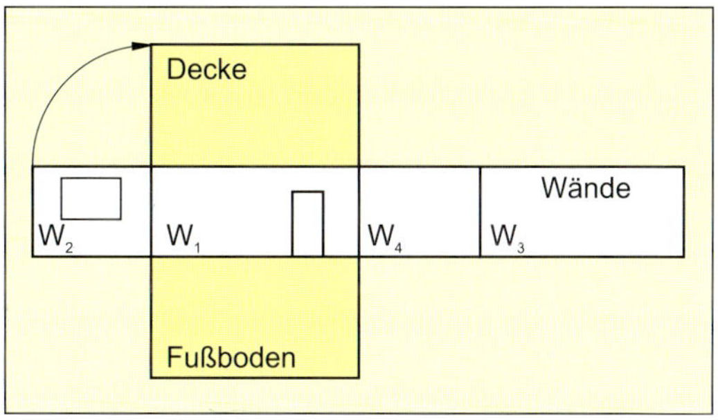

Bild 1: Geplantes Aussehen der Abwicklung

Damit die Darstellung von **Bild 1, S. 65** entsteht, muss der Grundriss nach links gedreht werden **(Bild 1)**. Die Wände werden in den Pfeilrichtungen aufgeklappt.

- Wand 2 (Fensterseite = Breite b_R) wird nach links gedreht.

Hinweis Im Malerhandwerk wird immer die Fensterseite als Breitenmaß bezeichnet.

- Wand 1 (Länge l_R) wird **nicht** gedreht.
- Wände 4 und 3 werden nacheinander nach rechts gedreht.

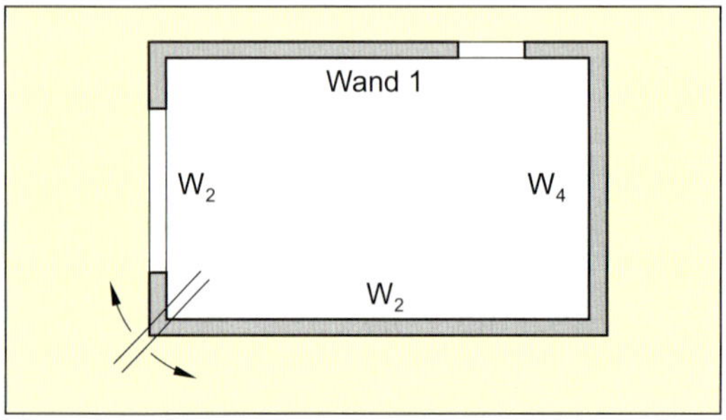

Bild 1: Mögliche Drehrichtung der Wände

Arbeitsschritte zum Zeichnen

1. Maßstab festlegen

Zu dem Zweck ist die als Muster gezeigte **Tabelle 1** herzustellen und mit den nötigen Innenmaßen auszufüllen.

Tabelle 1: Zeichnungsmaße

Baumaße, in cm umgerechnet		Zeichnungsmaße, in cm	
		M 1 : 50	M 1 : 100
b_R	400	8,00	4,00
l_R	675	13,50	6,75
a_T			
b_T			
h_T			
a_F			
b_F			
Brh			
h_F	290	5,80	2,90
h_{Fl}			

- **Breite der Zeichnung in Zentimeter im Maßstab 1 : 50 und 1 : 100 ausrechnen**

  (Breite Innenraum b_R + Länge Innenraum l_R) · 2
  = $(b_R + l_R) \cdot 2$
  = Gesamtlänge der Zeichnung.
- **Höhe der Zeichnung in Zentimeter im Maßstab 1 : 50 und 1 : 100 ausrechnen**

  Breite der Wand 2
  + Höhe der Wände
  + Breite des Fußbodens (Maß wie Wand 2)
  = Gesamthöhe der Zeichnung.
- **Festlegung des geeigneten Maßstabes und passenden Formates treffen**

2. Maße in die Tabelle 1 eintragen und in gewählten Maßstab umrechnen

3. Zeichenschritte

Die Arbeitsschritte sind der **Tabelle 2** zu entnehmen.

Tabelle 2: Arbeitsschritte zum Zeichnen

1	Abgewickelte Wände so zeichnen, dass ihre Gesamtfläche auf dem Zeichenblatt mittig angeordnet ist. Zu dem Zweck sind die Berechnungen aus dem 1. Arbeitsschritt zu verwenden.
2	Decke und Fußboden an Wand 1 ansetzen. Am besten zum Maßantragen den Zirkel benutzen. An Wand 4 könnten beide Flächen zwar auch angesetzt werden, aber die Zeichnung erhält dadurch ungünstigere Proportionen. Das Ansetzen der Decke an die Wandflächen W_2 und W_3 ergibt ebenfalls ungünstige aussehende Abwicklungen.
3	Abstände der Öffnungen und dann die Breiten der Öffnungen in die richtigen Wände an der richtigen Stelle eintragen.
4	Brüstungshöhe, Fensterhöhe und Türhöhe antragen und die Öffnungen fertig zeichnen.
5	Fußleiste einzeichnen.
6	Zeichnung beschriften, rechteckig ausschneiden und auf Repräsentationsblatt wie beim Grundriss in **Abschnitt 7.1.4** kleben.

7.3 Isometrien

Eine isometrische Darstellung eines Innenraumes soll mit angrenzendem Mauerwerk hergestellt werden, die später als Grundlage zur farbigen Gestaltung dienen kann. Zu dem Zweck ist es sinnvoll, etwas besseres Zeichenpapier zu benutzen. Die Zeichnung ist aus dem gleichen Grund in Bleistift anzufertigen.

Die Originalmaße für die Zeichnung im Format DIN A4 sind wieder dem vorangegangenen Grundriss von **Raum 1, S. 63** zu entnehmen. Weil der Innenraum mit dem Mauerwerk darzustellen ist, sind neben den entsprechenden Innenmaßen die Mauerdicken zu berücksichtigen. Die Maße sind in eine Tabelle einzutragen, die Sie nach dem Muster von **Tabelle 1** herstellen und umrechnen!

Der Maßstab ist durch eine Skizze selbst zu bestimmen **(Bild 1, S. 68)**!

Als **Zeichnungswinkel** sollen 60°/30° benutzt werden.

Der Zeichnungstitel **„Raum 1, isometrische Darstellung"** soll als Zweizeiler über der Zeichnung angeordnet werden, der Maßstab unter der Zeichnung. Die Schriftgröße beträgt wie bei den vorangegangenen Zeichnungen 7 mm. Eine Bemaßung ist wegen der späteren Nutzung zur Raumgestaltung nicht sinnvoll. Die fertige Isometrie ist in **Bild 2** zu sehen. **Bild 1** zeigt eine Zwischenstufe ohne die räumlich eingezeichneten Öffnungen.

Tabelle 1: Zeichnungsmaße für Isometrie		
Baumaße, in cm umgerechnet		**M 1 : ... (Maßstab wählen)**
b_g	450	
b_R		
l_g	725	
l_R		
h_R	290	
d_M		
a_T		
b_T		
h_T		
a_F		
b_F		
Brh		
h_{Fl}		

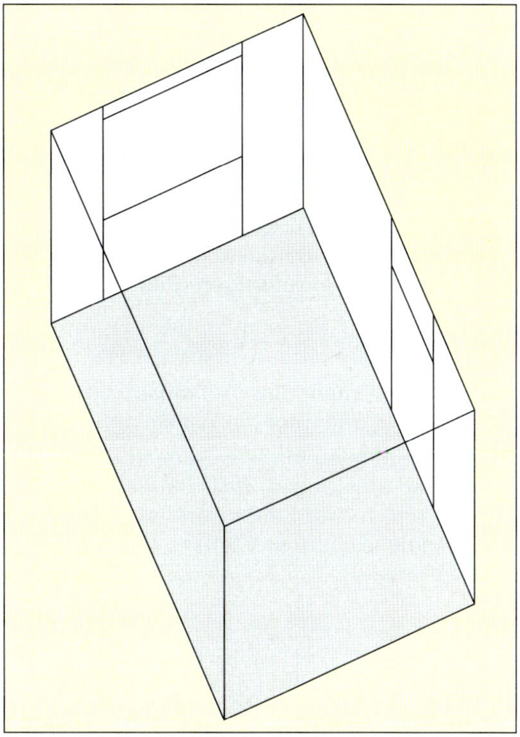

Bild 1: Raum 1 isometrisch ohne räumliche Öffnungen in den Wandbereichen

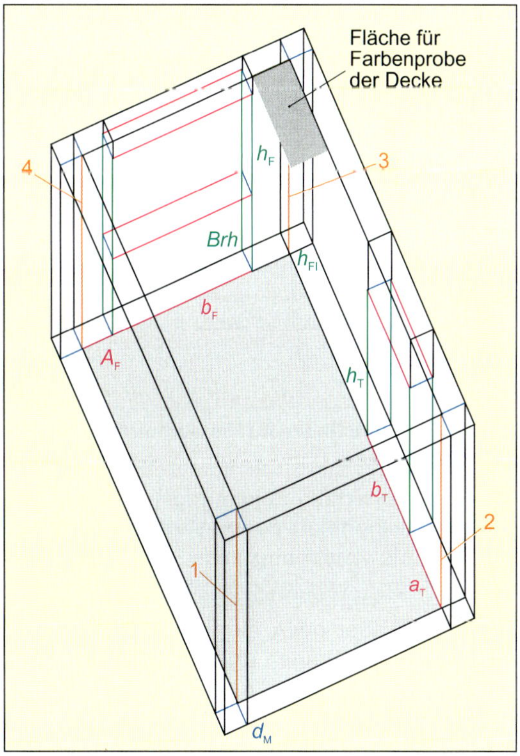

Bild 2: Raum 1 in isometrischer Darstellung

Arbeitsschritte zum Zeichnen

1. Lage des Zeichenblattes festlegen

2. Maßstab ermitteln

Zu diesem Zweck ist es ratsam, eine räumliche Skizze auf quadratischem Rechenkästchenpapier mit den umgerechneten Raummaßen Gesamtlänge l_g (links), Gesamtbreite b_g (rechts) und Höhe h_R unter Berücksichtigung der vorgegebenen Winkel anzufertigen **(Bild 1)**.

- Zuerst ist der Maßstab zu wählen, mit dem die drei Maße umgerechnet werden.
- Dann legt man den Anfangspunkt A der Skizze fest und trägt die Winkel an.
- Die errechneten Maße werden von A ausgehend so angetragen, dass damit Fußboden, linke und rechte Seitenwand sowie die Decke (durchsichtig) entstehen.

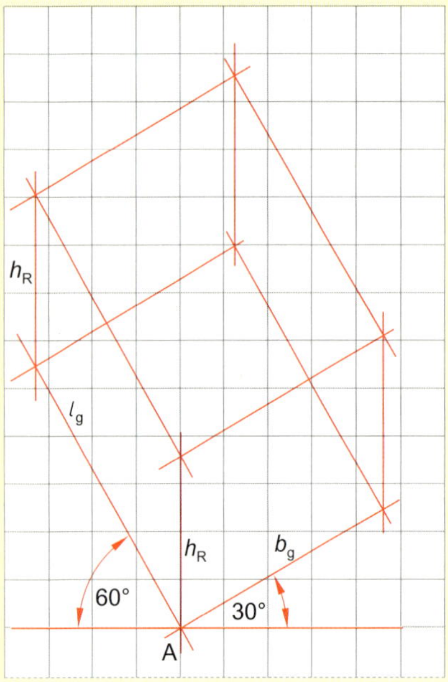

Bild 1: Angelegte Skizze für die isometrische Darstellung

Wenn die ermittelte Zeichnungsgröße auf das DIN A4-Zeichenblatt passt, liegt der Maßstab fest und die Zeichnung kann hergestellt werden.

Zuvor sind aber noch die fehlenden Maße in die Tabelle einzutragen und umzurechnen.

3. Zeichnungsschritte

Die Arbeitsschritte sind der **Tabelle 1** zu entnehmen.

Tabelle 1: Arbeitsschritte zum Zeichnen

1	Anfangspunkt A auf dem Zeichenblatt markieren.
2	Winkel antragen.
3	Maße für l_g und b_g ohne Verkürzung antragen und Fußboden durch Parallelverschiebung zeichnen.
4	Höhe h_R bei A antragen, Seitenwände und Decke durch Parallelverschiebung zeichnen.
5	Dicke der Mauer d_M an den Ecken der Decke und des Fußbodens auf den Mauerlinien nach innen antragen; an den entstandenen Punkten die Innenkanten des Raumes durch Parallelverschiebung zeichnen.
6	Abstand der Tür a_T, Breite der Tür b_T und Höhe der Tür h_T an der Innenwand antragen und die Türfläche durch parallele Linien zu Wand und Decke herstellen.
7	Mauerdicken an den Türecken einzeichnen (Winkel = 30°); Türfläche an der Außenwand zeichnen; es entstehen Türleibungen, Sturz und Schwelle.
8	Fenster wie Tür zeichnen: Maße a_F, b_F, *Brh*, h_F nacheinander antragen und Parallelen zu Wand und Decke ziehen. Mauerdicke d_M im Winkel von 60° an den Eckpunkten der Fensteröffnung einzeichnen, damit Leibungen und Fensterbrett entstehen.
9	Höhe der Fußleisten h_{Fl} am Fußboden senkrecht antragen und Fußleiste durch Parallelverschiebung zum Fußboden zeichnen.
10	In der rechten oberen Ecke der Decke ein kleines Parallelogramm einzeichnen, das später die Farbe der Decke erhalten soll.
11	Zeichnung rechteckig beschneiden, auf Repräsentationsblatt kleben und beschriften.
12	Verschmutzungen abradieren

Eine **einfachere Variante** der isometrischen Darstellung des Raumes ist in **Bild 1, Seite 69** zu sehen. Darin sind die seitlichen vorderen Wände und die Mauerdicken weggelassen.

Auf diese Weise ist es möglich, ohne Sichtbehinderung in den Raum zu schauen, wenn die Darstellung für einen Farbvorschlag benutzt werden soll.

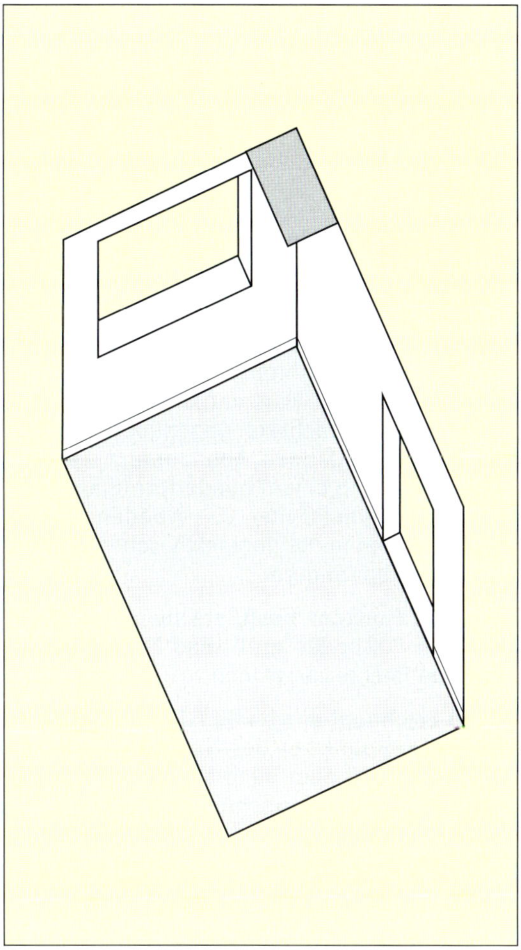

Bild 1: Vereinfacht gezeichneter Raum in isometrischer Darstellung

7.4 Perspektive mit zwei Distanzpunkten

Diese Art der perspektivischen Darstellung wird auch als Malerperspektive bezeichnet. Sie ist platzsparend, weil sich der zum Zeichnen nötige Grundriss nicht auf dem Zeichenblatt befindet. Das Konstruieren kann mithilfe der Arbeitsanleitungen nachvollzogen werden. Der Betrachter steht vor dem gezeichneten Raum und schaut hinein. Dazu muss man sich die vordere Wand bzw. das Mauerwerk durchsichtig vorstellen.

Für diese Situation ist es nötig, sich das zu Zeichnende räumlich vorzustellen, also dreidimensional in Breite, Höhe und Tiefe. Im Gegensatz dazu besitzt das Zeichenblatt nur zwei Dimensionen (Breite und Höhe). In **Bild 2** ist diese Situation in einem Grundriss dargestellt.

In **Bild 3** werden die ersten notwendigen Begriffe zur Konstruktion genannt.

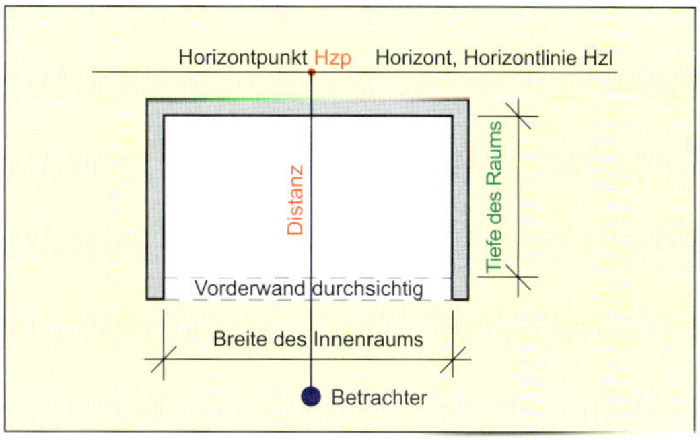

Bild 2: Betrachtung im Grundriss

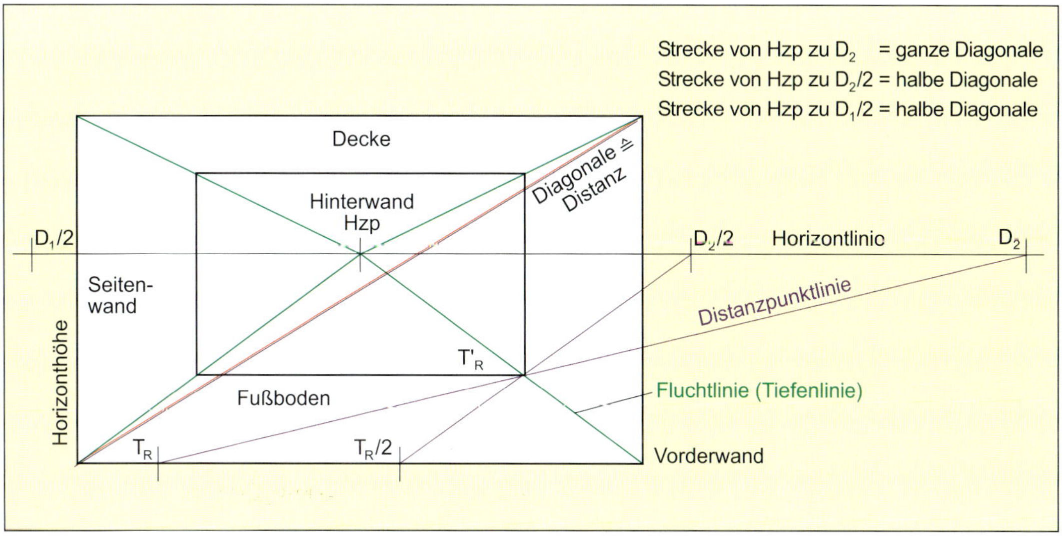

Bild 3: Begriffe zum Zeichnen in perspektivischer Darstellung mit zwei Distanzpunkten

7.4.1 Grundsätze zum Zeichnen der Perspektive

Um die Konstruktion auszuführen, gilt es einige Regeln genau einzuhalten. In folgender Beschreibung, die für **Bild 3, S. 69** gilt, sind diese aufgelistet:

1. **Waagerechte Linien** bleiben waagerecht, wenn sie parallel zum Betrachter liegen.
2. **Senkrechte Linien** bleiben senkrecht.
3. Linien, die in die Tiefe des Raumes führen, heißen **Fluchtlinien** oder **Tiefenlinien**. Sie treffen sich im Horizontpunkt.

   Sie ermöglichen das Darstellen der scheinbaren Größenveränderung bzw. der perspektivischen Verkürzung von Objekten in den Dimensionen Breite, Höhe und Tiefe. Man kann dies in der Wirklichkeit an Strommasten und Bahnschwellen verdeutlichen, die immer gleiche Höhen und Breiten sowie in der Tiefe gleiche Abstände haben **(Bild 1)**.

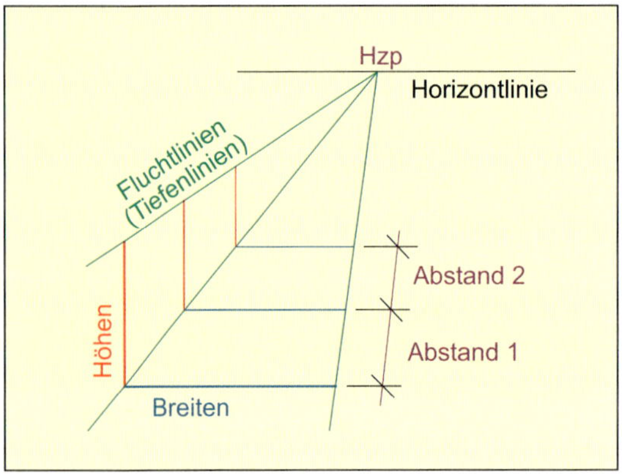

Bild 1: Scheinbare Maßverkürzungen in perspektivischen Zeichnungen

4. Zum Zeichnen muss der **Betrachter** immer vor dem Raum stehen **(Bild 2, S. 69)**. In der Zeichnung ist sein Standpunkt der untere Blattrand. Er blickt nach hinten (auf der Zeichnung nach oben) zum **Horizontpunkt Hzp**. Durch den Horizontpunkt führt waagerecht der **Horizont** bzw. die **Horizontlinie.** In der Natur ist der Horizont die Linie, an der sich Himmel und Erde scheinbar berühren. Diese ist nach links und rechts unbegrenzt. Der zu zeichnende Raum liegt zwischen der Horizontlinie und dem **Betrachter**. Seine Größe ist davon abhängig, wie weit der Betrachter von ihm entfernt steht. Den Abstand zwischen Horizont und Betrachter nennt man **Distanz**.

   In der perspektivischen Darstellung ist das Maß dafür prinzipiell frei wählbar. Damit man sich beim Zeichnen jedoch längere Rechnungen erspart, wird dafür entweder die Diagonale der Vorderwand oder die Breite des zu zeichnenden Raumes als Distanz gewählt.

7.4.2 Lage des Horizonts und des Horizontpunktes

Eine weitere scheinbare Änderung bewirkt die Höhe des Horizonts und der Ort des darauf befindlichen Horizontpunkts. Dazu muss man wissen, dass der Horizontpunkt immer den Augen des Betrachters gegenüberliegt. Am Beispiel der folgenden Abbildungen wird gezeigt, wie sich in einem quaderförmigen Raum die rechteckigen Flächen von Wänden, Decken und Fußboden in der perspektivischen Darstellung scheinbar ändern.

Liegt der Horizont hoch, erscheint die Decke klein, der Fußboden groß **(Bild 2).** In die Tiefe führende Rechtecke werden zu Trapezen.

In den Zeichnungen von Bild 2 und Bild 3 liegt der Horizontpunkt in der Mitte der Horizontlinie. Er könnte aber auch seitlicher liegen, je nachdem, wo der Betrachter steht.

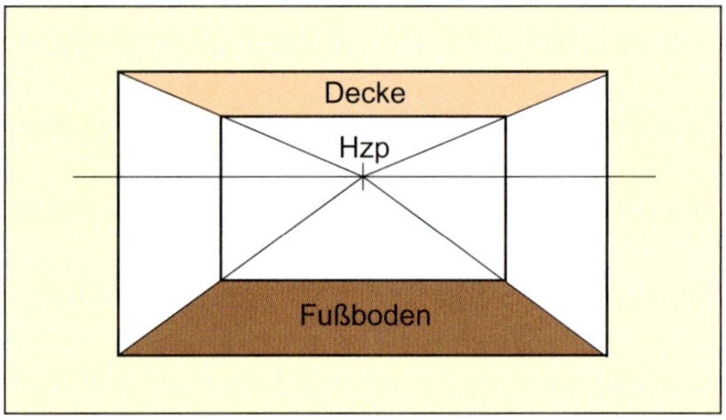

Bild 2: Hoch liegender Horizont

Liegt der Horizont niedrig, erscheint die Decke groß, der Fußboden klein **(Bild 3).**

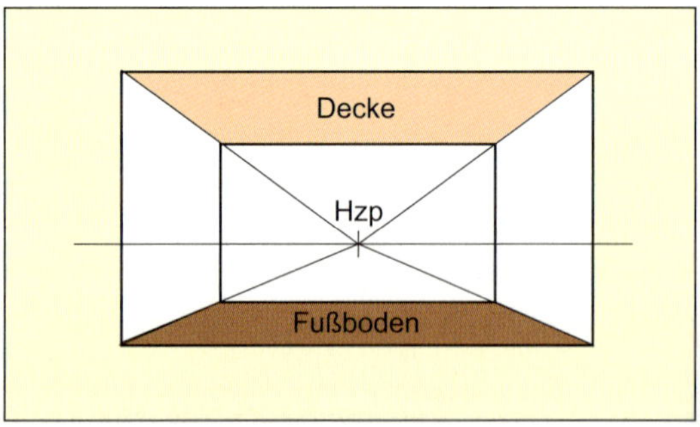

Bild 3: Niedrig liegender Horizont

Liegt der Horizontpunkt links, weil der Standpunkt des Betrachters nach links verschoben wurde, erscheint die rechte Seitenwand groß, die linke Seitenwand klein **(Bild 1)**. Details kann man so auf der Fläche besser zeigen.

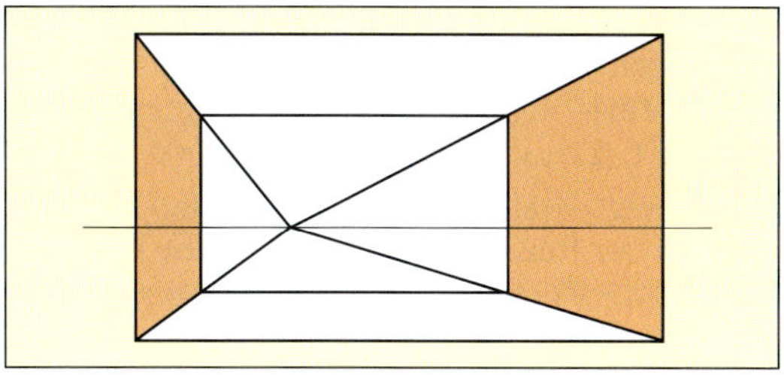

Bild 1: Links liegender Horizontpunkt

Liegt der Horizontpunkt rechts, erscheint die rechte Seitenwand klein, die linke Seitenwand groß **(Bild 2)**.

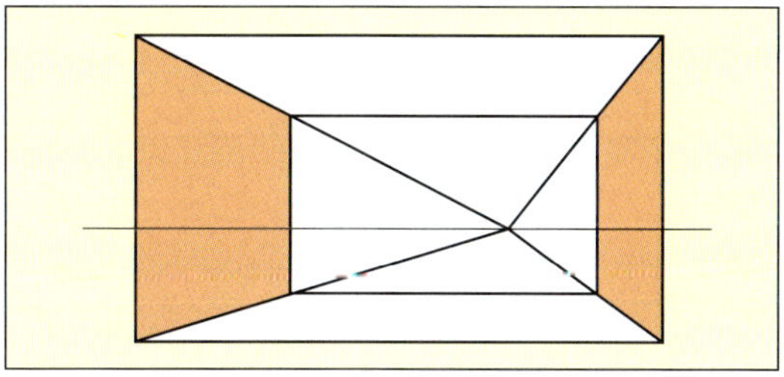

Bild 2: Rechts liegender Horizontpunkt

HINWEIS Kreise werden bei perspektivischen Darstellungen zu Ellipsen **(Bild 3)**.

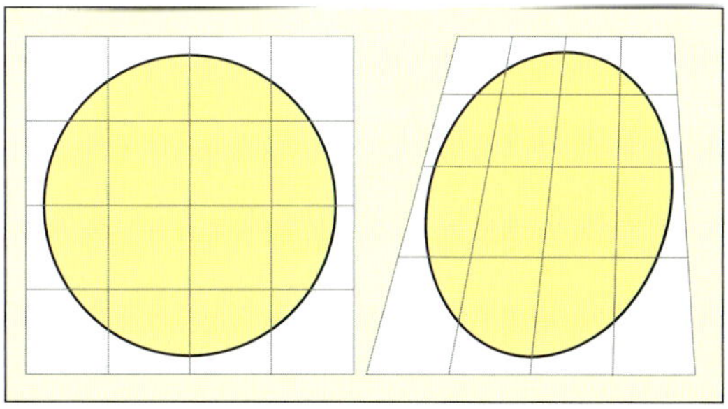

Bild 3: Scheinbare Formänderung eines Kreises in perspektivischer Darstellung

Schlussfolgerung

Entsprechend der Bedeutung einer Raumfläche legt man in perspektivischen Darstellungen die Horizonthöhe und den Horizontpunkt für jeden Zweck neu fest.

Meist legt man die Horizontlinie oberhalb der Mitte der Vorderwand an. Das entspricht gleichzeitig der normalen Augenhöhe des Betrachters. Der Horizontpunkt wird meist in der Mitte der Horizontlinie angebracht.

7.4.3 Arbeitsanleitungen zum Zeichnen der Perspektive

Die Konstruktion wird in den folgenden fünf Arbeitsanleitungen erläutert, ausgehend von einem einfachen Raum ohne Öffnungen über ein Objekt mit Öffnungen, Ecken, Wanddicken, Leibungen usw. Als Grundlage zum Zeichnen in perspektivischer Darstellung dient ein Grundriss, der nicht auf dem Zeichenblatt mit der perspektivischen Darstellung liegen soll.

TIPP Um die Konstruktionsweise zu üben, zeichnen Sie die Objekte in den folgenden Arbeitsschritten mit den in der Anleitung angegebenen Maßen nach! Benutzen Sie der Einfachheit halber Rechenkästchenpapier!

7.4.3.1 Raum ohne Öffnungen

Für die perspektivische Zeichnung eines Raumes werden folgende Innenmaße eines Grundrisses benötigt: Breite, Höhe und Raumtiefe, wie das Längenmaß des Raumes jetzt genannt wird **(Bild 4)**.

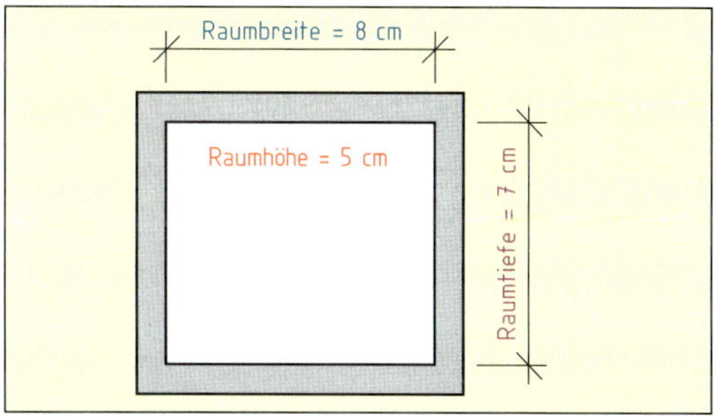

Bild 4: Grundriss zum Zeichnen des Raumes

1. Vorderwand des Raumes zeichnen

Mit der Raumbreite b_R und der Raumhöhe h_R des Grundrisses wird die Vorderwand gezeichnet **(Bild 5)**.

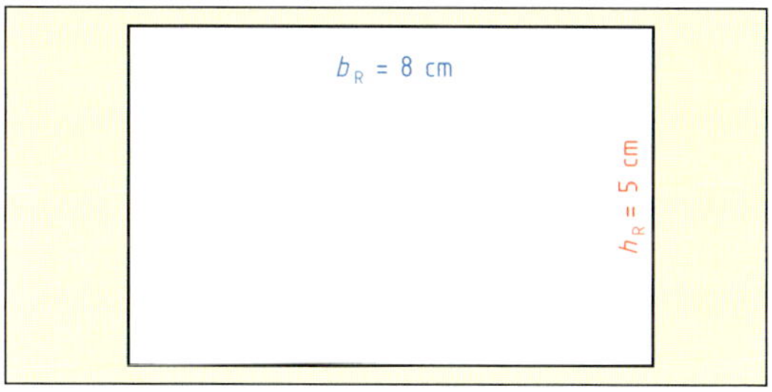

Bild 5: Vorderwand zeichnen

2. Hilfskonstruktion eintragen (Bild 1)

- Horizonthöhe von 3 cm von der Grundlinie der Vorderwand aus antragen!
- Horizontlinie (Hzl) zeichnen!
- Horizontpunkt (Hzp) auf der Horizontlinie mittig antragen! Dazu ist die Breite des Raumes zu halbieren.
- Diagonale der Vorderwand messen und vom Horizontpunkt aus auf der Horizontlinie nach links und rechts antragen! Das ergibt die Distanzpunkte D_1 und D_2.
  Weil die Breite des Zeichenblattes zum Antragen der Punkte oft nicht reicht, wird die Länge der Diagonalen halbiert. So entstehen in unserm Beispiel die Distanzpunkte $D_1/2$ (sprich D eins halbe) und $D_2/2$. Andere Teilungen (1/3 oder 1/4) sind auch möglich.

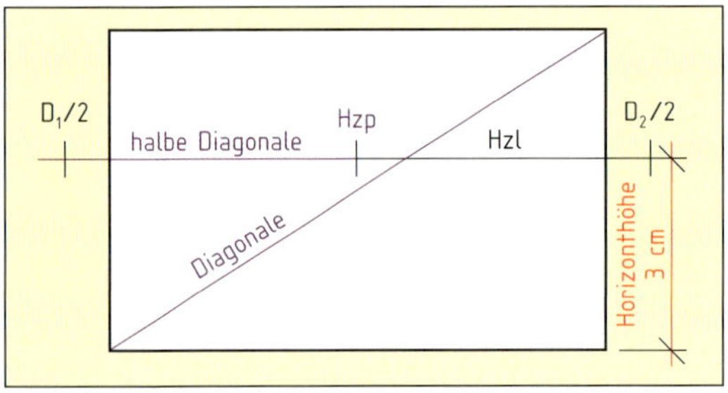

Bild 1: Hilfskonstruktion eintragen

3. Fluchtlinien zeichnen

Dazu werden von den Eckpunkten der Vorderwand Linien zum Horizontpunkt gezogen. Auf ihnen liegen oben die Ixel der Wand und unten die Unterkante der Fußleisten **(Bild 2).**

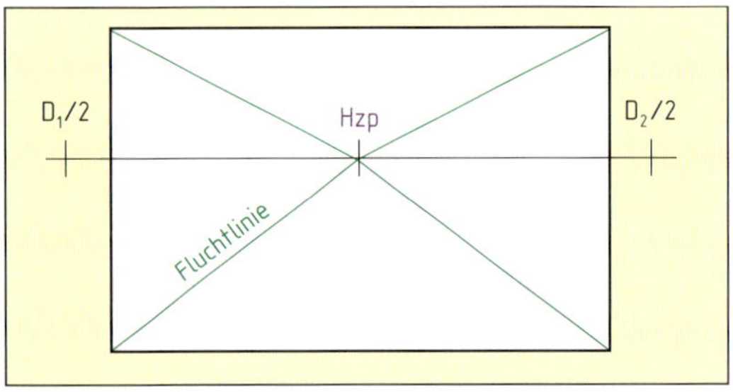

Bild 2: Fluchtlinien einzeichnen

Hinweis Die Festlegung der Distanzpunkte ist entscheidend für die Wirkung der Perspektive. Anders gesagt: Die Entfernung des Standpunktes im Verhältnis zur Körperaufsicht ist von entscheidender Bedeutung für die Wirkung der Perspektive. Das heißt, der Standort (≙ Augenpunktlage) beeinflusst entscheidend die Lage des Zentralfluchtpunktes (≙ Horizontalpunkt) und der Distanzpunkte.

4. Raumtiefe ermitteln

- Tiefenmaß des Raumes t_R auf der Grundlinie der Vorderwand von einer Ecke aus zur Seitenmitte antragen! Der Punkt T_R würde entstehen.
  Weil aber die halbe Diagonale im Beispiel benutzt wird, muss man die Raumtiefe ebenfalls halbieren. Dadurch entsteht das Maß $t_R/2$, und es entsteht der Punkt $T_R/2$.
  (Benutzt man 1/3 der Diagonalen, ist das Maß der Raumtiefe $t_R/3$ und ergibt $T_R/3$).
- Verbindet man die Punkte $T_R/2$ mit $D_2/2$, entsteht die **Distanzpunktlinie.** Sie schneidet die rechte untere Fluchtlinie am Punkt T'_R. Dort beginnt die Hinterwand **(Bild 3).** Zu beachten ist, dass der rechte Distanzpunkt benutzt wird, wenn man die Raumtiefe rechts anträgt. Entsprechend benutzt man den linken Distanzpunkt, wenn die Raumtiefe von links angetragen wird.

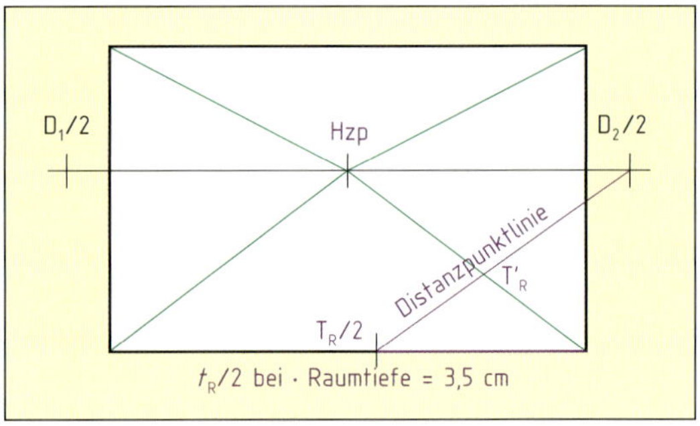

Bild 3: Raumtiefe ermitteln

5. Hinterwand zeichnen

Von Punkt T'_R ausgehend werden nun senkrechte und waagerechte Linien bis zur jeweils nächsten Fluchtlinie gezogen, bis die Hinterwand entstanden ist **(Bild 4).** Sollten sich die vier Linien zum Schluss nicht im Ausgangspunkt T'_R treffen, wurden entweder die Fluchtlinien oder die Linien der Hinterwand ungenau gezeichnet.

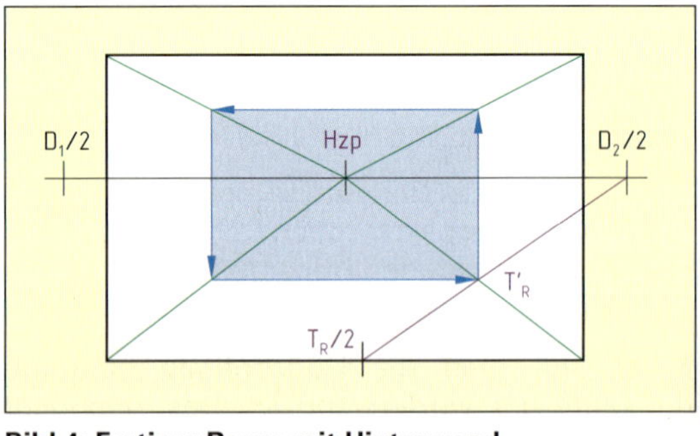

Bild 4: Fertiger Raum mit Hinterwand

HINWEIS Vergleichen Sie in **Bild 3, S. 69,** wo die ganze und die halbe Distanz vom Horizontpunkt angetragen wurde: Verbindet man den Distanzpunkt D_2 mit T_R bzw. $D_2/2$ mit $T_R/2$, ergibt sich derselbe Schnittpunkt auf der Fluchtlinie, an dem die Hinterwand beginnt. Der Tiefenpunkt sollte deshalb am besten mit T'_R bezeichnet werden.

7.4.3.2 Raum mit Öffnungen in den Seitenwänden

Basis zum Zeichnen ist der durch die Öffnungsmaße ergänzte Grundriss in **Bild 1**.

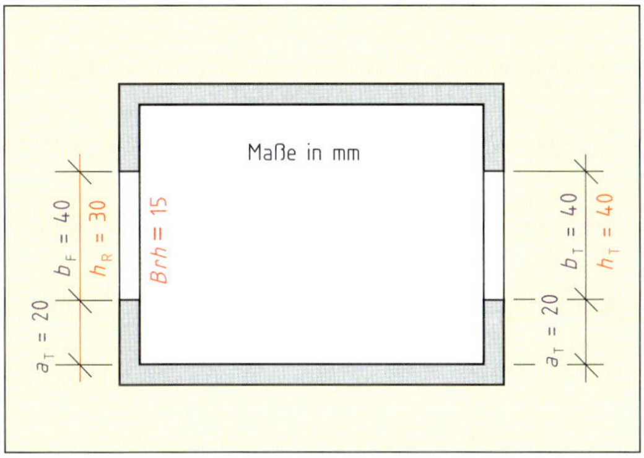

Bild 1: Durch Öffnungen ergänzter Grundriss

Zur perspektivischen Darstellung wird der Raum von **Bild 4, S. 72** benutzt. Alle neu einzutragenden Maße müssen an der Vorderwand eingetragen werden. Durch die Fluchtlinien werden die entsprechenden Maße verkleinert. So erhält man durch Konstruieren die Verkürzung der Maße nach hinten.

1. Höhenmaße an den Seitenwänden der Vorderwand antragen (Bild 2)

Rechte Seite: Türhöhe h_T antragen, sodass der Punkt H_T entsteht.

Linke Seite: Brüstungshöhe des Fensters *Brh* antragen, sodass der Punkt H_{Brh} entsteht. An H_{Brh} wird die Fensterhöhe h_F nach oben angetragen, wobei der Punkt H_F entsteht.

2. Fluchtlinien von den Höhenpunkten H_T und H_{Brh} und H_F zum Horizontpunkt ziehen

Sie ergeben die obere und untere Begrenzung der Öffnungen: Bei der Tür ergibt sich oben der Türsturz und unten der Durchgangsbereich, evtl. eine Türschwelle. Beim Fenster entstehen Brüstung und Fenstersturz.

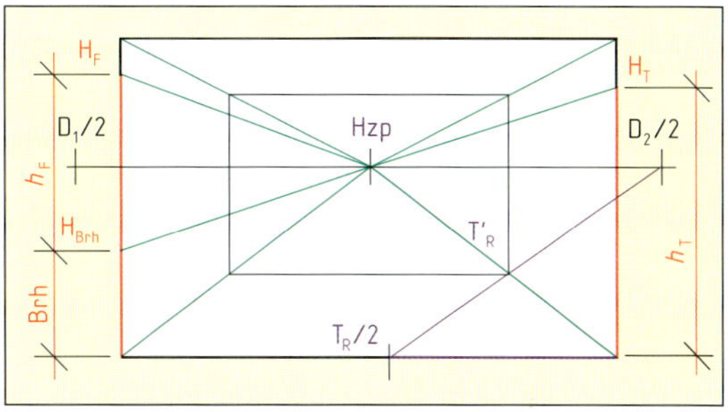

Bild 2: Höhenmaße der Öffnungen mit Fluchtlinien

3. Öffnungsabstände und Öffnungsbreiten als Tiefenmaße auf der Grundlinie der Vorderwand antragen (Bild 3)

Die für diesen Zweck benötigten Maße bezeichnet man normalerweise als Tür- oder Fensterbreite. Da sie aber in die Tiefe des Raumes führen, sollte man sie wieder als Tiefenmaße bezeichnen. Sie werden von den Ecken der Vorderwand zur Mitte hin auf der Grundlinie angetragen und müssen innerhalb der entsprechenden Raumtiefenmaße liegen.

Bei Benutzung der halben Diagonalen müssen die Maße halbiert werden.

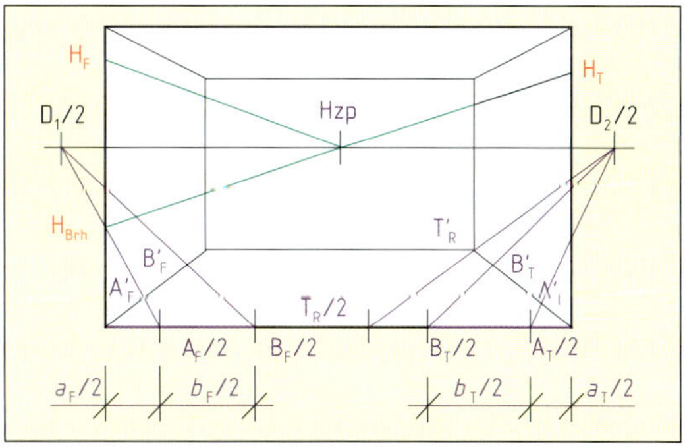

Bild 3: Öffnungsabstände und Öffnungsbreiten antragen

- Zuerst werden die Abstandsmaße auf der Grundlinie der Vorderwand als Tiefenmaße angetragen, der Abstand der Tür $a_T/2$ und der Abstand des Fensters $a_F/2$.

  Maße (schon halbiert):

  $a_T/2$ = 10 mm, $a_F/2$ = 10 mm

  Es entstehen die Punkte $A_T/2$ und $A_F/2$.

- **Breitenmaße** der Öffnungen $b_T/2$ und $b_F/2$ als Tiefenmaße an $A_T/2$ und $A_F/2$ zur Mitte hin antragen.

  Maße (schon halbiert):

  $b_T/2$ = 20 mm, $b_F/2$ = 20 mm

  Es entstehen die Punkte $B_T/2$ und $B_F/2$.

- Um die Maße auf die Unterkante der Seitenwände zu übertragen, sind von den Punkten $A_T/2$ und $B_T/2$ Distanzpunktlinien zu $D_2/2$ sowie von $A_F/2$ und $B_F/2$ zu $D_1/2$ zu ziehen. Sie schneiden die Unterkante der Seitenwand an den Punkten A'_T und B'_T sowie A'_F und B'_F.

4. Senkrechte Öffnungsbegrenzungen zeichnen (Bild 1)

Um die seitlichen Begrenzungen für die Öffnungen zu zeichnen, sind von den Schnittpunkten auf der Unterkante der Seitenwände (A'_T und B'_T sowie A'_F und B'_F) Senkrechte zu den Fluchtlinien von Tür und Fenster nach oben zu ziehen.

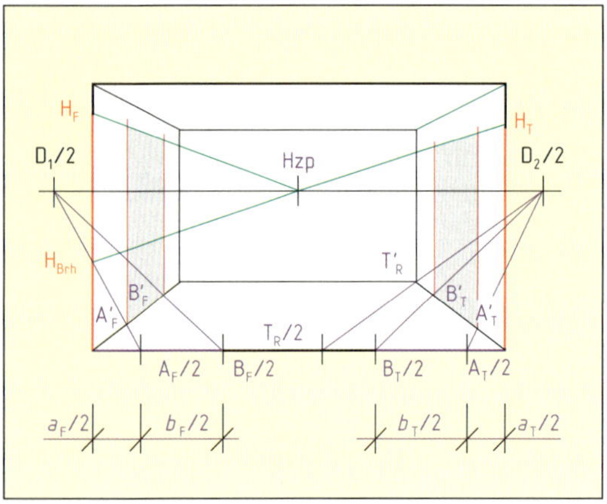

Bild 1: Raum mit seitlichen Öffnungen

7.4.3.3 Raum mit Teppich und Öffnungen in der Hinterwand

In einen neu zu zeichnenden Raum sollen auf dem Fußboden ein Teppich und in der Hinterwand eine Öffnung eingezeichnet werden. Sein Grundriss ist in **Bild 2** dargestellt.

Zu seiner perspektivischen Darstellung sind folgende Angaben nötig:

Maße: $b_R = 10{,}5$ cm, $h_R = 6{,}5$ cm,

$t_R/2 = 5$ cm, $h_{Horizont} = 4$ cm.

Der Horizontpunkt liegt in der Mitte der Horizontlinie. Es soll mit der halben Distanz gearbeitet werden. Das angegebene Tiefenmaß ist schon halbiert.

1. Basisraum

zur vereinfachten Darstellung auf Rechenkästchenpapier zeichnen **(Bild 1, S. 75)**

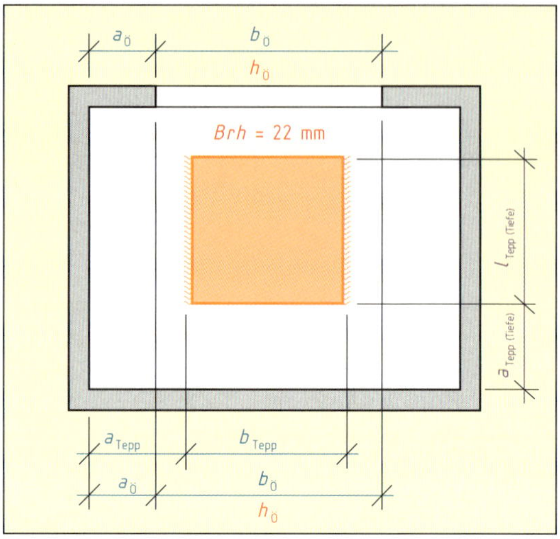

Bild 2: Grundriss mit einem Teppich und einer Öffnung in der Hinterwand

2. Konstruktion des Teppichs

Alle folgenden Maße werden wie bei den vorangegangenen Zeichnungen an der Vorderwand des Basisraums angetragen und weiterbearbeitet.

- **Breitenmaße antragen**

  Tragen Sie zuerst das Abstandsmaß $a_{Tepp} = 20$ mm auf der Grundlinie der Vorderwand von links zur Mitte an (→ Punkt A_{Tepp}), daran anschließend die Breite des Teppichs $b_{Tepp} = 60$ mm (→ Punkt B_{Tepp})!

- **Fluchtlinien zum Horizontpunkt ziehen**

  Da der Teppich in der Tiefe des Raumes liegt, werden von diesen Punkten **Fluchtlinien zum Horizontpunkt** gezogen. Hierbei verengt sich die Breite des Teppichs in der Tiefe.

- **Tiefenmaße antragen**

  Die in die Tiefe gehenden Maße des Teppichs werden, wieder beginnend mit dem Abstandsmaß $a_{Tepp}/2 = 10$ mm und dann mit dem Längenmaß $l_{Tepp}/2 = 30$ mm an der Grundlinie der Vorderwand zur Mitte angetragen. Das kann von links oder rechts erfolgen.

  Weil es Tiefenmaße sind und die Zeichnung des Raumes mit der halben Distanz erfolgte, sind diese Tiefenmaße im Beispiel schon halbiert angegeben.

- **Distanzpunktlinien ziehen**

  Um diese Maße in die Tiefe zu führen, müssen von den Maßpunkten $A_{Tepp}/2$ und $L_{Tepp}/2$ Distanzpunktlinien zum entsprechenden Distanzpunkt gezogen werden.

Trägt man also die Tiefenmaße von rechts an, ist der rechte Distanzpunkt $D_2/2$ zu benutzen. Es entstehen auf der unteren Kante der Seitenwand (Fluchtlinie) die Schnittpunkte A'_{Tepp} und L'_{Tepp}.

- **Waagerechte Teppichabgrenzung zeichnen**

  Von den Schnittpunkten A'_{Tepp} und L'_{Tepp} werden nun Waagerechte zu den Fluchtlinien auf dem Fußboden gezogen. Sie begrenzen den Teppich vorn und hinten. Damit verlaufen, wie in den Grundregeln beschrieben wurde, auch diese Linien waagerecht und sie verkürzen sich in der Tiefe.

3. Konstruktion von Öffnungen in der Hinterwand (Bild 1)

Da die Öffnungen in der Hinterwand liegen, kann man ihre Maße wegen des nicht bekannten perspektivischen Verkürzungsverhältnisses dort nicht antragen. Man muss sie wie beim Teppich an der Vorderwand anzeichnen und durch Fluchtlinien nach hinten transportieren.

> **TIPP** Statt der Öffnungen könnte ein Bild oder in einem Klassenzimmer eine Wandtafel entstehen.

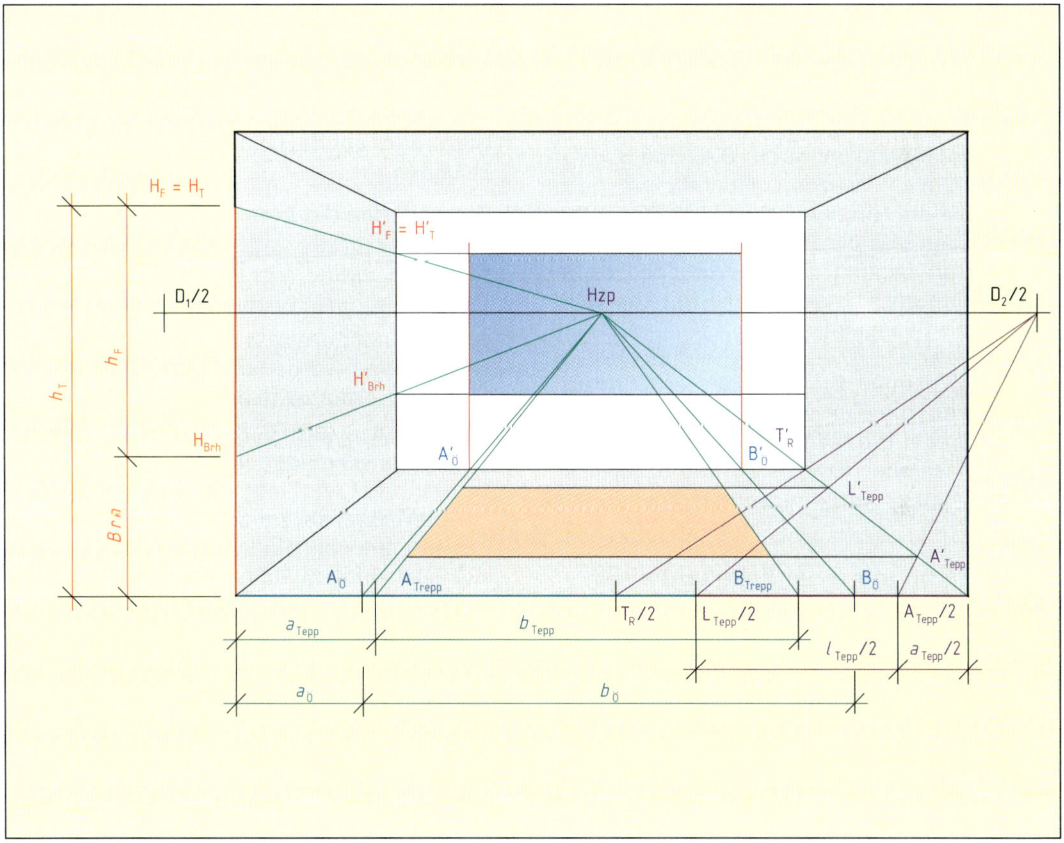

Bild 1: Raum mit Teppich und Öffnung in der Seitenwand

- Die **Höhen der Öffnungen** werden an der Seitenkante der Vorderwand angetragen.

  Soll eine Tür entstehen, benötigt man das Höhenmaß h_T = 55 mm. Soll ein Fenster entstehen, trägt man zuerst die Brüstungshöhe *Brh* = 20 mm und daran die Höhe des Fensters h_F = 35 mm an.

  Von den entstandenen Punkten H_T bzw. H_{Brh} und H_F zieht man wieder Fluchtlinien zum Horizontpunkt, die an der linken Kante der Hinterwand die Schnittpunkte H'_T bzw. H'_{Brh} und $H'_Ö$ ergeben. Dort beginnt mit waagerechten Linien die obere und untere Begrenzung der Öffnung.

- **Breitenmaße der Öffnung antragen und Fluchtlinien ziehen**

  In der Darstellung hat die Tür die Breite des Fensters.

  Abstand der Öffnung $a_Ö$ = 18 mm und Breite der Öffnung $b_Ö$ = 70 mm auf der Grundlinie der Vorderwand antragen (→$A_Ö$ und $B_Ö$). Von den Punkten werden Fluchtlinien gezogen, die die Hinterwand an der Unterkante schneiden und die Punkte $A'_Ö$ und $B'_Ö$ ergeben. Dort beginnt die linke und rechte Begrenzung der Öffnungen, die mit senkrechten Linien ausgeführt wird.

> **Tipp** Zeichnen Sie nach diesem Prinzip für die Tür einen Türrahmen von 5 mm Breite! Die Maße sollen an den Punkten H_T nach oben bzw. bei $A_Ö$ und $B_Ö$ jeweils nach außen angetragen werden.

7.4.3.4 Raum mit einer Ecke und einer Leibung in der Seitenwand

In einen nach dem Grundriss von **Bild 1** neu zu zeichnenden Raum sollen ein Mauervorsprung bzw. eine Ecke und in der Seitenwand eine Öffnung mit Leibung eingezeichnet werden. Die perspektivische Zeichnung kann auf Rechenkästchenpapier im Querformat hergestellt werden. Die fertige Konstruktion ist in **Bild 1, S. 77** zu sehen.

Maße: b_R = 10,5 cm, h_R = 6,5 cm,

$t_R/2$ = 5 cm, $h_{Horizont}$ = 4 cm.

Die Maße für die Ecke und die Tür können selbst bestimmt werden.

Der Horizontpunkt liegt wieder in der Mitte der Horizontlinie.

Es soll mit der halben Distanz gearbeitet werden. Das angegebene Tiefenmaß ist schon halbiert.

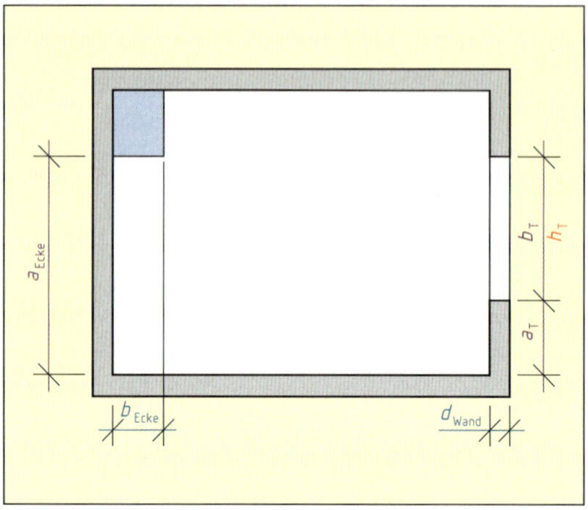

Bild 1: Grundriss mit Ecke und Mauerwerk

1. Basisraum auf Rechenkästchenpapier zeichnen

2. Konstruktion der Ecke

- Breite der Ecke b_E = 3 cm an der Grundlinie der Vorderwand antragen (→ B_E) und eine Fluchtlinie zum Horizontpunkt ziehen.
- Abstand der Ecke $a_E/2$ = 4 cm (das ist ein Tiefenmaß und wurde halbiert) auf der Grundlinie der Vorderwand antragen (→ $A'_E/2$).
- Eine von $A_E/2$ nach $D_1/2$ zu ziehende Distanzpunktlinie schneidet die Unterkante der Seitenwand bei A'_E. Zieht man nun von A'_E eine Waagerechte bis zur Fluchtlinie, die bei B_E beginnt, entsteht ein Schnittpunkt E, an dem die Ecke auf dem Fußboden beginnt.
- Zieht man an den entstandenen drei Punkten A'_E, E und E' die Senkrechten 1, 2 und 3, eine Waagerechte (4) sowie die Fluchtlinie (5), entsteht die Ecke als räumliches Gebilde.

> **Tipp** Statt einer Ecke kann man einen Schrank zeichnen. In dem Fall ist die Höhe der Ecke zu begrenzen.

3. Konstruktion der Wanddicke und Leibung in der Seitenwand

Wanddicken haben eine Bedeutung, wenn man eine **Tür- oder Fensterleibung** einzeichnen will. Liegt der Horizontpunkt hoch genug, kann man auch den **Türsturz** mit sehen. Als Maß wird nur die Wanddicke d_{Wand} = 8 mm benötigt.

Konstruktion der Wanddicke

- Wanddicke d_W an der Grundlinie der Vorderwand nach außen antragen (→ W_1).
- Fluchtlinie von W_1 zum Horizontpunkt ziehen. Man sieht dabei, wie sich die Wanddicke nach hinten verjüngt. An der Hinterwanddecke kann jetzt eine waagerechte Verlängerung von T'_R nach rechts gezogen werden, die die Fluchtlinie bei W_2 schneidet.
- Diese Arbeiten wiederholt man an der Oberkante der Vorderwand (→ W_1 und W_2). Verbindet man beide Punkte W_1 oben und unten und dann beide Punkte W_2, sieht man die räumlich gezeichnete Wanddicke.

4. Konstruktion einer Türleibung

- Zeichnen Sie mit eigenen Maßen eine Tür in der rechten Seitenwand!
- Um die **Türleibung** zu zeichnen, ist es nötig, an den Schnittpunkten der Distanzpunktlinien mit der Unterkante der Seitenwand A'_T und B'_T kurze Waagerechten nach rechts zu ziehen, die die rechte Fluchtlinie der Seitenwand zwischen W_1 und W_2 schneiden. Am Türsturz müssen diese kurzen Waagerechten ebenfalls an den Eckpunkten H_1 und H_2 nach rechts gezogen werden. Wenn man nun die Senkrechte 1 zeichnet, entsteht die linke senkrechte Türleibung.
- Um den **Türsturz** zu zeichnen, muss eine Waagerechte an $H_{Tür}$ nach rechts zur Wanddickenbegrenzung gezogen werden (→ $H'_{Tür}$). Zieht man von $H'_{Tür}$ eine Fluchtlinie zum Horizontpunkt, schneidet diese die Waagerechten von H_1 und H_2. Es entsteht der Türsturz. Beim Zeichnen ist gleichzeitig das Türblatt entstanden, das aber durch die Wand z.T. verdeckt ist.

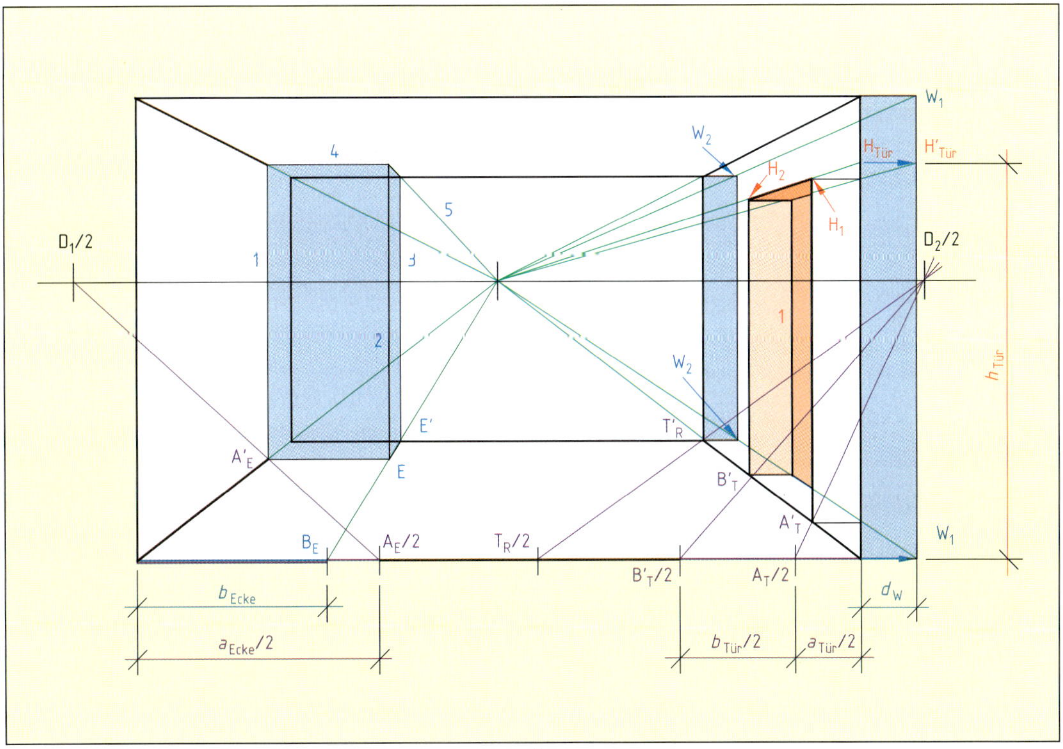

Bild 1: Raum mit Ecke, Wanddicke und Leibung einer Öffnung in der Seitenwand

7.4.3.5 Raum mit einer Treppe und einem Treppenpodest

In einen neu zu zeichnenden Raum mit der Grundrissskizze in **Bild 1** sollen eine Treppe und ein Treppenpodest eingezeichnet werden. Auch zu dieser Übung ist Rechenkästchenpapier geeignet.

Maße für den Raum:

$b_R = 6$ cm, $h_R = 10$ cm, $h_{Hor} = 6$ cm,

Tiefe des Raumes $t_R/2 = 4$ cm.

Der Horizontpunkt liegt wieder in der Mitte der Horizontlinie. Es soll wie immer mit der halben Distanz gearbeitet werden.

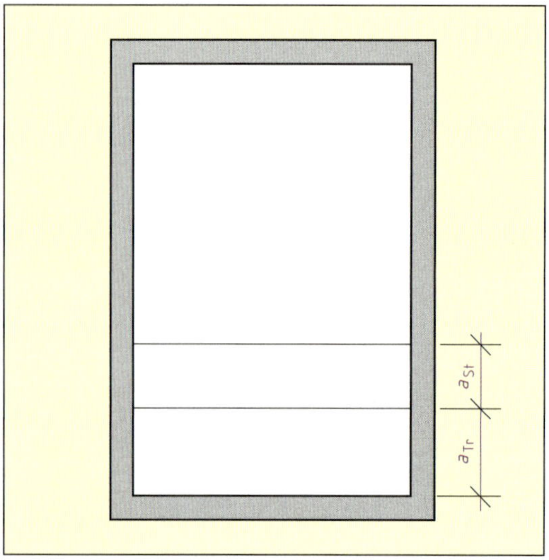

Bild 1: Grundriss für einen Korridor mit Treppe

Maße für die Treppe im Seitenriss **(Bild 2)**:

Stufenhöhen der Treppe $h_{St} = 1$ cm,

Abstand der Treppe $a_{Tr}/2 = 2$ cm,

Tiefe der Stufe $a_{St}/2 = 1{,}5$ cm.

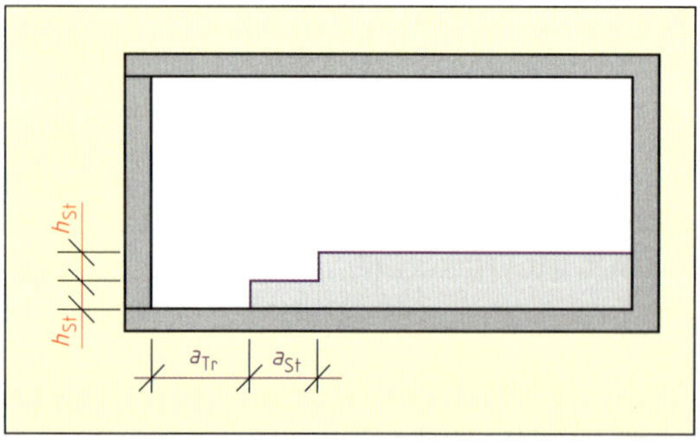

Bild 2: Seitenriss des Korridors mit Treppe und Podest

Die Konstruktion kann in folgenden Schritten durchgeführt werden:

1. Basisraum

auf Rechenkästchenpapier zeichnen

2. Treppe zeichnen

- Höhen der Treppenstufen h_{St} an der Vorderkante der Seitenwand antragen und Fluchtlinien ziehen.
- Abstand der Treppe $a_{Tr}/2$ und Stufenabstand $a_{St}/2$ an Grundlinie der Vorderwand von rechts (oder links) nach innen antragen (→ $A_{Tr}/2$ und $A_{St}/2$) und Distanzpunktlinien ziehen (→ A'_{Tr} und A'_{St} an der unteren Fluchtlinie).
- An den Schnittpunkten A'_{Tr} und A'_{St} Senkrechte bis zur entsprechenden Fluchtlinie ziehen, um das Profil der Stufen an der Seitenwand zu zeichnen.
- Von den Ecken der Stufenprofile waagerechte Linien zur andern Wandseite und weitere Fluchtlinien ziehen, um so die Treppe fertig zu stellen (seitliches Treppenprofil, Steigstufen, Trittstufen).
- An der Hinterwand ist abschließend noch die waagerechte Begrenzungslinie für das Podest zu zeichnen.

Das Endergebnis ist in **Bild 3** dargestellt.

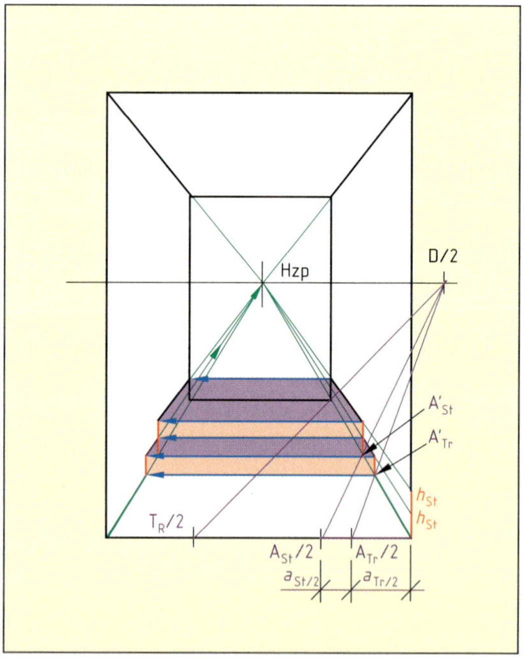

Bild 3: Raum mit Treppenstufen und Podest

8 Zeichnen mit Corel Draw

Für zeichnerische Entwürfe ist heutzutage die Arbeit mit einem leistungsfähigen Zeichenprogramm im Bauwesen selbstverständlich. Die vorliegenden Zeichnungen sind alle mit Corel Draw 8 hergestellt worden. Inzwischen gibt es Ausführungen bis zur Version 12.

Das Vorteilhafte an allen Versionen ist, dass sie im Wesentlichen immer auf demselben System aufbauen und man nicht ständig umlernen muss, um sich Neuheiten anzueignen.

Damit man Zeichnungen nachvollziehen kann, werden wesentliche Informationen zum Arbeiten mit dem Programm gegeben.

Da Corel Draw sehr vielseitig ist, gibt es immer mehrere Lösungsvarianten. In den fünf Kapiteln wird jedoch nur eine an den entsprechenden Stellen angeboten.

8.1 Bildschirmaufbau

Bild 1 zeigt die Bildschirmoberfläche von Corel Draw mit speziellen Informationen, damit man sich die wichtigsten Begriffe einprägen kann, weil beim Arbeiten auf diese stets zurückgegriffen wird.

Das wichtigste Zeichenhilfsmittel ist die **Maus**.

Beim Zeichenvorgang ändert sich das Mauszeichen, wenn man auf die verschiedenen Zeichenhilfsmittel klickt und die Maus in die Arbeitsfläche zieht. Sie erhält einen Anhang, aus dem die jeweilige Zeichenfunktion zu ersehen ist **(Bild 2)**, beim Vergrößern (Zoom) z. B. ein Pluszeichen.

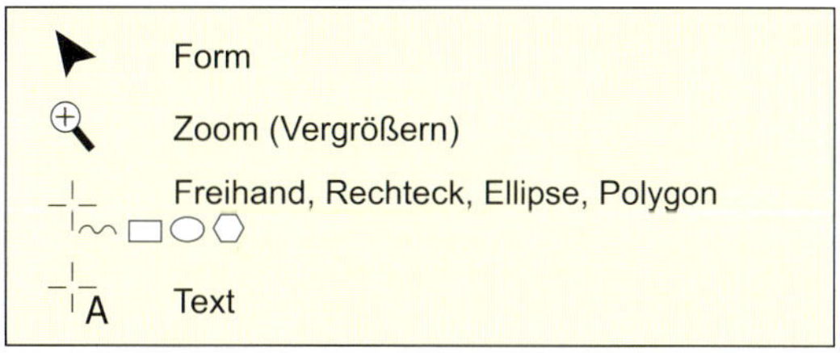

Bild 2: Mausänderungen beim Zeichnen

Um **Hilfslinien** zum Ausrichten von Objekten zu erhalten, zieht man den Mauszeiger von dem waagerechten Lineal nach unten, vom senkrechten Lineal nach rechts. Wird einmal auf die Strichlinie geklickt, sind ein Kreis mit einem Mittelpunkt sowie zwei gebogene Pfeile zu sehen. Fasst man sie mit der Maus an, können die Linien um den Punkt gedreht werden.

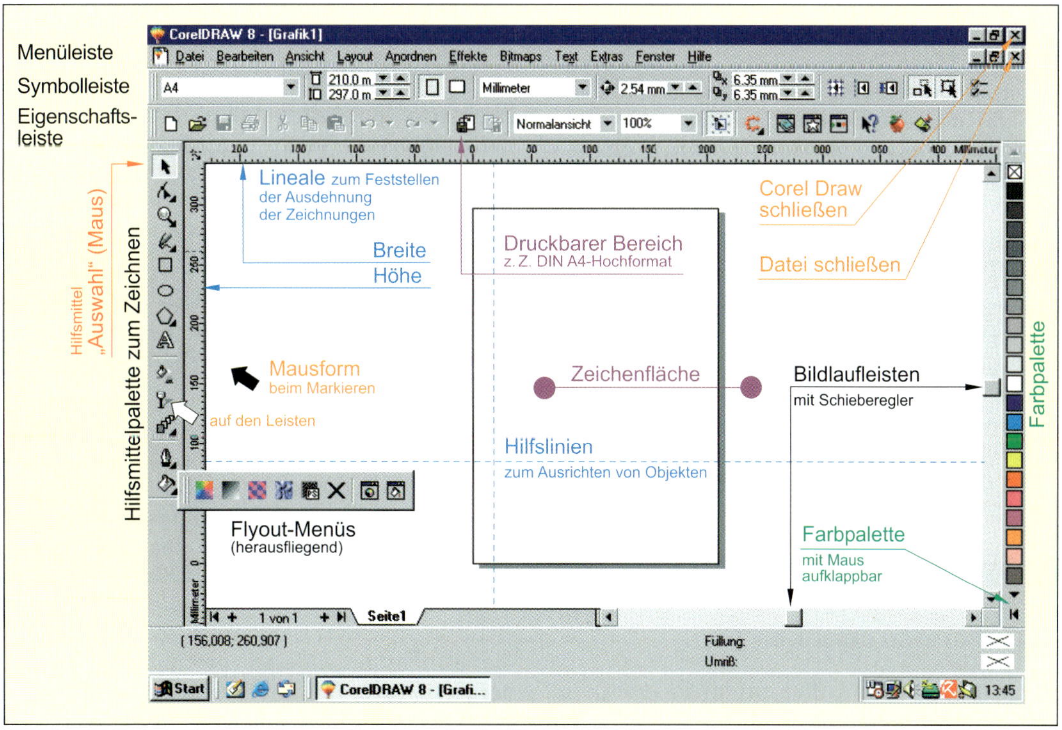

Bild 1: Bildschirmaufbau mit wichtigen Arbeitselementen

8.2 Menü zum Bearbeiten von Zeichnungen

Wenn man, wie in **Bild 1** zu sehen ist, mit der Maus die Menüs **Bearbeiten, Anordnen** oder **Effekte** anklickt, klappen sie nach unten und zeigen ihre Arbeitsinhalte. Sie sind dann einsetzbar, wenn sie in schwarzer Schrift lesbar sind. So kann man z.B. gezeichnete Formen je nach Menü löschen, gruppieren, zuschneiden, verschmelzen oder sie überblenden.

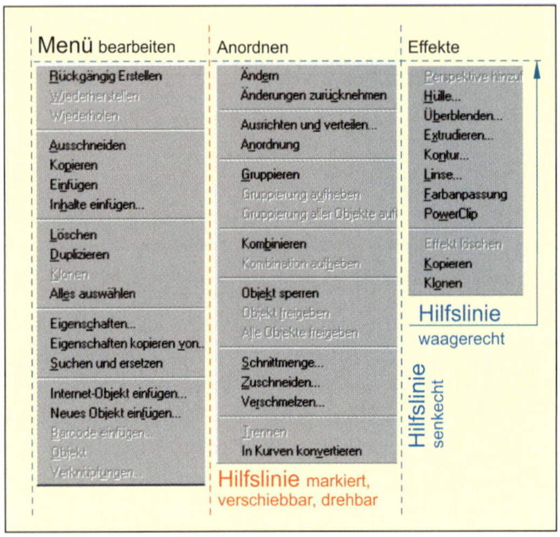

Bild 1: Menü mit Inhalten

Wenn präzises Zeichnen gefordert ist, können durch Ziehen mit der Maus **waagerechte und senkrechte gestrichelte Hilfslinien** aus den Linealen in die Arbeitsfläche gezogen werden. Sie sind zusätzlich in **Bild 1** zu sehen. Die Hilfslinien können aber nur geholt werden, wenn im Menü **Ansicht** ein Häkchen vor **Hilfslinien** gesetzt wird.

Beim Ziehen sind die Linien schwarz. Werden sie an einer Stelle abgelegt, färben sie sich rot und können mit der Maus im markierten Zustand verschoben werden. In Ruhe besitzen sie eine blaue Farbe. An den Linien kann man mehrere Objekte ausrichten, wenn man diese mit der Maus anfasst und die Objektkanten an die Linie schiebt. Sie rasten regelrecht ein, wenn man zusätzlich beim **Menü Layout** mit der Maus vor **An Hilfslinien ausrichten** klickt.

8.3 Formen zeichnen

Nach dieser kurzen Einführung in die Corel-Oberfläche kann man schon einige Formen zeichnen und weiterbearbeiten **(Bild 2)**.

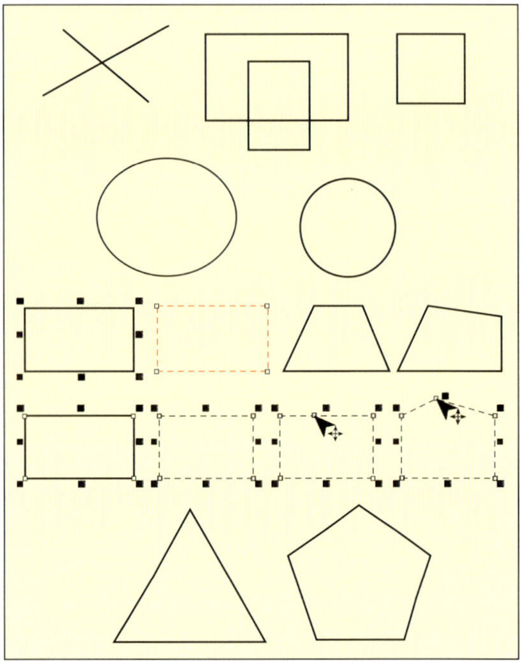

Bild 2: Mit Corel Draw gezeichnete Objekte

Gerade Linien entstehen, wenn man das **Hilfsmittel Freihand** mit der linken Maustaste anklickt und mit der Maus auf der Arbeitsfläche den Anfangspunkt durch Klicken setzt. Klickt man an anderer Stelle, zieht sich ein Faden, der die geplante Linie darstellt, deren Länge durch erneutes Klicken begrenzt wird.

Rechtecke entstehen beim darunter liegenden Hilfsmittel, indem man die Maus auf der Arbeitsfläche schräg nach unten zieht. Um ein **Quadrat** herzustellen, muss zusätzlich zum Hilfsmittel Rechteck die **Taste Strg** gedrückt gehalten werden.

Ellipsen entstehen beim Klicken auf das **Symbol Ellipse.** Einen **Kreis** erhält man, wenn man wieder zusätzlich die **Strg-Taste** drückt.

Ein **Trapez** entsteht, wenn man ein Rechteck mit der linken Maus markiert. Es erhält 8 schwarze quadratische **„Anfasser“.** Klickt man beim Menü **Anordnen** vor **In Kurven konvertieren** (umwandeln) und dann auf das **Hilfsmittel Form,** ändern sich die Linien des Rechtecks in Strichlinien. Die Anfasser wandeln sich in leere Quadrate. Schiebt man mit der Maus an den Quadraten, ändert sich deren Lage. Es kann ein Trapez oder ein anderes verschobenes Viereck hergestellt werden. Die übliche schwarze Umrandung entsteht aber erst, wenn man auf das **Hilfsmittel Auswahl** geklickt hat.

Wenn man ein in Kurven konvertiertes Rechteck oder andere Objekte beim **Hilfsmittel Form** mit dem Mauszeiger doppelt auf der Kontur anklickt (Kennzeichen gelbe gestrichelte Linie), werden weitere Punkte zugefügt. Fasst man sie mit dem Mauszeiger an, kann die Linie verändert werden. Die entstehenden Knickungen ergeben bizarre Formen, die zur Ornamentgestaltung geeignet sind.

Um **Dreiecke, Fünfecke** usw. zu erhalten, wird das **Polygon** angeklickt und die Form auf der Arbeitsfläche durch Ziehen erzeugt. Die Anzahl der Ecken muss zusätzlich in der Symbolleiste bei **Eckenzahl am Polygon** eingestellt werden.

Die **Linienlänge** oder **Flächengröße** kann man in der Symbolleiste in Länge und Höhe ablesen. Sollen die Größen geändert werden, überstreicht man mit der Maus eines der Maße und gibt die neue Zahl mit der Tastatur ein. Beim Klicken auf die Arbeitsfläche ändert sich die Größe der Fläche.

8.4 Formen bearbeiten

Ein **Verschieben von Linien** erfolgt, indem man sie nach dem Anklicken des **Hilfsmittels Auswahl** mit der Maus anfasst und an eine andere Stelle zieht. **Formen verschiebt man** an eine andere Stelle ebenso. Klickt man zusätzlich mit der rechten Maus, entsteht eine weitere gleiche Form. Der Vorgang heißt **duplizieren (Bild 1)**.

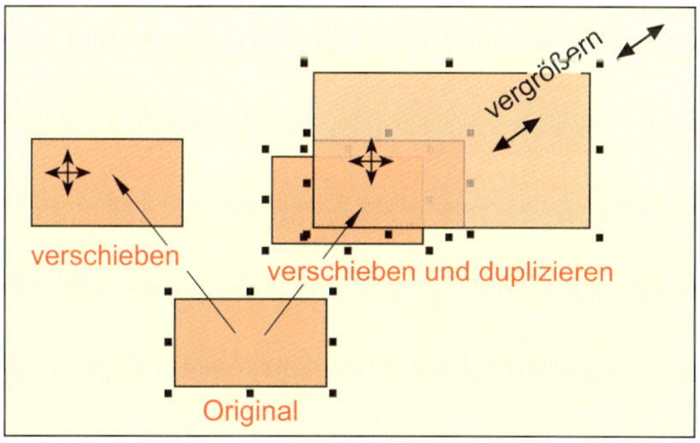

Bild 1: Formen verschieben und duplizieren

Formen können gespiegelt werden, indem man beim **Menü Anordnen** den **Befehl Ändern** anklickt und die Maus zu **Skalieren und Spiegeln** schiebt. In **Bild 2** ist das Menü zu sehen. Will man senkrecht spiegeln, muss auf **Schaltfläche senkrecht spiegeln** in das Menüfenster geklickt werden. Das markierte Objekt wird gespiegelt, wenn man **Zuweisen** anklickt. Benötigt man ein Duplikat, muss man auf **Dem Duplikat zuweisen** klicken.

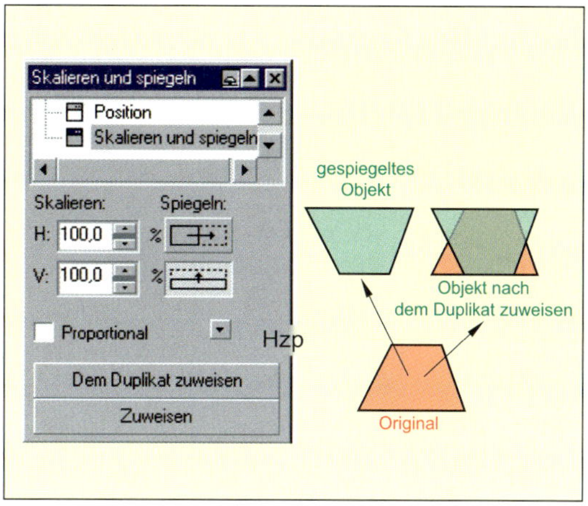

Bild 2: Formen spiegeln und duplizieren

Anwendungsbeispiele

Um z. B. einfache Raumkonstruktionen in Perspektive mit zwei Distanzpunkten herzustellen, kann mit den in **Bild 3** gezeigten Schritten gearbeitet werden. Sollen die Flächen farbig gefüllt werden, müssen sie eine geschlossene Form erhalten, indem man über die Zeichnung Rechtecke und Trapeze legt. Zur **Farbgebung** werden die Flächen markiert und durch Anklicken einer Farbe der **Farbpalette** gefüllt **(Bild 4)**.

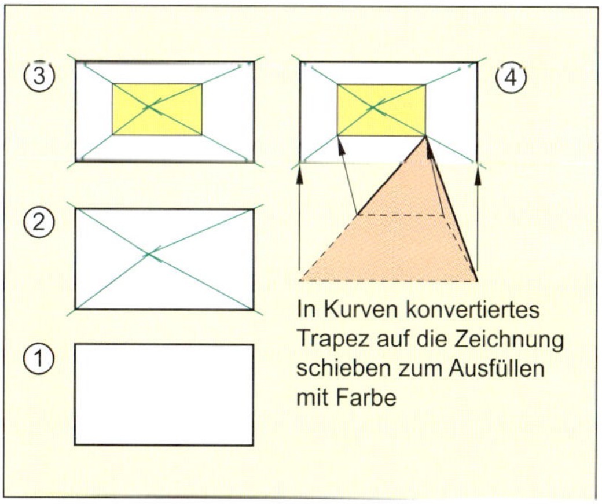

Bild 3: Perspektivische Zeichnung mit Corel Draw

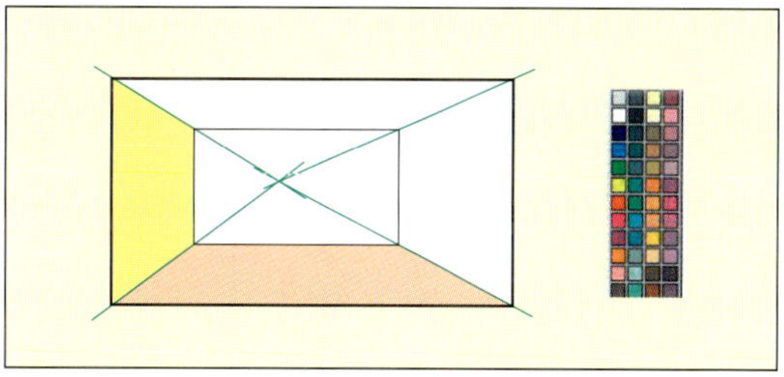

Bild 4: Flächenfüllung mit der Farbpalette

Beim Herstellen der Grundrisse ist noch eine weitere Technik nützlich, das **Zuschneiden.** Es befindet sich im **Menü Anordnen (Bild 1).**

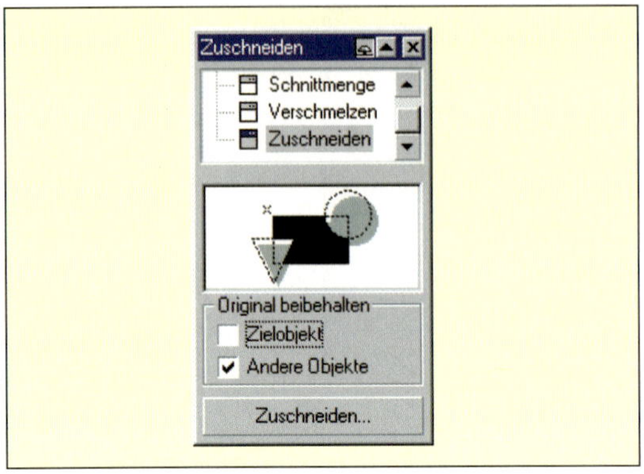

Bild 1: Menü Zuschneiden

Wenn man zwei unterschiedlich große Formen übereinander legt, die kleinere markiert und auf den Menübefehl **Zuschneiden** klickt, entsteht ein **großer Pfeil,** den man auf die Fläche schiebt, die ausgeschnitten werden soll. Das Ergebnis des Zuschneidens sieht man jedoch erst, wenn man die Form, mit der geschnitten wurde, durch die **Taste Entf** beseitigt hat **(Bild 2).**

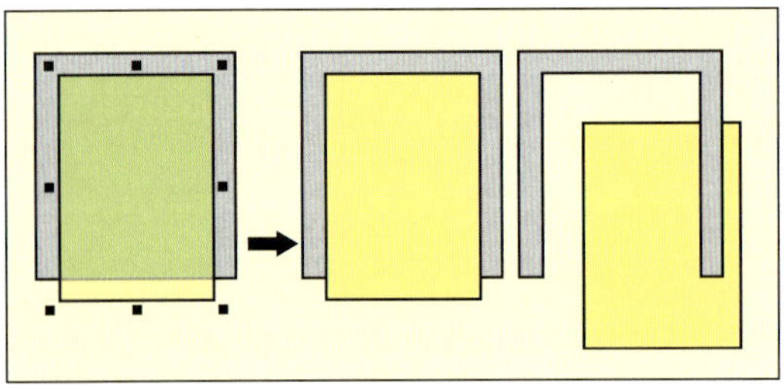

Bild 2: Form zuschneiden

TIPP Auf die gleiche Weise kann man einen Türrahmen ausschneiden oder Fenstergewände herstellen.

Beim Herstellen von zusammengesetzten Flächen benötigt man aus derselben Menügruppe das **Verschmelzen (Bild 1).** Dabei werden Formen so verbunden, dass man sie als Einheit betrachten und dann mit Farbe füllen kann.

Im **Bild 3** sind zu dem Zweck zwei Formen übereinander gesetzt. Markiert man das Viereck, **entfernt die Häkchen** bei **Zielobjekt** und **Andere Objekte** und klickt auf **Verschmelzen mit ...,** entsteht der bekannte **Pfeil.** Schiebt man diesen zum Dreieck, vereinigen sich beide Formen, was an einem geschlossenen Umriss zu erkennen ist. Will man die Originalformen jedoch erhalten, müssen bei **Zielobjekt** und **Andere Objekte** die **Häkchen** erhalten bleiben. Die entstandene Gesamtform liegt über den beiden Objekten. Man muss sie deshalb erst mit der Maus wegziehen.

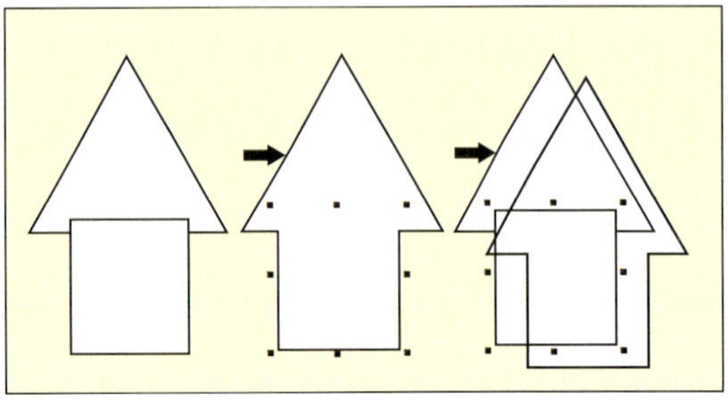

Bild 3: Verschmelzen (Vereinigen) von Formen

Um **Bemaßungen** herzustellen, werden die Maßlinien aus Einzellinien zusammengesetzt. **(Bild 4).** Da mehrere Maßkreuze benötigt werden, kann man eine Maßbegrenzungslinie und eine Maßhilfslinie zeichnen und beim **Menü Anordnen gruppieren.** Diese Gruppe kann dann auf der Maßlinie verschoben und dabei gleichzeitig mit einem rechten Mausklick dupliziert werden.

TIPP Damit Sie den Vorgang besser betrachten können, klicken Sie auf das **Hilfsmittel Zoom** und dann mit der neuen Mausform mit dem Pluszeichen auf die Maßlinie. Der Vorgang wird umgekehrt, d. h. die **Objekte werden verkleinert,** wenn man in der **Eigenschaftsleiste** die **Prozentzahl** mit der Maus wieder auf 100 % einstellt.

Will man senkrechte Maßlinien herstellen, kann man die waagerechten Maßlinien nach dem gesamten Markieren **drehen,** indem in der **Menüzeile** die **Gradzahl 90°** eingestellt wird. Klickt man dann mit der Maus in die Arbeitsfläche, dreht sich die Maßlinie.

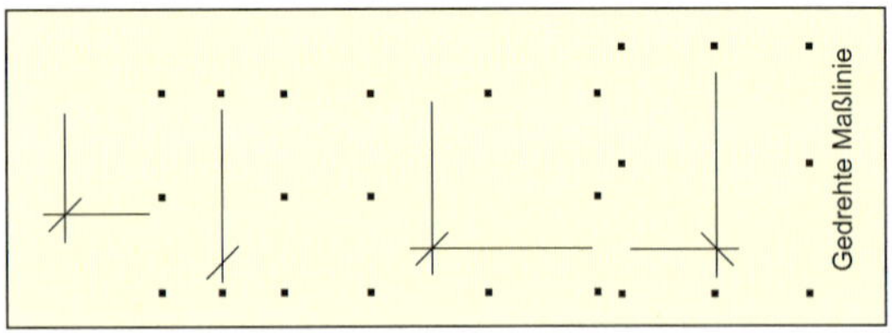

Bild 4: Maßlinien zeichnen

TIPP Auf die gleiche Weise lassen sich auch ausgewählte Formen drehen, wie z. B. die Trapeze, die beim Zeichnen des Raumes in **Bild 4, S. 81** nötig waren.

Da Maßlinien in der **Menüzeile** mit der eingestellten **Liniengröße Haarriss** auf der Zeichnung gut aussehen, müssen dickere Linien für die Gebäudeumrisse auf 1 pt (Punkt) vergrößert werden. Die Maßeinheit Punkt wird im Druckereibereich statt Millimeter eingesetzt. 1 pt beträgt ca. 1/3 mm.

Die Größenveränderung kann für Flächen allerdings nur beim **Hilfsmittel Umriss** eingestellt werden. Öffnet man dieses Flyoutmenü, sieht man das **Untermenü Rollup Stift**. Dort kann man nach dem **Klick** auf **Bearbeiten** die Breite vergrößern. Nach **OK** und **Zuweisen** erhält man den dickeren Umriss der Volllinie des Mauerwerks **(Bild 1).**

In dem Fenster kann auch die **Linienart für Flächen** bei **Stil** geändert werden, indem man sie am Rollbalken z.B. auf Strichlinien einstellt.

Bei **Einzellinien** ist die Einstellung des **Linienstils** in der **Symbolzeile** vorgesehen, wenn man die Linie vorher markiert hat. Auch **Pfeile** lassen sich so herstellen.

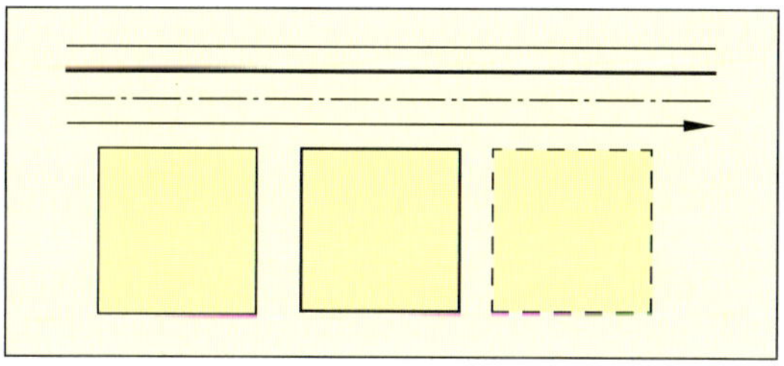

Bild 1: Linienbreiten und Linienarten verändern

Die **Linienfarbe** wird mit der **rechten Maustaste** geändert. Nach dem Markieren der Linien mit der linken Maustaste führt man die Maus auf die **Farbpalette** und **klickt mit rechts** auf die gewünschte Farbe. Klickt man dagegen mit der **linken Taste,** wird die **Fläche mit Farbe** gefüllt.

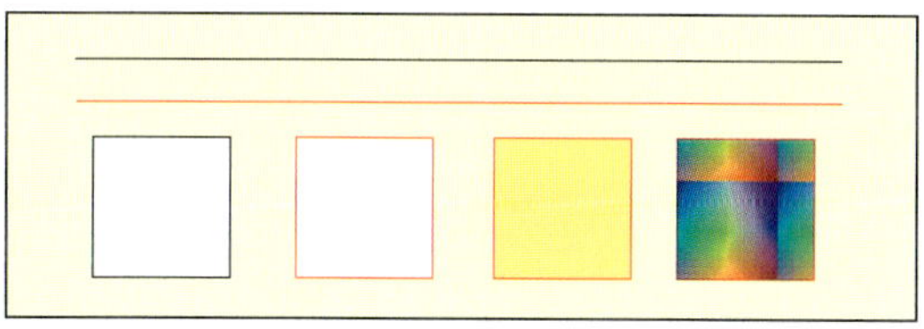

Bild 2: Linien- und Flächenfarben bzw. Flächenfüllungen ändern

Noch interessanter wird die Flächenfüllung durch Nutzen des **Hilfsmittels Füllung** bei der **Werkzeugpalette,** wenn man das Flyoutmenü **Füllmuster (Bild 3)** öffnet. Dort befinden sich auch die **Dialogfelder Füllfarben** und **Farbverlauf.**

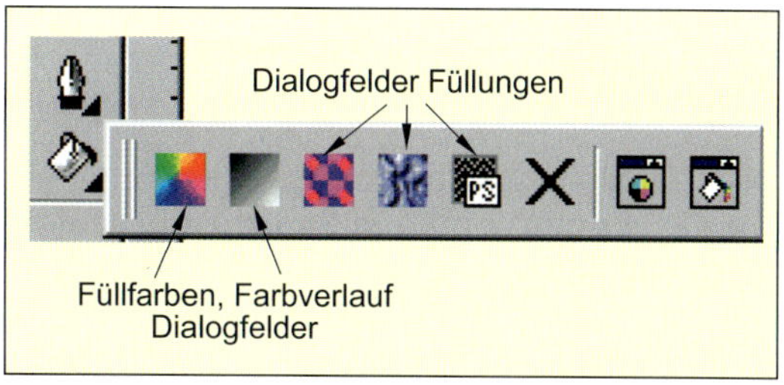

Bild 3: Flyoutmenü der Hilfsmittelpalette Füllung

In **Bild 4** ist **das geöffnete Farbauswahlfenster** zu sehen, wobei zusätzlich auf den **Button „Mehr"** geklickt wurde. Man sieht in dem Menü die aus einem Farbton mischbaren Farben, wenn man ihn verdunkelt oder aufhellt.

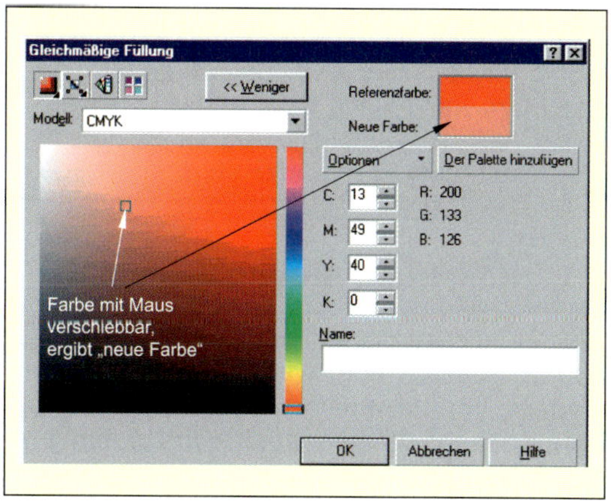

Bild 4: Geöffnetes Farbauswahlfenster

Neben der Farbübersicht erkennt man die zur Mischung verwendeten Farben Cyan (Blau), Magenta (violetthaltiges Rot), Yellow (Gelb) und Schwarz in Anteilen bis zu 100%. Die anderen Abkürzungen stehen für Rot (R), Gelb (G), Blau (B). Da es sich um additive Mischungsanteile von Lichtfarben handelt, kann damit keine Pigmentmischung für Malfarben durchgeführt werden. **Vgl. Kap. 4, Abschnitt 6.2.2.**

In **Bild 5** sind die genannten Farbvariationen zu sehen, auch die im **Dialogfenster Farbverlauf** entstandene gefüllte Form.

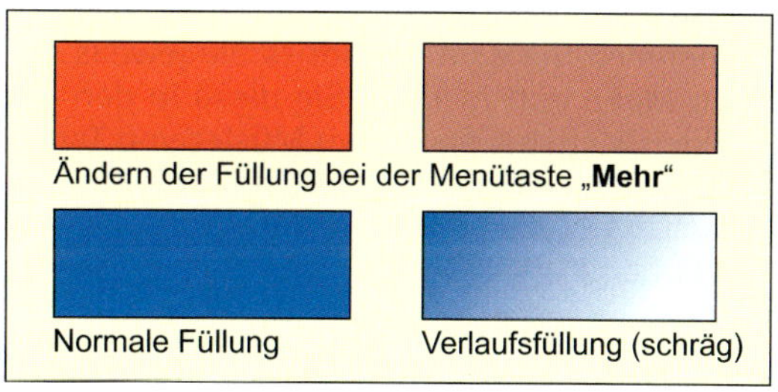

Bild 5: Mit Farben gefüllte Flächen

9 Aufgaben

Die Aufgaben sind in drei Gruppen unterteilt worden. Es gibt komplexe Konstruktionsaufgaben, Aufgaben, in denen nach Detailkenntnissen gefragt wird und Aufgaben zum Zeichnen mit Corel Draw.

HINWEIS Die Konstruktionsaufgaben besitzen einen hohen Schwierigkeitsgrad. Aus dem Grunde sind wieder Arbeitsschritte zu finden, nach denen die Räume gezeichnet werden sollten.

Eine Vereinfachung wäre es, wenn man die Zeichnungen zu Zwecken der Farbgestaltung nicht Schritt für Schritt konstruiert, sondern nur in den Endfassungen vergrößert, die zu Vergleichszwecken in den Arbeitsanleitungen zu finden sind.

9.1 Konstruktionsaufgaben

Die räumlichen Darstellungen werden im Kapitel Farbgestaltung weiter genutzt. Darum sind sie im entsprechend großen Maßstab, möglichst auf Zeichenpapier von ca. 150 g/m² in den Formaten DIN A3 und DIN A4 mit dem Bleistift anzufertigen.

9.1.1 Konstruktionen eines Wohnzimmers zum Grundriss von Raum 1

In den Aufgaben 1 bis 4 sind vom Grundriss 1 in **Bild 1** mehrere Zeichnungen anzufertigen. Seine Maße wurden zum Zeichnen vereinfacht.

a) ein **Grundriss,**
b) eine **Abwicklung,**
c) eine **isometrische Darstellung**
d) eine **perspektivische Zeichnung.**

Grundsätzliche Arbeitsschritte

1. Maße umrechnen

Entnehmen Sie dem Grundriss die jeweils nötigen Maße und rechnen Sie diese in den gewählten Maßstab nach dem Muster von **Tabelle 1** für die jeweilige Aufgabe um. Mit XXXXX versehene Zellen werden für die jeweilige Zeichnung nicht benötigt.

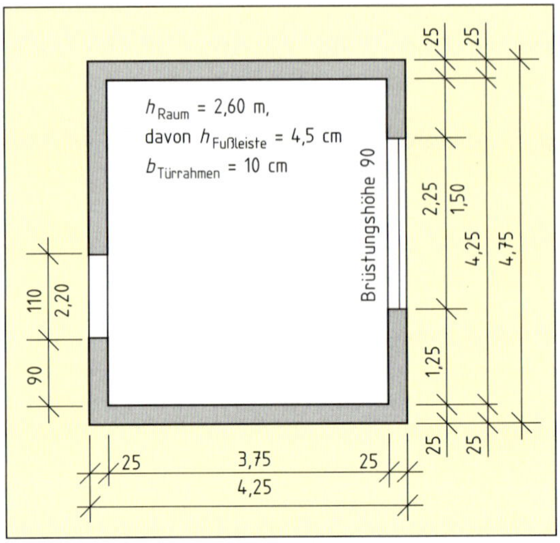

Bild 1: Grundriss 1 (Wohnzimmer)

Tabelle 1: Benötigte Zeichnungsmaße

Baumaße, in cm umgerechnet		Grundriss und Isometrie (Zusatzmaße)	Abwicklung	Perspektive (mit ½ Distanz)
		M 1 : 50	M 1 : 75	M 1 : 15
Zeichnungsformat		DIN A4-Querformat	DIN A4-Querformat	DIN A3-Querformat
b_g	425		XXXXX	XXXXX
b_R	375			
d_{Mauer}	25		XXXXX	XXXXX
l_g	475		XXXXX	XXXXX
l_R $(=t_R)$	425			Wert : 2
h_R	260			
a_T	90			Wert : 2
b_T	110			Wert : 2
h_T	220			
a_F	125			
b_R	225			Wert : 2
Brh	90			
h_F	150			
h_{Hzl}	180	XXXXX	XXXXX	
$h_{Fußl.}$	4,5			

2. Zeichnungen nach den Arbeitshinweisen der Abschnitte 7.1 bis 7.4 herstellen

3. Zeichnungen präsentieren

Zeichnung reinigen, Hauptlinien nachzeichnen, passenden Titel in möglichst senkrechter Normschrift von 7 mm Höhe mit Groß- und Kleinbuchstaben herstellen.

> **TIPP** Beachten Sie, dass die Beschriftung bei der Anordnung eine gestalterische Wirkung hervorruft! Sie soll sich unterordnen, darf also nicht zu groß sein.
>
> Beim Format DIN A4 kann der Zeichnungstitel als Überschrift über der Zeichnung stehen. Vergleichen Sie dazu die Hinweise in **Abschnitt 3.4!**
>
> Wird ein DIN A3-Blatt benutzt, könnte es eine Gestaltung wie in **Bild 1** erhalten. Als Einrahmung ist ein Rand von 1 cm Abstand vorgesehen, da man das Blatt nicht einheften kann, ohne es zu falten. Der Schriftkasten könnte in der rechten unteren Ecke untergebracht werden.

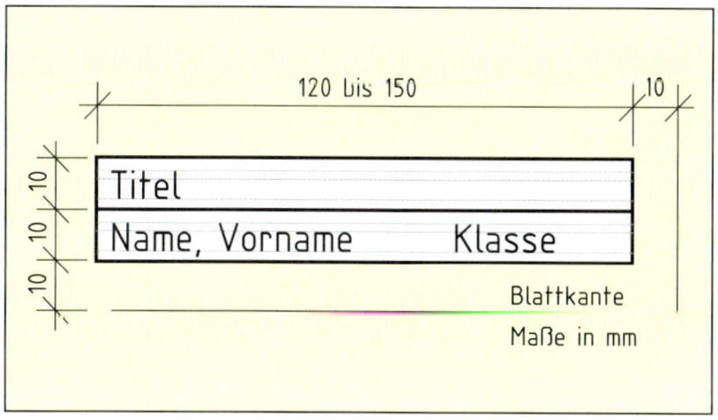

Bild 1: Rahmen und Beschriftung eines DIN A3-Blattes

Weitere Hinweise zur Aufgabenstellung

Zu a) Grundriss zeichnen

- Benutzen Sie den **Maßstab 1 : 50** für Zeichenpapier im DIN A4-Hochformat!
- Beschriften Sie die fertige Arbeit mit dem Titel **Grundriss Raum 1, M 1 : 50!**

Zu b) Abwicklung nach dem Grundriss von Raum 1 zeichnen

- Benutzen Sie den Maßstab 1 : 75 für Zeichenpapier im Format DIN A4-Querformat!
- Beschriften Sie die fertige Arbeit mit dem Titel **Abwicklung Raum 1, M 1 : 75!**
- Vergleichen Sie die fertige Arbeit mit der Abwicklung in **Bild 2**!

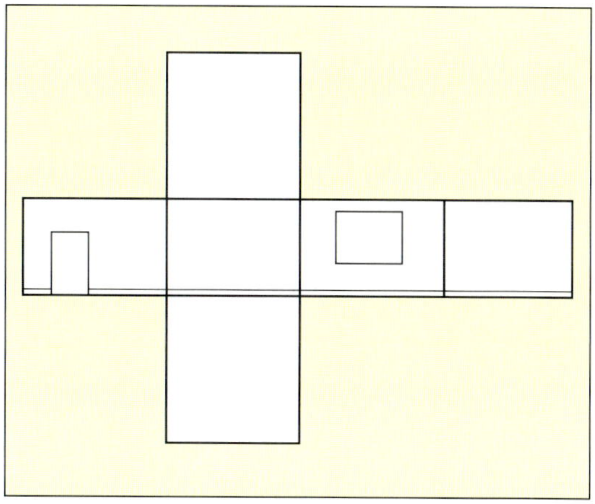

Bild 2: Abwicklung zum Grundriss Raum 1

Zu c) Isometrische Darstellung nach dem Grundriss von Raum 1 zeichnen

- Benutzen Sie den Maßstab 1 : 50 für Zeichenpapier im DIN A4-Hochformat!

  Verwenden Sie die Winkel 30°/60°!
- Beschriften Sie die fertige Arbeit mit dem Titel **Isometrie Raum 1, M 1 : 50!**
- Vergleichen Sie die fertige Arbeit mit der Isometriezeichnung in **Bild 3**!

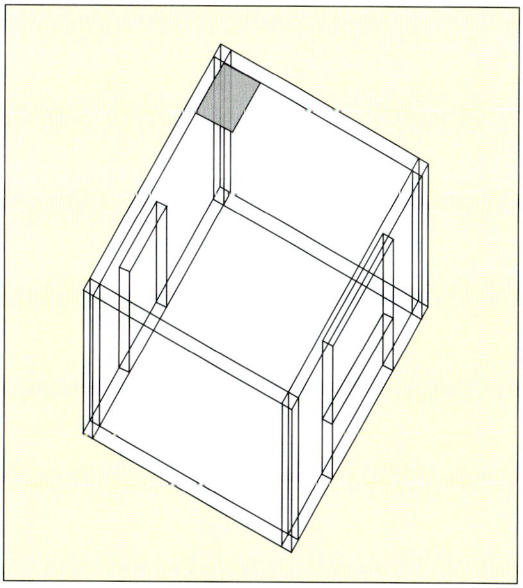

Bild 3: Isometriezeichnung zum Grundriss Raum 1

> **TIPP** Ziehen Sie zur besseren Wirkung die sichtbaren Linien als breite Volllinien nach, die den Blick auf den Innenraum in der Vogelperspektive ermöglichen, wenn Sie sich die Decke durchsichtig vorstellen!

Zu d) Perspektivische Darstellung mit zwei Distanzpunkten nach dem Grundriss von Raum 1 zeichnen

- Benutzen Sie den **Maßstab 1 : 15** für DIN A3-Querformat!

  (Wenn die Zeichnung später nicht in Farbe ausgeführt werden soll, eignet sich das DIN A4-Querformat und der Maßstab 1 : 20).
- Verwenden Sie eine **Horizontlinienhöhe** von 1,80 m!
- Der **Horizontpunkt** soll in der Mitte der Horizontlinie liegen!
- Verwenden Sie die **halbe Distanz!** Messen Sie dazu die Diagonale der Vorderwand und halbieren Sie das Maß! Alle weiteren Tiefenmaße müssen dann auch halbiert werden!

Die Zeichenschritte sind in **Tabelle 1** angegeben.

Tipp Stellen Sie diese Zeichnung mit Corel Draw her! Beginnen Sie mit einem Rechteck von 200 mm × 140 mm mit der Einstellung Querformat! Die Horizontlinie soll in einer Höhe von 10 cm liegen. Ziehen Sie dazu am linken Eck der Zeichenfläche den Nullpunkt auf die Unterkante der Vorderwand. Dann können Sie das Maß mit einer Hilfslinie genau antragen.

Tabelle 1: Arbeitsschritte zum Zeichnen

1	Konstruieren Sie den Raum mit schmalen Volllinien (Arbeitsschritte für einfachen Raum)!
2	Zeichnen Sie die Tür ein (Arbeitsschritte für Öffnungen in der Seitenwand)! Fügen Sie an das Türblatt einen Türrahmen von 10 cm Breite nach außen hin an!
3	Zeichnen Sie das Fenster!
4	Zeichnen Sie eine Fußleiste ein!
5	Wenn Sie Leibungen für Tür und Fenster zeichnen können, tragen Sie dazu eine Leibungsbreite von 25 cm (Baumaß) an der Vorderwand jeweils nach außen an und ziehen Sie Fluchtlinien! Fortsetzung nach **Abschnitt 7.4.3.4.**
6	Vergleichen Sie Ihre Arbeit mit **Bild 1!**
7	Ziehen Sie abschließend die Hauptlinien mit breiten Volllinien nach! Hilfslinien sollten nicht entfernt werden, damit Korrekturen leichter möglich sind.
8	Beschriften Sie die fertige Arbeit im Schriftkasten mit dem Titel **Wohnzimmer, Maßstab 1 : 15!**

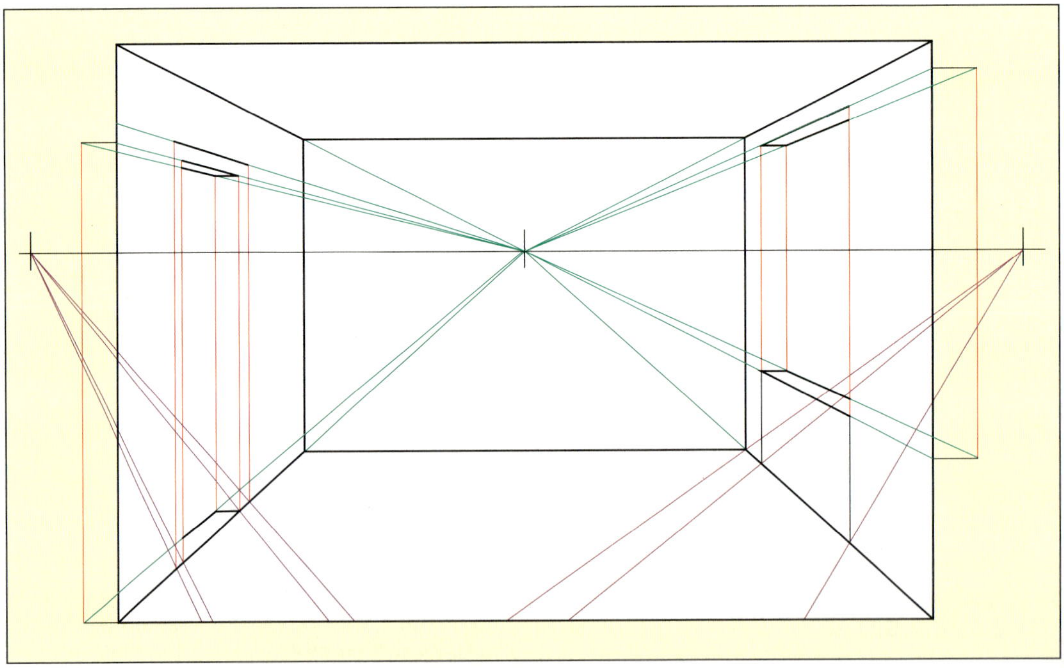

Bild 1: Perspektivische Darstellung zum Grundriss Raum 1

9.1.2 Konstruktion eines Klassenraumes

Zeichnen Sie nach dem Grundriss von Raum 2 **(Bild 1)** und der Hinterwandansicht **(Bild 2)** eine perspektivische Darstellung!

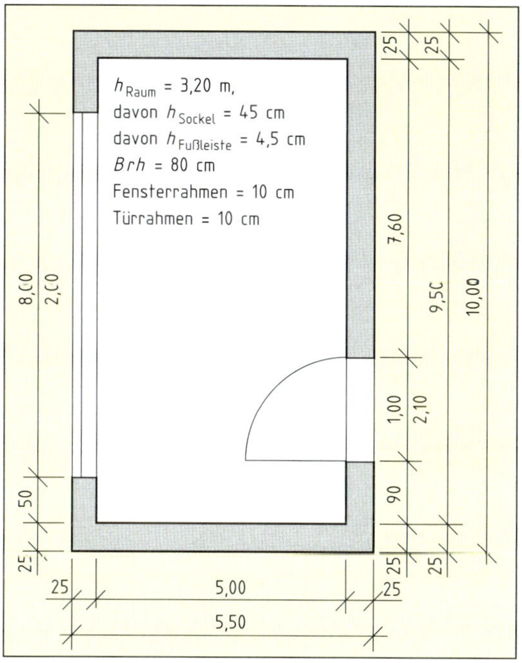

Bild 1: Grundriss Raum 2 (Klassenraum)

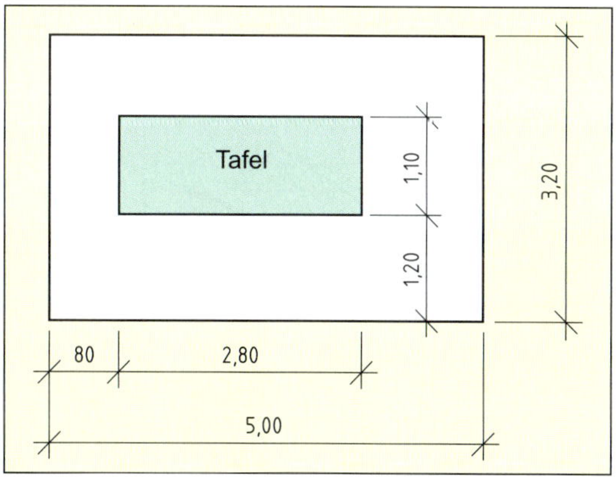

Bild 2: Hinterwandansicht von Raum 2

- Benutzen Sie den **Maßstab 1 : 15** im DIN A3-Querformat!
- Verwenden Sie eine **Horizontlinienhöhe** von 1,20 m!
- Der Horizontpunkt soll in der Mitte der Horizontlinie liegen.
- Verwenden Sie **1/2 Distanz!** Messen Sie dazu die Diagonale der Vorderwand und dividieren Sie das Maß durch 2! Alle weiteren Tiefenmaße müssen dann auch halbiert werden.
- Fertigen Sie eine neue Tabelle nach dem Muster der **Tabelle 1** an! Tragen Sie die notwendigen Maße ein und rechnen Sie diese um!

Tabelle 1: Maße von Grundriss Raum 2

Baumaße, in cm umgerechnet		**M 1 : 15 und ½ Distanz**
b_R	500	
h_R		
h_{Hzl}		
t_R		Wert : 2
a_T		Wert : 2
b_T		Wert : 2
h_T		
$b_{Türrahmen}$ *)Anm.		Wert : 2
h_{Sockel}		
$h_{Fußleiste}$		
a_F		Wert : 2
b_F		Wert : 2
Brh		
h_F		
d_{Mauer}		
a_{Tafel} von der Seitenwand		
b_{Tafel}		
Abstand der Tafel vom Fußboden		
h_{Tafel}		

*) Anm.: Die Breite des Türrahmens darf im Sturzbereich als Höhenmaß nicht halbiert werden!

TIPP Probieren Sie vergleichsweise mit Ihrem Nachbarn aus, die Zeichnung mit ¼ Distanz anzufertigen! Die Tiefenmaße müssten in dem Falle durch 4 dividiert werden. Kommt eine andere Zeichnung zustande?

Zeichnen Sie in folgenden Schritten nach den Angaben in Tabelle 1!

Tabelle 1: Arbeitsschritte zum Zeichnen

1	Konstruieren Sie den Raum mit schmalen Volllinien (Arbeitsschritte für einfachen Raum)!
2	Zeichnen Sie die Tür (Arbeitsschritte für Öffnungen in der Seitenwand)! Fügen Sie dem Türblatt einen Türrahmen von 10 cm Breite nach außen hin zu!
3	Zeichnen Sie das Fenster!
4	Zeichnen Sie den Sockel ein! (Das Maß der Sockelhöhe wird an der Vorderkante der Seitenwand angetragen.) Die Fluchtlinien schneiden die senkrechten Kanten der Hinterwand. Verbinden Sie diese Schnittpunkte und kontrollieren Sie, ob eine waagerechte Linie entstanden ist. Sollte dies nicht der Fall sein, liegen nur Maßungenauigkeiten vor.
5	Zeichnen Sie die Fußleiste ein! (Die Höhe der Fußleiste wird wie beim Sockel an der Vorderkante der Seitenwand angetragen.)
6	Zeichnen Sie die Tafel nach Arbeitsschritten wie in der Arbeitsanleitung zu „Öffnungen in der Hinterwand“.
7	Wenn Sie Leibungen für Tür und Fenster zeichnen können, tragen Sie eine Leibungsbreite von 25 cm (Originalmaß) nach dem Umrechnen in den Maßstab 1 : 15 an der Vorderwand jeweils nach außen an und ziehen Sie Fluchtlinien! Fortsetzung nach Anleitung von **Abschnitt 7.4.3.4.**
8	Ziehen Sie abschließend die Hauptlinien nach! Hilfslinien sollten zu Kontrollzwecken nicht entfernt werden.
9	Beschriften Sie die fertige Arbeit im Schriftkasten mit dem Titel **Klassenraum Maßstab 1 : 15!**
10	Vergleichen Sie die fertige Arbeit mit **Bild 1!**

Tipp Fertigen Sie evtl. diese Zeichnung mit Corel Draw an! Arbeiten Sie zu dem Zweck nach den Hinweisen im **Tipp** von **Seite 86!** Dazu sind jedoch immer geschlossene Formen nötig. Benutzen Sie die Vorderwandmaße 250 mm × 160 mm! Probieren Sie auch die Farbgebung aus!

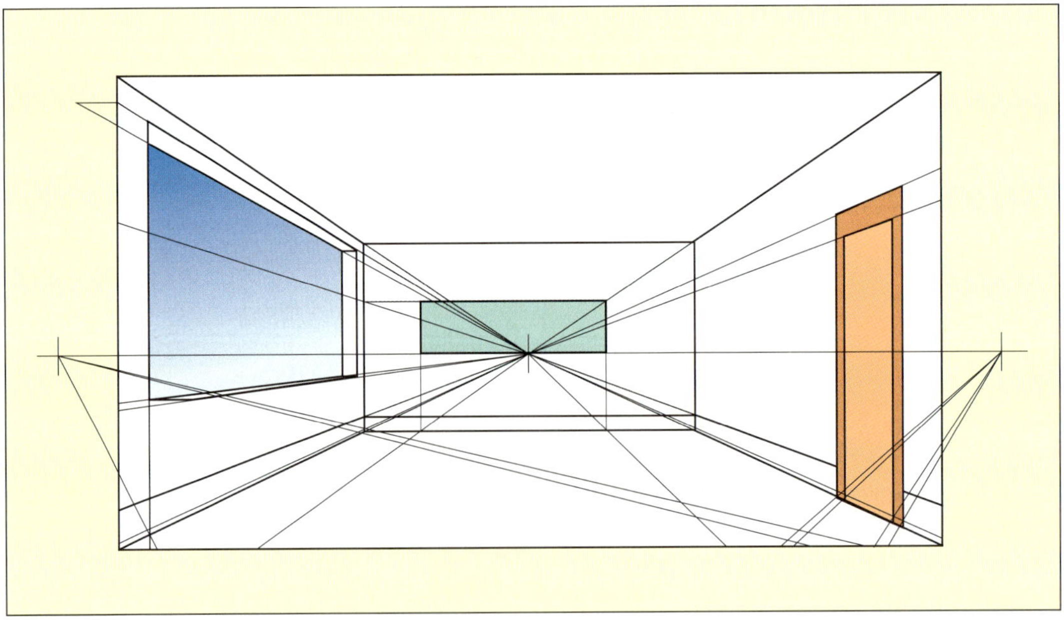

Bild 1: Klassenraum zum Grundriss von Raum 2

9.1.3 Konstruktion eines Korridors

Zeichnen Sie nach dem Grundriss von Raum 3 in **Bild 1** und dem Längsschnitt in **Bild 2** einen Korridor in perspektivischer Darstellung!

- Benutzen Sie den **Maßstab 1 : 10** für ein Zeichenblatt im DIN A3-Hochformat!
- Verwenden Sie eine **Horizontlinienhöhe** von 1,20 m!
- Der **Horizontpunkt** soll aber nicht in der Mitte, sondern im **Abstand von 70 mm** von der linken Kante der Vorderwand liegen **(Bild 3)**.
- Verwenden Sie **1/4 Distanz**! Messen Sie dazu die Diagonale der Vorderwand und dividieren Sie dieses Maß sowie die folgenden Tiefenmaße durch 4!

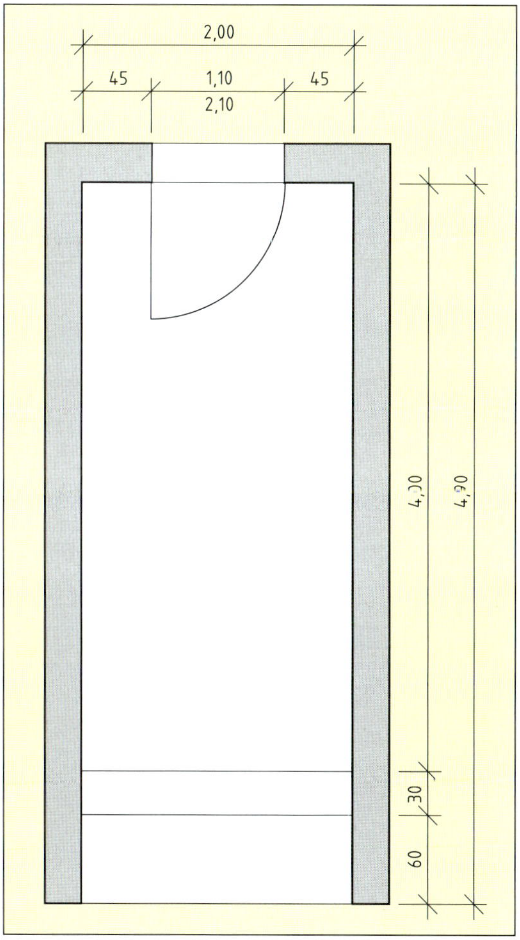

Bild 1: Grundriss Raum 3 (Korridor)

- Fertigen Sie eine Tabelle nach dem Muster der **Tabelle 1** an, tragen Sie die Maße ein und rechnen Sie diese um!

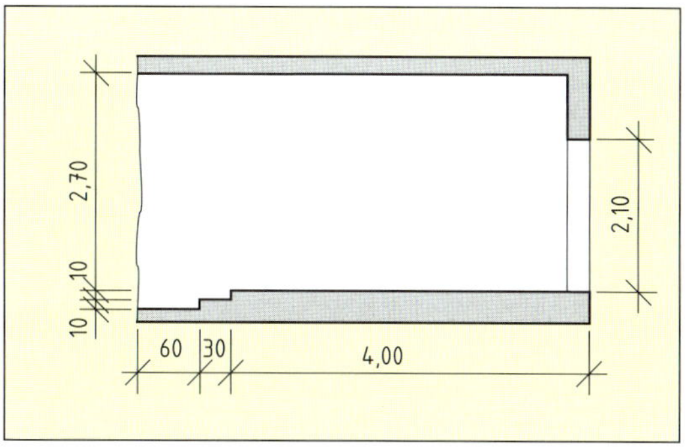

Bild 2: Längsschnitt des Korridors

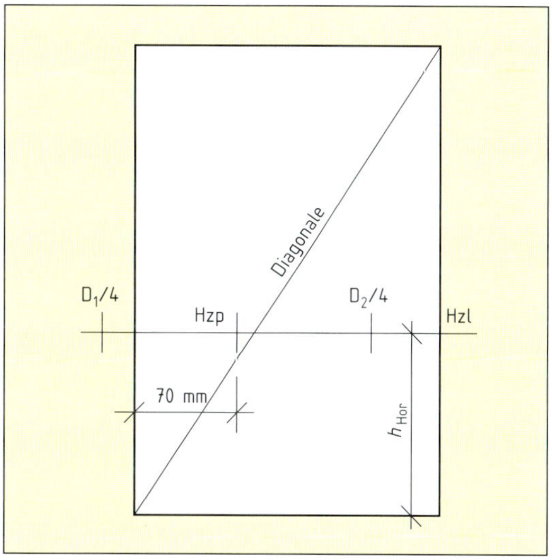

Bild 3: Vorderwand des Korridors mit Horizontlinie, Horizont- und Distanzpunkten

Tabelle 1: Maße von Raum 3 (Korridor)		
Baumaße, in cm umgerechnet		**M 1 : 10**
b_R		
h_R	290	
h_{Hzl}		
t_R	490	Wert : 4
$h_{Treppenstufe}$ (h_{St})		
a_{Treppe} (Tiefenmaß) a_{Tr}		Wert : 4
b_{Treppe} ($t_{Trittstufe}$) b_{Tr}		Wert : 4
$h_{Tür}$		
$a_{Tür}$		
$b_{Tür}$		
$h_R = a_R (= b_{Rahmen})$		

Zeichnen Sie in folgenden Schritten!

1. **Konstruieren Sie den Basisraum mit den Maßen b_R, h_R und t_R mit schmalen Volllinien. Innenmaße b_R = 2,00 m, h_R = 2,90 m (Variante: 2,80 m oder 2,70 m), t_R = 4,90 m (Arbeitsschritte für einen einfachen Raum)!**

2. **Treppen- und Podestkonstruktion**

- Tragen Sie die Treppenhöhen (h_{St}) an der linken Seitenwand an und ziehen Sie die dazugehörigen Fluchtlinien!
- Tragen Sie Abstand und Breite der Treppe (a_{Tr}/4 und b_{Tr}/4) als Tiefenmaße auf der Grundlinie der Vorderwand (links) an!
- Zeichnen Sie die Distanzpunktlinien zu D_1/4! Sie schneiden die Grundlinie der Seitenwand. Von dort aus zeichnen Sie Senkrechte als Treppenbegrenzung! Es entsteht das Profil der Treppenstufen auf der Seitenwand.
- Zeichnen Sie mit Waagerechten die Treppenstufen nach rechts und das Treppenprofil auf der Seitenwand durch Senkrechte und Fluchtlinien! Begrenzen Sie das Podest durch eine Waagerechte an der Hinterwand! Vergleichen Sie die Arbeit, wenn Sie a_{Tr}/4 und b_{Tr}/4 rechts antragen!

3. **Tür über dem Podest einzeichnen**

- Tragen Sie die Höhe der Tür ($h_{Tür}$) auf der Seitenkante der Vorderwand von der Podesthöhe aus an! Zeichnen Sie eine Fluchtlinie! Sie schneidet die Kante der Hinterwand. Von dort aus ziehen Sie eine Waagerechte nach rechts für die Türhöhe!
- Tragen Sie Abstand der Tür (a_T) und Breite der Tür (b_T) auf der Grundlinie der Vorderwand an und ziehen Sie Fluchtlinien! Wenn Sie an den Schnittpunkten mit der Unterkante der Hinterwand zwei Senkrechte nach oben zeichnen, entsteht oberhalb des Podests die Tür.
- Setzen Sie nach dem Prinzip einen Türrahmen von 10 cm Breite (a_R und h_R) jeweils nach außen bzw. oben dazu!

4. **Vergleichen Sie die Arbeit mit Bild 1!**

5. Ziehen Sie abschließend die Hauptlinien nach! Die Hilfslinien sollten zu Kontrollzwecken nicht entfernt werden!

6. **Beschriften Sie die fertige Arbeit mit**

Korridor Maßstab 1 : 10!

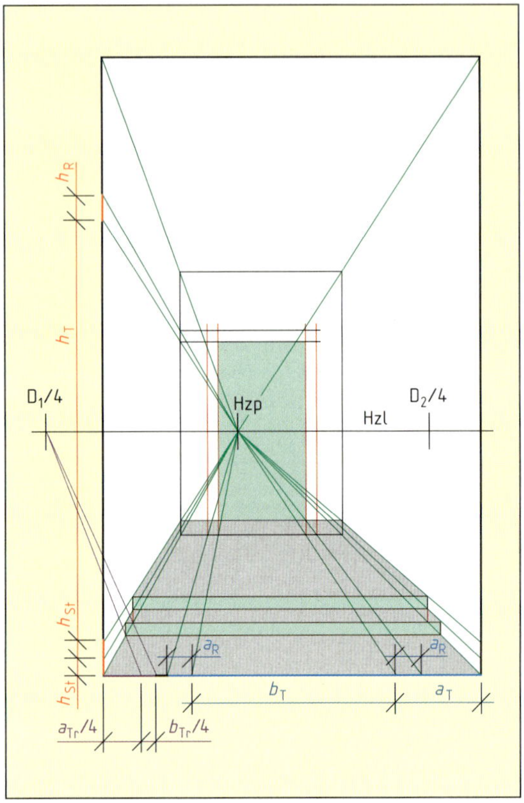

Bild 1: Korridor in perspektivischer Darstellung mit Treppenpodest und Tür

9.2 Aufgaben zu Detailkenntnissen

1. Lösen Sie Aufgaben zum Grundriss in **Bild 2**!

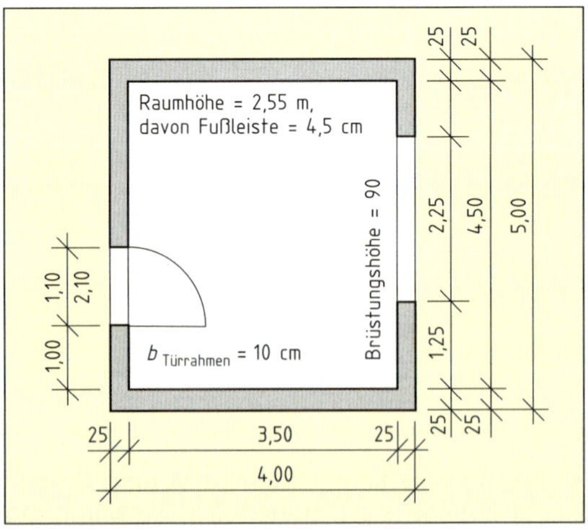

Bild 2: Grundriss zu Aufgabe 1

a) Fertigen Sie eine Tabelle nach dem Muster der **Tabelle 1** an! Tragen Sie die geforderten Werte aus dem Grundriss ein und rechnen Sie diese in den Maßstab 1 : 25 um!

b) Zeichnen Sie mit den errechneten Maßen eine Ansicht der linken Innenwand des Raumes und das Türblatt!

Tabelle 1: Maße zum Grundriss in Bild 2, S. 90

Objekte	Baumaße, in cm eintragen	M 1 : 25
Raumlänge innen (Tiefenmaß)		
Raumhöhe		
Abstand der Tür von der Vorderwand		
Breite der Tür		
Höhe der Tür		
Abstand des Fensters von der Hinterwand		

2. Zeichnen Sie einen rechteckigen Wohnraumgrundriss im Maßstab 1 : 75 mit den Außenmaßen b = 4,10 m und l = 6,20 m und einer Mauerbreite von 36,5 cm!

Zeichnen Sie mit eigenen Maßen in die Mauer eine nach innen geöffnete Tür sowie ein Fenster mit Anschlag, aber nicht in die rechts liegende Mauer!

Versehen Sie die öffnungsfreie rechte Seite normgerecht mit den nötigen Maßen! Fehlende Maße müssen Sie errechnen! Tragen Sie die Ergebnisse des Umrechnens in eine Tabelle nach dem Muster von **Tabelle 2** ein!

Tabelle 2: Maße für Aufgabe 2

Baumaße, in cm	M 1 : 75
Maß eintragen	Wert eintragen

3. Kopieren Sie die isometrisch gezeichnete Wandfläche von **Bild 1** auf Transparentpapier und skizzieren Sie mit Lineal und Dreieck in die Fläche eine Tür mit eigenen Maßen!

4. Kopieren Sie die Zeichnungen der folgenden vier Bilder auf Transparentpapier im Format DIN A4! Lösen Sie in den Objekten folgende Konstruktionsaufgaben:

a) **Bild 2** stellt die Vorderwand eines perspektivisch zu zeichnenden Raumes dar. Tragen Sie in die Zeichnung die beiden Distanzpunkte ein! Es soll die halbe Diagonale verwendet werden.

b) Zeigen Sie durch Konstruieren, wo sich in der Raumdarstellung von **Bild 3** der Horizontpunkt befindet!

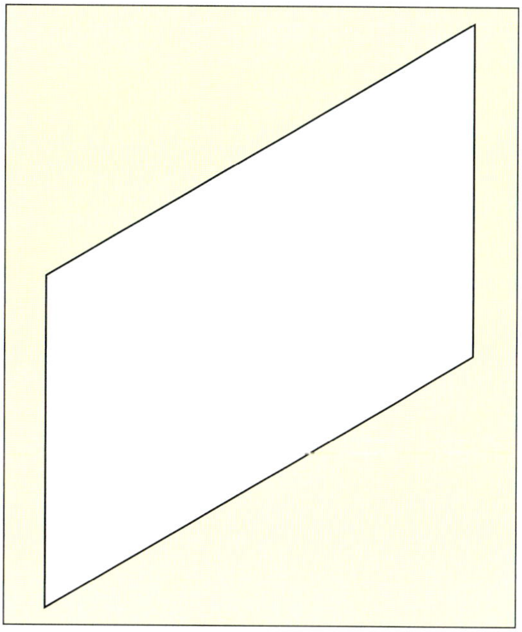

Bild 1: Isometrisch gezeichnete Wandfläche

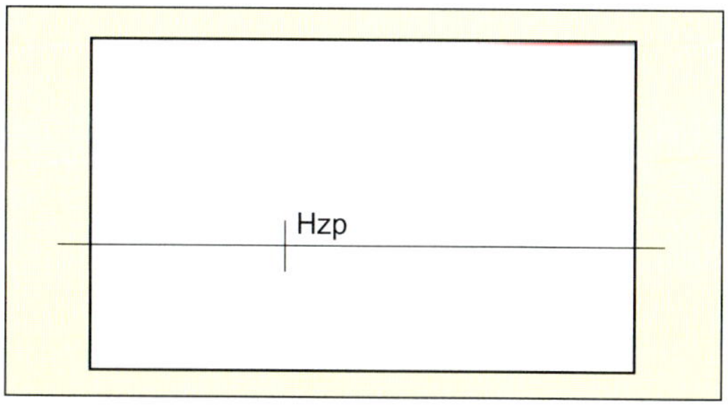

Bild 2: Vorderwand eines Raumes

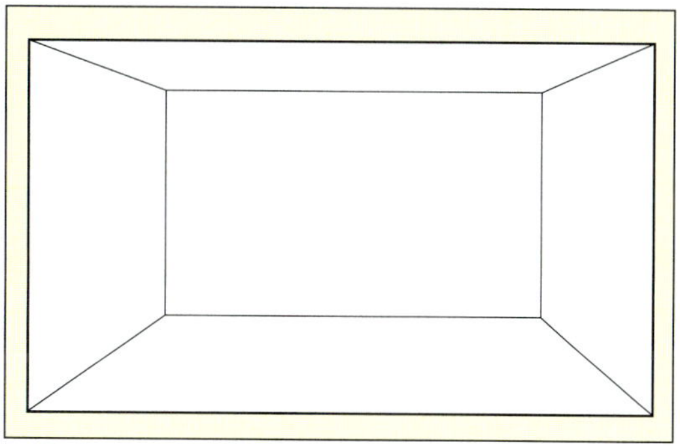

Bild 3: Perspektivische Raumdarstellung

c) **Bild 1** stellt die Vorderwand eines perspektivisch zu zeichnenden Raumes dar. Fügen Sie in die Zeichnung die Hinterwand des Raumes ein, indem Sie als umgerechnetes halbes Tiefenmaß 40 mm benutzen!

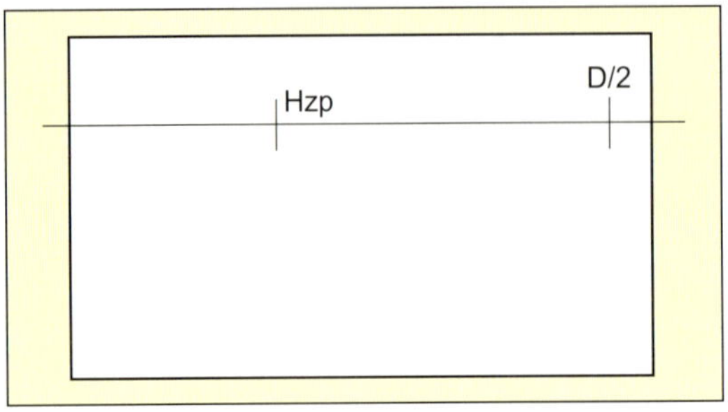

Bild 1: Vorderwand zum Einzeichnen der Hinterwand

d) Zeichnen Sie in die linke Seitenwand des in **Bild 2** dargestellten Raumes eine Tür proportional richtig ein! Benutzen Sie eigene Maße!

Was müssen Sie zuerst einzeichnen?

e) Zeichnen Sie in die rechte Seitenwand des Raumes von **Bild 2** ein Fenster skizzenhaft mit Lineal ein! Die Brüstungshöhe soll 17 mm betragen. Die übrigen Maße nehmen Sie selbst an!

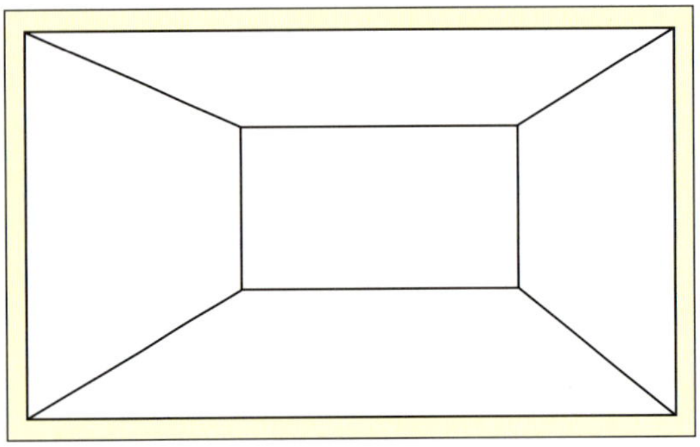

Bild 2: Perspektivische Raumdarstellung

9.3 Aufgaben zum Zeichnen mit Corel Draw

1. Zeichnen Sie folgende Formen in beliebiger Größe nach **(Bild 3)**! Markieren Sie nacheinander jedes einzelne Objekt und ändern Sie sein Breitenmaß in der **Symbolleiste** bei **Objektgröße** auf 50 mm!

2. Bearbeiten Sie die Objekte aus Aufgabe 1!

a) Verändern und vergrößern Sie die Formen, indem Sie an den quadratischen Anfassern mit der Maus schieben!

Bild 3: Formen zum Nachzeichnen mit Corel Draw

b) Klicken Sie beim Schieben zusätzlich einmal mit der rechten Maus, um die Objekte zu duplizieren!

3. Zeichnen Sie ein Rechteck!

a) Duplizieren Sie es, indem Sie unter dem **Menü Bearbeiten** den Befehl **Duplizieren** mehrfach anklicken!

b) Färben Sie die Formen beliebig ein, ohne ihre Lage zu verändern!

4. Zeichnen Sie eine Ellipse!

a) Klicken Sie dann beim **Menü Bearbeiten** auf **Klonen!** Die neu entstandene Form verschieben Sie etwas! Markieren Sie erneut die erste Ellipse und klonen Sie diese nochmals. Färben Sie die Originalform ein!

b) Markieren Sie wieder die erste Form und klicken Sie auf eine Farbe der Farbpalette!

Was passiert im Gegensatz zu duplizierten Formen? Wo könnte man die Situation beim Bauzeichnen anwenden?

c) Ändern Sie nun eine der Formen durch Ziehen an den Anfassern! Geben Sie der ersten Ellipse jetzt eine neue Farbe! Welche Feststellung können Sie treffen?

5. Zeichnen Sie zwei unterschiedlich hohe farbige Rechtecke! Holen Sie eine waagerechte Hilfslinie und stellen Sie die beiden Objekte nebeneinander auf diese Linie!

a) Markieren Sie beide Objekte und **duplizieren** Sie diese dreimal beim Verschieben mit der Maus! Legen Sie die beiden Formen immer auf der Hilfslinie ab!

b) Markieren Sie dann die zweite Rechteckgruppe und klicken Sie im **Menü Anordnen** auf den Befehl **Ausrichten und Verteilen**!

Klicken Sie nun auf **Zentriert** und **OK!**

c) Markieren Sie dann die dritte Rechteckgruppe und klicken Sie auf **Mitte** und **OK.**

d) Markieren Sie die vierte Rechteckgruppe und klicken Sie auf **Zentriert, Mitte** und **OK!**

6. Zeichnen Sie eine Ellipse und ein Rechteck in gleicher Breite und legen Sie die Formen übereinander wie in **Bild 1**! Um gleiche Breiten zu erhalten, benutzen Sie in der **Symbolleiste** bei **Breitenmaße** die einstellbaren Zahlen!

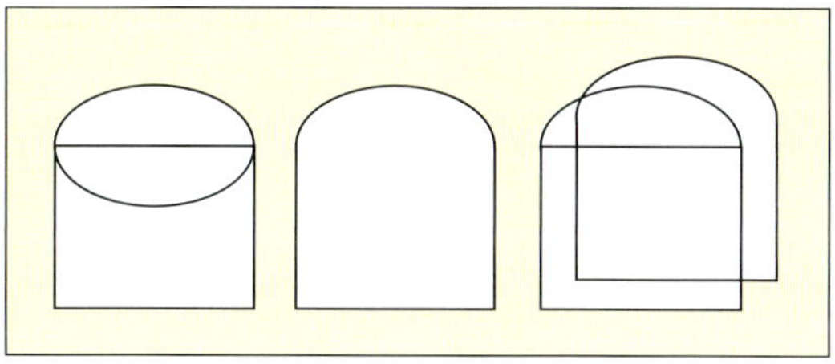

Bild 1: Formen zum Verschmelzen

a) **Duplizieren** Sie die Formen zweimal! Legen Sie die Formen wieder auf einer Hilfslinie ab!

b) Benutzen Sie nun bei der zweiten und dritten Formengruppe unter dem **Menü Anordnen** den **Befehl Verschmelzen,** um die beiden neuen Abbildungen zu erhalten! Wo kann man die Formen im Bauwesen vorfinden?

7. Zeichnen Sie zwei Rechtecke mit den Maßen 60 mm × 40 mm sowie 50 mm × 30 mm. Färben Sie diese grau und blau ein! Setzen Sie das graue Rechteck nach hinten! Markieren Sie beide Rechtecke und setzen Sie sie bei **Ausrichten und Verteilen** zentriert mittig übereinander!

a) Markieren Sie das kleine Rechteck und schneiden Sie es bei **Zuschneiden** aus!

b) Markieren Sie das blaue Rechteck und geben Sie ihm einen weißen Rahmen, den Sie zusätzlich beim **Hilfsmittel Umrissbreite** verbreitern!

c) Wo können Sie dieses Objekt anwenden?

d) **Klonen** Sie es! Verschieben Sie das neue Objekt und färben Sie seinen grauen Rahmen anders ein!

8. Zeichnen Sie den Schnitt von **Bild 1, S. 55** ohne Bemaßung nach und wählen Sie passende Farben selbst!

9. Gruppieren Sie die Zeichnung von Aufgabe 8 beim **Menü Anordnen** und klicken Sie dann auf **Objekte sperren!** Sie kann jetzt nicht versehentlich verschoben werden.

a) Bemaßen Sie die Zeichnung nach der Vorlage! Die Linien können in der **Menüleiste** um 90° für die senkrechte Bemaßung gedreht werden.

b) Schreiben Sie die Maßzahlen und ändern Sie ihre Größe. Das ist möglich, wenn Sie die Zahlen beim **Hilfsmittel Auswahl** markieren, ist dies in der **Schriftgrößenliste** der **Symbolzeile** mit dem **Maß 10 Punkt** möglich.

c) Heben Sie nun die **Objektsperrung** bei **Anordnen** wieder auf!

10. Stellen Sie Kopien von räumlichen Darstellungen mit Corel Draw durch Überzeichnen mit geschlossenen Formen her! Diese können Sie ohne Mühe mit der **Farbpalette** später farbig gestalten.

Kopieren Sie sich zu dem Zweck Zeichnungen von der CD (z. B. **Bild 1, S. 67** oder **Bild 1, S. 75**) und **sperren** Sie sie bei **Anordnen!**

Zeichnen Sie dann über die Einzelformen der Objekte Rechtecke und **konvertieren** Sie diese **in Kurven** im Menü **Anordnen.** Jetzt können Sie die Eckpunkte der Rechtecke an die vorhandenen Teilflächen ziehen, bis deren Formen entstanden sind (Parallelogramme und Trapeze).

Damit die neuen Formen sich exakt berühren, setzen Sie beim Menü Layout vor **An Objekten ausrichten** ein Häkchen.

Gruppieren Sie abschließend die neue Raumdarstellung und ziehen Sie diese an eine andere Stelle zur Kontrolle und eventuellen Nachbesserungen. Die Originalzeichnung kann nach dem Lösen der Objektsperre bei Anordnen und Objekt freigeben gelöscht werden.

11. Üben Sie das Speichern! Benutzen Sie dazu die Zeichnung von Aufgabe 9!

a) Wählen Sie bei **Datei** den **Befehl Speichern!** Es öffnet sich ein Fenster **(Bild 1, S. 94)**. Tragen Sie den **Dateinamen** „Senkrechter Schnitt" ein. Wählen Sie bei **Speichern unter** das **Laufwerk** und den **Ordner** aus, damit die Datei wieder auffindbar ist! Klicken Sie auf **Speichern!**

b) Schließen Sie die Datei!

FACHZEICHNEN

c) Um die Datei zu öffnen, klicken Sie auf **Datei öffnen**! Jetzt müssen Sie den **Speicherpfad** suchen und die **Datei** anklicken **(Bild 2)**. Sie erscheint im Bildfenster und ist durch den Befehl **Öffnen** auf der **Arbeitsfläche** zu sehen.

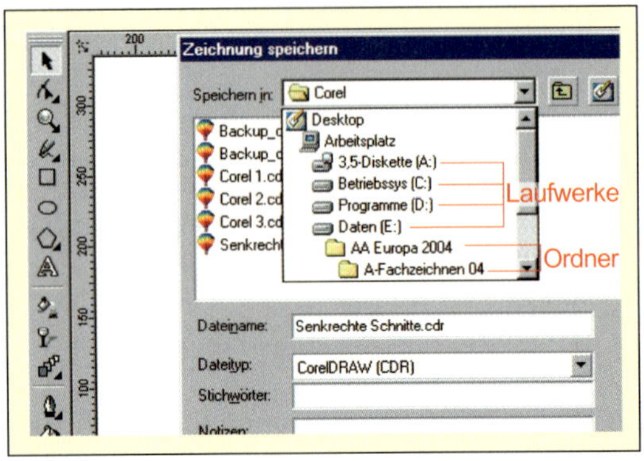

Bild 1: Fenster Zeichnung speichern

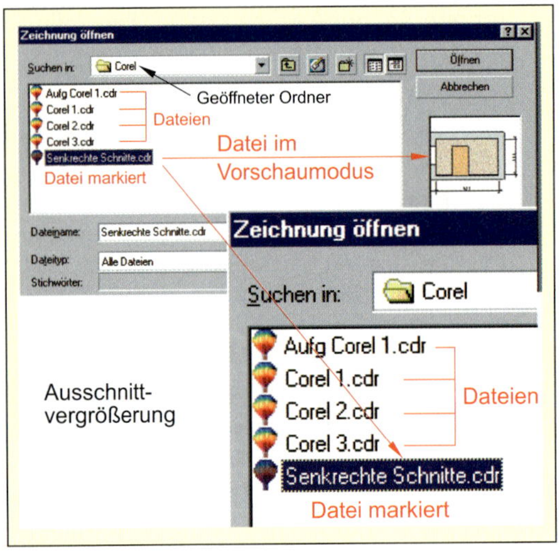

Bild 2: Fenster Zeichnung öffnen

10 Projektaufgaben

Aufgrund der lernfeldorientierten Lehrpläne bietet es sich an, Probleme zur Wissensaneignung in projektbezogenen Aufgaben komplex zu betrachten. Von realen Arbeitsaufträgen ausgehend, könnte man zuerst Zeichnungen anfertigen und sie farbig behandeln, um sich und den Auftraggeber damit vertraut zu machen. Gute Farbarbeiten können mehr Überzeugungskraft haben als viele Worte.
Dann könnten technologische Probleme erörtert werden und die Leistungen als Kostenvoranschlag oder Rechnung angeboten werden.
Zu diesem Zweck sind einige Musteraufgaben erstellt worden.

10.1 Projekt zum Arbeitsschutz

▪ Auftrag: Symbol zum Arbeitsschutz

Im Maler- und Lackiererhandwerk sind durch die eingesetzten Beschichtungsmaterialien und beim Verarbeiten derselben bestimmte berufsbedingte Gefahren vorhanden. Kennt man diese, lassen sich bei gewissenhafter Einhaltung der Verarbeitungsvorschriften körperliche Schädigungen vermeiden.

Bereich Fachliches Zeichnen

Fertigen Sie durch Vergrößern ein Symbol aus **Bild 3** zum Arbeits- oder Unfallschutz an und legen Sie es farbig aus!

Bild 3: Symbole zum Arbeitsschutz

Verschaffen Sie sich für diese Aufgabe Informationen zu folgenden Themengebieten:

- Hilfsmittel zum Fachzeichnen **(Abschnitt 2)**
- Vorschriften zum Anfertigen von Zeichnungen **(Abschnitt 3)**
- Beschriftung **(Abschnitt 3.4)**
- Geometrische Grundkonstruktionen **(Abschnitte 4.1 Linien, 4.2 Flächen)**

- Vergrößern von Zeichnungen **(Abschnitt 5)**

Wählen Sie eine geeignete Vergrößerungsmethode aus!

Suchen Sie je nach Größe des Originals des Symbols und der vorgesehenen Zeichenfläche DIN A4 einen Vergrößerungsmaßstab, sodass die vergrößerte Zeichnung Maße von ca. 10 cm Kantenlänge besitzt! Der Vergrößerungsmaßstab wird im Bereich von 3 : 1 liegen.

Wählen Sie entsprechend der Originalvorlage die Farben aus Ihrem Malfarbensortiment aus. Machen Sie diese streichfähig und legen Sie die Zeichnung farbig aus! Achten Sie darauf, dass scharfe Konturen entstehen! Die Flächen sollen nach dem Trocknen nicht striemig aussehen.

Die fertige Arbeit schneiden Sie großzügig quadratisch aus! Kleben Sie die Zeichnung auf ein Blatt nach dem **Muster auf Seite 28!**

Beschriften Sie die fertige Arbeit mit dem Text: **Vergrößerung Maßstab x : 1** und Ihrem **Namen!**

TIPP Benutzen Sie zum Konturenziehen einen dünnen Spitzpinsel und zum flächigen Auslegen einen Flachpinsel. Legen Sie in der Zeichnung zuerst die helle Farbe aus, dann die dunkle bzw. schwarze, damit gerade deckende Konturen entstehen! Der Außenrand kann eventuell zur Begradigung mit einem Faserstift am Lineal gezogen werden.

Bereich Technologie

- Verschaffen Sie sich einen Überblick über Unfallgefahren im Maler- und Lackiererhandwerk und wie man Unfälle vermeiden kann!
- Verschaffen Sie sich einen Überblick über gefährliche Arbeitsstoffe im Maler- und Lackiererhandwerk! Untersuchen Sie, wodurch die Schädigungen zustande kommen und wie man sie vermeiden kann!
- Legen Sie eine Liste mit Symbolen und Hinweiszeichen zum Kennzeichnen von Situationen an, wodurch auf Unfallgefahren und Arbeitsschutzmaßnahmen hingewiesen wird!

  Gliedern Sie dabei nach folgenden Oberbegriffen: Verbotszeichen, Warnzeichen, Gebotszeichen, Rettungszeichen, Symbole für gefährliche Stoffe, Sicherheitsfarben.

10.2 Projekte zu anorganischen Untergründen

Der Maler und Lackierer lernt die Untergründe in Form von Anstrichobjekten wie Innenräume und Fassaden bei der praktischen Arbeit kennen und muss wissen, welche Beschaffenheit sie im konkreten Fall aufweisen. Wählt er entsprechende Beschichtungen aus, kommt Farbigkeit mit ins Spiel. Da Farben im Zusammenhang mit Licht verändert werden, und dies wiederum vom umgebenden Raum beeinflusst wird, sind bei Beschichtungsarbeiten auch diese Besonderheiten (innen oder außen) zu berücksichtigen.

Fertigen Sie also eventuell zuerst Zeichnungen und Farbvorschläge von Innenräumen und Fassaden, bei Fahrzeuglackierern von entsprechenden Fahrzeugen an, um sie mit dem Auftraggeber zu diskutieren! Die Zeichnungen können aus den vorangegangenen Abschnitten entnommen werden, indem man sie konstruiert oder durch Vergrößern anfertigt.

Die Beschichtungen kann man von den dabei vorhandenen Untergründen ableiten. Klären Sie, ob es sich um anorganische oder organische Untergründe handelt und legen Sie fest, ob es sich um Erstbeschichtungen oder Renovierungsarbeiten handeln soll!

Leiten Sie aufgrund dieser angenommenen Situationen Eigenschaften der Beschichtungsträger ab, wählen Sie geeignete Anstrichstoffe aus und verschaffen Sie sich die dazu nötigen Fachkenntnisse!

- **Auftrag: Putzbeschichtungen**

Wählen Sie sich zu diesem Zweck ein repräsentatives Objekt von **Bild 1, S. 96** aus und bearbeiten Sie es in gestalterischer und technologischer Hinsicht! Da Bauteile für Innenräume und Fassaden in den meisten Fällen verputzt werden, gehen Sie von dieser Grundlage für Ihr Projekt aus!

Verschaffen Sie sich Kenntnisse über notwendige Vorarbeiten und wählen Sie einen geeigneten Erstanstrich!

Bereich Fachliches Zeichnen

Stellen Sie die Vergrößerung der gewählten Bauzeichnung her, um diese farbig auszulegen und als Gestaltungsvorschlag dem Auftraggeber zur Diskussion vorzustellen!

Wählen Sie zu dem Zweck die Innenraumabwicklung oder die Fassadenansicht von **Bild 1**! Verschaffen Sie sich zum Zeichnen Kenntnisse aus **Abschnitt 5, Vergrößern von Zeichnungen**! Im fortgeschrittenen Stadium der Ausbildung stehen weitere Objekte in **Abschnitt 7, Anfertigen von Bauzeichnungen,** zur Verfügung, die Sie durch eigene Konstruktion mithilfe der vorhandenen Arbeitsanleitungen herstellen können.

Bild 1: Bauzeichnungen zum Vergrößern

Als Zeichenblattgröße eignet sich für Objekte aus Bild 1 das Format DIN A4. Entsprechend wählen Sie die **Maßstäbe 3 : 1** bis **5 : 1** aus!

Die Zeichnungen sollten in Bleistift ausgeführt werden, damit sie, wenn Sie sich ausreichende Kenntnisse über die Gestaltungsregeln erarbeitet haben, später farbig ausgelegt werden können.

Beschriften Sie die Zeichnung mit Normschrift nach dem **Musterblatt auf Seite 28** mit dem Titel

Innenraumabwicklung Maßstab … : 1, bzw.

Fassadenansicht Maßstab … : 1!

Zur Farbgestaltung benötigen Sie Kenntnisse aus der Farbenlehre. Diesen Komplex sollten Sie gewissenhaft durcharbeiten, um repräsentative Vorschläge unterbreiten zu können.

Bereich Technologie

- Erstellen Sie einen Überblick über die Einteilung der Untergründe im Maler- und Lackiererhandwerk!
- Untersuchen Sie, welche Arten von Putz es gibt, wo sie anzutreffen sind und welche Eigenschaften sie besitzen!
- Erarbeiten Sie ein Liste von Putzschäden und wie man sie beseitigen kann!
- Leiten Sie ab, welche Vorarbeiten auf neuen und schon beschichteten Putzoberflächen erfolgen können!
- Legen Sie einen Erstanstrich fest und verschaffen Sie sich Kenntnisse über seine Zusammensetzung, seine Eigenschaften und Verarbeitung!

▪ Auftrag: Metalluntergründe

Im Bauwesen sind Bauteile aus Metall an bestimmten Stellen offen zu erkennen. Sie benötigen neben dekorativen Beschichtungen einen besonders hochwertigen Korrosionsschutz. Im Fahrzeugbau sind bei tragenden Elementen und im Karosseriebereich die gleichen Aufgaben zu erfüllen.

Wählen Sie sich zur Bearbeitung des Themas ein repräsentatives Objekt aus und bearbeiten Sie es in gestalterischer und technologischer Hinsicht!

Bereich Fachliches Zeichnen

Stellen Sie die **Zeichnung einer Fahrzeugtür (Bild 1, S. 53)** durch Vergrößern (Maßstab 3 : 1) her, um diese später farbig auszulegen und als Gestaltungsvorschlag dem Auftraggeber zur Diskussion vorzustellen!

Alternativ können Sie ein waagerecht verlaufendes Geländer eines **Treppenhauspodests** aus Stahl **(Bild 2)** vergrößern oder eine **Fahrstuhltür mit Gewände** nach **Bild 1, S. 97** als Ansicht mit eigenen Maßen zeichnen. Die eventuelle Farbgebung der Fahrstuhltür richtet sich nach der Graniteinfassung.

Bild 2: Treppenhauspodest mit Wanddetail

Bild 1: Abbildung einer renovierungsbedürftigen Fahrstuhltür

Zur Lösung dieser Aufgabe benötigen Sie Kenntnisse aus

Abschnitt 2: Hilfsmittel zum Fachzeichnen,

Abschnitt 3: Vorschriften zum Anfertigen von Zeichnungen,

Abschnitt 5: Vergrößern von Zeichnungen,

Abschnitt 6.2: Ansichten.

Als Zeichenblattgröße eignet sich das Format DIN A4. Die Ausführung und Beschriftung kann wie in Auftrag 1 erfolgen.

Wenn Sie erste Versuche zur Farbgebung durchführen wollen, benutzen Sie zur **Farbgebung der Fahrzeugtür** Aquarellfarbe. Damit Sie die im **Bild 1, S. 53** vorhandenen Lichter, d.h. helle Stellen, beim Ausmalen erhalten, legen Sie die Flächen einzeln mit sauberem Wasser an. Lassen Sie das Wasser ein wenig einziehen, bis die Papieroberfläche matt aussieht! Malen Sie die Flächen von den Flächenkanten ausgehend nach innen hin aus. Der Arbeitsgang heißt **Auslegen.** Dabei zieht sich die Farbe von allein in die feuchte Papierfläche. Verschlichten Sie die Farbe etwas, damit sie gleichmäßig verläuft! An Stellen, die etwas heller aussehen sollen, waschen Sie mit sauberem Pinsel und Wasser etwas Farbe aus. Zuviel Wasser saugen Sie mit einem trockenen Pinsel weg!

Die **Bauobjekte** sind für deckende Malfarben besser geeignet. Die Granitimitation ist im Kapitel Farbanwendungen erläutert.

TIPP Benutzen Sie zur Aquarelltechnik nur hochwertigen Zeichenkarton! Das normale 80-Gramm-Papier ist für diesen Zweck zu dünn und löst sich auf.

Das Geländer können Sie mit Temperafarbe und Spitzpinsel auslegen. Die geraden Kanten erzielt man jedoch nur beim Arbeiten am Lineal. Alternativ wäre der Einsatz von Faserstiften möglich. Die Farbgebung wird dann jedoch zu aufdringlich und entspricht nicht der Realität.

Bei der Farbwahl der Fahrstuhltür passen Sie diese dem Granit besser an als es in Bild 1 mit dem violetten Grau zu sehen ist!

Bereich Technologie

- Zur technologischen Bearbeitung verschaffen Sie sich Informationen zu folgenden Themen:
- Überblick über die Einteilung der metallischen Untergründe
- Feststellen der Beschaffenheit (Eigenschaften) der gewählten Objekte vor einer Beschichtung
- Ursachen und Vorgänge bei der Korrosion
- Mögliche Transportbeschichtungen
- Übersicht über Vorarbeiten zum Entfernen von Korrosionsschäden
- Übersicht über einen grundsätzlichen Beschichtungsaufbau
- Übersicht über geeignete Beschichtungswerkzeuge

Inhalt

Schriftlehre

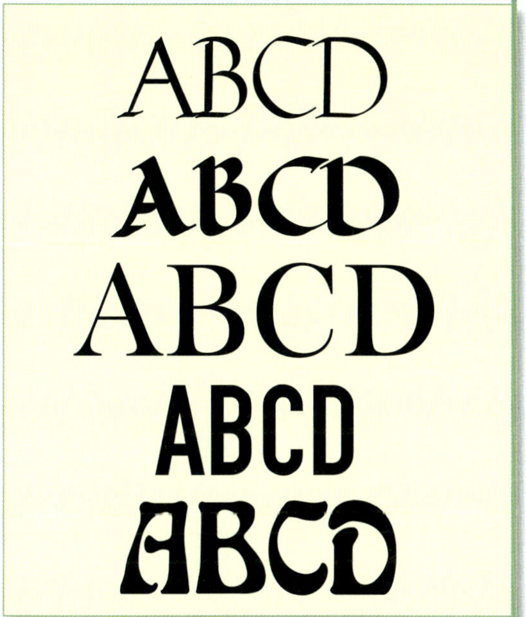

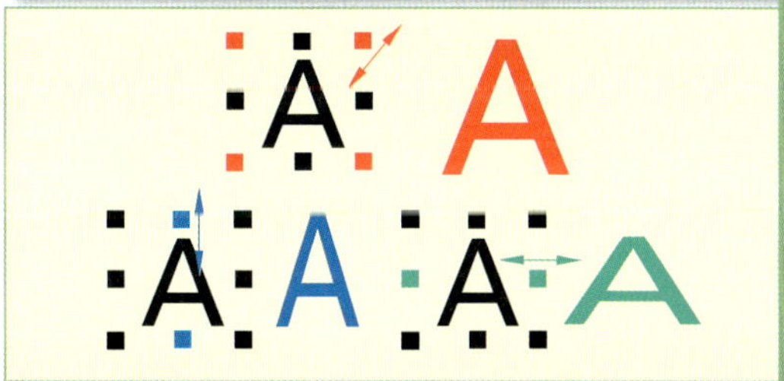

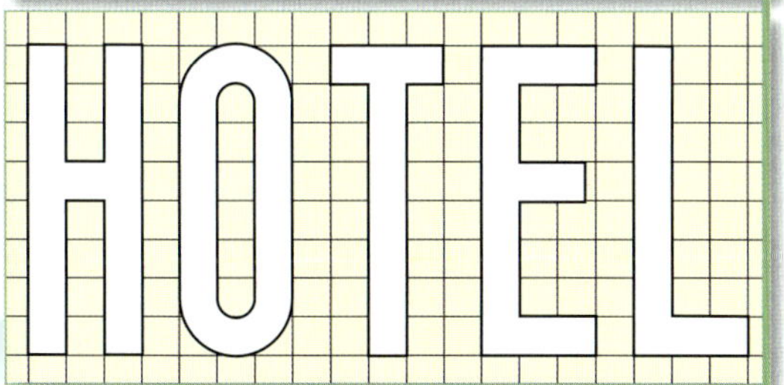

1 Einführung

Beschriftungsarbeiten an Innen- und Außenflächen von Gebäuden **(Bild 1)** oder auf Fahrzeugen **(Bild 2)** sind für uns heute selbstverständlich und notwendig. Sie werden in den meisten Fällen von Spezialisten wie Schriftmalern oder in Werbebetrieben angefertigt. Zum Übertragen der Beschriftungen arbeitet der Werbegrafiker gern mit Malerbetrieben oder Fahrzeuglackierereien zusammen. Einfache Arbeiten liefern Maler und Lackierer z. B. im Freizeitbereich **(Bild 3)** hin und wieder von der Idee bis zur Ausführung selbst.

Bild 1: Fassadenbeschriftung

Bild 2: Fahrzeugbeschriftung

Bild 3: Beschriftung im Freizeitbereich

Die Texte sollen über den Zweck des beschrifteten Objektes informieren **(Bild 4)** und für Firmen, Produkte **(Bild 5)** oder Dienstleistungen werben.

Bild 4: Hotelwerbung

Bild 5: Produktwerbung

Der Schriftmaler ist im Normalfall für Entwürfe und Ausführungen von Beschriftungen an Gebäuden zuständig. Er kann sein Aufgabengebiet aber auch in der Restaurierung von Beschriftungen im Baubereich sehen **(Bild 6)**.

Bild 6: Beschriftung und Dekor an dem Pfarrhaus in Struppen/Sächsische Schweiz

Vielfach müssen die Texte der vorgegebenen Entwürfe noch vergrößert werden. Kenntnisse aus dem Fachzeichnen sind daher nötig.

Damit die genannten Fachleute bei ihrer gemeinsamen Arbeit die gleiche Sprache sprechen und sich gegenseitig unterstützen können, gibt das Kapitel Schriftlehre einen Überblick über die notwendigen Kenntnisse zur Schriftgestaltung.

Dazu stehen am Anfang Informationen über die Entwicklung der wichtigsten Schriftarten im europäischen Bereich. Danach folgen Informationen zu Grundkenntnissen für das Entwerfen und Anbringen von Schrifttexten. Anhand einer möglichst einfachen und Platz sparenden Schrift, einer Schmalen Grotesk, werden Konstruktionsprinzipien generell erläutert. Es schließen sich Hinweise zu den Zusammenhängen von Schriftart, -größe und -farbe mit dem ausgewählten Schriftträger an.

Bei Arbeiten zur Schriftgestaltung muss wie beim Dekor die Einheit von Inhalt und Form hergestellt werden. So sind die stilgeschichtlichen Gegebenheiten der Gebäude oder die formtypischen Merkmale von Fahrzeugen zu beachten, um die geeignete Schriftart zu finden.

Da als rationelles Arbeitsgerät zum Entwerfen heute der PC dient, werden auch Hinweise zur Nutzung dieses Hilfsmittels mit dem Zeichenprogramm Corel Draw gegeben.

Die Arbeit mit der Schreibfeder spielt im Malerhandwerk weniger eine Rolle. Sie kann aber als eine Vorübung zum Erlernen einer mit dem Pinsel geschriebenen Schrift dienen, um sie kennen zu lernen.

Die Schriftalphabete sind so angeordnet, dass Buchstaben mit ähnlichen Formen eine Gruppe bilden, um Formzusammenhänge beim Konstruieren, Kopieren oder Schreiben zu erkennen.

2 Grundbegriffe der Schriftlehre

Wenn man einen Schrifttext anfertigt, entsteht das so genannte **Schriftbild,** der **Duktus.** Es ist abhängig vom Schreiber, der Schreibrichtung und dem Schreibwerkzeug bzw. -Hilfsmittel, z. B. Feder **(Bild 1)** und Pinsel.

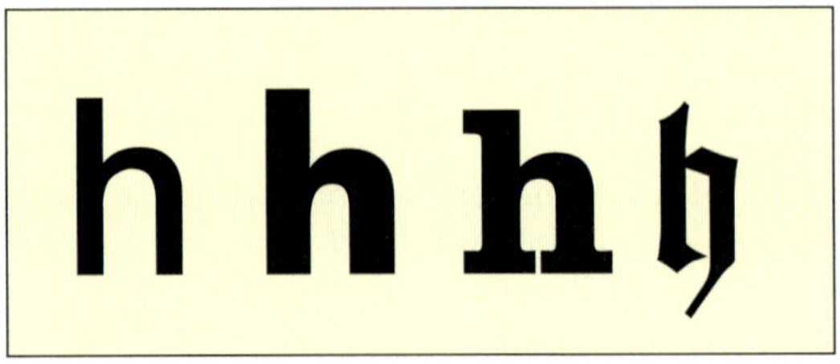

Bild 1: Beispiele für Schriftformen

Bei Steinschriften (**Lapidarschriften** von lat. **lapidus** = Stein) beeinflusst der Meißel die Schriftform.

Auch mit dem PC angefertigte Beschriftungen erkennt man in den meisten Fällen aufgrund ihrer äußerst präzisen Ausführung.

Schenkelstärke bzw. Schaftstärke, Schenkelabstände und eventuell zugefügte Schmuckelemente beeinflussen zusätzlich den Schriftcharakter.

Man kann Beschriftungen nach ihrer Größe unterscheiden. **Kleinformatige Beschriftungen** findet man meist als **Handschriften** in Blatt-, Rollen- oder Buchform. Ab dem 15. Jahrhundert kommen sie auch als **Druckschriften** vor. **Großformatige Beschriftungen** findet man an Gebäuden **(Bild 6, S. 101)** oder Denkmälern, z. B. auf Friedhöfen **(Bild 2).**

Bild 2: Schrift am Denkmal

Die **Schreibrichtung** ist senkrecht oder schräg nach rechts geneigt **(kursive Schrift)** möglich. Ursprünglich schrieb man nicht immer, wie wir es gewohnt sind, von links nach rechts, sondern auch von rechts nach links. In Ostasien entwickelte sich sogar die senkrechte Schreibrichtung.

Schrifttexte trennte man anfangs nicht wortweise, auch Groß- und Kleinschreibung war nicht üblich. Dadurch wurde das Lesen erschwert.

Schreibwerkzeuge für kleinformatige Texte auf Papier sind heute meist Stifte und Federn. Holz- oder Metallstifte (Griffel) benutzte man früher zum Ritzen in Wachs oder Ton, Bambusrohr- oder Gänsefedern zum Schreiben auf Papyrus. Die Federn wurden spitz oder breit, wie bei der heutigen ATO-Feder angeschnitten und zusätzlich an der Spitze in der Längsrichtung geschlitzt, um durch unterschiedlichen Druck verschiedene Strichstärken zu erhalten.

Moderne Federn **(Bild 1)** werden aus Stahl gefertigt. Sie können spitz, breit **(ATO-Feder)** oder rund **(Redisfeder)** sein und liefern einen arttypischen Strich.

Die **spitze Feder** liefert je nach ausgeübtem Druck ein sehr variables Schriftbild unterschiedlich dünner Linien.

Mit der **Breitfeder (ATO-Feder)** erzielt man wechselnde Strichstärken und man spricht von **Wechselzugschrift.** Dazu zieht man die Feder in verschiedene Richtungen oder dreht sie eventuell zusätzlich beim Schreiben. Die Enden sind eckig.

Bei der **Redisfeder** weisen alle Buchstabenelemente gleiche Breiten auf. Man spricht von **Gleichstrichschrift.** Die Enden sind gerundet.

Bild 1: Schriftfedern und ihre Stricharten

Zum Schreiben großflächiger Schriften auf den unterschiedlichen Bauuntergründen werden die den Federn in ihrer Strichführung angeglichenen **Rund-, Spitz** und **Flachpinsel** verwendet. Als Besteckmaterial dienen Borsten.

Schreibt man großflächig auf Papier, sind Flachpinsel mit längeren Haaren als Besteckmaterial sinnvoll. Man bezeichnet sie deshalb auch speziell als Schriftmalpinsel **(Bild 2).** Sie halten mehr Farbflüssigkeit als solche mit kurzen Haaren. Dadurch ist es möglich, mit einer „Farbfüllung" mehrere Buchstaben zu schreiben. Der Schreibvorgang ist damit rationeller und die Texte sehen im Schriftbild gleichmäßiger aus.

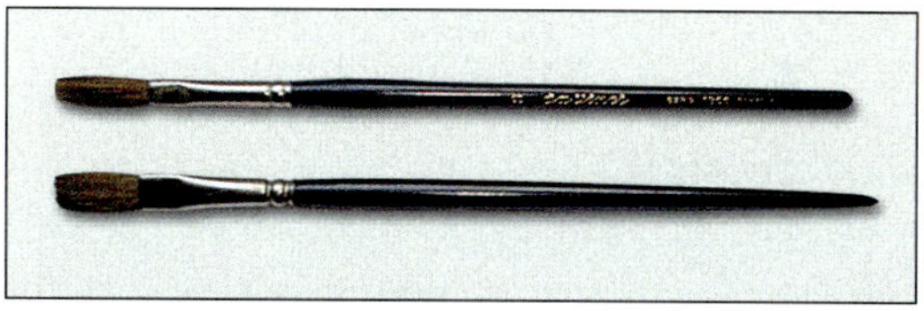

Bild 2: Schriftmalpinsel

Vielfach wird die Schrift nach dem Vorzeichnen von Konturen mit Pinsel und Farbe ausgelegt. Rationeller ist **Schablonieren** und **Kleben.** Die Klebetechnik ist vor allem ein Arbeitsgebiet des Fahrzeuglackierers. Zum Anfertigen der nötigen Schriftfolientexte wird ein **PC** und als zeitsparendes Schneidgerät ein **Plotter** eingesetzt.

Als **Beschreibstoffe** wurden anfangs Ton, Stein, Wachs, Papyrus, Pergament, Leinen und später Papier eingesetzt.

Wachs und Ton ließen sich mit einem Griffel beschreiben. In einem Kästchen aufbewahrt, konnte man die Materialien und geschriebenen Texte **(Bild 3)** gut transportieren. Wachstafeln konnte man mehrfach nutzen, Tontafeln wurden durch Brennen haltbar gemacht.

Bild 3: Transportkästchen für Wachstafeln (Ägyptisches Museum Berlin)

Pergament stellte man aus Tierhäuten, **Papyrus** aus Bambusmark in aufwändigen Arbeitsprozessen her. Beides war entsprechend kostbar.

Papier war anfangs sehr teuer, weil man es aus China, wo es schon lange produziert wurde, importieren musste. Erst um 1300 wurde es in Europa selbst produziert und konnte trotz seines handwerklichen Herstellungsprozesses in größeren Mengen und kostengünstiger hergestellt werden.

3 Entwicklungsstufen der Schrift

Die Schrift hat sich in den jeweiligen Kulturzentren unterschiedlich entwickelt. In diesem Kapitel wird auf die Schriften eingegangen, die für den europäischen Bereich von Bedeutung sind.

3.1 Vorstufen der Schrift

Schon in der Steinzeit benutzten die Menschen zur dauerhaften Verständigung bzw. Information untereinander **Merk-** und **Bildzeichen** wie Holzstäbe oder Knochen zum Markieren einer bestimmten Richtung. Daraus entwickelte sich der heutige Richtungspfeil **(Bild 1)**.

Bild 1: Richtungspfeil als Merkzeichen

Die damaligen Merkzeichen besaßen einen bestimmten Informationsgehalt, konnten aber noch nicht als Schrift zur Darstellung von Lauten bezeichnet werden.

Bildzeichen, die moderne Bezeichnung lautet **Piktogramm,** sind ebenfalls nicht lesbar, aber für den Adressaten verständlich **(Bild 2)**.

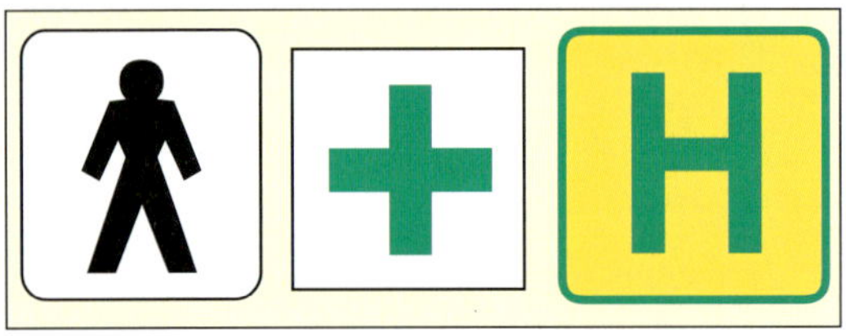

Bild 2: Auswahl heutiger Piktogramme

Die Völker des Orients entwickelten aus den Bildzeichen **Bilderschriften,** bei denen bestimmte Bilder einen bestimmten Sinn erhielten. So bedeutete die Sonne Vergänglichkeit, das Nashorn war das Sinnbild für schwer. Übergänge von Bildern zum Buchstaben stellen die **Lautschriften** dar. Man konnte das Geschriebene sprechen.

Zu den Bilder- und Lautschriften zählen die **Hieroglyphen** der Ägypter ab 3000 v. Chr. **(Bild 3)**, die **Keilschrift** der Sumerer ab 2800 v. Chr. **(Bild 4)** und die **Semitische Schrift** des gleichen Zeitraums **(Bild 5)**.

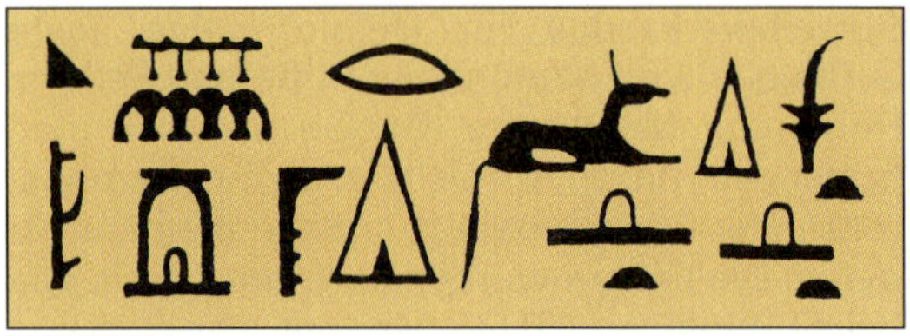

Bild 3: Hieroglyphen

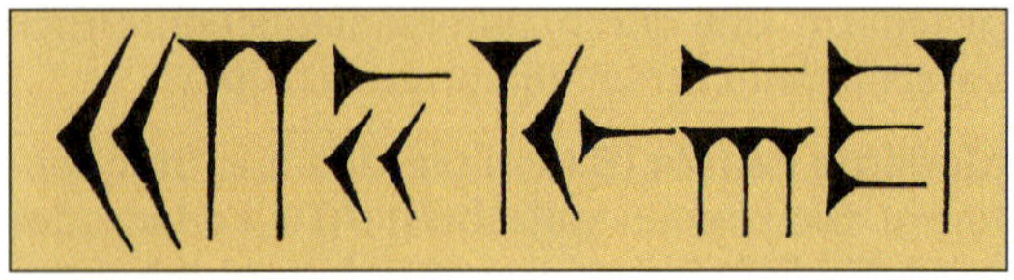

Bild 4: Keilschrift

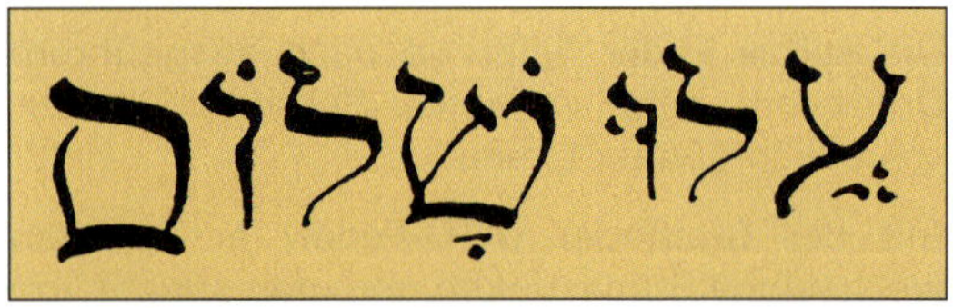

Bild 5: Semitische Schrift

Die **Phönizier** entwickelten bis ca. 1500 v. Chr. die erste Buchstabenschrift. Sie bestand nur aus Konsonanten (Mitlauten) **(Bild 6)**.

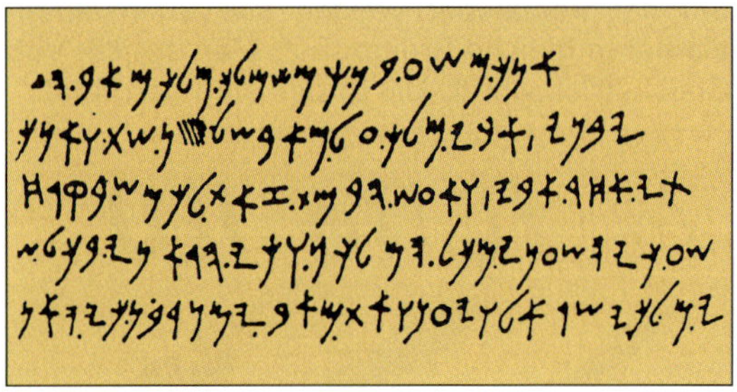

Bild 6: Schrift der Phönizier

Ein erstes Alphabet aus Konsonanten und Vokalen (Selbstlauten) besaßen die **Griechen** ab 1000 v. Chr. Als Schriftelemente dafür wurden geometrische Formen **(Bild 7)** benutzt. Durch die unterschiedlichen Einsatzgebiete entstanden Handschriften und Steinschriften.

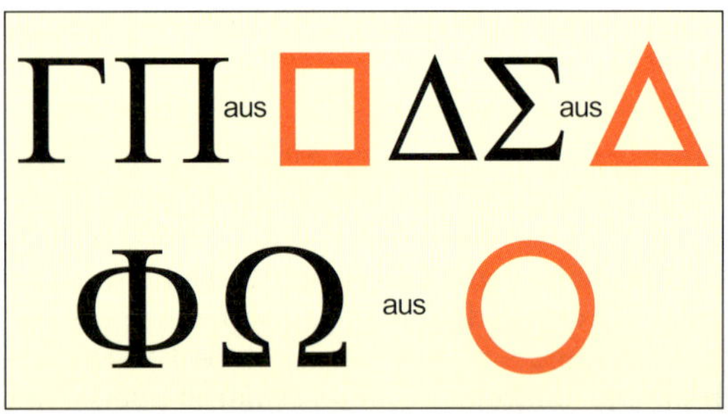

Bild 7: Griechische Schriftzeichen und ihre geometrischen Vorbilder

Die griechische Schrift wurde von slawischen Völkern, Germanen und Römern übernommen und weiterentwickelt. In Osteuropa entstand die **kyrillische Schrift (Bild 1),** in Nordeuropa die **Runenschrift (Bild 2).**

ОДИН ДВА ТРИ

Bild 1: Kyrillische Schrift

Bild 2: Runenschrift

In Italien, Mittel- und Westeuropa breitete sich, von den Latinern mit der Hauptstadt Rom ausgehend, die lateinische Schrift aus. Sie wurde parallel dazu auch als **römische Schrift** bezeichnet.

3.2 Römische Schriften

Die Römer fertigten ihre Schrifttexte aus senkrechten Großbuchstaben, den **Majuskeln,** mit zwei Hilfslinien als Ober- und Untergrenze an (vgl. Fachzeichnen, 3.4). Man spricht deshalb von **Zweizeilenschriften.** Typisch für ihre Buchstaben waren die **Serifen,** das sind Anstriche und Endigungen an den Schäften, die je nach Schreibgerät eine besondere Form besaßen.

Durch das Schreiben mit der flachen Rohrfeder auf Pergament oder die Beschriftung mit dem Meißel auf Stein entstand ein werkzeugbedingter **Wechselzug** mit schmalen und breiten Schäften. Fortlaufende Texte wurden anfangs nicht immer von links nach rechts geschrieben, sondern man setzte den Text schlangenlinienförmig in der nächsten Zeile von rechts nach links fort. Es erfolgte beim Schreiben **keine Worttrennung** durch Bilden von Lücken **(Bild 2, S. 106).**

Aufgrund ihres unterschiedlichen Einsatzes existierten drei römische Schriftarten im Zeitraum von 500 v. Chr. bis zum 8. Jahrhundert nebeneinander, die **Capitalis monumentalis,** die **Capitalis quadrata** und die **Rustica romana.**

Wegen ihrer harmonischen Schriftproportionen wurde die Capitalis monumentalis zum Vorbild für alle europäischen **Antiquaschriften.** Der Name leitet sich vom Begriff Antike (lat. antique = das griechisch-römische Altertum) ab. Ihre nächstverwandte Weiterentwicklung ist die **Renaissance-Antiqua.** Wenn man sie mit dem PC erstellt, ist es schwierig, eine saubere Umsetzung zu erhalten. Am ähnlichsten ist die **Arrus BT,** ihre Serifunterkanten sind aber eingeknickt. Ansonsten muss man die Schrift konstruieren und benutzt Lineal und Zirkel.

3.2.1 Capitalis monumentalis

Durch ihre Ausführung in Stein wurde die Capitalis monumentalis zu einer sehr exakten ausgewogenen Schrift, die man zu Repräsentationszwecken auf Denkmälern wie Torbögen (Triumphbogen) oder Steintafeln einsetzte. Da beim Meißeln die **Buchstabenschäfte** bzw. **Schenkel** am Anfang und am Ende ausbrachen, fügte man die **Serifen** mit Rundungen an. Im inneren Teil erhielten die Serifen kleine Bögen, sog. **Kehlungen.** An der Serifoberkante bzw. an der Serifunterkante endeten sie mit einem größeren Bogen **(Bild 3).** Ein besonderes Merkmal der Schrift ist die **geneigte O-Achse.**

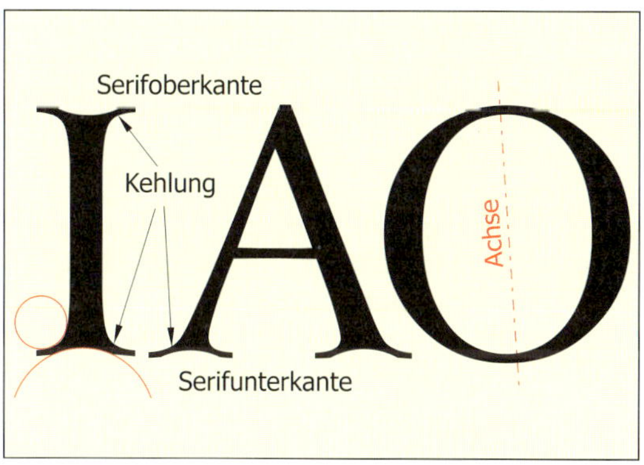

Bild 3: Merkmale der Capitalis monumentalis

Das damals genutzte Alphabet ist in **Bild 1** zu sehen und wurde hier als Beispiel am PC mit der **Arrus BT** hergestellt.

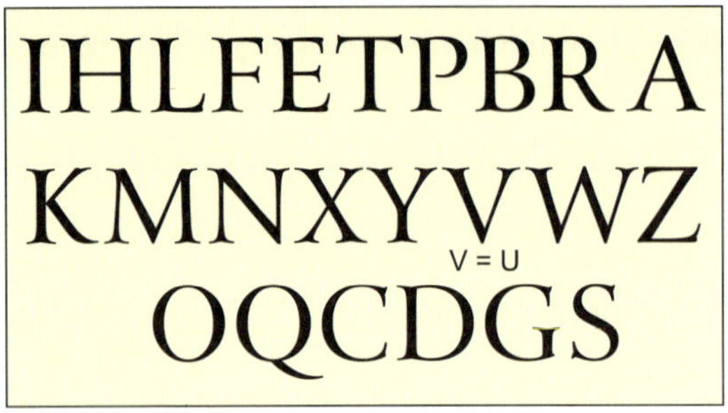

Bild 1: Alphabet der Rustica romana (Arrus BT)

Bild 2 zeigt eine Steininschrift aus dem Forum romanum, dem zentralen Platz des alten Roms. In manchen Fällen waren die Vertiefungen der Buchstaben zusätzlich mit Blei ausgegossen.

Bild 2: Steinerne Inschrift aus dem Forum romanum

3.2.2 Capitalis quadrata

Die Capitalis quadrata diente wie die Monumentalis zu repräsentativen Zwecken. Sie wurde auf Pergament oder Papyrus als reine Großbuchstabenschrift mit einer breit zugeschnittenen Rohrfeder im Wechselzug geschrieben **(Bild 3)**.

Dabei führte man die **Serifen** als **waagerechte Striche** aus. Die Feder wurde beim Schreiben nicht gedreht, sodass die Serifen sehr dünn und die nach unten führenden Schäfte sehr breit ausfielen. Heute benutzt man zu diesem Zweck die ATO-Feder. Eine dazu passende PC-Schrift heißt **KL-Capitalis Quadrata***.

*Anm.: Schriftlieferant s. Anhang

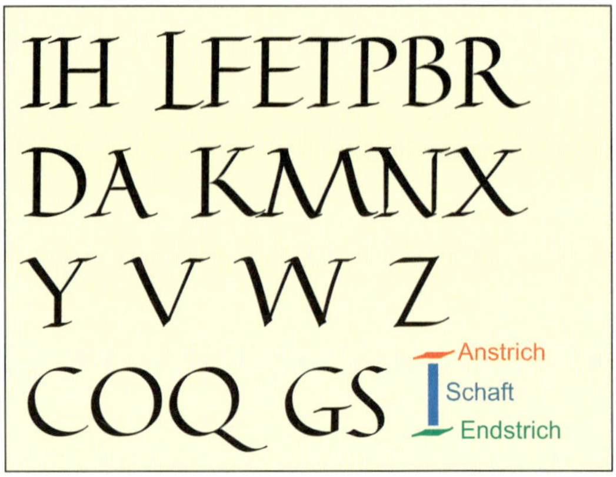

Bild 3: Schriftmuster einer Capitalis quadrata

3.2.3 Rustica romana

Die Rustica romana war die Gebrauchsschrift der einfachen Römer in Handwerk und Handel. Sie wurde schmal und daher platzsparend mit der Breitfeder auf Pergament oder Papyrus im Wechselzug geschrieben.

Der Anstellwinkel der Feder beträgt beim Schreiben ca. 60°. Die oberen Serifen zieht man schräg nach rechts unten weg. Ohne die Feder zu drehen, wird der Schaft angesetzt. Durch diese Schreibweise ist er schmaler als die Anstriche der Buchstaben **(Bild 4)**.

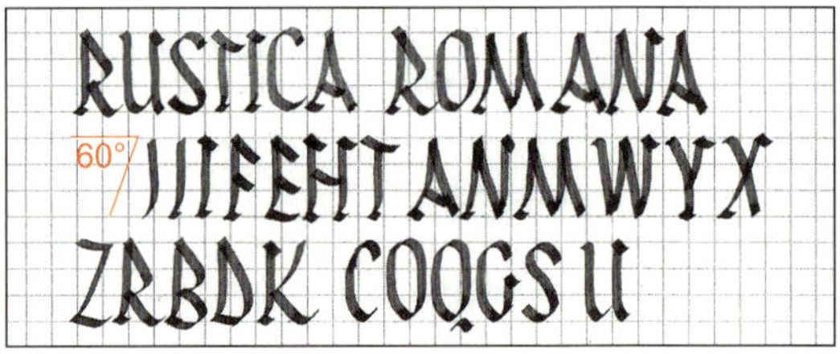

Bild 4: Schreibmuster zur Rustica romana

3.3 Schriften der Vorromanik und Romanik

Zum Ende des römischen Reiches bzw. in der frühchristlichen Zeit verlagerte sich die Schriftentwicklung nach Mitteleuropa. Als wichtigste Vertreter entstanden ab dem 8. Jahrhundert die **Unciale,** die **Halbunciale** und die **karolingische Minuskel.**

Typisch ist für alle Schriften die **Verrundung** bestimmter Buchstaben, weil man mit der Feder so schneller schreiben konnte. Man leitet die Form der Schrift von den typischen **Rundbögen der Architektur** in Rom und in der Romanik ab.

Für **Handschriften** benutzte man meist breit angeschnittene, geschlitzte Gänsefedern und erhielt den typischen Wechselzug. Anfangs benötigte man zwei Hilfslinien zum Schreiben. Als später zur besseren Lesbarkeit Ober- und Unterlängen zugefügt wurden, zog man vier Linien und sprach von **Vierzeilenschriften**.

Beim **Schreiben** hat sich seit dieser Zeit durchgesetzt, alle Zeilen links zu beginnen. Die Worttrennung in der Satzbildung war aber anfangs noch nicht durchgängig üblich, sodass das Lesen der Schriften noch recht schwierig war. Zur Verbesserung dieser Eigenschaft hob man zum Seitenbeginn, bei Satzanfängen oder bei wichtigen Namen die Anfangsbuchstaben in Größe oder Farbe hervor oder verzierte sie. So entstanden die **Initialen**.

Hauptauftraggeber zum Schreiben war anfangs die Kirche, weil Mönche in den Schreibstuben der Klöster die Bibel vervielfältigten. Da man die beschrifteten Papyrusseiten nicht mehr in Rollenform aufbewahrte, sondern in Buchform, entstand der Name **Buchschrift**. Daneben wurde die Schrift auch für Gesetze, Mitteilungen und Urkunden eingesetzt, aber alles in lateinischer Sprache. Großflächige Beschriftungen führte man mit Flachpinseln z. B. als Friese in **sakralen** (kirchlichen) **Bauten** aus oder man findet sie in Stein an Denkmälern vor.

3.3.1 Unciale

Die Unciale **(Bild 1)** ist eine spätrömische bzw. frühchristliche **Zweizeilenschrift**, die in Westeuropa ab dem 3. bis zum 8. Jahrhundert geschrieben wurde. Typische Merkmale der Unciale sind die Verrundung einiger Buchstaben, die in der römischen Schrift eckig waren (z. B. E, H, V) und der auffällige Wechselzug, der durch die Breitfeder entstand. Gleichzeitig wurde die Schrift niedriger. Wandbeschriftungen erfolgten mit dem Flachpinsel **(Bild 2.)**

Heute verwendet man zum Schreiben der Unciale die ATO-Feder und setzt sie gern für Urkunden ein.

Weil damals noch keine Worttrennung in längeren Texten üblich war, versuchte man die Lesbarkeit durch Anfügen von Ober- und Unterlängen zu fördern, z. B. bei L, F, P und H.

Zum Schmuck von wichtigen Worten (Namen) oder Seitenanfängen wurden Initialen eingefügt und durch Zinnoberrot oder Gold hervorgehoben.

Für den PC ist die **KL-Unciale 2 (s. Anm. S. 106)** eine sehr gut verwendbare Nachbildung.

Bild 1: Alphabet der Unciale

Bild 2: Schriftbeispiel der Unciale mit Initialen

3.3.2 Halbunciale

Die Halbunciale wurde ab dem 7. Jahrhundert mit der Feder als **Vierzeilenschrift** geschrieben. Vier Linien wurden nötig, weil man größere Ober- und Unterlängen entwickelt hatte und gleichmäßig schreiben wollte. Bei den Oberlängen fällt die keulenartige Form auf, die durch entsprechenden Federdruck entsteht. Die Halbunciale ist die Vorstufe der Kleinbuchstaben **(Minuskeln)** und der entsprechend bezeichneten **Minuskelschriften**.

Mit dieser Schrift entwickelten sich zur verbesserten Lesbarkeit auch die heute üblichen Worttrennungen.

Zum Schreiben wird heute die ATO-Feder benutzt, wobei sie fast waagerecht angestellt und nicht gedreht wird, damit der Wechselzug entsteht **(Bild 1)**.

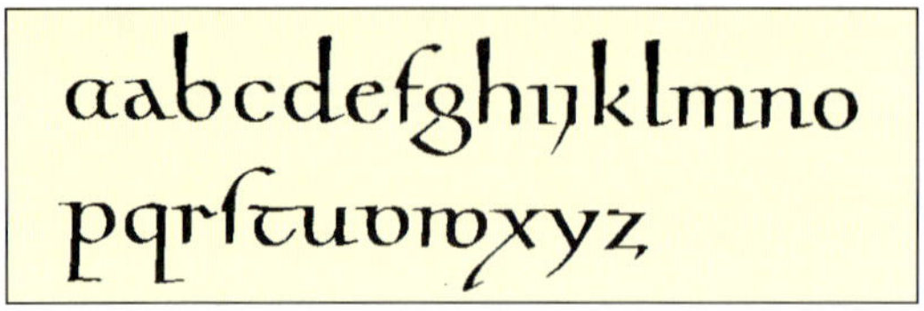

Bild 1: Alphabet der Halbunciale

In den verschiedenen europäischen Ländern entstanden mehrere eigenständige Varianten der Halbunciale.

3.3.3 Karolingische Minuskel

Die karolingische Minuskel **(Bild 2)** wurde auf Veranlassung Karls des Grossen (742–814) von dem irischen Mönch Alcuin von York entwickelt. Der Kaiser strebte damit eine Vereinheitlichung der verschiedenen Minuskelschriften im karolingischen Reich an. So verbreitete sich die Schrift bis zum 11. Jahrhundert in ganz Westeuropa.

Es ist eine Vierzeilenschrift mit breiten gerundeten Formen, die den heutigen Kleinbuchstaben ähneln. Die Rundungen stellen eine Beziehung zu den romanischen Rundbögen über den Öffnungen der Burgen her. Zum flüssigeren Schreiben wurden Buchstabenverbindungen **(Ligaturen)** entwickelt.

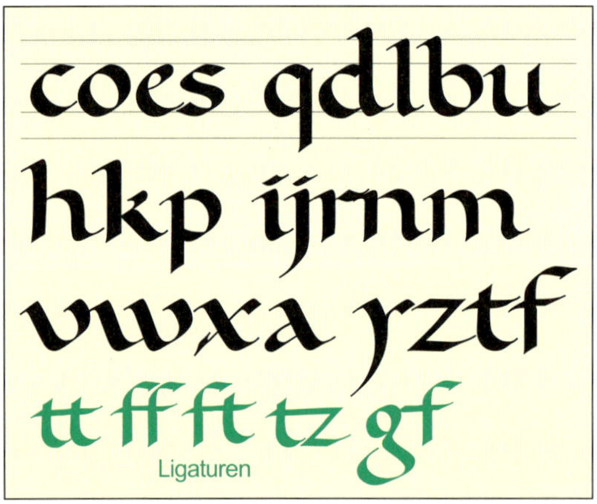

Bild 2: Karolingische Minuskel und ihre Ligaturen

Zur Verzierung **(Auszeichnung)** fügte man bei Seitenanfängen, zum Satzbeginn oder zum Kennzeichnen wichtiger Namen farbige Buchstaben von der **Capitalis quadrata, Rustica romana** oder der **Unciale (Bild 3)** als Initialen ein. Bis zur Renaissance blieb diese Art der Auszeichnung üblich.

Bild 3: Schriftmuster der karolingischen Minuskel

Schreibt man heute hobbymäßig diese Schrift, setzt man die ATO-Feder oder auf Großflächen einen Plattpinsel ein. Für den PC stellt die **KL-Karolin 1 (s. Anm. S. 106)** eine artgetreue Nachbildung dar.

3.4 Gebrochene Schriften

Die „gebrochenen" Schriften entstanden im Mittelalter. Man nennt sie heute auch allgemein **Frakturschriften**. Aufgrund der großen räumlichen Entfernungen entstanden in den verschiedenen Gebieten Europas unterschiedliche Arten. In den nördlichen deutschen Gebieten verbreitete sich die **gotische Schrift,** die man auch **Textur** nennt, in Süddeutschland entstand etwas später die **Schwabacher**. In der Renaissance wurde eine elegantere Form entwickelt, die speziell als **Fraktur** bezeichnet wurde. Sie fand neben der Antiqua durch ihre dekorative Wirkung hauptsächlich als Schreibschrift Anwendung.

Weil sich die gebrochenen Schriften besonders im deutschsprachigen Raum entwickelten, wurde für diese später auch der Begriff **deutsche** oder **altdeutsche Schriften** geprägt.

Als weitere gebrochene Schrift entstand in Italien im 12. bis 13. Jahrhundert die rundgotische Schrift **(Rotunda)**. Sie vereinigt Eigenschaften der gotischen Schrift und der karolingischen Minuskel, sie ist jedoch etwas breiter.

Die Buchstabenelemente der Schriften bestanden nicht mehr aus geraden Schäften, die mit gebogenen Linien verbunden wurden, sondern sie wurden stattdessen oben und unten geknickt bzw. gebrochen und die Bögen begradigt. Man sprach von gebrochenen Buchstaben bzw. **gebrochenen Schriften**. Daher kam der Name **Fraktur**.

Der Begriff Serif wurde nicht mehr so häufig verwendet. Weil die anfangs kurzen **Anstriche** und **Endstriche** der Buchstaben die Form einer Raute besaßen, wurde der Begriff **Raute** für diese Schriftelemente benutzt.

3.4.1 Gotische Schrift (Textur)

Die gotische Schrift fiel durch ihre betont große Höhe auf. Man sieht Beziehungen zu der **überdimensionalen Höhe** der sakralen gotischen Bauten der Klöster, Kirchen und Dome. Sie verbreitete sich anfangs hauptsächlich durch Bibelabschriften. Aber auch im weltlichen Bereich von Handel, Gerichtsbarkeit und Politik gab es Auftraggeber. Durch die Erfindung des Buchdrucks mit beweglichen Lettern von **JOHANN GUTENBERG** um 1440 wurde ihre Verbreitung beschleunigt.

Maler setzten die Textur in der Kirchenmalerei bei Wandbeschriftungen ein. Dabei benutzten sie Flachpinsel. Steinmetze beschrifteten damit ihre Denkmäler.

Das Alphabet besitzt normalerweise nur Kleinbuchstaben, wodurch wieder vier Zeilen nötig sind **(Bild 1)**. Zum flüssigeren Schreiben dienten Ligaturen. Die Ziffern entstanden erst um 1500. Beachten Sie den Hinweis auf Seite 111! Bis dahin nutzte man die römischen Zahlen.

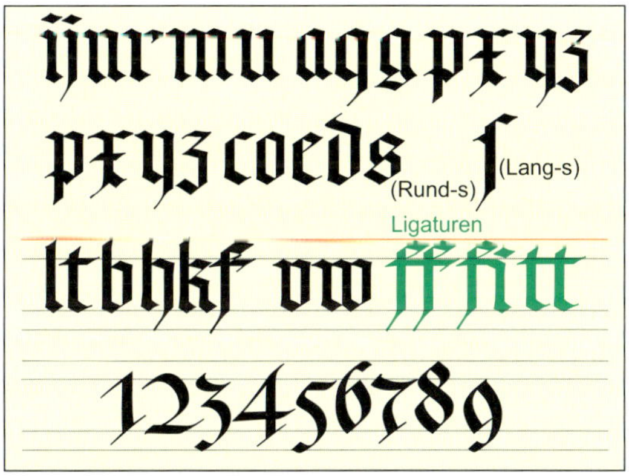

Bild 1: Alphabet einer gotischen Schrift mit Ligaturen

Der Schaft der gotischen Schrift wurde im Laufe der Zeit an seinen Anstrichen und Endigungen, die man auch als Köpfchen und Füßchen bezeichnete, oft verändert **(Bild 2)**. So entstanden viele Varianten, die schließlich in eine **Raute** übergingen.

Um 1900 entstanden weitere Ausführungen, bei denen die Rauten zu **Kelchen** oder **Flämmchen** umgewandelt wurden und zur weiteren Verzierung **Haarstriche** erhielten.

Die Schlankheit bzw. Dichte der gotischen Schrift wird durch relativ hohe Mittellängen bzw. n-Höhen von 5*e* bis 5½*e* Federbreiten sowie durch die engen Schenkelabstände von ½*e* bis 1½*e* Schenkelbreiten besonders betont. Auch die geringen Zeilenabstände fördern diese Eigenschaft. Die Texte wirken wie ein geflochtenes Gitter. Daher wird die gotische Schrift auch als **Textur** bezeichnet. Oberlänge und Unterlänge sind 2*e* hoch.

Man sparte durch diese Schrifteigenschaften kostbares Pergament.

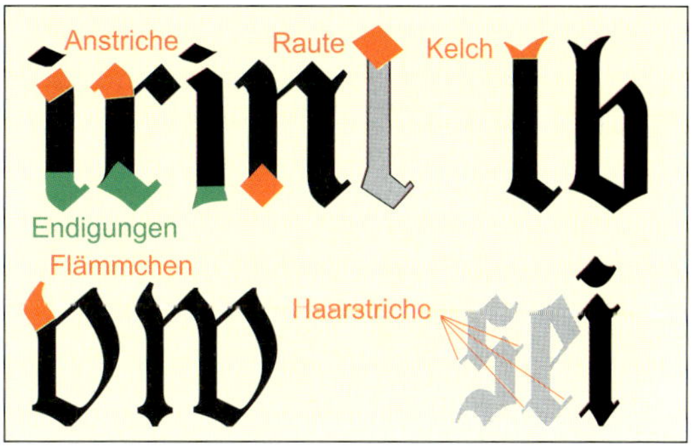

Bild 2: Veränderungen an den Schäften der Textur

Beim Schreiben langer Texte setzte sich die Worttrennung immer mehr durch. Die Lesbarkeit wurde erhöht, indem man Großbuchstaben **(Bild 3)** entwickelte, die man als Großbuchstaben **(Majuskeln)** bezeichnete. Im Gegensatz dazu bezeichnete man die Kleinbuchstaben als **Minuskeln**.

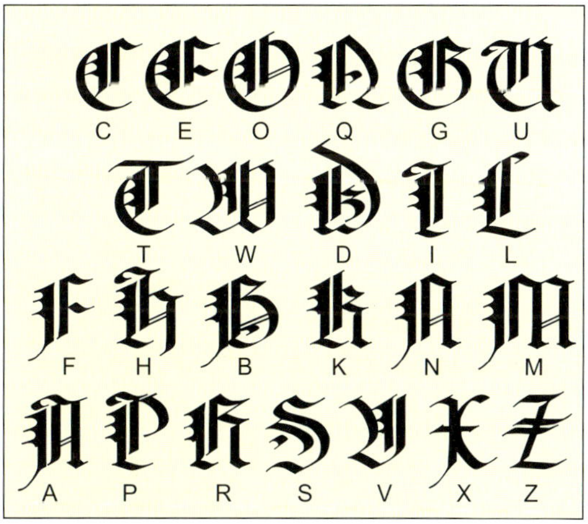

Bild 3: Majuskeln zur Textur

Anfangs entlehnte man die Großbuchstaben der Unciale. Da diese aber im Vergleich mit der Textur zu leer wirkten, füllte man ihre Innenräume mit doppelten Linien **(Dopplungen)** in dicker und dünner Ausführung. Die dünnen Linien bezeichnete man als **Haarstriche**. Sie wurden mit der schräg gestellten Feder erzielt. Aber auch andere Verzierungen wurden entwickelt, um die Leerräume zu füllen **(Bild 1, S. 110)**.

Bild 1: Angeglichene Majuskeln der Textur

Zur weiteren Verbesserung der Lesbarkeit von Texten erhielten Seitenanfang, Satzbeginn und Namen Initialen **(Bild 2)**, die zusätzlich besonders mit Rot und Gold hervorgehoben wurden.

Bild 2: Initialen zur Textur

Mit reinen Großbuchstaben wurde die Textur nicht geschrieben, denn dann ist sie durch den hohen Verzierungsgrad kaum lesbar **(Bild 3)**. Leider wird diese Eigenschaft der gebrochenen Schriften heute nicht immer beachtet.

Bild 3: Kaum lesbares Schriftmuster der Textur aus Großbuchstaben

Gebrochene Schriften haben noch eine weitere Besonderheit, die leider stark in Vergessenheit geraten ist.

Man benutzte zwei Arten von s, das **Rund-** oder **Schluss-s** (s) und das **Lang-s** (ſ).

Das Rund-s steht immer an Wortenden, nach Vokalen an Silbenenden, als Binde-s und an Silbenenden bei Fremdwörtern:

eins, ausgeben, Verbandskasten, Moskau

Das Lang-s besitzt von der Form her Ähnlichkeit mit dem kleinen f. Es wird bei Wort- und Silbenanfängen, Worttrennungen bzw. Doppel-s sowie bei Ligaturen benutzt:

ſchon, verſuchen, beſſer, ſtehen

Da die Schriften heute mit dem PC angefertigt werden, müssten seine Alphabete auf das Schreiben der beiden s-Arten eingestellt sein. Leider ist auch das selten der Fall. Eine PC-Schrift, die diese Eigenart berücksichtigt und einer ursprünglichen Texturfassung sehr nahe kommt, heißt **KL-Gotic 2 (s. Anm. S. 106)**.

Als Beispiel für eine heute mögliche Fassadenbeschriftung dient der Text in **Bild 4**. Darin ist die Enge und Schlankheit der Schrift gut zu erkennen. Das Lang-s ist am Silbenanfang eingesetzt und die Wortanfänge sind durch Initialen mit Dopplungen, Verzierungen und Farbe hervorgehoben.

Bild 4: Schriftbeispiel zur Textur

TIPP Wenn Sie zum hobbymäßigen Üben mit der ATO-Feder die Alphabete besser erkennen wollen, vergrößern Sie die Schriften mit einem Fotokopierer!

3.4.2 Schwabacher

Diese gebrochene Schrift wurde neben der in Norddeutschland weiter bestehenden Textur im späten 15. Jahrhundert im süddeutschen Raum entwickelt. Sie besitzt Großbuchstaben, die aus der Unciale abgeleitet wurden.

Die Schwabacher schreibt man, wie die vorherigen Schriften, mit vier Zeilen gewissenhaft senkrecht. Sie findet neben dem sacralen Bereich Anwendung an **rustical** (ländlich) betonten Bauten **(Bild 5)** oder in den das Dauerhafte betonenden Urkunden. Durch farbige Auszeichnungen erhält sie einen edleren Charakter.

Das Schriftbild wirkt etwas derb. Daher wird die Schwabacher oft abgewandelt, indem man die Schenkelabstände verringert **(Bild 2, S. 111)**.

Bild 5: Schriftbeispiel der Schwabacher in Bayern

Die Schwabacher besitzt eine geringere Buchstabenhöhe als die Textur. Trotzdem benutzt man etwas breitere Federn oder zum Schreiben an Fassaden möglichst breite Flachpinsel.

Die n-Höhe beträgt 3½*e*, Oberlänge und Unterlänge betragen 2*e*.

Neben den geraden Schäften aus der Textur erhielt die Schwabacher gerundetere Formen. Weiterhin fällt die spitze Form des o auf, die sich in den Buchstaben c, d, a, e usw. wieder findet **(Bild 1)**.

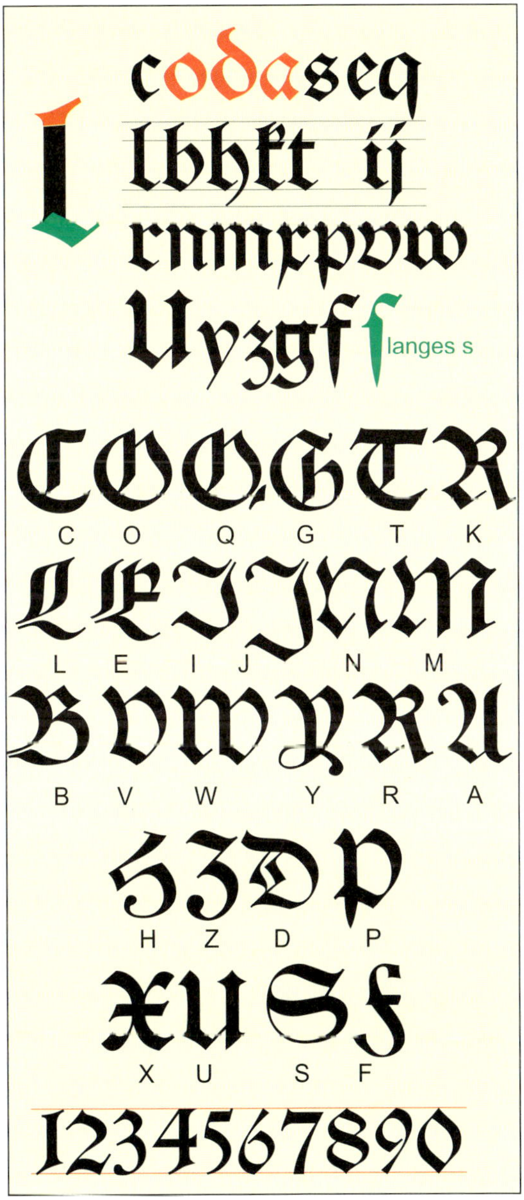

Bild 1: Alphabet der Schwabacher

Bei der Entwicklung der Schwabacher wurde aus der oberen Raute durch erneutes Ansetzen der Feder bei l, b und h ein **Kelch**. Die Raute am Fuß wurde länger gezogen und endete durch Schrägziehen in einem Haarstrich. Um die spitzen Endigungen beim kleinen f und Lang-s zu erhalten, muss man die Feder drehen.

Großbuchstaben hat man vereinzelt mit Doppelungen gefüllt.

HINWEIS Seit ca. 1500 werden statt der bisher üblichen römischen Zahlen die arabischen Ziffern (1, 2, ..., 9, 0) eingesetzt, aus denen dann Zahlen gebildet werden (z. B. 12, 129 usw.). Man bezeichnet sie als **Altziffern,** wenn dazu vier Hilfslinien gezogen werden. Sind nur zwei Linien nötig, wie in **Bild 1,** wurden sie später zugefügt, ohne die geschichtlichen Zusammenhänge zu beachten.

Zum **Schreiben** auf Papier benutzt man heute die ATO-Feder, für Arbeiten auf Wandflächen den Flachpinsel. **PC-Schriften** erkennt man oft daran, dass sie nur das Rund-s besitzen und der i-Punkt aus einem umgedrehten Tropfen besteht, den man mit den normalen flachen Schreibwerkzeugen nicht schreiben kann. Die Schenkel stehen außerdem zu eng **(Bild 2).** Größte Ähnlichkeit zur Originalschrift erreicht man am PC durch die **Alte Schwabacher,** weil sie beide s und einen eckigen i-Punkt besitzt oder durch die **Rhodes.**

Bild 2: Schriftbeispiel einer PC-gestützten, der Schwabacher ähnlichen Schrift

Reine Großbuchstabentexte sind weiter zu meiden, weil sie schlecht lesbar sind, wie in **Bild 1** im Textvergleich zu erkennen ist.

Bild 1: Vergleich der Schwabacher in Großbuchstaben- und Normalschreibweise

3.4.3 Fraktur

Die Fraktur schrieb man an den Fürstenhöfen des 16. Jahrhunderts parallel zur klaren Barockantiqua, da sie dem gesteigerten Schmuck- und Repräsentationsbedürfnis des Adels entsprach. Ihre Weiterentwicklung heißt Kanzleischrift. Gegenüber der derben Schwabacher ist die Fraktur durch Benutzung einer schmalen Feder und größerer Schenkelabstände eleganter und lichter **(Bild 2)**.

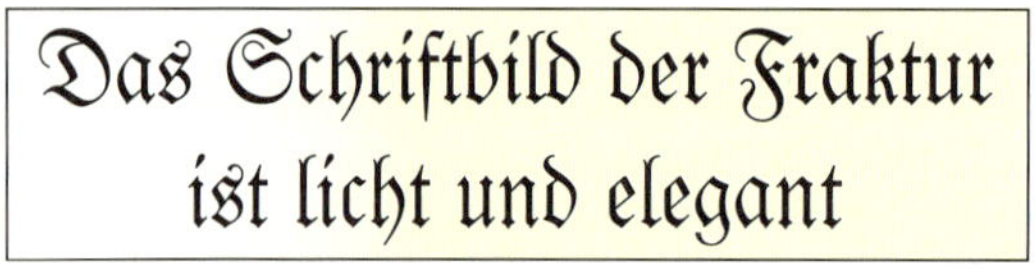

Bild 2: Schreibmuster der Fraktur

Typisch sind in einigen Buchstaben die **langgezogenen Rauten**. Die **Schenkel** bestehen aus schmalen **geraden** und **gebogenen Schäften (Bild 3)**.

Bild 3: Typische Schenkelformen der Fraktur

Dem besonderen Schmuckbedürfnis der Zeit entsprachen die verschiedenen Lösungen bei den Buchstabenanstrichen und -endigungen **(Bild 4)**. Einige Buchstaben besitzen **gespaltene Köpfchen** oder sie beginnen mit einem **Flämmchen**. Der **linke** Teil der gespaltenen Köpfchen wird als **Haarstrich** gebogen oder auch **senkrecht** ausgeführt. Damit besitzt es eine gewisse Ähnlichkeit zur Kelchform der Schwabacher. Einige Buchstaben enden in einem **auslaufenden Haarstrich**. Dazu benutzt man zusätzlich eine spitze Feder.

Beim Schreiben wird die Federstellung normalerweise beibehalten. Bei spitz auslaufenden Endigungen muss man die Feder jedoch drehen.

Bild 4: Anstriche und Endigungen der Fraktur

Einige Buchstaben der Fraktur werden mit einem sog. **Elefantenrüssel** dekoriert **(Bild 5)**.

Bild 5: Buchstaben mit Elefantenrüssel

Die **Schrifthöhen** des Alphabets **(Bild 6)** betragen bei der Oberlänge 2*e* bis 2½*e*, bei der n-Höhe 4½*e* und bei der Unterlänge 2*e*.

Bild 6: Alphabet der Fraktur

Frakturtexte schreibt man generell mit Groß- und Kleinbuchstaben, wobei die Haarstriche der Kleinbuchstaben aus Dekorgründen oft über die Zeilen hinausgezogen werden. Grundsätzlich kommen beide s-Varianten zum Einsatz. Großbuchstabentexte sind kaum lesbar **(Bild 1)**.

Bild 1: Großbuchstabentext in Fraktur, kaum lesbar

Frakturschriften fertigt man heute für dekorativ wirkende Aufgaben mit der ATO-Feder an. Sie sollte aber schmaler als für die Schwabacher sein, um den eleganten Charakter zu erhalten.

PC-Schriften dieser Art heißen ebenfalls **Fraktur.** Man erkennt sie an den Dekorelementen bei i-Punkten und Zahlen in umgekehrter Tropfenform, die mit einer ATO-Feder nicht geschrieben werden können.

Bild 2 zeigt Ziffern mit denselben nicht typischen Dekorelementen.

Bild 2: Zahlen der Fraktur, jedoch mit untypischen Dekorelementen

3.5 Antiquaschriften

Antiquaschriften sind Schriften, die ab dem 15. Jahrhundert bis heute entwickelt wurden. Die seit der Gotik entstandenen gebrochenen Schriften befriedigten die Menschen des Bürgertums nicht mehr. Sie nahmen sich die griechisch-römische Antike mit ihren klaren Formen zum Vorbild und passten die Schrift der neuen Zeit an. Man sprach von der Wiedergeburt (Renaissance) der Antike. Das Bürgertum als neue Wirtschaftsmacht wollte sich so auch äußerlich vom Adel und dem Dogma (Glaubensregeln) der Kirche lösen. Das dadurch mögliche, freiere Denken und Forschen brachte in Handwerk, Handel, Wissenschaft und Kunst einen enormen Aufschwung zustande. Der Mensch wurde Mittelpunkt, man sprach vom Humanismus (lat. human = menschlich). Herausragende Vertreter des neuen Gedankenguts waren u. a. Michelangelo, Leonardo da Vinci und Raffael.

Durch den Buchdruck wurde die Verbreitung des fortschrittlichen Gedankenguts erleichtert, besonders seit man in deutscher statt lateinischer Sprache schrieb.

Die Druckbuchstaben **(Lettern)** wurden von Schriftschneidern hergestellt. Sie beeinflussten das jeweilige Schriftbild. Oft gaben sie den Schriften auch ihren Namen.

Alle Schriften werden in Groß- und Kleinbuchstaben angeboten. Man spricht von **Doppelalphabeten.**

Die Großbuchstaben bzw. Majuskeln der Alphabete wurden von der römischen Schrift abgeleitet. Man fügte Kleinbuchstaben den weiter entwickelten karolingischen Minuskeln zu, die man als **humanistische Minuskeln** bezeichnet. Aus gestalterischen Gründen werden die Majuskeln oft etwas kleiner gehalten.

Das Lang-s wird bei der Antiqua nicht benutzt.

Zur **Unterscheidung der Antiqua-Schriften** betrachtet man hauptsächlich die **Strichstärke der Schäfte** und die Form der **Serifen**. Im Laufe der Zeit veränderte sich die anfangs nach links geneigte **O-Achse** und wird steiler.

Normale Druckbuchstaben haben doppelseitige Serifen. **Geschriebene Buchstaben** besitzen meist nur einseitige Anstriche und Endstriche. Außerdem erkennt man sie an der Kursivform. Diese Varianten sind auch druckbar.

Für großflächige Arbeiten werden die senkrechten Antiqua-Schriften gern konstruiert. Aber durch PC und Schneidplotter lassen sich Entwürfe und Klebefolienschnitte jeder Größe unübertroffen schneller anfertigen.

3.5.1 Renaissance-Antiqua

Aus der Zeit der Renaissance sind drei Arten der Antiqua bekannt, die **französische Art,** die **venetianische Art** und die **Garamond.** Aufgrund der klaren Formen ist es jetzt möglich, Großbuchstabentexte herzustellen **(Bild 3).**

Bild 3: Großbuchstabentext, gut lesbar

SCHRIFTLEHRE

Renaissance-Antiqua, französische Art

Am sichersten erkennt man das Typische der französischen Art, wenn man den Querstrich des kleinen e betrachtet. Der **e-Querstrich liegt waagerecht.**

Das Alphabet der französischen Renaissance-Antiqua ist in diesem Buch mit der PC-Schrift **Bitstream Arrus BT** hergestellt worden **(Bild 1).**

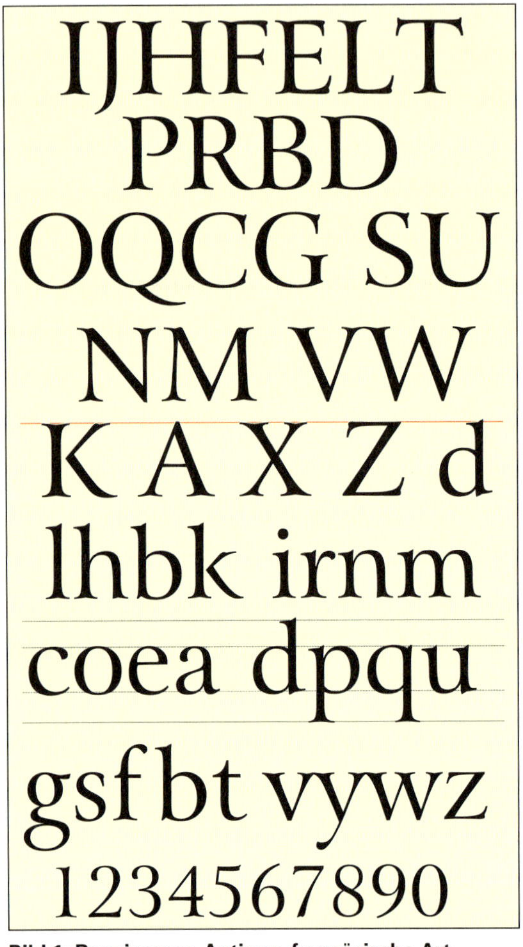

Bild 1: Renaissance-Antiqua, französische Art

Wenn man die Serifen der Schrift konstruiert, müssen ihre Außenkanten an sehr großen Bögen enden. Stattdessen besitzt die Arrus BT Einkerbungen, die man bei originalnahen Anwendungsbereichen ändern sollte. Für die Kehlungen braucht man kleine Kreisbögen unterschiedlicher Größe. Die Enden der Serifen laufen sehr dünn aus **(Bild 2).**

Runde und spitze Buchstaben überschreiten aus optischen Gründen die Zeilen.

Der Wechselzug der **Schäfte** ist gut ausgewogen. Der linke Schaft wird etwas dünner gehalten als der rechte.

Bild 2: Merkmale der Renaissance-Antiqua, französische Art

> **Hinweis** Da die Arrus BT für den PC nicht exakt mit der ursprünglichen Antiqua vergleichbar ist, kann man die typische Schrägstellung des O nicht eindeutig erkennen.

Renaissance-Antiqua, venetianische Art

Diese Art der Renaissance-Antiqua entstand, wie ihr Name aussagt, in Venedig. Die PC-Schrift in **Bild 3** heißt **Venetian 301 Dm BT.**

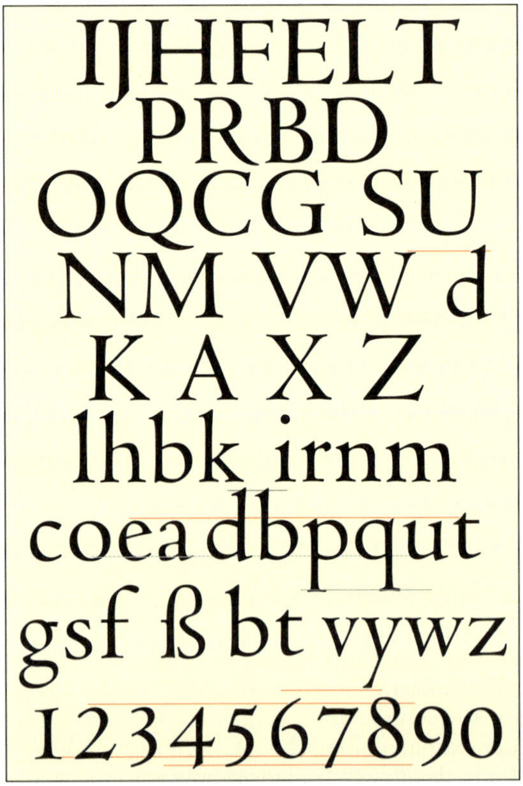

Bild 3: Renaissance-Antiqua, venetianische Art

Die Zahlen benötigen wegen der typischen Ober- und Unterlängen vier Hilfslinien.

Aufgrund ihrer gemeinsamen Vorbilder kann man die Schrift nur an folgenden Merkmalen von der französischen Antiqua unterscheiden **(Bild 1):**

Der e-Querstrich liegt schräg.

Der Serif ist etwas dicker. Seine Unterkante ist nur noch ganz leicht gebogen oder man hat ihn nur mit einem geraden Strich abgeschlossen.

Die **O-Achse** ist deutlich **schräg geneigt.**

Bild 1: Merkmale der Renaissance-Antiqua, venetianische Art

- **Garamond**

Die Garamond ist eine der bekanntesten Renaissance-Schriften. Den Namen erhielt sie nach ihrem französischen Schriftschneider.

Am PC sieht die **American Garamond BT** dem Original am ähnlichsten **(Bild 2).**

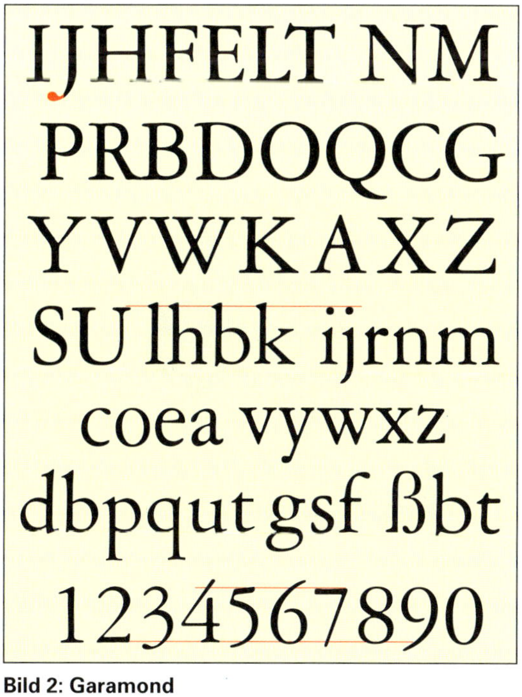

Bild 2: Garamond

Als zusätzliches Dekor erhielten einige Buchstaben einen **Tropfen,** ein Zeichen dafür, dass die Schrift nicht zum Schreiben verwendet werden sollte. Darauf weisen auch der **runde i-Punkt** und die **tropfenförmigen seitlichen Serifenden** hin.

Die **Schenkel** sind etwas kräftiger als bei den andern Varianten.

Die **O-Achse** ist steiler ausgeführt.

Aufgrund ihres französischen Ursprungs besitzt die Garamond als besonderes Merkmal beim **e** einen **waagerechten Querstrich (Bild 3).**

Bild 3: Merkmale der Garamond

3.5.2 Barock-Antiqua

In der Zeit des Barock wurden Antiqua-Varianten von den Engländern Baskerville bzw. Caslon und dem Niederländer Janson entwickelt und nach ihnen benannt.

Hier werden zwei Arten der **Baskerville** als PC-Schrift gezeigt, die **Goydy Old Style BT** und die **Frys Baskerville,** die man an einigen Großbuchstaben gut erkennt **(Bild 4).**

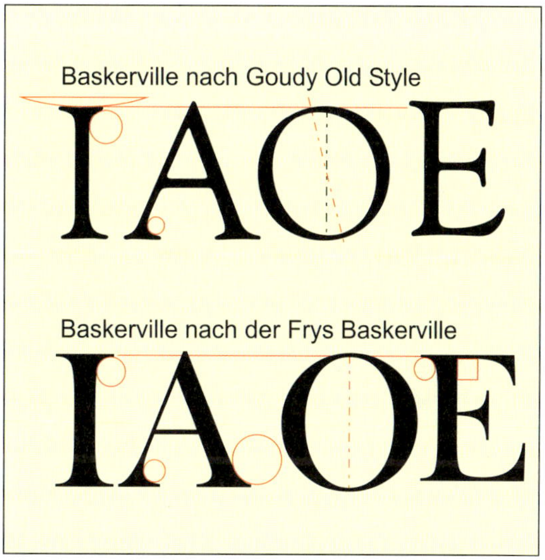

Bild 4: Merkmale der beiden Baskerville-Varianten

Bei der **Goydy Old Style (Bild 1)** besteht eine Ähnlichkeit zu den **rundlichen Serifen** der Garamond. Die Gegensätze der Strichstärken in der Waagerechten und Senkrechten werden größer. Bei der **Frys Baskerville (Bild 3)** sind einige Schenkel sogar nur in dünne Linien umgewandelt worden. Die Verfeinerung der Strichstärken war möglich, weil die Lettern durch den Kupferstich entstanden. Damit leitet diese Variante zur klassizistischen Antiqua über. Die **Serifen** erhielten an den Schäften neben kleinen kreisförmigen schon eckige Kehlungen, z. B. bei F, E, T, B. Kleinbuchstaben beginnen schräg. Die **O-Achse geht in die Senkrechte** über.

Das e weist bei beiden Arten auf den französischen Einfluss hin.

IHFLETNM
PRBD
OQCG
VWXYA
L lhbkijtrnm
coedqpa uvw
y z f ß g s

Bild 1: Goudy Old Style BT

Es gibt auch kursive Ausführungen **(Bild 2)**. Sie werden zum Auflockern von Schriftanwendungen benutzt.

Barock - Antiqua

Bild 2: Barock-Antiqua, kursiv

IHFLET
NMPRBD
OQCG
V W X YA
L lhbkijtrnm
coedqpauvw
y z f ß g s

Bild 3: Frys Baskerville

Ein interessantes Anwendungsbeispiel zeigt die Hotelwerbung in **Bild 4.** Es handelt sich eindeutig um eine Baskerville, wobei der Hersteller durch das Firmenlogo und die beigefügte Jahreszahl zeigt, dass er die zeitgeschichtlichen Zusammenhänge zur Schrift beachtet hat.

Bild 4: Fachgerechtes Schriftbeispiel

3.5.3 Klassizistische Antiqua

Die Klassizistische Antiqua gibt es, abhängig von ihren Schöpfern, ebenfalls in mehreren Ausführungen. In **Bild 1** ist die des Italieners BODONI (1740–1813) abgebildet, die auch nach ihm benannt wurde. Als entsprechende PC-Schrift trägt sie den Namen **Bauer Bodoni**.

Bild 1: Klassizistische Antiqua (Bodoni)

Die Schrift ist geprägt durch die Anlehnung an die klaren Konstruktionsweisen im Bauwesen, die sich auf die des klassischen Altertums in Griechenland und Rom bezieht. Das Schlichte, Gerade wird betont. So wirkt die Klassizistische Antiqua durch ihre harten Gegensätze bei Schäften und Serifen sehr streng.

Ihre exakt parallelen **Schenkel** weisen den größtmöglichen Ausdehnungskontrast auf, indem ganz dünne neben dicke, breite Schäfte gesetzt wurden.

Der **Serif** ist nur noch eine feine, gerade Linie. Zur optischen Stabilisierung besitzen die dünnen Schäfte an den Serifverbindungen bei einigen Varianten eine runde Kehlung.

Die **O-Achse** steht senkrecht.

Als kleines Dekor werden **Tropfen** an die Serifen angesetzt, die aus dem Kreis abgeleitet sind.

Die Ziffern sind ab jetzt zweizeilig, man bezeichnet sie heute als Normalziffern.

Es gibt auch kursive Varianten dieser Antiqua.

Die genannten typischen Schriftmerkmale sind in **Bild 2** zu sehen.

Bild 2: Typische Merkmale der Klassizistischen Antiqua

In **Bild 3** ist eine Bodoni als Kursivschrift zu Werbezwecken an einem Textilgeschäft eingesetzt worden.

Bild 3: Werbung mit Klassizistischer Antiqua

3.5.4 Serifenbetonte Antiqua

Serifenbetonte Antiquaschriften entstanden in der Zeit von ca. 1815 bis 1850 in drei typischen Formen, die sich durch die Stärke der Serifen besonders gut unterscheiden lassen. Durch die starke **Betonung der Serifen** wirken sie schwer und wuchtig, wodurch ihr Name entstand. Zur strengen senkrechten Ausführung passt auch die senkrechte **O-Achse.** Serifenbetonte Antiquaschriften wurden unter den Namen **Egytienne, Clarendon** und **Italienne** bekannt und sind noch heute wegen ihrer Auffälligkeit in Gebrauch, vor allem im Zeitungsdruck.

- **Egyptienne**

Ihr Name kam zustande, als französische Wissenschaftler im Gefolge Napoleons Ägypten mit seinen Pyramiden und anderen Kunstschätzen kennen lernten und es mit diesem Namen ehrten. Die entsprechende PC-Schrift dazu heißt **Geometric Slabserif 703 Md BT (Bild 1)**.

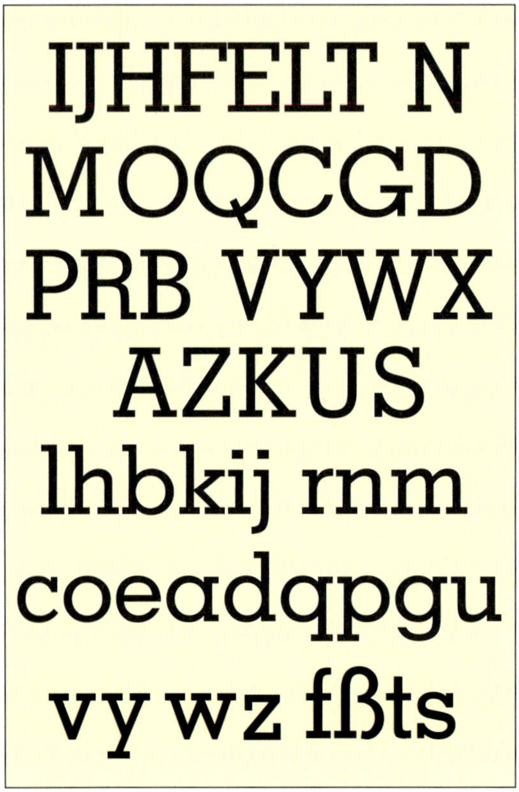

Bild 1: Serifenbetonte Antiqua, Egyptienne

Typische Merkmale der Egyptienne sind:

Die Dicke der **Serifen** wurde den Breiten der Schäfte angeglichen. Durch die parallel geführten Kanten der **Schäfte** wirkt die Schrift sehr exakt.

Dazu passt die **eckige Kehlung** der Serifen und ihr gerader waagerechter Abschluss **(Bild 2)**.

Bild 2: Merkmale der Egyptienne

- **Clarendon**

Bei der Clarendon **(Bild 3)**, die um 1840 entstand, fallen gegenüber der Eyptienne noch **breitere Schaftstärken** auf. Allerdings sind sie in einigen Fällen schon wieder unterschiedlich breit. Die hier verwendete PC-Schriftart trägt denselben Namen **(Clarendon)**.

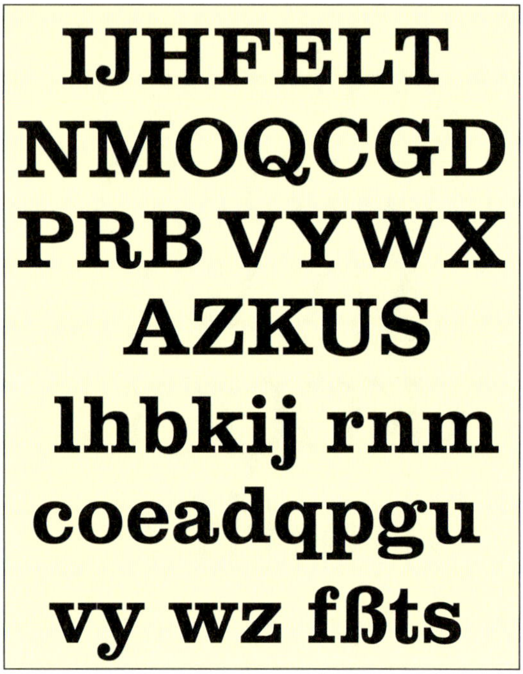

Bild 3: Serifenbetonte Antiqua, Clarendon

Die **Serifen** dieser Schrift fallen etwas schmaler aus. Sie besitzen kreisförmige Kehlungen und enden an der Serifunterkante in einer geraden Linie. Dadurch wirkt die Clarendon sehr stabil.

Als Einsatzgebiet eignen sich Werbebereiche für alles, was Merkmale wie Stabilität und Schwere, Dauerhaftigkeit ausdrückt, beispielsweise aus den Bereichen Stahlbau oder Bauwesen **(Bild 4)**. Aber auch andere Anwendungen sind zu sehen **(Bild 5)**

Bild 4: Anwendungsbeispiel für die Clarendon

Bild 5: Praxisbeispiel zur Clarendon

- **Italienne**

Die Italienne entstand als dritte Variante der serifenbetonten Antiquaschriften ab 1850 in Italien.

Der **Serif** ist deutlich dicker als die Breite der Schäfte. Man könnte eine Beziehung zur Rustika romana sehen. **Serifkehlungen** sind eckig gestaltet. Die Schenkelabstände betragen eine halbe oder eine ganze Schaftbreite. Die Schaftstärken wurden bei den Majuskeln größer als bei den Minuskeln ausgeführt.

Durch die geringen Schenkelabstände wirkt die Schrift sehr dicht und dunkel und ist schwer lesbar. Deshalb wird sie nur für kurze Informationen eingesetzt.

Als PC-Schrift ist sie unter dem Namen **Playbill** bekannt **(Bild 1)**.

Bild 1: Serifenbetonte Antiqua, Italienne

Wegen ihrer auffälligen Wirkung eignet sich die Italienne eher für Titelzeilen von Zeitungen als für Baubeschriftungen. Eventuell kommen Bereiche infrage, die mit der Freizeitgestaltung **(Bild 2)** zu tun haben, denn die Schrift wurde im Zuge der Auswanderungswelle des 19. Jahrhunderts von Europa nach Nordamerika gebracht und dort zur „Westernschrift" weiterentwickelt.

Bild 2: Anwendungsbeispiel zur Italienne

3.5.5 Serifenlose Antiqua

Bis zur Mitte des 19. Jahrhunderts wurde die Antiqua ein letztes Mal grundlegend geändert. Man ließ die Serifen weg. Diese Schriftform fand man recht komisch, grotesk und so erhielt sie ihren Namen **Grotesk**.

Typisch ist die **einheitlich breite Strichführung mit eckigen Enden.** Daher stammt auch der Name Gleichstrich- oder Linearantiqua. Wegen der statischen, sachlichen, nüchternen Wirkung heißt sie auch **Blockschrift.** Es gibt unterschiedlich breite Ausführungen, die **normale Grotesk** und die **Schmale Grotesk,** die man auch als **Wiener Blockschrift** bezeichnet.

Die Schmale Grotesk ist insofern von Bedeutung, weil durch die engen Schenkelzwischenräume viel Platz gespart wird. Deshalb wird sie im Straßenverkehr häufig eingesetzt, nicht zuletzt auch wegen ihrer guten Lesbarkeit auf größere Entfernungen **(Bild 3)**.

Bild 3: Anwendungsbeispiel der Groteskschrift

Im 20. Jahrhundert wurden die Buchstabenschenkel wieder unterschiedlich breit ausgeführt, um elegantere Varianten zu erhalten. Ihre Schöpfer **Renner** und **Zapf** wurden im Buchdruckbereich bekannt. Die Schriftarten heißen u. a. **Futura, Univers, Helvetika.**

Der Maler stellt z. T. heute noch Groteskschriften durch Konstruieren her, um auf diese Weise die Zusammenhänge zur Schriftgestaltung kennen zu lernen. Sie werden im **Abschnitt 4.1** besonders erläutert.

Aufgrund der einfachen Form wurden serifenlose Schriften auch mit der Redisfeder geschrieben. Sie erhielten damit aber runde Anstriche und Endigungen. Eine Art wurde wegen ihrer präzisen Ausführung genormt und als **Normschrift** bezeichnet **(s. Fachzeichnen, 3.4)**.

In **Bild 1** und **Bild 2** sind typische, am PC vorhandene Groteskschriften zu sehen **(Futura** und **Fette Engschrift)**, die zu heute üblichen Beschriftungen genutzt werden.

Bild 1: Serifenlose Antiqua, Futura

Bild 2: Schmale serifenlose Antiqua, Fette Engschrift

3.6 Besondere Schriften

Bis heute ist die Erfindung oder Variation neuer Schriften nicht abgeschlossen, vor allem, weil durch die Möglichkeiten am PC relativ schnell gearbeitet werden kann. Man sollte jedoch sehr überlegt an den Einsatz dieser Schriften gehen, um Inhalt und Form in Einklang zu bringen.

Zwei Schriften sollten Fachleute jedoch unbedingt kennen.

Das ist die **Jugendstil-Schrift** von Eckmann, die als Gegensatz zu den etwas starren Groteskschriften wieder in Mode gekommen ist. Bei ihr fällt auf, dass sie nirgends gerade Linien besitzt. Wer sie auf großflächige Untergründe als Pause übertragen hat, kann sie nur frei mit dem Pinsel auslegen und sollte ein Kurvenlineal für die Konturen einsetzen. Am PC heißt die Jugendstilschrift **Freeform (Bild 1, S. 121)**.

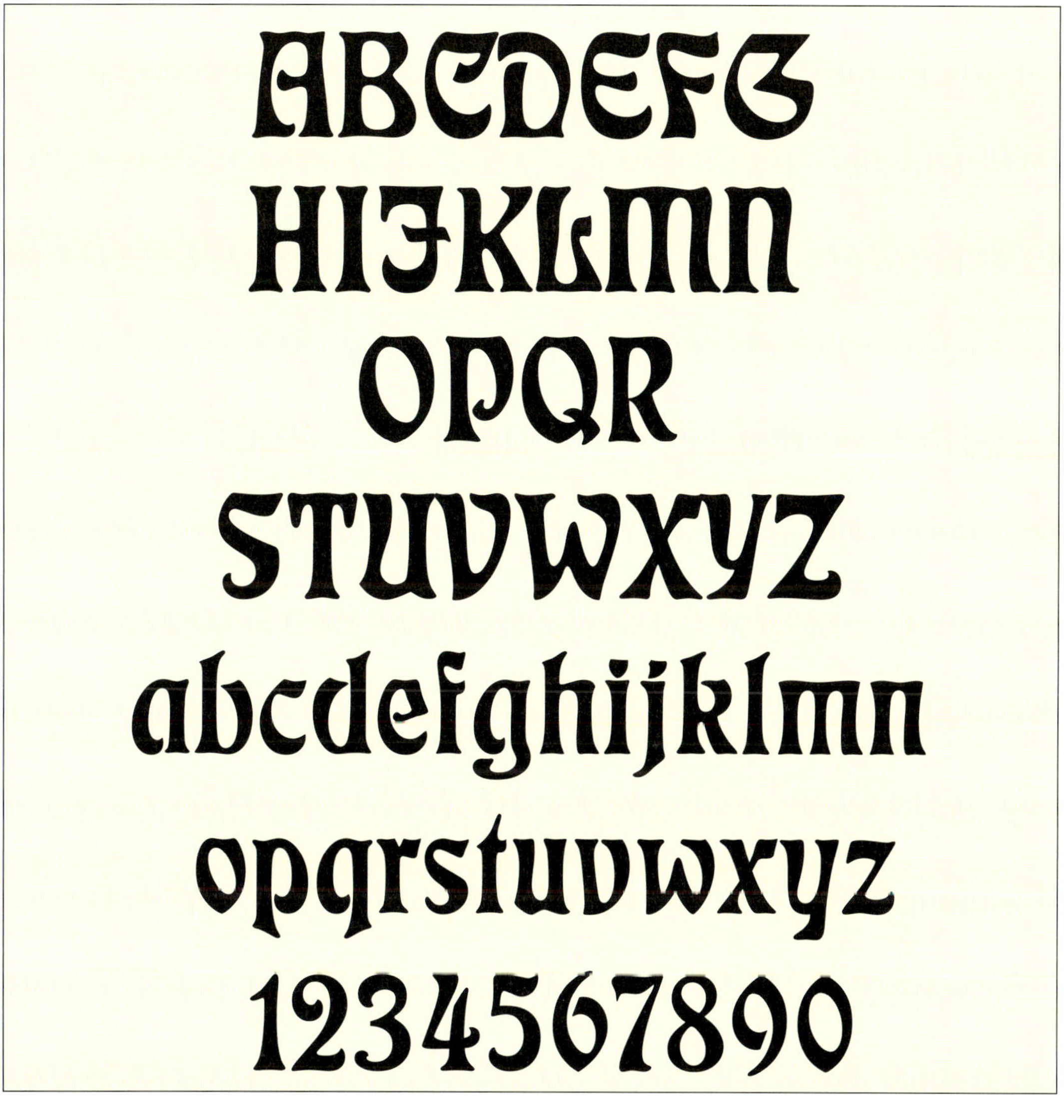

Bild 1: Jugendstilschrift, Eckmann

Für Schriftanwendungen sollte man ein mit Jugendstilformen verziertes Gebäude wie die Villen der Zeit um 1900 auswählen **(Bild 2)**.

Des weiteren sollte man die **Englische Schreibschrift** kennen, die wegen ihrer Eleganz zur Beschriftung im Mode- und Kosmetikbereich sowie für Cafés ihren Platz gefunden hat. Es ist eine Kursivschrift, die nur mit Groß- und Kleinbuchstaben angefertigt werden kann, um ihre Lesbarkeit nicht zu beeinträchtigen. Als PC-Schrift ist sie unter dem Namen **Englisch 111 Vivace BT** bekannt **(Bild 1, S. 122)**.

Bild 2, S. 122 zeigt ein gezeichnetes Anwendungsbeispiel.

Bild 2: Villa mit Jugendstildekor und Beschriftung

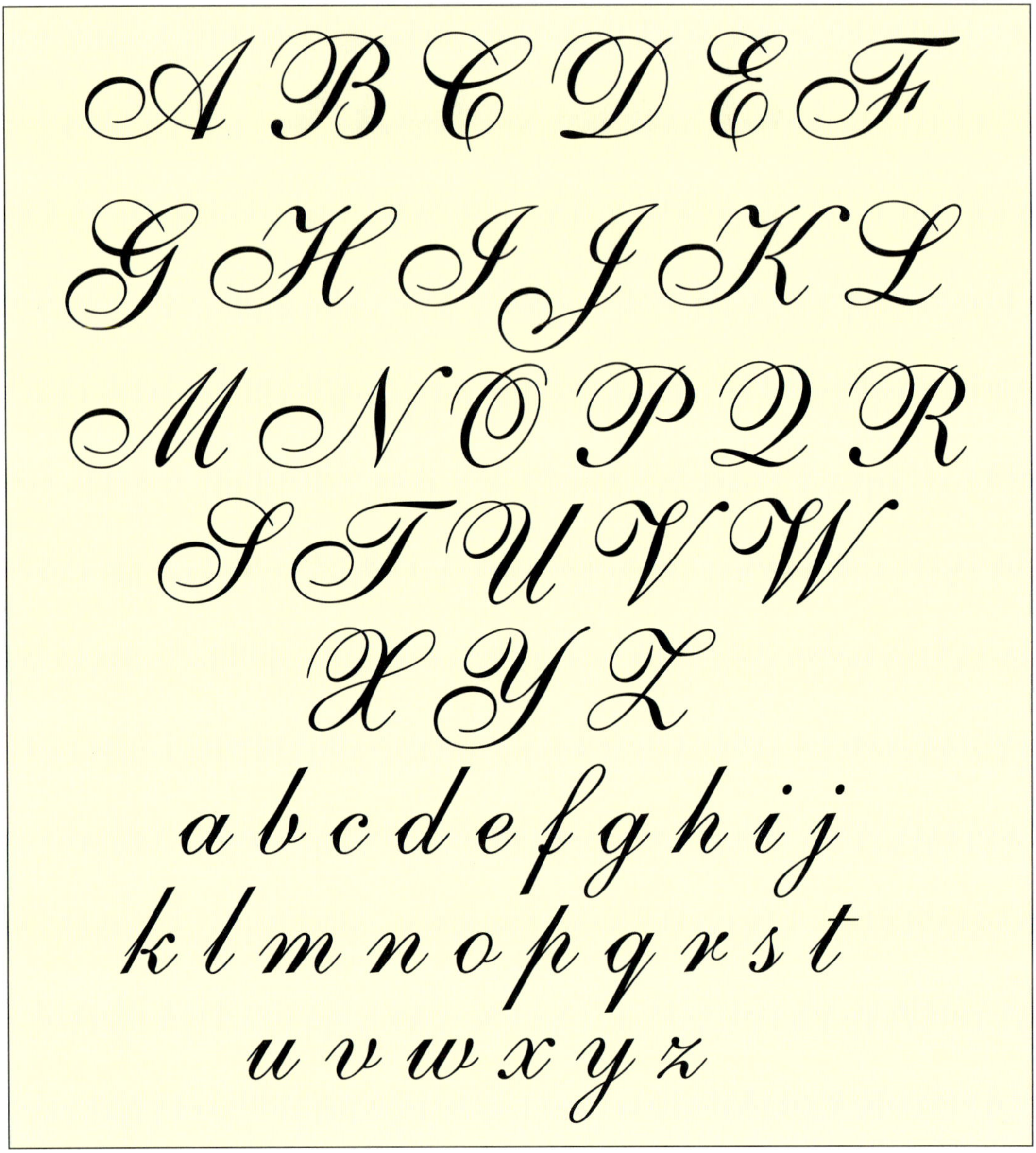

Bild 1: Englische Schreibschrift

Bild 2: Werbetext mit Englischer Schreibschrift in Dresden

3.7 Schriftklassifikation

Aufgrund der Vielzahl von Schriften war eine überschaubare Ordnung nötig. Dazu wurde eine Schriftklassifikation nach DIN 16518 geschaffen, die die Schriften in zehn Gruppen einteilt. In **Tabelle 1** kann man die Eigenschaften der Schriftgruppen an der Dicke der Schäfte, den Serifen, der Stellung der o-Achse und der Form des kleinen e erkennen.

Tabelle 1: Schriftklassifikation

Schriftarten und ihre Merkmale	Beispiele
Gruppe I, II: Renaissance-Antiqua **Wichtige Schriftnamen:** Französiche Art, Venetianische Art, Garamond. **Schäfte:** Von Schaftmitte zu Serifen anschwellend. **Serif:** Kehlung rund, Unterkante gerundet. Serifenden dünn. **o-Achse:** Schräg nach links geneigt. **Form des e:** Französische Art waagerechter, venetianische Art schräger Querstrich.	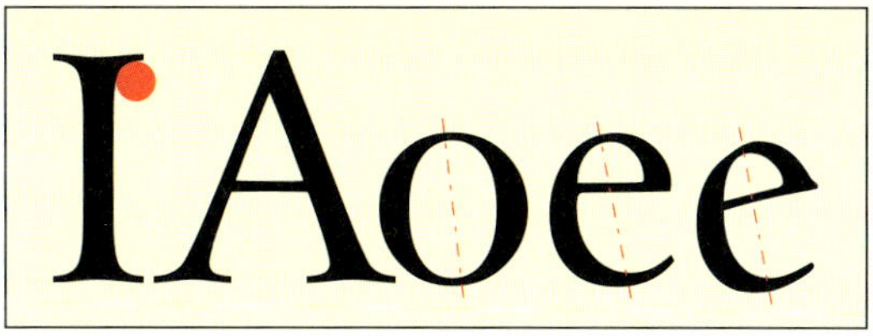 **Hinweis:** Bei der Garamond sind Serifen dicker und an den Enden gerundet.
Gruppe III: Barock-Antiqua **Wichtige Schriftnamen:** Baskerville. **Schäfte:** Größere Breitenkontraste. **Serif:** Kehlung rund, z. T. auch eckig. Unterkante leicht gerundet bis gerade. **o-Achse:** Steiler als in der Renaissance-Antiqua.	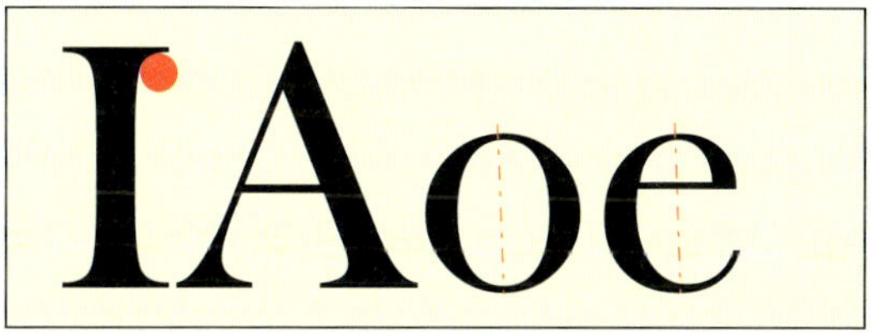
Gruppe IV: Klassizistische Antiqua **Wichtige Schriftnamen:** Bodoni. **Schäfte:** Krasse Gegensätze in der Strichstärke. **Serif:** Kehlung eckig, bei dünnen Schäften rund. Unterkante gerade und dünn. **o-Achse:** Ab hier nur noch senkrecht.	
Gruppe V: Serifenbetonte Antiqua **Wichtige Schriftnamen:** Egyptienne, Clarendon, Italienne. **Schäfte:** Gleich stark, mit parallelen Kanten. **Serif:** Kehlungen anfangs eckig, später gerundet. Serifunterkante gerade.	
Gruppe VI: Serifenlose Antiqua **Wichtige Schriftnamen:** Grotesk, Blockschrift. **Schäfte:** Anfangs gleich starke Schäfte, später wieder wechselnd. Waagerechte Schriftteile sind schmaler.	
Gruppe VII: Antiquavarianten	
Gruppe VIII, IX: Schreibschriften (auch gedruckte)	*Englische Schreibschrift*
Gruppe X: Gebrochene Schriften	

Die Eigenschaften der gebrochenen Schriften der Gruppe X sind am deutlichsten an den Kleinbuchstaben zu erkennen **(Tabelle 1)**. Deshalb wird das Typische nur an diesen gezeigt. Es gibt zwei Arten von s, das Rund-s und das Lang-s. Zu jeder Schriftart gehören aber zur besseren Lesbarkeit Großbuchstaben. Für dekorative Zwecke werden sie in Form von Initialen zu Auszeichnungen eingesetzt.

Tabelle 1: Gruppe X: Gebrochene Schriften

Schriftarten und ihre Merkmale	Beispiele
Gotische Schrift (Textur) **Merkmale:** senkrechte gebrochene Schäfte. Rauten an Kopf und Fuß. Enger Schenkelabstand. **Maßverhältnisse:** Oberlänge 2*e*, n-Höhe 5 bis 5½*e*, Unterlänge 1½*e*, Spitzen der Buchstaben überragen die Zeilen. **Wirkung:** gitterartig, eng, dunkel, streng, feierlich.	 **Großbuchstaben:** Schlanke, den Kleinbuchstaben angeglichene Versalien der Capitalis quadrata oder Unciale, z. T. mit Dopplungen verziert.
Rundgotisch (Rotunda) **Merkmale:** senkrechte Schäfte mit breiten bogenförmigen Rauten. Breiter Schenkelabstand. **Maßverhältnisse:** Oberlänge 2*e* bis 2½*e*, n-Höhe 4*e* bis 5*e*, Unterlänge 2*e* bis 2½*e*, Spitzen der Buchstaben überragen die Zeilen. **Wirkung:** Runder, offener als die Textur.	 **Großbuchstaben:** Von der Capitalis quadrata oder Unciale übernommen.
Schwabacher **Merkmale:** Verlängerte Rauten wie bei Rotunda. o und ähnliche Buchstaben haben rund geformte Schäfte. Einige Schäfte beginnen mit einem Kelch (b, l, h, k). **Maßverhältnisse:** Oberlänge 2*e*, n-Höhe 3½*e*, Unterlänge 2*e*, Spitzen der Buchstaben überragen die Zeilen. **Wirkung:** breit, rund, derb.	 **Großbuchstaben:** Von der Unciale, den Kleinbuchstaben angeglichen, z. T. mit Dopplungen versehen.
Fraktur **Merkmale:** Gespaltenes Köpfchen (l, b), Haarstriche an Unterlängen (f, Lang-s), z. T. Flämmchen statt Raute (v, w, p) und Elefantenrüssel bei s und einigen Großbuchstaben. Buchstaben mit zwei Schenkeln haben gerade und gebogene Schäfte (a, b, o). **Maßverhältnisse:** Oberlänge 2*e* bis 2½*e*, n-Höhe 4½*e*. Unterlänge 2*e* bis 2½*e*, Spitzen überragen die Zeilen. **Wirkung:** elegant, licht.	 **Großbuchstaben:** wurden den Kleinbuchstaben schwungvoll angeglichen.
Varianten gebrochener Schriften am PC Klingspor: abcdefg ABCDEFG **Cloister Black Light:** abcdegABC	**Frankenstein:** abdeAB **Uechi Gotik:** abcd AB

3.8 Aufgaben

1. Was ist ein Piktogramm?
2. Was ist eine Lapidarschrift?
3. Was haben römische Schriften gemeinsam?
4. Nennen Sie zwei römische Schriften!
5. Was sind Initialen?
6. Woran erkennt man eine Wechselzugschrift?
7. Was ist das Typische einer Kursivschrift?
8. Nennen Sie zwei Merkmale der Unciale!
9. Welchen Unterschied weisen römische Schriften gegenüber Antiquaschriften auf?
10. Woran erkennen Sie Texturschrift?
11. Woran erkennen Sie die Schwabacher Schrift?
12. Stellen Sie drei Rechtecke von 5 mm Breite und 30 mm Höhe und ein Rechteck von 3 mm Breite und 30 mm Höhe im Abstand von jeweils 30 mm her, um Buchstabenschäfte von Antiquaschriften zu erhalten. Zeichnen Sie an die Unterkante dieser Schäfte den passenden Serif mit Lineal und Kreisschablone für folgende Schriftarten:

a) Renaissance-Antiqua
b) Klassizistische Antiqua
c) Clarendon
d) Italienne.

13. Zu gebrochenen Schriften wird ein passendes Rund-s oder Lang-s gebraucht. Schreiben Sie hinter jeden der nachfolgenden Begriffe, welches s benötigt wird!

a) setzen
b) Wasser
c) schön
d) Meister
e) Eis
f) Geburtstag
g) Holzstufe.

14. Beurteilen Sie am Pfarrhaus in Struppen/Sächsische Schweiz **(Bild 6, S. 101)** die Schriftgestaltung!

a) Welche Schriftart wurde gewählt?
b) Warum wurde der Text in Groß- und Kleinbuchstaben geschrieben?
c) Ist die Beschriftung auf den Türflächen günstig gewählt? Welchen Vorschlag hätten Sie?
d) Was bedeutet das Zeichen im Schlussstein des Türgewändes?

15. Beurteilen Sie am Pkw von **Bild 1** die Schriftgestaltung!

a) Wie heißt die rote Schriftart?
b) Wie wurde die Schrift angeordnet **(s. Abschnitt 7)?**
c) Wie entstand das Firmenlogo?
d) Ist nach Ihrer Meinung die Gestaltung der Pkw-Rückwand gelungen?

Bild 1: Pkw-Beschriftung

16. In welcher Schriftart wurden folgende Begriffe geschrieben?

a) Schloßhotel
b) Brandenburger Tor
c) Leipzig

SCHRIFTLEHRE

d) Uhren

e) Eisdiele

e) Jeans-Shop

f) Domführung

17. In **Bild 1** sieht man den Eingang eines Gasthauses in Moritzburg bei Dresden.

a) Welche Schriftart wurde gewählt?

b) Auf welche Stilepoche weist der abgebildete Hut hin?

c) Passen Schriftart und Stilepoche zusammen?

18. In **Bild 2** sehen Sie ein Werbeschild am Ortseingang von Bad Griesbach, einem 1976 entstandenen Kurbad in Niederbayern.

a) Welche Schriftart wurde gewählt?

b) Auf welche Baustilepoche deutet diese Schriftart hin?

c) Passen demzufolge Schriftart und Text zusammen?

d) Würden Sie eine andere Schriftart wählen, wenn Sie die Frage c negativ beantwortet haben? Oder geben Sie eine passende Begründung für die Zustimmung für dieses Werbeschild!

19. Zu welcher Schriftgruppe nach DIN gehören die Schriftbeispiele von

a) **Bild 3, S. 101,**

b) **Bild 5, S. 101?**

Bild 1: Hauseingang eines Gasthauses in Moritzburg bei Dresden

Bild 2: Werbeschild für ein Kurbad in Niederbayern

4 Beschriftungen im Maler- und Lackiererbereich

Wie in der Einleitung zum Kapitel Schriftlehre gesagt wurde, haben Maler und Lackierer die Möglichkeit, Aufgaben zur Beschriftung zu übernehmen. Um dafür die Regeln zur Schriftgestaltung zu erlernen, sollte man eine besonders einfache Schriftart, die **Schmale Grotesk** auswählen. Als Alternative steht eine etwas breitere Grotesk zur Verfügung. Man muss bei ihr jedoch schon ständig auf Besonderheiten beim Konstruieren achten. Die Alphabete sind dabei wieder so geordnet, dass Buchstaben mit gemeinsamen Formen eine Gruppe bilden, um die Konstruktionsregeln zu zeigen und das Konstruieren mit Lineal, Dreieck, Kreisschablone oder Zirkel zu erleichtern.

Nach den Hinweisen zur Konstruktion wird gezeigt, wie ein Text werbewirksam auf geeignete Trägerobjekte übertragen werden kann und welche Kenntnisse dabei zu berücksichtigen sind. Weil Entwürfe für Schriftanwendungen mit dem PC wesentlich schneller gelingen, sind Hinweise für diesen Zweck zu finden.

Wenn man eine Schrift mit dem Flachpinsel erlernen will, wäre es nützlich, das Alphabet vorher mit der Feder zu erarbeiten. Aber nur bei sehr guten Ergebnissen sollte man Großbeschriftungen an Wänden ausführen.

HINWEIS In diesem Buch wird auf Hinweise zum Erlernen einer mit dem Flachpinsel geschriebenen Schrift verzichtet. Der Zeitaufwand ist groß, um ein erstes ansprechendes Schriftbild zu erhalten.

4.1 Konstruktion der Schmalen Grotesk

Die **Schmale Grotesk** ist eine Schrift, die man in einigen Gegenden auch als **Wiener Blockschrift** kennt. Eine im Abschnitt 3.5.5 Groteskschriften gezeigte PC-Schrift mit der Bezeichnung **Fette Engschrift** ist ihr sehr ähnlich.

Die Buchstabenbreiten der Schmalen Grotesk betragen bis auf wenige Ausnahmen drei Balkenstärken bzw. Schaftstärken (Einheiten = *e*), alle Schenkelabstände eine Einheit. Als Höhe werden sieben oder acht Einheiten benutzt, die vom vorhandenen Platz auf dem Schriftträger abhängt.

Zum Zeichnen der Buchstaben der Schmalen Grotesk wird meist ein Grundgerüst bzw. Raster benutzt. Um sich das mühsame Rasterzeichnen beim Üben zu ersparen, kann man für die Quadratkästchen eines Blattes Rechenpapier verwenden.

Beim Zeichnen werden die in **Bild 1** genannten Begriffe verwendet. Die Rasterbezeichnung mit Zahlen gilt jedoch nicht für die Linien wie beim Vergrößern, sondern für die Felder.

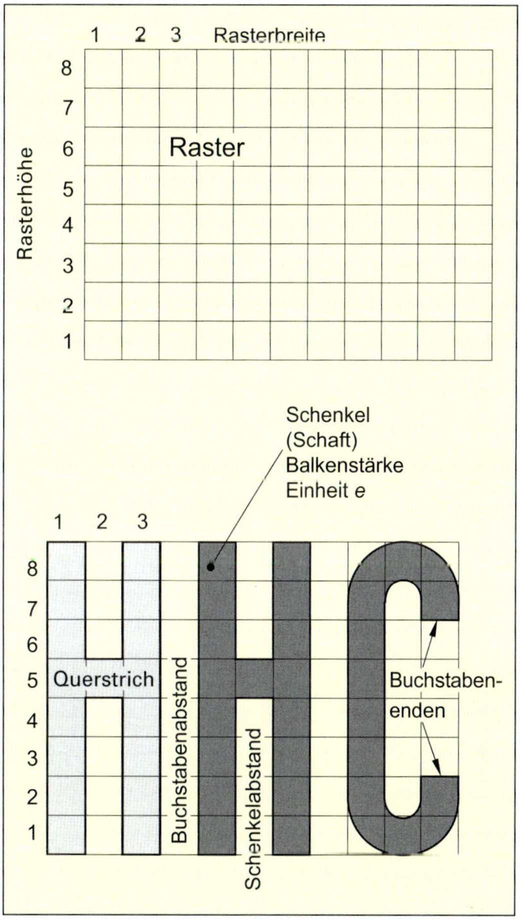

Bild 1: Grundbegriffe zum Konstruieren der Schmalen Grotesk.

Mittels der folgenden Arbeitsanleitung wird gezeigt, wie man das Alphabet der Schmalen Grotesk konstruieren kann. Für den Zweck sind die Buchstaben zu Gruppen zusammengestellt, die gleiche oder ähnliche Formeigenschaften besitzen.

4.1.1 Zeichnen von Großbuchstaben und Ziffern

Buchstaben mit geraden Kanten

Zeichnen Sie die Buchstaben von **Bild 1** mit Bleistift und Lineal in ein Rechenkästchenraster von *e* = 5 mm oder 10 mm ein! Lassen Sie zwischen den Schenkeln und den Buchstaben 1*e* Abstand!

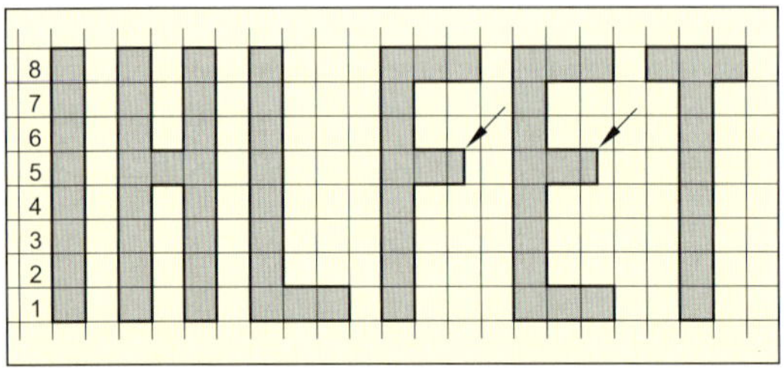

Bild 1: Buchstaben mit geraden Kanten

Die Querstriche bei H, F, E liegen nicht in der Mitte, sondern etwas höher, der Einfachheit halber auf der 5. Zeile bzw. Kästchenreihe. So wird vermieden, dass die Oberteile dieser Buchstaben größer erscheinen.

In **Bild 2** sind zum Vergleich ein Rechteck mit einem Querstrich und ein E dargestellt. Teilt man das Rechteck genau in der Mitte, erscheint im ersten Rechteck das obere Teilstück größer. Deshalb wird die teilende Linie ein wenig höher gesetzt. Man spricht von **optischem Ausgleich.** Obwohl die obere Fläche kleiner ist, erscheinen beide Teile jetzt gleich groß. An den daneben gesetzten beiden E erkennt man den Zweck dieser Veränderung. Das zweite E erscheint ausgeglichen und nicht mehr kopflastig.

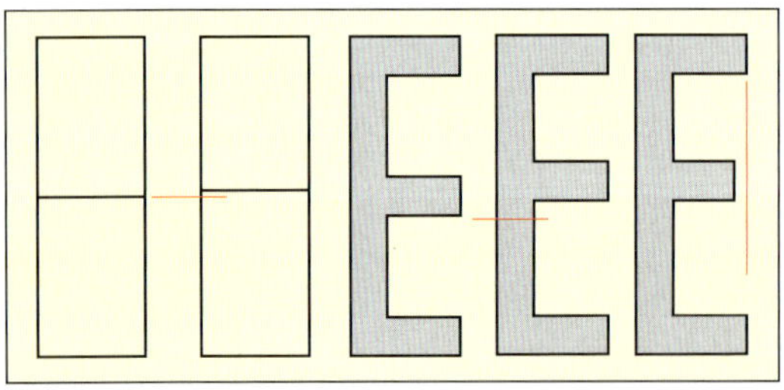

Bild 2: Optischer Ausgleich an Buchstaben mit einem Querstrich

Ein weiteres Problem ist die Länge des Mittelstrichs beim E. Er erscheint beim mittleren E etwas breiter als die äußeren Querstriche. Das E erscheint „dickbäuchig". Deshalb wird zur Verbesserung der Buchstabenform bzw. zum optischen Ausgleich der Mittelstrich um etwa ¼ *e* gekürzt.

Buchstaben mit Rundungen

Zeichnen Sie die Buchstaben von **Bild 3**!

Beginnen Sie mit den Bögen mit Durchmessern von 3*e* und 1*e*, ehe Sie die Geraden ansetzen! Große Bögen kann man mit dem Zirkel herstellen, kleine mit einer Kreisschablone.

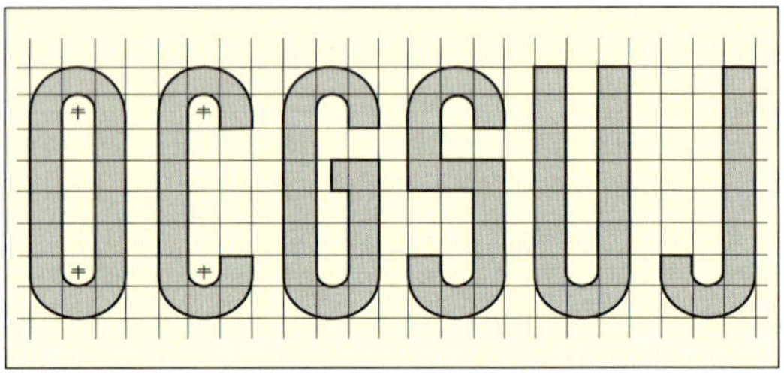

Bild 3: Buchstaben mit Rundungen

Setzt man Buchstaben mit geraden Querstrichen neben runde Buchstaben, erscheinen die runden Buchstaben kleiner. Die Schrift wirkt unruhig.

Deshalb muss man bei Buchstaben mit Rundungen ebenfalls einen optischen Ausgleich herstellen. Zur Erläuterung des Problems besitzen in **Bild 4** das Quadrat und der erste Kreis gleiche Ausdehnungen. Der zweite Kreis ist durch Vergrößern dem Quadrat optisch angeglichen worden. Bei Buchstaben setzt man zu dem Zweck die runden Formelemente weiter nach außen, meist um 1/10*e*. Arbeitet man mit dem Zirkel, liegt der Mittelpunkt der Kreise entsprechend höher bzw. tiefer.

Die Buchstabenenden von C, G, S betragen 1*e*. Sie können aber auch nur ½ Einheit hoch gezeichnet werden. Dann muss man die Endigungen der Kleinbuchstaben ebenfalls verkürzen.

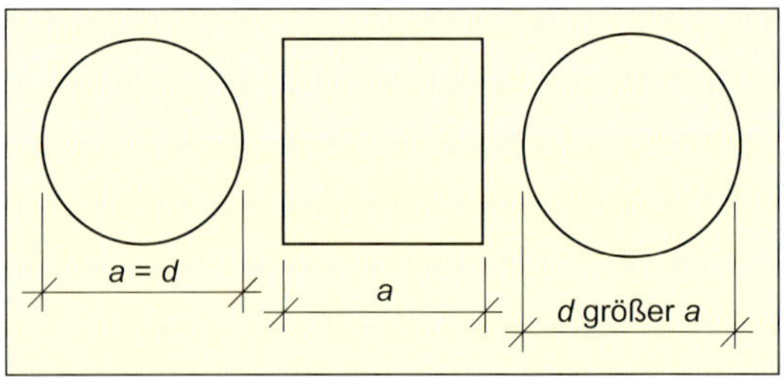

Bild 4: Optischer Ausgleich eines Kreises

Hinweis Beachten Sie die farbig herausgehobenen Hilfslinien bei den Alphabeten der Antiquaschriften. Sie werden von vielen Buchstabenenden aus Gründen des optischen Ausgleichs überschritten.

Buchstaben mit Geraden und Rundungen

Zeichnen Sie die Buchstaben von **Bild 1**!

Fertigen Sie zuerst die senkrechten Elemente, dann die kleinen Innenkreise und zuletzt die Außenkreise! Die Mittelpunkte liegen in der Rasterkästchenmitte. Achten Sie auf gleiche Bogenbreiten! Arbeiten Sie möglichst mit der Kreisschablone, aber kontrollieren Sie beim Einfügen der Bögen, dass Viertelkreise entstehen, sonst verlaufen die Übergänge zu den Geraden nicht allmählich, sondern sie werden abgeknickt!

Die Querstriche der Buchstaben liegen wie bei H in der 5. Reihe **(s. Bild 1 und Bild 1, S. 128)**.

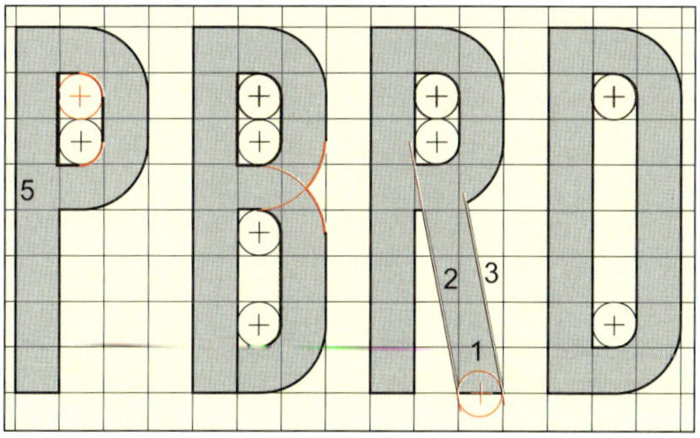

Bild 1: Buchstaben mit Geraden und Rundungen

Buchstaben mit schrägen Schäften

Zeichnen Sie die Buchstaben von **Bild 3** und **Bild 1, S. 130**!

Bei diesen Buchstaben tritt eine weitere Herausforderung auf. Der schräge Schaft erscheint gegenüber dem senkrechten zu schmal. Auch hier liegt eine optische Täuschung vor. Das Auge misst die Breite von Rechtecken und Parallelogrammen immer senkrecht zur Grundlinie. Um den optisch zu schmal wirkenden schrägen Schaft zu verbreitern, wird deshalb an seinem Fuß ein Kreis eingezeichnet. An diesen legt man zwei parallele Tangenten und erhält so immer gleiche Schenkelstärken **(Bild 2)**.

Bei einigen Buchstaben sind Zahlen eingefügt, die die Zeichnungsreihenfolge vorgeben.

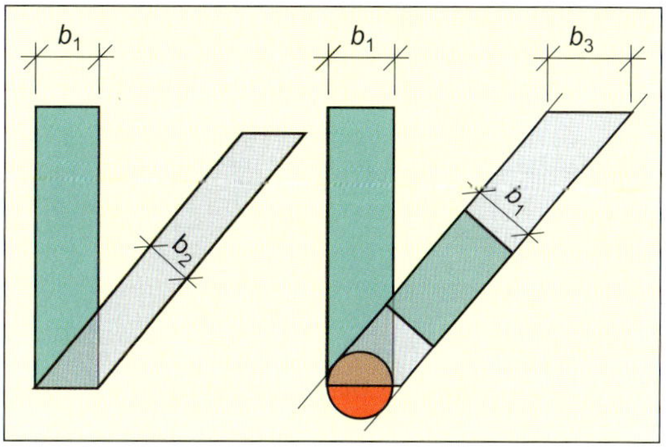

Bild 2: Optischer Ausgleich bei Buchstaben mit schrägen Schäften

HINWEIS Beachten Sie in der Zeichnung die Breitenangaben der verschiedenen Schäfte: $b_1 > b_2$ und $b_3 > b_1$.

Ziffern

Zeichnen Sie die Ziffern von **Bild 2, S. 130** in das Rechenkästchenraster ein!

Beachten Sie bei der Ziffer 2 die angegebene Zeichnungsreihenfolge für die Schrägen!

Bild 3: Buchstaben mit schrägen Schäften (Teil 1)

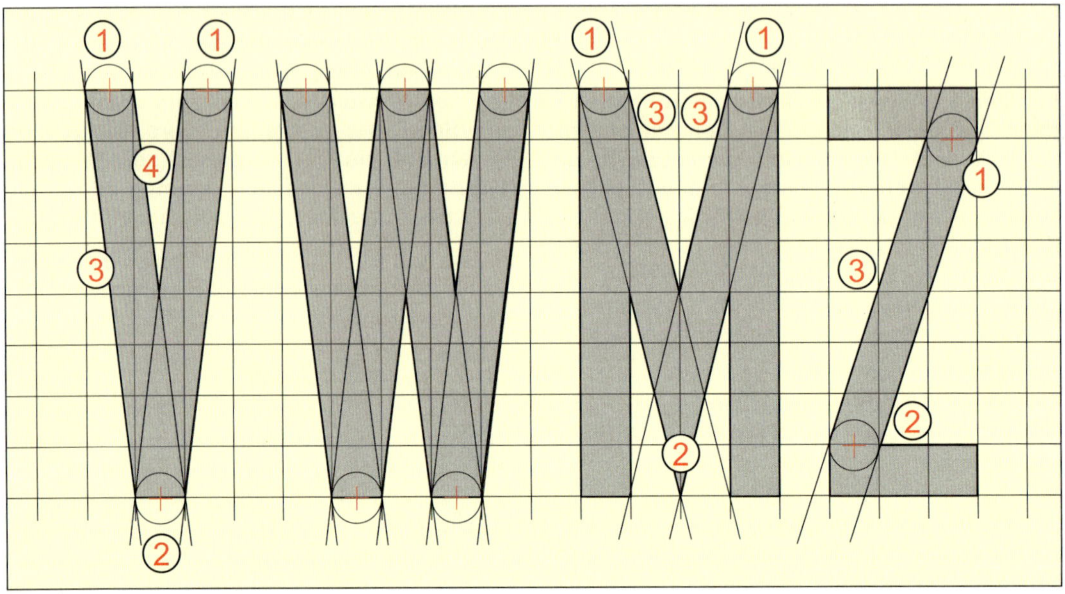

Bild 1: Buchstaben mit Schrägen (Teil 2)

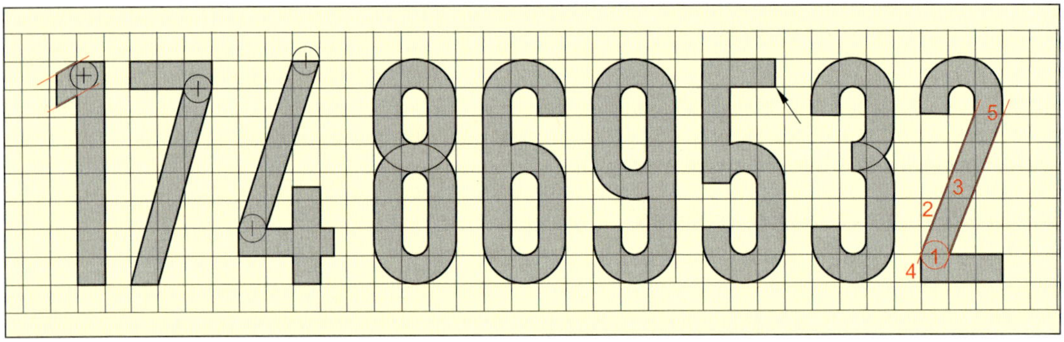

Bild 2: Ziffern zur Schmalen Grotesk

4.1.2 Zeichnen von Kleinbuchstaben

Die Konstruktion erfolgt wieder so, dass Buchstaben mit ähnlichen Formen zu einer Gruppe zusammengefasst werden. Zeichnen Sie wieder mit Bleistift, Lineal, Zirkel und Kreisschablone auf Rechenkästchenpapier!

Buchstaben mit Rundungen

Zeichnen Sie die Buchstaben von **Bild 3**! Es ist wieder empfehlenswert, bei den Buchstaben die Bögen mit dem Durchmesser von 3*e* zuerst zu zeichnen. Wie bei den Großbuchstaben wird der Kreismittelpunkt beim Arbeiten mit dem Zirkel um 1/10 des Durchmessers höher bzw. tiefer gesetzt. Die waagerechten Mittelstriche von *e*, s sind aus Gründen der Vereinfachung insgesamt mittig angeordnet und 1*e* hoch. Sie beginnen jedoch bei 2½*e*.

Die Enden von c, e, s können statt einer Einheit ½*e* lang sein, wenn die Großbuchstaben ebenso kurze Endstriche erhalten.

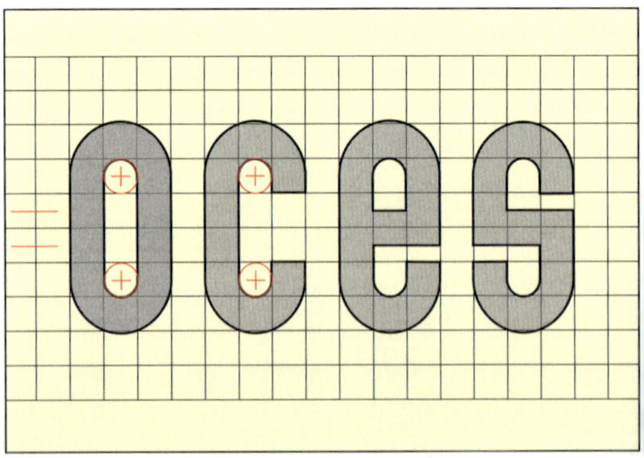

Bild 3: Buchstaben mit Rundungen

Buchstaben mit Geraden und Rundungen

Zeichnen Sie die Buchstaben von **Bild 1**!

Die dargestellten Buchstaben besitzen Ober- bzw. Unterlängen. Es ist üblich, als Maß dafür 2*e* zu benutzen.

Man zeichnet die rechteckigen Schäfte zuerst und dann Innenbögen, Außenbögen und zum Schluss die geraden Verbindungslinien. Dabei ist auf einen kontinuierlichen Übergang vom Kreis zur Geraden zu achten.

Wenn man die Außenbögen herstellt, können in der Nähe der Schäfte keine Kreise mehr gezeichnet werden. Die Bögen müssen sich an den Schäften verengen (vgl. Pfeile), wobei eine Art Einkerbung entsteht. Am besten fügt man die Bogenteile frei Hand ein. Mit etwas Gefühl kann man auch Kreisschablonen benutzen.

HINWEIS Ziehen Sie diese Bögen zum optischen Ausgleich ebenfalls etwas über die Linie!

Bild 1: Kleinbuchstaben mit Geraden und Rundungen

Buchstaben mit schrägen Schäften

Zeichnen Sie die in **Bild 2** dargestellten Kleinbuchstaben mit kleinen Hilfskreisen wieder in der Art, wie es bei den Großbuchstaben erläutert wurde, um den optischen Ausgleich für schräge Schäfte herzustellen!

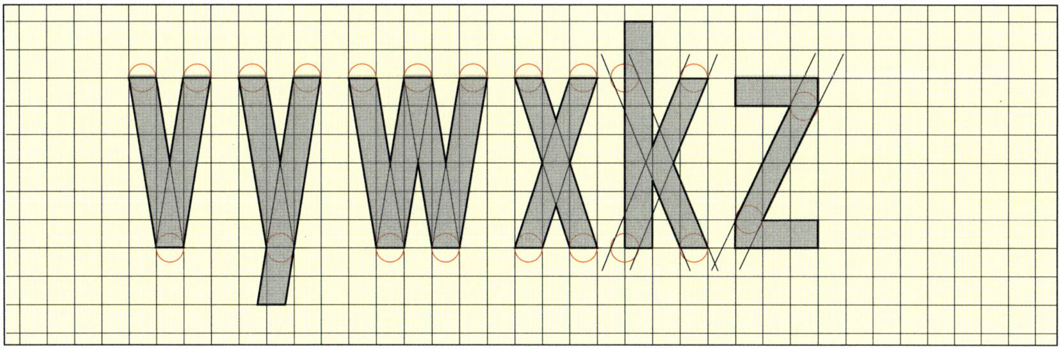

Bild 2: Kleinbuchstaben mit Schrägen

4.2 Schriftvariationen

Wenn eine Schriftart für einen bestimmten Zweck ausgesucht wird, entspricht sie nicht immer den Wünschen des Auftraggebers. Für den Fall ist es möglich, Variationen herzustellen, ohne ihre typischen Merkmale zu ändern. Man spricht von einer **Schriftfamilie.**

4.2.1 Schriftfamilie

In **Bild 1** ist eine Schriftfamilie zu sehen, die durch unterschiedliche Schaftstärken von mager zu fett und durch Schrägstellung der Buchstaben entstanden ist.

Bild 1: Variationen einer Schriftart

Mit dem PC kann man Variationen u. U. selbst herstellen **(Bild 2)**. Zeichenprogramme besitzen dazu sechs Anfasser. Zieht man Objekte an den Eckpunkten, vergrößert man proportional. Benutzt man die mittleren Anfasser, werden die Buchstaben an den Schäften ungünstig verzogen. Gute Gestalter meiden diese Veränderung.

Bild 2: Schriftgrößenveränderung mit dem PC

4.2.2 Höhenverhältnisse bei der Schmalen Grotesk

Wenn man die Groß- und Kleinbuchstaben der Schmalen Grotesk in der Höhe verändern will, kommen folgende Größenverhältnisse infrage **(Bild 3)**:

Großbuchstaben 8*e* : Kleinbuchstaben 6*e*,

Großbuchstaben 8*e* : Kleinbuchstaben 5*e*,

Großbuchstaben 7*e* : Kleinbuchstaben 6*e*.

Durch die Höhenänderung muss die Lage der Querstriche zur besseren Proportionierung geändert werden. Die Mittellinie *m* zeigt an, wo die Querbalken angesetzt werden können.

Bei Kleinbuchstaben wie *e* und c mit 5*e* Höhe muss zusätzlich die Endigung der Schäfte auf ½*e* verkleinert werden.

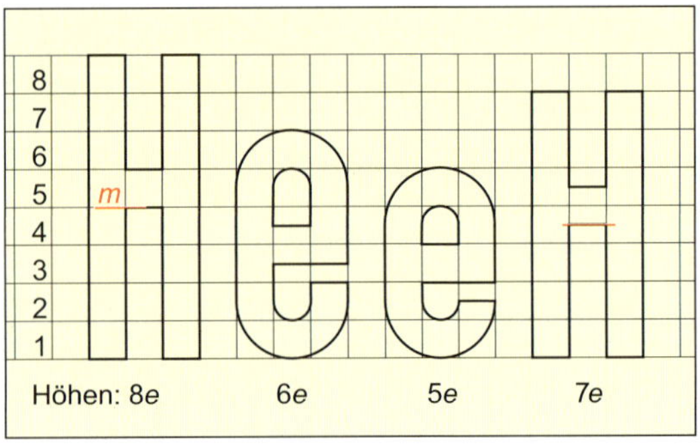

Bild 3: Höhenverhältnisse der Schmalen Grotesk

4.2.3 Breitenvariationen der Schmalen Grotesk

Um die Buchstabenbreiten zu ändern, variiert man die Schenkelabstände **(Bild 4)**. Sie können z. B. auf ½ verringert oder auf 2*e* verbreitert werden.

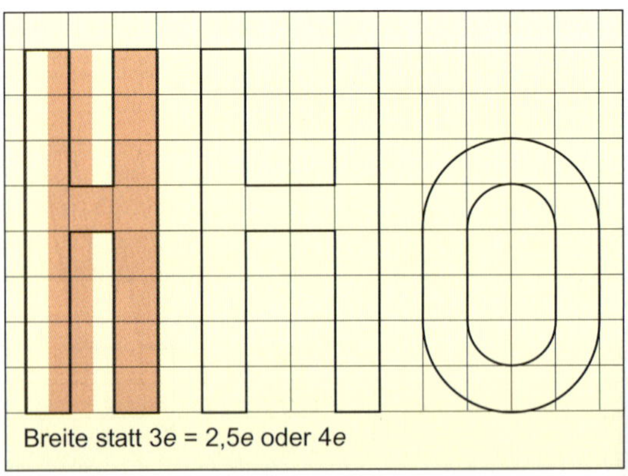

Bild 4: Breitenveränderungen bei Schmaler Grotesk

Im Alphabet von **Bild 1** und **Bild 1, S. 134** ist eine 4 Einheiten breite Groteskvariante zu sehen, die durch Vergrößern der Schenkelabstände hergestellt ist. Bei breiteren Buchstaben wie A, M, W, w, m usw. mussten diese Veränderungen angepasst werden.

Statt der kreisförmigen Bögen könnten ellipsenförmige Bögen benutzt werden. Das Zeichnen von Buchstaben mit Rundungen wird dadurch jedoch schwieriger.

4.2.4 Alphabet einer auf 4*e* verbreiterten Grotesk

Diese Grotesk (nur in Großbuchstaben erstellt) ist wie die Schmale Grotesk aufgebaut **(Bilder S. 133, 134)**. Die Schrifthöhe beträgt 7*e*. Als Raster wurden Rechenkästchen von 5 mm und 10 mm Breite benutzt. Die Maße an den Kreisbögen wurden diesen Breiten angepasst. Der Mittelstrich bei den Buchstaben E, F, H, G wurde um ¼ Einheit höher gesetzt. Die oberen Bögen bei P, B, R und S sind zum Angleichen an diese Querstriche kleiner auszuführen.

Um die Bögen bei U, C, O, G, Q, J und S **(s. S. 134)** für den optischen Ausgleich über die Begrenzungslinien zu ziehen, werden die Zirkeleinstiche wie üblich um 1/10 der Schaftstärke nach oben bzw. unten gesetzt, bei PBR nach rechts. Sticht man dazu mit dem Zirkel am geplanten Bogenende E mit dem halben Durchmesser ein und schlägt die Kreisbögen *b*, erhält man die nach außen verlegten Mittelpunkte MPK für die inneren und äußeren Bögen der runden Buchstaben. An die Bögen zeichnet man die senkrechten Schaftteile. Bei den Buchstaben P, B und R werden die Durchmesser halbiert, um den Einstichpunkt E zu erhalten.

Für die schrägen Schäfte sind wieder die entsprechenden Hilfskreise zu zeichnen. Um die Buchstabenverbreiterung zu erhalten, ist es nötig, die Abstände der Raster in der Vorlage genau nachzuzählen.

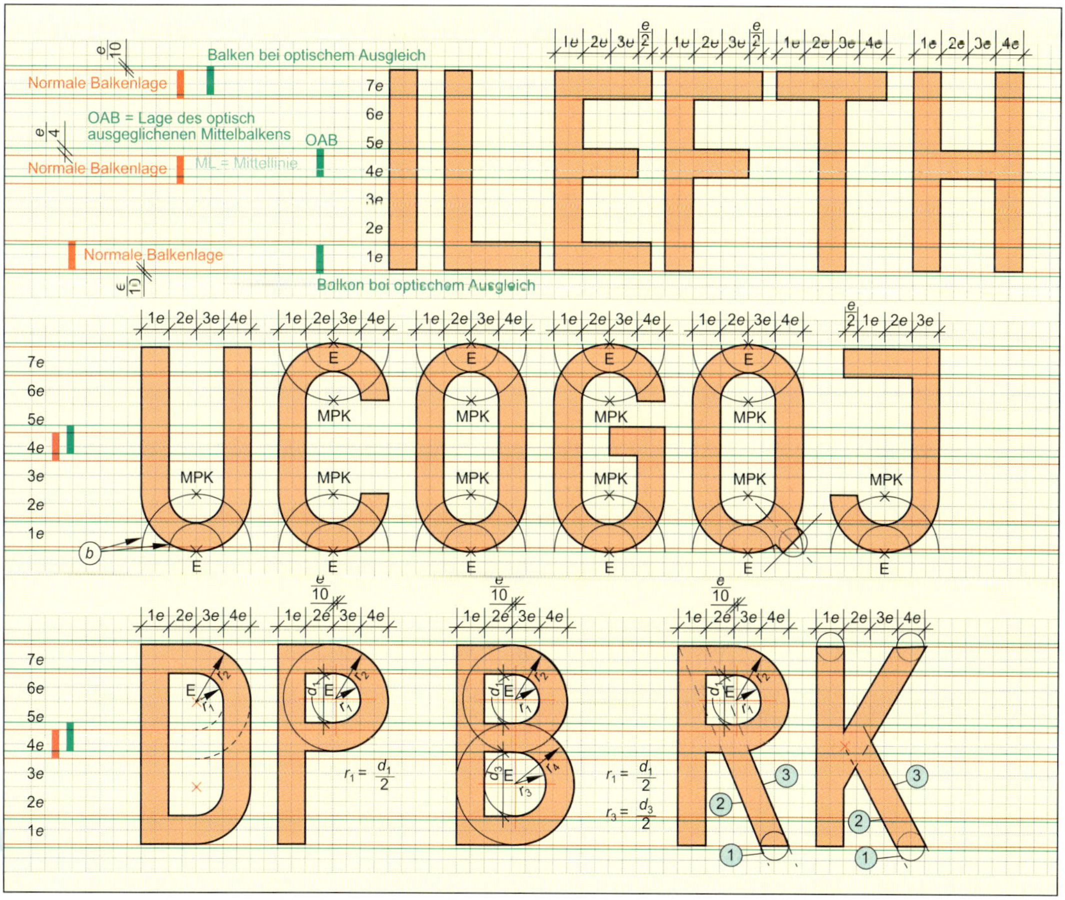

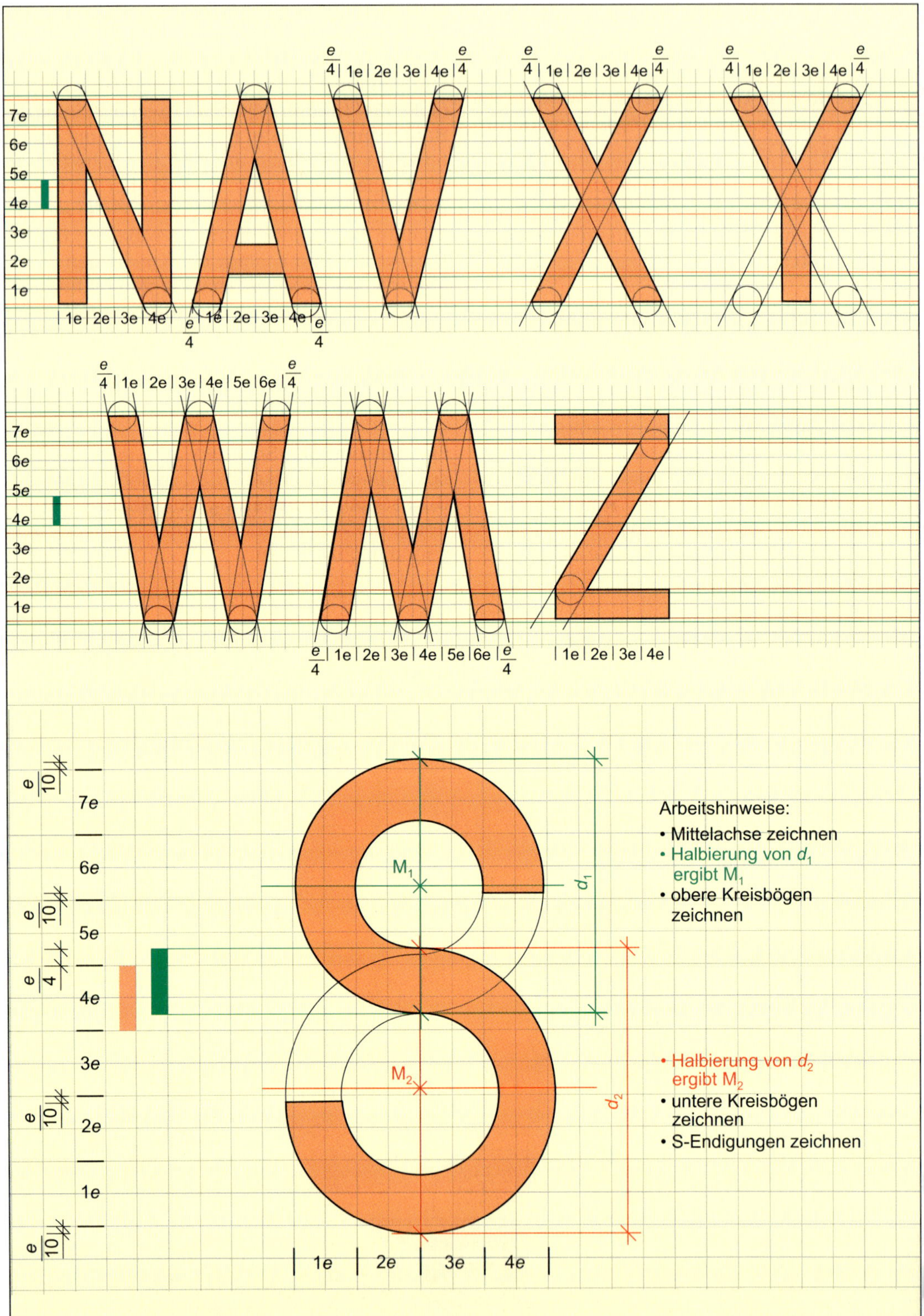

Bild 1: Grotesk mit 4 Einheiten Breite

4.2.5 Schrift mit Schatten

Für bestimmte Zwecke kann eine Schriftvariation durch Schattierung interessanter werden. Der Schatten wird normalerweise so angesetzt, dass das Sonnenlicht von links oben einwirkt **(Bild 1)**. Schatten von unten wirken unnatürlich.

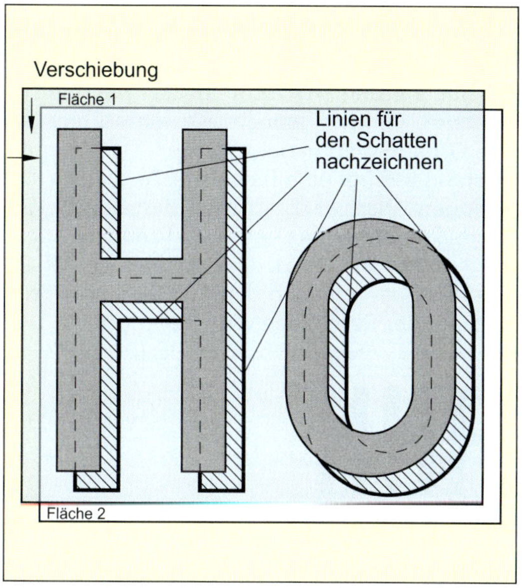

Bild 1: Schrift mit Schatten

Mittels einer Arbeitsanleitung ist die Konstruktion nachvollziehbar.

Arbeitsanleitung

1. Konstruieren Sie mit hartem Zeichenstift Buchstaben von 4*e* Breite auf Transparentpapier (Fläche 1, grau)!
2. Schwärzen Sie auf der Rückseite des Transparentpapiers mit weichem Stift die Konturen der Schrift!
3. Fertigen Sie auf Zeichenkarton mittels der Durchdrückmethode eine Kopie an (Fläche 2, weiß)! Kleben Sie das Transparentpapier zum Durchdrücken fest!
4. Verschieben Sie anschließend das Transparentpapier um ***e*/2 nach unten und *e*/2 nach rechts!** Zeichnen Sie die sichtbaren Kanten der Buchstaben noch einmal nach, entstehen die Konturen des Schattens.
5. Zeichnen Sie die schwarz gekennzeichneten Teile der kopierten Linien auf dem Zeichenkarton kräftig nach, schraffieren Sie die Schattenfläche oder färben Sie diese dunkel ein!

4.2.6 Räumliche Schrift

Räumlich wirkende Schrift stellt eine weitere Schriftvariante dar. Man muss jedoch entscheiden, ob man von oben auf die Schrift oder darunter schauen will. Mittels nachfolgender Arbeitsanleitung kann die Konstruktion erfolgen. Die geplante Wirkung kommt aber erst bei ausreichender Buchstabenbreite zur Geltung, z. B. ab 4 Einheiten **(Bild 2)**.

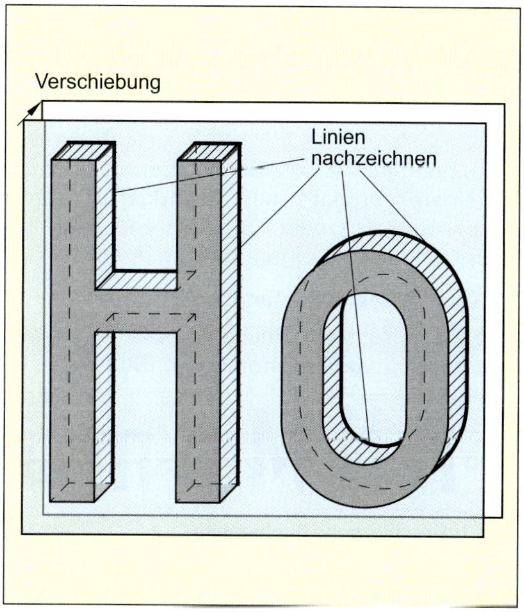

Bild 2: Räumliche Schrift

Arbeitsanleitung

1. Wiederholen Sie die Arbeitsschritte 1 bis 3 der Aufgabe für Schrift mit Schatten!
2. Verschieben Sie anschließend das Transparentpapier um ***e*/2 nach oben und *e*/2 nach rechts** und zeichnen Sie die sichtbaren Kanten nach! Die nicht sichtbaren Schriftkanten werden nicht benötigt, also nicht eingezeichnet.
3. Verbinden Sie die Eckpunkte der Buchstaben durch parallele Schräglinien, um die räumliche Form zu erhalten! Bei runden Objekten sind diese Verbindungslinien erst ab einer bestimmten Schräge möglich.
4. Zeichnen Sie die kopierten Linien auf dem Zeichenkarton kräftig nach, schraffieren Sie die angesetzten Flächen! Sie können diese Flächen auch dunkel auslegen, um die Raumwirkung zu verdeutlichen! Den vorderen Buchstabenbereich kann man je nach Farbwunsch dunkel oder hell gestalten.

5 Regeln zur Wortbildung

Im Maler- und Lackiererhandwerk muss neben der technologischen Qualität immer der Bereich des Harmonischen und des Schönen berücksichtigt werden. Zu dem Zweck müssen die Buchstabenabstände beim Wortbilden so gewählt werden, dass ein optisches Gleichmaß entsteht. Der Vorgang heißt **Spationierung**.

5.1 Ermitteln der Buchstabenabstände

Dazu beurteilt man die Buchstaben und Zahlen an einem vorgegebenen Grundgerüst, meist einem Rechteck oder Quadrat, und kann die Buchstaben so in folgende Arten einteilen:

- **Geschlossene Buchstaben**

Ihre Form füllt ein Rechteck vollständig aus und benötigt den meisten Raum **(Bild 1)**.

Bild 1: Geschlossene Buchstaben

Weniger Platz füllen im Rechteck dagegen z. B. die Buchstaben K, d, V, O, t aus. Man spricht von offenen Buchstaben, die in rechts oder links geöffnete und beiderseits geöffnete Buchstaben unterteilt werden.

- **Rechts oder links geöffnete Buchstaben**

Ihre Form füllt ein Rechteck nur an einer Seite aus und ergibt zur andern Seite eine Lücke **(Bild 2)**. Kleine Lücken wie bei der 3, dem ß oder dem e sind dabei aber kaum von Bedeutung.

Bild 2: Rechts oder links offene Buchstaben

- **Beiderseits offene Buchstaben**

Sie füllen beide Seiten des Grundgerüstes am wenigsten aus **(Bild 3)**.

Bild 3: Beiderseits geöffnete Buchstaben

5.2 Spationierungsregeln

Je nach Ihrer Buchstabenform müssen die Buchstabenabstände zur Wortbildung von der geschlossenen bis zur offenen Form verringert werden. Die Änderung bzw. das Spationieren erfolgt normalerweise gefühlsmäßig durch Vergleichen. Man spricht von **visuellem** oder **optischem** Ausgleich.

Wenn geschlossene Buchstaben aneinander gereiht werden, herrscht immer der gleiche Abstand. Er kann jedoch wie beim Zeichnen von Ornamenten variiert werden. Der normale Abstand beträgt eine Balkenstärke bzw. 1*e*. Bei geringem Platz verkürzt man ihn auf *e*/2. Bei ausreichendem Platz verbreitert man auf mehr als 1*e* **(Bild 4)**. Bei zu großen Buchstabenabständen gehen jedoch die Zusammengehörigkeit und der Sinn eines Wortes verloren.

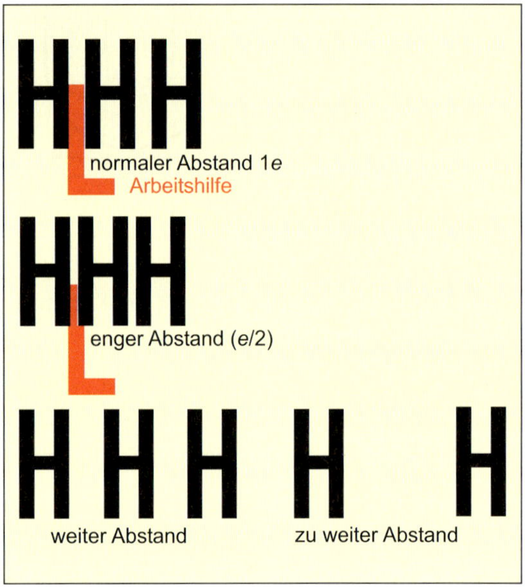

Bild 4: Abstandsmöglichkeiten

Wählt man bei allen Buchstaben gleiche Abstände, wie nachfolgendes Beispiel zeigt, sieht das Wort unharmonisch aus **(Bild 5)**.

Bild 5: Unharmonische Wortbildung

Man legt deshalb meist fest, dass zwischen geschlossenen Buchstaben eine Balkenstärke bzw. Einheit (1*e*) Abstand herrscht. Er verringert sich bei den offenen Buchstaben so weit, dass sich Buchstaben berühren (bei AA). Er kann sich sogar auf negative Werte verkürzen, wenn sich die Buchstabenteile wie bei AT unterschneiden **(Bild 1)**.

Bild 1: Optisch ausgeglichene Kombination

Um den optischen Ausgleich durchzuführen, muss man sehen lernen. Zu diesem Zweck vergleicht man beim Textzeichnen immer wenigstens drei Buchstaben miteinander, ehe weitere Buchstaben gezeichnet werden. Fertige Buchstabenkombinationen deckt man ab **(Bild 2)**. Als Arbeitshilfe dient z. B. ein L.

Bild 2: Wort mit optischem Ausgleich erstellen

Da der Buchstabenabstand sich ständig ändert, ist das Vorzeichnen der Raster für mehrere Buchstaben nicht sinnvoll. Fallen jedoch erst bei der Schlusskontrolle bestimmte Fehler auf, konstruiert man nicht alles neu, sondern man ordnet durch Kopieren der Buchstaben auf Transparentpapier mit verbesserten Abständen den Text neu an.

Um Abstände schneller zu finden, wurden zur Spationierung Tabellen entwickelt. Sie gelten jedoch immer nur für eine einzige Schriftart. In Computerprogrammen werden sie als **Kerningprogramm** bezeichnet.

HINWEIS Beobachten Sie, dass auch in PC-Schriftprogrammen noch optische Korrekturen notwendig sind, besonders dann, wenn großformatig gearbeitet wird.

5.3 Berechnung der Wortlänge

Geht man von den genannten Regeln beim optischen Ausgleich aus, kann die Wortlänge bzw. **Schriftweite** aus Buchstabenbreiten und Zwischenräumen berechnet werden. Diese Vorarbeit erspart unliebsame Neukonstruktionen.

An einem Beispiel soll die Berechnung mit 1*e* Buchstabenabstand gezeigt werden **(Bild 3)**. Durch diese Festlegung ergibt sich die größte Wortlänge bzw. Schriftweite.

Beispiel: Berechnen Sie die Wortlänge für KONDITOREI bei einer Balkenstärke von 7 mm!

Zur Lösung muss man zuerst die Einheiten ermitteln, die für das Wort benötigt werden **(Bild 3)**. Man errechnet sie systematisch aus den Buchstabenbreiten und -abständen.

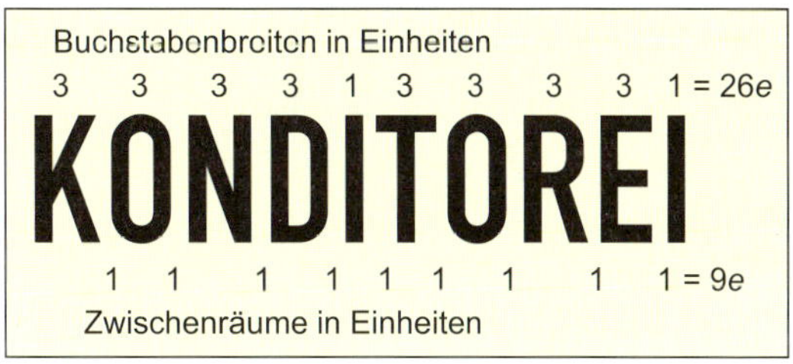

Bild 3: Gesamtwortlänge in Einheiten

Durch Addition erhält man die Gesamtlänge des Wortes in Einheiten: 26*e* + 9*e* = 35*e*.

Die Wortlänge in Millimetern ergibt sich aus der Multiplikation der ermittelten Einheiten mit der Balkenstärke in mm/*e*.

Bei 7 mm/*e* beträgt die Wortlänge

35*e* x 7mm/*e* = 245 mm = 24,5 cm.

Wenn die Schriftberechnung unter Berücksichtigung einer vorgegebenen Fläche erfolgt, kann man die Balkenstärke ermitteln.

Beispiel: Das Wort HOTEL soll in Schmaler Grotesk mit Großbuchstaben so auf einem Blatt DIN A4 im Querformat angebracht werden, dass der Abstand zu den seitlichen Blattkanten jeweils 25 mm beträgt.

Wie groß ist die Balkenstärke für das Wort, wenn 1*e* als normaler Zwischenraum verwendet werden soll?

Zur Lösung wird die Gesamtwortlänge aus den Abmessungen des DIN A4-Blattes errechnet **(Bild 1)**.

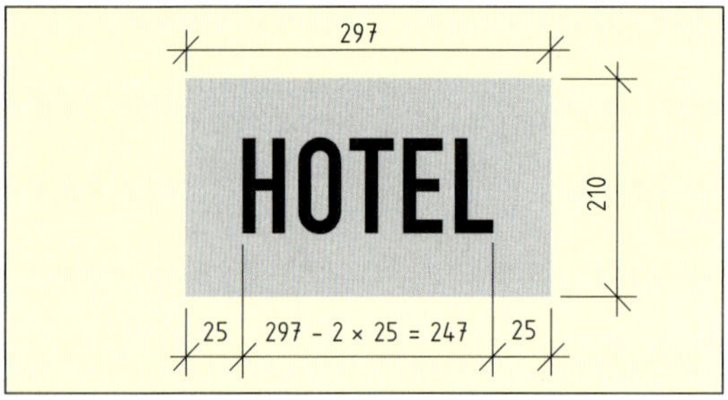

Bild 1: Berechnung der Wortlänge in mm

Das Wort HOTEL kann somit 247 mm lang sein.

Aus den Buchstabenbreiten und den Zwischenräumen errechnet man die Wortlänge in Einheiten **(Bild 2)**.

Bild 2: Wortlänge in Einheiten ermitteln

Die gesamte Wortlänge beträgt in Einheiten

15*e* + 4*e* = 19*e*.

Weil die Wortlänge mit 247 mm ermittelt wurde, kann man rechnen:

Wenn	9*e* = 247 mm betragen,
dann ergibt sich	1*e* = 247 mm : 19.
Also beträgt	1*e* = 13 mm.

Tipp Würde bei der Berechnung eine Dezimalzahl entstehen, sollte das Ergebnis gerundet werden, um die Konstruktion durch ungenaues Messen nicht zu komplizieren.

Weil bei der späteren Schriftkonstruktion der optische Ausgleich berücksichtigt wird, ist die tatsächliche Länge des Wortes etwas geringer. Das ist jedoch beim Anbringen auf den Schriftträger kaum bedeutungsvoll.

Tipp Bei der Wortbildung sollte man immer mit der Buchstabenkombination beginnen, bei der keine Abstandsverkürzung erfolgt. Wenn sie gleich bei den ersten Buchstaben vorgenommen wird, kommt man bei später folgenden geschlossenen Buchstaben meist nicht auf den üblichen Zwischenraum von 1*e*.

5.4 Text herstellen

Um Beschriftungen mit Texten rationell durchzuführen, sind verschiedene Arbeitsmethoden möglich.

5.4.1 Konstruktive Methode

Diese Methode kann in vier Varianten ausgeführt werden.

1. Text auf vorbereitetes Raster zeichnen

Da die Schmale Grotesk auf einem Rasternetz aufgebaut ist, stellt man es in der errechneten Größe für den jeweiligen Text zuerst her. Darauf zeichnet man die einzelnen Buchstaben, ohne den optischen Ausgleich der Buchstabenabstände durchzuführen **(Bild 3)**.

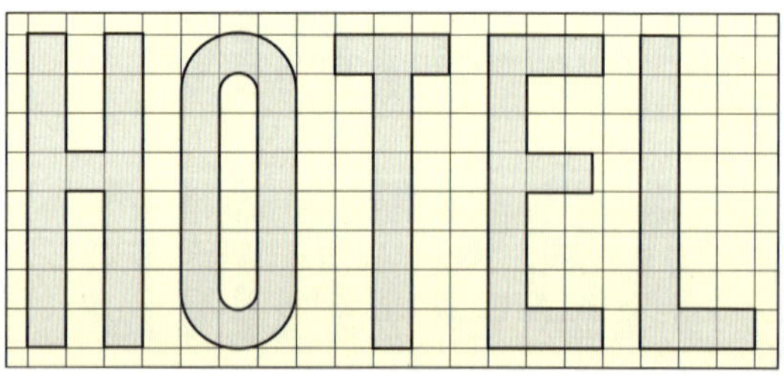

Bild 3: Auf Rasternetz gezeichneter Text

Für den optischen Ausgleich muss der Text auf Transparentpapier übertragen werden. Die Arbeitsweise entspricht der Beschreibung von **Bild 2, S. 137.** Zuerst zeichnet man die Grundlinie und überträgt den Text in den ausgeglichenen Abständen. Beim Übertragen wird das Transparentpapier mit Klebeband vor dem Verrutschen geschützt.

Um die fertige Arbeit repräsentativ zu gestalten, rahmt man die Schrift großzügig ein und klebt sie auf ein Blatt Zeichenpapier.

2. Text mit variablem Raster zeichnen

Um sich die Kopierarbeit der ersten Variante zu ersparen, zeichnet man das Raster nur buchstabenweise vor. Für jeden neuen Buchstaben wird der Abstand durch eine Senkrechte neu festgelegt. Dann fügt man die Rasterung für den nächsten Buchstaben an und zeichnet den Buchstaben hinein. Zur Arbeitserleichterung zieht man nach dem Berechnen der Textlänge alle notwendigen waagerechten Linien wie in **Bild 1, S. 140** und ergänzt vor dem Konstruieren der Buchstaben nur die senkrechten Rasterlinien.

An der fertigen Arbeit stören u. U. die Rasterlinien. Manchmal stimmen auch die Buchstabenabstände immer noch nicht. Dann ist davon eine weitere Pause wie bei Variante 1 nötig.

3. Mit einem wieder verwendbaren Mindestraster arbeiten

Eine noch bessere Lösung ist es, wenn man die Rasterung möglichst vermeidet. Man zeichnet sich bei Schrifthöhen von 8*e* oder 7*e* mehrere **5*e* breite Mindestraster für verschiedene Balkenstärken** auf weißen Zeichenkarton, z. B. mit 8 mm, 10 mm Breite und einer langen Grundlinie.

Darauf legt man einen Streifen Transparentpapier, ebenfalls mit einer Grundlinie **(Bild 1)**.

Darauf zeichnet man den 1. Buchstaben, schiebt das Transparentpapier zum Rasteranfang und legt den Abstand fest, um den 2. Buchstaben zu zeichnen.

Damit das Transparent nicht verrutscht, benutzt man Klebestreifen.

Ist der 2. Buchstabe fertig, schiebt man das Gezeichnete wieder an den Rasteranfang und wählt den neuen Abstand. Er muss sich durch Vergleichen dem 1. Abstand anpassen. So entsteht das ganze Wort ohne das störende Raster in den Buchstaben.

Zum Schluss sollte eine visuelle Abschlusskontrolle erfolgen!

TIPP Zeichnen Sie zum Kopieren von gleichen Buchstabenteilen typische Elemente von o und r auf das Mindestraster, die in **Bild 1** oben zu sehen sind!

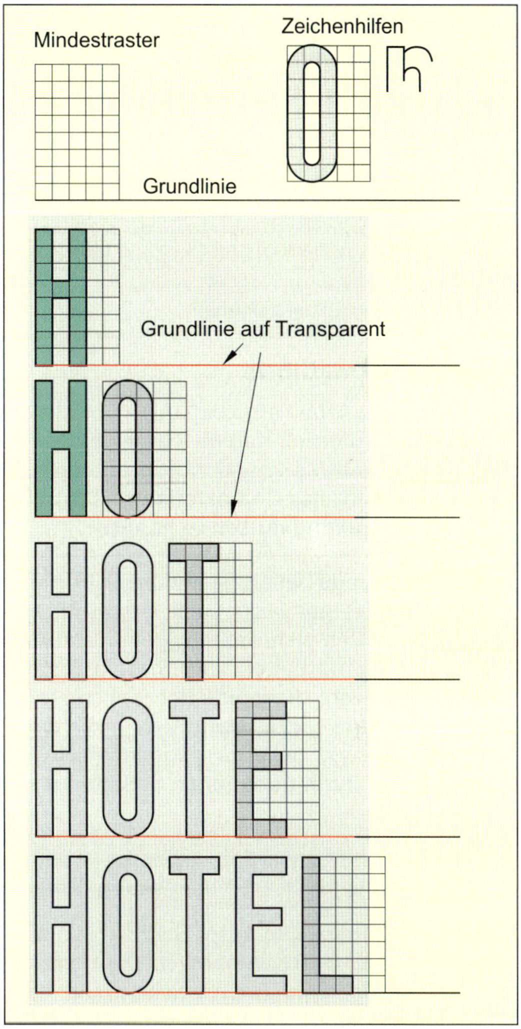

Bild 1: Zeichnen mit wieder verwendbarem Raster

4. Text ohne Raster zeichnen

Wenn man ohne Rasterung arbeiten will, ersetzt man sie durch die wichtigsten Hilfslinien. Dazu werden drei waagerechte Paare von Doppellinien in der Balkenstärke auf Zeichenpapier gezeichnet. Sie sind für die waagerechten Schriftelemente am oberen und unteren Buchstabenbereich und für den „Mittelbalken" nötig. Millimeterpapier erleichtert die Arbeit.

Dann stellt man den Text auf darüber gelegtem Transparentpapier unter Berücksichtigung der Abstände mit Lineal und rechtwinkligem Dreieck zusammen. Für die Bögen kommen Kreisschablone oder Zirkel zum Einsatz. Als kleine zusätzliche Hilfe ist ein Messstreifen mit den Balkenstärken zu empfehlen **(Bild 1)**.

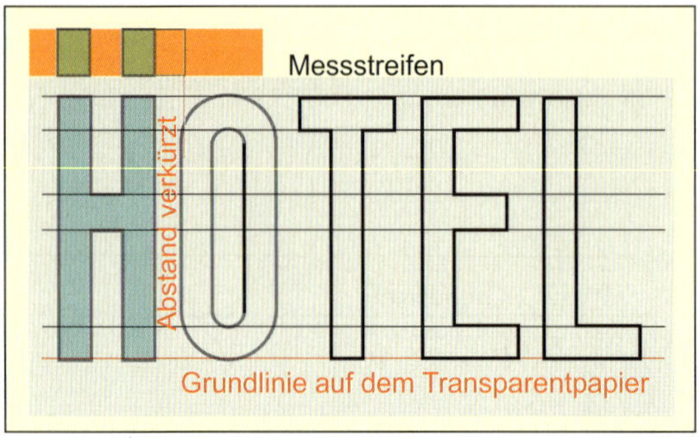

Bild 1: Text ohne Raster zeichnen

5.4.2 Kopiermethode

Basis für diese Arbeit sind beliebige Schriftvorlagen, die in diesem Kapitel vorgestellt sind. Ihre besonderen Merkmale wurden dabei hervorgehoben, um das Charakteristische für Einsatz und Herstellung nutzen zu können.

HINWEIS Jede beliebige andere Schriftart ist natürlich auch verwendbar. Aber Sie sollten sich deren Eigenarten erst genauestens erarbeiten, ehe Sie die Buchstaben kopieren. Nicht jede Schrift kann mit Kreisschablone und Lineal nachgezeichnet werden. Die zz. beliebte Jugendstilschrift verlangt mit Ihren gebogenen Schäften viel Sachverstand!

An einem Beispiel werden die dabei nötigen Schritte anhand einer Arbeitsanleitung gezeigt.

Beispiel: Wählen Sie eine Schrift, die für das Wort THEATER geeignet ist! Die Schriftart sollte aber von Ihnen zeichnerisch beherrscht werden!

Arbeitsschritte

1. Kopieren Sie für den Zweck nur die nötigen Buchstaben auf Transparentpapier, z. B. die einer Barock-Antiqua **(Bild 2)**!

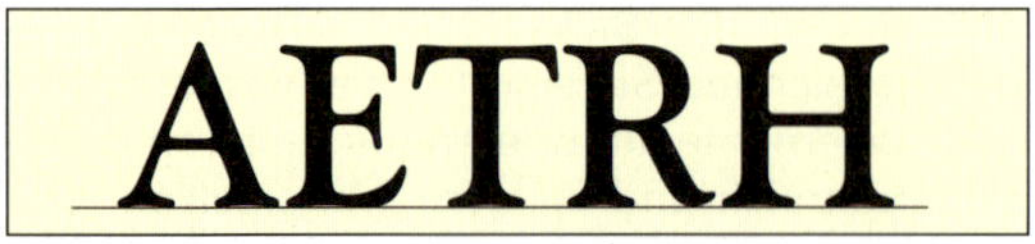

Bild 2: Kopie der nötigen Buchstaben

2. Vergrößern Sie per Kopiergerät die gewählten Buchstaben, sodass Buchstabenhöhen von 3 cm bis 4 cm entstehen!
3. Versehen Sie die vergrößerte Schrift mit einer Grundlinie! Befestigen Sie auf der Schriftvorlage ein Blatt Transparentpapier ausreichender Breite für den geplanten Text und zeichnen Sie die Grundlinie durch **(Bild 3)**!

Bild 3: Kopiervorgang von vergrößerten Buchstaben

4. Mithilfe von Lineal und Kreisschablone und evtl. dem Kurvenlineal zeichnen Sie jetzt exakt die Kontur des 1. Buchstabens! Wenn Sie das Transparent präzise zum nächsten Buchstaben schieben und einen passenden Abstand wählen, können Sie den Text weiterzeichnen. Arbeiten Sie unter Berücksichtigung des optischen Ausgleichs, der von der Buchstabenform (geschlossen bis offen) abhängt, weiter, bis das Wort fertig ist! Stören die darunter liegenden Buchstaben, deckt man sie zeitweilig ab.
5. Bei der visuellen Abschlusskontrolle klären Sie, ob die Schaftstärken eingehalten wurden. Untersuchen Sie, ob die Serifen gleichmäßig sind und ob die Abstände optisch ausgeglichen erscheinen!
6. Rahmen Sie zur Präsentation abschließend das Wort rechteckig ein und schneiden es 1 cm größer aus!

   Radieren Sie die Grundlinie der Schrift weg und beschriften die Arbeit wie in **Bild 1, S. 141** zu sehen ist! Bedenken Sie, dass zu dieser senkrechten Schrift nur eine senkrechte Normschrift passt, die sich in ihrer Größe dem gezeichneten Text unterordnet! Sie sollte deshalb keinesfalls größer als 10 mm sein. Mit Bleistift geschrieben erscheint die Schrift auch zu dünn.

Schriftübung mittels Kopiermethode

Bild 1: Durch Kopieren von Einzelbuchstaben erstellter Text

5.4.3 Arbeit mit Computer und Schneidplotter

Entwürfe mit dem PC sind wegen der hohen Arbeitsgeschwindigkeit und Präzision durch Handarbeit nicht zu übertreffen. Schriftarten stehen in unbegrenzter Menge zur Verfügung. Hier heißt es aber, richtig auszuwählen und den Auftraggeber zu überzeugen!

Wenn der Computer auch präzise arbeitet, die Buchstabenabstände sollten trotzdem kontrolliert werden. Will man sie ändern, muss man bei Corel Draw den Text erst in **Kurven umwandeln,** die **Kombination aufheben** und die einzelnen Buchstaben an einer Hilfslinie verschieben. Weil manche Buchstaben beim Aufheben der Kombination ihr Aussehen verändern, müssen die fertigen Texte zum Schluss wieder mit dem Befehl **kombinieren** die normale Buchstabenform erhalten **(Bild 2).**

Bild 2: Buchstaben nach dem Befehl „In Kurven umwandeln", „Kombination aufheben" und „Kombinieren"

Als Endprodukt können **Ausdrucke** erfolgen oder **Klebefolien** geliefert werden, die auf ebenen Untergründen wie Lackierungen, Kunststoffplatten oder Glas einsetzbar sind. Man kann aber auch **Klebeschablonen** erhalten, die für dauerhafte farbige Beschriftungen eingesetzt werden.

TIPP Benutzen Sie zum Ausdrucken kleiner Texte evtl. Klebeetiketten aus dem Bürobedarf!

HINWEIS Sicher wird für den Entwurf am PC ein Werbegrafiker zuständig sein. Er ist dafür speziell ausgebildet und besitzt die entsprechende Computertechnik. Er liefert in nicht zu unterbietender Zeit und Qualität durch das Schneiden mit dem Plotter die entsprechenden Folienschriften zum Kleben oder Schablonieren.

Achten auch Sie als Maler und Lackierer auf die richtigen Materialien! Folienschriften können ein bis fünf Jahre auf Lackierungen haften. Spritzlackierungen mithilfe der Klebeschablonen liefern jedoch dauerhaftere Lösungen.

Als **Klebeschablonen** sind für wasserverdünnbare Anstrichstoffe **Kunststofffolien** nötig.

Für den Einsatz mit lösemittelhaltigen Lacken werden **lösemittelbeständige Papiere,** die auf Wachsbasis aufgebaut sind, gebraucht.

Zum Übertragen der Schrifttexte auf die verschiedenen Untergründe benötigt man **Übertragungsfolien (Application-Tapes,** sprich **Applikejschentejps),** die aus durchscheinendem Kunststoff oder gewachstem Papier hergestellt sind.

Alle Folien befinden sich auf Trägerpapieren.

Übertragungsfolien können auch als **Klebeschablone** eingesetzt werden. Bei ihrem Einsatz entfernt man nach dem Schneiden der Konturen die inneren Buchstabenteile und kann die Schablone auf den Schriftträger kleben, um dann Farbe einzurollen oder zu spritzen.

Da dem Grafiker der Umgang mit der Spritzpistole weniger vertraut ist, wird er die Farbarbeit dem Maler und Lackierer oder dem Fahrzeuglackierer überlassen.

6 Wahl der Schriftart

Nach den Informationen zum Erstellen von Schrifttexten werden in diesem Abschnitt die gestalterischen Probleme erläutert. Zwischen Textinhalt und gewählter Schriftart besteht ein innerer Zusammenhang. In der **Werbung** steht dabei das Produkt im Vordergrund. An Gebäuden beeinflusst der **Baustil** den Schriftcharakter. Nicht in jedem Fall wird für Texte eine einzige Schriftart benutzt. Setzt man mehrere Schriftarten ein, spricht man von **Schriftmischungen.**

6.1 Zusammenhang von Textinhalt und Schriftart

Wenn z.B. eine Handelseinrichtung Schmuckwaren anbietet, wissen wir, dass Schmuck feingliedrig, kostbar, gediegen, manchmal etwas verspielt oder modisch geprägt ist. Dafür passt demzufolge nur eine Schrift mit ähnlichem Charakter.

Man könnte Schriften der Renaissance- oder Barockantiqua benutzen. Sie betonen aufgrund ihres Alters das Dauerhafte und Edle. Die relativ junge Englische Schreibschrift deutet auf Schwungvolles oder Jugendlichkeit hin. Die Variante mit der Italienne dagegen wirkt grob und plump **(Bild 1).**

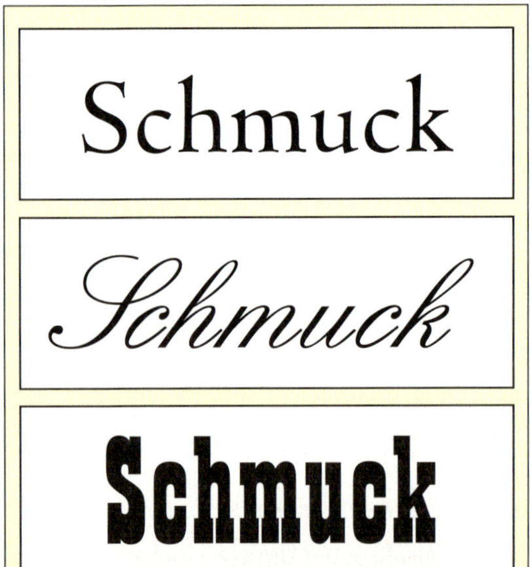

Bild 1: Zusammenhang Produktwerbung und Schriftart

Dagegen wird als Schrift für ein gotisches Bauwerk, z.B. einen Dom, eine Textur nötig sein. Die Ausführung in der Jugendstilvariante ist wohl der Würde dieses Bauwerks nicht angepasst **(Bild 2).**

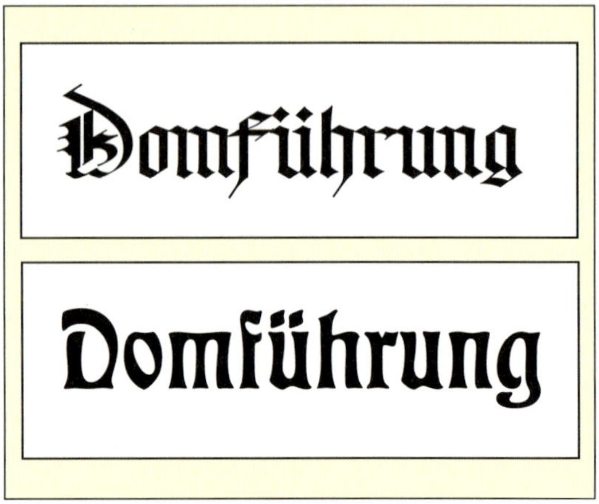

Bild 2: Zusammenhang Baustil und Schriftart

6.2 Schriftmischung

Wenn man mehrzeilige Texte herstellt, ist es sinnvoll, wichtige Teile davon hervorzuheben, andere dagegen unterzuordnen, um Akzente zu setzen bzw. Textteile zu betonen. Das kann mit Schriften der gleichen Schriftfamilie oder mit verschiedenen Schriftarten erfolgen. Dabei sind bestimmte Regeln einzuhalten, die als Form-, Ausdehnungs-, Abstands- und Richtungskontrast aus der Ornamentlehre bekannt sind.

6.2.1 Schriftmischung innerhalb einer Schriftfamilie

Schriften einer Familie unterscheiden sich durch Eigenschaften wie Größe bzw. Schriftgrad, Schriftrichtung (senkrecht oder kursiv) und in der Schaftstärke (von mager bis fett). Sie können in der Regel immer miteinander gemischt werden.

An nachfolgenden drei Beispielen ist jedoch zu sehen, dass schon bei einem Zweizeiler die beste Lösung nicht einfach zu finden ist und mehrere Varianten ausprobiert werden sollten. Dabei kommen Eigenschaften zur Anwendung, die in der **Ornamentlehre, Abschnitt 2** näher beschrieben werden. Es sind dies z.B. die Gestaltungskräfte tragend, lastend, zu groß, zu klein, zu weit, zu nah usw. Mithilfe des PC ist eine Lösung am schnellsten zu finden **(Bild 1, Seite 143).**

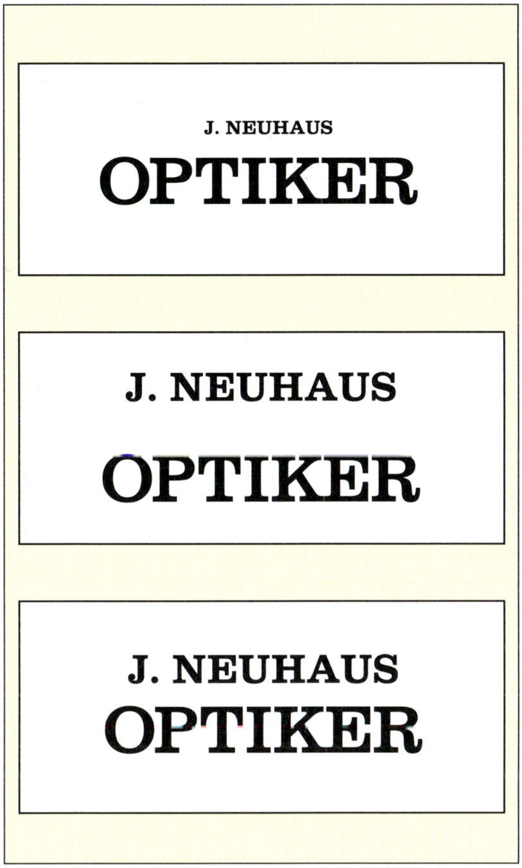

Bild 1: Schriftmischung aus Varianten einer Schriftfamilie

6.2.2 Mischung verschiedener Schriftarten

Da jede Schriftart einen besonderen Charakter besitzt, muss man für Schriftkombinationen bzw. Schriftmischungen ausreichend große Formkontraste herstellen.

HINWEIS Mehr als zwei Schriftarten sollte man nicht mischen, sonst wird das Ergebnis unruhig.

Mischbar sind

- **Schriften einer Epoche:**

  Renaissance-Antiqua und -Fraktur (**Bild 2,** oberes Beispiel),

  Egyptienne und Englische Schreibschrift,

  Grotesk und Englische Schreibschrift,

  Fraktur und Schwabacher,

  Schwabacher und Textur.

Bild 2: Beispiele für mögliche Schriftmischungen

- **Historisch weiter entfernt liegende Antiqua-Arten:**

  Grotesk und Garamond, Grotesk (nicht so fett) und „Frakturschriften" (**Bild 2,** unteres Beispiel).

Nicht mischen

sollte man Schriftarten, die zu geringe markante Unterschiede aufweisen:

- Renaissance-Antiqua mit klassizistischer Antiqua (**Bild 3**),
- sog. Frakturschriften verschiedener Arten (**Bild 4**), wie sie z. B. im 19. Jahrhundert entwickelt wurden.

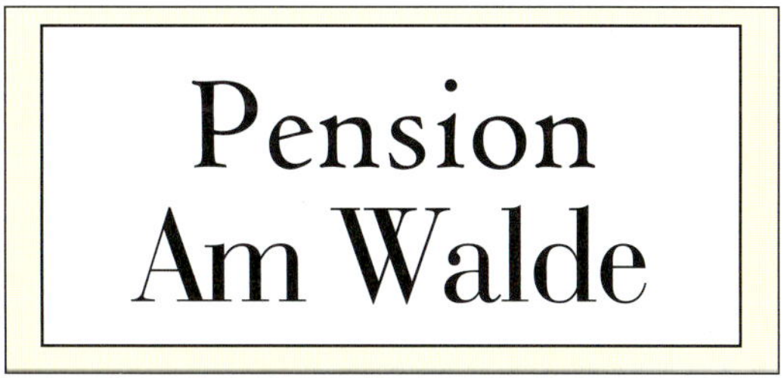

Bild 3: Nicht zu empfehlen: Antiquamischungen

Bild 4: Nicht zu empfehlen: „Frakturmischungen"

7 Anordnung von Texten auf Schriftträgern

Die Beschriftungen erfüllen ihren Zweck, wenn sie gesehen werden können. Dazu sucht man an Gebäuden **(Bild 1, S. 101)** und Fahrzeugen **(Bild 2, S. 101)** den günstigsten Ort. Um die Aufmerksamkeit und Lesbarkeit in einer bestimmten Entfernung zu erreichen, ist weiterhin das günstigste Verhältnis von Schriftfeld und Textgröße zu suchen. Kombinationen von Schrift und Bild (Grafik) können den Auffälligkeitsgrad beeinflussen. Des Weiteren ist es üblich, Beschriftungen abzugrenzen, indem man Einrahmungen vornimmt.

7.1 Anordnungsmöglichkeiten für Texte an Fassaden

Für Beschriftungsarbeiten an Fassaden liefert der Auftraggeber nicht nur den Text, sondern er nennt auch den Ort seiner Anwendung sowie Form und Größe der zur Verfügung stehenden Fläche. Wenn die Beschriftung nicht direkt am Bauobjekt angebracht wird, kann man Tafeln oder Glasplatten oder Aufhänger benutzen **(Bild 1)**. In den meisten Fällen kommen einfache geometrische Formen infrage. Manchmal besitzen sie besonders geformte Ecken.

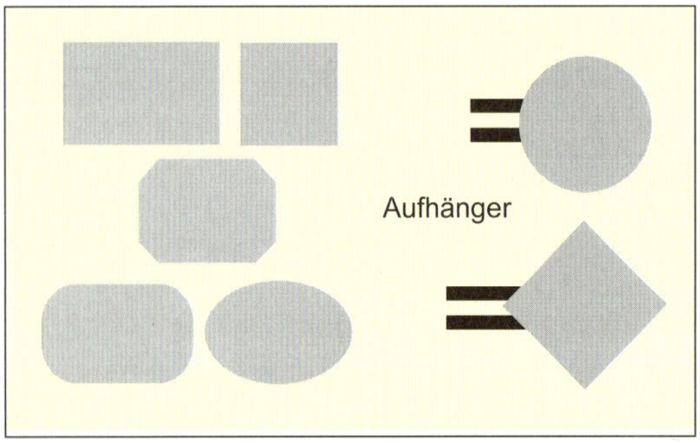

Bild 1: Tafelartige Beschriftungsflächen

Legt der Auftraggeber für **Fassadenbeschriftungen** z.B. Zeichnungen oder Fotos des Gebäudes vor, sieht der Schriftgestalter, ob es sich um Giebelflächen oder Seitenansichten handelt und ob ausreichende Flächengrößen vorhanden sind. Er kann Vorentscheidungen treffen, wo die Beschriftung anzuordnen ist. An Ladenbereichen werden sie z.B. über dem Schaufenster oder der Eingangstür angebracht **(Bild 2)**, ehe die Absprache vor Ort erfolgt.

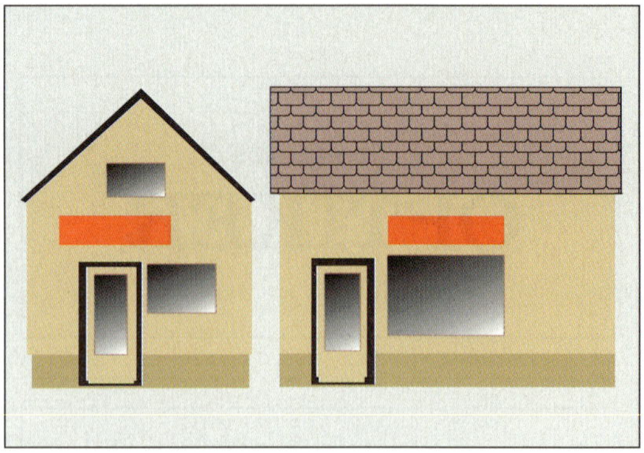

Bild 2: Schriftorte an Fassaden

In besonderen Fällen werden die Texte zur Steigerung der Aufmerksamkeit als sog. **Winker** oder **Aufhänger** an der Fassade angebracht: **Bild 3**.

Bild 3: Werbung durch Aufhänger

Fahrzeuglackierer erhalten den Platz für die Schriftanordnung in ähnlicher Weise zugewiesen **(s. Abschnitt 10** und **Bild 2, S. 101)**.

Für den **Schulbereich** ist normalerweise das Zeichenblatt im Querformat als Schriftträger üblich. Die Schriftart wird für normale Zeichenübungen sehr einfach sein. Dazu sollte man die Schmale Groteskschrift benutzen. An ihr können die Regeln der Schriftgestaltung ohne übermäßigen Zeitaufwand rationell angewendet werden.

7.2 Schriftproportionen

Um auf einfache Weise die Problematik zu erfassen, wird an Beispielen von einzeiligen Texten das Gefühl für entsprechende Proportionen gezeigt. Schrift kann zu groß oder zu klein wirken und damit aufdringlich oder unauffällig sein. In **Bild 1** ist das Schriftbild zu groß, die Schrift „sprengt den Rahmen".

Bild 1: Zu große Schrift sprengt den Rahmen

In **Bild 2** ist die Schrift zu klein. Sie füllt die Fläche unzureichend und ist in größerer Entfernung schlecht lesbar.

Bild 2: Zu kleine Schrift im vorgegebenen Feld

Bild 3 zeigt die gunstigste Proportion.

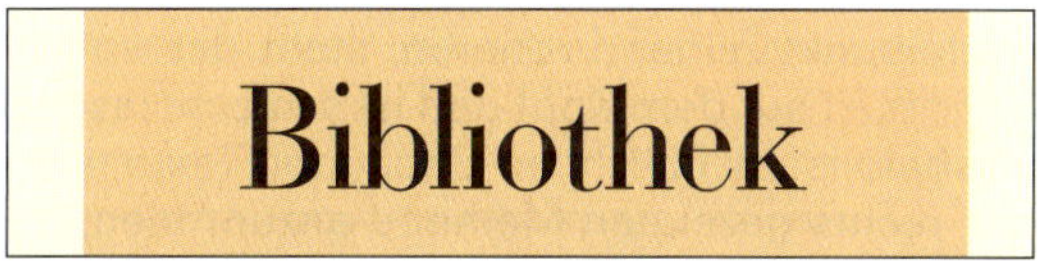

Bild 3: Günstigste Schriftgröße im vorgegebenen Schriftfeld

Um die richtigen Proportionen zu finden, kann man den Text skizzieren und dann mit mehreren Rahmenlinien versehen, die vom zu großen bis zum geeigneten kleineren Rahmen reichen **(Bild 4)**. Das Gefühl „sagt" mit dieser Methode nach einiger Übung und dem Vergleichen mit fertigen Arbeiten an Gebäuden bald, welche Lösung die günstigste ist.

Bild 4: Bei vorgegebener Textgröße die geeignete Rahmengröße finden

Wenn man sich zwei rechteckige „Winkel" aus dunklem Papier schneidet, kann durch Verschieben der beiden Teile das richtige Verhältnis etwas einfacher gefunden werden **(Bild 5)**.

Bild 5: Schriftrahmen mit zwei Papierwinkeln finden

TIPP Um die richtige Wahl zu treffen, sollten dem Auftraggeber mehrere Vorschläge als Skizze angeboten werden, die man mit Sachkenntnis überzeugend erläutert. Entsprechend sicheres Argumentieren ist dabei oft nötig, denn er kann anderer Meinung sein!

7.3 Anordnungsvarianten

Texte können auf dem Schriftträger einzeilig oder mehrzeilig angeordnet werden. Es ist möglich, sie symmetrisch oder asymmetrisch anzubringen. In den meisten Fällen wird der Text geradlinig, seltener bogenförmig oder schräg platziert. Die Varianten hängen von den Gegebenheiten des Schriftträgers am Bau oder am Fahrzeug ab.

7.3.1 Einzeilige Anordnung

Waagerechte Anordnung

- **Symmetrisch**

Diese Anordnung ist die gebräuchlichste Methode. Der Text wird genau in die Mitte des Schriftfelds gesetzt, wobei eine ruhige bzw. **statische Wirkung** entsteht **(Bild 6)**.

Bild 6: Symmetrische Textanordnung

Weil Kleinbuchstabentexte den oberen Raum eines Schriftblocks nicht vollständig ausfüllen, erscheint der obere Bereich der Schriftfläche leerer. Indem man solche Texte etwas höher setzt, erfolgt ein optischer Ausgleich.

Eine besondere Wirkung kommt zustande, wenn der Text in der Höhe verschoben wird. Die Schrift scheint dann zu schweben oder zu lasten **(Bild 1)**.

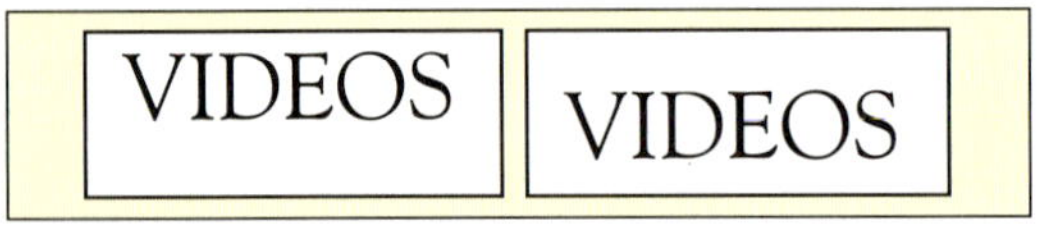

Bild 1: Wirkung der Höhenverschiebung

- **asymmetrisch**

Wenn man die Schrift nicht mehr mittig anordnet, sondern nach links oder rechts verschiebt, wird der Blick in eine bestimmte Richtung gelenkt. Man spricht von bewegter oder **dynamischer Anordnung (Bild 2)**. Als Nebeneffekt kann bei ungünstiger Proportion die Restfläche zu leer erscheinen. Dann bietet sich an, sie mit einem grafischen Werbeelement zu füllen.

Bild 2: Asymmetrische Schriftanordnung

Senkrechte Anordnung

Die senkrechte Textanordnung ist recht selten und wird manchmal als **chinesisch** bezeichnet **(Bild 3)**. Das Wort EIS auf der linken Seite wirkt durch den gleichen Anfangsbereich der unterschiedlich breiten Buchstaben unausgeglichen. Durch die symmetrische bzw. axiale Anordnung der Buchstaben tritt wieder Ruhe ein. Eine weitere Art senkrechter Platzierung ist im danebenstehenden Foto zu sehen.

Bild 3: Senkrechte Schriftanordnung

Schräge Anordnung

In **Bild 4** sind die beiden möglichen Varianten der schrägen Schriftanordnung zu sehen. Bei der linken Variante liegt die Schrift auf der sog. **positiven Diagonale.** Sie steigt nach rechts auf. Die negative Diagonale lenkt den Blick nach unten. Beide haben sie einen hinweisenden Charakter. Die Lage des Eingangs eines Geschäfts kann z. B. so betont werden.

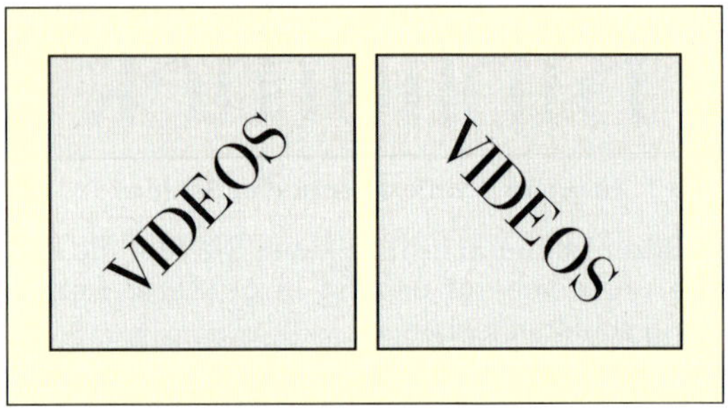

Bild 4: Schräge Schriftanordnung

Bogenförmige Anordnung

Grundlage der bogenförmigen Schriftanordnung sind Kreis, Ellipse oder Wellenlinie. Lässt man die Schrift wie bei Münzen zum Mittelpunkt zeigend rotieren, steht der untere Schriftteil auf dem Kopf und ist schlecht lesbar. Deshalb ist es üblich, an Gebäuden Texte nach der rechts gezeigten Methode anzuordnen, indem man den auf dem Kopf stehenden Teil neu ansetzt **(Bild 5)**.

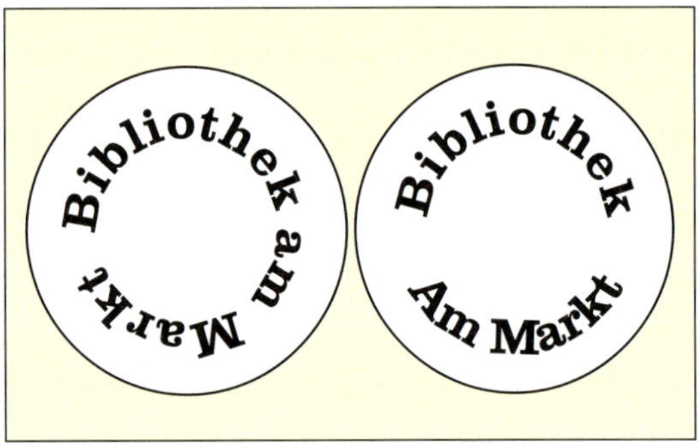

Bild 5: Kreisförmige Schriftanordnung

Mit dem Zeichenprogramm **Corel Draw** erreicht man diese Anordnung folgendermaßen: Nachdem der Text erstellt wurde, zeichnet man das bogenförmige Objekt und markiert beides. Dann wird unter dem Menü **Text** die Rubrik **An Objekten ausrichten** angeklickt. Bei dem sich öffnenden Feld kann man die zur bogenförmigen Anordnung genannten Möglichkeiten wählen.

Ein sehr schönes praktisches Beispiel von bogenförmiger Anordnung ist in **Bild 1** zu sehen.

Bild 1: Bogenförmige Schriftanordnung

7.3.2 Mehrzeilige Anordnung

Bei mehrzeiliger Anordnung werden Textzeilen wie bei einzeiligen Texten symmetrisch oder asymmetrisch gesetzt. Man beobachtet wiederum statische und dynamische Wirkungen. Leitet man Begriffe vom Buchdruck ab, finden sich Namen wie **Blocksatz** und **Flattersatz**.

Symmetrische Anordnung

Ordnet man die Schriftweiten und -abstände so, dass die Zeilen gleiche Breiten erhalten, sind die Seitenkanten bündig. Man erhält eine blockartige Wirkung und nennt dies Blocksatz **(Bild 2)**.

Bild 2: Text im Blocksatz

Bei Texten ungleicher Zeilenbreite ergibt sich bei symmetrischer Anordnung die Lösung, wie in **Bild 3** dargestellt.

Bild 3: Mehrzeilige symmetrische Anordnung

Der Aufbau der Texte in **Bild 4** erfolgte **trichterförmig** oder **treppenartig**, jedoch zusätzlich symmetrisch.

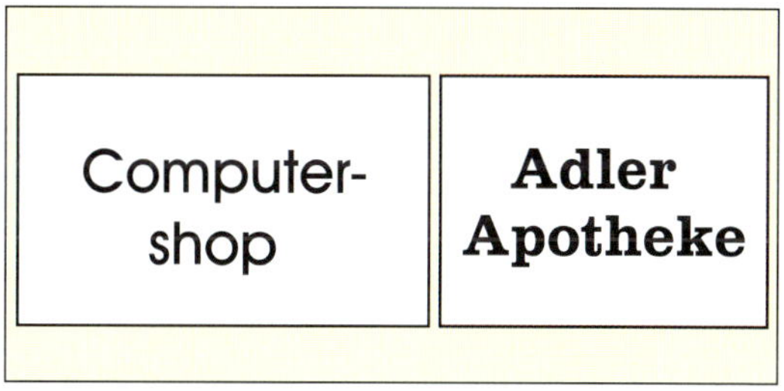

Bild 4: Trichterförmige und treppenförmige Anordnung

Asymmetrische Anordnung

Die asymmetrische Anordnung kann man links- oder **rechtsbündig** herstellen. Der Buchdrucker benutzt den Begriff links- und rechtsbündiger **Flattersatz**, weil die Zeilen nicht immer gleich lang sind **(Bild 5)** und scheinbar wie eine Fahne im Wind flattern.

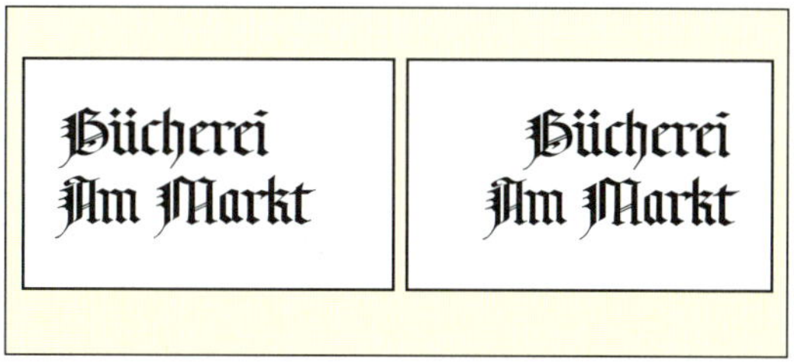

Bild 5: Links- und rechtsbündiger Flattersatz

Beim Anordnen mehrzeiliger Texte muss man auf die **Zeilenabstände** achten. Zu große Entfernungen zerstören den inhaltlichen Zusammenhang. Als normalen Abstand empfindet man die Mittellänge der Kleinbuchstaben, die sog. n-Höhe. Zur Erkennung ist im **Bild 1, S. 148** der Buchstabe n eingefügt.

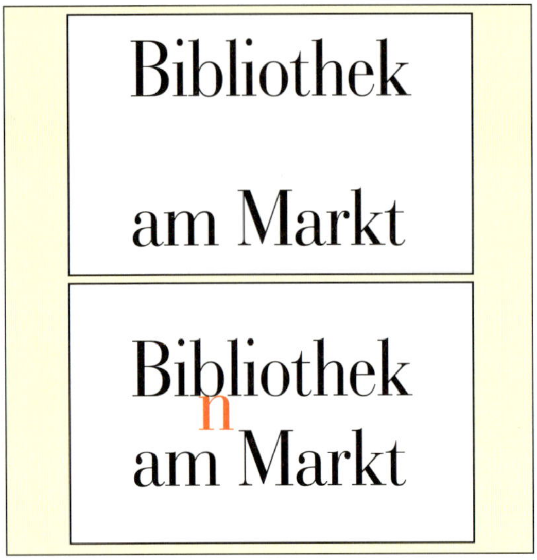

Bild 1: Klären von Zeilenabständen

7.3.3 Verbinden von Text und Bild

Bei den Zeilenabständen der Texte war zu sehen, dass die Abstandskontraste eine wichtige Rolle spielen. Für die Kombination von Text und Bild, z.B. in der Art eines Firmenlogos, gilt dasselbe. Mit zwei geometrischen Grundformen wird das Problem erläutert.

Ziel ist es, einen **Zusammenhang** zwischen beiden Elementen herzustellen, der logischerweise bei zu großen Abständen verloren geht. Aber auch zu geringe Abstände empfindet man als störend. Um die beste Lösung zu finden, hilft die praktische Anschauung, die mit dem PC sehr schnell getestet werden kann.

Durch Ausschneiden von geometrischen Grundformen für Text und Bild kann man das Ziel jedoch ohne PC ebenfalls erreichen.

In **Bild 2** sind **Text und Bild** zum Bestimmen des Abstands **auf einer Zeile** angeordnet.

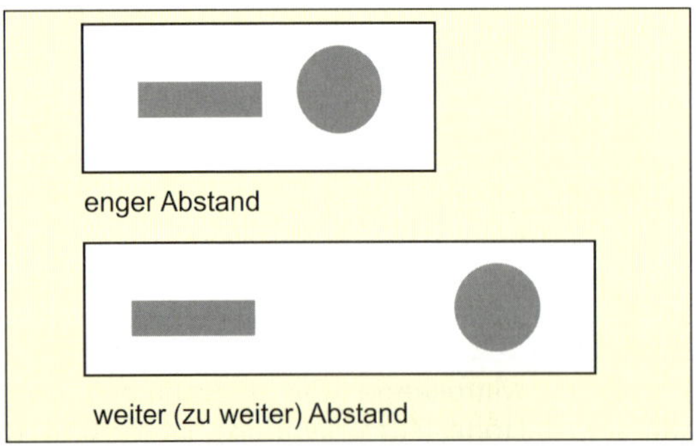

Bild 2: Nebeneinander von Text und Bild

In **Bild 3** sind **Text und Bild symmetrisch übereinander** angeordnet. Die Rechteckformen wirken dabei lastend oder tragend.

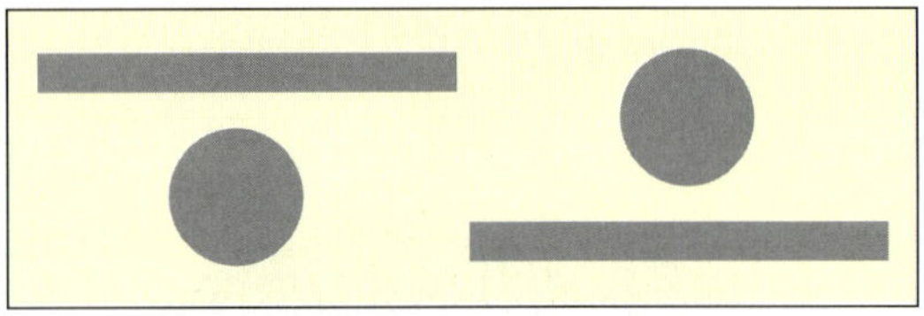

Bild 3: Symmetrische Anordnung von Text und Bild

Wählt man von den drei Farbkontrasten für die Gestaltung zusätzlich den Helligkeitskontrast und variiert zusätzlich mit dem Abstandskontrast, ändert sich die Situation etwas **(Bild 4)**. Der helle Kreis scheint von der Schriftzeile wegzuschweben, sich zu entfernen, der dunkle Kreis lastet. Zum Ausgleichen der Störung sind in der unteren Kombination Helligkeitskontrast und Ausdehnungskontrast verändert worden.

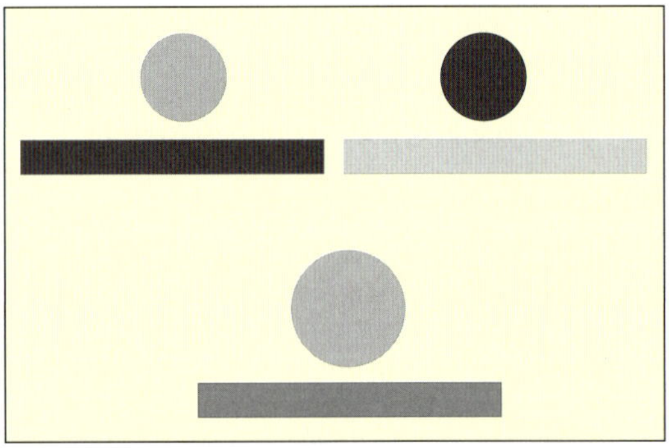

Bild 4: Verändern der Gestaltungsmerkmale zwischen Text und Bild durch Helligkeitskontraste

An einem realen Beispiel kann man die Wirkung der beschriebenen Kontraste noch besser erkennen. Die Brille ist in **Bild 5** zu weit entfernt. In **Bild 1, S. 149** sind deshalb mehrere Varianten hergestellt. Die erste sieht günstiger aus. Trotzdem stört noch etwas. Es erscheint besser, wenn die Brille zur Mitte zeigt. Dabei ist es nicht gleichgültig, ob das Logo links oder rechts angeordnet ist.

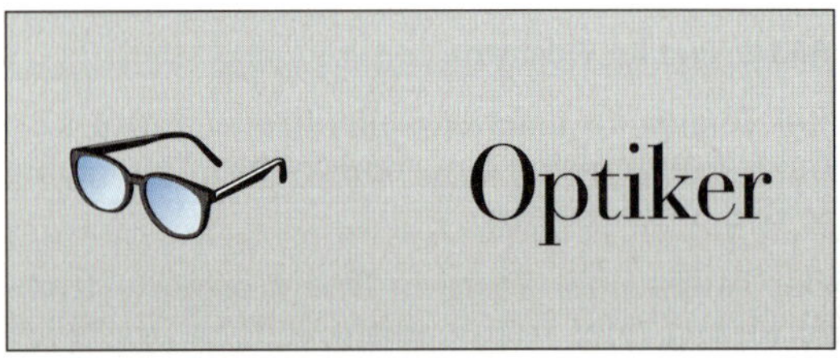

Bild 5: Abstand zu weit

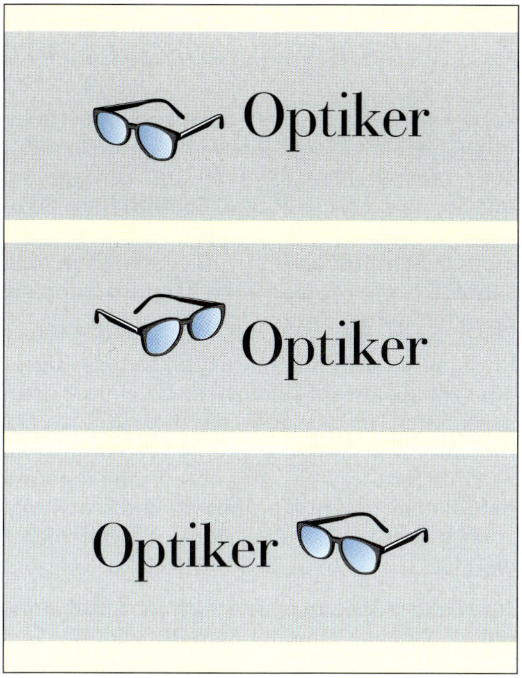

Bild 1: Beispiel für Anordnungsvarianten mit realem Text und Bild

Die Verwendung mehrerer Brillen kann dem Betrachter vermitteln, dass in diesem Geschäft eine große Auswahl anzutreffen ist **(Bild 2)**. Durch den eingesetzten Mengen- bzw. Quantitätskontrast zwischen Schrifttext und Grafik ist die Bedeutung eines gut gewählten Firmenzeichens zu erkennen.

Bild 2: Bedeutungsänderung durch Einsatz mehrerer grafischer Elemente

TIPP Entnehmen Sie diesen Hinweisen, wie kompliziert die Gestaltung ist! Stellen Sie immer erst eine Reihe von Entwürfen her, am rationellsten am PC! Die besten Lösungen zeigen Sie dem Auftraggeber! Trotzdem muss ihm nicht jede Arbeit gefallen. Dann suchen Sie nach weiteren Lösungen oder überzeugen ihn durch Fachkenntnis von ihrem Entwurf!

7.3.4 Arbeitshinweise zum Anordnen von Texten auf dem Schriftträger

Für diesen Zweck arbeitet man entweder in althergebrachter Weise mit Transparentpapier oder man setzt computergeschnittene Schriftfolien ein.

Arbeit mit Transparentpapier

- Stellen Sie die beiden Texte von **Bild 3** mit der Kopiermethode auf Transparentpapier her!
- Schneiden Sie diese wortweise in Streifen!
- Legen Sie die Teile auf den Schriftträger (Zeichenkarton), um die günstigste Wirkung zu finden!

Per Durchdrückpause kopieren Sie den Text an der gewünschten Stelle. Ist er zu schwach zu erkennen, müssen Sie die Kontur noch einmal mit Bleistift (nie mit Faserstift o. ä.) nachzeichnen. Wenn der Text farbig ausgelegt werden soll, ist der Arbeitsgang überflüssig. Die Konturen können sonst u. U. durchscheinen.

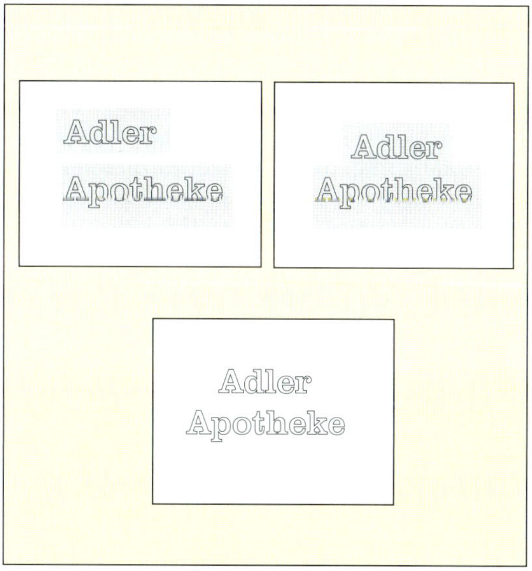

Bild 3: Text auf Schriftträger übertragen

Arbeit mit geschnittenen Klebefolientexten

Für diesen Zweck wird der Text auf den Farbfolien vom Schneidplotter bis zum Trägerpapier geschnitten. Zur weiteren Verwendung muss der Text entgittert werden. Liegt ein Klebefolientext vor, entfernt man das äußere Folienmaterial stückweise. Bei Klebeschablonen löst man das Schaftinnere vom Trägerpapier.

Zerschneidet man die Texte dann wieder zeilenweise, kann man sie am Schriftträger anordnen und mittels Übertragungsfolie auf den Untergrund kleben. In **Bild 1** sind beide Folienarten im entgitterten Zustand zu sehen.

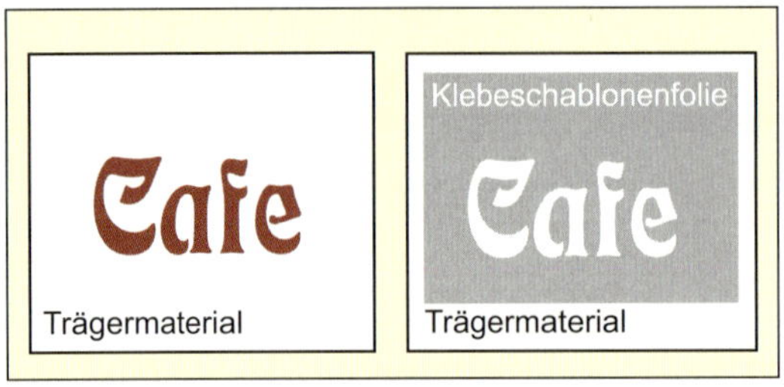

Bild 1: Entgitterte Klebefolie und Klebeschablonenfolie

Tipp Wenn Sie einen mit Bleistift auf Transparentpapier kopierten Text manuell zur Klebeschablone umwandeln wollen, geht das sehr einfach. Lösen Sie die durchsichtige Kunststofffolie von Applikationstapes von ihrem Trägerpapier und legen Sie diese auf den kopierten Text! Wenn Sie die Folie mit einem Rakel oder dem Zeichendreieck auf dem Transparentpapier andrücken und sofort wieder abziehen, befindet sich der Text auf der Klebeseite der Folie. Legen Sie diese zurück auf das Trägerpapier, kann man die Schriftkonturen mit dem Schablonenmesser ausschneiden, herausheben und weiter benutzen **(Bild 2)**!

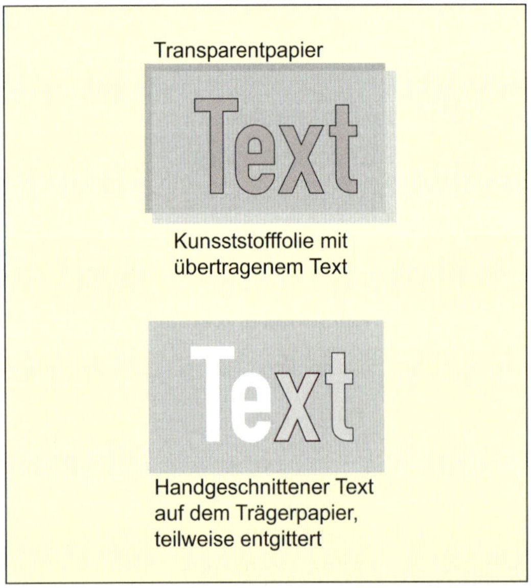

Bild 2: Manuelles Übertragen von Text auf Kunststoffklebefolie für den Handschnitt

8 Herstellung farbiger Texte

Wenn die konstruierten oder kopierten Texte farbig behandelt werden sollen, liegen sie meist auf Transparentpapier vor. Zur Farbgebung müssen sie erst auf den Schriftträger übertragen werden. Dazu wandelt man die Zeichnung in **Schriftpausen** um. Mit ihnen kann man saubere Konturen der Texte herstellen und sie dann mit dem Schriftmalpinsel auslegen.

Erfolgte die Schriftkonstruktion mittels Raster oder Hilfslinien auf Zeichenkarton, um sie dann auszulegen, müsste man die Bleistiftlinien abradieren. Das ist bei schlechter Papierqualität, zu kräftiger Strichführung oder Problemen mit dem Radiergummi oft mühsam und schwierig, sodass diese Arbeitsweise nicht empfehlenswert ist.

Als zweite Möglichkeit bietet sich das **Schablonieren** an. Arbeitet man mit dem PC, wird der Text mit einem Schneidplotter als **Schriftklebefolie** erstellt. Das ist die rationellste Arbeitsmethode.

8.1 Arbeiten mit Schriftpausen

Zum Übertragen der konstruierten Texte kann man zwischen Stechpausen und Durchdrückpausen wählen **(s. Fachzeichnen, 5.4)**.

Text mit Stechpause übertragen

Eine Stechpause ist eine mehrfach einsetzbare Pause, deren Rückseite geschliffen wird, um die gestochenen Löcher beim Pausen nicht zuzudrücken. Einsatzgebiete sind raue Untergründe wie Putz und Beton oder ebene, meist beschichtete Flächen, wie Metall- oder Kunststofftafeln.

Zum Übertragen der Schrift reibt man einen mit Papierkohle gefüllten **Pausbeutel** über die Stechpause und überträgt punktartig die Konturen der Schrift **(Bild 1, S. 151)**. Wenn die Kohlepünktchen beim Auslegen Schwierigkeiten bereiten, weil sie zu dunkel sind, setzt man der Papierkohle etwas Kreide zu (vgl. auch Seite 50)!

Hinweis Manchmal wird mit dem Pausbeutel tupfend gearbeitet. Dann wird jedoch die Papierkohle auch an andere Flächen verteilt und die Pause ist verschmutzt.

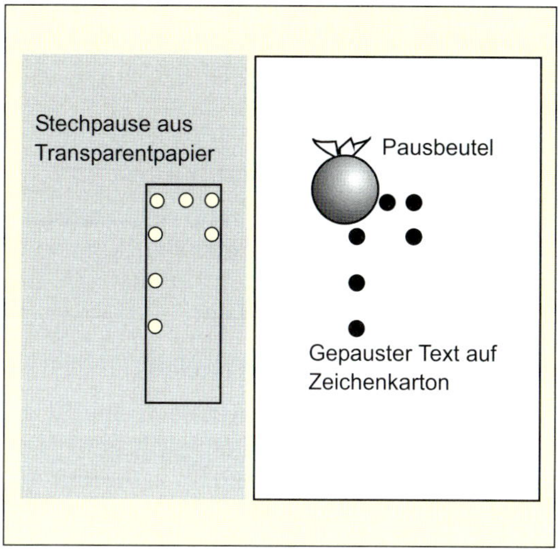

Bild 1: Einsatz der Stechpause

Text mit Durchdrückpausen übertragen

Durchdrückpausen sind nur zum ein- bis zweimaligen Gebrauch auf Zeichenkarton oder ebenen Platten wie Lackierungen geeignet.

Arbeitsschritte zum Herstellen und Benutzen der Durchdrückpause:

- Ausgangsmaterial ist der auf Transparentpapier konstruierte oder kopierte Schrifttext. Zum Herstellen der Durchdrückpause werden die Konturen der Schrift auf der Rückseite des Transparentpapiers mit weichem Stift nachgezogen. Zum sauberen Arbeiten sollten Lineal und Kreisschablonen benutzt werden.
- Dann klebt man das Transparentpapier auf den Schriftträger und zieht mittels hartem Stift die Konturen nach, um sie durchzudrücken.
- Entfernt man das Transparentpapier, ist der Text auf dem Untergrund zu sehen. Ein Nachzeichnen der Konturen ist nicht vorgesehen. Sind sie nicht ausreichend sichtbar, wurde nicht stark genug aufgedrückt.

Die einzelnen Schritte sind in **Bild 2** zu sehen.

TIPP Wenn die schwarzen Linien der Konturen nach dem Auslegen der Schrift mit hellen bunten, nicht gut deckenden Malfarben manchmal noch sichtbar sein sollten, färben Sie die Durchdrückpause nicht mit Bleistift, sondern mit Farbstiften oder Farbkreiden im Ton der Malfarbe ein!

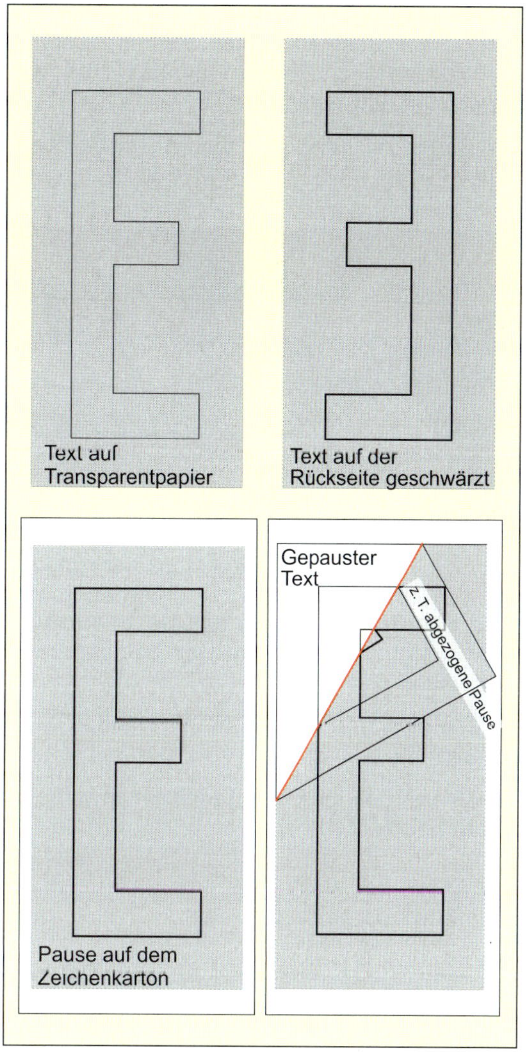

Bild 2: Herstellung und Benutzung einer Durchdrückpause

Auslegen der gepausten Texte

Nach dem Übertragen der gepausten Texte wird die Schrift mit dem Schriftmalpinsel farbig ausgelegt. Dazu ist es ratsam, einen Malstock oder eine Malbrücke zu benutzen **(Bild 3)**.

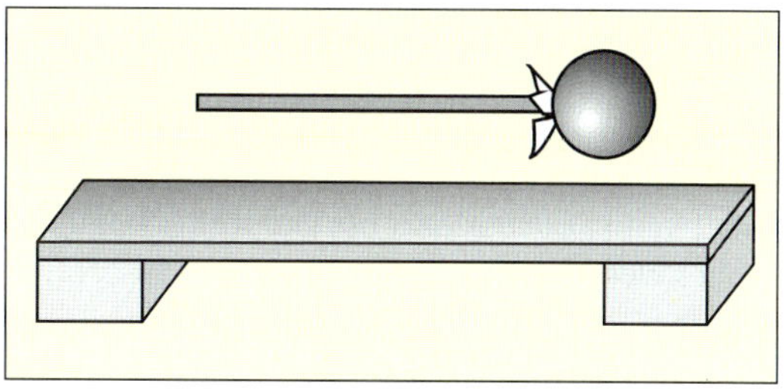

Bild 3: Malstock und Malbrücke

Die Malbrücke hat gegenüber dem Malstock den Vorteil, dass sie gleich bleibend parallel zur Malfläche liegt. Die Pinselhaltung zum Auslegen ist in **Bild 1** zu sehen.

Um Bögen zu füllen, legt man die Hand ebenfalls auf die Malbrücke und malt von oben aus.

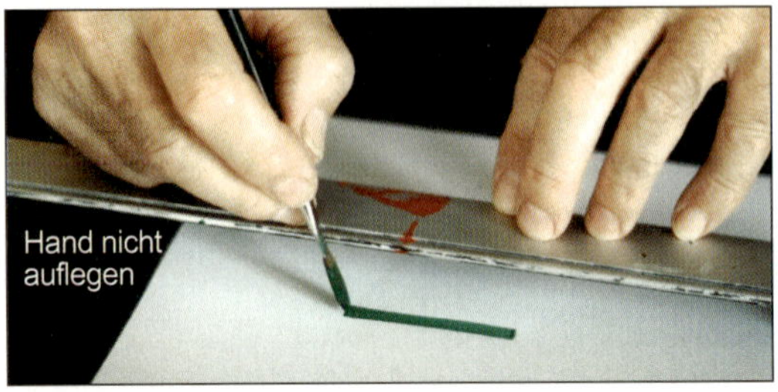

Bild 1: Pinselhaltung an der Malbrücke

> **TIPP** Ziehen Sie auf Zeichenkarton mehrere Striche mit dem Schriftmalpinsel, ehe Sie Buchstaben auslegen! Achten Sie auf knotenfreies Ansetzen bei längeren Strichen!
>
> Plattpinsel sind für die Arbeit weniger gut geeignet.
>
> Probieren Sie auch das Strichziehen mit einem Spitzpinsel!

Die Arbeit des Auslegens eines Buchstabens ist in **Bild 2** dargestellt.

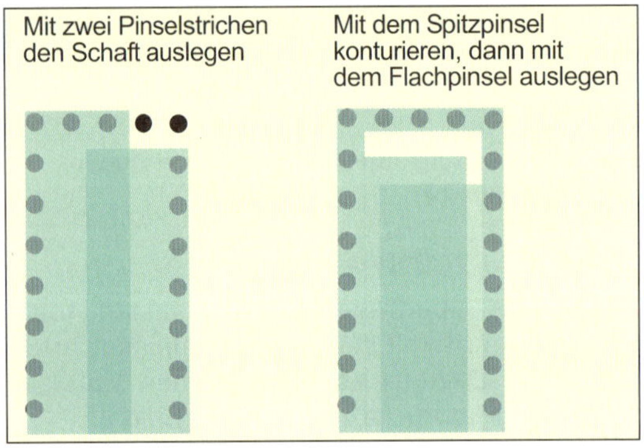

Bild 2: Pause auslegen

Nach dem Auslegen mit Malfarbe dürfen keine Pauspünktchen oder Pauslinien mehr zu sehen sein. Beim Stechen der Pause sind also möglichst kleine Löcher und bei Durchdrückpausen feine Linien nötig.

Am besten wäre es, wenn der Pinsel die Breite der Balkenstärke besäße. Meist füllt man aber mit zwei Pinselstrichen die Schaftfläche der Buchstaben. Ein Spitzpinsel ist zum Konturieren und Auslegen unpraktisch, weil die flächige Arbeit mit ihm mühsamer ist als mit dem flachen Pinsel.

8.2 Arbeiten mit Schablonen

Für diesen Zweck kann man sich **mehrfach benutzbare Schablonen** herstellen oder man fertigt **Klebeschablonen** zum einmaligen Gebrauch an **(s. Abschnitt 7.3.4)**.

Mehrfachschablonen herstellen

Schablonen dieser Art werden heute aus Kunststofffolien hergestellt. Früher wurde fester Zeichenkarton von mindestens 150 g/m² benutzt, der vor dem Schneiden wasserabweisend gemacht wurde. Man strich dazu die Vorder- und Rückseite mit Firnis, Halböl oder verdünntem Klarlack ein. Solche Schablonen sind für einfache, rationelle Beschriftungen gedacht **(Bild 3)** oder dort, wo die von den Schablonenhaltern stammenden typischen Leerflächen nicht stören, z. B. beim Paketversand im Großhandel.

Bild 3: Text mit Schablonenschrift

Da Texte am rationellsten auf Transparentpapier hergestellt werden, sind folgende Arbeitsgänge zum Herstellen der Schablone nötig:

- Übertragen Sie den Text auf das Schablonenmaterial! Für Zeichenkarton und undurchsichtige Kunststofffolien ist dafür die Durchdrückpause zu empfehlen. Durchsichtige Kunststofffolien legt man über den Text und kopiert ihn mit hartem Bleistift oder wasserfesten Faserschreibern exakt durch. Dünne Linien sind nötig, weil die Messerklinge zum Schneiden der Konturen so dünn ist.

- Nach dem Zeichnen der Texte sind so genannte **Schablonenhalter** einzuzeichnen, die die inneren Buchstabenteile nach dem Schneiden mit dem Schablonenrandfeld verbinden. Die Halter sollten je nach Buchstabengröße und Schablonenfestigkeit mindestens 3 mm breit sein.

  Die Halter werden meist wie in **Bild 1** angeordnet.

  Bei runden oder symmetrischen Buchstaben (eosßOGUH) wird der Halter mittig angebracht.

  Bei runden oder eckigen Buchstaben mit geraden Schäften (arnhLP) liegt der Halter am Bogenende an der Geraden.

  Bei Buchstaben mit Schrägen (vxkVXK) zeichnet man den Halter rechtwinklig zu den Schrägen.

Bild 1: Anordnung der Schablonenhalter bei den verschiedenen Buchstaben

- Abschließend werden die Schablonen geschnitten, gerade Konturen am besten an einem Lineal mit Stahlkante, Rundungen frei Hand mit dem Schablonenmesser oder mit dem Kreisschneider.

> **TIPP** Üben Sie das Kreisschneiden auf festem Zeichenkarton an einigen Vollkreisen von 3 cm bis 5 cm Durchmesser, bis die Rundungen gleichmäßig sind! Benutzen Sie als Unterlage eine Schneidmatte! Drehen Sie beim Schneiden möglichst nicht das Messer, sondern die Formen!

Klebeschablonen herstellen

Klebeschablonen sind **zum einmaligen Gebrauch** auf ebenen Untergründen wie Lackierungen oder Glas gedacht. Es gibt jedoch auch elastische Folien für raue Putzflächen.

Für Klebeschablonen stellt man am PC den Textentwurf her und schneidet ihn in Übertragungsfolie am Plotter aus. Entfernt man die inneren Buchstabenelemente, entsteht die einsatzbereite Klebeschablone. Gegenüber der Mehrfachschablone besitzt die Klebeschablone keine Schablonenhalter **(Bild 2).**

Bild 2: Klebeschablone vor und nach dem Entgittern

Schablonieren

Beim Schablonieren tupft man mit einem Schablonierpinsel die gewählte Schriftmalfarbe in die freigelegten Buchstabenteile der Schablone. Es eignen sich auch kleine Ringpinsel, deren Borsten man mit einer Schnur verbindet oder mit Klebeband am Metallring verkürzt (Bild 2).

- **Arbeiten mit Mehrfachschablonen**

Da Mehrfachschablonen lose auf dem Untergrund liegen, kann Schablonierfarbe unter die Ränder fließen. Deshalb darf sich nur wenig Farbe im Pinsel befinden. Wenn die leeren Flächen der ehemaligen Schablonenhalter stören **(Bild 3)** könnte man sie nachträglich übermalen. Aber meist fällt dies nur bei näherem Hinsehen auf.

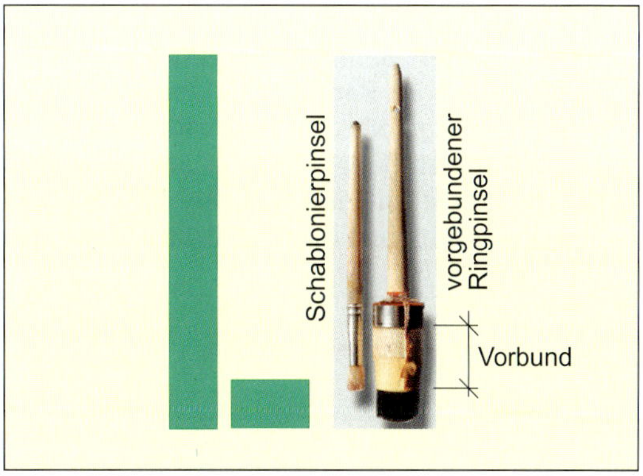

Bild 3: Schablonierter Buchstabe mit Schablonenhalter und Schablonierpinseln

> **TIPP** Wenn Sie die Farbe mit dem Airbrushgerät spritzen wollen, müssen Sie den Spritzdruck sehr niedrig halten und vermeiden, schräg unter die Folie zu spritzen. Es entstehen sonst keine scharfen Buchstabenkonturen.

- **Arbeiten mit Klebeschablonen**

1. Kleben Sie über den entgitterten Schrifttext der **Klebeschablone** die Übertragungsfolie! Sie soll 1 cm bis 2 cm über die Folie hinausreichen. Ziehen Sie eine Grundlinie an der Schriftunterkante des Textes! Sie muss bis an die linke und rechte Foliengrenze reichen **(Bild 1)**.

Bild 1: Klebeschablone, mit Übertragungsfolie überklebt

2. Markieren Sie mittels Bleistiftlinien die Textposition auf dem Schriftuntergrund! Auf Lackflächen kleben Sie stattdessen zwei Klebestreifen **(Bild 2)**!

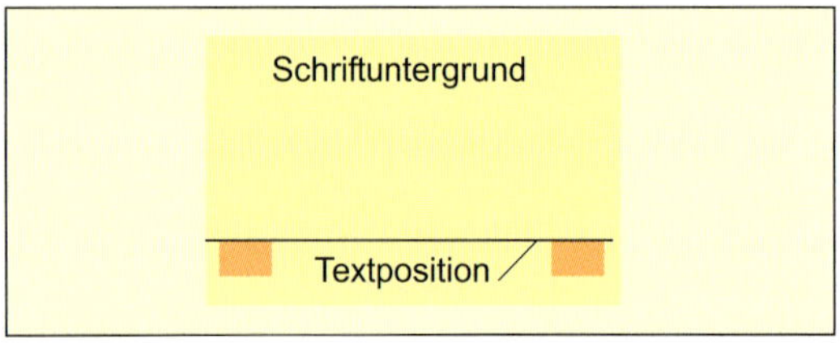

Bild 2: Markierungsarten für den Text

3. Legen Sie nun den Schrifttext mit der Übertragungsfolie passgenau an der Hilfslinie auf den Schriftuntergrund und drükken Sie ihn im Bereich der überstehenden Übertragungsfolie mit einer **Rakel** (das ist eine Kunststoffspachtel mit abgerundeten Ecken) oder mit einem Gummiroller fest! Als Ersatz ist auch die Linealkante dafür geeignet **(Bild 3)**.

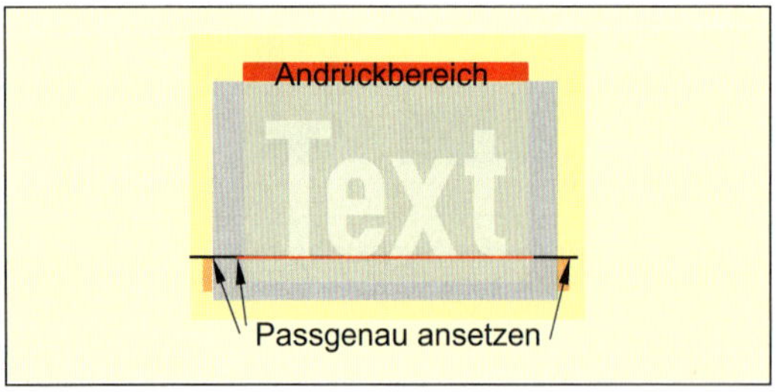

Bild 3: Passgenaues Ansetzen der Schablonenfolie mithilfe der Übertragungsfolie

4. Klappen Sie wie in **Bild 4** den Text hoch (linke Abbildung) und ziehen das Trägerpapier ab (rechte Abbildung)!

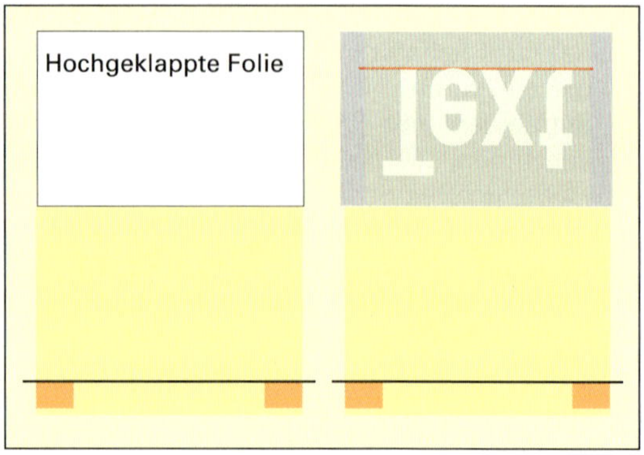

Bild 4: Hochgeklappte Folien zum Entfernen des Trägermaterials

5. Klappt man die jetzt klebefähige Folie zurück, liegt der Text exakt an der geplanten Stelle. Drücken Sie die Schriftfolie mit einer Rakel blasenfrei am Untergrund fest **(Bild 5)**!

Bild 5: Zurückgeklappte Folien

6. Zieht man die Übertragungsfolie ab, liegt die Schrift frei **(Bild 6)**.

Bild 6: Übertragungsfolie entfernt, ermöglicht Schablonieren

7. Mittels Stupfpinsel, Roller oder der Airbrushpistole kann jetzt der Farbauftrag erfolgen **(Bild 7)**.

Bild 7: Ausgeführte Schablonierung

8. Nach leichtem Antrocknen der Farben kann die Schriftfolie vorsichtig abgezogen werden **(Bild 1, S. 155)**. Bei vollständig getrock-

neter Farbe könnten die Schriftränder brechen und unsaubere Konturen entstehen. Ist unter die Schablone Farbe gelaufen, war im Schablonierpinsel zu viel Farbmaterial, das man durch „Ausquirlen" hätte entfernen können.

Bild 1: Schablonierergebnis nach Entfernen der Schablonenfolie

9. Entfernt man nach dem vollständigen Trocknen der Schriftfarbe die Markierungen (Linie oder Klebestreifen), liegt das fertige Produkt vor **(Bild 2)**.

Bild 2: Fertige Schablonierarbeit

TIPP Wenn Sie im Schulbereich einen farbigen Untergrund zur Beschriftung mit einbeziehen wollen, sollten Sie diesen mit Dispersionsfarben herstellen! Temporafarbe könnte sich eventuell beim Schablonieren wieder auflösen. Wenn Sie noch mehr Beziehung zur Praxis suchen, lackieren Sie sich Papier einseitig oder stellen Sie sich lackierte Platten her!

8.3 Arbeiten mit Klebefolienschriften

Für den Fahrzeugbereich gibt es unterschiedliche Qualitäten von Folienmaterialien. Je nach geplanter Haltbarkeit der Beschriftung am Fahrzeug sind Standzeiten von mindestens 7 Jahren möglich.

Da diese Folien hauptsächlich der Fahrzeugbeschriftung dienen, wird ihre Verarbeitung im **Abschnitt 10.4.1** beschrieben.

9 Einrahmen von Texten

Schriftflächen werden in bestimmten Fällen durch Linien abgegrenzt, besonders dann, wenn sie die Trägerfläche unzureichend ausfüllen **(Bild 3)**. Durch Einsatz von Farbe wird die Wirkung gesteigert. Im farbigen Beispiel wirkt die helle Fläche wie eine umrahmte Vertiefung.

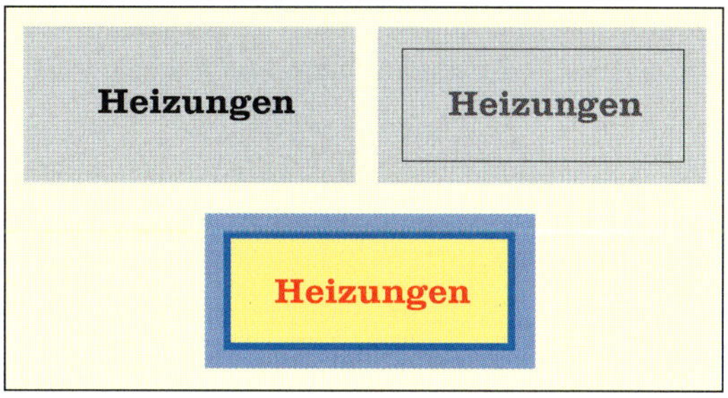

Bild 3: Begrenzung des Schriftfelds durch Einrahmungen

Sehr problematisch sind quadratische Flächen, die mit nur einer Textzeile versehen werden sollen. Auch eine asymmetrische Anordnung in der Höhe wirkt sich ungünstig aus **(Bild 4)**. Hier hätte man die Schriftfläche in Rechteckgröße schneiden sollen, um Leerflächen zu beseitigen. Oder ein Symbol wird dem Schrifttext zugefügt.

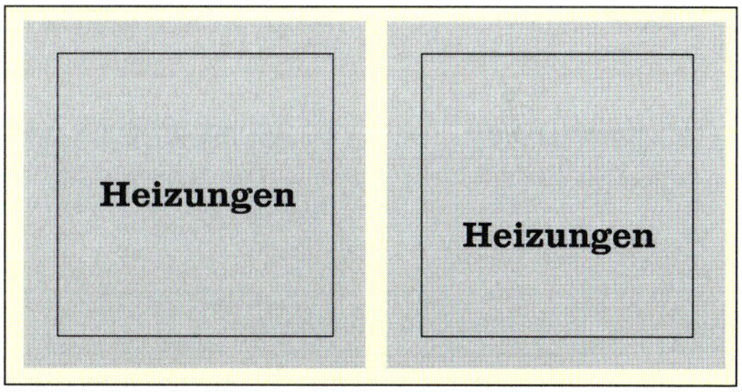

Bild 4: Problematische Schrift-Untergrund-Beziehung

9.1 Umrandungsmittel

Man benutzt Einzellinien unterschiedlicher Stärke oder Doppellinien, selten mehr.

9.1.1 Einrahmen mit Einzellinien

Die Umrandung erfolgt, indem man in gleichmäßigen Abständen Linien zur Schriftfläche nach innen zieht. So erreicht man neben einer symmetrischen, ruhigen Anordnung eine Verkleinerung der Schriftfläche.

Durch das Einrahmen sollte die bestimmende Bedeutung der Schrift nicht beseitigt werden. Als Richtmaß dient die Regel, dass die Liniendicke die Schaftdicke der Schrift nicht überschreitet **(Bild 1)**.

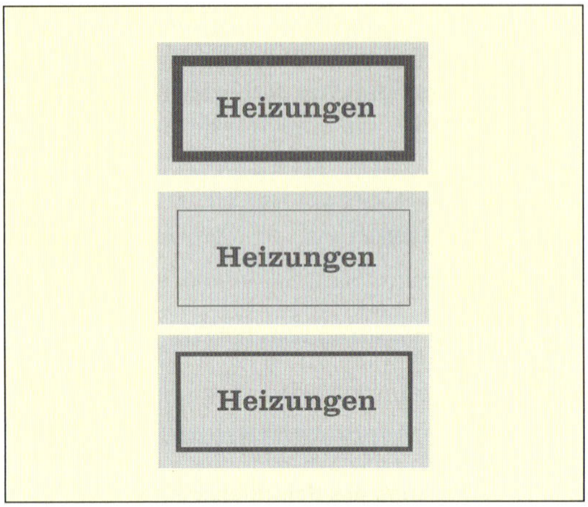

Bild 1: Einrahmung mit Einzellinien

9.1.2 Einrahmung mit Doppellinien

Doppellinien können die etwas strenge Wirkung der Umrahmung mit einer Linie etwas interessanter gestalten **(Bild 2)**. Die beiden Rahmen sollten aber in beiden Richtungen gleiche Abstände aufweisen, um die statische Wirkung zu erhalten, die durch die Schriftanordnung entstanden ist.

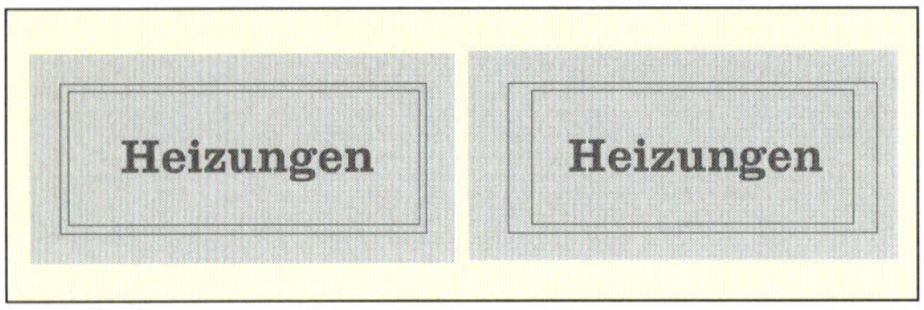

Bild 2: Einrahmung mit Doppellinien

Die Doppellinien können durch Anwenden einiger Kontraste aus der Dekorlehre variiert werden **(Bild 3)**, z. B. durch den Ausdehnungskontrast, Abstandskontrast oder Helligkeitskontrast.

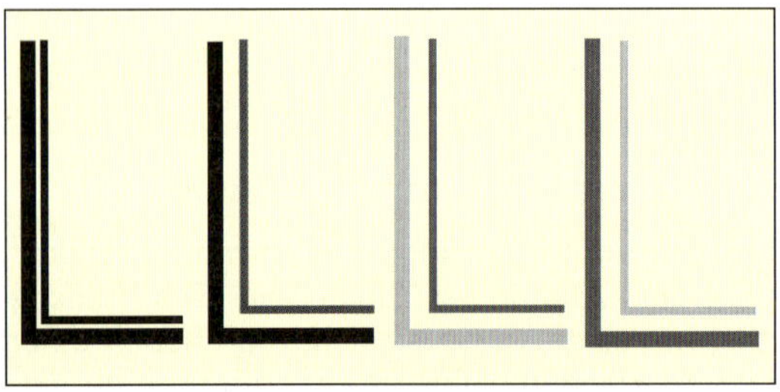

Bild 3: Randvariationen bei Doppellinien

9.2 Begrenzung der Untergrundfläche

In manchen Situationen möchte man statt einer Einrahmung Linien zum Füllen leerer Flächen der Schrifttafel benutzen. Sie sollen damit eine aufwändige Grafik ersetzen. Dann spielen die Liniendicke und der Abstand zur Schrift eine Rolle. Um Fehler zu vermeiden, stellt man mehrere Muster her **(Bild 4)**. Weniger zu empfehlende Muster sind in **Bild 5** zu sehen. Noch besser wären vor der Beschriftung Größenänderungen am Schriftträger selbst. Eine ausgewogene Gestaltung von Schrifttext und Schriftfläche ist in **Bild 6** erreicht worden. Die Fläche muss auch nicht durch Linien gerahmt werden, weil sie durch den Giebeluntergrund eingefasst wird.

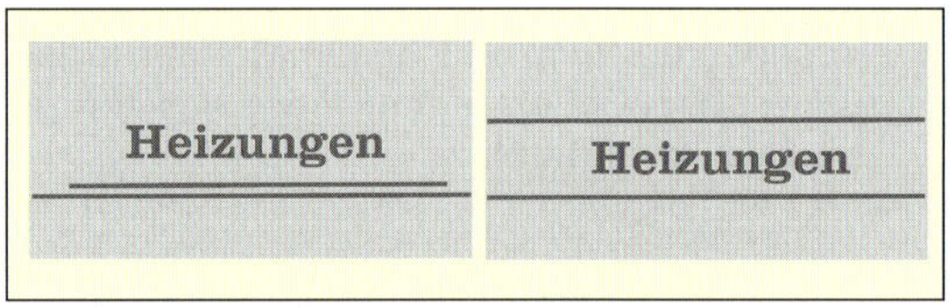

Bild 4: Textabgrenzung durch Linien

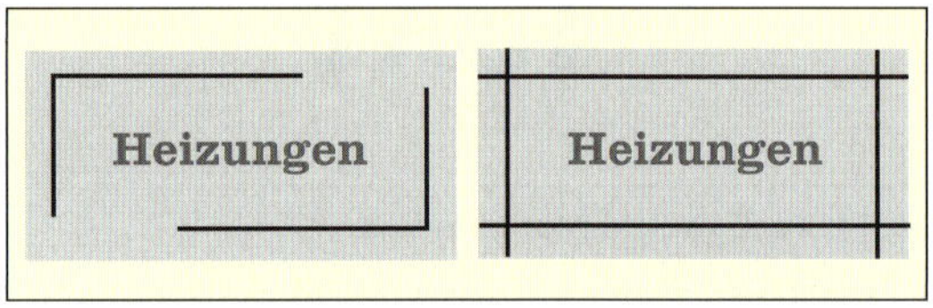

Bild 5: Weniger zu empfehlende Umrandungsarten

Bild 6: Einfassung einer Schrifttafel durch die Untergrundfarbigkeit

Hinweis In unserer gegenwärtigen Anschauung stehen klare Gestaltungen im Vordergrund. Die in diesem Kapitel gezeigten Lösungen dürften für den Normalfall in der Praxis ausreichen. Weiterführende Arbeiten sollten den Grafikern und Werbefachleuten überlassen werden, um nicht veraltete Dekore oder Spielereien anzubieten.

10 Schriftanordnung am Fahrzeug

Bei der Fahrzeugwerbung, die man auch als **rollende Werbung** bezeichnet, gibt es neben den Regeln, die von den geschilderten Besonderheiten der Bauten abgeleitet werden, noch Folgendes zu beachten:

10.1 Regeln zur Fahrzeugbeschriftung

Fahrzeugbeschriftung muss wegen der Fortbewegung der Fahrzeuge **schnell erfassbar** sein. **Kurze Texte** sind notwendig. Beim Anbringen der Schrifttexte werden die oberen senkrechten Bereiche der Fahrzeuge als Werbezonen bevorzugt, weil sie im fließenden Verkehr durch kleinere Fahrzeuge nicht verdeckt werden oder nicht so schnell verschmutzen.

Am **straßengebundenen Großfahrzeug** wie Lkw **(Bild 1)** und Bus **(Bild 2)** sowie **schienengebundenen Fahrzeugen** des Nahverkehrs **(Bild 3)** sind Seitenwände, Hinterwände und, sofern vorhanden, die Windabweiser für die Produkt- und Firmenwerbung üblich.

Bild 1: Werbung am Heck eines Lkw

Bild 2: Werbung an der Seitenwand eines Omnibusses

Bild 3: Werbung am Schienenfahrzeug

An **Kleinfahrzeugen** wie Pkw oder Kleintransportern sind neben den senkrechten Flächen **(Bild 4)** schräge und waagerecht liegende Flächen wie Motorhaube **(Bild 1, S. 158)**, Heckklappe, manchmal auch das Dach zusätzliche Werbeträger.

Auf waagerechten Flächen ist die Werbekraft jedoch wegen des ungünstigen Blickwinkels für Fußgänger stark eingeschränkt. Aber von oben gesehen ist die Wirkung zu akzeptieren, wenn man aus dem Fenster sieht.

Bild 4: Seitenwerbung am Kleintransporter

Bild 1: Firmenwerbung an der Motorhaube

Aus den Abbildungen geht hervor, dass **übersichtliche Lösungen** zustande kommen, wenn die fahrzeugbedingten Teilflächen die Aufgabe des Schriftträgers übernehmen, wie es bei den Werbetafeln des Malerbereichs gezeigt wurde. **Erhöhungen und Vertiefungen** am Fahrzeug **stören den Lesefluss,** weil Wortteile nicht mehr eindeutig lesbar sind. Sie sind nutzbar, wenn sie die Schriftfläche begrenzen und nicht unterbrechen.

10.2 Umrandungsmittel am Fahrzeug

Wie bei Schrifttafeln spielen Liniierungen an Fahrzeugen in Kombination mit Texten eine Rolle. Es ist sinnvoll, sie den Fahrzeugformen oder anderem Dekor anzupassen **(Bild 2)** oder zum Füllen von Flächen zu benutzen, wo es ratsam ist **(Bild 1, S. 159)**.

Bild 2: Kombination von Linie und Text

Weil der Werbegrafiker für dieses Gestaltungsgebiet weitgehender ausgebildet ist, sollte der Fahrzeuglackierer mit ihm eng zusammenarbeiten. Im Normalfall erhält er von ihm die Klebefolien oder Klebeschablonen und sorgt für das Anbringen am Fahrzeug.

10.3 Fehlerhafte Beschriftung

An Fahrzeugen können nicht alle Flächen beschriftet werden. Scheiben schränken den Einsatz der Werbung ein, weil Fahrer oder Fahrgäste normalerweise nicht hindurchschauen können. Trotzdem gibt es Beispiele, wo die Beschriftung auch darauf erfolgt, sicher auch gefördert durch die Entwicklung von **Lochfolien,** die den Blick in das Fahrzeug verhindern, aber die Sicht nach außen nicht **(Bild 3)**.

Bild 3: Sichtbehinderung durch Beschriftung

Konstruktionsbedingte Biegungen (Sicken) oder Unterbrechungen an den Flächen beschränken die Lesbarkeit und zerteilen den gleichmäßigen Textfluss **(Bild 4)**.

Bild 4: Texttrennung durch Bauteile des Fahrzeugs

Manchmal muss man erst um ein Fahrzeug herumgehen, um den vollständigen Text lesen zu können. Dann ist das Gestaltungsprinzip der schnellen Erfassbarkeit der Werbung nicht beachtet worden **(Bild 5)**.

Bild 5: Unvollständig lesbarer Text

Der in **Bild 1** gezeigte Bus besitzt in seiner Schriftzone zu große Leerflächen, die durch eine geeignete Linienkombination gefüllt werden sollte.

Bild 1: Zu viel Leerfläche in der Schriftzone

10.4 Durchführung der Fahrzeugbeschriftung

Nachdem bisher die Entwürfe zur Fahrzeugbeschriftung beschrieben wurden, wird jetzt das Anbringen am Fahrzeug erläutert. Voraussetzung ist als Endergebnis der PC-Arbeit eine geplottete Klebeschablonenfolie oder eine farbige Schriftklebefolie.

10.4.1 Beschriftung mit Klebeschablonenfolien

Die Klebeschablone wird, wie in **Abschnitt 8.2** beschrieben, innen entgittert und mit Übertragungsfolie auf den lackierten Untergrund geklebt und fest angedrückt. Damit die Schriftfarbe auf dem glatten Untergrund Haftung erhält, wird transparenter Haftsealer gespritzt. Er verhindert, dass Schriftfarbe unter die Folie fließt. Dann wird die Schriftfarbe in zwei Spritzgängen aufgetragen.

Wenn Farben gewählt werden, die in demselben Farbton, nur dunkler gehalten sind, gibt es kaum Probleme mit der Deckfähigkeit. Werden aber helle Farben auf dunkle Lackierungen aus verschiedenen Farbtonbereichen aufgebracht, wie Gelb auf Blau, entstehen durch die Lasurwirkung Farbtonänderungen. Man vermeidet sie, indem man weiß vorspritzt **(Bild 2)**. Das gilt auch bei Entwürfen mit der Airbrushpistole.

Bild 2: Durch weiße Grundierung verhinderte Farbtonänderung

10.4.2 Beschriftung mit farbigen Schriftklebefolien

Geplotterte Schriftklebefolien werden vom Grafiker auf Trägerpapier in beliebigen Farben angeliefert. Sie können auf ebenen, stabilen Untergründen wie Karosserieblechen eingesetzt werden. Für flexible textile Planen gibt es elastische Spezialfolien.

Ehe die Schrift jedoch auf den lackierten Untergrund geklebt werden kann, muss man die Außenteile der Schrifttexte entfernen **(Bild 3)**. Der Arbeitsgang heißt **entgittern.**

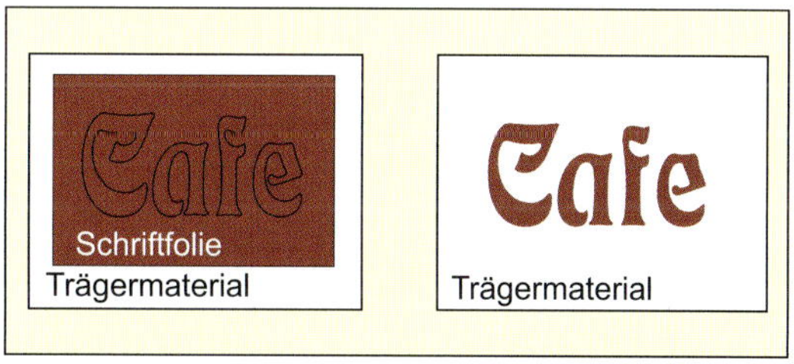

Bild 3: Entgittern der gelieferten Schriftfolie

Klebt man dann auf die Schrift Übertragungsfolie, kann die Schriftfolie auf der mit Klebeband markierten Stelle am Fahrzeug angeheftet werden **(Bild 4)**. Der Arbeitsgang heißt **Positionieren.** Er kann in diesem Zustand noch versetzt werden.

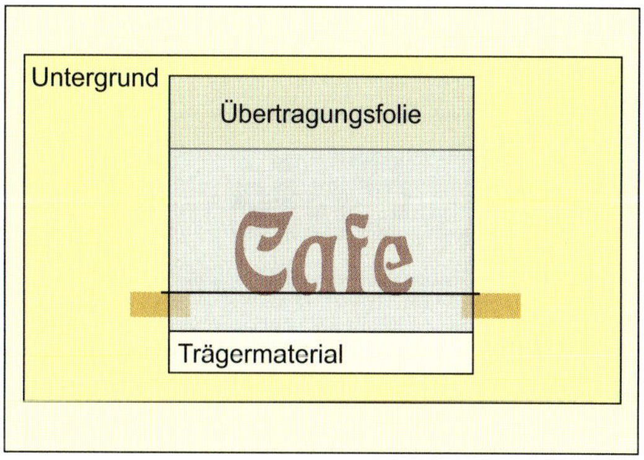

Bild 4: Positionieren der Schriftfolie

Klappt man die Folien hoch, ist das Trägermaterial der Schrift abziehbar **(Bild 1, S. 160)**.

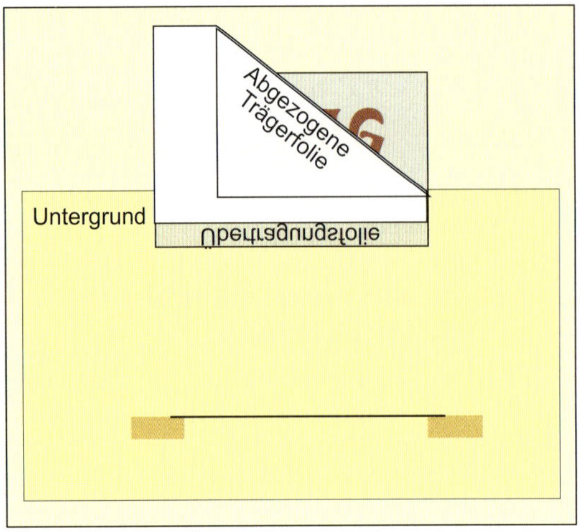

Bild 1: Abziehen des Trägermaterials nach dem Hochklappen

Nach dem Zurückklappen ist es möglich, die jetzt klebefähige Schriftfolie am Untergrund mit einer Rakel festzudrücken. Dabei ist auf blasenfreies Kleben zu achten **(Bild 2)**.

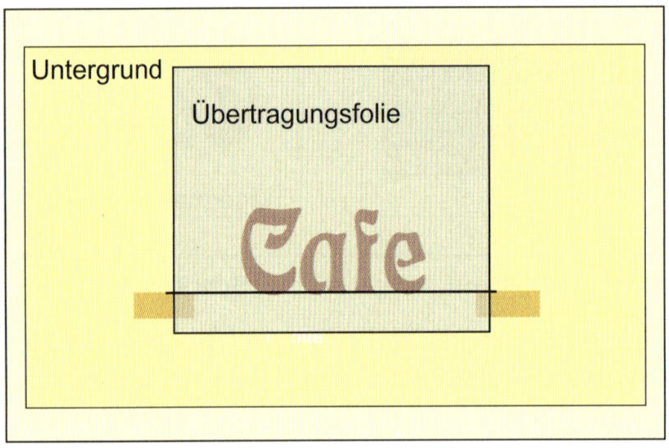

Bild 2: Angedrückter Folientext

Nach dem Abziehen der Übertragungsfolie ist die fertige Arbeit zu sehen **(Bild 3)**. Sie wurde jedoch durch eine Einrahmung ergänzt.

Bild 3: Klebefolientext auf dem Untergrund

11 Aufgaben

1. Berechnen Sie die Wortlängen und Balkenstärken für Texte in Schmaler Grotesk auf Zeichenkarton im DIN A4-Querformat bei Berücksichtigung eines Seitenabstands von je 30 mm! Runden Sie die Ergebnisse auf ganze Millimeter!

a) PENSION
b) EISCAFE
c) BAHNHOF
d) Maler
e) Lackierer
f) Friseur

2. Legen Sie fest, welche Schriftart für folgende Texte geeignet ist!

a) Jeans-Shop
b) Autohaus
c) Museum
d) Eiscafé
e) Gasthaus
f) Pension
g) Bäckerei
h) Töpferei
i) Computer

3. Stellen Sie mittels der Kopiermethode Texte aus Aufgabe 2 auf Transparentpapier unter Berücksichtigung von Inhalt (Text) und Form (Schriftart) her! Benutzen Sie dazu die Schriftvorlagen. Um Ihre Arbeit zu erleichtern, sollten Sie die ausgewählten Schriftmuster auf 3 cm bis 4 cm Buchstabenhöhe vergrößern!

Rahmen Sie die fertigen Texte proportional günstig mittels einfacher Rechtecke ein!

Schneiden Sie die fertigen Texte am Rahmen aus und kleben Sie sie auf DIN A4-Zeichenkarton einzeln auf!

Beachten Sie das exakte Ansetzen der Klebstreifen, wie es in **Bild 1, S. 159** zu sehen ist!

Wenn Sie mit dem Computer arbeiten, erstellen Sie die Texte mit Corel Draw! Unter Umständen ist eine Korrektur der Buchstabenabstände nötig!

Dazu ist erst der **Text in Kurven umzuwandeln** und die **Kombination aufzuheben.** Danach können Sie jeden Buchstaben **markieren** und seitlich verschieben, am besten auf einer Hilfslinie, die Sie bei **Layout** mit dem Befehl **An Hilfslinien ausrichten** vorbereitet haben.

Die fertige Arbeit **kombinieren** Sie wieder, um die gefüllten Flächen zu beseitigen!

Rahmen Sie auch diesen fertigen Text rechteckig ein!

Dazu müssen Sie das Rechteck unter **Anordnen** anschließend **nach hinten setzen,** damit Sie den Text wieder sehen!

Drucken Sie die Arbeit aus, eventuell auch auf Klebeetiketten!

Nennen Sie den historischen Namen der Schriftart und die des Schriftprogramms am Computer!

Bild 1: Eingefasster und mit Klebestreifen befestigter Text

TIPP Wenn Sie Texte der Aufgabe 3 abschließend mit dem Titel „Schriftübung" in Normschrift versehen, sollten Sie berücksichtigen, dass diese Schrift symmetrisch in die Grundfläche gesetzt ist! Gestalterisch kann also nur eine ruhige, d. h. senkrechte Beschriftung erfolgen. Sie muss der Symmetrie angepasst werden und sich dem Text unterordnen, also ausreichend klein (höchstens 7 mm hoch) sein.

Wenn Sie Ihre Texte in Handarbeit gezeichnet haben, schreiben Sie den Titel exakt vor! Schneiden Sie davon einen Streifen, den Sie unter das Wort Dom legen, um die günstigste Schriftposition zu finden!

Haben Sie die Stelle gefunden, markieren Sie diese und schreiben den Titel mit den entsprechenden Hilfslinien neu!

Beachten Sie in **Bild 1** das Anordnen der Klebestreifen!

4. Fertigen Sie eine tabellarische Übersicht für die Werbeaufgaben von Schrifttexten und die geeigneten Werbeflächen an!

   Unterscheiden Sie dabei in Aufgaben für Maler und Lackierer sowie für Fahrzeuglackierer!

5. Zeichnen Sie die geometrischen Formen von **Bild 2** ab und ordnen Sie ihnen passende Eigenschaften zu: auffällig, unauffällig, tragend, lastend, drückend, groß, klein, passendes bzw. unpassendes Größenverhältnis! Es sind jeweils mehrere Begriffe möglich.

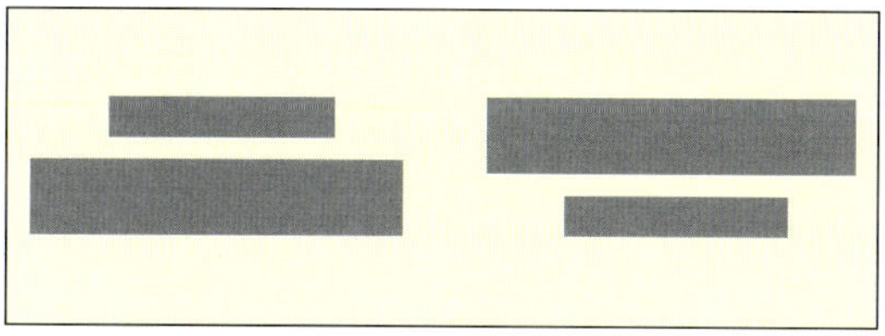

Bild 2: Formen zu Aufgabe 5

6. Ordnen Sie dem Schriftbeispiel von **Bild 3** Eigenschaften wie in Aufgabe 5 zu!

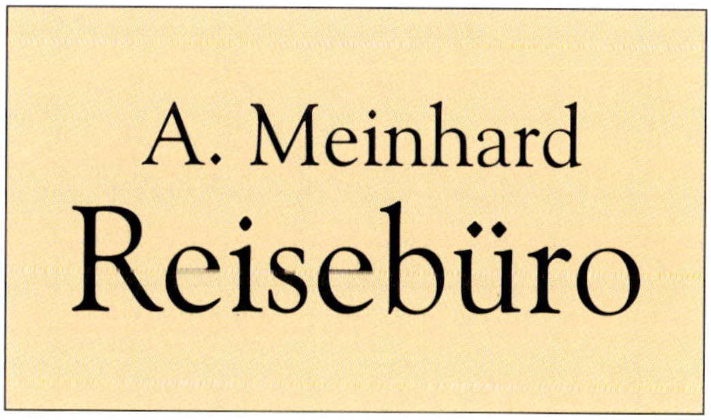

Bild 3: Schriftbeispiel zum Feststellen von Schrifteigenschaften

7. Wie heißen die Anordnungsprinzipien der geometrischen Formen und des Schrifttextes in **Bild 2** und **Bild 3**?

8. Vergrößern Sie einen der Texte mit seinen grafischen Elementen und Untergrundformen von **Bild 1, S. 162** so, dass sie auf ein DIN A4-Querformat passen! Übertragen Sie die Form des Schriftträgers auf Zeichenpapier! Wählen Sie in geeigneter Größe den Text und die Dekorformen aus, die Ihnen zusagen!

   Wurden die Objekte per Kopiergerät vergrößert, können Sie die Schrift in Rechteckform ausschneiden. Die Dekorformen sollten konturgenau geschnitten werden. Kleben Sie dann Schrift und Dekor werbewirksam in die vorgegebene Schriftfläche!

Bild 1: Schrifttexte und Dekor zur werbewirksamen Kombination

9. Schneiden Sie Werbetexte als Einzeiler aus einer Zeitung oder Zeitschrift aus! Zeichnen Sie einige rechteckige Untergrundflächen und legen Sie dahinein die Texte! Prüfen Sie dann die Größe der Untergründe!

   Sind sie zu groß, füllen Sie die Leerfläche des Feldes mit Bleistiftstrichen durch Unterstreichen oder Einrahmen aus und kleben den Zeitungstext fest!

10. Welche Hilfsmittel benötigt man zum Herstellen von Schriftpausen?

11. Welche Hilfsmittel benötigt man zum Herstellen von Schablonen?

12. Welche Arten von Schriftfolien gibt es? Für welche Zwecke sind die verschiedenen Schriftfolien einsetzbar?

13. Zeichnen Sie die Buchstaben T, O, R in Schmaler Grotesk mit einer Balkenstärke von 12 mm und einer Schrifthöhe von 8*e* auf stabilen Zeichenkarton! Fügen Sie in die Buchstaben Schablonenhalter ein! Schneiden Sie dann mit dem Messer die Schablone fachgerecht aus!

Tipp Die fertig geschnittenen Buchstaben könnten Sie bei der Verwendung von ausreichend stabilem Zeichenkarton eventuell nur einmal zum Schablonieren ausprobieren, denn sie sind nicht wasserbeständig genug. Sie würden aber die Technik des Schablonierens kennen lernen.

14. Zeichnen Sie in Schmaler Grotesk das Wort HOTEL (BANK, BAHNHOF) mit einer Balkenstärke von 10 mm und einer Schrifthöhe von 8*e*! Berücksichtigen Sie den optischen Ausgleich von 1*e*! Da der Abstand dieser Worte nicht ständig vorkommt, beginnen Sie bei BANK mit N und K, bei Bahnhof mit

HNH! Wenn Sie mit 1*e* bei HO von Hotel beginnen, richten sich die übrigen Abstände danach.

Fertigen Sie eine Stechpause von einem dieser Worte auf Transparentpapier an! Bereiten Sie diese zum Pausen vor und übertragen Sie den Text zur Probe auf Zeichenpapier!

15. Zeichnen Sie in Schmaler Grotesk das Wort EINGANG (AUSGANG, EISCAFE, Friseur, Lackierer, Pension) in einer Schrifthöhe von 8*e* auf Transparentpapier! Die Balkenstärke berechnen Sie so, dass bei 1*e* Buchstabenabstand für geschlossene Buchstaben die Texte auf DIN A3-Querformat passen! Ein seitlicher Abstand sollte dabei immer bleiben. Wenn Sie die Texte fertig gezeichnet haben, schneiden Sie sie an einer ausreichend breiten Einrahmung aus und kleben Sie diese auf Zeichenkarton, wie in **Bild 1, S. 161** zu sehen ist!

16. Skizzieren Sie folgende Schriftträger von **Bild 1** (Straßenschilder, Ortsschilder, Aufhänger, Gebäude mit Öffnungen) in geeigneter Größe ab! Tragen Sie symbolartig durch schmale Rechtecke die Schrifttexte ein, wo sie notwendig sind oder am besten werbewirksam sind!

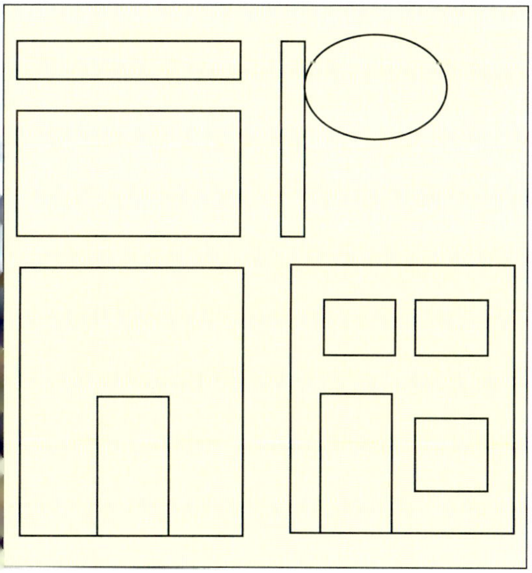

Bild 1: Objekte zur Beschriftung

17. Ein Auftraggeber hat Beschriftung und Firmenzeichen gefordert, wie in **Bild 2** zu sehen ist, obwohl die Ausführenden anderer Meinung waren. Welche Probleme sehen Sie?

Bild 2: Auftragswerbung

18. Beurteilen Sie am **Bild 4, S. 101** die Schriftgestaltung der Hotelwerbung. Beantworten Sie dazu folgende Fragen:

a) Wie heißt das Anordnungsprinzip des Zweizeilers?

b) Weshalb wurde die Schrift in den oberen Bereich des Gebäudes gesetzt?

c) Welche Kontraste wurden genutzt, um die Werbewirkung zu erreichen?

19. Beurteilen Sie die Schriftgestaltung des Smart in **Bild 2, S. 101**, indem Sie folgende Fragen beantworten:

a) Welche Schriftart wurde eingesetzt?

b) Wie ist der Grafiker auf den Verlauf der Schriftlinien gekommen?

c) Welches Ziel verfolgte der Grafiker mit der Schriftfarbe?

d) Warum wurden beim Firmenzeichen die Buchstaben im M weiß eingefasst?

e) Welches Anordnungsprinzip wurde beim mittleren Textteil (Dreizeiler) genutzt?

20. Zeichnen Sie vom **Bild 1, S. 158** die Initialen mit dem Malerwappen mit Corel Draw nach! Arbeiten Sie dazu in folgenden Arbeitsschritten:

a) Stellen Sie den Buchstaben in der passenden Schriftart und Größe her!

b) Wenn die Schrift dazu nicht als Kursivvariante vorliegt, markieren Sie den Buchstaben und klicken Sie ihn nochmals an! Dann können Sie mit dem waagerechten Doppelpfeil den Buchstaben in die Schräglage schieben.

c) Spiegeln Sie den **markierten** Buchstaben bei **Anordnen, Ändern** und **Dem Duplikat zuweisen,** wenn die **waagerechte Spiegelung** angeklickt wurde! Ziehen Sie die Buchstaben auf einer Hilfslinie nebeneinander!

d) Zeichnen Sie einen Kreis! Setzen Sie auf seinen Durchmesser ein Rechteck gleicher Breite, um das Malerwappen zu erhalten!

e) **Markieren** Sie beide Formen und wählen Sie im Menü **Anordnen** die Rubrik **Verschmelzen!** Wenn Sie auf **Verschmelzen** klicken, entsteht ein Pfeil, den Sie zu den Formen schieben! Sobald der Pfeil die Form berührt, entsteht das gewünschte Malerwappen.

f) Um die Formen zu verdreifachen, klicken Sie die Form an und ziehen diese zur Seite! Ohne loszulassen klicken Sie mit der rechten Maustaste! Dabei entsteht ein Duplikat. Durch Wiederholung entsteht die dritte Form. Ordnen Sie die drei Formen zum Malerwappen und **gruppieren** Sie diese!

g) Schieben Sie die Wappen zwischen die Buchstaben und verändern Sie mit den Anfassern die Größe, bis die Wappen in die Lücke passen!

h) **Gruppieren** Sie als Letztes alle Teile und vergrößern Sie das entstandene Malerwappen so, dass es gut auf eine trapezförmige Motorhaube passt, die Sie auf einem Zeichenblatt im Querformat anordnen!

i) Die Trapezform erhalten Sie aus einem Rechteck, das Sie bei **Anordnen in Kurven konvertieren.** Dann können Sie an den entstandenen quadratischen Eckzeichen die Trapezform durch Verschieben auf der Linie herstellen.

> **Tipp** Benutzen Sie andere Buchstaben, die Sie in derselben Weise zu einem personengebundenen Malerwappen anordnen!

21. Führen Sie die in **Bild 1** gezeigte Schriftgestaltung in Corel Draw aus! Sie passt in das Fahrzeug von **Bild 4, S. 157.** Setzen Sie den Begriff Maler oder Lackierer und Ihren Namen als Zweizeiler in symmetrischer Anordnung in die Fläche!

a) Wählen Sie eine Schriftart aus und setzen Sie beide Zeilen so übereinander, dass ein schmales Rechteck als Trennlinie hineinpasst! Es soll zum Füllen mit einem Farbverlauf dienen, der einem Spektralband entspricht.

b) Füllen Sie es nach dem **Markieren** beim **Fülleimersymbol** und dem **Dialogfeld Farbverlauf!** Stellen Sie bei **Farbüberblendung** zwei Farben ein! Wie die Überblendung erfolgt, sehen Sie am Farbenkreis an der entsprechenden Linie. **Experimentieren** Sie mit den gebogenen Pfeilen, bis Sie den günstigsten Verlauf erhalten haben!

Bild 1: Firmenschild am Betriebsfahrzeug

c) Geben Sie der Schrift und dem Untergrund passende Farben! Achten Sie darauf, dass sich alle Farben in der Helligkeit gut unterscheiden!

> **Tipp** Um die fertige Gestaltung gut zu erkennen, **gruppieren** Sie alles und stellen eine **Breite** von 160 mm in der waagerechten Symbolleiste bei dem **waagerechten Doppelpfeil** ein! Wenn Sie den **Markierungspfeil** in die Bildschirmfläche setzen und mit der **linken Maus anklicken,** entsteht die vorgegebene Größe proportional zur Höhe Ihrer eigenen Zeichnung.

22. Fertigen Sie am PC das in **Bild 2** gezeigte Werbeschild für ein Uhrengeschäft so an, dass Formen und Farben der Abbildung entsprechen! Um die Gestaltung gut zu erkennen, stellen Sie für die Zeichnung zum Schluss wie in Aufgabe 21 eine Gesamtbreite von 160 mm her!

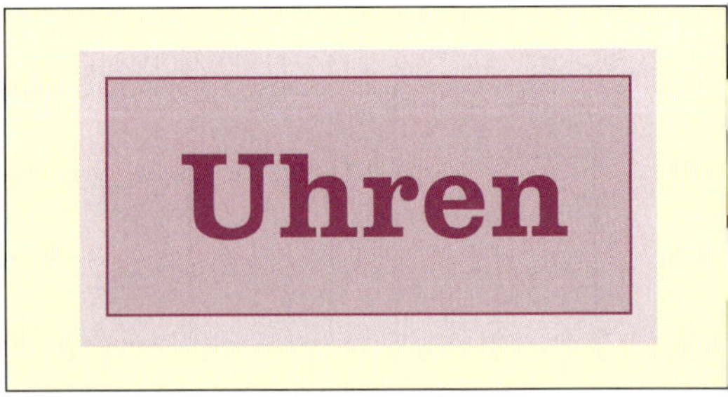

Bild 2: Firmenschild eines Uhrengeschäftes

23. Stellen Sie den Schrifttext **„Der Maler"** in Schmaler Grotesk mit dem PC aus der Schriftart Fette Engschrift her, wie er auf der **Titelseite dieses Kapitels** zu sehen ist! Die Schriftgröße soll 120 Punkt betragen.

Wenn Sie den Text erstellt haben, prüfen Sie nach, ob ein optischer Ausgleich nötig ist! Sie können ihn herstellen, wenn Sie ihn bearbeiten, nachdem Sie die **Kombination aufgehoben** haben und ihn zusätzlich **„in Kurven konvertieren"**. Jeder einzelne Buchstabe kann aber erst verschoben werden, wenn in jedem Wort nochmals die **Kombination aufgehoben** wurde. Das Verschieben sollte an einer waagerechten Hilfslinie erfolgen. Zusätzlich empfiehlt es sich, im Menü Layout **„an Hilfslinien ausrichten"** anzuklicken.

Um den Pinselstiel zu zeichnen, benutzen Sie das Hilfsmittel **Freihand!** Ziehen Sie Linien und doppelklicken Sie an dem jeweiligen Linienende, um in einer anderen Richtung weiter zu zeichnen **(Bild 1)**!

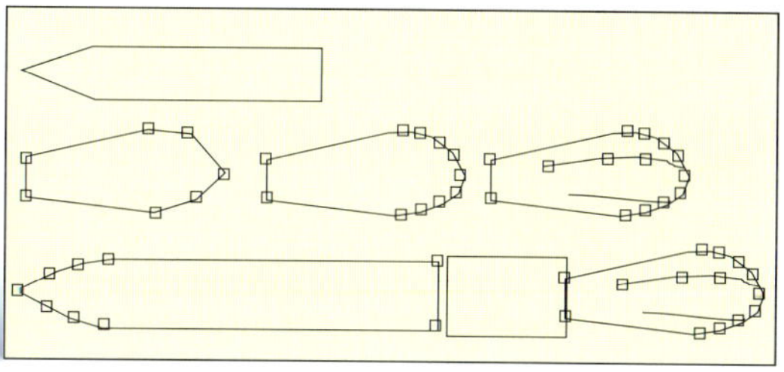

Bild 1: Zeichnen des Pinselstiels

Wenn Sie die Form des Stiels gezeichnet haben, fügen Sie an seinem spitzen Ende noch einige Punkte durch **Doppelklicken** im **Hilfsmittel Form** zu! Diese können sie anfassen und nach außen schieben, um das Stielende etwas runder zu gestalten. In ähnlicher Weise stellen Sie die Pinselborsten her!

Vereinigen Sie dann die Einzelteile des Pinsels, und stellen Sie die passenden Größenverhältnisse her! Zum Schluss gruppieren Sie die Formen und drehen Sie sie in die vorgegebene Schrägrichtung!

Rahmen Sie Text und Grafik mit einem Rechteck ein und fügen Sie zusätzlich eine Einfassung hinzu!

24. Stellen Sie den Text **„Bibliothek am Markt"** von **Bild 2** am PC her!

Zeichnen Sie dazu am besten den Text in zwei Teilen! Wählen Sie die abgebildete Schriftart in der Größe 48 Punkt aus!

Die Kreisgröße könnte 65 mm betragen.

Markieren Sie dann den Kreis mit dem ersten Wort und klicken Sie im **Menü Text** bei **„an Objekten ausrichten"**! Durch diese Aktion setzt sich das Wort oben an den Kreisbogen.

Arbeiten Sie in der Weise mit dem Text **Am Markt,** muss zusätzlich noch in der Symbolleiste bei **Vertikaler Positionierung** angeklickt werden. Dadurch sitzt der Text innen.

Um den Text nach unten an den Kreis zu bringen, muss an der **Textpositionierung** dort geklickt werden, wo die Schrift nach unten zeigt. Wenn jetzt noch in der Leiste **Text auf anderer Seite positionieren** angeklickt wird, befindet sich der Text in lesbarer Position.

Zum Schluss sollte der Kreis noch entfernt werden. Das ist möglich, wenn bei **Anordnen** das **Trennen** angeklickt wird. Der Kreis kann dann herausgeschoben werden. Fügen Sie dann entsprechend des Beispiels zwei Kreise ein und ordnen Sie alles mittig an! Die Schriftteile müssen zu dem Zweck jedoch erst gruppiert werden.

Das Endergebnis ist in **Bild 2** als Werbeschild zu sehen.

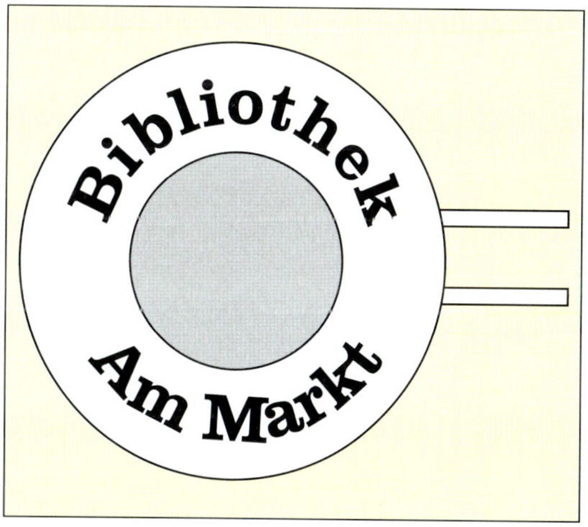

Bild 2: Objekt von Aufgabe 24 als Werbeschild

SCHRIFTLEHRE

INHALT

ORNAMENTLEHRE

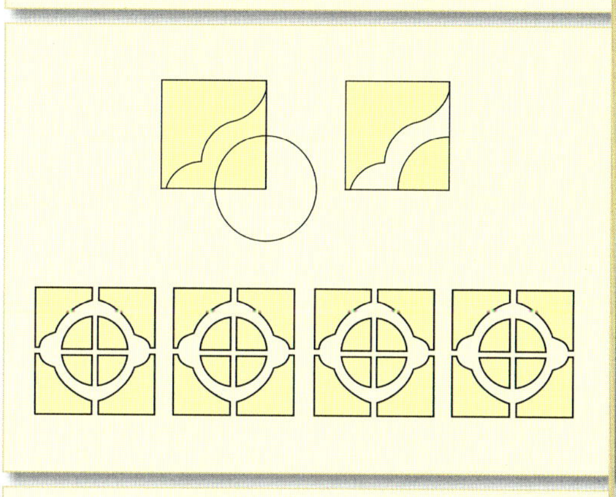

1 Einführung

Bauwerke erfüllen für den Menschen zweierlei Aufgaben. Ursprünglich standen funktionelle Aufgaben wie Schutz vor Witterungseinflüssen, Wohnen, Arbeiten, Erholen usw. im Vordergrund. Erst später entstand das Bedürfnis nach Schmuckwerk und Repräsentation durch die sich entwickelnden Besitzverhältnisse.

Funktionelle Aufgaben

Die funktionellen Aufgaben der Bauwerke wirken sich z. B. auf die Größe von Räumen und ihre Lage im Gebäude aus.

Schmückende Aufgaben

Normale Räume, die anfangs nur ihren Zweck zu erfüllen hatten, sagten u. U. dem Besitzer plötzlich nicht mehr zu. Sie waren nicht mehr „schön" bzw. repräsentativ genug. Deshalb wurden sie in ihrer Form und Ausstattung über das normal Nützliche hinausgehend seinen persönlichen Bedürfnissen angepasst. Bauten erhielten durch spezielle Formen von Öffnungen und andere gliedernde bzw. schmückende Elemente innen und außen dauerhaft ein bestimmtes charakteristisches, dekoratives Aussehen. In der Romanik setzte man z. B. zum Abschluss der Fensteröffnungen Rundbögen ein, in der Gotik dagegen Spitzbögen. Heute sind waagerechte Abgrenzungen typisch. Diesen Schmuck bezeichnet man als **baugebundenes Dekor**. Durch die eingesetzten Baustoffe Holz, Ziegel, Beton usw. erzielte man zusätzliche dekorative Wirkungen.

Weitere Verschönerungen der Flächen erfolgten durch farbige Anstriche oder Bemalungen bis hin zu reliefartigem bzw. plastischem Schmuck. Wenn die Bemalung in Gegensatz zum gleichmäßigen Flächenanstrich an bestimmte Formen wie z. B. Blüten, Blätter oder Ranken gebunden ist, spricht man von **formhafter Bemalung**. Diese Dekorart wurde relativ häufig geändert, in vielen Fällen einfach nur überstrichen. Plastischer Schmuck jedoch blieb meist in seiner Form erhalten. Damit bezeichnet man Bemalungen auch als **wandelbares Dekor.**

Wird die Ausschmückung durch Bemalen vom Architekten gleich mitgeplant, sollte diese möglichst nicht verändert werden, weil sie sich dem Bauwerk unterordnet. Durch diese Einheit von Bauwerk und Dekor entstehen gestalterisch gelungene architektonische Meisterwerke. **Bild 1** zeigt dafür ein Beispiel, das Wasserpalais in Schloss Pillnitz bei Dresden mit chinesischen Bauformen und in seiner Friesgestaltung Bemalungen mit chinesischen Motiven.

Bild 1: Einheit von Bauformen und Bemalungen am Wasserpalais von Schloss Pillnitz

In **Bild 1, S. 170** sieht man ein baugebundenes Dekor an der Fassade eines Hotels am Chiemsee auf der Basis eines farbigen Reliefs. Eine andere Lösung zeigt **Bild 1, Seite 42** im Kapitel Fachzeichnen durch die Formveränderung des Fensters. Wandelbare Dekore wurden von guten Malern seit jeher aus einzelnen Schmuckelementen selbst entworfen. Man kann beim aufmerksamen Betrachten vieler Gebäude passende Beispiele finden, besonders in Tourismuszentren. In Innenräumen sind solche Dekore immer an ausgewählten Wand- und Deckenflächen oder Möbeln zu sehen.

Besonders aufwändige Dekore findet man in Kirchen und Klöstern sowie in Schlössern. Während das Schmuckwerk z. B. in der Gotik noch relativ sparsam ausgeführt wurde, ist es in der Zeit des Barock und des Rokkoko oftmals flächendeckend. Die Ausführungen können in solchen Fällen sogar überladen und protzig wirken.

Bild 1: Baugebundenes Dekor in Form eines Reliefs

Dekorarten

Die verschiedenen Dekore werden in Einzeldekore, fortlaufende Dekore und Flächendekore unterteilt.

- **Einzeldekor**

Ein Einzeldekor kann von in sich abgeschlossenen Motiven wie Blüten, Blättern oder Ranken gebildet werden. Man findet es in Füllungen von Fensterläden, Türen oder Möbeln, z.B. bei der Bauernmalerei **(Bild 2)** oder an Fliesen vor.

Bild 2: Bauernmalerei an einem Schrank

- **Fortlaufendes Dekor**

Dieses Dekor wird mit Strichen und Bändern oder mit reihenförmig wiederkehrenden, nebeneinander gesetzten Motiven (z.B. von Blüten oder Blättern) hergestellt.

Eine Kombination von Strichen und Bändern nennt man **Liniendekor** oder, weil mehrere Linien eingesetzt sind, **Linienbündel.** Nebeneinander angeordnete Dekorformen bezeichnet man als **Reihenornament.** Schmückt das Dekor den oberen Teil einer Wand oder eines Sockels, heißt es **Wandfries (Bild 3)** oder **Sockelfries.**

Bild 3: Wandfries als Liniendekor und Reihenornament

Fortlaufende Dekore kann man weiterhin als **Einfassungen** an bestimmten gut sichtbaren Objekten, wie z.B. einer Tür **(Bild 4),** oder als Deckenfries **(Bild 1, S. 171)** vorfinden.

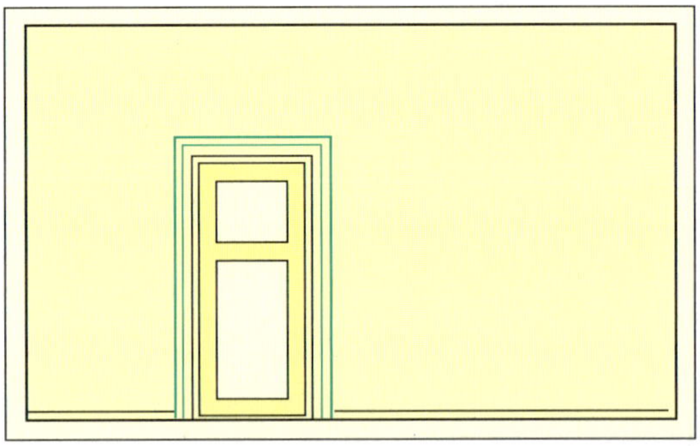

Bild 4: Liniendekor zur Türeinfassung

An gut sichtbaren Stellen, wie Decken, findet man Kreisornamente **(Bild 2, Seite 171)** vor. Wandflächen verziert man damit kaum, weil sie durch Einrichtungsgegenstände verstellt werden können.

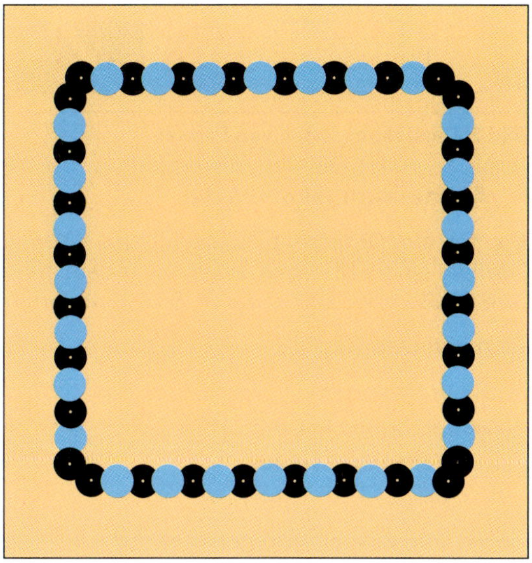

Bild 1: Reihenornament als Deckeneinfassung

Bild 2: Kreisornament zur Deckengestaltung

- **Flächendekor**

Flächendekor kann Decken, Wände und Fußböden teilweise oder ganz bedecken. **Bild 3** zeigt ein **Flächenornament,** das bei geeigneter Umsetzung für Wände eingesetzt werden könnte. Eine ebenfalls flächenhaft wirkende Variante durch sich kreuzende Dekorbänder ist das **Kassettenornament (Bild 4)**.

Beide Dekore sind PC-Arbeiten, die nach Entwürfen von Auszubildenden entstanden. Dazu wurden vorher zur Ideenfindung zeichnerische Vereinfachungen von Naturformen vorgenommen und Farbstudien während der theoretischen und praktischen Berufsausbildung betrieben.

In früheren Zeiten fertigte man diese Gestaltungsarbeiten durch Schablonieren an. Wegen des dafür notwendigen hohen Zeitaufwands wurde diese Technik jedoch durch die rationeller herstellbaren Tapeten ersetzt. Voraussetzung waren dazu eine geeignete Drucktechnik und als Trägermaterial entsprechende Papiermengen und -qualitäten. Besonders kostbare Vorstufen der heutigen Tapeten wurden im Mittelalter aus Leder oder Seide angefertigt.

Bild 3: Flächenornament

Bild 4: Kassettenartiges Flächenornament

2 Regeln zur Herstellung von Ornamenten

Wenn Maler und Lackierer Ornamente entwerfen wollen, müssen sie bestimmte Regeln einhalten.

Dazu werden ausgewählte Grundformen bzw. Ornamentmotive mehrfach neben- und untereinander angeordnet und in verschiedenen gestalterischen Techniken meist ebenflächig auf den Untergründen angebracht. Man nennt die verwendeten Motive **Gestaltungselemente.** Beim Anordnen treten auf dem Dekorträger **Gestaltungskräfte** auf, die das Aussehen der Ornamente nachhaltig beeinflussen.

2.1 Gestaltungskräfte

Zu den Gestaltungskräften gehören Kontraste (Gegensätze), Bewegung und Rhythmus.

2.1.1 Kontraste/Gegensätze

Wenn man für den Ornamententwurf eine Form ausgewählt hat, muss man sich entscheiden, ob sie als Einzelobjekt wiederholt oder mit einer anderen Form kombiniert eingesetzt werden soll. Da sich die Formen jedoch nicht nur durch ihr Aussehen, sondern auch durch andere Eigenschaften unterscheiden, entstehen die verschiedenen Kontraste.

- **Formkontraste**

Benutzt man mindestens zwei Formen, entstehen Formkontraste. Ornamentmotive können Flächen sein, die durch Zeichnen hergestellt werden **(Bild 1)**. Wir unterscheiden eckige und gebogene Formen, die aus der Geometrie abgeleitet werden oder solche, die aus Naturformen oder anderen Objekten abgeleitet werden.

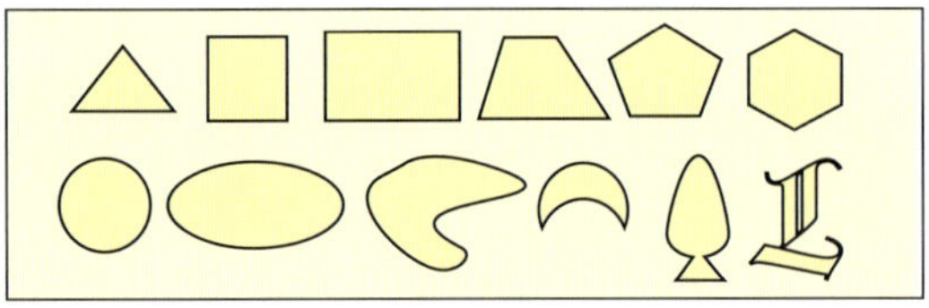

Bild 1: Kontrastierende Formen

Man kann Formen linear oder gefüllt darstellen **(Bild 2)**. Lineare Formen entstehen bei zeichnerischen Entwürfen, flächige erzielt man z. B. durch Stempeln oder durch Scherenschnitte.

Bild 2: Darstellungsarten von Formen

- **Ausdehnungskontraste**

Die für ein Ornament ausgewählten Formen können einen Kontrast erhalten, indem man ihre Größe bzw. Ausdehnung **(Bild 3)** ändert.

Man unterscheidet

große und **kleine Formen,**
dicke und **dünne Formen** sowie
lange und **kurze Formen.**

Große und kleine Formen findet man in Ornamenten mit flächigen Motiven, dicke und dünne Formen in Strich- und Bandornamenten. Kurze und lange Formen entstehen durch Kammzug- oder Zackenpinseltechniken.

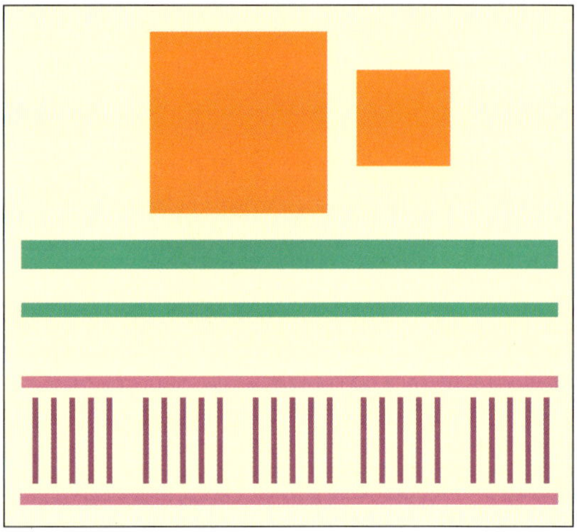

Bild 3: Ausdehnungskontraste

- **Richtungskontraste**

Wenn man das Ornament in **Bild 3, S. 171** untersucht, findet man durch die Art der Formen, dass sie in bestimmte Richtungen zeigen, in dem Fall nach oben und unten. Durch die Wahl der Farben wird zusätzlich noch die waagerechte Richtung betont.

Meist unterscheidet man Richtungskontraste wie ruhig – bewegt, stehend – liegend, steigend – fallend, kreuzend, geknickt oder gebogen **(Bild 1, S. 173)**. Bei diesen Kontrasten entsteht meist gleichzeitig Bewegung.

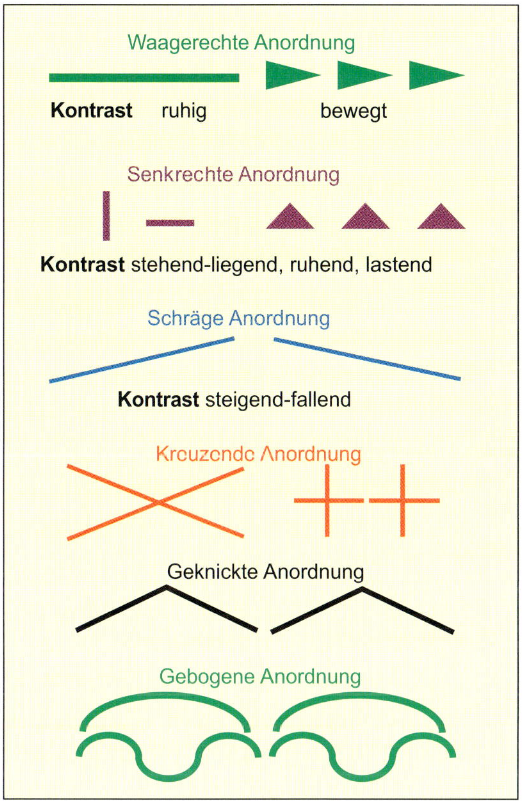

Bild 1: Arten von Richtungskontrasten

▪ Abstandskontraste

Abstandskontraste entstehen, wenn eine Form mehrmals nebeneinander oder untereinander gesetzt wird. Je nach Größe des Abstandes entsteht eine besondere Wirkung **(Bild 2)**. Überschneiden sich die Formen wie im unteren Teil, entstehen neue, kleinere Formen, die wiederum zueinander in Beziehung treten und Formkontraste bilden.

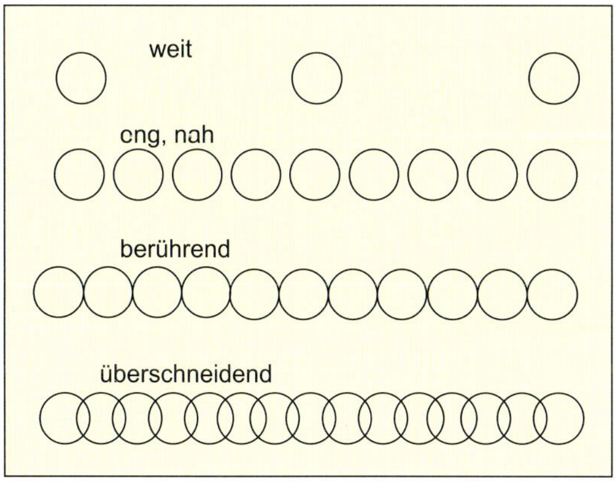

Bild 2: Abstandskontraste

HINWEIS Es ist üblich, die gewählten Abstände exakt einzuhalten, um den Eindruck von Gewissenhaftigkeit herzustellen.

▪ Farbenkontraste

Wenn der Entwurf des Ornaments erfolgreich abgeschlossen ist, erfolgt seine Umsetzung in Farbe. Entsprechend der Informationen zu den Eigenschaften der Farben im **Kapitel Farbenlehre** unterscheidet man die Farben nach ihrem Farbton, ihrer Helligkeit und ihrer Sättigung bzw. Reinheit. Daraus werden die entsprechenden Kontraste abgeleitet: **Farbtonkontraste, Helligkeitskontraste, Sättigungskontraste** bzw. **Reinheitskontraste (Bild 3)**.

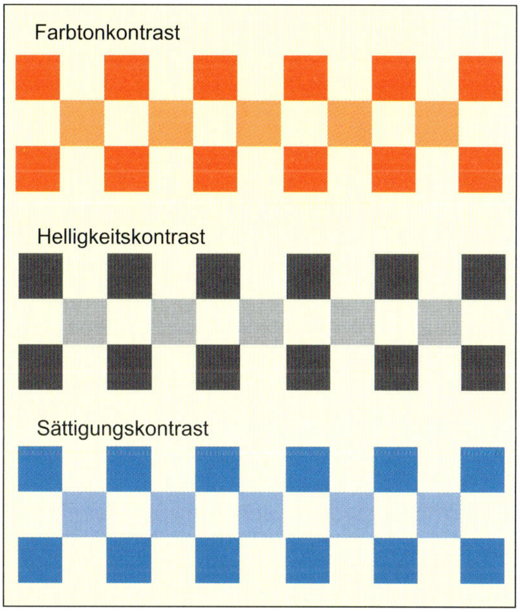

Bild 3: Farbenkontraste

Ein besondere Art des Helligkeitskontrastes ist der **Positiv-Negativ-Kontrast**. Die dunkle Form wird als die positive Form bezeichnet, die helle als die negative Form **(Bild 4)**.

Bild 4: Positiv-Negativ-Kontrast

2.1.2 Bewegung

Die für ein Dekor gewählten Formen können eigenständig **Statik** (Ruhe) oder **Dynamik** (Bewegung) ausstrahlen. Die in **Bild 1** gezeigten Formen wirken ruhig.

Bild 1: Ruhig wirkende Formen

Die Formen in **Bild 2** zeigen eine bestimmte Bewegung. Sie lasten bzw. ziehen nach unten oder sie schweben. Interessant ist, wie diese Situation durch die Farben zusätzlich beeinflusst wird.

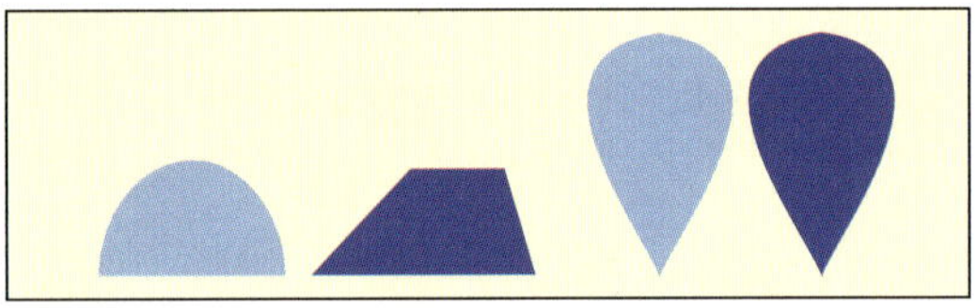

Bild 2: Lastende und schwebende Formen

Auch durch die Anordnung der Formen in einer Fläche kann eine bestimmte Bewegung entstehen. Man erkennt diese Situation schon, wenn eine einzige Form in eine Fläche gesetzt wird. Sie wirkt wie ein Punkt, der den Blick anzieht **(Bild 3)**. Die Gestaltungskraft wird beim Anbringen von Bildern an Wandflächen benutzt, um den Blick in eine bestimmte Richtung zu lenken **(Bild 3)**.

Im ersten Beispiel herrscht Ruhe auf der Fläche. Der „Punkt" sitzt in der Mitte. In den beiden andern Situationen wird der Blick nach oben und unten abgelenkt oder das Objekt scheint zu steigen oder zu fallen.

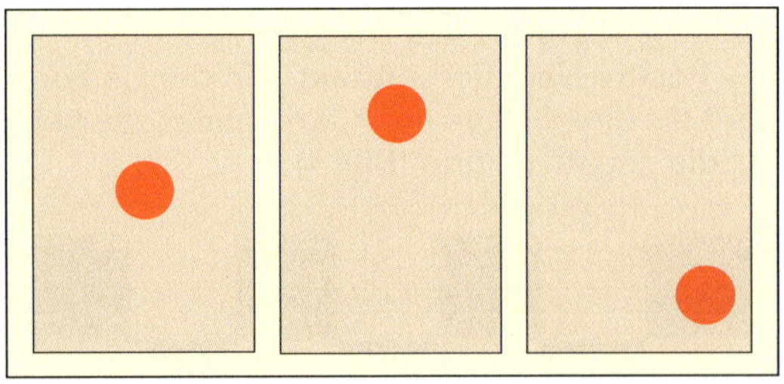

Bild 3: Der Blick wird vom „Punkt" angezogen

Wenn man diese Gestaltungskraft zu oberflächlich benutzt, können unangenehme Wirkungen auftreten. Der „Punkt" im dritten Beispiel von **Bild 3** ist etwas weit nach unten gesetzt. Gezielt übertrieben verwendet, können **Spannungen** erzeugt werden.

In den **Bildern 4** und **5** sind Dreiecke angeordnet, die für richtungsbetonte Formen in Kreisen typisch sind. Sie zeigen radial nach innen oder außen. Oder es kommt Rotation zum Ausdruck, die dem Uhrzeigersinn oder dem entgegengesetzten Uhrzeigersinn entspricht. Auch spiegelbildliche bzw. achsiale Anordnung ist möglich.

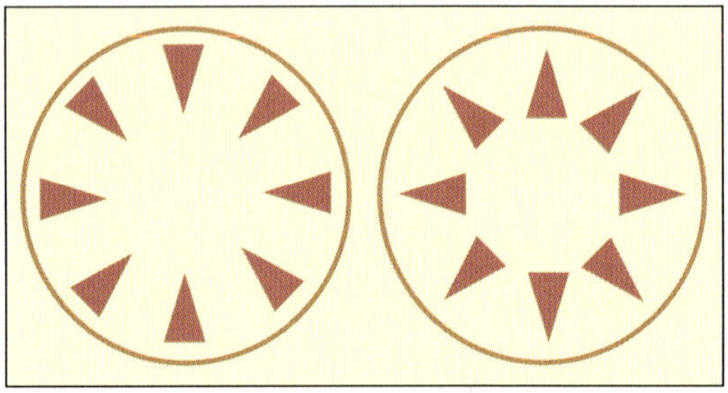

Bild 4: Bewegungen im Kreis durch richtungsbetonte Formen

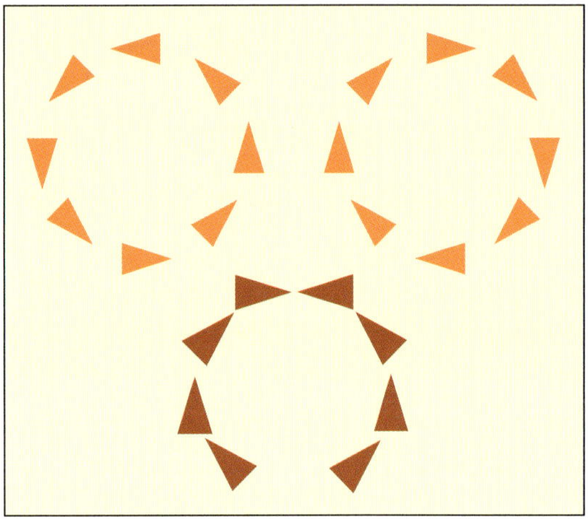

Bild 5: Möglichkeiten der Rotation

2.1.3 Rhythmus

Wenn man mindestens zwei Einzelformen zu einer Gruppe zusammenfasst und diese Gruppe in bestimmten regelmäßigen Abständen anordnet, entsteht der Rhythmus **(Bild 6)**.

Bild 6: Rhythmische Anordnung von Formen

2.2 Gestaltungselemente

Es gibt drei Gruppen von Gestaltungselementen **(Bild 1)**, Formen, Farben und Werkstoffe. Zwischen ihnen gibt es Beziehungen.

Wenn ein Dekorentwurf hergestellt wird, geht man von bestimmten **Formen** oder Grundmotiven aus. Durch die eingesetzten **Farben** und **Werkstoffe** werden sie in ihrem Aussehen bereichert. Werden die beim Zeichnen entstandenen Konturenformen mit farbigen Anstrichstoffen geschmückt, entstehen materialbedingt verschiedene Glanzgrade. Durch ihre Konsistenz und die Art des Materialauftrages ergeben sich zusätzliche Oberflächeneffekte, sodass ebene und plastische Oberflächenstrukturen entstehen können. Man spricht von **materialbedingten Strukturen** oder **werkstoffbedingten Formen.**

Diese Eigenschaften sind als sekundäre Erscheinungsweisen der Farben im Kapitel Farbenlehre beschrieben.

Durch den zur Verfügung stehenden Untergrund, den Dekorträger, kommen weitere Strukturen zustande.

Bild 1: Arten von Gestaltungselementen

2.2.1 Formen

Die für einen Ornamententwurf verwendeten Grundformen entstehen hauptsächlich durch Zeichnen. Man benutzt Punkte, Linien und Flächen. Ergänzt werden diese durch die Auftragsspuren (Sprenkel, Streifen usw.) der eingesetzten Werkzeuge. Es wird von werkzeugbedingten Formen gesprochen **(Bild 2)**.

Von Pinseln können durch vorsichtiges Stupfen Sprenkel, durch vorsichtiges Streichen oder durch Spachteln Streifen entstehen **(Bild 2)**. Mit wenig Farbmaterial in Schwämmen erzielt man durch Tupfen und Wischen ähnliche Wirkungen. Es wird von werkzeugbedingten Formen gesprochen.

Bild 2: Werkzeugbedingte Formen eines Dekorentwurfs (Arbeit einer Auszubildenden)

2.2.1.1 Punkte

Punkte unterscheiden sich durch Form und Größe. Große Punkte wirken sogar flächig **(Bild 3)**. Im Normalfall basieren sie jedoch nicht auf geometrischen Formen, sondern sie sind vielgestaltig wie Kleckse.

Bild 3: Formen von Punkten

Einsatzgebiete

Als Einzelform können Punkte als Dekor bildartig wirken und Statik oder Dynamik auf einer Grundfläche erzeugen. Sie erregen Aufmerksamkeit und spielen beim Anbringen von Bildern oder in der Werbung eine Rolle **(Bild 4)**.

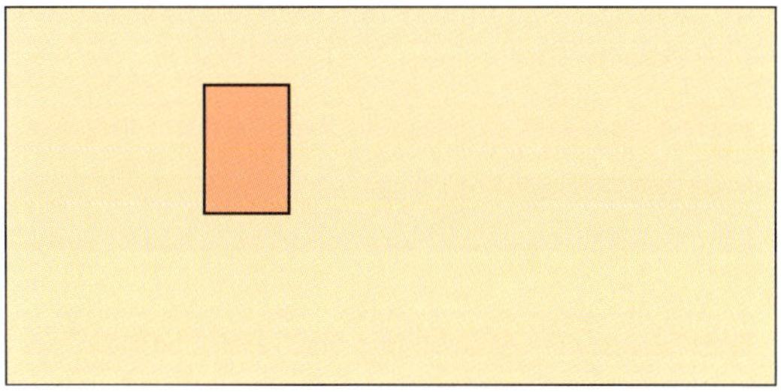

Bild 4: Einzelformen erregen Aufmerksamkeit

Durch Einsatz vieler kleiner Punkte, also durch ihre Wiederholung, erzeugt man eindimensionale, reihenförmige und zweidimensionale, flächenhafte Dekore. Eindimensionale Dekore bezeichnet man auch als **fortlaufende Dekore.** Dazu zählen z. B. Eierstabornamente, die im Prinzip aus ellipsenförmigen Punkten entstanden sind. Flächige Wirkungen erzielt man mittels der Sprenkeltechnik, die zu Imitationen von Granit, Buntsteinputzen oder Beflockungen führen können **(Bild 1)**.

Bild 1: Punktartige reihenförmige und flächige Dekore

2.2.1.2 Linien

Reiht man Punkte dicht aneinander, sodass sie sich berühren und man Einzelheiten kaum oder nicht mehr erkennen kann, entstehen Linien **(Bild 2)**.

Bild 2: Entstehung von Linien

Es gibt gerade und gebogene Linien, die sich durch ihre Dicke, Lage und Stellung unterscheiden können. Kombiniert man mehrere Linien, entstehen durch Abstands- und Ausdehnungskontraste Linienbündel bzw. **Liniendekore (Bild 3)**.

Bild 3: Liniendekore

Im Malerhandwerk sind für die verschiedenen Linien bestimmte Namen üblich, die in **Bild 4** zu sehen sind, im Lackiererhandwerk spricht man dagegen von Zierlinien und Zierstreifen **(s. Abschnitt 4.1)**. Zum Linien- und Bandziehen arbeitet der Maler mit Strichziehern, Ringpinseln und dem Lineal.

Ritzer	bis ca. 5 mm
Striche	bis ca. 3 cm
Bänder	bis ca. 5 cm
Streifen	über ca. 30 cm

Bild 4: Bezeichnung der Linienarten

Einsatzgebiete des Liniendekors

Werden in Raumflächen waagerechte Linien gezogen, teilen sie diese z. B. als Sockel ab oder es entstehen Friesgestaltungen. Rahmen die Linien ein Objekt ein, kommen Einfassungen zustande.

- **Linien als Friese und Einfassungen**

Liniendekore im deckennahen Wandbereich werden als **Wandfriese** bezeichnet. Desgleichen gibt es **Deckenfriese.** Werden Binnenflächen von Decken gesondert eingefasst und durch andere Farben oder Dekortechniken hervorgehoben, bezeichnet man das Innere als **Deckenspiegel (Bild 5)**. Einfassungen finden wir bei Türen **(Bild 6)** innen und außen oder bei Fenstern an der Fassade vor.

Bild 5: Deckengestaltung mit Fries und Spiegel

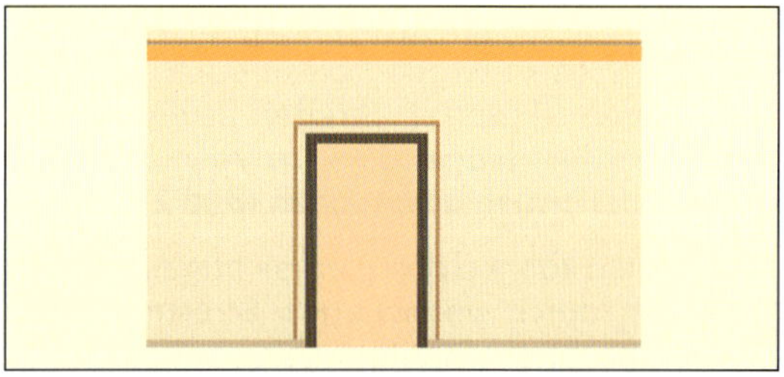

Bild 6: Wandgestaltung mit Fries und Türeinfassung

- **Linien als Wandteilungen**

Wenn man den Spritzwasser- oder Verschmutzungsbereich in Küchen, Bädern, Klassenräumen und Hausfluren in bestimmter Höhe mit Linien abgrenzt, entsteht ein Sockel.

Man behandelte ihn früher mit Ölfarbe, um so die Flächen gegenüber den üblichen wasserempfindlichen Kalk- oder Leimfarbenanstrichen nass reinigen zu können.

Sockel können in jeder Höhe angesetzt werden.

Ergänzt ein Sockel den Fliesenbereich, sollte man ihn in der Fliesenhöhe anlegen.

Begrenzt man Wände zum Schutz des unteren Wandteiles beim Wischen, entstehen **Spritzsockel,** die gewöhnlich bis zu 40 cm hoch anlegt werden.

Als normale Sockelhöhe wird ein Maß angenommen, das größer oder kleiner ist als die halbe Wandhöhe. Die halbe Höhe ist wie bei der Schriftgestaltung eine ungünstige Teilung. Vielfach wird deshalb der **goldene Schnitt** benutzt, der in **Bild 1** zeichnerisch gelöst ist.

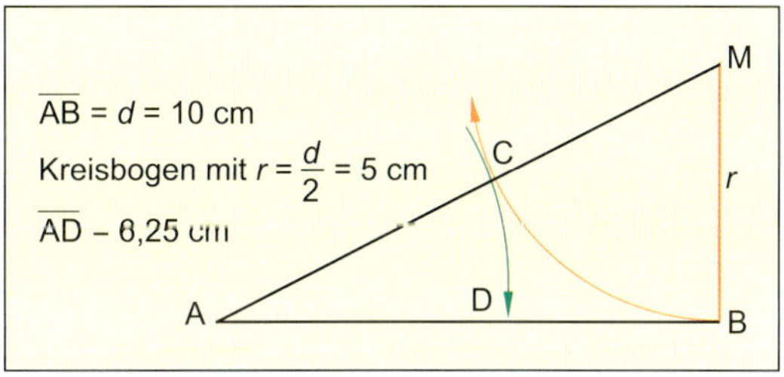

Bild 1: Konstruktion für den goldenen Schnitt

Statt der geometrischen Konstruktion berechnet man die Sockelhöhe mit den Verhältnissen 3 : 5 oder 5 : 8.

$$\frac{\text{Sockelhöhe}}{\text{Wandhöhe}} = \frac{3}{5} \text{ oder } \frac{5}{8}$$

Noch einfacher ist es, wenn man die Wandhöhe mit $\frac{3}{5} = 0{,}6$ oder $\frac{5}{8} = 0{,}625$ multipliziert.

Beispiel: Vergleich der beiden Berechnungsmethoden der Sockelhöhen

Ist die Wand 2,50 m hoch, erhält man bei der Berechnung

0,6 • 2,50 m = 1,50 m als Sockelhöhe oder

0,625 • 2,50 m = 1,56 m.

Die Differenz von 6 cm spielt in der Praxis in dem Fall keine Rolle.

In **Bild 1** kann die Berechnung an den Treppenpodesten verglichen werden.

- **Linien als Sockelbegrenzungen im Treppenhaus**

Sockelbegrenzungen im Treppenhaus werden wegen der schrägen Linienführung zur Treppenlinie wie in **Bild 2** angetragen. Weil heutzutage die wasserempfindlichen Anstrichstoffe durch wasserbeständige ersetzt sind, kommen Wandteilungen in der Höhe seltener vor. Sollen trotzdem noch Treppenhaussockel angelegt werden, trägt man sie aus gestalterischen Gründen wie bei normalen Wänden kaum noch auf Höhen über der halben Wandhöhe an.

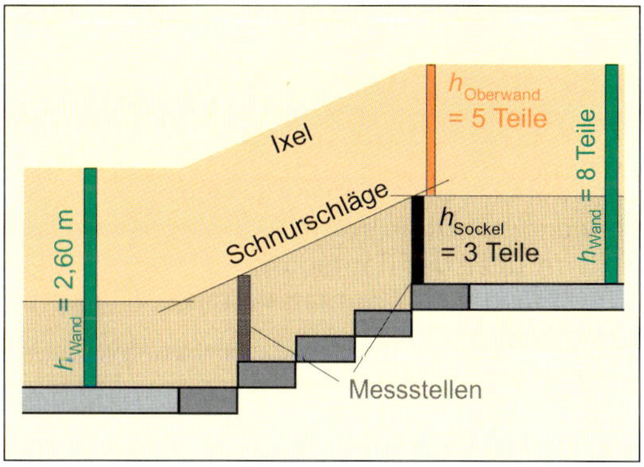

Bild 2: Antragen der Sockelhöhe im Treppenhaus

- **Linien als Sockeldekor**

Um Sockel zu schmücken, kann ein Liniendekor direkt an der Sockelgrenze angebracht werden, es kann aber auch ein wenig darüber oder darunter liegen.

HINWEIS Bei Bändern muss die Stärke senkrecht zur Sockelschräge gemessen werden **(Bild 3)**. Vgl. auch **Bild 2, S. 129** im Kapitel Schriftgestaltung.

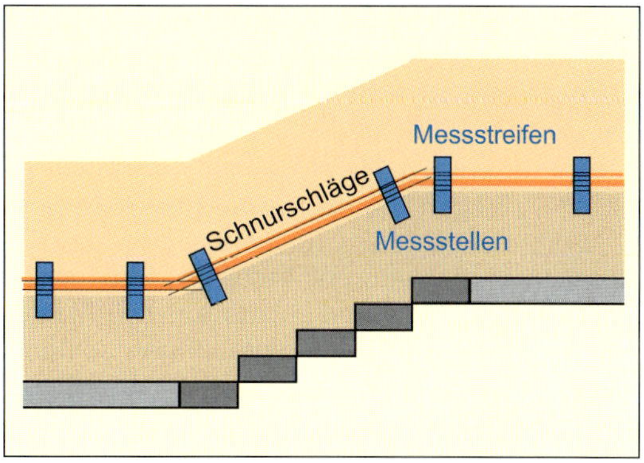

Bild 3: Linienbündel am Treppenhaussockel

- **Strich-Band-Kombinationen mit flächiger Wirkung**

Aufgrund des großen Arbeitsaufwandes dienen solche Dekore als Übung zum Strichziehen. Zu ihrer Herstellung kommen folgende **Gestaltungskräfte** infrage:

der Ausdehnungskontrast für die unterschiedlichen Strichstärken,

der Abstandskontrast für die Abstände der Strich-Band-Kombination.

Bei **rhythmischer Gliederung** wiederholen sich die Linienbündel in gleichmäßigen Abständen. Im Normalfall werden zwei bis drei Linien unterschiedlicher Strichstärken und Abstände benutzt.

Richtungskontraste setzt man ein, wenn Dekore aus waagerechten oder senkrechten Linienbündeln bestehen. Kombinationen der beiden ergeben Gitternetze. Wenn schräge Linien verwendet werden sollen, basieren sie auf der X-Form oder der Rautenform. Schräglinien in einer Richtung sollte man vermeiden, weil sie unruhig wirken.

Beispiel zum Anfertigen eines Liniendekors

Man gibt meist eine **Trägerfläche** von ungefähr 1,10 m bis 1,40 m × 2,00 m vor.

Aus Gründen der Deckfähigkeit des Liniendekors sollte die Fläche einen hellen Anstrich erhalten, auf dem dann die Abstände der Strich-Band-Kombinationen angetragen werden.

Die **Maße** für waagerechte Striche werden beiderseits der Fläche am besten mit einem Messstreifen angesetzt. Da das Malerlineal nur 1,00 m lang ist, sind Schnurschläge notwendig. Eine Kontrolle mit der Wasserwaage sollte aus Sicherheitsgründen zusätzlich erfolgen. Für senkrechte Dekore werden die Maße nur an der oberen Begrenzung angetragen. Eine eingefärbte Schlagschnur überträgt mit dem Lot die Linien nach unten.

Tipp Tragen Sie für symmetrische Dekore die Maße für senkrechte Einteilungen immer von der Mitte des Entwurfsfeldes nach links und rechts an! Die Maßantragungen für Höheneinteilungen sollten entsprechend von der Mitte aus nach oben und unten erfolgen.

Motive zur Dekorgestaltung **(Bild 1 und 2 sowie Bild 1 und Bild 4, S. 179)**

Bild 1: Dekor mit senkrechten Linien

Eingesetzte Gestaltungskräfte:

- Ausdehnungskontrast
- Abstandskontrast
- Rhythmus

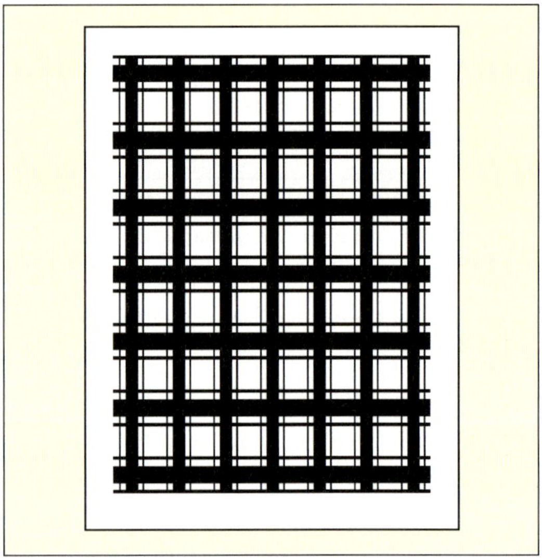

Bild 2: Dekor mit gekreuzten Linien

Eingesetzte Gestaltungskräfte:

- Ausdehnungskontrast
- Abstandskontrast
- Richtungskontrast
- Rhythmus

Bild 1: Dekor mit schrägen Linien in X-Form

Eingesetzte Gestaltungskräfte:

- Ausdehnungskontrast
- Abstandskontrast
- Richtungskontrast
- Rhythmus

Bild 2: Dekor mit schrägen Linien in Rautenform

Eingesetzte Gestaltungskräfte:

- Ausdehnungskontrast
- Abstandskontrast
- Richtungskontrast
- Rhythmus

Herstellen der Entwürfe

- Zeichnen Sie mit Bleistift auf einem Blatt Rechenkästchenpapier drei Rechtecke mit einer Breite von 7 cm und einer Höhe von 10 cm wie in **Bild 3**!
- Zeichnen Sie in die Rechtecke die Grundformen des geplanten Dekors!
  - a) in das 1. Rechteck Symmetrieachsen,
  - b) in das 2. Rechteck die Diagonalen,
  - c) in das 3. Rechteck eine Raute!

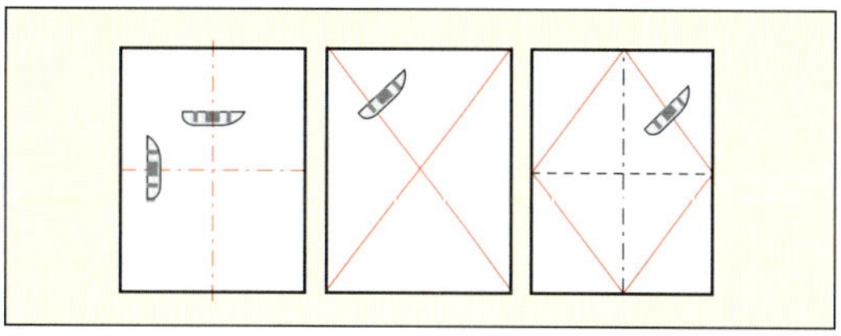

Bild 3: Grundformen zum Anordnen des Liniendekors

- Stellen Sie einen Messstreifen mit den Maßen Ihrer geplanten Strichkombination unter Berücksichtigung der genannten Gestaltungskräfte her, z. B. wie in **Bild 4**!

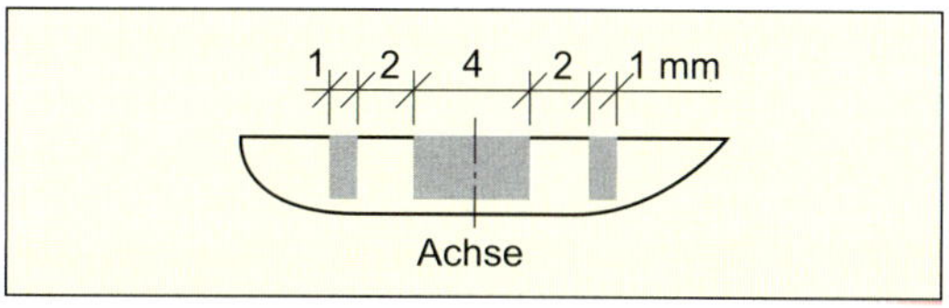

Bild 4: Messstreifen für ein Liniendekor

- Tragen Sie die Maße für die Linien mit dem Messstreifen rechtwinklig zu den Grundformen an! Ziehen Sie parallele Linien durch die Messpunkte und füllen Sie die Zwischenräume mit Bleistift aus **(Bild 5)**!

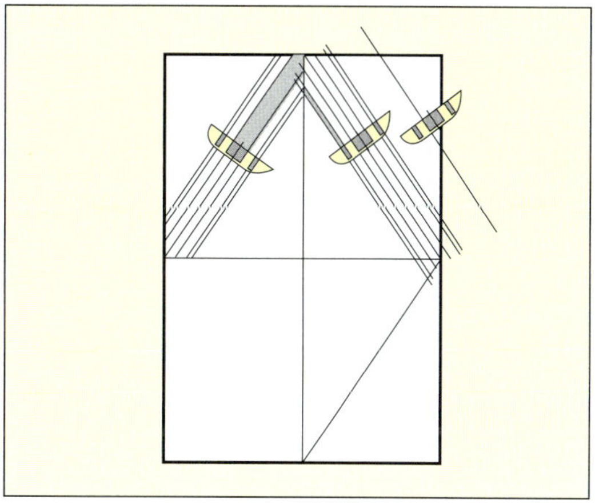

Bild 5: Antragen der Linien mit dem Messstreifen

ORNAMENTLEHRE

Wenn die Strichkombination noch zu leer aussieht, ziehen Sie eine weitere Parallele, an die Sie wieder die Maße antragen, Linien ziehen und ausfüllen!

> **TIPP** Bei der angegebenen Entwurfsfläche sollten die Strichbreiten 3 mm nicht überschreiten.

- Rahmen Sie die fertigen Arbeiten mit einer Strich-Kombination ein, die einfacher ist als im Flächendekor, damit sie sich dem Dekor unterordnet!
- Schneiden Sie die Dekore aus und kleben Sie diese auf ein Zeichenblatt nach dem Muster von **Bild 1, S. 28**!
- Beschriften Sie abschließend die Arbeit mit dem Titel

  „Strich-Band-Dekore“!

2.2.1.3 Flächen

Zu Beginn des Abschnitts Linien wurde der Zusammenhang von Punkten und Linien gezeigt. Genauso gibt es eine Beziehung zwischen Linien und Flächen. Werden Linien durch eine größere Breitenausdehnung zu Bändern, nehmen sie flächigen Charakter an, die jedoch wegen ihrer rechteckigen Form recht streng wirken. Durch Nutzung **geometrischer Formen** wird das Motivangebot für Flächendekore jedoch deutlich erweitert. Ergänzt wird der Vorrat an Schmuckelementen **(Bild 1)** durch Abbildungen von **Naturformen** (Blätter, Ranken, Blüten usw.). **Buchstaben** bzw. Teile davon sind aufgrund ihrer eigenartigen Formen ebenfalls einen Dekorversuch wert. Auch **Sachformen** können eingesetzt werden.

Bild 1: Reihenornamente aus geometrischen Formen, Naturformen und Buchstaben

Einsatzgebiete der Flächenformen

Wenn Flächenformen zeilenweise nebeneinander gesetzt werden, entstehen Reihenornamente. Ordnet man die Zeilen untereinander an, entstehen Flächenornamente.

- **Entwürfe aus einer geometrischen Form**

Entsprechend der Vielzahl und Wirkung der eckigen oder gebogenen geometrischen Formen fällt die Wahl der Motive oft schwer. Man sollte sich anfangs auf eine Form beschränken.

Am Beispiel eines Quadrats wird gezeigt, wie vielgestaltig die Ergebnisse aufgrund der Gestaltungskräfte Abstands-, Ausdehnungs- und Richtungskontraste sein können **(Bild 2)**. Die Formen können auch aufeinander gesetzt werden, dann aber meist in verkleinertem Zustand.

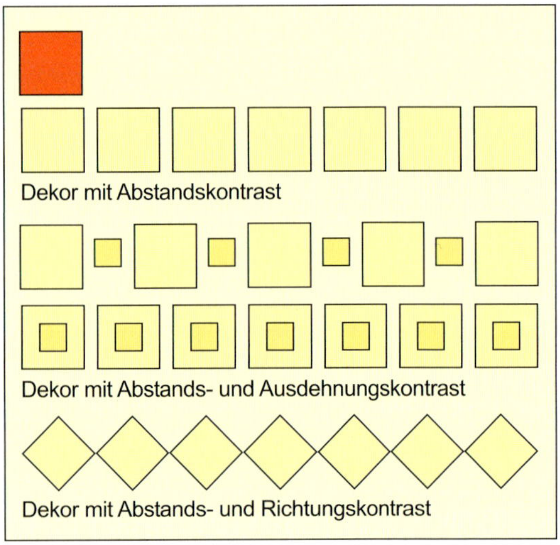

Bild 2: Ornamente aus dem Quadrat abgeleitet

- **Entwürfe aus mehreren geometrischen Formen**

Aus zwei geometrischen Formen können mit den gleichen Gestaltungskräften folgende Reihenornamente gebildet werden **(Bild 3)**. Mehr Formen sollte man wegen des hohen Schwierigkeitsgrads nicht einsetzen.

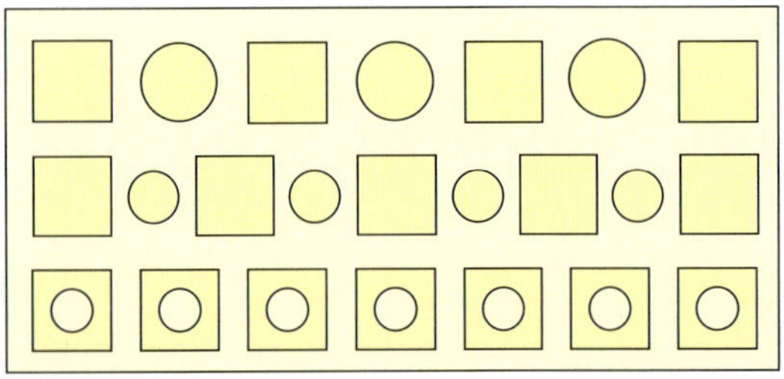

Bild 3: Dekorlösungen aus verschiedenen Formen

Aber nicht immer wirken die Kombinationen ansprechend. Die Ursache dürfte eine Richtungsbetonung der zweiten Form sein, die eine unangenehme Wirkung erzeugt. Hebt man sie aber durch Symmetrierung auf, erscheint die Kombination ausgewogen und ruhig **(Bild 1)**.

TIPP Zeichnen Sie eigene Ornamententwürfe durch Kopieren der Formen auf Transparentpapier!

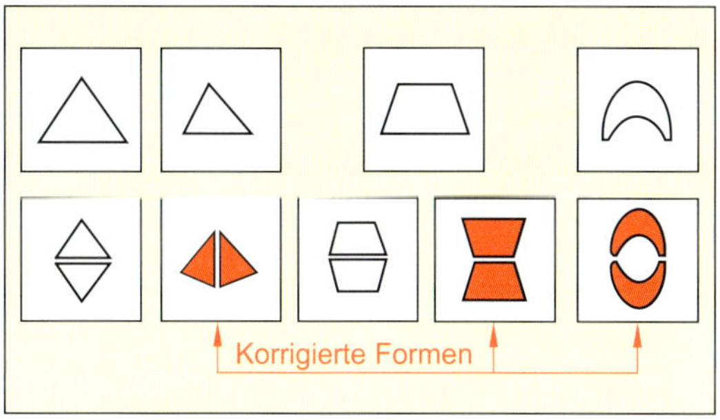

Bild 1: Ungünstige Formkombinationen und ihre Korrekturmöglichkeit

- **Entwürfe aus geteilten geometrischen Formen**

Die Teilung geometrischer Formen kann grundsätzlich mit geraden oder gebogenen Linien erfolgen. Im Prinzip stellt man dadurch andere geometrische Formen her.

Beim Einsatz von bunten Farben können bei unzureichenden Helligkeitskontrasten an der Berührungsstelle störende Flimmerwirkungen zustande kommen. Teilt man die Form jedoch mit einer Doppellinie, kann dies nicht passieren, denn die Untergrundfarben besitzen normalerweise eine andere Helligkeit **(Bild 2)**. Sie werden meist heller als das Dekor angelegt.

Bild 2: Teilungsmethoden

Teilungsvarianten mit geraden Linien

Die Teilung kann mit geraden Linien in **waagerechter** und **senkrechter Richtung** erfolgen. Auch **Kombinationen** der Teilungsarten sollte man prüfen. Weitere Variationen entstehen durch Einsatz des Abstandskontrastes **(Bild 3)**.

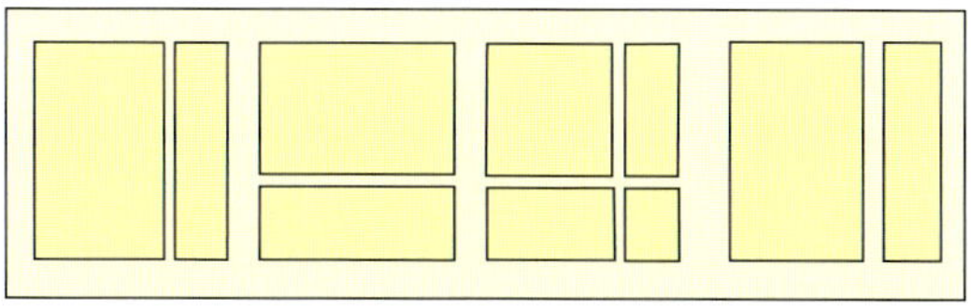

Bild 3: Teilung durch waagerechte und senkrechte Linien sowie Linienkombinationen

TIPP Die Doppellinien zum Teilen sollten nicht zu große Abstände haben! Nicht immer müssen sie parallel verlaufen. Damit bekommen die Teilungsformen noch mehr Varianten.

Weitere Lösungen entstehen durch **schräg gelegte Teilungslinien (Bild 4)**. Hier spielen Kombinationen, Abstandskontraste und Richtungskontraste eine Rolle.

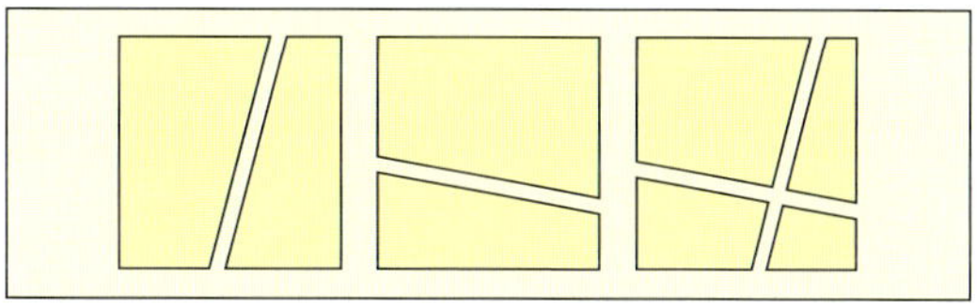

Bild 4: Teilung durch schräg gelegte Linien und Linienkombinationen

Mit **geknickten Linien** entstehen weitere Varianten **(Bild 5)**.

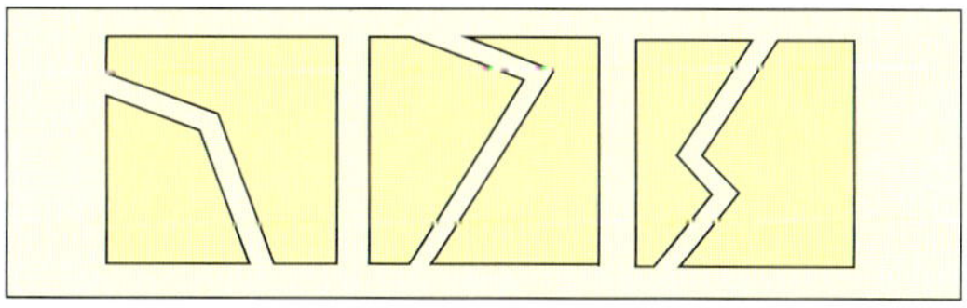

Bild 5: Teilung durch geknickte Linien

Die geteilten geometrischen Formen kann man mit Corel Draw durch den Befehl **Zuschneiden** beim **Menü Anordnen** herstellen **(s. Fachzeichnen, Abschnitt 8.4, Bild 2, Seite 82)**. Im **Bild 6** sind die Arbeitsschritte für eine spezielle Formteilung zu sehen.

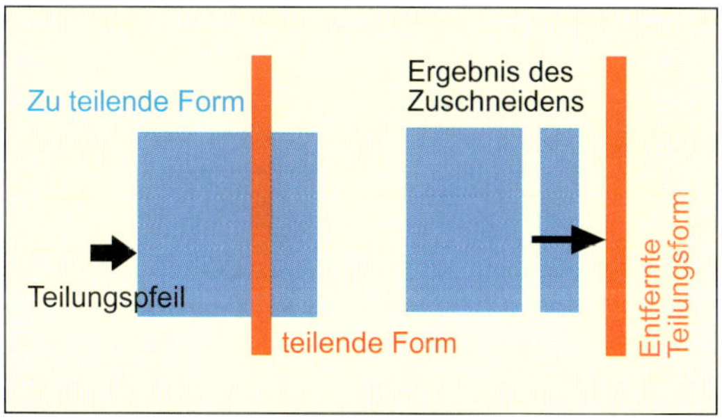

Bild 6: Formteilung mit Corel Draw

ORNAMENTLEHRE

Wenn mit einer geknickten oder kombinierten Form die Teilung erfolgen soll, stellt man sie aus zwei Teilstücken her, die beim **Menü Anordnen** zu **verschmelzen** sind, ehe man die Teilung mit **Zuschneiden** durchführt **(Bild 1)**.

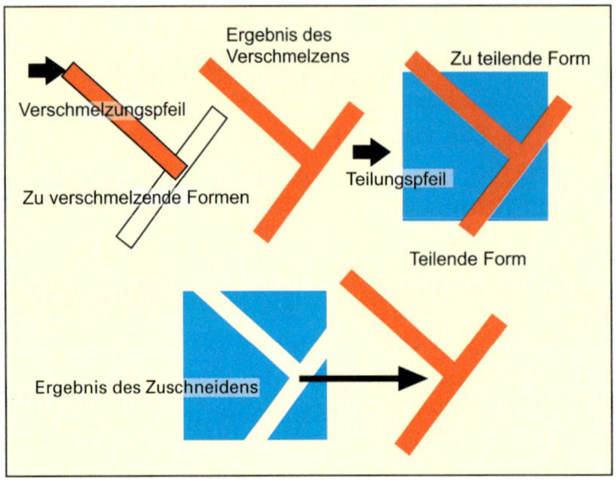

Bild 1: Teilen mit kombinierten Formelementen am PC mit Corel Draw

Beispiele für Reihenornamente

Für Entwürfe von Reihenornamenten sind Flächenformen mit Seitenlängen von ca. 2 cm ausreichend. Mithilfe der Durchdrückmethode werden die Motive mit Transparentpapier mehrfach nebeneinander auf Zeichenkarton übertragen. Der gewählte Abstand muss dabei genau eingehalten werden.

Die Konturen sehen mit dieser Methode jedoch nicht so exakt aus. Besser ist es, wenn man das Ornament auf Transparentpapier entwirft. Zu dem Zweck wird auf das Transparentpapier eine Hilfslinie gezeichnet. Legt man es über das Dekormotiv und zeichnet die Form mit hartem Bleistift an der Hilfslinie mehrmals nebeneinander durch, entsteht das Reihenornament **(Bild 2)**.

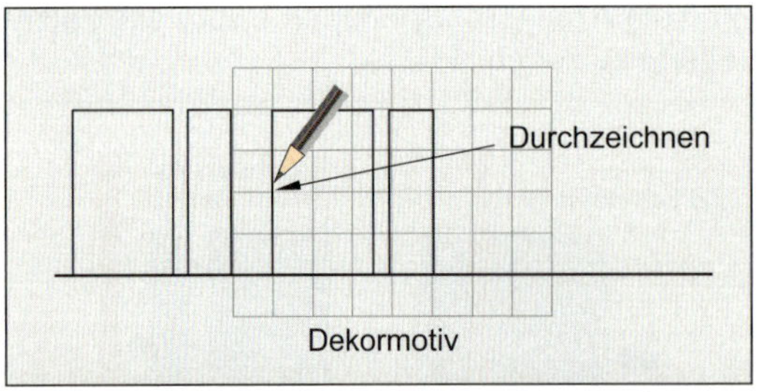

Bild 2: Motivübertragung zum Reihenornament

In **Bild 3** wurde das senkrecht geteilte Quadrat unter Berücksichtigung des Abstandskontrastes in einfacher Reihung gezeichnet.

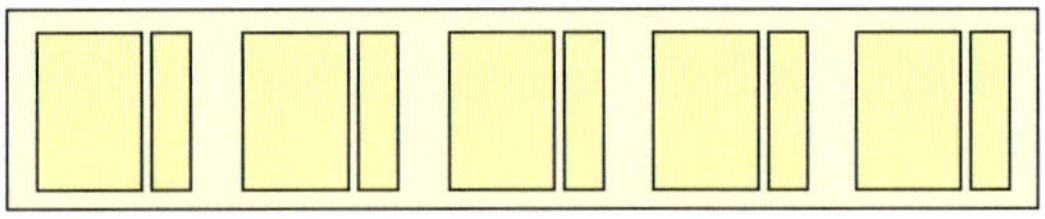

Bild 3: Einfache Reihung des Motivs

In **Bild 4** wurde dasselbe Motiv beim Kopieren mit Transparentpapier achsial gespiegelt und zu einer Gruppe zusammengefasst. Dann wurde sie in einfacher Reihung angeordnet.

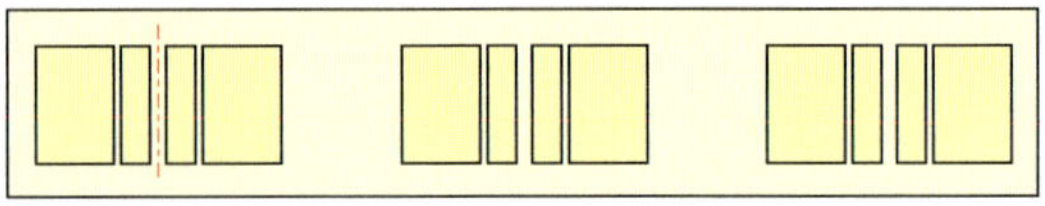

Bild 4: Durch Spiegeln erzeugtes Motiv in einfacher Reihung

In **Bild 5** wurde ein Motiv waagerecht und senkrecht gespiegelt. Mit dem zu einer neuen Gruppe umgewandelten Motiv erfolgte anschließend wiederum die einfache Reihung.

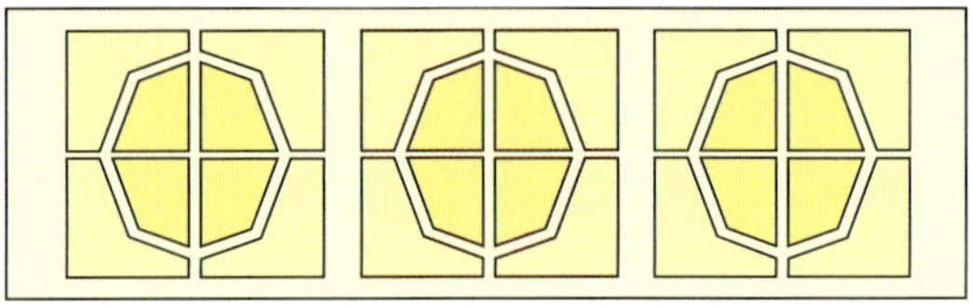

Bild 5: Ornament aus waagerechter und senkrechter Spiegelung des Motivs

In den Ornamenten von **Bild 6** wurden Motive aus Teilungsvarianten mit unterschiedlichem Abstandskontrast angewendet.

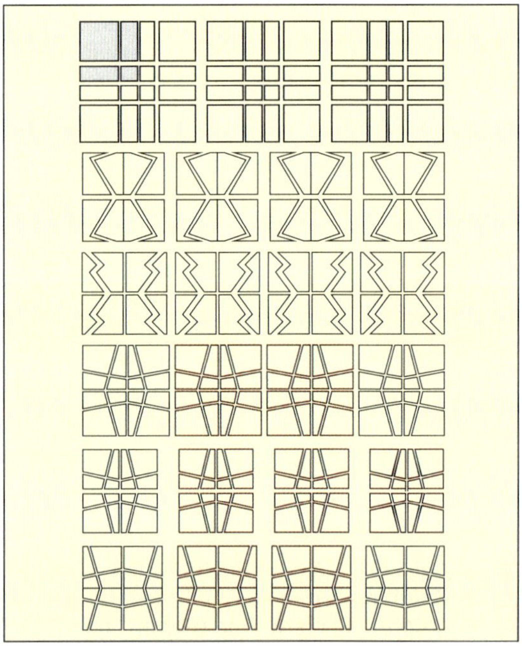

Bild 6: Ornamente aus den Teilungsvarianten

Teilungsvarianten mit gebogenen Linien

Die gebogenen Linien können willkürlich gezogen werden, man kann sie aber auch von Kreisen und Ellipsen ableiten. Auch Knickungen kann man zur Motivbildung mit einbeziehen. Bei allen Varianten ist beim Teilen die Doppellinie berücksichtigt worden. Die Ergebnisse sind so vielgestaltig, dass nur Anregungen gegeben werden können **(Bild 1)**.

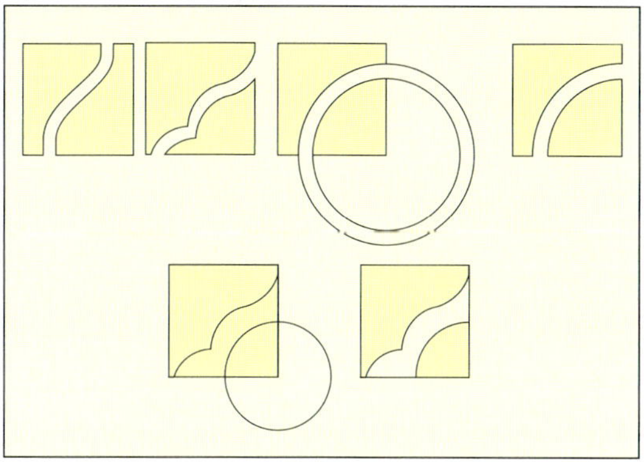

Bild 1: Teilung der Grundform durch Arten von gebogenen Doppellinien

Durch Spiegeln entstehen wieder neue Formgruppen, die durch Aneinanderreihen Dekore wie in **Bild 2** ergeben.

Bild 2: Dekore aus einem Quadrat mit gebogenen Teilungslinien

Teilungsmöglichkeiten mittels Scherenschnitt

Wenn man Ornamentmotive nicht durch Linienformen herstellen will, die anschließend zu ersten Farbentwürfen ausgemalt werden müssen, kann man die Scherenschnittmethode anwenden. Dazu sind Farbpapiere und Klebefolien geeignet, die im Kapitel Schriftlehre vorgestellt wurden.

Der Vorteil des Scherenschnittes ergibt sich daraus, dass die benutzten Materialien sofort einen farbigen Eindruck liefern. Für die praktische Anwendung ist aber zu bedenken, dass die Farben der Farbpapiere für die übliche Gestaltung noch etwas verändert werden müssen, weil sie wegen ihrer hohen Farbsättigung meist zu aufdringlich wirken.

Um das Ornamentmotiv von **Bild 3** herzustellen, legt man vier Quadrate von 3 cm Kantenlänge aus diesen Materialien übereinander und zerschneidet sie so, wie die Teilungslinie (a) gezogen wurde. Die Teilstücke kann man in zwei Arten verwenden: Man kann sie auseinanderziehen (b) oder umklappen (c). Dann klebt man die Teilformen auf Kästchenpapier zu Zentralformen zusammen (d).

Wie bei der Wahl der gezeichneten Teilungslinien ist es auch bei der Scherenschnittmethode wichtig, die günstigsten Proportionen für die Flächen zu erhalten.

TIPP Damit bei Klebefolien die Teilformen beim Anordnen zueinander passen, muss die Hälfte der vier Quadrate vor dem Schneiden umgekehrt übereinander gelegt werden.

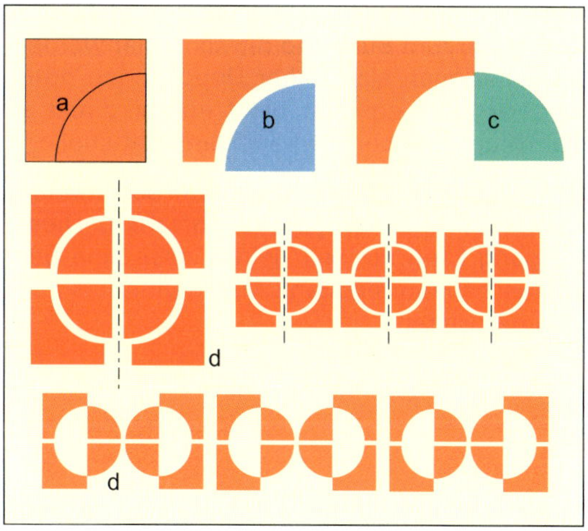

Bild 3: Durch Scherenschnitt erzeugte Ornamente

ORNAMENTLEHRE

- **Entwürfe aus Naturformen**

Diese Gruppe von Motiven ist stilgeschichtlich wohl am häufigsten genutzt worden. Man verwendete **florale** (pflanzliche) **Formen** wie Blüten, Blätter und Ranken sowie **Tierformen**. In Burgen, Schlössern, Kirchen und repräsentativen Villen findet man dafür genügend Anschauungsbeispiele in Form von Malereien oder Reliefs.

Herstellung floraler Motivformen

Von den Vorlagen aus der Natur muss eine Zeichnung in linearer Form hergestellt werden. Auch Fotos, Fotokopien oder Drucke sind geeignet **(Bild 1)**.

Bild 1: Abbildungen von Blattformen mit typischen Konturen

Betrachtet man die Naturformen in obigem Bild sehr gewissenhaft, wird man feststellen, dass keine der andern gleicht. Wenn man die Form abzeichnet, sollte man das **Typische** herausfinden: Die **Blattränder** weisen glatte, gebogene oder eingebuchtete und gesägte, zahnartige Kanten auf. Es gibt **Hauptadern** und **Nebenadern,** die zum Blattrand hin schmaler werden. Zum Zeichnen sind daher Doppellinien nötig. Nebenadern beginnen nicht immer direkt an der Hauptader, sondern auch am Blattstiel.

Beim Abzeichnen der Naturform oder danach wird man die **Formen vereinfachen**. Dieser Vorgang kann so weit gehen, dass eine geometrische Figur entsteht. Man nennt dies auch geometrisieren.

Für die Ornamentbildung ist es sinnvoll, aus dem Originalmotiv eine **symmetrische Form** anzufertigen.

Als Symmetrieachse eignet sich bei Blättern die Hauptader. Sie muss breiter als die Nebenadern gezeichnet werden.

Beim Vereinfachen der Blattränder lässt man einige Zähnchen weg und begradigt dadurch die Kontur.

Bei den zeichnerischen Entwürfen sollte man sich auf eine Größe festlegen, die für das spätere Ornament nützlich ist, um zusätzliche Veränderungen zu vermeiden. Als **Zeichnungshöhe** reichen 4 cm bis 5 cm aus. Die Breite ist von der zu zeichnenden Naturform abhängig. Zur Arbeitserleichterung dient Rechenkästchenpapier.

Die Arbeitsschritte im Einzelnen sind:

1. Linearzeichnung der Naturform herstellen

- Auf Rechenkästchenpapier die Zeichnungshöhe von 4,5 cm begrenzen **(Bild 2)**.
- Die Hauptader (a) des Blattes als Doppellinie in ihrer natürlichen Biegung zeichnen.
- Dann die Blattkontur (b) mit typischen Einbuchtungen grob dünn vorzeichnen.
- Einzelheiten (Sägezähnchen) zufügen (c).
- Zuletzt die wichtigsten Nebenadern (d) als dünne Doppellinien von der Hauptader zum Blattrand einzeichnen.

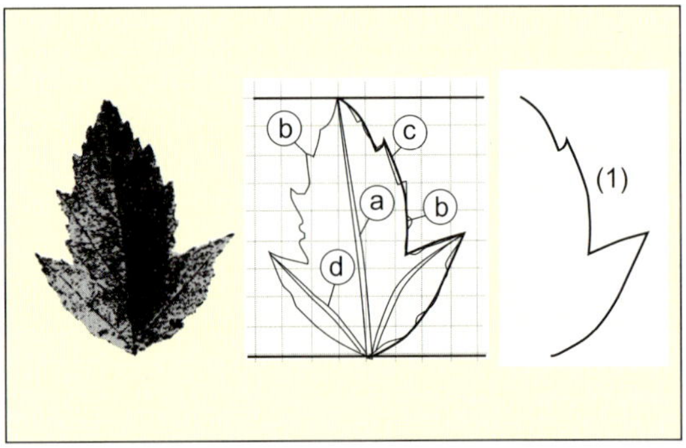

Bild 2: Linearzeichnung eines Blattes anfertigen

2. Aus der Linearzeichnung die vereinfachte symmetrische Blattform ableiten

- Transparentpapier über die Zeichnung in **Bild 2** legen und von der rechten Kontur eine neue Form (1) mit wenigen Zähnchen und Einbuchtungen durch Pausen mit einem harten Bleistift herstellen.
- Auf Kästchenpapier wie in **Bild 1, S. 185** die Hauptader vereinfacht herstellen, indem man mit dem Lineal zwei schräge Linien an einer Symmetrieachse zeichnet. Die Linien dürfen sich aber an der Spitze nicht berühren, weil es für die spätere Schablone wichtig ist. Ein Abstand von ca. 2 mm ist für die beiden Blatthälften meist ausreichend.

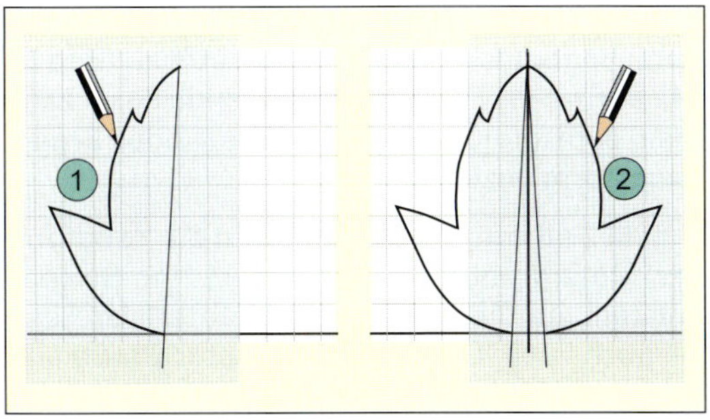

Bild 1: Vereinfachte symmetrische Blattform herstellen

- Wird das Transparent umgedreht und die Blattkontur an die linke Seite der Hauptader gelegt, kann man ihre Kontur auf das Kästchenpapier durchdrücken, um nach dem Wenden die rechte Seite (2) zu zeichnen.
- Als Letztes zeichnet man Seitenadern mit Doppellinien in die symmetrische Blattform ein. Mittels Kopieren erhält man ihr Spiegelbild. Statt einer Ader kann auch, wie hier durchgeführt, eine Teilungslinie (e) hergestellt werden **(Bild 2, linke Darstellung)**.
- Damit die Form sich für eine Schablone eignet, müssen die vier Teile des Blattes jeweils einzeln in geschlossene Elemente umgewandelt werden. Zu diesem Zweck werden die Adern an ihren Endigungen (f) geöffnet, indem man Linienteile wegradiert **(Bild 2, rechte Darstellung)**. Werden die Teile grau ausgelegt, sieht man das Ergebnis der Arbeit.

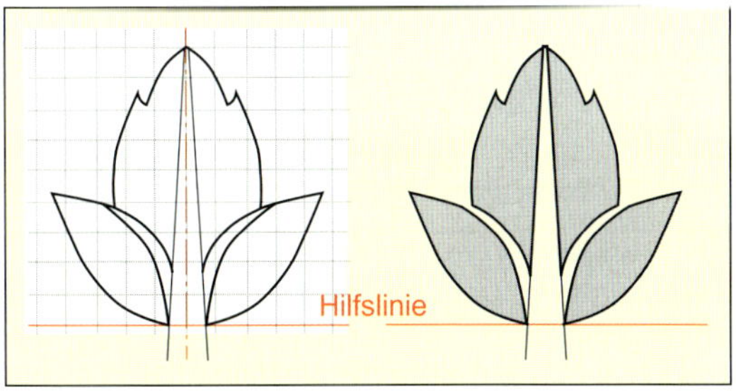

Bild 2: Symmetrische Blattform als Linearzeichnung und als Vorstufe zur Schablone

3. Mit der vereinfachten Blattform Ornamententwürfe zeichnen (Bild 3)

Um Ornamententwürfe als Reihenornament herzustellen, muss die vereinfachte Blattform (a) mehrfach auf einer Grundlinie nebeneinander gesetzt werden. Spiegelt man die Form um eine waagerechte Achse, entsteht eine Zentralform (b), die Ausgangsbasis für neue Reihungen sein kann.

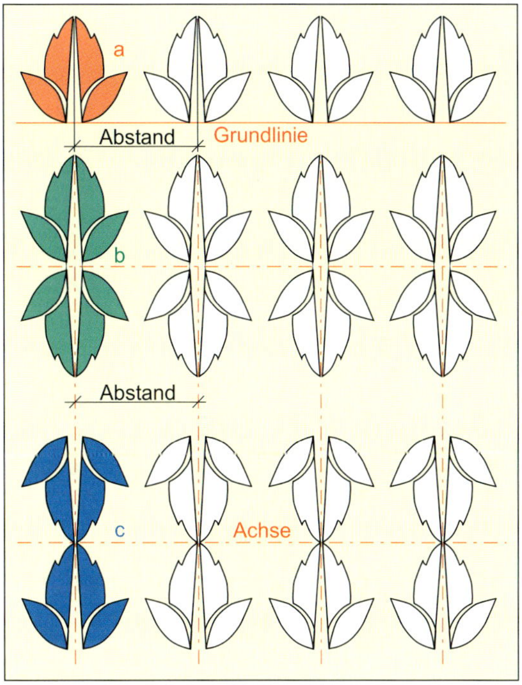

Bild 3: Ornamente aus Blattformen

TIPP Kopieren Sie Reihenornamente von der Linearzeichnung auf Transparentpapier, indem Sie eine Hilfslinie und senkrechte Linien als Achsen benutzen!

- **Entwürfe aus Sachformen**

Abbildungen (Fotos, Drucke, Zeichnungen) von **Sachformen** sind eine weitere Art von Vorlagen. Davon abgeleitete Motive können aneinander gereiht Dekore für geeignete Gestaltungsobjekte sein **(Bild 4)**.

Bild 4: Dekore aus Sachformen

ORNAMENTLEHRE

- **Entwürfe aus Buchstaben**

Buchstaben oder Teile davon können ebenfalls zu dekorativen Zwecken genutzt werden. Sie weisen einen filigranen Charakter auf, der beim späteren Schablonieren bedacht werden muss. Sind einige Teile davon zu dünn, kann man diesen Bereich nicht schablonieren. Man trennt deshalb diese Teile gefühlvoll ab und bereitet damit Schablonenhalter vor. Manchmal werden auch Änderungen an Buchstabenelementen nötig.

Um ein Ornament aus Buchstaben zu entwerfen, sollte man sie auf ca. 2 cm × 2,5 cm vergrößern. Es ist empfehlenswert, durch Kopieren und Spiegeln um Symmetrieachsen eine Zentralform herzustellen, die dann für die Reihung benutzt wird **(Bild 1)**.

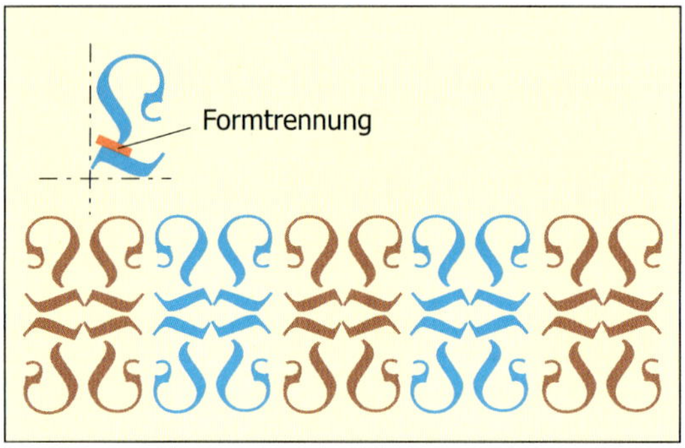

Bild 1: Dekor aus Buchstaben

2.2.1.4 Untergrundform und Ergänzungsform

Durch die Reihung von gefüllten gespiegelten Formen (b) in **Bild 2** entstehen im Innern neue Formen, die das Reihenornament so beeinflussen, dass man es insgesamt als unfertig und leer empfindet. Die Ausgangsformen nennt man **Positivformen,** die entstandenen Leerformen **Negativformen** (c). Als Teil des Untergrundes kann man sie auch als **Untergrundformen** bezeichnen. Da sie eigentlich nur durch die Ränder der Außenformen entstanden sind, nennt man sie auch **Randformen.**

Bild 2: Leer wirkendes Ornament

Es bietet sich an, die Leerformen mit einer weiteren angemessenen Form auszufüllen **(Bild 3)**. Die zu diesem Zweck herzustellende Form kann man demzufolge als **Füllform** (d) oder **Ergänzungsform** bezeichnen.

Um die Füllform zu erhalten, wird die Randform der Untergrundform verkleinert. Im Beispiel entsteht auf diese Weise eine Raute. Man kann sie auch in ein Sechseck geeigneter Größe umwandeln. Weil die Grundform symmetrisch ist, muss in diesem Falle auch eine symmetrische Ergänzungsform gebildet werden.

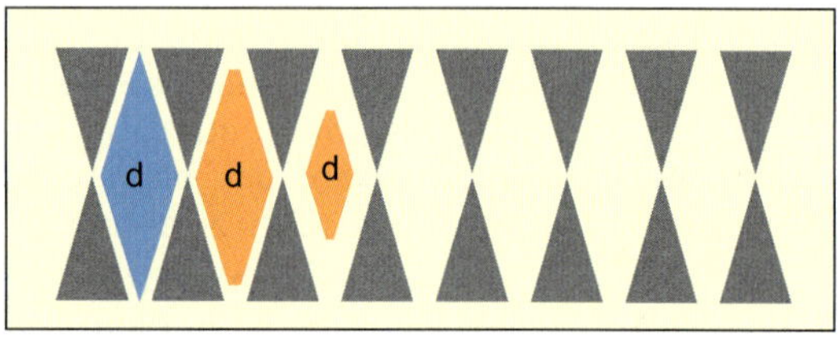

Bild 3: Füllformen aus verkleinerten Randformen

Als Variante kann als Gegensatz zur Vollform eine Linienform entwickelt werden **(Bild 4)**. Ziel der Arbeit ist es, mit ausreichendem Spürsinn die beste Ergänzungsform zu finden.

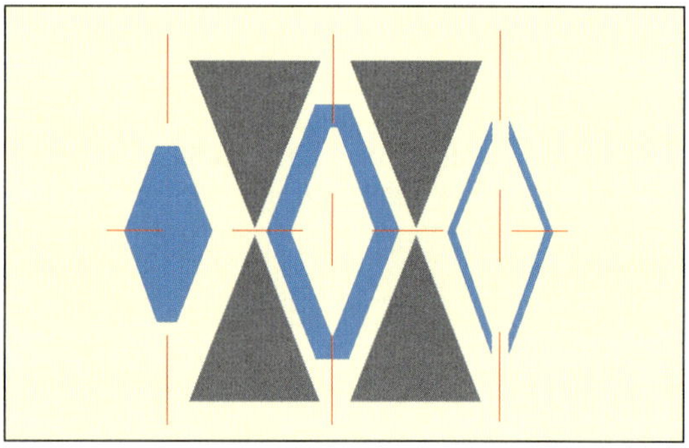

Bild 4: Füllform als Linienform

Eine andere Lösung ergibt sich, wenn der Formkontrast genutzt wird. Hier würde sich entsprechend der geraden, eckigen Grundform die gebogene Form anbieten. Der daraus resultierende Kreis kann dann als **Gegenform** bezeichnet werden **(Bild 5)**.

Bild 5: Füllform als Gegenform

2.2.2 Farben

Die Wirkung der Ornamente wird, wie an den gezeichneten Entwürfen schon teilweise zu sehen ist, durch Farben gesteigert.

Da die Grundlagen zur Farbgebung im Kapitel Farbenlehre beschrieben sind, wird hier nur auf das Wesentliche hingewiesen: Farben werden nach Farbton, Helligkeit, Reinheit bzw. Sättigung ausgewählt, wobei zu berücksichtigen ist, welche Wirkung die eingesetzten Farben auf den Betrachter haben **(s. Bild 3, S. 208)**.

An dieser Stelle sei auch darauf hingewiesen, dass die Beleuchtung mit ihrer Lichtfarbe die Farbe des Ornaments beeinflusst. Des weiteren spielt die Raumgröße bei der Farbwahl eine Rolle, denn große Räume gestatten eine kräftigere Farbgebung als kleinere.

2.2.3 Werkstoff- und werkzeugbedingte Formen

Bei den Erscheinungsweisen der Farben wird erläutert, dass die Oberflächen der Untergründe eben bis rau und Anstrichstoffe glänzend bis matt sein können. Weil Dekorträger und Anstrichstoff im Ornament eine Einheit bilden, wird es nicht nur durch die Formen bestimmt, sondern zusätzlich durch diese **werkstoffbedingten Qualitäten.** Die Gegensätze von rauem und geglättetem Putz bewirken reliefartige Strukturen. Die Glanzgrade der Beschichtungsmaterialien reichen vom Hochglanz der Blattmetalle, einer polierten oder gewachsten Oberfläche bis zum Seidenglanz oder Mattglanz.

Des weiteren beeinflussen die benutzten Werkzeuge mehr oder weniger deutlich das Aussehen eines Ornaments. Ihre Bearbeitungsspuren hinterlassen beim Rollen, Stupfen, Streichen, Spritzen und Schleifen (Mattschliff) **werkzeugabhängige Merkmale,** die man in die Gestaltung gern mit einbezieht **(Bild 1** und **Bild 2, Seite 207)**.

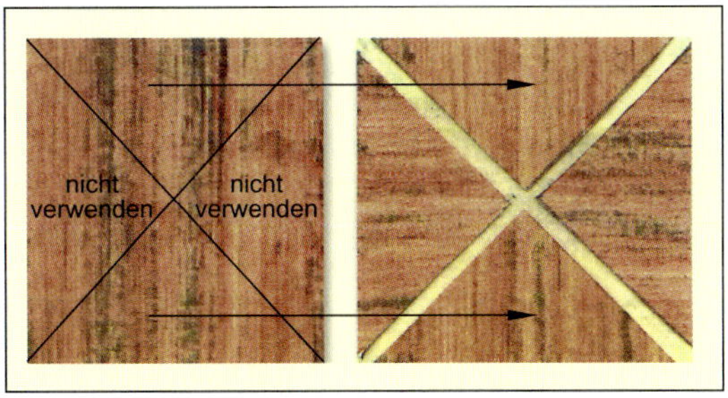

Bild 1: Holzimitation

3 Grundordnung im Ornament

Betrachtet man die bisher gezeigten Ornamente, sind Gemeinsamkeiten feststellbar, die noch näher erläutert werden müssen. Sie gehören zum Grundordnungssystem eines Ornaments. Größenverhältnisse bzw. Proportionen, Symmetrieverhältnisse und Reihungsprinzipien werden dazugezählt.

3.1 Proportionen

Die für ein Ornament eingesetzten Motive besitzen zur benutzten Fläche, auf der sie angeordnet sind, eine bestimmte Größe. Normalerweise wählt man die Größenverhältnisse empfindungsgemäß. Auf diese eigentlich sehr einfache Weise kann man feststellen, wie die Motive auf der Dekorfläche wirken. Zu große Motive können aufdringlich erscheinen. Zu kleine Motive wirken wie ein Streumuster und können in größerer Entfernung eventuell nicht mehr erkannt werden. Um diese Entscheidung zu treffen, ist aufwändige Zeichenarbeit nötig.

Rationeller findet man geeignete Größenverhältnisse mit dem PC. In Corel Draw gibt es dafür beim Menü **Effekte** den Befehl **Überblenden (Bild 1)**. Aus zwei unterschiedlich großen Motiven kann man damit per Knopfdruck viele Zwischengrößen herstellen. Die nötigen Vervielfältigungen zum Reihenornament lassen sich damit ebenfalls anfertigen.

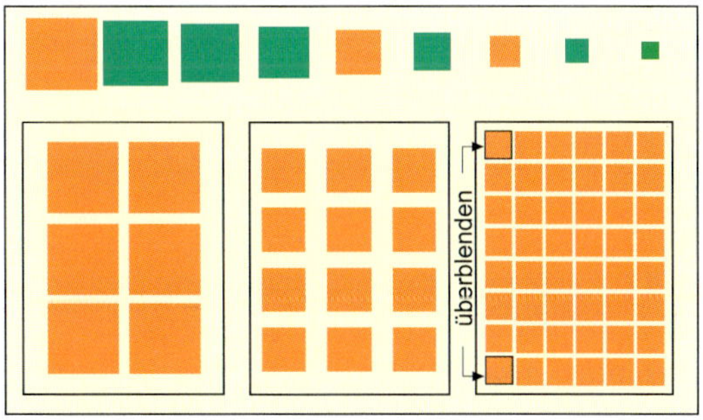

Bild 2: Proportionen der Dekorformen für den Dekorträger finden

TIPP Vergleichen Sie zum „Erlernen" von Proportionsverhältnissen die Mustergrößen von Tapeten in verschiedenen Räumen!

3.2 Symmetrie

Symmetrie bezeichnet man auch als Spiegelgleichheit. Für ein Ornament bedeutet sie, dass man die Anzahl der anzuordnenden Formen auf dem Dekorträger gleichmäßig verteilt. Zeichnet man zu diesem Zweck eine Achse und verteilt die Dekormotive auf beiden Seiten in gleicher Zahl, entsteht **Achsialsymmetrie**.

Um sie auf einer vorgegebenen Fläche herzustellen, ist es üblich, immer von der Flächenmitte aus zu arbeiten **(Bild 1)**. Die erste Form sitzt bei geraden Stückzahlen neben der Achse, bei ungeraden Stückzahlen auf der Achse.

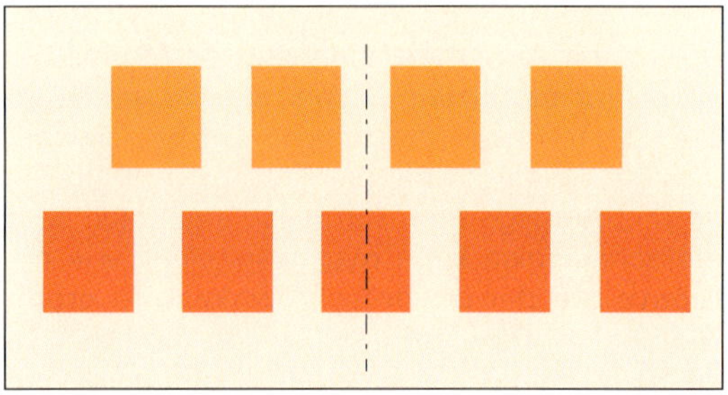

Bild 1: Achsialsymmetrisch angeordnete Formen

Bei zwei verschiedenen Formen ist bei gleichmäßiger Anordnung zur Symmetriebildung eine ungerade Stückzahl notwendig **(Bild 2)**. Das gilt auch bei zweierlei Farben. Man muss also grundsätzlich immer mit der Form oder Farbe enden, mit der begonnen wurde, damit im Ornament Ruhe und Ausgeglichenheit herrschen.

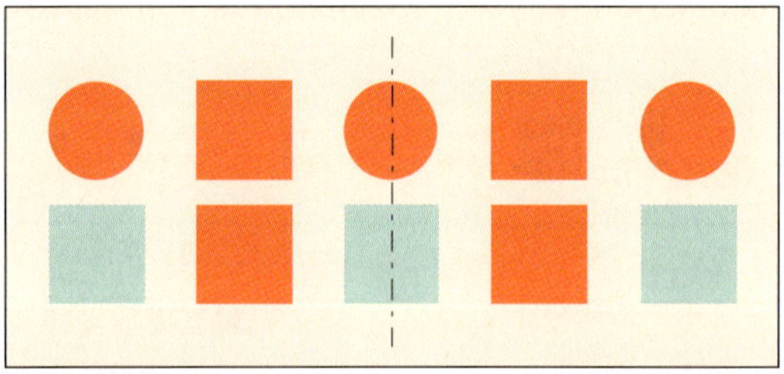

Bild 2: Symmetrie beim Einsatz von zwei Formen oder Farben

Beachtet man diese Regel nicht, entsteht **Asymmetrie (Bild 3)**. Sie ist im Normalfall in Ornamenten störend, weil Bewegung oder Unruhe erzeugt wird.

In bestimmten Fällen drückt man jedoch mit Asymmetrie gezielt Bewegung oder Spannung, z. B. auf Werbeplakaten, aus. Der Blick wird angezogen oder in eine bestimmte Richtung gelenkt **(Bild 3, S. 174)**.

Bild 3: Beispiele für störende Asymmetrie

Symmetrie im Kreis verlangt besondere Aufmerksamkeit **(Bild 4)**. Wird sie **radial** hergestellt, eignet sie sich besonders für richtungsbetonte Formen wie Dreiecke, Blätter oder Blüten mit dieser Eigenschaft. Die erste Form kann wie beim Reihenornament in **Bild 1** entweder **auf die Achse** oder **neben die Achse** gesetzt werden.

Werden richtungsbetonte Formen wie auf ein Band am Kreisbogen angeordnet, rotieren diese um seinen Mittelpunkt. Durch Spiegelung einer halbseitigen Formengruppe entsteht wieder Achsialsymmetrie.

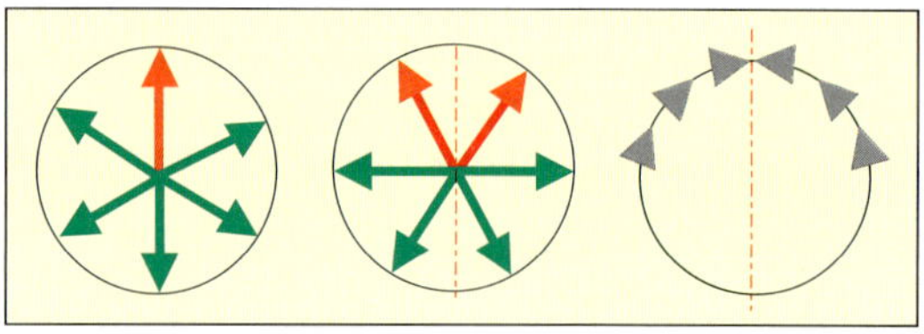

Bild 4: Symmetrieverhältnisse in Kreisornamenten

3.3 Reihung

Um ein Ornament herzustellen, muss die Einzelform, wie schon bekannt, mehrfach nebeneinander oder untereinander gesetzt werden. Es entstehen **Reihen- und Flächenornamente**.

Bei der Formenanordnung **(Bild 5)** sind die Abstände exakt zu messen. Ansonsten wirkt eine Arbeit unruhig. Sie ist unbrauchbar.

Bild 5: Bedeutung der Messungen im Ornament

3.3.1 Reihenornamente

Reihenornamente können gradlinig als Friese und, mit Ecklösungen versehen, als Treppensockeldekor oder als Einfassung angebracht werden. An Kreisen oder Ellipsen erfolgt die bogenförmige Anordnung.

▪ Geradlinige Anordnung

Als Reihungsregel gilt, dass die gewählte Dekorformen unter Berücksichtigung der bekannten Kontraste exakt nebeneinander gesetzt werden müssen. Bei Ornamenten aus verschiedenen Formen und Farben ist zusätzlich Symmetrie herzustellen.

Gestalterisch aufgewertet wird ein Reihenornament, indem man es durch eine passende Strich-Band-Kombination einfasst **(Bild 1)**. Sie soll sich dem Ornament unterordnen und darf daher nicht übertrieben gestaltet werden.

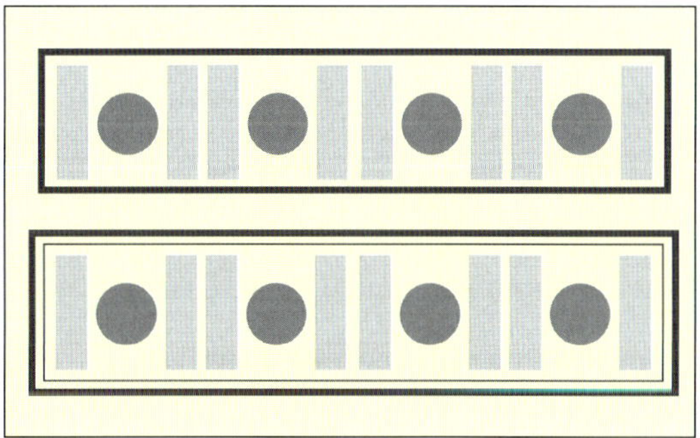

Bild 1: Aufwertung des Reihenornaments durch Strich-Band-Einfassungen

▪ Ecklösungen

Wenn ein Reihenornament eine Decke oder ein anderes Objekt bandartig einfassen soll, müssen Ecklösungen geschaffen werden. Sie können in folgenden Schritten hergestellt werden:

1. Zeichnen Sie ein Reihenornament auf Transparentpapier **(Bild 2)**, das eine Ecklösung erhalten soll!
2. Stellen Sie einen **Spiegel** in beliebigem Winkel an das Ornament, sehen Sie sofort eine bestimmte Ecklösung. Ändern Sie Ort und Winkel des Spiegels, ändern sich die Ergebnisse. Für rechteckige Flächeneinfassungen sind 45° nötig, für die Sockelschräge im Treppenhaus muss man den Winkel messen und für den Entwurf übernehmen.
3. Zeichnen Sie, wie in **Bild 2** zu sehen ist, eine Linie im Winkel von 45° in das Reihenornament, die Sie als Spiegelachse gewählt haben, der Einfachheit halber als dünne Volllinie!
4. Legen Sie ein neues Blatt Transparentpapier auf das Reihenornament und übertragen Sie durch Kopieren mit der Durchdrückmethode alle Formen bis zur Spiegelachse **(Bild 3)**!

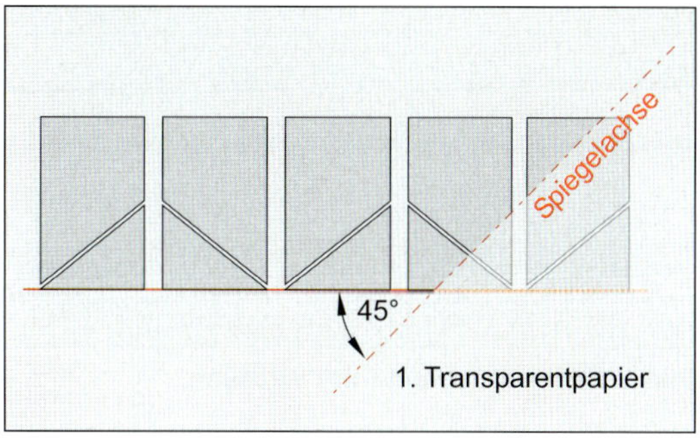

Bild 2: Reihenornament für Ecklösung vorbereiten

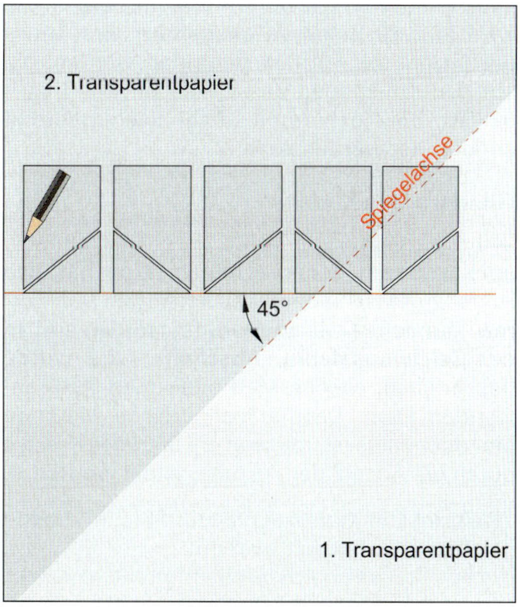

Bild 3: Kopieren der Formen für die Ecklösung

5. Wenden Sie das Transparentpapier und legen es an der Achse des gezeichneten Ornamentmotivs wieder auf das Original! Werden die durchscheinenden Formen bis zur Achse jetzt noch einmal durchgezeichnet, entsteht auf beiden Seiten des Papiers die Ecklösung für das Reihenornament **(Bild 1, S. 190)**. Die beiderseitige Anordnung ist kein Hindernis, um die Gesamtwirkung einzuschätzen.

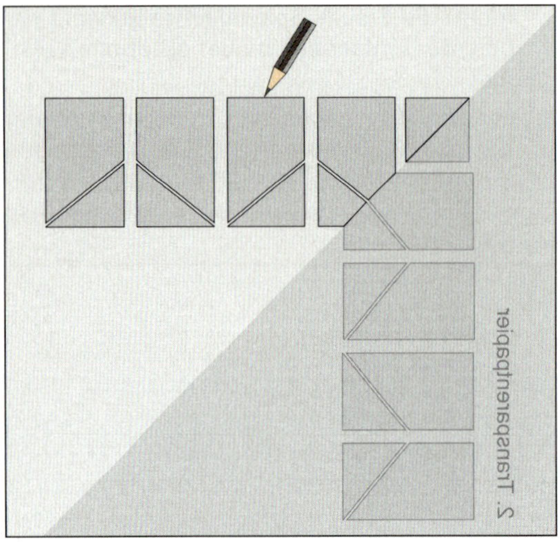

Bild 1: Reihenornament mit Ecklösung

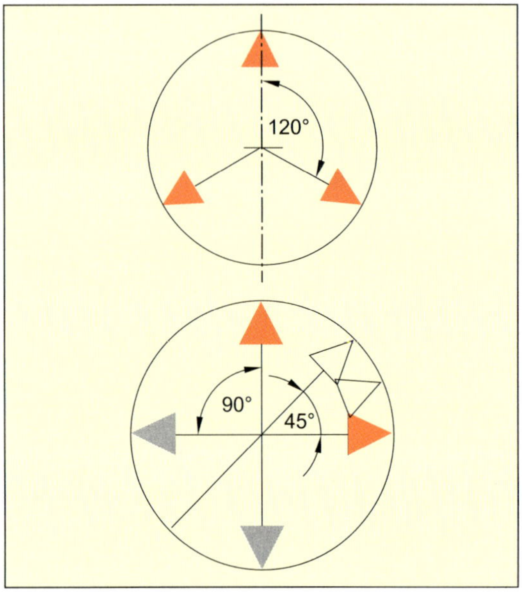

Bild 2: Anzahl der Formen finden und Kreis gliedern

▪ Bogenförmige Anordnung

Die Reihung muss wie bisher gleichmäßig, aber in diesem Falle bogenförmig erfolgen. Sie wird in zwei Schritten ausgeführt. Erst muss die Anzahl der Formen gefunden werden, die auf den Kreisbogen passt. Anschließend wird geklärt, ob die Formen radial oder rotierend angeordnet werden sollen.

Gliedern des Kreises

Die Kreisgliederung sollte möglichst einfach, aber trotzdem genau erfolgen. Man hat sich zuerst zu entscheiden, welche Anzahl von Formen auf dem Kreis angeordnet werden soll. In der **Zeichnungslehre, Abschnitt 4.2.3** wurde beschrieben, welche Methoden man dazu anwenden kann. Da die rechnerische Methode die rationellste ist, müssen die 360° des Kreises durch die Anzahl der Formen geteilt werden.

> **Beispiel:** Ein Kreis soll gleichmäßig in 3 Teile (4 Teile usw.) geteilt werden.

Man rechnet 360° : 3 = 120° bzw. 360° : 4 = 90°.

Die ermittelten Werte von 120° für die Dreierteilung bzw. 90° für die Viererteilung werden, wie in **Bild 2** gezeigt wird, von der Mittelachse aus am Kreismittelpunkt nach rechts und links angetragen.

Zieht man dann vom Mittelpunkt aus Strahlen zum Kreisrand, können die Konturen der Formen unter Verwendung von Transparentpapier darauf achsial übertragen werden. Im gezeigten Beispiel sind es Dreiecke.

Ob eventuell mehr Formen in den Kreis passen, probiert man danach aus. Die Anzahl hängt von der Größe des Kreises und der Formengröße ab, insbesondere von ihrer Breite. Hat man die entsprechende Anzahl ermittelt, erfolgt die Berechnung zur Kreisgliederung neu und eine exakte Entwurfszeichnung wird hergestellt.

Anordnen der Formen im Kreis

Wenn man die Formen am Kreisbogen aneinander setzt, erzielt man eine **bandartige Reihung (Bild 2, S. 171)** mit ruhiger und ausgeglichener Wirkung. Bei richtungsbetonten Motiven, wie in **Bild 4, S. 174** zu sehen ist, spricht man von **radialer** oder **strahlenförmiger Reihung.**

Bewegung, in diesem Falle **Rotation,** können richtungsbetonte Motive vermitteln, die wie in **Bild 5, S. 174** angeordnet sind, auch wenn man sie gegenläufig, d.h. an einer Achse spiegelt.

> **HINWEIS** Da die Grundordnung im Ornament ein komplexer Vorgang ist, sind Informationen zum Anordnen auch unter den **Abschnitten 2.1.2 Bewegung** und **3.2** im Zusammenhang mit der **Symmetrie** zu finden.

3.3.2 Flächenornamente

Bei den bisher dargestellten Ornamenten entstanden durch Vervielfältigen der Einzelformen Reihenornamente.

Werden Reihenornamente mehrfach untereinander angebracht, entstehen Flächenornamente. Die waagerecht angeordneten Dekore nennt man **Zeile,** die senkrecht angeordneten **Spalte**. Aufgrund der recht einfachen Lösung wird diese Anordnung auch **einfache Reihung** genannt **(Bild 1)**.

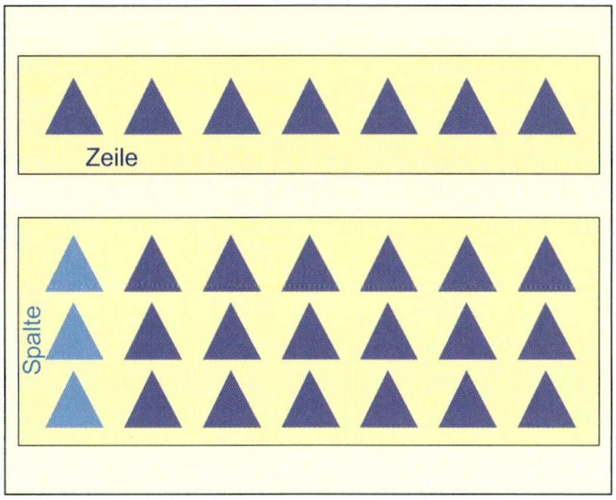

Bild 1: Einfache Reihung

Varianten entstehen, indem man die 2. Zeile einrückt bzw. versetzt **(Bild 2)** und man spricht von **Reihung mit Versatz in der Waagerechten.** Versetzt man die Formen spaltenförmig um eine halbe Form nach unten, entsteht die **Reihung mit Versatz in der Senkrechten**.

Bild 2: Reihung mit Versatz in der Waagerechten und mit Versatz in der Senkrechten

Eine weitere Variante entsteht, indem man die Zeilen spiegelt bzw. umkehrt. Sie erhält die Bezeichnung **Reihung mit Umkehrung in der Waagerechten (Bild 3)**.

Weil sich bei dieser Reihung zwischen der 2. und 3. Zeile große Lücken bilden, füllt man diese mit Ergänzungsformen aus.

Die Reihung mit Umkehrung in der Waagerechten kann noch verändert werden, indem man einen Versatz in der 2. Zeile vornimmt.

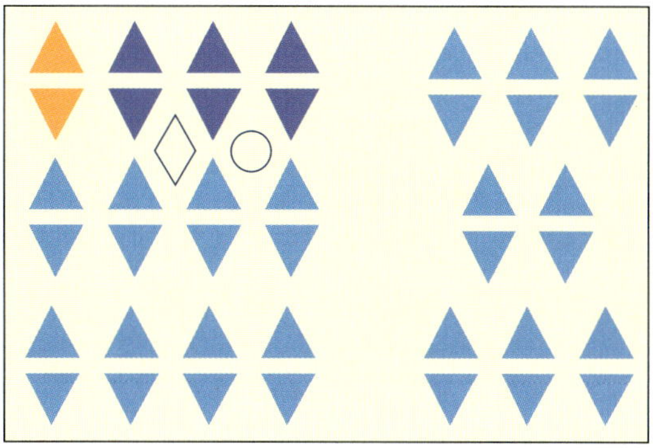

Bild 3: Reihung mit Umkehrung sowie mit Versatz

Wenn man die Umkehrung in beiden Richtungen durchführt, entsteht die **Reihung mit Umkehrung in der Waagerechten und Senkrechten (Bild 4)**. Wählt man statt der Dreiecke Kreise, ist die Anordnungsvariante Umkehrung nicht möglich, sondern nur der Versatz **(Bild 5)**. In beiden Anordnungen fallen jedoch die Lücken an den Seitenrändern auf, die man **mit Teilformen** ausfüllen kann, um geschlossene Seitenkanten zu erhalten.

Bild 4: Reihung mit Umkehrung in der Waagerechten und Senkrechten

Bild 5: Reihung mit Kreisen

Welche Bedeutung Abstände im Ornament haben, kann man in **Bild 1** erkennen. Werden sie geändert, entsteht eine ganz neue Situation. Werden dann noch weitere Farben eingesetzt, kommt eine bestimmte Betonung von Spalten oder Zeilen zustande.

Bild 1: Änderung der Ornamenteigenschaften durch Abstandskontrast und Farbe

Nicht immer gelingt die Farbenwahl sofort. Im Ornament kann durch sie Langweiligkeit, ungewollte Bewegung oder Unruhe entstehen.

Werden zwei Zeilen mit leeren Untergrundformen wie in **Bild 3, S. 191** durch Ergänzungsformen gefüllt, kann man sie durch Farbe zusammenfassen und den Blick auf die Ergänzungsform lenken **(Bild 2)**.

Bild 2: Farbe lenkt den Blick auf die Ergänzungsform

Die Farben von **Bild 3** müssen demzufolge dagegen so gewählt werden, dass man zwei Reihen oder auch Spalten vereinigt. Eine ständig wechselnde Farbe in den Reihen wie im linken Bereich des Bildes bringt Unruhe. Senkrechte Betonungen durch die Formen in Orange im unteren Motiv sind auch nützliche Lösungen. Bei den dargestellten Mustern entstehen Richtungskontraste.

Bild 3: Farbe kann Unruhe im Ornament beseitigen und Formen neu zusammenfassen

3.3.3 Kreuzende Reihung

Eine besondere Art, eine Fläche zu schmücken, ist durch sich kreuzende Reihen möglich.

Man wählt die Abstände von Zeile zu Zeile und Spalte zu Spalte recht groß, um Leerräume zu erhalten. Es entsteht ein **Kassettenornament (Bild 4** und **Bild 4, S. 171)**. Das Linienornament in **Bild 2, S. 178** könnte ebenfalls dazugezählt werden. Aber wegen der geringen Abstände spricht man eher von gitterartiger Anordnung.

Bild 4: Kreuzende Reihung führt zum Kassettenornament

Kombiniert man eine kreuzende Linienkombination mit einer flächigen Dekorform, können weitere interessante Lösungen gefunden werden. Dazu setzt man die Flächenformen in die

Mitte der Gitter oder man ordnet sie an den Kreuzungen wie an einem Achsenkreuz an **(Bild 1)**. Angewendet wird diese Dekorart häufig bei Fliesen.

Bild 1: Liniendekor mit floralem Schmuckelement

Baugeschichtlich betrachtet ist die Kombination von Linien und floralen Formen nicht neu. Zum Beispiel wurden die Gurtbögen der Gewölbe und Balkendecken in Burgen oder Kirchen auf diese Weise geschmückt **(Bild 2)**.

Bild 2: Gewölbedekor in der Kirche von Karpfham/ Niederbayern

4 Dekor am Fahrzeug

Ebenso wie an Raumflächen können an Fahrzeugen zusätzliche dekorative Gestaltungen ausgeführt werden. Man spricht in diesem Fall von **Designlackierungen.** Sie stellen eine Möglichkeit dar, den individuellen Wünschen von Fahrzeugbesitzern entgegenzukommen.

An Zweiradfahrzeugen eignen sich dafür besonders Tank und Verkleidungen. Bei Pkw, Lkw, Bussen und Schienenfahrzeugen werden für diesen Zweck oft die Fahrzeugseiten verziert. Windabweiser, Motorhauben, Heck usw. bieten sich ebenfalls als Dekorträger an.

Zu beachten ist jedoch, dass Fahrzeuge durch ihre vorgegebene Karosserieform mit Rundungen, Unterbrechungen durch Fensterscheiben und Räder sowie Biegungen an Kanten und Sicken ihren eigenen Charakter besitzen. Deshalb sollte wie bei Bauten das Prinzip der Einheit von Form und Dekor nicht gestört werden.

Die Designgestaltung kann in vielfacher Weise ausgeführt werden **(Bild 3)**:

- mit Zierstreifen (Liniendekor),
- mit Beschriftungen,
- mit flächigen Formen, die werkzeugbedingt entstehen (Zierflächendekor)
- sowie mit Grafiken oder fotorealistischen Motiven.

Bild 3: Dekorbeispiele für Fahrzeuge

4.1 Zierstreifendekor

Zierstreifen werden einerseits schon in der Serienfertigung angebracht. Man kann sie aber noch zusätzlich ergänzen. Dafür nutzt man meist die vorhandenen Fahrzeugteilformen und lässt sie im Dekor wiederkehren **(Bild 1)**.

Zur Formfindung gelten die gleichen Regeln wie beim Baudekor. Hergestellt werden Zierstreifen fast nur noch mit Klebefolien. Auch Spritzen ist möglich, wenn man abklebt. In seltenen Fällen zieht man sie noch mit dem Schlepper, einem langhaarigen Pinsel, der nur in einen Federkiel eingefasst ist **(Bild 2)**.

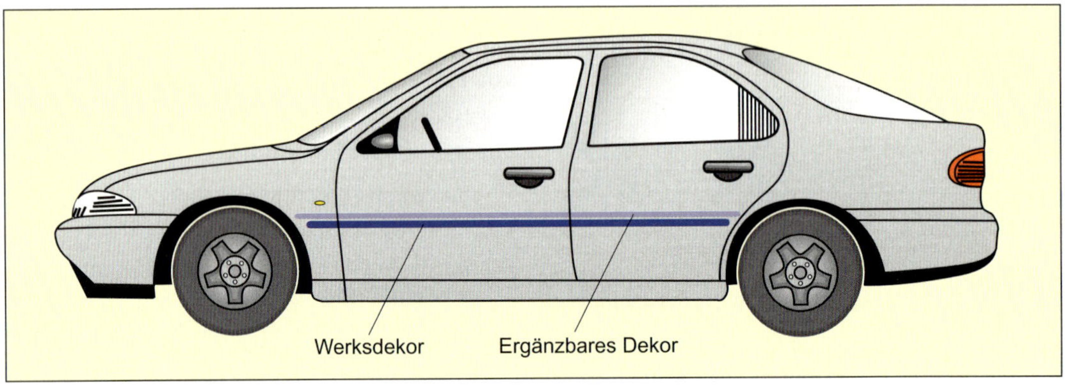

Bild 1: Fahrzeug mit Zierstreifen

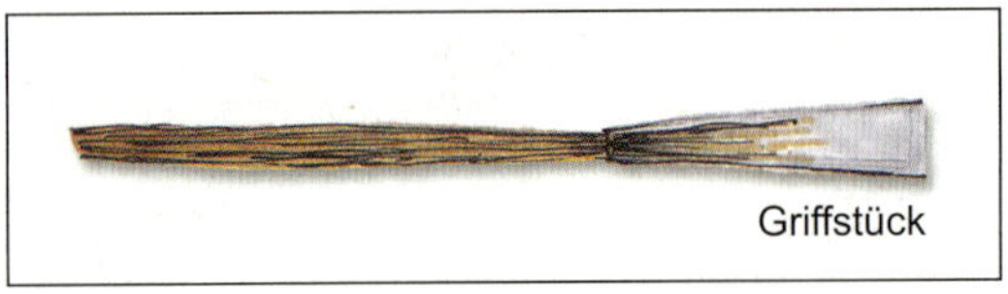

Bild 2: Schlepper

Wenn die Zierstreifen so geführt werden, dass sie geschlossene Formen ergeben, entstehen Einfassungen. Um die Form dafür zu finden, verkleinert man meist die Randformen der Fahrzeugteile **(Bild 3)**. Die Linien können durch Variationen des Ausdehnungs- und Abstandskontrastes zusätzlich verändert werden **(Bild 4)**.

Bild 3: Einfassung durch Verkleinerung der Kontur

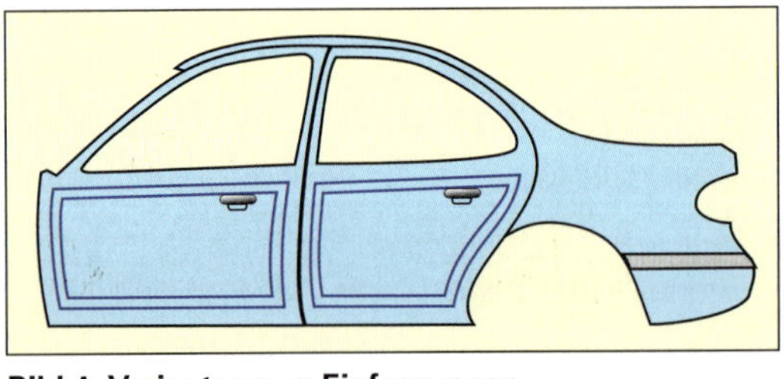

Bild 4: Varianten von Einfassungen

Zierstreifen sollten aus gestalterischen Gründen möglichst nicht durch Blinker oder Türgriffe unterbrochen werden, es sei denn, sie passen sich ihrer Größe an **(Bild 4)**. Durch die intensive Benutzung der Griffe werden sie außerdem sehr schnell zerkratzt. Bei Radaussparungen oder Türen werden die Linien entweder herumgeführt oder an der anderen Seite fortgesetzt **(Bild 5)**.

Bild 5: Mögliche Unterbrechung von Zierstreifen

An Lkws sind die meist rechteckigen Ladeflächen für ein Liniendekor gut geeignet **(Bild 1, S. 195)**. Aufgrund ihrer Großflächigkeit sind Zierstreifenbündelungen zu empfehlen. Sie können den Formen des Kastenaufsatzes folgen oder in Schrägrichtungen angebracht werden. Unterbricht man die Kombinationen, kann man Beschriftungen und Firmenlogos einfügen.

Beim Anordnen der zusätzlichen Details ist auf gute Flächeneinteilung zu achten. In vielen Fällen wird dabei das Verhältnis des Goldenen Schnitts angewendet.

Bild 1: Zierstreifen an Lastwagen

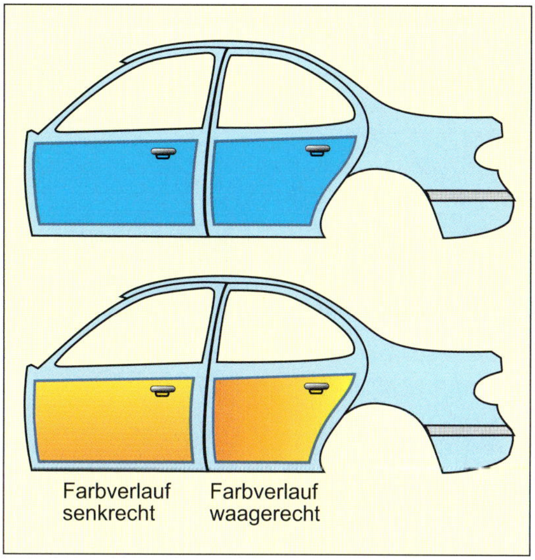

Bild 2: Farbfüllungen und Farbverläufe in Zierflächen

4.2 Zierflächendekor

Es bietet sich an, die durch Einfassungen entstandenen Zierflächen auch zu füllen. Sie können eine **gleichmäßige Einfärbung** oder einen **Farbverlauf** erhalten **(Bild 2)**. Bei einem Verlauf ist es aber nicht gleichgültig, in welcher Richtung er vorgenommen wird. Wird bei der senkrechten Ausführung der dunklere Teil unten angesetzt, kommt eine tragende Wirkung zustande. Liegt beim waagerechten Verlauf die dunklere Farbe in Fahrtrichtung, bewirkt dies ein gewisses Vorwärtsdrängen.

Da geometrische Dekorformen für Raumflächen durch Teilungen differenziert wurden, kann man diese Methode ebenfalls für Fahrzeuge ausprobieren. Die Biegungen der Teilungslinien sollten sich dazu wieder an dem Formverlauf des Fahrzeugs orientieren **(Bild 3)**. Je mehr Dekor auf diese Weise entsteht, desto auffälliger wird das Fahrzeug. Man sollte jedoch mit übertriebenem Dekor sehr vorsichtig umgehen, weil es nicht für jedes Fahrzeug geeignet ist. In den meisten Fällen trifft man diese Situation bei Sportfahrzeugen an.

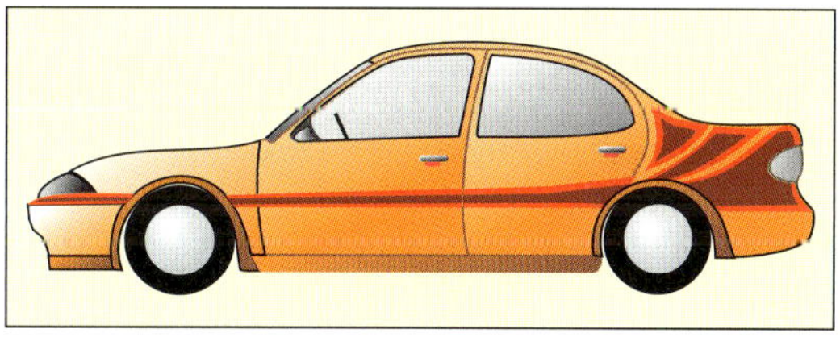

Bild 3: Dekor mit geteilter Form

Die Dekorflächen können in bestimmten Fällen auch mit **werkzeugabhängigen Dekoren** gefüllt werden. **Wickeln, Tupfen, Sprenkeln, Spachteln, Reißlackierungen** sind dafür geeignete Techniken. Sie sind im **Kapitel Farbanwendungen, Abschnitt 4** näher beschrieben. Mit der **Airbrushpistole** können zusätzliche Dekorvarianten hergestellt werden, nicht nur für Entwürfe, sondern auch direkt am Fahrzeug.

Für Entwurfszwecke ist es möglich, den PC einzusetzen. Corel Draw bietet im Flyoutmenü des **Hilfsmittels Füllungen** im **Dialogfeld Füllmuster** eine Reihe interessanter Dekore an. Wenn man zu dem Zweck die Dekorfläche markiert, kann man sich unter den **„Beispielen"** geeignete Dekore aussuchen und durch ein **OK** der Fläche zufügen. Sogar Farbänderungen zum Anpassen an die Lackierungen sind dort möglich **(Bild 1)**.

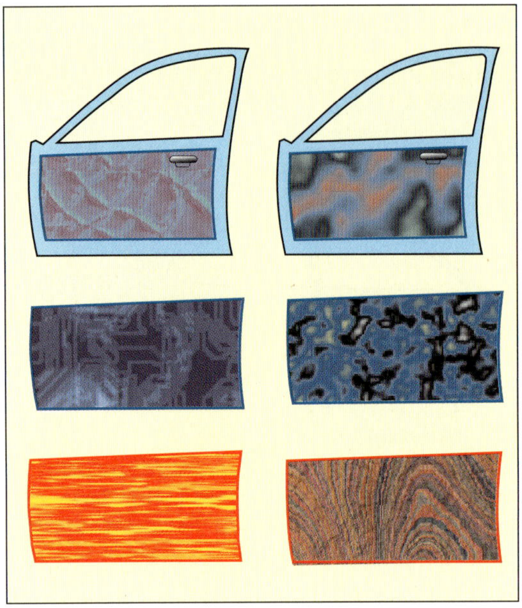

Bild 1: Flächenfüllungen mit dem PC

In besonderen Fällen ist sogar eine **bildhafte Dekorgestaltung** möglich, deren Ausführung künstlerisch Ausgebildeten vorbehalten bleiben sollte. Dagegen werden die vorgefertigten **Klebebildfolien** von Fahrzeuglackierern selbst angebracht.

Die Bildinhalte werden für Dekorflächen den Aufgaben des Fahrzeugs angepasst. Dienstleistungen vieler Art können auf diese Weise angeboten werden **(Bild 2, S. 101, Bild 4, S. 157)**. In **Bild 2** wirbt ein Ferienclub mit seinem Umfeld.

Bild 2: Wohnwagen mit Ferienmotiv als Dekor

Das Ferienmotiv in **Bild 2** kann aus drei Teilmotiven **(Bild 3)** von geplotterten oder handgeschnittenen Klebefolien mithilfe von Übertragungsfolien zusammengesetzt werden.

Bild 3: Teilflächen für das Ferienmotiv

Bildhafte Gestaltungen sollten immer an gut sichtbarer Stelle des Fahrzeugs eingesetzt werden. Die Motorhaube, das Fahrzeugheck an Pkws, Wohnwagenflächen, die Seitenflächen von Reisebussen sowie die Windabweiser und Ladeflächen an Lkws kommen dafür infrage. Die zu schnell verschmutzenden unteren Fahrzeugbereiche sollte man wie bei Beschriftungen vermeiden.

5 Vervielfältigungstechniken für Ornamente

Um nach dem Entwurf des Motivs die Reihen- und Flächenornamente rationell herzustellen, gibt es mehrere Möglichkeiten. Es kann gestempelt, gedruckt, geschnitten und schabloniert werden.

5.1 Stempeln

Für farbige Entwürfe kann diese Technik mit einem Stempel aus Pappe bzw. Karton oder aus Kartoffeln erfolgen. Mit Schwämmen entsprechender Größe kann man Raumflächen verzieren. Am besten eignen sich Kunststoffschwämme, weil sie im feuchten Zustand ihre Form behalten.

Für einen **Kartondruckstempel** wird die Motivform auf etwas dickeren saugfähigen Karton gezeichnet und ausgeschnitten. Die Dekorform wird auf einen Druckstock, ein quaderförmiges Holzklötzchen mit ebener Grundfläche, das zum Anfassen dient, geklebt. Wenn man das Motiv mit dem Pinsel einfärbt, kann das Stempeln beginnen.

Für **Kartoffeldrucke** wird eine Kartoffel in der Mitte zerschnitten. Auf diese ebene Fläche zeichnet man die Dekorform, schneidet sie aus, färbt die Fläche wieder wie beim Kartondruckstempel mit dem Pinsel ein und kann stempeln.

Für **Schwammstempel** wird die Form im trockenen Zustand in Kunststoffschwamm geschnitten. Man kann ihn eventuell zusätzlich auf einen Druckstock kleben. Der Schwamm behält beim Anfassen im feuchten Zustand so besser seine Form. Die Farbe zum Stempeln tupft man sich vom Deckel eines Farbeimers.

> **TIPP** Beim Stempeln ist der erste Abdruck meist durch zu großen Farbauftrag verkleckst. Deshalb ist ein vorheriger Kontrollabdruck nötig. Weil beim mehrfachen Stempeln immer weniger Farbe abgegeben wird, sieht das Endprodukt nicht gleichmäßig aus. Aus dem Grunde sollte man den Dekorabdruck immer nach der gleichen Anzahl von Probedrucken ausführen.

5.2 Drucken

Durch die Drucktechnik werden auf maschineller Basis Reihen- und Flächenornamente als Bordüren und Tapeten in großen Stückzahlen produziert. Als ihre Vorstufe kann die Stempeltechnik angesehen werden.

Durch Siebdruck werden kleinere Aufträge auf Papier oder auf ebenen Lackflächen realisiert.

5.3 Plottern

Durch Einsatz eines Computers mit einem geeigneten Zeichenprogramm ist es für den Zweck möglich, rationell Dekore für Fahrzeuge zu entwerfen. Am häufigsten sind es Firmenzeichen und bildhafte Einzeldekore.

Mit einem an den PC angeschlossenen Schneidplotter werden die Dekore in entsprechender Vergrößerung aus geeigneten farbigen Klebefolien ausgeschritten **(Bild 3, S. 196)**. Die Formen müssen jedoch vorher nach Farben sortiert werden. Die geplotterten Foliendekore werden entgittert, d. h. von ihrem Umfeld befreit, und mithilfe von Übertragungsfolien auf dem Dekorträger angebracht.

> **TIPP** Wenn kein Plotter zur Verfügung steht, kann ein mit Bleistift auf Transparentpapier gezeichnetes Motiv auf die Farbfolie übertragen werden, wie im **Tipp S. 150** beschrieben wurde. Das Schneiden mit dem Schablonenmesser sollte aber auf der Folie und nicht auf der Fahrzeugfläche erfolgen, um die Lackierung nicht zu beschädigen.

5.4 Schablonieren

Durch die Schabloniertechnik erzielt man im Gegensatz zu vorgefertigten Klebebanderolen und Tapeten individuellere Dekore für Raumflächen.

Besteht ein Dekor aus mehreren Teilen, muss für jedes Formelement und jede Farbe eine Schablone hergestellt werden. Schablonenarbeiten mit einer Farbe werden mit einer sog. **einschlägigen Schablone** hergestellt, mehrfarbige Dekore mit **mehrschlägigen Schablonen.**

Die Farbe wird auf den Dekorträger meist mit einem **vorgebundenen Ringpinsel** deckend oder lasierend durch **Stupfen** übertragen. Dabei ist auf saubere Konturen des Motivs zu achten, die man erhält, wenn sich möglichst wenig Farbe im Pinsel befindet. Zu „volle" Pinsel werden ausgequirlt. Manche Maler benutzen einen **Schwamm** zum Materialauftrag.

Aber auch durch **Wischen,** möglichst mit einem Flachpinsel oder Schwamm, ist die Farbübertragung möglich. Sie bringt zusätzlich richtungsbetonende Eigenschaften. Weil vom Pinsel die Borstenstriemen zu sehen sind, heißt der Arbeitsgang **Grannieren** (Granne = Tierborste).

5.4.1 Material für Schablonen

Zur Schablonenherstellung dient heute stabile **Kunststofffolie** bestimmter Dicke, meist unter 0,5 mm. Kunststoffschablonen können mehrfach genutzt werden. Dauerhafter sind die maschinell hergestellten **Blechschablonen,** die aber wieder Massenware ergeben und die individuellen Bedürfnisse der Auftraggeber kaum berücksichtigen.

Fester **Zeichenkarton** kann ebenfalls für Schablonen verwendet werden. Indem man ihn beiderseits mit Halböl (Firnis und Ölfarbenverdünnung) behandelt, wird er wasserbeständig. Schnell trocknender Nitrolack ist dafür ebenfalls geeignet.

Steht ein Plotter als Schneidwerkzeug zur Verfügung, kann man abziehbare **Klebeschablonen** zum einmaligen Gebrauch herstellen. Sie werden auf ebenen Untergründen wie gespachtelten und lackierten Flächen von Gebäuden oder Dekortafeln sowie bei Fahrzeuglackierungen eingesetzt. Für Lackfarben sind Klebefolien aus lösemittelbeständigem Papier, für wasserverdünnbare Anstrichstoffe Folien aus Kunststoff einzusetzen.

Die Klebefolie wird nach dem Entgittern mit Übertragungsfolie auf den Untergrund gebracht und besonders an ihren Konturen mit einem Kunststoffrakel angedrückt. Nach dem Farbauftrag, der meist durch Spritzen erfolgt, und einer gewissen Ablüftungszeit wird die Klebeschablone wieder abgezogen. Wasserverdünnbare Dispersionsfarben oder luttrocknende Lackfarben würden nach dem Trocknen beim Abziehen an den Kanten der Dekorformen brechen. Bei Einbrennlacken würden die Folien Schaden nehmen und eventuell nicht mehr vom Untergrund ablösbar sein.

5.4.2 Bestandteile einer Schablone

Eine Schablone **(Bild 1)** muss je nach Größe des Schablonierpinsels einen allseitig ausreichend breiten **Arbeitsrand** besitzen. Er sollte für Entwürfe auf Zeichenkarton mindestens 3 cm breit sein. Größere Ringpinsel verlangen sicher mehr als 5 cm Rand.

Lose Schablonenteile werden im Innern durch **Schablonenhalter** befestigt. Sie sollten wie bei Schriftschablonen mindestens 2 mm bis 3 mm breit sein. Dünnes Schablonenmaterial verlangt breitere Halter. Damit die durch Halter beim Schablonieren entstehenden Leerflächen nicht stören, müssten sie zusätzlich übermalt werden. Besser ist es, wenn man sie in die Gestaltung des Motivs von vornherein einbezieht. Bei Blattmotiven könnten sie die Form der Adern besitzen.

Um die Schablonen immer passgenau an Rasterlinien zu setzen, die sich auf die Achsen des Ornamentmotivs oder andere Hilfslinien beziehen, sind an ihrem Rand Einkerbungen, die sog. **Passer,** auszuschneiden oder Lochungen nötig. Die Passer werden paarweise an sich gegenüberliegenden Stellen der Schablone angebracht.

Da die Ornamentmotive in gleichmäßigen Abständen auf den Dekorträger übertragen werden, zieht man sich **Rasterlinien (Bild 2),** auf Papier mit Bleistift, an Raumflächen mit Schnurschlägen und Papierkohle. Beide Linienarten muss man zum Schluss wieder entfernen. Deshalb sind Bleistiftraster nur auf Papier fachlich richtig, denn auf Putz und den wasserverdünnbaren Anstrichen entstehen beim Radieren wertmindernde Glanzstellen.

Um bei **Streumustern** zu schablonieren, ist der Aufwand, Rasterlinien und Passer anzufertigen, scheinbar nicht unbedingt notwendig. Wenn man jedoch die Formen in **Bild 3** betrachtet, sind sie offensichtlich optisch auf einer Linie angebracht, die es ebenfalls anzulegen gilt.

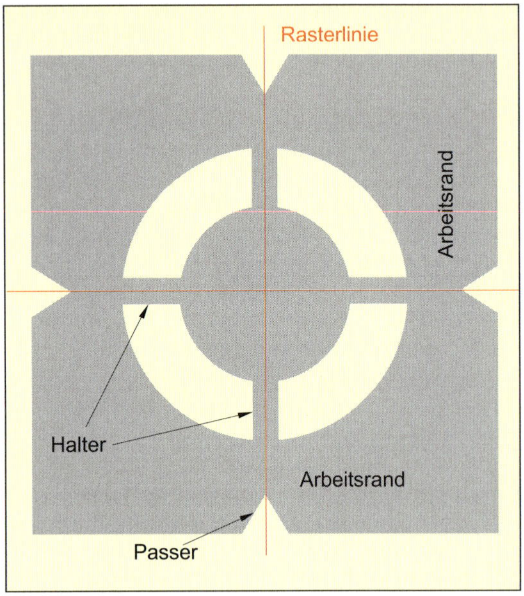

Bild 1: Schablone mit ihren Bestandteilen

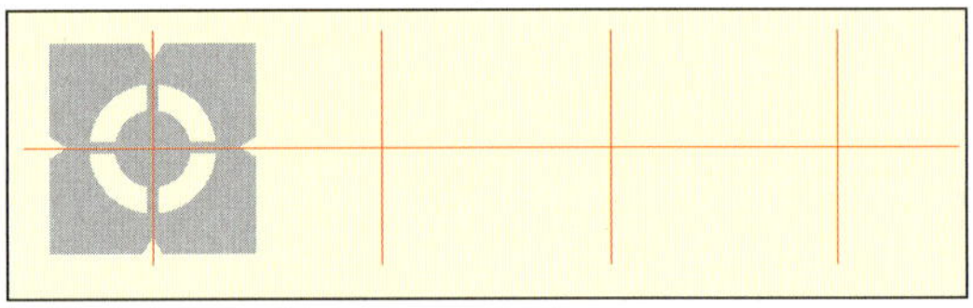

Bild 2: Achsial angeordnete Rasterlinien zum Schablonieren eines Reihenornaments

Bild 3: Dekor als Streumuster

6 Aufgaben zum Entwerfen von Ornamenten

1. Stellen Sie zwei Entwürfe mit Strich-Band-Ornamenten in X-Form und Rautenform her, die Sie für eine Dekorplatte oder für Flächen in Übungskojen einsetzen können!

a) Benutzen Sie Rechenkästchenpapier und arbeiten Sie mit Bleistiften unterschiedlicher Härtegrade! Grenzen Sie auf dem Papier Flächen von 7 cm × 10 cm ab!

Zum Maßantragen der Linienabstände verwenden Sie einen selbst angefertigten Messstreifen!

b) Umranden Sie die Entwurfsfläche mit einer Doppellinie!

c) Schneiden Sie die fertigen Entwürfe aus und kleben Sie diese auf ein Zeichenblatt nach dem Muster von **Bild 1, S. 28!**

d) Der Arbeitstitel „Strich-Band-Ornamente" ist in Normschrift von 7 mm Höhe über den Formen mittig anzubringen!

2. Zeichnen Sie ein Reihenornament von ca. 12 cm Länge aus zwei geometrischen Formen unter Anwendung des Ausdehnungs- und Abstandskontrastes!

a) Zeichnen Sie dazu die beiden gewählten Formen auf Rechenkästchenpapier! Sie sollen nicht größer als 2 cm sein.

b) Übertragen Sie die Formen unter Anwendung der genannten Kontraste auf Transparentpapier, damit das Reihenornament entsteht! Benutzen Sie Hilfslinien und achten Sie bei der Reihung auf Symmetrie!

c) Rahmen Sie das fertige Ornament mit einer Doppellinie ein!

3. Zeichnen Sie auf Kästchenpapier aus drei Quadraten mit 3 cm Kantenlänge durch Teilungen mit Doppellinien Motive für Ornamente! Benutzen Sie alternativ Rechtecke von 3 cm × 4 cm!

a) Stellen Sie auf Transparentpapier aus diesen Grundformen durch Kopieren Zentralformen her! Halten Sie beim Kopieren des Motivs die Abstände genau ein! Dazu benötigen Sie Mittelachsen wie in **Bild 1.**

b) Führen Sie mit der Zentralform entsprechende Reihungen durch, um Ornamente von ca. 13 cm Länge zu erhalten! Benutzen Sie Hilfslinien! Halten Sie von einer Zentralform zur anderen gleichmäßige Abstände ein!

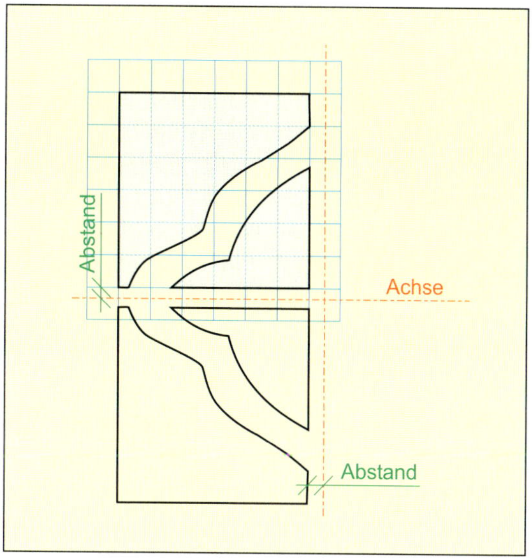

Bild 1: Arbeitshilfe zum symmetrischen Anordnen

c) Fügen Sie eventuell symmetrische Ergänzungsformen in die Ornamente ein, die Sie auf darüber gelegtem Transparentpapier entwerfen können!

d) Rahmen Sie die fertigen Reihenornamente ein!

4. Zeichnen Sie ein Reihenornament aus Buchstaben oder Buchstabenteilen!

a) Wählen Sie dazu einen Buchstaben vom Angebot aus **Bild 2** oder nutzen Sie eigene Formen ähnlicher Größe!

Bild 2: Buchstabenmotive für Aufgabe 4

ORNAMENTLEHRE

b) Übertragen Sie die Buchstabenkonturen auf Transparentpapier! Trennen Sie dabei Buchstabenelemente an den markierten Stellen ab, damit Schablonenhalter von 2 mm bis 3 mm Breite entstehen!

c) Prüfen Sie, wie Sie eine Zentralform aus dem entstandenen Motiv herstellen könnten! Setzen Sie dazu zwei rechteckige Taschenspiegel im Winkel von 90° an den Buchstaben! Gefällt Ihnen die Kombination, zeichnen Sie auf das Transparentpapier an den Spiegelkanten ein Achsenkreuz! Fertigen Sie auf einem neuen Blatt Transparentpapier die Zentralform an, die Sie dann durch wiederholtes Antragen an Hilfslinien zum Reihenornament von ca. 13 cm Länge benutzen!

d) Stellen Sie eventuell eine symmetrische Ergänzungsform her und fügen Sie diese in das Ornament ein!

e) Rahmen Sie das fertige Reihenornament ein!

5. Kleben Sie die Ornamente aus den Aufgaben 2, 3 und 4 auf Zeichenkarton und beschriften Sie die Arbeit mit dem Titel **„Reihenornamente"**!

6. Stellen Sie von Blättern nach den Arbeitsschritten zur Vereinfachung von floralen Formen ein Blattmotiv von 4,5 cm Höhe für ein Ornament her!

Fügen Sie eine senkrechte Blattrippe als Symmetrieachse und ein bis zwei Seitenrippen ein! Die Formen können Sie von Naturformen oder den Abbildungen aus **Bild 1** bzw. aus **Bild 1, S. 184** ableiten.

Bild 1: Blattformen zum Zeichnen vereinfachter floraler Ornamentmotive

7. Fertigen Sie mit dem Blattmotiv aus Aufgabe 6 ein zweizeiliges Reihenornament von ca. 15 cm Länge auf Transparentpapier an!

a) Wenden Sie dazu als erstes die einfache Reihung an, indem Sie die Form mehrfach nebeneinander und in gleichen Abständen auf einer Hilfslinie vom Originalmotiv kopieren!

b) Legen Sie einen Handspiegel an die Unterkante des Reihenornaments und betrachten Sie das Ergebnis! Vergleichen Sie es, wenn der Spiegel an die Oberkante gestellt wird! Zeichnen Sie an entsprechenden Hilfslinien auf einem neuen Blatt Transparentpapier eine der beiden Varianten der Reihung mit Umkehrung!

c) Finden Sie für das entstandene Reihenornament eine symmetrische Ergänzungsform, die an einem Achsenkreuz durch Verkleinern der Randformen oder durch eine Gegenform gebildet werden kann! Füllen Sie die leeren Untergrundformen damit aus!

d) Rahmen Sie das fertige Reihenornament großzügig mit Doppellinien ein!

e) Schneiden Sie das Ornament großzügig aus und kleben Sie es mit wieder ablösbarem Klebeband auf das bekannte Arbeitsblatt! Der Arbeitstitel lautet

„Reihenornament aus Blattformen“.

8. Stellen Sie eine Ecklösung für das Reihenornament von Aufgabe 7 auf Transparentpapier her! Legen Sie dazu einen Handspiegel im Winkel von 45° an mehreren Stellen an! Betrachten Sie die Wirkung der Spiegelungen!

a) Zeichnen Sie nach der Arbeitsanleitung für Ecklösungen den Ausschnitt eines Reihenornaments für eine Einfassung! Nachdem eine Seite mit mindestens zwei Motiven gezeichnet ist, benötigt man nach der Ecklösung nur noch ein Motiv in der anderen Richtung, um das Prinzip zu erkennen.

b) Kleben Sie die fertige Ecklösung wieder auf das übliche Zeichenblatt und beschriften Sie die Arbeit!

9. Stellen Sie den Ausschnitt eines Kreisornaments mit einem von Ihnen selbst hergestellten Motiv her!

Dazu eignen sich Blattformen oder Buchstaben wegen ihrer weicheren Konturen besser als die eckigen geometrischen Formen.

a) Zeichnen Sie auf Transparentpapier einen Viertelkreis mit einem Radius von 13 cm!

b) Klären Sie nach dem Prinzip wie in **Bild 1,** wie viele Formen in den Viertelkreis passen! Ermitteln Sie die Kreisteilung (z. B. hier 360° : 8 Objekte = 22,5°)!

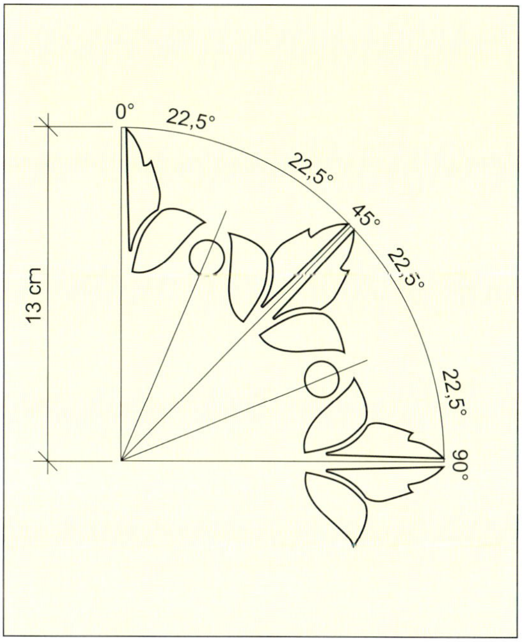

Bild 1: Beispiel zur Motivanordnung für Aufgabe 9

c) Kopieren Sie die Gestaltungselemente auf die Winkelachsen von 0° und 90°!

d) Fügen Sie entsprechend der Motivgröße weitere Formen achsial ein (in **Bild 1** bei 45°)!

e) Zeichnen Sie Ergänzungsformen achsial ein!

f) Schneiden Sie den Dekorausschnitt viereckig aus! Kleben Sie ihn auf das bekannte Zeichenblatt mit dem Titel

„Ausschnitt für ein Kreisornament“!

10. Bereiten Sie ein Ornament mit Motiven aus den Aufgaben 2, 3, 4, 7, 8 oder 9 zum Schablonieren vor! Legen Sie es zu diesem Zweck in Helligkeitswerten an, aus denen später die einzusetzenden Farben abgeleitet werden! Zeichnen Sie das nötige Rastersystem und die einzelnen Schablonen, die Sie dann zum Schneiden auf Kunststofffolie übertragen! Der Zeichnungstitel lautet:

„Ornament mit Helligkeitswerten, Raster und Schablonen“.

a) Wählen Sie zur Lösung der Aufgabe einen Ornamententwurf (Reihenornament, Ecklösung oder Kreisornament) zur Weiterbearbeitung aus!

b) Übertragen Sie ihn mit der Mittelachse oder anderen Hilfslinien auf Transparentpapier. Vergleichen Sie dazu **Bild 1**!

Bild 1: Reihenornament in Linienform

c) Bereiten Sie das Ornament zur Farbgebung vor! Aus den Regeln zur Farbenlehre und den Hinweisen zu den Gestaltungskräften geht hervor, dass für ein Ornament im Prinzip für jede Form eine Farbe gewählt werden kann.

Zur Vorbereitung auf die Farbwahl kann man es in Helligkeitswerten anlegen. In dieser Aufgabe wird deshalb für jede geplante bunte Farbe ein ihr entsprechender Helligkeitswert gesetzt **(Bild 2)**, den man durch Schraffieren, Punktieren oder grau Anlegen **(Schummern)** herstellt. Das Schummern mit unterschiedlich harten Bleistiften ist die einfachste Lösung.

Nach den Farbgebungsregeln sollten große Flächen heller angelegt werden als kleine. Der Untergrund erhält somit die hellste Farbe. Er wird der Einfachheit halber hier nicht bearbeitet. Die Dekorformen werden entsprechend dunkler angelegt.

Beim Schablonieren werden Sie dann später feststellen, dass diese Helligkeitsverteilung nützlich ist, denn dunklere Farben decken besser auf einem hellen Untergrund als umgekehrt. Sollten Sie trotzdem einen dunklen Untergrund wählen, werden Sie sicher zweimal schablonieren müssen.

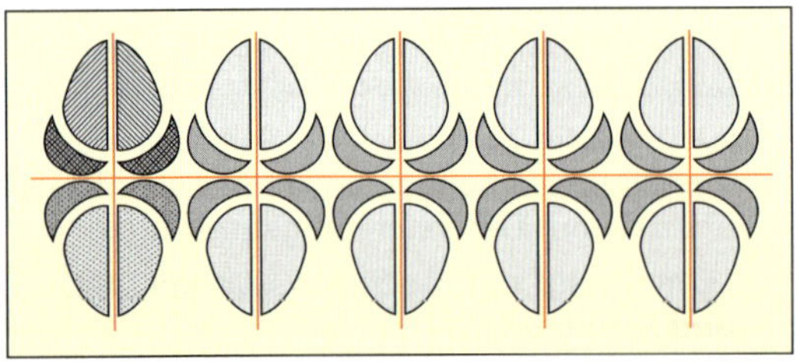

Bild 2: In Helligkeitswerte umgesetztes Ornament

Tipp Legen Sie die Helligkeitswerte der Formen auf der Rückseite Ihrer Zeichnung an! Sie können dann ungünstig gewählte Schattierungen ohne Schwierigkeiten wieder wegradieren, weil die Konturen dabei nicht beschädigt werden.

d) Heben Sie in dem Ornament die nötigen Rasterlinien hervor! An diese werden später die Schablonen angesetzt. Die Raster sollten als waagerechte und senkrechte Mittelachsen ausgeführt werden!

Messen Sie den Abstand *a* der ersten Mittelachsen in Millimetern und benutzen Sie ihn für die übrigen senkrechten Achsen! Tragen Sie das Maß in der Zeichnung jedoch nur einmal an **(Bild 3)**!

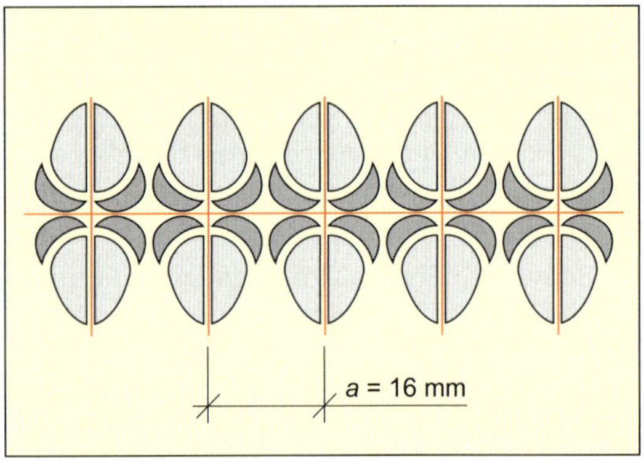

Bild 3: Reihenornament mit Rasterlinien

Tipp Legen Sie auf das Reihenornament mit den Helligkeitswerten ein neues Blatt Transparentpapier und zeichnen Sie darauf die Rasterlinien! Sie erhalten so eine bessere Übersicht für die spätere Schablonierarbeit.

e) Zeichnen Sie für jede Form und Farbe, die Sie schablonieren, eine Schablone mit ausreichend großem Arbeitsrand und den nötigen Passern **(Bild 1, Seite 203)**!

Benutzen Sie dafür am besten auch jetzt wieder neues Transparentpapier, das Sie auf der Originalzeichnung bei den Rasterlinien anlegen! Den Arbeitsrand zeichnen Sie in Form eines Rechtecks mit 3 cm Abstand von den Außenkanten der Schablonenform! Wenn Sie dann noch zwei Paar kleine, sich gegenüberliegende Dreiecke als Passer einfügen, erhalten Sie die Zeichnung für die funktionsfähigen Schablonen, die später in Kunststofffolien ausgeführt werden.

f) Schneiden Sie die Zeichnungen der Schablonen großzügig rechteckig aus. Kleben Sie diese mit ablösbarem Klebeband an die passende Stelle der Rasterlinien des Ornaments!

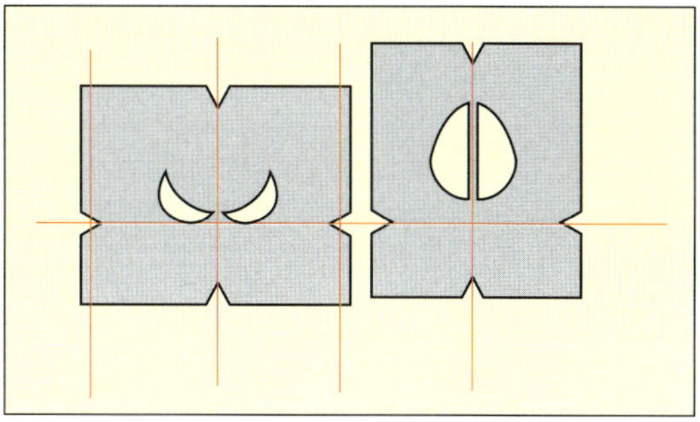

Bild 1: Rasterlinien mit zwei Schablonen

HINWEIS Wenn Sie ausreichende Kenntnisse über die Farbgebung **(Kapitel Farbenlehre und Farbenanwendung)** besitzen, können Sie mit den nach der Zeichnung hergestellten Kunststoffschablonen das selbst entworfene Ornament anfertigen. Vor dem Schablonieren muss man als erstes die Rasterlinien auf die farbig grundierte Zeichenfläche übertragen.

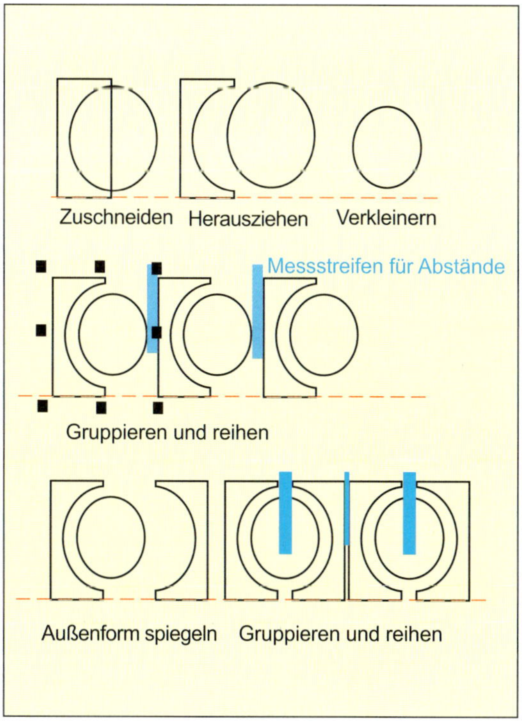

Bild 2: Ornament aus zwei geometrischen Formen mit Corel Draw entwerfen

11. Stellen Sie mit Corel Draw Reihenornamente in den Arbeitsschritten her, die in **Bild 2** zu sehen sind! Die beiden geometrischen Formen sind Ihnen dazu selbst überlassen. Empfehlenswert ist es jedoch, eine viereckige Form als Grundform zu benutzen, aus der ein Kreis, eine Ellipse oder ebenfalls viereckige Formen ausgeschnitten werden.

12. Führen Sie die Arbeit des Ausschneidens von Aufgabe 11 mit ausreichend großen Buchstaben z. B. von **Bild 2, S. 199** aus! Die Arbeitsschritte sind in **Bild 3** zu erkennen. Aus dem Motiv kann eine Dekorform durch Spiegeln hergestellt werden, mit der man auch den Positiv-Negativ-Kontrast anwendet.

Bild 3: Dekormotiv aus Buchstaben durch die Funktion ausschneiden und spiegeln

7 Aufgaben zum Fahrzeugdekor

1. Kopieren Sie den Transporter von **Bild 1** mit dem Fotokopierer auf Zeichenkarton! Vergrößern Sie ihn dabei zweifach! Die Arbeit soll dazu dienen, sich mit dem Auslegen in Farbe vertraut zu machen. Aquarellfarbe ist dafür besonders geeignet, weil mit ihr auch Glanzstellen imitiert werden können.

a) Legen Sie die weißen Flächen des Fahrzeugs außer den Zierstreifen Z 1 bis Z 3 mit hell getönter Aquarellfarbe, z. B. mit hellem Blau, aus! Schwärzen Sie nach dem Trocknen die Konturen der Öffnungen mit einem Faserstift!

b) Färben Sie dann die Streifenbereiche Z 1, Z 2 und Z 3 mit Faserstiften, z. B. mit entsprechend dunklerem Blau, ein! Benutzen Sie an den Kanten ein Lineal!

Wenn Sie das Fahrzeug für einen Malerbetrieb herstellen, kleben Sie die drei Malerwappen nach dem Eintragen der „Malerfarben" in die obere linke, leere Fläche! Das gesamte Feld wird jedoch vorher durch Überkleben eine andere Farbe erhalten müssen, damit die Wappen zur Geltung kommen können.

Tipp Arbeiten Sie mit Corel Draw! Scannen Sie dazu das Fahrzeug und kopieren Sie es nach Corel Draw! Wenn sie jetzt die Teilflächen des Fahrzeugs nachzeichnen, können Sie die Farbgebung auch mit Corel Draw ausführen, indem Sie die einzelnen Teilflächen mit einer Farbe der Farbpalette füllen, z. B. mit Blau!

Für die Ziersteifen stellen Sie eine Farbenreihe von der Fahrzeugfarbe nach Weiß bei **Effekte** durch **Überblenden** her, die im Bild an der linken Seite zu sehen ist! Die Farbproben entstanden aus zwei Rechtecken, die in ausreichendem Abstand untereinander gesetzt wurden. Das oberste Feld erhielt im Beispiel Blau als Fahrzeugfarbe, das unterste Weiß. Beide Rechtecke wurden markiert und mit **Überblenden** durch drei Zwischenfarben ergänzt. Die Farben der Reihe kann man einzeln auf die Zierstreifen bei **Bearbeiten** und **Eigenschaften kopieren von** ... übertragen, wenn die Reihe bei **Anordnen** und **Trennen** sowie **Gruppierung aufheben** getrennt wurde.

Markieren Sie dazu einen Zierstreifen! Übertragen Sie eine geeignete Farbe dieser Reihe, indem Sie bei **Eigenschaften kopieren von** ... im aufgehenden Kontextmenü Füllung markieren und nach **OK** den dicken **Pfeil** in das gewünschte Farbfeld schieben! Achten Sie darauf, dass die Farben der Streifen hell genug sind!

Bild 1: Fahrzeug für Aufgabe 1 zum Vergrößern

2. Kopieren Sie den Pkw von **Bild 1** auf DIN A4-Zeichenkarton von mindestens 150 g/m^2 zweimal und vergrößern Sie ihn dabei im Maßstab 3 : 1! Die Abbildungen sollen probeweise farbig ausgelegt und mit einem Liniendekor verziert werden!

a) Legen Sie in der ersten Abbildung die Karosserie mit Aquarellfarbe aus! Die Farben dürfen nicht decken! Die Farbarbeit stellt die Normalausführung des Fahrzeugs dar.

Bild 1: Pkw zur Gestaltung mit Liniendekor

b) Die zweite Abbildung soll ein Liniendekor in der in **Bild 2** grau gekennzeichneten Fläche erhalten! Kopieren Sie dazu diese Fläche!

Finden Sie die geeignete Form, indem Sie Transparentpapier über die Zeichnung legen und die Dekorform mit Bleistift zeichnen! Benutzen Sie zum Abmessen von den Außenkanten einen selbst angefertigten Messstreifen!

Wenn die Formfindung abgeschlossen ist, können Sie die Form in die Fläche einkopieren.

Klären Sie, ob eventuell durch mehrmaliges senkrechtes Teilen des erhaltenen Dekors die optische Wirkung gesteigert wird!

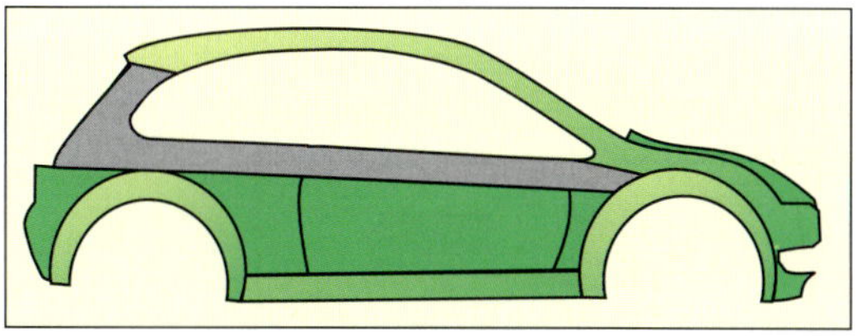

Bild 2: Dekorbereich für Aufgabe 2b

c) Legen Sie das Fahrzeug von Aufgabe b bis auf die Zierlinien wiederum farbig aus! Fügen Sie in das leere Liniendekor eine geeignete (dunklere) Farbe mit Faserstiften ein!

3. Kopieren Sie von der Pkw-Motorhaube in **Bild 3** die äußeren und inneren Konturen auf Transparentpapier und übertragen Sie eine 2,5fache Vergrößerung davon per Rasternetz zweimal auf Zeichenkarton im DIN A4-Querformat!

Die Zeichnung soll zum farbigen Auslegen genutzt werden. Achten Sie darauf, dass durch den Farbverlauf eine Licht- und Schattenwirkung entsteht! Der obere Teil ist heller zu halten als der vordere und untere Teil der Motorhaube, vgl. **Bild 3.**

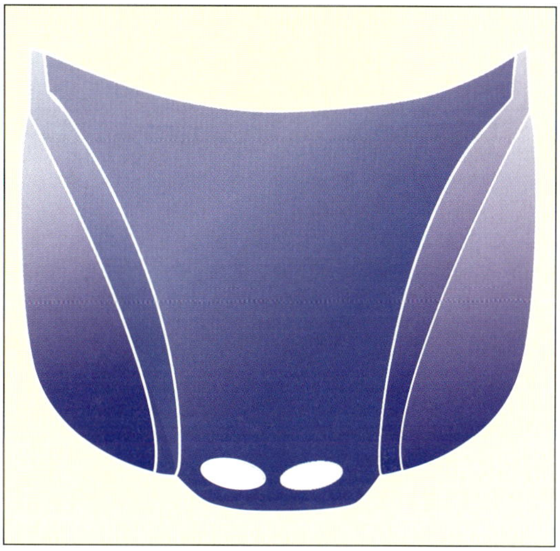

Bild 3: Motorhaube für Aufgabe 3

a) Legen Sie in der ersten Zeichnung die Motorhaube mit Aquarellfarbe aus! Achten Sie dabei auf Helligkeitsabstufungen an den Biegungen des Fahrzeugteils!

Damit die eingezeichneten Konturen entstehen, legen Sie das mittlere Feld und die Außenfelder zuerst aus und lassen diese trocknen!

b) Die zweite Zeichnung soll dekorativ aufgewertet werden. Testen Sie zu dem Zweck, ob es günstig ist, die Fläche durch angeglichene Linienformen zu schmücken! Verkleinern Sie dazu die Randflächen auf Transparentpapier und legen Sie diese mit Bleistift in Grauwerten an! Erst wenn ein ansprechendes Bild entstanden ist, übertragen Sie die Form auf die Papierzeichnung! Legen Sie die Flächen dann farbig aus, am besten nur mit unterschiedlichen Helligkeitswerten einer Farbe! Sie erreichen dies, indem Sie die bemalten Flächen nach dem Trocknen nochmals übermalen.

c) Führen Sie eventuell eine Alternativlösung aus, indem Sie die Innenfläche und die beiden Außenflächen in einer Farbe anlegen! Die Zwischenflächen können mit derselben Farbe heller oder dunkler gestaltet werden. Das Mittelfeld könnte später eine werkzeugabhängige Gestaltung erhalten.

4. Vergrößern Sie die Pkw-Türen in **Kapitel Fachzeichnen Seite 53** mehrmals, um sie mit geeigneten Liniendekoren zu versehen! Wählen Sie den Maßstab selbst!
5. Stellen Sie die Konturen der Motorhaube aus **Bild 1** vergrößert auf Zeichenkarton dar! Achten Sie dabei auf Symmetrie! Die Zeichnung soll dazu dienen, mit frei gestalteten Linien ein Dekor zu erarbeiten.

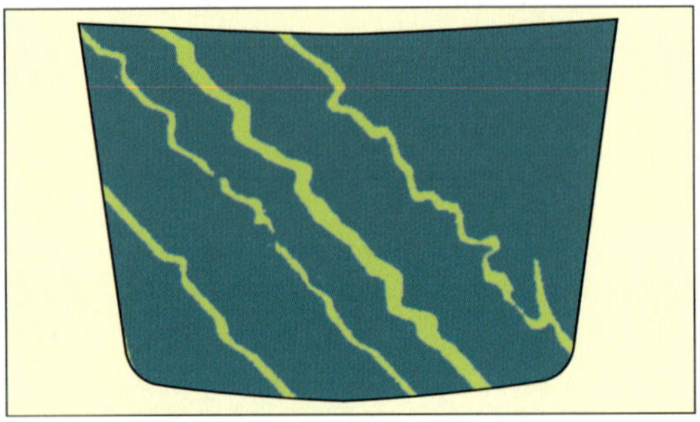

Bild 1: Motorhaube für Aufgabe 5

a) Legen Sie auf die Vergrößerung Transparentpapier! Zeichnen Sie mit Bleistift Varianten von frei gestalteten Linien unterschiedlicher Breite und Abstände, um ein Liniendekor zu erhalten, wie es als Beispiel in der Darstellung von **Bild 1** zu sehen ist! Halten Sie jedoch die einmal gewählte Richtung in der Fläche ein!

b) Übertragen Sie dieses Dekor auf Ihre Originalvergrößerung!

c) Legen Sie die Teilflächen einzeln mit Aquarellfarbe aus! Fügen Sie nach dem Trocknen in das Liniendekor weitere Farben ein! Benutzen Sie dazu aber einen Faserstift!

TIPP Probieren Sie die Arbeit eventuell mit dem Airbrushgerät auf Airbrushkarton aus! Wenn Sie die Farbe für die Motorhaube hell genug halten, können Sie die Dekorlinien nach dem Trocknen frei in einer dunkleren Farbe darüber spritzen. Leichter ist es, die Fläche zu maskieren, die Maskierfolie an den Dekorlinien zu schneiden und herauszulösen. Der Einsatz der Spritzpistole ermöglicht für die eingefassten Flächen auch die Sprenkeltechnik.

6. Stellen Sie von dem Zweiradfahrzeug in **Bild 2** eine Vergrößerung auf Zeichenkarton her! Probieren Sie für die grau gerahmte seitliche Windschutzfläche Varianten von Liniendekor auf Transparentpapier aus!

Bild 2: Zweiradfahrzeug für Aufgabe 6

a) Zeichnen Sie einfassende Zierlinien durch Verkleinern der Randform!

b) Teilen Sie die durch Einfassung entstandene geschlossene Fläche durch Schrägstreifen, die sich der Verkleidung anpassen! Die Teilflächen können unterschiedlich groß sein.

c) Probieren Sie eine Farbfassung des Fahrzeugs mit Aquarellfarbe aus! Die Zierlinien müssen beim Auslegen weiß bleiben, damit sie bei der Farbgebung mit Faserstiften nicht verfärbt werden!

d) Setzen Sie die Zierlinie aus **Bild 3** in eine neue Zeichnung des Fahrzeugs als weitere Dekorvariante! Passen Sie das Fahrzeug an die vorgegebene Dekorfarbe an!

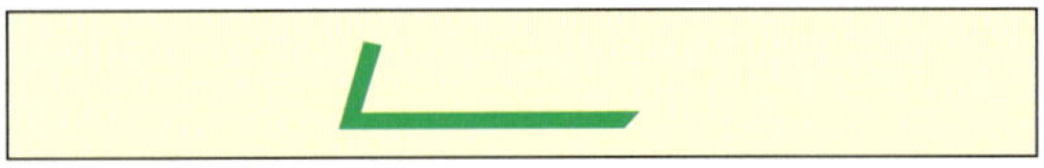

Bild 3: Dekorelement für das Zweirad

7. Fügen Sie in die zu vergrößernde Zeichnung des Caravans in **Bild 4** Liniendekore ein und legen Sie ihn farbig aus!

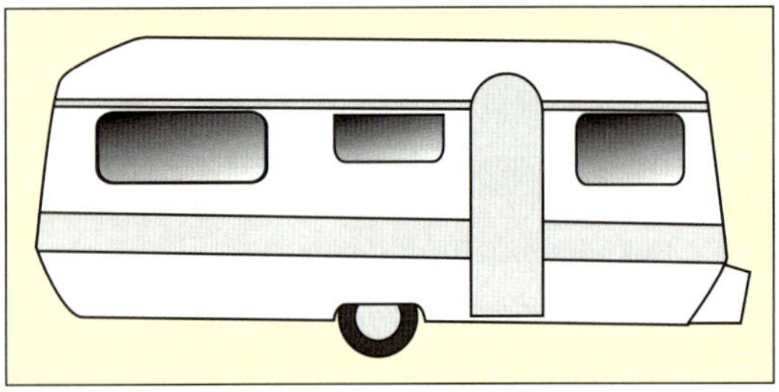

Bild 4: Caravan für Aufgabe 7

8 Aufgaben zur Wiederholung

1. Geben Sie Anwendungsbeispiele für baugebundenes Dekor aus verschiedenen Baustilepochen an!
2. Geben Sie Anwendungsbeispiele für Formen von Einzeldekor und fortlaufendem Dekor an und wo man sie vorfinden kann!
3. Nennen Sie die zur Herstellung von Ornamenten nötigen Kontraste!
4. Welche Kontraste sind im Liniendekor von **Bild 1** anzutreffen?

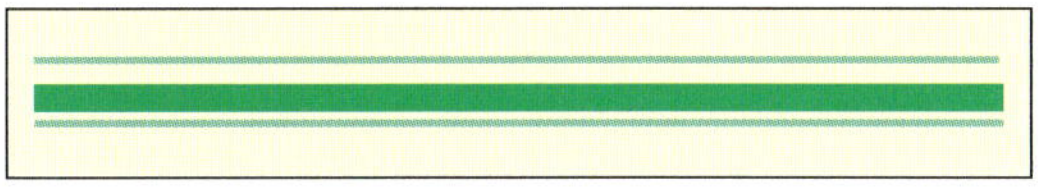

Bild 1: Liniendekor für Aufgabe 4

5. Welche Arten von Gestaltungselementen gibt es grundsätzlich?
6. Aus welchen Gestaltungselementen wurde das Ornament in **Bild 2** hergestellt?

Bild 2: Entwurf für eine Plattengestaltung (Arbeit einer Auszubildenden)

7. Durch welche Gestaltungskräfte kann Liniendekor eine flächige Wirkung erhalten?
8. Stellen Sie mittels Kreismotiven von 8 mm Durchmesser zwei Reihenornamente her, in denen nur der Abstandskontrast verwendet wird! Übertragen Sie dazu die beiden Skizzen von **Bild 3** auf Ihr Arbeitsblatt und ergänzen Sie die fehlenden Kreise mit einer Kreisschablone!

Bild 3: Basiszeichnung für Aufgabe 8

9. Stellen Sie ein Reihenornament mit dem Kreismotiv wie in **Bild 3** her, indem der Ausdehnungskontrast und der Abstandskontrast eingesetzt werden! Arbeiten Sie wieder wie in Aufgabe 8!
10. Zeichnen Sie ein Reihenornament mit dem Kreismotiv von 8 mm Durchmesser, in dem die Gestaltungskraft Bewegung bestimmend ist! Kopieren Sie als Hilfestellung die Skizze von **Bild 4**!

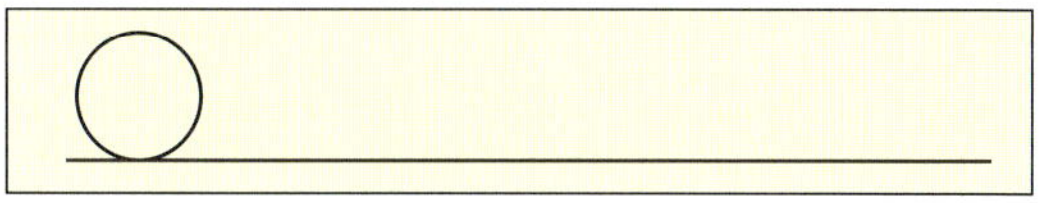

Bild 4: Basiszeichnung für Aufgabe 10

11. Kopieren Sie das unfertige Reihenornament von **Bild 5** auf Transparentpapier und zeichnen Sie zwei verschiedene Ergänzungsformen ein, die entstehen, wenn man als Prinzipien anwendet
a) Verkleinerung der Randform,
b) Einsatz der Gegenform (Kontrastform)!

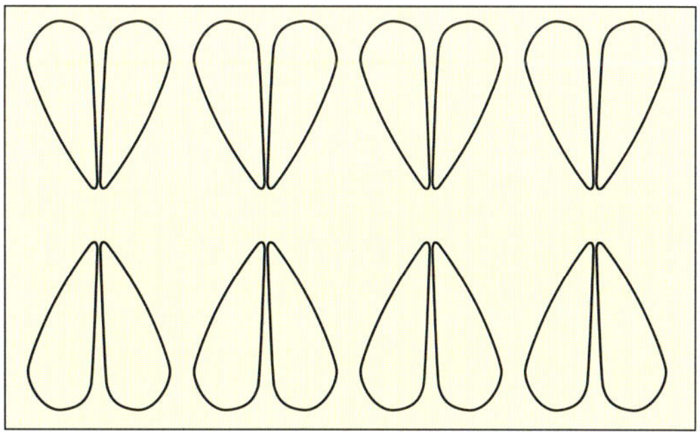

Bild 5: Basisornament für Aufgabe 11

12. Zeichnen Sie in drei nebeneinander stehende Rechtecke von je 4 cm × 5 cm Strich-Band-Kombinationen ein
a) für einen Wandfries
b) für eine Deckeneinfassung
c) für ein Dekor in X-Form (symmetrisch)

Benutzen Sie für alle Aufgaben nur parallele Linien, den Abstandskontrast und Ausdehnungskontrast, aber keine Farbkontraste!

13. Kopieren Sie das vorbereitete Flächenornament aus Tropfenformen von **Bild 1** und ergänzen Sie es in der 2. Zeile so, dass bei Verwendung der gleichen Formen der Richtungskontrast angewendet wird!

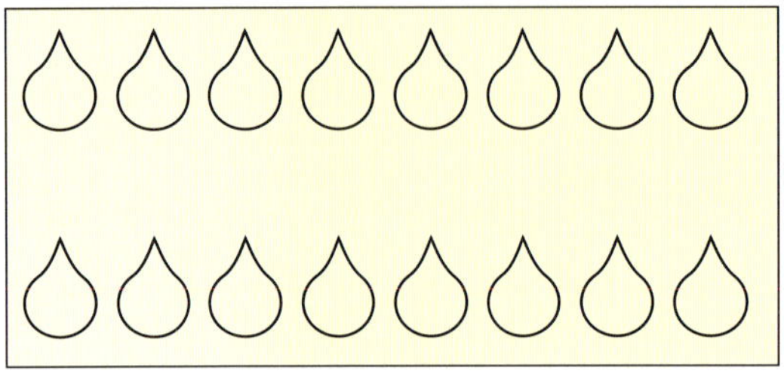

Bild 1: Basisornament für Aufgabe 13

14. Kopieren Sie das Reihenornament mit geometrischen Formen aus **Bild 2** auf Transparentpapier und bereiten Sie es zum Schablonieren vor, indem Sie darauf

a) die notwendigen Rasterlinien einfügen,

b) die notwendigen Abstandsmaße der Raster normgerecht in Millimetern eintragen!

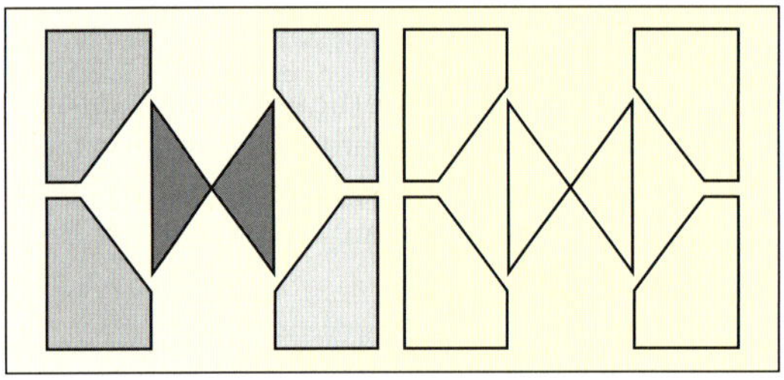

Bild 2: Reihenornament für Aufgabe 14

15. Zeichnen Sie auf Transparentpapier für das Reihenornament aus Aufgabe 14 eine Schablone für eine der Formen! Beachten Sie, dass der Arbeitsrand 3 cm betragen soll!

    Zeichnen Sie die nötigen Passer entsprechend Ihrer Rasterlinien ein!

    Schneiden Sie die gezeichnete Schablone großzügig aus und kleben Sie diese auf das Ornament! So ist feststellbar, ob die Schablone auf die Rasterlinien passt.

16. Teilen Sie einen Kreis mit einem Durchmesser von 6 cm für ein Kreisornament in fünf gleiche Teile, indem Sie eine Berechnung durchführen und die Ergebnisse in einer Zeichnung zeigen!

17. Kopieren Sie die Ornamente von **Bild 3** mit einem Fotokopierer und vergrößern Sie diese dabei! Fügen Sie Rasterlinien mit Maßen in die Zeichnungen ein und zeichnen die notwendigen Schablonen!

Bild 3: Reihenornamente zu Aufgabe 17

18. Zeichnen Sie auf vier Rechtecke von je 15 mm × 20 mm Größe zwei Ornamentmotive

a) durch Teilen,

b) mit ineinander gesetzten Formkombinationen!

19. Kopieren Sie den Ausschnitt des Kreisornaments von **Bild 1** und tragen Sie die notwendigen Rasterlinien ein! Zeichnen Sie die notwendigen Schablonen mit Passern auf Transparentpapier! Um zu kontrollieren, ob Ihre Schablonen anwendbar sind, schneiden Sie diese großzügig aus und kleben Sie sie mit wieder ablösbarem Klebeband auf die Kopie des Ornamentausschnitts an eine zuständige Rasterlinie!

    Beschriften Sie die Arbeit mit dem Titel „Ornament mit Raster und Schablonen“.

Bild 1: Ornamentausschnitt für Aufgabe 19

20. Zeichnen Sie mit Corel Draw Reihenornamente aus **Bild 3, S. 208** nach!

    Untersuchen Sie vor dem Zeichnen, welche Arbeitsschritte für jedes einzelne Ornamentmotiv notwendig waren!

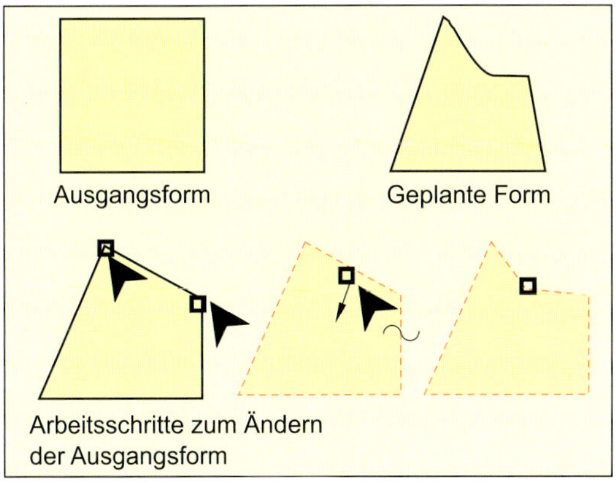

Bild 2: Arbeitsschritte mit dem Hilfsmittel Freihand

HINWEIS Das Motiv in Ornament 1 von **Bild 3, S. 208** entstand nur mit dem **Hilfsmittel Freihand.**

Das Motiv in Ornament 3 entstand aus einem Viereck. Es wurde nach dem Markieren bei **Anordnen „in Kurven konvertiert"** (umgewandelt). Vergleichen Sie die Arbeitsschritte in **Bild 2**!

Wenn man das Viereck in dem Zustand auf das **Hilfsmittel Form** klickt, wird der Pfeil etwas umgewandelt. Mit ihm kann man jetzt das Viereck durch Schieben an den kleinen Quadraten verändern, um die nächste Form zu erhalten. Klickt man dann mit der Maus doppelt auf die entstandene Schräge, entsteht auf der Linie ein verschiebbarer Punkt, mit dem man die Linie mithilfe des Pfeils durchbiegen kann. Bei mehrfacher Anwendung dieses Vorgangs auf dieser Linie entsteht die Ausgangsform für das Ornament.

Inhalt

Farbenlehre

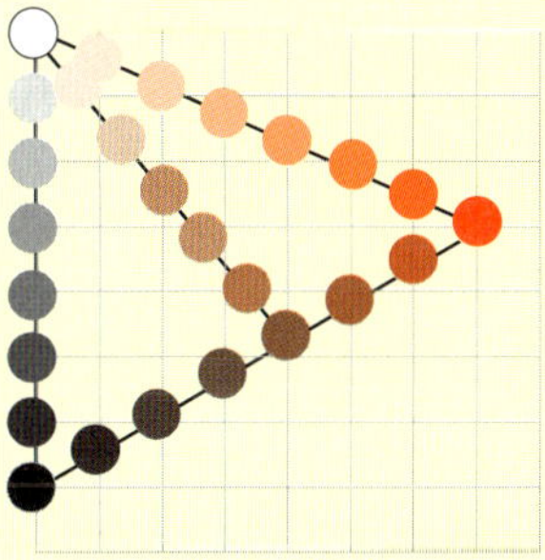

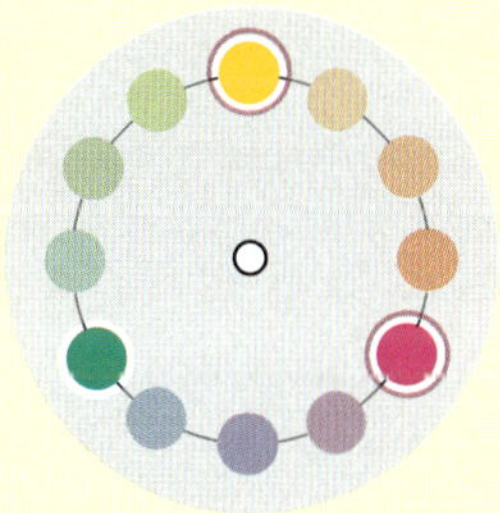

1 Einführung

Das Thema Farbenlehre gibt bis zum heutigen Tage Anlass zu langen Diskussionen über Begriffe und Begriffsinhalte zur Bezeichnung, Einteilung, Mischung, Ordnung und Anwendung der Farben. Ursachen liegen bei den verschiedenen Nutzern, die Farben von ihren Standpunkten aus betrachten, z. B. sind das neben Malern und Lackierern Architekten, Grafiker, Textilgestalter, Konditoren, Friseure. Außerdem müssen international übliche Formulierungen berücksichtigt werden. Daneben sind noch kommerzielle Herausforderungen zu beachten.

Um die Vielfalt der Begriffe zu reduzieren, werden deshalb im Kapitel Farbenlehre Formulierungen benutzt, die entweder durch Literaturhinweise historisch belegt sind oder durch Versuche nachweisbar sind. Wenn mehrere Begriffe bekannt sind, wird darauf hingewiesen.

Grundfragen in der Farbenlehre

Aus oben genannten Gründen werden die wichtigsten Kenntnisse zur Farbenlehre so dargestellt, dass folgende Fragen allgemeinverständlich beantwortet werden können:

- Wo kommen Farben vor?
- Welche Unterscheidungsmerkmale haben farbige Objekte oder Dinge?
- Wie kann man Farben erkennen?
- Was ist Farbe?
- Wie werden Farben bezeichnet, geordnet und angewendet?
- Welche Wirkungen haben die Farben auf den Menschen?

Wie in den anderen Kapiteln dieses Buches werden Aufgaben gestellt, die dazu dienen, das Gelernte zu überprüfen. Zusätzlich ist es möglich, ohne besonderen Aufwand zu diesem Zweck die beschriebenen Versuche nachzuvollziehen. Mit zwei Diaprojektoren, farbigen Gläsern oder Folien im Diaformat, einem Farbenkreisel, einem Glasprisma sowie einigen kreisförmigen Pappscheiben mit Farbaufstrichen aus dem eigenen Malfarbensortiment ist das möglich. Zu weiteren Kontrollen und zur Festigung des Wissens dienen Beispiel- und Übungsaufgaben zum Farbenmischen.

Arbeitsmittel zum Farbenmischen

Als **Arbeitsmittel (Bild 1) zum Mischen** und Aufbringen von Farbenproben sollten **Plattpinsel** von ca. 1 cm Breite dienen. Haarpinsel eignen sich besser als Borstenpinsel, weil die Farbaufstriche bei gut zubereiteten Farben kaum Striemen hinterlassen. Sie sind auch für Farbaufstriche von Raumskizzen geeignet. Es ist rationell, die Anstrichproben mit **Schablonenmesser** oder **Schere** auszuschneiden und zu Farbkombinationen zusammenzukleben. Ein **Spitzpinsel** wird daher nur selten benötigt und dann zum Konturenziehen. Als **Klebstoff** sind Klebestifte vorteilhafter als flüssige Klebstoffe.

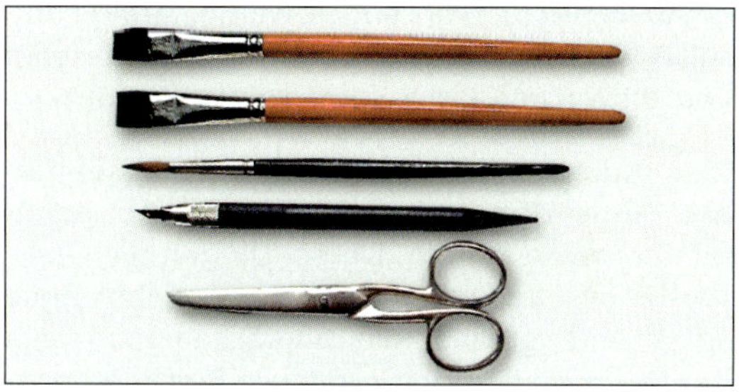

Bild 1: Arbeitsmittel für Mischübungen

Zeichenkarton sollte in einer Qualität von möglichst 150 g/m² für die Mischübungen benutzt werden. Das Format DIN A4 ist für diese Zwecke ausreichend.

Als Malfarben sind Temperafarbensortimente besser geeignet als **Malfarbensortimente auf Dispersionsbasis** und **Anstrichstoffe**. Wegen zu starken Verschnitts oder Grobkörnigkeit der Pigmente fehlt es besonders Anstrichstoffen oft an Farbkraft und Deckfähigkeit beim Einsatz auf Papier. Nachteilig ist auch, dass benutzte Malpinsel beim versehentlichen Eintrocknen nicht wieder verwendet werden können.

Das **Sortiment** sollte unbedingt aus Gelb, Orange, Zinnoberrot, Violett (schlecht deckender Ersatz ist Magenta), Ultramarinblau, Mittelblau, Grün, Ocker, Braun (Umbra), Weiß und Schwarz bestehen. Völlig unzureichend ist ein Sortiment aus Gelb, Rot und Blau nebst Weiß und Schwarz, weil die Mischfarben daraus stark getrübt sind.

Tubenfarben eignen sich wegen der sauberen Entnahmemöglichkeit und Verschließbarkeit besser als Farben in Bechern. **Deckfarben in Tablettenform** sind wegen lasierender Eigenschaften ungeeignet.

2 Vorkommen/Erscheinungsweise der Farben

Farben können als Licht und an den uns umgebenden Dingen vorkommen. Licht kann man jedoch nur erkennen, wenn es auf Gegenstände wie Gebäude, Möbel, Kleidung, Pflanzen, auf Anstrichstoffe oder auf winzige Staubteilchen trifft und von dort in unsere Augen gelangt. Man spricht von „weißem" (eigentlich farblosem) und farbigem Licht. „Weißes" Licht ist ein Gemisch vieler Strahlen, der Spektralfarben **(s. Abschnitt 5)**. Während es weiße, farbige und schwarze Dinge gibt, spricht man jedoch nicht von schwarzem Licht, sondern von Finsternis.

Man unterscheidet **Lichtfarben** und **Dingfarben**. Eine dritte Gruppe von Farben nennt man **virtuelle Farben**. Da bei Dingen die Oberflächenbeschaffenheit eine zusätzliche Rolle spielt, unterteilt man die Dingfarben noch nach ihrer **primären und sekundären Erscheinungsweise**. Farben können durch den Glanz an der Oberfläche von Körpern eine andere Wirkung hervorrufen. Ein Radieschen kann z.B. frischer aussehen, wenn das stumpfe Rot durch Waschen plötzlich glänzt! Damit ist Farbe das Primäre und Glanz das Sekundäre in der Erscheinungsweise der Farben.

2.1 Primäre Erscheinungsweisen der Farben

Wenn mit Lichtfarben und Dingfarben experimentiert wird, benötigt man zum Betrachten der Lichtfarben verdunkelte Räume. Zum Erkennen von Dingfarben ist dagegen ausreichende Helligkeit notwendig.

2.1.1 Lichtfarben

Lichtfarben sind körperlos. Sie werden von einer Lichtquelle in Form von Lichtwellen bzw. Lichtstrahlen **emittiert** (ausgesandt) bzw. ausgestrahlt. Wir unterscheiden mehrere Arten von Lichtfarben, die je nach ihrer Entstehung anders bezeichnet werden.

Farbig getöntes Licht

Es besteht normalerweise wie bei einer brennenden Kerze **(Bild 1)** aus einer Mischung von verschiedenen Farben. Man nennt es **polychromatisches Licht**. Gasentladungslampen wie Natriumdampflampen (gelb) erzeugen nur Licht einer Farbe und man nennt es **monochromatisch**. Auch Spektralfarben sind monochromatisch.

Leitet man weißes Licht durch Filter aus farbigem Glas **(Bild 1)** oder durch farbige Flüssigkeiten (Tinte, Rotwein usw.), entsteht farbiges Licht, das je nach Filterung polychromatisch (mehrfarbig) oder monochromatisch (einfarbig) sein kann.

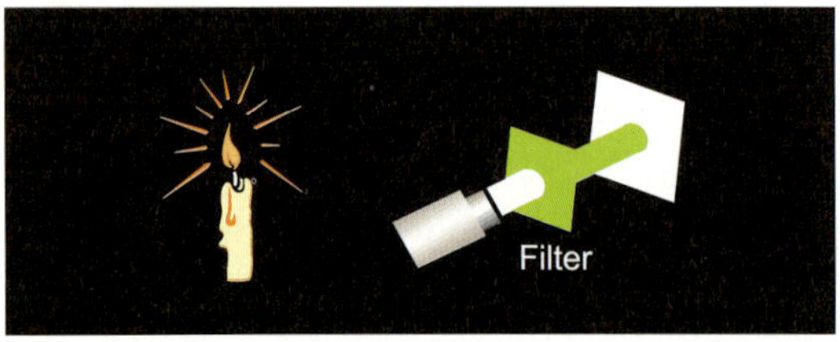

Bild 1: Beispiele für farbiges Licht

Licht kann je nach seiner Entstehung warm oder kalt wirken.

Licht der Sonne, von Feuer, Kerzen, Glühlampen besteht aus einer Mischung von Strahlen, die den Gesamteindruck warm erzeugen. Dagegen empfindet man das Licht von Leuchtstoffröhren als kalt **(siehe Abschnitt 9)**.

Spektralfarben

Zerlegt man an einem Prisma einfallendes Licht, entstehen viele Farben, die man als **Farbenspektrum** oder **Spektralfarben** bezeichnet. Aus weißem Licht entsteht ein Farbübergang so vieler bunter Farben, dass man nur die auffälligsten nennt. Die wichtigsten Spektralfarben sind Rot, Orange, Gelb, Grün, Blau und Violett **(Bild 2)**.

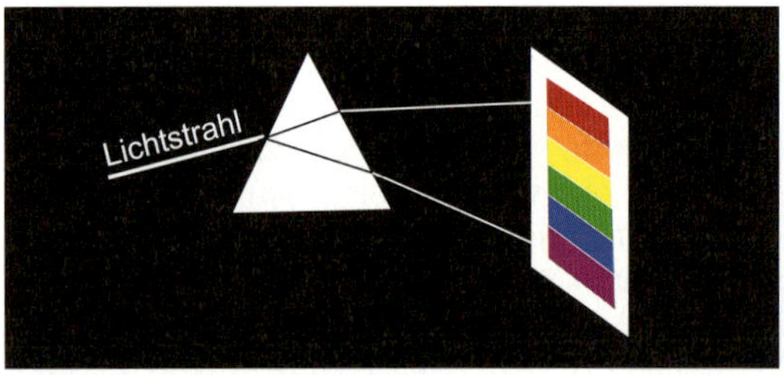

Bild 2: Wichtigste Spektralfarben

Weiterhin könnten z.B. Gelborange, Orangegelb, Gelbgrün oder Grüngelb usw. genannt werden. Weil diese Bezeichnungsart recht ungenau ist, werden Spektralfarben nach ihrer Wellenlänge bezeichnet **(s. Abschnitt 5.1)**.

Spektralfarben fallen dadurch auf, dass sie sehr stark leuchten. Ihre Leuchtkraft wird durch keine andere Darstellung übertroffen. **Man kann deshalb Spektralfarben nicht durch Mal- oder Druckfarben ohne Qualitätsverlust darstellen.** Schließlich wären es dann keine Lichtfarben mehr, sondern Dingfarben.

TIPP Vergleichen Sie die im Buch symbolisch dargestellten Spektralfarben mit den Spektralfarben in einem verdunkelten Raum!

Betrachten Sie auch die Spektralfarben, die durch Lichtbrechung von Wassertropfen am Himmel einen Regenbogen ergeben oder die an Öltropfen auf einer Wasserlache zu sehen sind!

Untersuchen Sie mit einem Prisma, welche spektrale Zusammensetzung das Licht hat, das von den Farbstreifen in **Bild 1** zurückgeworfen wird!

Bild 1: Farbstreifen zum Erkennen der spektralen Zusammensetzung von Farben

Glühfarben

Wenn man Metall zum Glühen bringt, wie es in Eisengießereien oder beim Schweißen zu sehen ist, entsteht beim Erhitzen anfangs die so genannte **Anlauffarbe** bzw. **Anlassfarbe** Blau. Dann erkennt man Farbübergänge von Rot (Rotglut), Orange, Gelb bis zu Weiß (Weißglut). Bei Weißglut werden alle Lichtstrahlen vereinigt.

Glühfarben wirken umso aktiver, je heißer das Metall ist, am stärksten natürlich vor dunklem Hintergrund **(Bild 2)**.

Bild 2: Glühfarben vor unterschiedlichen Hintergründen

Demzufolge ist es möglich, Lichtfarben nach der Temperatur (t) der Strahlungsquelle zu bezeichnen. Dazu dient die Skala von Kelvin (K). Gelbes Licht strahlt z. B. bei ca. 2000 K, das sind ca. 1700 °C [t(K) = (t – 273) °C].

Leuchtfarben

Leuchtfarben wirken kalt. Man unterscheidet zwei Arten, **nachts leuchtende Farben** und **Tagesleuchtfarben**. Nachts oder im Dunkeln leuchtende Farben kennen wir in der Natur von den Glühwürmchen oder den Tiefseefischen.

An Uhren dienen Leuchtfarben zum Erkennen von Zeigern und Ziffern. Sie können Lichtenergie speichern und im Dunkeln wieder abgeben **(Bild 3)**.

Bild 3: Beispiel für Leuchtfarben an Uhren

Wenn bestimmte Farbpigmente am Tage ultraviolette Strahlen in sichtbares Licht umwandeln und zurückwerfen, spricht man von Tagesleuchtfarben. Auch ihre Farben wirken kalt, leuchten aber durch die zusätzlich abgestrahlte Energie aktiver als Farben normaler Anstriche.

2.1.2 Dingfarben

Dingfarben entstehen, wenn Licht auf Dinge unserer Umwelt trifft oder wenn es diese wie bei Glas, Flüssigkeiten oder Gasen durchdringt. Diese Farben sind trüber als Lichtfarben, weil Teile des einfallenden Lichts von den Körpern absorbiert werden, ehe es in unsere Augen gelangt. Je nach Art der Objekte unterscheiden wir Durchsichtfarben, durchscheinende Farben, Oberflächen- und Metalleffektfarben.

Durchsichtfarben

Sie entstehen, wenn Lichtstrahlen Farbfilter oder farbige Flüssigkeiten wie Tinten durchdringen **(Bild 4)**. Sie stellen die Übergangszone von den Lichtfarben zu den Oberflächenfarben dar und sind sehr farbkräftig.

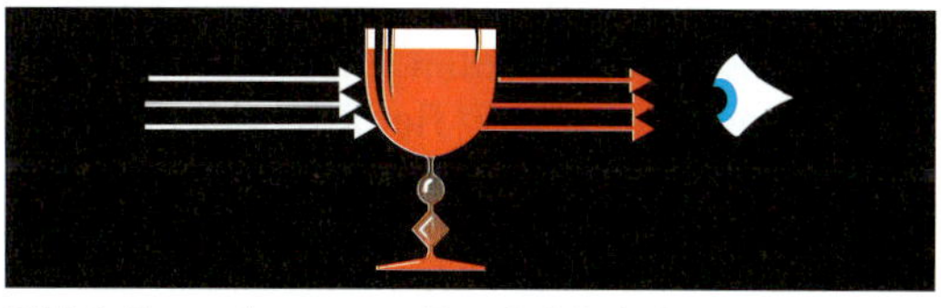

Bild 4: Entstehung von Durchsichtfarbe am Weinglas

Durchscheinende Farben

Durchscheinende Farben kann man an **transluzenten farbigen Folien, Farblasuren** und **Aquarellfarben** beobachten. Die Materialien werden aus feinst gemahlenen Pigmenten und viel Bindemittel hergestellt. Durch die winzigen Pigmentkörnchen wird nicht mehr alles Licht wie bei den Durchsichtfarben durchgelassen. Deshalb erscheinen die Farben weniger rein und leuchtkräftig. Betrachtet man farbige Objekte durch trübe farblose Materialien wie **Mattglas** oder **Transparentpapier,** kommt dieselbe Wirkung zustande: Ihre Farben **(Bild 1)** erscheinen im Vergleich zu **Bild 4, S. 215** nicht mehr so kräftig, weil durch die raue Oberfläche das Licht in verschiedene Richtungen gelenkt wird. Außerdem kann man dahinter befindliche Gegenstände nicht mehr scharf erkennen.

Bild 1: Hinter Mattglas durchscheinende Farben

Oberflächenfarben

Oberflächenfarben findet man an den meisten der uns umgebenden Objekte **(Bild 2)** wie Bäumen, Lebewesen, Gebäuden usw. Sie besitzen unterschiedliche Farbtöne, Helligkeit und Reinheit. Durch ihre Oberflächenbeschaffenheit können sie matt aussehen oder glänzen.

Die einfallenden Lichtwellen dringen bei dieser Art der Dingfarben nur in die Oberfläche der Objekte ein. Vom molekularen Gefüge der Stoffe werden sie umgelenkt und zurückgeworfen. Ein Teil der eingedrungenen Lichtwellen wird jedoch **absorbiert** (verschluckt), in Wärmeenergie umgewandelt und damit farblos zurückgestrahlt. Einfallendes Licht hat dadurch eine andere spektrale Zusammensetzung als das austretende Licht. Durch die unterschiedliche spektrale Zusammensetzung dieses Lichts kommt die Vielfalt der Dingfarben zustande.

Seit ca. 1890 benutzt man für diesen komplexen Vorgang den Begriff **Remission.**

Der Begriff „Remission" wird leider sehr selten benutzt und durch die nicht zutreffende Formulierung Reflexion ersetzt.

Bild 2: Beispiele für Oberflächenfarben

Metalleffektfarben

Metalleffekte sind immer mit einem bestimmten Glanz verbunden. Sie treten an Metallen und Nichtmetallen wie Grafit bei Bleistiftminen oder an einigen Kristallen wie am grünlich schimmernden Farbstoff Fuchsin auf.

Silbrig glänzende Materialien werfen alle Lichtstrahlen zurück, weil Licht nicht in die Oberfläche eindringen kann. Der Vorgang des Zurückwerfens heißt **Reflexion.** Bei farbigem Metall wie Gold oder Kupfer dringt allerdings doch ein wenig Licht in den Körper ein und wird absorbiert. Das zurückgeworfene Restlicht ist dann für die Metallfärbung verantwortlich.

In **Bild 3** ist zu sehen, wie an den verschiedenen Oberflächen Licht zurückgeworfen wird. An den glänzenden Flächen wird es wie an einem Spiegel **gerichtet reflektiert.** Licht und Schatten sind scharf abgegrenzt. An der rauen Kugeloberfläche wird Licht **diffus** (ungerichtet) **reflektiert.** Durch die Unebenheit ihrer feinen Körnung fließen Licht und Schatten ineinander. Die zerknitterte Aluminiumfolie zeigt den Übergang von gerichteter zu ungerichteter Reflexion.

Bild 3: Metallgegenstände mit unterschiedlichen Reflexionseigenschaften

TIPP Betrachten Sie zusätzlich in einem verdunkelten Raum den Lichtstrahl eines Diaprojektors, den Sie mit einem Spiegel umlenken! Er ist scharf begrenzt, wenn er auf eine Wandfläche fällt.

Bedecken Sie danach den Spiegel mit Aluminiumhaushaltfolie, zuerst mit der glatten, glänzenden Seite, dann mit der rauen, matten Seite! Sie werden sehen, wie die Lichtstrahlen einerseits scharf begrenzt, andererseits weicher zurückgeworfen werden und von der matten Folie auf der Wand nach außen verfließen.

2.1.3 Virtuelle Farben

Virtuelle Farben sind Farben, die nur in unserem Gehirn unter bestimmten Bedingungen aufgebaut werden. Dazu zählen farbige **Nachbilder** und die **Simultankontraste.**

Farbige Nachbilder

Betrachten wir längere Zeit ganz starr den roten Fleck in **Bild 1** und schauen dann in das rechte weiße Feld, kann man nach einigen Sekunden eine helle grüne Farbe in der gleichen Form als farbiges Nachbild erkennen.

Bild 1: Farbiges Nachbild als virtuelle Farbe

Bedeutsam wird diese Eigenschaft, wenn man gezwungen ist, längere Zeit einfarbige Gegenstände zu betrachten, wie das beim Arbeitsprozess beispielsweise passieren kann.

TIPP Testen Sie mit Farbenpunkten anderer Form, Farbe und Größe die entstehenden Nachbildfarben!

Lesen Sie mehr unter Nachbildkontrast im **Abschnitt 9.1.2!**

Simultankontraste

Simultankontraste entstehen, wenn man **simultan,** d.h. gleichzeitig eine farbige Fläche auf verschiedenfarbigen Untergründen anschaut **(Bild 2)**.

Betrachtet man zu diesem Zweck den grünen Streifen auf weißem Untergrund, fällt nichts Besonderes auf. Er ist gleichmäßig gefärbt.

Aber auf den gelben und roten Flächen sieht derselbe Streifen anders aus. Links erscheint er etwas dunkler und grüner, rechts heller und gelblicher. Auch das ist eine Leistung unseres Gehirns.

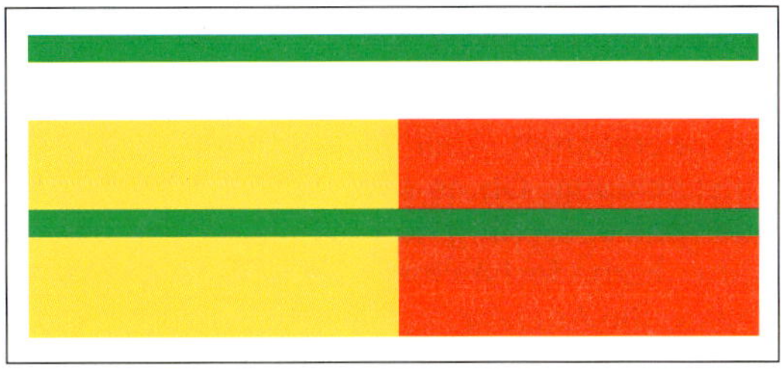

Bild 2: Simultankontrast als virtuelle Farbe

Für Maler und Lackierer ist die scheinbare Farbenveränderung bedeutsam, wenn sie in Räumen oder zu Schriftgestaltungen verschiedene Farben einsetzen, die von Auftraggebern vorgegeben sind **(Bild 3)**, die nicht zueinander passen, weil sie z.B. flimmern.

Bild 3: Problematisches Anwendungsbeispiel bei Farbenkombinationen

TIPP Lesen Sie mehr unter **Abschnitt 9.1.1** Simultankontrast!

2.2 Sekundäre Erscheinungsweisen der Farben

Die sekundären Eigenschaften der Farben erkennt man, wenn die **Oberflächenstrukturen** der uns umgebenden Dinge betrachtet werden. Alles in unserer Umwelt ist unterschiedlich glänzend bis matt. So kann Goldschmuck von einem gelben Stein oder von gelb lackierten Holzflächen und schwarzer Samt von hochglanzlackierten schwarzen Flächen unterschieden werden, ohne die Dinge zu berühren.

3 Erkennbarkeit der Farben

Die Umwelt erkennt man mithilfe aller Sinnesorgane. Ihre Funktionsweise beschreibt die **Physiologie.** Durch Sehen, Riechen, Schmecken, Hören oder Tasten kann man von Fall zu Fall feststellen, ob ein Objekt eine brennende Kerze, eine Blüte, eine Frucht, ein Lebewesen oder ein Gebrauchsgegenstand ist. Sicher nimmt das Sehen einen sehr hohen Rang beim Erkennungsprozess ein.

Der Reifegrad einer Beere ist eventuell beim Tasten zu erkennen. Aber die Farbe gibt die letzte Entscheidung. Ob es sich um einen silbernen oder goldenen Ring handelt, ist jedoch nur an seiner Farbe feststellbar, wenn man nicht eine chemische Analyse durchführen will.

Durch diese Aufzählung wird klar, dass **Farben als eine der Eigenschaften unserer Umwelt** bezeichnet werden können.

Um die Farben an den Objekten zu sehen, müssen sie von Lichtstrahlen ausreichend beleuchtet sein. Der Zusammenhang Farbe und Licht macht es sinnvoll zu untersuchen, wie das Licht beim Sehvorgang durch die entsprechenden Organe wahrgenommen wird.

Der **Sehvorgang** wird durch Augen, Sehnerven und das Sehzentrum im Gehirn ermöglicht.

Licht kann von der Lichtquelle **direkt** in die Augen gelangen. Dabei erkennt man seine Farbe. Wenn Licht auf Dinge der Umwelt trifft und von ihnen so zurückgeworfen wird, dass es in unsere Augen fällt, kann man nicht nur ihre Farben **(Dingfarben),** sondern auch ihre Form erkennen. Das Licht gelangt in dem Falle auf **indirektem Weg** in die Augen. Dabei spielen Remissions- und Reflexionsvorgänge eine Rolle **(Bild 1).**

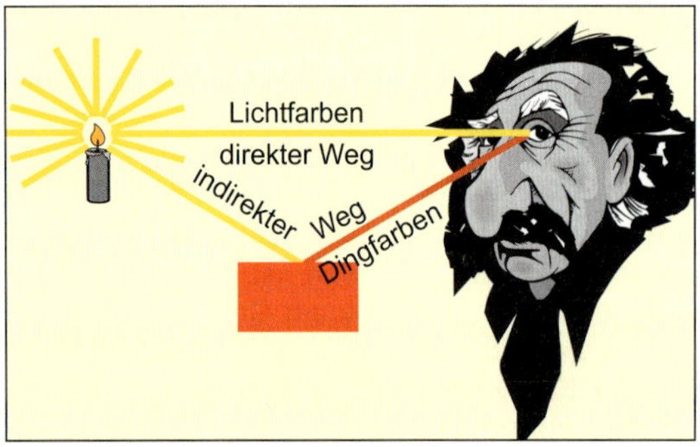

Bild 1: Wege des Lichts zum Auge

Die Lichtstrahlen treffen in den **Augen (Bild 2)** auf zwei Arten von **Sehzellen,** die **Zapfen** und **Stäbchen.** Beide wandeln die elektromagnetischen Wellen des Lichts, die Lichtreize, in elektrische Impulse um. Dabei sind die **Zapfen** für das **Farbensehen** verantwortlich. Sie sind rot-, grün-, gelb- und blauempfindlich. Die **Stäbchen** ermöglichen das Erkennen der Farben bei geringen Lichtverhältnissen in **Helligkeitswerten,** d.h. in Grauwerten. Von den **Sehnerven** werden die Impulse ins **Sehzentrum des Gehirns** weitergeleitet, wo sie auf ihre Farbeigenschaften hin bewertet werden.

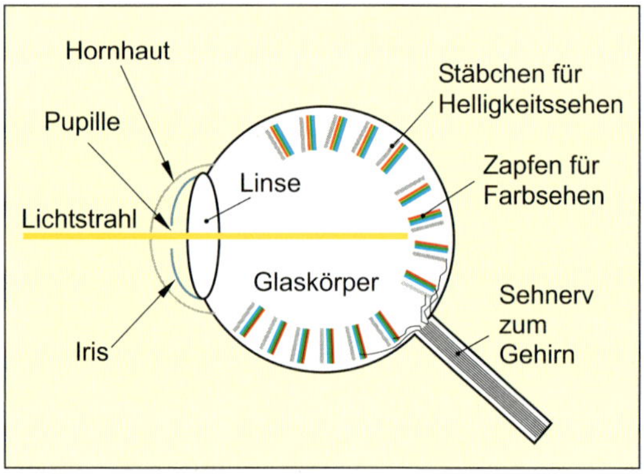

Bild 2: Schematische Zeichnung des Auges

Das Sehzentrum leitet diese Impulse aber auch zu anderen Gehirnzentren weiter, wo **sekundäre Wirkungen** hervorgerufen werden, die mit den Farben zusammenhängen und bestimmte Gefühle hervorrufen, wie warm, kalt, süß, sauer, angenehm, unangenehm. Die Verbindung von Farben mit Gefühlen bezeichnet man als **Synästhesie** (griech. = Miterregung eines anderen Sinnesorgans).

Auswirkungen der Erkennbarkeit der Farben für die Farbenordnung

Aufgrund der beiden Arten von Sehzellen ist es möglich, eine eindeutige Einteilung der Farben vorzunehmen, deren Bezeichnung zur Farbenordnung genutzt werden kann.

Farben können entweder **bunt** (farbig) oder nicht bunt bzw. **unbunt** (weiß, grau oder schwarz) sein.

Zusätzlich empfindet man bunte Farben noch unterschiedlich hell. Von der **Eigenhelligkeit** der Farbtöne spricht man, wenn kein aufhellendes Weiß enthalten ist. Gelb ist z.B. heller als Grün oder Rot. Die dunkelste reine bunte Farbe ist Blauviolett, s. **Bild 3, S. 235** und **3, S. 246.**

Im Dämmerlicht bzw. bei geringer Helligkeit ist das Sehen mit den Stäbchen wichtig. Sie reagieren gegenüber den Zapfen, die nicht so lichtempfindlich sind, noch bei geringer Beleuchtung auf Lichtreize.

Sie ermöglichen es, dass bunte Farben in **Helligkeitswerten** gesehen werden können. So erscheint Gelb als helle graue Farbe, Rot als dunkleres Grau. Interessant ist, dass Blau jedoch heller als Rot erscheint, obwohl bei Tageslicht die Helligkeitsverhältnisse dieser beiden Farben genau umgekehrt sind.

Wegen der Beziehung zum Grau hat sich der Begriff **Hellbezugswert** mit der Kurzbezeichnung **HBZ** für bunte Farben eingebürgert. Problematisch ist dabei jedoch, dass man im Dämmerlicht ein aufgehelltes Rot nicht von einem reinen Gelb unterscheiden kann, wenn beide Farben gleiche Grauwerte besitzen.

Werden zu diesem Zweck die Farben in **Bild 1** mit stark zusammengekniffenen Augen oder in einem relativ dunklen Raum betrachtet, sind ihre Grauwerte ohne großen experimentellen Aufwand feststellbar.

Bild 1: Beispiel für gleich helle Farben

4 Merkmale, Einteilung und Bezeichnung der Farben

Seit Ihres Bestehens ist die Menschheit bestrebt, zur Verbesserung ihres Daseins bestimmte Ordnungen herzustellen. Gemeinsame Merkmale der Dinge des täglichen Lebens sind dafür die Basis. Auch bei der Vielzahl der erkennbaren Farben bietet sich das Ordnen an. Dabei gibt es aber Unterschiede bei der Wortwahl und bei entsprechenden Begriffsinhalten.

Man erkennt dies, wenn versucht wird, bestimmte Farbbegriffe den Farbproben in **Bild 2** zuzuordnen. Wie schwierig die Probleme sind, kann man an Begriffen wie Farbe und Farbton erkennen, die man normalerweise als gleichwertig empfindet. Auch bei der Zuordnung des Begriffes „rein" zu bestimmten Farben treten Probleme auf. Siehe folgende Aufgabe!

Aufgabe

Ordnen Sie die in den Farbenproben von **Bild 2** eingetragenen Zahlen den folgenden Formulierungen zu, um gemeinsame Merkmale für Farben selbstständig zu erkennen.

Einige Farben sind „bunt".

Einige Farben sind nicht bunt.

Manche Farben erscheinen „rein".

Manche Farbtöne erscheinen „rein".

Einige bunte Farben sind verdunkelt.

Einige bunte Farben sind vergraut.

Einige Farben sind aufgehellt.

Bild 2: Farbenproben zum Auffinden gemeinsamer Eigenschaften

Wenn die Aufgabe gelöst ist, sollten in der Antwort zu *Farbtöne erscheinen „rein"*, die Farben mit den Nummern 2, 6, 9 und 16 nicht enthalten sein, da sie keinen Farbton enthalten.

Folgende Festlegungen bringen Klarheit:

Es gibt unbunte Farben und bunte Farben.

Zu unbunten Farben gehören Schwarz, Grau und Weiß, zu bunten Farben z. B. Grün, Hellgrün, Graugrün und Dunkelgrün.

Unbunte Farben

Unbunte Farben besitzen keinen Farbton. Deshalb kann man sie auch als **nichtbunte Farben** bezeichnen, was jedoch weniger üblich ist.

Da unbunte Farben keinen Farbton enthalten, sollte man den Begriff „-ton" nicht daran koppeln. Man sagt nicht Weißton, Schwarzton, merkwürdigerweise aber Grauton. Grautöne sollten besser als graue Farben oder Graustufen bezeichnet werden.

Unbunten Farben werfen unterschiedliche Mengen Licht zurück **(s. Abschnitt 5)**. Deshalb hat jede unbunte Farbe einen besonderen **Helligkeitswert.** Verschiedene Farbanwender wie Ärzte, Drucker, Friseure, Gärtner, Künstler, Lehrer, Maler, Optiker, Physiker, Textilfärber usw. benutzen dafür die Begriffe **Helligkeitsstufe, Helligkeitsgrad, Hellbezugswert, Remissionsgrad** oder **Hell-Dunkel-Stufe.**

Bunte Farben

Bunte Farben besitzen einen **Farbton** (z. B. Grün oder Rot). Sie können aber auch einen Anteil von unbunten Farben enthalten. Hellgrün enthält Grün und Weiß, Graugrün Grün und Grau, Dunkelgrün Grün und Schwarz. Daher unterteilt man bunte Farben weiter in reine bunte und nicht reine bunte Farben.

- **Reine bunte Farben**

Wilhelm Ostwald (Farbenforscher in Großbothen bei Leipzig, 1853–1932) benutzte den Begriff **Vollfarbe** oder **Vollfarbton.** Er gab damit zu verstehen, dass in Vollfarben kein Anteil von unbunten Farben enthalten ist.

Vollfarben sind also rein oder gesättigt. Sie besitzen einen **Farbton.** Dazu zählt man z. B. Gelb, Orange, Rot usw., oder auch „Zwischenfarben" wie Gelborange, Orangegelb, Rotorange, Orangerot usw. Aufgrund der Normung wird im deutschsprachigen Raum für Farbton auch der Begriff **Buntton** benutzt.

Nach **Ostwalds** Auffassung sollten Vollfarben für bestimmte Zwecke wie die Anordnung der Farbtöne zu einem Kreis immer die gleiche Reinheit besitzen.

Deshalb ist auch bei der Farbenordnung der Begriff **Vollfarbtonkreis** oder **Farbtonkreis** eindeutig.

Manchmal wird statt des Begriffs **Farbton** der Begriff **Farbe** benutzt. Auch **Farbtonkreis, Farbkreis** und **Farbenkreis** werden oft gleichwertig angewendet.

Grundsätzlich ist Farbe ein Oberbegriff. Er schließt bunte Farben und unbunte Farben ein. Farbtöne sind also ein Teil aller Farben.

Bei Anwendung des Begriffs Farbenkreis statt Farbtonkreis könnten in einem solchen Kreis auch ungesättigte bunte Farben und unbunte Farben untergebracht werden. „Farb-" deutet bei „Farbkreis" eigentlich auf farbig hin. Aber ein farbiger Kreis ist eigentlich etwas anderes.

Manchmal will man aus deckenden Malfarben einen Farbtonkreis herstellen und verwendet dazu nur die reinen Farbtöne Gelb, Rot (meist ist es Zinnoberrot) und Blau (meist ist es Ultramarinblau). Die drei Farbtöne werden daher auch als **Grundfarben** oder **Primärfarben** bezeichnet. **(s. Abschnitt 6.3.2).**

Die Mischung aus Gelb und Rot ergibt jedoch ein Orange, das gegenüber den Ausgangsfarben deutlich getrübt ist. Aber ein Farbtonkreis soll aufgrund der Definition nur Farbtöne gleicher Reinheit enthalten. Noch stärker ist die Trübung der Mischung aus Rot und Blau, die immer wieder als Violett bezeichnet wird, obwohl Braun zu sehen ist. Sobald man statt Zinnoberrot Karminrot benutzt, ist eine deutliche Minderung der Trübung feststellbar. Benutzt man Ultramarinblau zur Mischung von möglichst reinem Grün, so ist dieses wegen der auftretenden Trübung auch ungeeignet.

Man begründet diese Trübung oder Vergrauung mit schlechter Pigmentqualität. Die Schuld an dieser Trübung trägt aber hauptsächlich der zu große Abstand der Farben im Farbtonkreis und im Spektralfarbenband von **Bild 1, S. 222.** Benutzt man zum Mischen mindestens acht Farbtöne **(Bild 1, S. 236),** also sehr nahe liegende Farben miteinander, entstehen diese Trübungen nicht bzw. nur in geringerem Maße.

Ungesättigte bunte Farben

Ungesättigte bunte Farben wie Hellgrün, Graugrün und Dunkelgrün bestehen aus bunten und unbunten Farben. Da das Gegenteil von rein

getrübt ist, benutzte man auch den nicht immer zutreffenden Begriff **trübe bunte Farben.** Schließlich empfindet man mit Weiß aufgehellte Farben wie Hellblau und Hellgelb nicht als trüb, eigentlich auch nicht mit Schwarz vermischte Farben wie Dunkelblau oder Dunkelgrün. Nur mit Grau veränderte Farbtöne bezeichnet man als trüb.

Weiterhin ist es üblich zu sagen:
In ungesättigten bunten Farben ist der Farbton
durch Zusatz von Weiß **aufgehellt,**
durch Zusatz von Grau **vergraut,**
durch Zusatz von Schwarz **verdunkelt.**

Statt aufgehellt ist auch der Begriff **verweißlicht** und statt verdunkelt auch **verschwärzlicht** möglich. Man nennt damit mischtechnische Begriffe.

Aufgrund der Feststellungen ist es möglich, eine Einteilung der Farben wie in **Tabelle 1** vorzunehmen. Sie hat Einfluss auf die Farbenordnung und ist in **Abschnitt 7** erläutert. Siehe auch **S. 222 (Newton)** und **S. 234 (Goethe)!**

Tabelle 1: Einteilung der Farben

Unbunte Farben	**Bunte Farben**		
	Ungesättigte bunte Farben		**Gesättigte bunte Farben (Vollfarben)**
2	7	4	13
6	11	15	5
16	8	10	1
Namen der Farben			
Schwarz Grau Weiß	Dunkelblau, -gelb Graublau, -gelb Hellblau, -gelb		Blau Rot Gelb
Merkmale dieser Farben			
Unterschiedliche Helligkeit	Unterschiedliche Farbtöne, Helligkeit, Sättigung (Reinheit)		Unterschiedliche Farbtöne, unterschiedliche Eigenhelligkeit

> **Hinweis** **Farbstofflösungen** (Tinten) und die lasierenden **Aquarellfarben,** die besonders fein gemahlene Spezialpigmente enthalten, können schon durch **Verdünnen mit Wasser aufgehellt** werden. Bei diesen Materialien ist ein Weißzusatz deshalb nicht sinnvoll, weil sie dadurch deckende Eigenschaften erhalten würden.

5 Farben und Licht

Da die Erkennbarkeit der Farben vom Vorhandensein von Licht abhängig ist, soll im folgenden Abschnitt das Licht selbst näher untersucht werden. Damit betrachtet man Farben von ihrer **physikalischen Seite.**

5.1 Wesen des Lichts

Licht ist Teil der elektromagnetischen Strahlung, die sich wellenförmig und in gerader Richtung ausbreitet. Wellenlängen werden in der Maßeinheit **Nanometer (nm)** gemessen, das ist 1 millionstel Millimeter. 1 nm beträgt 0,000 001 mm. Das Kurzzeichen für die Wellenlänge heißt **Lambda** (λ). Die gesamte Höhe einer Welle, vom tiefsten bis zum höchsten Punkt, nennt man **Amplitude (Bild 1).**

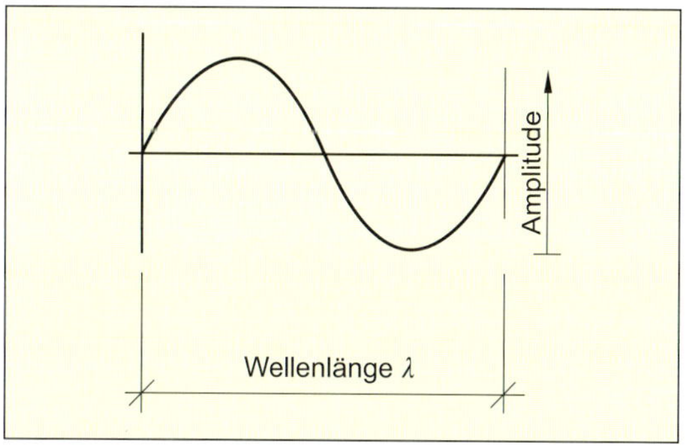

Bild 1: Physikalische Begriffe bei Wellen

Man unterscheidet grob zwischen kurz-, mittel- und langwelliger Strahlung. Physiker unterscheiden genauer in kosmische Strahlung (kurzwellig), Gammastrahlung, Röntgenstrahlung, ultraviolette Strahlung, Lichtstrahlung, Infrarotstrahlung und Radiostrahlung (langwellig).

Die meisten Strahlen bzw. elektromagnetischen Wellen sind für Menschen unsichtbar. Gelangen jedoch Lichtwellen in unsere Augen, reizen sie die Sehzellen. Es entstehen Farbempfindungen. Der für Menschen sichtbare Bereich der Strahlung liegt zwischen ca. 420 nm (kurzwellig) und 700 nm (langwellig). Tiere sehen in anderen Wellenbereichen. Damit geben die **Wellenlängen** den **Farbton** an **(Bild 1)**. Die Höhe der **Amplitude** beeinflusst die **Helligkeit der Farben**.

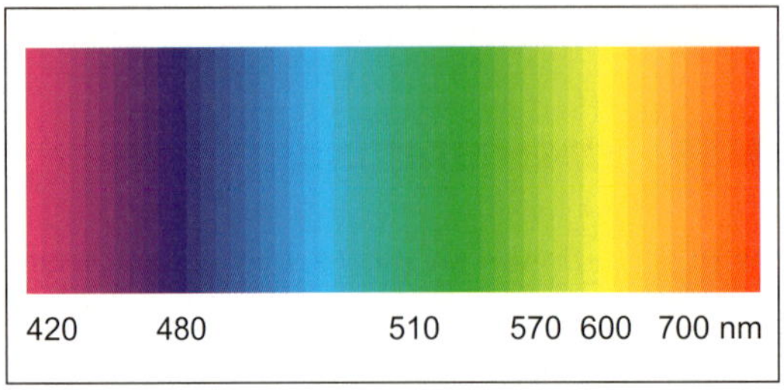

Bild 1: Bereich der sichtbaren elektromagnetischen Strahlung mit wichtigen Wellenlängen

5.2 Verhalten des Lichts

Licht wird von einer Lichtquelle allseitig, geradlinig und wellenförmig **emittiert** (ausgesandt) **(Bild 2)**.

Bild 2: Emission des Lichts

Dabei kann es auf verschiedene Dinge auftreffen. Die dadurch ausgelösten physikalischen Prozesse sind für das Verständnis von Farben wichtig. Es sind dies die Lichtzerlegung, die Refraktion, die Reflexion, die Absorption, die Remission und die Transmission.

Lichtzerlegung

Der englische Physiker **Isaac Newton** (1643–1727) ließ Lichtstrahlen auf ein Prisma fallen und nannte die dabei entstehenden farbigen Lichtstrahlen **Spektralfarben**. Vgl. dazu **Abschnitt 2.1.1**. Newton fügte das dabei entstandene Farbenband von **Bild 1** zu einem Kreis zusammen. Er musste zu dem Zweck die Farben beider Enden, also Violett und Rot, mischen.

Es entstand ein Übergang mit dem Farbton **Purpur** bzw. **Purpurrot (Bild 3)**.

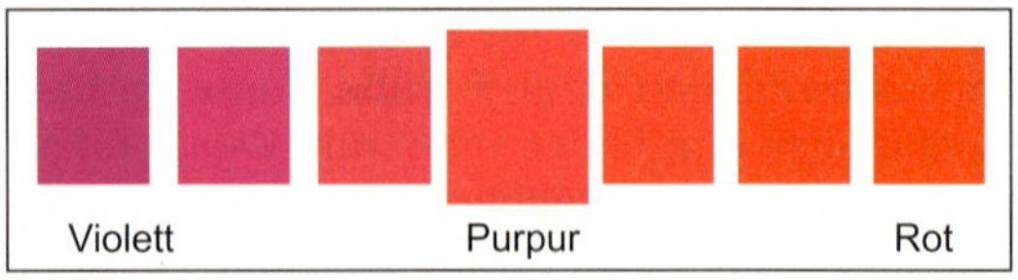

Bild 3: Purpurmischung aus Violett und Rot

> **Hinweis** Durch die Kreisordnung liegen sich bestimmte Farbtöne gegenüber, die man als **Gegenfarben** bezeichnet. Sie spielen beim Farbenmischen eine besondere Rolle.

Refraktion (Lichtbrechung)

Gelangt ein Lichtstrahl aus einem optisch dünneren Stoff (z. B. Luft) in einen optisch dichteren (z. B. Glas), wird er zum Einfallslot hin gebrochen. Tritt er aus dem dichteren Stoff wieder heraus und gelangt in Luft, bewegt sich der Strahl vom Lot weg **(Bild 4)**.

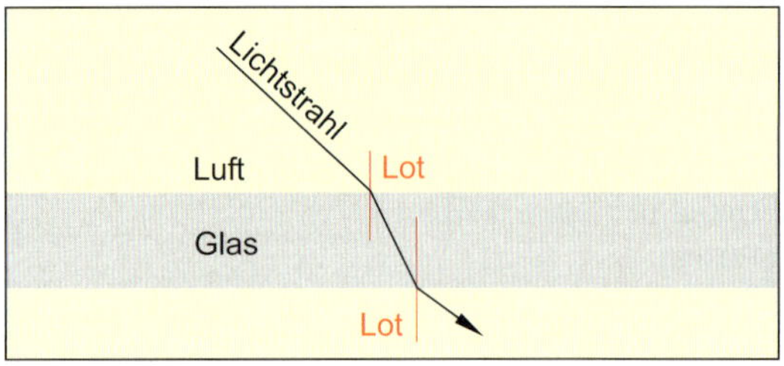

Bild 4: Vorgang der Lichtbrechung

Die Lichtbrechung beeinflusst die Deckfähigkeit von Anstrichstoffen. Beim Trocknungsprozess ändern sich durch Verdunsten von Verdünnungsmitteln die Lichtbrechungsverhältnisse, sodass ein im flüssigen Zustand schlecht deckender Anstrich nach der Trocknung deckt.

Reflexion (Zurückwerfung)

Reflexion findet ausschließlich an Metalloberflächen statt. Das einfallende Licht wird von ihnen **vollständig zurückgeworfen (reflektiert)**. Der Einfallswinkel des Lichts entspricht dem Ausfallswinkel.

Je nach Zustand der Oberfläche können die Strahlen gerichtet oder ungerichtet zurückgeworfen werden.

- **Gerichtete Reflexion**

Gerichtete Reflexion erfolgt an polierten Metallflächen. Mehrere parallel gerichtet einfallende Strahlen werden dabei auch parallel zurückgeworfen **(Bild 1)**. Der Ausfallswinkel des

Lichts entspricht dabei dem Einfallswinkel. Bei der Reflexion entsteht ein scharf begrenztes Lichtfeld, wie in **Bild 3, S. 216** zu sehen ist.

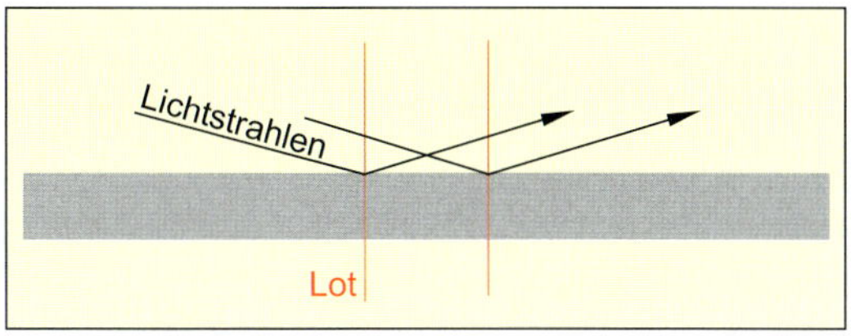

Bild 1: Gerichtete Reflexion

- **Ungerichtete, diffuse Reflexion**

Ungerichtete, diffuse Reflexion erfolgt an rauen Metallflächen. Sie erfolgt auch in Metallic-Lacken. Je mehr sich die Aluminiumplättchen im Lack vor dem Aushärten waagerecht ausrichten, desto stärker glänzt die Lackierung.

Das bei diesem Vorgang parallel einfallende Licht wird ungerichtet bzw. gestreut zurückgeworfen **(Bild 2)**. Das Spiegelbild ist nicht mehr scharf begrenzt, wie man z.B. an der Kugel in **Bild 3, S. 216** sehen kann.

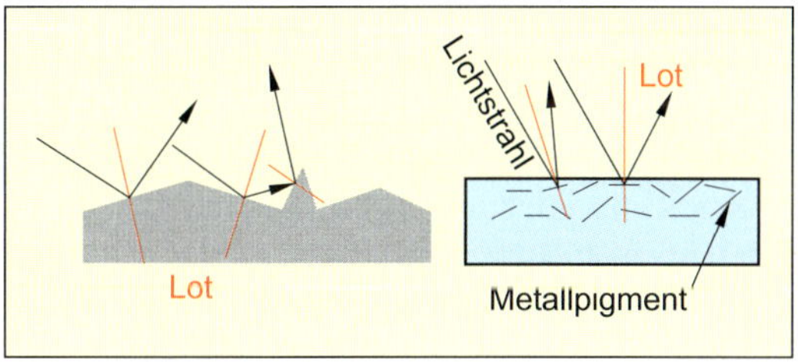

Bild 2: Ungerichtete Reflexion an rauem Metall und in Metallic-Lack

HINWEIS Auch durch feinste Schleifarbeit kann ein gewisser Glanz erzielt werden. Beobachten Sie dies beim Füllerschleifen! Ebenso rufen Glasuren, Polituren, Klarlackierungen, Glas und Wasser eine Spiegelung hervor. Klarlacke reflektieren z.B. 10% des einfallenden Lichts. Hier liegen die Übergänge der Reflexion zur Remission.

Absorption (Verschluckung)

Bei der Absorption werden Lichtstrahlen von bestimmten Oberflächen verschluckt. Die Lichtenergie wird in Wärme umgewandelt und unsichtbar allseitig abgestrahlt.

Dunkle Gegenstände wie Kleidung absorbieren mehr Licht als helle. Wenn keine Lichtstrahlen zurückgeworfen werden, können sie auch nicht von unseren Sehorganen erfasst werden. Der Gegenstand würde bei vollständiger Absorption also schwarz aussehen **(Bild 3)**.

Da spiegelnde Oberflächen diesen Vorgang nicht zulassen, tritt totale Absorption nur an schwarzen nichtmetallischen Flächen auf.

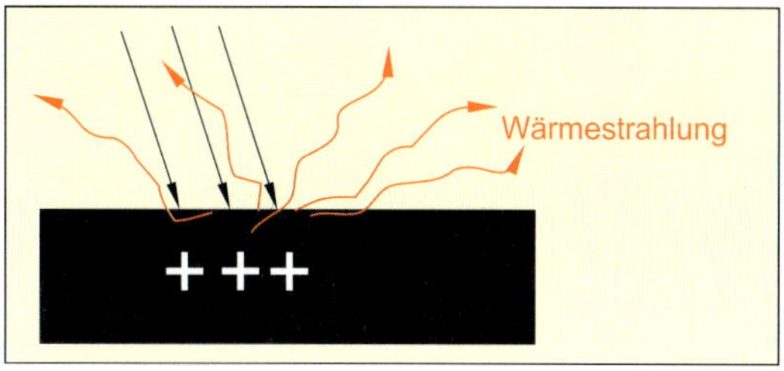

Bild 3: Vollständige Absorption von Licht an Nichtmetall

Remission

Remission ist, wie in **Abschnitt 2.1.2** beschrieben wurde, ein komplexer Vorgang aus Absorption und Zurückwerfen von Restlicht. Er findet in der Regel nur an nichtmetallischen Oberflächen statt.

Dabei dringen die einfallenden Lichtstrahlen in die Oberfläche der Dinge ein (Gase, Flüssigkeiten, Körper). Die Moleküle der Stoffe zerlegen die Strahlen wie ein Prisma in die einzelnen Lichtwellen. Einige werden von den Molekülen absorbiert, der Rest findet nach entsprechender Umlenkung den Weg nach außen. Die absorbierten Strahlen werden in Wärme umgewandelt und unsichtbar abgestrahlt, denn man kann sie nur fühlen, aber nicht sehen.

Durch die remittierten Wellen kommt, wenn sie in genügender Menge in unsere Augen gelangen, die Farbigkeit der Umwelt zustande.

An nachfolgenden Bildern wird verständlich, wie die verschiedenen Farben entstehen:

- **Remission an einem weißen Körper**

Ein Körper sieht **weiß** aus, wenn mehr als **89% aller Wellenbereiche** remittiert werden **(Bild 4)**.

Bild 4: Remission an einem weißen Körper

FARBENLEHRE

- **Remission an einem schwarzen Körper**

Ein Körper sieht **schwarz** aus, wenn weniger als **4 % aller Wellenbereiche** remittiert werden **(Bild 1)**.

Bild 1: Remission an einem schwarzen Körper

- **Remission an einem roten (grünen) Körper**

Ein Körper sieht **rot** bzw. **grün** aus, wenn von dem Körper von den einfallenden Lichtstrahlen **alle Spektralfarben absorbiert** werden, **außer** den **roten (grünen)**, die ihn nach dem Umlenken wieder verlassen **(Bild 2)**.

Bild 2: Remission an einem roten bzw. grünen Körper

- **Remission an einem grauen (graugrünen) Körper**

Ein Körper sieht **grau** aus, wenn von den einfallenden Lichtstrahlen **alle Spektralfarben remittiert** werden, aber nur in einer Menge von ca. **89 % bis 4 %.** Hellgrau remittiert mehr Licht, z. B. 70 %, Dunkelgrau weniger, z. B. 30 %.

Überwiegt in der Gesamtmenge der Lichtstrahlen eine Spektralfarbe, entsteht daraus eine trübe Mischfarbe wie beispielsweise **Graugrün (Bild 3)**.

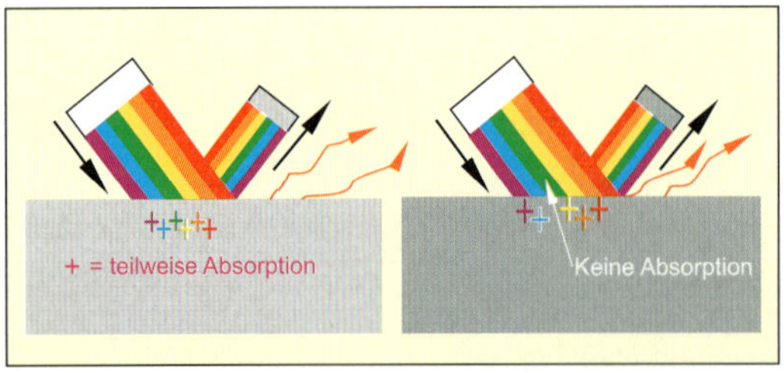

Bild 3: Remission bei grauer und graugrüner Oberfläche

- **Remission an farbigen Metalloberflächen**

Bei farbigem Metall wie Gold findet neben der Reflexion noch eine Lichtzerlegung an der Oberfläche statt, die zur Remission von gelben bis roten Lichtstrahlen führt **(vgl. Bild 2)**. Das ihnen im Farbtonkreis gegenüberliegende Blauviolett bis Grün wird absorbiert und als Wärme unsichtbar abgestrahlt.

- **Remissionsgrad**

Die Menge des remittierten Lichts ist messbar. Sie wird in Prozent angegeben und mit dem Begriff **Remissionsgrad Y** mit Werten von 0 % bis 100 % bezeichnet. Der Begriff kann dem **Hellbezugswert (HBZ)** gleichgesetzt werden.

Hinweis Das Y darf man nicht mit dem Y von Gelb (engl.: yellow) verwechseln.

Aus dem Remissionsgrad Y kann man Rückschlüsse zum **Helligkeitswert** einer bunten Farbe ziehen. Zum einfachen Bestimmen vergleicht man sie mit Proben einer Unbuntreihe. Reines **Gelb** kann z. B. einen Y-Wert oder **HBZ-Wert von ca. 70 %** aufweisen **(Bild 1, S. 246)**.

Tipp Beachten Sie die weiteren Informationen zur Unbuntreihe in **Abschnitt 8.1.1.**

Transmission

Transmission findet an durchsichtigen und durchscheinenden Objekten statt.

Von **farblosen Medien** wie Glas oder Wasser wird das Licht ungehindert hindurch gelassen.

Bei **farbigen Gläsern oder Flüssigkeiten** werden von deren Farbstoffen Lichtanteile absorbiert. Die heraustretenden Wellenbereiche ergeben wie bei der Remission die Farbe des Objekts **(Bild 4)**. Die nicht durchgelassenen Wellen werden absorbiert und als Wärmestrahlen zusätzlich unsichtbar allseitig abgestrahlt.

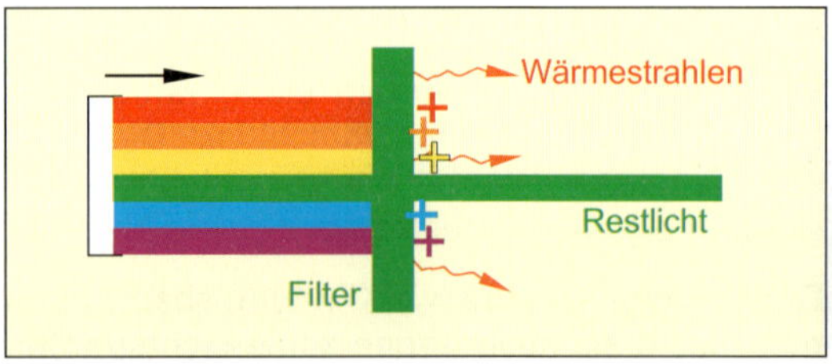

Bild 4: Transmission bei farbigen Filtern

6 Farbenmischungen

In diesem Abschnitt wird anhand von Versuchen erläutert, wie man mit farbigen Mitteln prinzipiell mischen kann und welche Mischungsergebnisse zu erwarten sind.

Für den Mischprozess werden Farbtöne benutzt, die bei der kreisförmigen Anordnung nebeneinander und gegenüber liegen. Nebeneinander liegende Farbtöne bezeichnet man wegen ihrer Farbverwandtschaft als **Nachbarfarben**. Dazu gehören Gelb und Rot, Rot und Violett usw. Gegenüberliegende Farben bezeichnet man als **Gegenfarben**. Diese werden allerdings erst durch die Versuche bestimmt.

Im Endergebnis werden Begriffsbestimmungen und Mischgesetze beim Farbenmischen sowie die Regeln zur Farbenordnung verständlich.

6.1 Versuchsarten

Aufgrund der Unterteilung der Farben in Lichtfarben und Dingfarben ist es sinnvoll, die Versuchsanordnungen ebenso zu gliedern.

6.1.1 Versuche mit Licht

Lichtmischungen führt man in einem verdunkelten Raum mit Diaprojektoren durch, deren Strahlen auf einen weißen Bildschirm fallen. Overheadprojektoren liefern wegen zu großer Lichtstreuung undeutlichere Mischergebnisse.

Versuch 1: Vor den Lichtstrahl **eines Diaprojektors** wird ein Farbfilter, z. B. aus Farbfolien (s. Anm.) angebracht **(Bild 1)**. Der Versuch lässt sich erweitern, indem vor den Projektor zwei oder mehr Filter gehalten werden.

Bild 1: Farbfilter vor einer Lichtquelle

Mischergebnis: Der weiße Lichtstrahl ändert seine Farbe entsprechend der Filterfarbe. Bei mehreren Filtern entstehen Zwischenfarben.

* Lieferant s. Literaturverzeichnis S. 379

Die entstandenen **Farben sind dunkler als das** weiße **Ausgangslicht** am Projektor. Es kann sogar Schwarz entstehen.

Weil bei dem Vorgang Licht ausgesondert wird, spricht man von Subtraktion bzw. **subtraktiver Farbenmischung**.

Das Typische der Mischung erkennt man, wenn man in einem verdunkelten Raum die zur Beleuchtung benutzten Lampen nacheinander ausschaltet. Es wird darin dunkler. Sind alle Lichter gelöscht, sprechen wir von Schwarz. Dieselbe Situation tritt auch an einer einzigen Lichtquelle ein, die man mit einem Dimmer in der Lichtstärke reduziert. Das gleiche gilt auch beim Einsatz farbiger Lichter, wenn sie voreinander gesetzt werden. Die Lichtstrahlen werden absorbiert bzw. Lichtenergie wird subtrahiert.

Der Fachausdruck für diese Mischung heißt deshalb **subtraktiv-uneingeschränkte Mischung**.

Aus dem beschriebenen Versuch kann man erkennen, dass es kein schwarzes Licht gibt, wie oftmals formuliert wird! In solchen Fällen sind ultraviolette Stahlen (UV-Licht) gemeint, die man nicht sehen kann.

Versuch 2: Die Lichter von **zwei Diaprojektoren**, vor die jeweils ein Farbfilter gehalten wird, lenkt man auf einen gemeinsamen Punkt an einem Bildschirm **(Bild 2)**.

Der Versuch lässt sich mit weiteren Projektoren durchführen.

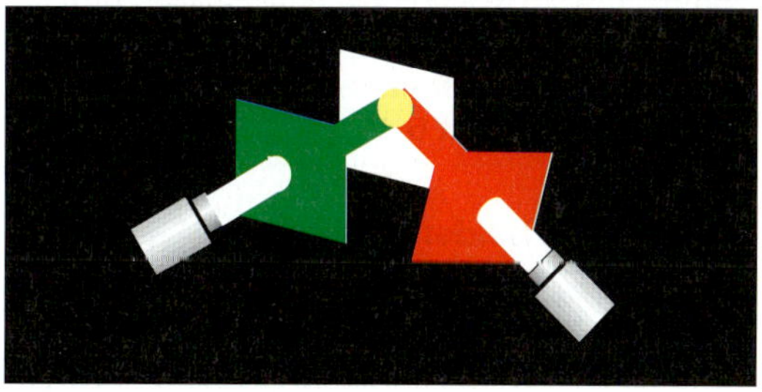

Bild 2: Lichtmischung mit zwei Diaprojektoren

Mischergebnis: Auf dem Bildschirm entsteht am Treffpunkt beider Lichtstrahlen eine neue Farbe, die **heller** ist **als die Ausgangsfarben**.

Weil bei dem Vorgang Licht überlagert bzw. hinzugefügt wird, spricht man von Addition bzw. **additiver Farbenmischung**.

Das Typische der additiven Lichtmischung erkennt man, wenn in einem verdunkelten Raum nacheinander mehrere „weiße“ Lichtquellen eingeschaltet werden. Weil man dabei Licht addiert bzw. summiert, wird es darin heller **(Bild 1)**. Aufgrund dessen wurde der Name **additiv-summierende Mischung** festgelegt.

Hinweis Die in **Bild 1** übereinander gelegten hellen grauen Rechtecke sollen symbolisch zwei weiße Lichtquellen darstellen, die durch Überlagern ein helleres Mischergebnis liefern. Da Druckfarben aber keine Lichtfarben sind, kann man diese Situation auf Papier nicht abbilden. **Desgleichen kann man auch keine Spektralfarben mit Pigmenten mischen!**

Bild 1: Helleres Mischergebnis aus zwei übereinander gelegten weißen Lichtfeldern

Tipp Vergleichen Sie die Helligkeit eines von zwei Projektoren unterschiedlicher Lichtstärke beleuchteten Bildschirms!

Unterschiedliche Abstände der Projektoren verändern das Aussehen der „weißen“ Flächen auf dem Bildschirm in gleicher Weise.

Führen Sie weitere Versuche zur Lichtmischung mit zwei Projektoren und den Farben Rot, Grün und Blau aus, das zum Violett neigt, um zu sehen, welche Farben durch Addition mehrerer **farbiger Lichtquellen** entstehen! Im besten Fall erhält man sogar Weiß **(s. Abschnitt 6.2)**.

Anwendung beider Versuche

Beleuchtungen von einer oder von mehreren Lichtquellen sind ständig in unserer Umgebung feststellbar. Am Tage bescheint die Sonne mit ihren durch Lichtbrechung wechselnden Farben von „Weiß“ bis „Rot“ die Objekte in der Natur. Ähnliche Farbänderungen kommen durch farbige Gardinen oder durch Remission der Farben eines Teppichs in Innenräumen zustande. Gleiches passiert z. B. an Fassaden durch remittiertes Licht einer grünen Wiese oder durch Schnee. Aufgrund der Lichtfarben **(Bild 2)** ändert sich das Aussehen der bestrahlten Objekte.

Bild 2: Farbänderung von farbigen Flächen durch farbiges Licht

Die Änderungen können so weit gehen, dass man die wirkliche Farbe eines bekannten Objekts nur aus der Erinnerung kennt. Zum Beispiel wird die Farbe des Himmels normalerweise mit Blau, die Wolken mit Weiß angegeben. Aber **Bild 3** zeigt etwas ganz anderes! Der Himmel zeigt rote bis graue Farben.

Bild 3: Farbänderung in der Natur durch unterschiedliche Lichtverhältnisse

Versuch 3: Farbstofflösungen (Tinten) werden in einem Glasbehälter ineinander gegossen **(Bild 4)**. Wenn „weißes“ Licht diese Lösungen durchdringt, ändert es die Farbe.

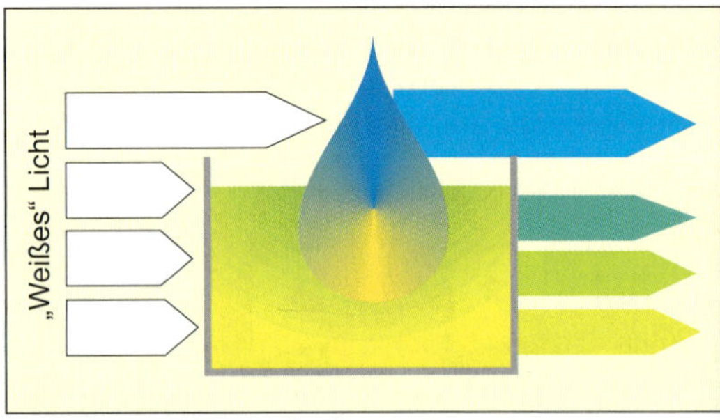

Bild 4: Mischung mit Farbstofflösungen

Mischergebnis: Da sich die Lichtfarben wie an Farbfiltern ändern, wirken Farbstofflösungen ebenso wie diese. Sie filtern Lichtstrahlen aus und werden somit dunkler, bis sogar Schwarz entsteht. Das Mischverfahren gehört damit zur **subtraktiven Farbenmischung**.

Aufgrund dieser Feststellungen gehört die Mischung mit Farbstofflösungen zur **subtraktiv-uneingeschränkten Mischung.** Die entstehenden bunten Mischfarben entsprechen normalerweise unseren Vorstellungen.

Streicht man die Lösungen jedoch auf Papier, sieht man zwar ihre Farben auch dort. Weil sie in dünnerer Schicht vorliegen, sehen die Farbaufstriche jedoch heller aus. Schwarz wird sogar als Grau erscheinen, eventuell sogar etwas farbstichig.

Vergleicht man die Ergebnisse mit denen der Pigmentmischung, kann man beobachten, dass sie viel klarer aussehen, aber auch schon etwas decken. Besser ist jedoch der Begriff „lasieren". Das ist der Übergang zur **subtraktiv-eingeschränkten** Mischung.

Anwendung

Farbstofflösungen dienen zum Drucken auf Papier am PC, Farbpasten im sog. Rasterdruckverfahren beim Buch- und Zeitungsdruck. Beide Materialien besitzen lasierende Eigenschaften, Farbstofflösungen wegen ihres hohen Flüssigkeitsanteils, Farbpasten wegen ihrer Feinkörnigkeit und ihrer geringen Schichtdicke beim Druckprozess.

Für die Pigmentherstellung werden organische Farbstoffe auf weiße oder hellgraue Substrate (Farbunterlagen) wie Kaolin, Schwerspat oder Grüne Erde niedergeschlagen. Es entsteht die heute wichtigste Gruppe der Pigmente, die der synthetischen organischen Pigmente.

Weiße Farbunterlagen in Form von Papier oder Substrat sind nötig, um klarere Farben zu erhalten. Weil dann die Deckkraft zustande kommt, stehen Farbstofflösungen an der Nahtstelle zu den Dingfarben.

Mischungen mit Farbstofflösungen sind auch für Aquarellarbeiten von Bedeutung. Es werden feinstkörnige spezielle Pigmente benutzt, die lasierenden Charakter haben. Aufgrund ihrer Leuchtkraft sind Farbarbeiten dieser Art von höchster Brillanz und Ausdruckskraft.

Aufgrund ihrer starken Verdünnung kann man ohne große Schwierigkeiten Farbverläufe und Aufhellungen wie bei Spiegelungen erzielen. Deshalb kann man Aquarellfarben im Bereich der Fahrzeuglackierer für farbige Fahrzeugentwürfe auf Papier einsetzen.

Versuch 4: Pointilistische Mischung

Betrachten Sie die kleinen Farbenpunkte in **Bild 1** (linke Seite) aus großer Entfernung.

Mischergebnis: Die Punkte verschmelzen zu einem farbigen Gesamtbild. Der Vorgang geschieht in den Sehorganen und heißt deshalb auch **optische Mischung.** Es ist eine **additive Mischung.** Da jedoch Mischanteile, die Farbenpünktchen, sich zu einem Ganzen vereinigen, heißt sie exakter **additiv-anteilige Mischung.**

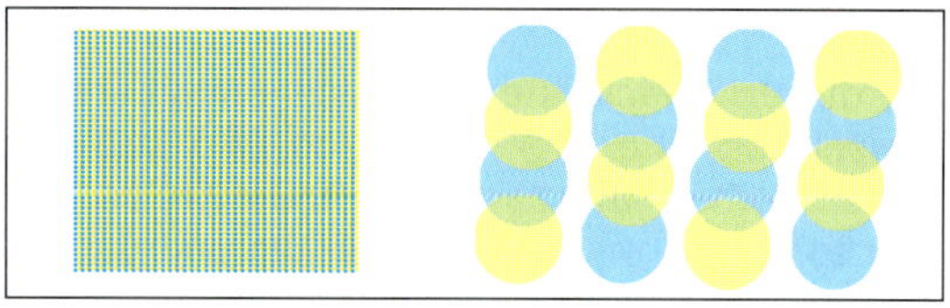

Bild 1: Pointilistische Mischung

Die pointilistische (frz., sprich: poängtilistisch) Mischung geht auf eine Stilrichtung der Malerei zurück, die nach dem Impressionismus (ca. ab 1880) eine Rolle spielte. Dabei wurden ungemischte reine Farbpünktchen nebeneinander gesetzt, die beim Betrachten aus größerer Entfernung einen farbigen Gesamteindruck ergaben.

Anwendung

Die Mischmethode wird heute in Form von Lichtpünktchen am Monitor des PCs und beim Fernsehen zur Farberzeugung benutzt. Sie wird außerdem beim Drucken angewendet. Am PC-Drucker benutzt man Farbstofflösungen, beim Buch- und Zeitungsdruck lasierende Farbpasten. Der Druckvorgang wird als Rasterdruck bezeichnet, weil die Punkte nebeneinander liegen.

Überlagern sich die Punkte beim Drucken, entstehen andere Farben **(Bild 1)**. Das Ergebnis ist dann auf die subtraktive Mischung zurückzuführen.

Für den Maler und Lackierer spielt die pointilistische Mischung dann eine Rolle, wenn er Farbentwürfe am Bildschirm herstellt und sie ausdruckt. Die Farben werden anders aussehen. Ähnlich problematisch ist es, wenn er Farbentwürfe in Aquarellfarbe erhält und diese mit seinen deckenden Anstrichstoffen umsetzen muss.

TIPP Betrachten Sie mit einer Lupe Farbbilder einer Tageszeitung, um die Farbanteile zu erkennen!

6.1.2 Versuche mit Dingfarben

Mischungen mit Dingfarben führt man in hellen Räumen bei Tageslicht durch. Künstliche Beleuchtung, besonders die von Leuchtstoffröhren, verändert das Aussehen der Mischergebnisse oder ruft störende Nebeneffekte hervor. Die Mischungen können in zwei Arten durchgeführt werden, entweder am Farbenkreisel oder mit Pigmenten.

Versuch 5: Mischungen am Farbenkreisel

Für diesen Zweck kann man sich einen Farbenkreisel aus einer Bohrmaschine und farbigen Kreisscheiben selbst anfertigen. Die Kreisscheiben schneidet man aus Pappe aus und bemalt sie mit möglichst reinen deckenden Farben. Ihr Durchmesser sollte 18 cm nicht überschreiten. Die Scheiben werden zum Mittelpunkt radial eingeschnitten. In ihrer Mitte stanzt man mit einem Locheisen Löcher von 3 mm bis 5 mm Größe aus. Die Farbscheiben steckt man auf eine Achse aus einer langen Schraube, von der der Kopf abgesägt wurde und befestigt sie mithilfe von Unterlegscheiben und Muttern nach **Bild 1**.

Steckt man die Farbscheiben wie in **Bild 2** ineinander und lässt sie durch die Bohrmaschine rotieren, entstehen je nach Farbanteil der sichtbaren Scheibenflächen neue Farben. Die Farbanteile kann man unterschiedlich festlegen, z.B. 1/4 Gelb zu 3/4 Rot usw.

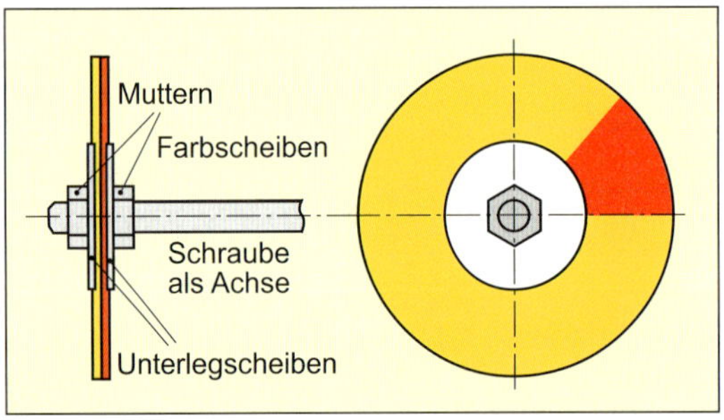

Bild 1: Konstruktionszeichnung zum Bau eines Farbenkreisels

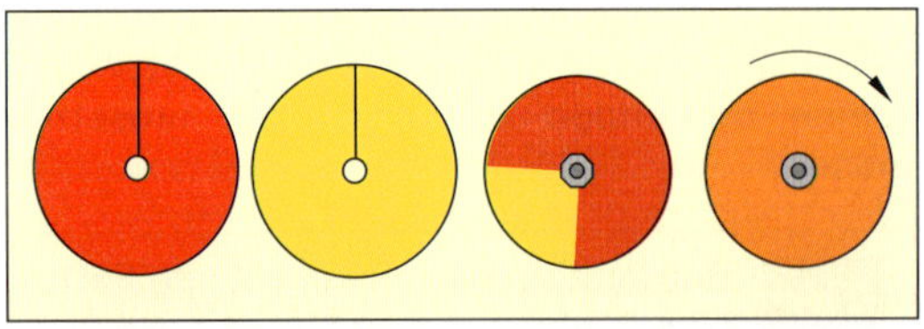

Bild 2: Farbscheiben für den Farbenkreisel mit Mischergebnis

Mischergebnis: Im Farbtonkreis benachbarte Farbtöne ergeben die üblichen bekannten Zwischenfarben. Im besten Fall entsteht, wenn man Gegenfarben benutzt, ein helles Grau. Weiß kann jedoch nicht gemischt werden, weil im Vergleich zur additiven Lichtmischung hier nur Farbanteile wirken. Bei der Kreiselmischung enthält der sichtbare Kreis wie im **Bild 2** nur zwei Farbanteile. Bei der Lichtmischung wurden zwei Farbflächen auf einem Punkt vereinigt (s. **Bild 2, S. 225**).

Aufgrund dieser Mischmethode mit bestimmten Kreisanteilen wurde der Begriff **additiv anteilige Mischung** festgelegt.

Die Mischung am Farbenkreisel kann auch noch mit speziellen Kreisscheiben erfolgen. Dadurch entstehen **Farbenreihen.**

Dazu muss man sich schwarze, weiße oder farbige **Scheiben aus mehreren konzentrischen Kreisen** anfertigen, die beim Rotieren Farbenreihen erzeugen, wenn ein andersfarbiger Kreis untergelegt wird.

Es gibt gleichmäßig und ungleichmäßig geteilte Arten von Scheiben. Bei einer gleichmäßig, d.h. linear geteilten Scheibe, die z.B. alle 20° ausgeschnitten wurde **(Bild 3)**, entsteht eine ungleichmäßige gestufte Reihe mit mehr hellen als dunklen Stufen (s. **Bild 1, S. 242**).

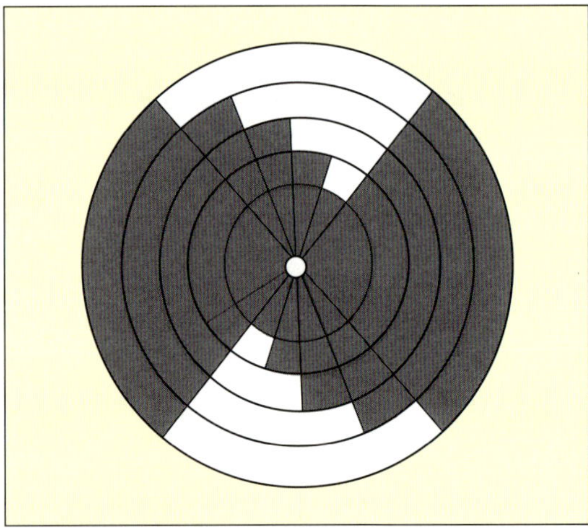

Bild 3: Kreiselscheibe für ungleichmäßig abgestufte Farbenreihen

Teilt man die Reihe ungleichmäßig, d.h. logarithmisch, z.B. nach dem goldenen Schnitt **(Bild 1, S. 229)**, entstehen visusell gleichmäßige Farbabstufungen **(Bild 2, S. 249).** Die 9 Kreisringe müssten bei 6°, 10°, 16°, 26°, 42°, 68° und 110° geteilt bzw. ausgeschnitten werden.

Anwendung

Die Mischmethode mit Farbenkreiseln ist geeignet, auf rationelle Weise Farbenreihen zu zeigen, ohne Malfarben zu verbrauchen **(Bild 1)**. Sie kann auch zum Messen von Farbanteilen einer beliebigen Farbe verwendet werden, indem man zur Testscheibe einer Pigmentmischprobe Scheiben geeigneter Vollfarben steckt **(Bild 2)**. Trübungen von zu untersuchenden Farben kann man mit zusätzlichen weißen und schwarzen Scheiben feststellen.

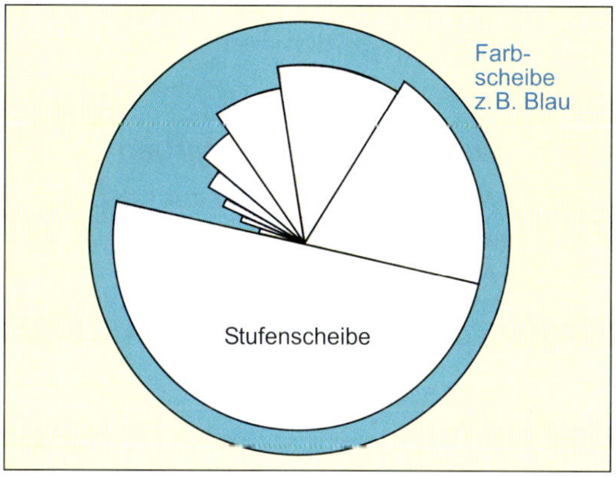

Bild 1: Kreiselscheibe für gleichmäßig abgestufte Farbenreihen

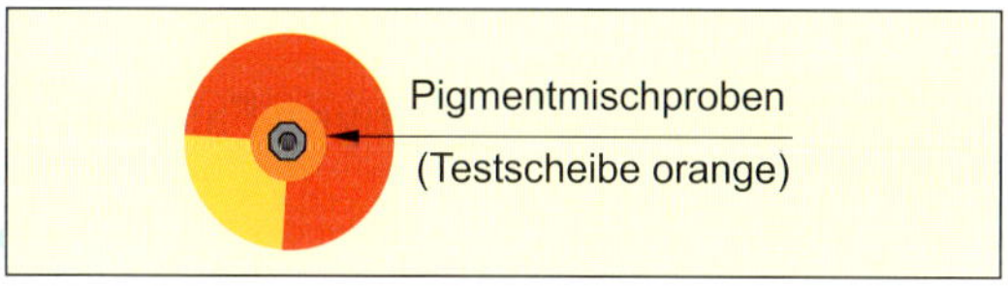

Bild 2: Untersuchung der Farbzusammensetzung einer Pigmentmischprobe am Farbenkreisel

Versuch 6: Zwei verschiedenfarbige Pigmente, die als Malfarben zur Verfügung stehen, werden untereinander gemischt **(Bild 3)**.

Bild 3: Mischung mit zwei deckenden Malfarben

Mischergebnis: Aus den beiden Mischfarben entsteht eine Farbe, die unseren normalen Erfahrungen beim Farbenmischen entspricht.

Allgemein gilt aber: Wenn man mit Pigmenten Farben mischt, wird ebenfalls Licht subtrahiert.

Die Pigmente liegen neben- und übereinander und remittieren durch die stattfindende Absorption immer weniger Licht als einfällt. Als Mischfarben entstehen dadurch trübere, dunklere und braunere Farben. Wenn man geeignete Pigmente mischt **(Versuch 11, S. 232)**, entsteht dunkles Grau, jedoch keinesfalls Schwarz.

Die Ursachen sind dafür recht vielfältig, wie u. a. auf den **Seiten 220** und **232** nachlesbar ist. Man spricht deshalb von **subtraktiv-eingeschränkter Farbenmischung.**

Anwendung

Die Pigmentmischung wird von Malern und Lackierern, Kunstmalern und Werbegrafikern eingesetzt. Aber auch Kunststoffe werden damit eingefärbt.

6.1.3 Versuchsergebnisse

Aufgrund der vorangegangenen Versuche erfolgen alle Farbenmischungen gesetzmäßig additiv oder subtraktiv. Sie sind von Bedeutung, weil sie die Farbenordnung beeinflussen. Aus **Bild 4** kann man die im Sprachgebrauch **(S)** üblichen und die exakten Bezeichnungen **(E)** dieser Mischgesetze bzw. Mischungsarten entnehmen.

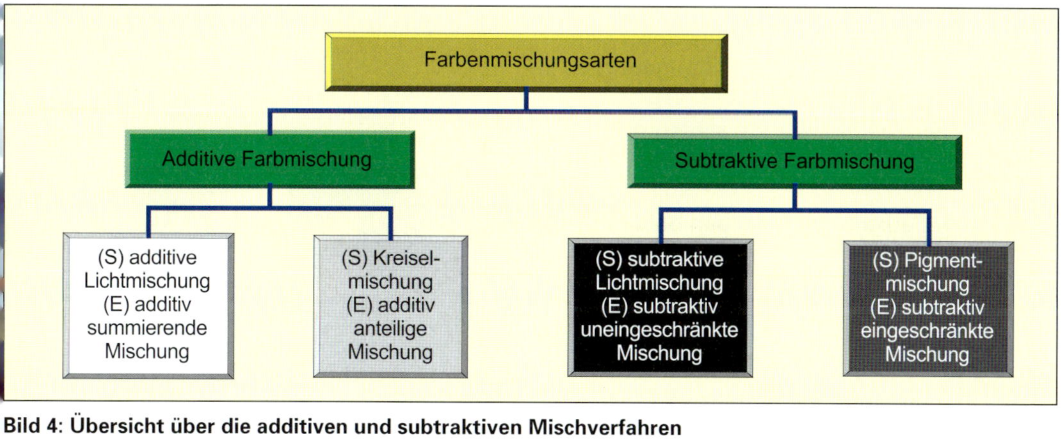

Bild 4: Übersicht über die additiven und subtraktiven Mischverfahren

FARBENLEHRE

6.2 Farbenordnung und Farbenmischung

Ein großer Teil der Farbenforscher hat wie NEWTON die reinen bunten Farben kreisförmig geordnet. Der Kreis wird als Farbtonkreis bezeichnet. Farbtonkreise dienen

- dem systematischen Ordnen der Farbtöne,
- dem Bezeichnen der Farbtöne,
- dem planmäßigen Farbenmischen und
- dem Kombinieren bzw. Zusammenstellen der Farbtöne für Gestaltungsaufgaben.

Bei dieser Systematik ergeben sich einige Fragen, die beantwortet werden müssen.

- **Welcher Farbton liegt im Kreis oben?**

Wenn man die Eigenhelligkeit berücksichtigt, muss Gelb an die höchste Stelle gesetzt werden.

Dieser Gedanke kam bei einigen Farbenforschern jedoch nicht zum Einsatz. Nicht einmal die kreisförmige Anordnung wird von allen akzeptiert, was leider auch heute noch zu Verständigungsproblemen führt.

- **Wie werden die übrigen Farbtöne angeordnet?**

Die meisten Farbenforscher setzten von Gelb ausgehend Rot nach rechts. Dies entspricht dem Uhrzeigersinn. Rot liegt im Spektrum ebenfalls rechts von Gelb. Die Wellenlänge von Rot (700 nm) ist größer als von Gelb (570 nm). Dies entspricht unserer Zählweise vom Niederen zum Höheren.

HINWEIS In den nachfolgenden Ausführungen wird mit Farbtonkreisen gearbeitet, in denen die Farbtöne nach der Eigenhelligkeit angeordnet werden, Gelb liegt oben und Rot wird rechts angeordnet. Die wichtigste Ordnungsachse ergibt sich demzufolge, wenn man die Gegenfarbe zu Gelb bestimmt.

- **Welcher Farbton steht bei den beiden Mischungsarten dem Gelb gegenüber?**

Man sucht in diesem Fall die sog. **„Gegenfarbe"**. Alternative Begriffe sind **Komplementärfarbe** oder **Ergänzungsfarbe.** Der Begriff Ergänzungsfarbe ist insofern begründet, weil sich beim Mischen beide Farben auf verschiedene Weise zu Unbunt ergänzen.

- **Wie viele Farbtöne werden im Kreis angeordnet?**

Die Anzahl der im Kreis angeordneten Farbtöne ist unterschiedlich. Historisch gesehen kommt der 24teilige Kreis am häufigsten vor. Kreise mit 12, 8, 6 oder anderen Teilen werden aber auch benutzt. Die Sechserteilung ist beliebt, weil sie aus der Dreierteilung hervorgeht. Leider treten damit schon erste Trübungen auf. Das Natural Color System (NCS-System) ist in 40 Teile gegliedert.

Zur Beantwortung der Fragen werden Versuche gezeigt, die auf den Farbenmischungsarten basieren.

6.2.1 Versuche mit Gegenfarben

Die folgenden Versuchsbeschreibungen dienen dazu, das Aussehen der Farbtonkreise zu präzisieren. Dazu müssen Gegenfarbenpaare gefunden werden. Aufgrund der Ergebnisse der vorangegangenen Farbenmischungen liegen sie dann vor, wenn bei den Versuchen unbunte Farben entstehen.

Dadurch erhält man, wenn die Zwischenfarben ergänzt werden, zwei verschiedene Farbtonkreise, den **additiven** und den **subtraktiven Farbtonkreis.**

- **Versuche für den additiven Farbtonkreis**

Die für den additiven Farbtonkreis nötigen Gegenfarbenpaare entstehen durch Mischen mit Lichtfarben an zwei Projektoren und mit dem Farbenkreisel. Für diese Farbenpaare benutzt man auch den Begriff **Komplementärfarben.**

Versuch 7: Mischen mit zwei Projektoren
Arbeiten Sie mit den Filtern Gelb und Blau nach **Versuch 2, Seite 225,** damit Weiß entsteht!
Formulieren Sie möglichst exakt, wie die Gegenfarbe zu Gelb heißt **(Bild 1)**!

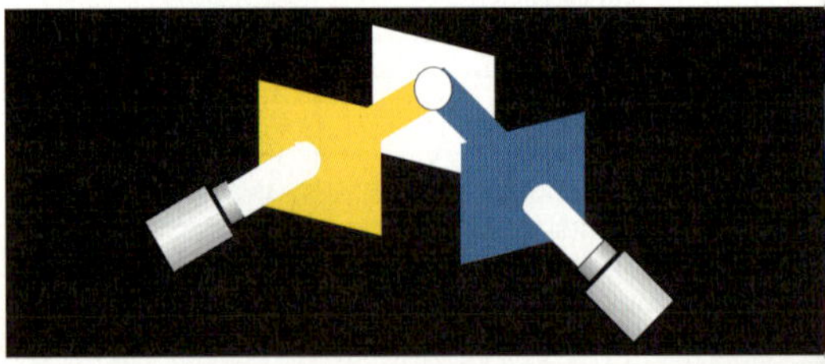

Bild 1: Additiv summierende Mischung von Gegenfarben

Arbeitsanleitung

Experimentieren Sie in der Weise, dass Sie in den einen Projektor einen gelben Filter einsetzen! Vor den anderen Projektor halten Sie abwechselnd alle Filter, die Sie besitzen! Am besten wäre, wenn die Reihenfolge von Grün nach Blau oder von Rot über Violett nach Blau bis Weiß entsteht.

Sollte kein Weiß entstehen, ist der Gelbfilter eventuell zu grünlich. Tauschen Sie ihn gegen einen rötlicheren Filter aus! Sie können aber auch die Helligkeit des Gelbs ändern, indem Sie den Abstand des Projektors zur Wandfläche variieren.

Auch ein anderer Blaufilter könnte helfen, denn es gibt rötliche und grünliche Blaufilter.

Versuch 8: Mischen mit dem Farbenkreisel

Stecken Sie, wie in der Versuchsanordnung in **Bild 1** zu sehen ist, eine gelbe und eine blaue Farbscheibe ineinander und experimentieren Sie mit unterschiedlichen Mengenanteilen beider Farben so lange, bis Sie Grau erhalten!

Formulieren Sie zum Schluss möglichst exakt, wie die Gegenfarbe zu Gelb heißt!

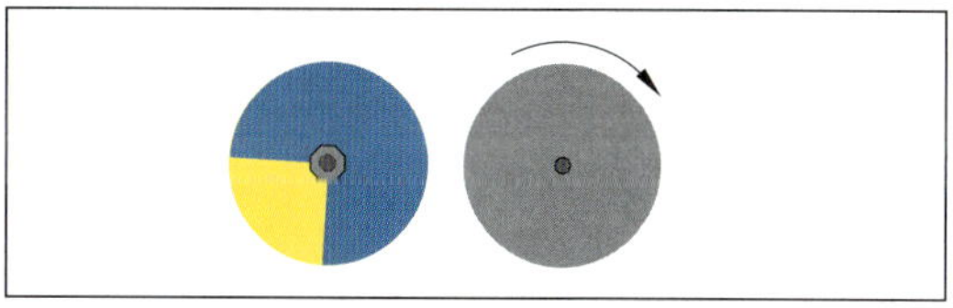

Bild 1: Mischen von Unbunt mit dem Farbenkreisel

Sollte beim Mischen der Farbanteile kein eindeutiges Grau entstehen, müssen Sie mit einem anderen Gelb oder Blau arbeiten. Sie können aber auch, wie bei der Lichtmischung, durch Zufügen einer roten oder grünen Farbscheibe das Gelb oder Blau etwas ändern.

Versuch 9: Ergänzende Experimente

Suchen Sie durch weitere Experimente mit zwei Projektoren bzw. mit dem Farbenkreisel nach zusätzlichen Farbenpaaren im additiven Farbtonkreis, die Weiß oder Hellgrau ergeben!

Schreiben Sie z. B. die Farbtonpaare auf, die sich mit Orange, Mittelrot und Violett zu Unbunt ergänzen!

▪ Schlussfolgerung

Wenn durch die **Versuche 7 bis 9** auf mehrfache Weise Unbunt zustande gekommen ist, wird man das Aussehen des additiven Farbtonkreises wie in **Bild 2** bestätigen können. Das markanteste additive Gegenfarbtonpaar besteht aus Gelb und Blau, wobei das Blau einen grünlichen Charakter hat.

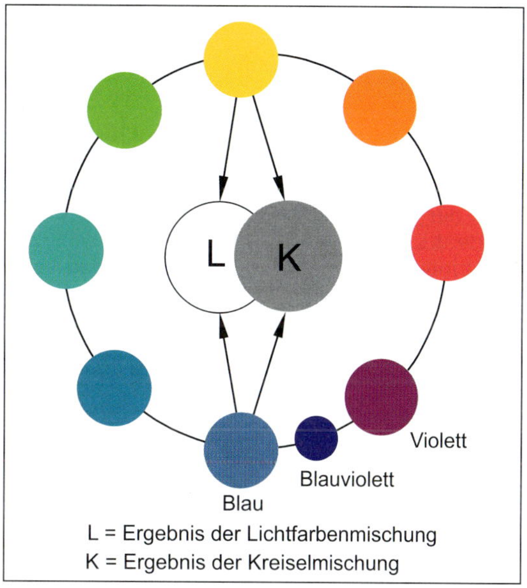

Bild 2: Additiver Farbtonkreis mit Mischergebnissen der Gegenfarbenpaare

▪ Versuche für den subtraktiven Farbtonkreis

Die für den subtraktiven Farbtonkreis nötigen Gegenfarbenpaare erhält man durch Mischen mit Lichtfarben an einem Projektor oder mit den entsprechenden deckenden Malfarben aus **Bild 1, S. 236**. Folgende Versuche sind möglich:

Versuch 10: Mischen mit Lichtfarben

Mischen Sie nach **Versuch 1, Seite 225** Gelb mit Blauviolett! Es entsteht Schwarz.

Formulieren Sie möglichst exakt, wie die Gegenfarbe zu Gelb heißt **(Bild 3)**!

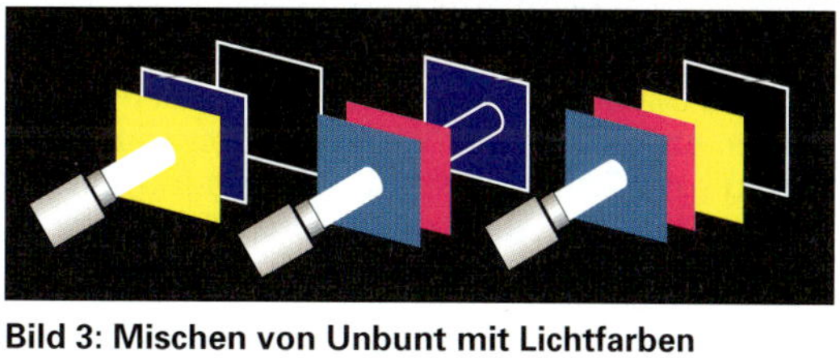

Bild 3: Mischen von Unbunt mit Lichtfarben

Arbeitsanleitung

Experimentieren Sie in der Weise, dass Sie in den Projektor einen gelben Filter einsetzen! Vor den austretenden Lichtstrahl halten Sie dann den blauvioletten Filter! Dabei tritt eine starke Verdunklung an der weißen Projektionsfläche ein. Sollte kein passender Filter vorhanden sein, verwenden Sie einen violetten und einen blauen Filter!

Ist noch kein Schwarz, sondern nur eine Verdunklung eingetreten, die noch farbig wirkt, benutzen Sie ein anderes Blau! Sie können aber auch zusätzlich Grün oder Rot vor das Blau setzen.

Haben Sie die stärkste Verdunklung, also Schwarz erhalten, betrachten Sie die benutzten Filter ohne Gelbanteil. Es wird ein Farbton sein, der sich vom Blau der additiven Gegenfarbe deutlich unterscheidet und im Bereich von Blauviolett bzw. rötlichem Ultramarinblau liegt.

Versuch 11: Mischen von Unbunt mit Malfarben

Mischen Sie mit deckenden Malfarben, indem Sie dem Gelb zuerst etwas Ultramarinblau zusetzen, bis ein trübes dunkles Grün entsteht! Dann setzen Sie etwas Violett bzw. Magentarot zu, jedoch kein Zinnoberrot! Mit etwas Übung erhalten Sie ein dunkles Grau, in den meisten Fällen jedoch ein Graubraun.

Aus oben genannten Malfarben entsteht beim Mischen auf keinen Fall Schwarz, sondern nur Grau. Das Grau neigt in den meisten Fällen jedoch zum Braun. Das liegt daran, dass die Pigmente wegen ihrer Grobkörnigkeit nicht alles Licht absorbieren und etwas aufhellendes Licht zurückwerfen.

Graubraun entsteht auch, wenn statt Magenta Zinnoberrot benutzt wird und durch Prozesse, die in weiterführender Fachliteratur nachgelesen werden können.

Versuch 12: Mischen der Gegenfarbe zu Gelb aus Malfarben

Aus **Versuch 6** geht hervor, dass Gegenfarben beim Mischen Grau bis Graubraun ergeben. Es fehlt jetzt jedoch noch das Aussehen des aus Ultramarinblau und Violett entstandenen Blauviolett. Versuchen Sie, dies zu mischen und stellen Sie eine Streichprobe davon her! Setzen Sie der Mischfarbe dann etwas Gelb zu! Wenn dadurch Dunkelgrau bzw. Braun entsteht, ist die subtraktive Gegenfarbe zu Gelb gefunden. Formulieren Sie zum Schluss möglichst exakt, wie die Gegenfarbe zu Gelb heißt!

- **Schlussfolgerung**

Wenn bei den Versuchen Unbunt in Form von dunklem Grau und Schwarz entstanden ist, wird man das Aussehen des subtraktiven Farbtonkreises wie in **Bild 1** bestätigen können. Das markanteste subtraktive Farbtonpaar besteht aus Gelb und Blauviolett. Es bildet die senkrechte Achse des subtraktiven Farbtonkreises.

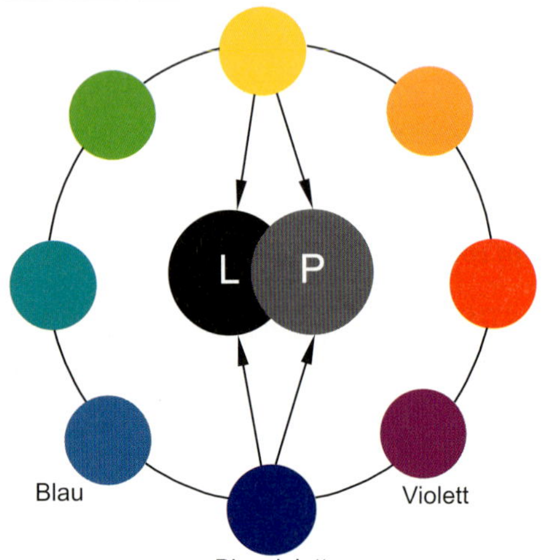

Bild 1: Subtraktiver Farbtonkreis mit Mischergebnissen der Gegenfarbenpaare

Tipp Suchen Sie weitere Farbenpaare im subtraktiven Farbtonkreis, die durch Mischen mit Licht, Malfarben oder Abtönpasten Unbunt ergeben! Interessant sind die Gegenfarben zu Orange, Zinnoberrot und Violett.

Unter Umständen entsteht aus bestimmten Abtönpasten der Praxis sogar eine Farbe, die dem Schwarz sehr nahe kommt. Das liegt an der Kornfeinheit der Pigmente. Damit liegen die Mischergebnisse in der Nähe der additiv-summierenden Mischung der Lasuren.

Vergleichen Sie zusätzlich das Grau aus Gegenfarben der Kreiselmischung mit dem Grau der Pigmentmischung! Es ist dort heller.

Lernen Sie die Gegenfarbtöne auswendig, da sie bei der Pigmentmischung und bei Farbenkombinationen gebraucht werden!

Aus den vorausgegangenen **Versuchen 7 bis 12** mit zwei Vollfarben ergibt sich:

Weiß entsteht bei der additiven Lichtmischung.

Grau unterschiedlicher Helligkeit entsteht bei der Mischung am Farbenkreisel und mit Pigmenten.

Schwarz entsteht bei der subtraktiven Lichtmischung (vollständige Lichtsubtraktion durch Filter) oder bei der Mischung von Farbstofflösungen bzw. lasierenden Pigmenten.

6.2.2 Versuche mit drei Farbtönen

Bisher wurden **Mischungen** beschrieben, die von Gegenfarben, also von **zwei Farbtönen,** ausgingen. Es ist aber möglich, dieselben Mischergebnisse zu erhalten, wenn man **drei Ausgangsfarben** benutzt. Dazu eignen sich folgende Versuche:

▪ Additive Mischungen

Versuch 13: Stellen Sie mit den Lichtfiltern Rot(-orange), Grün, Blau(-violett) auf einer weißen Projektionsfläche Weiß her **(Bild 1)**!

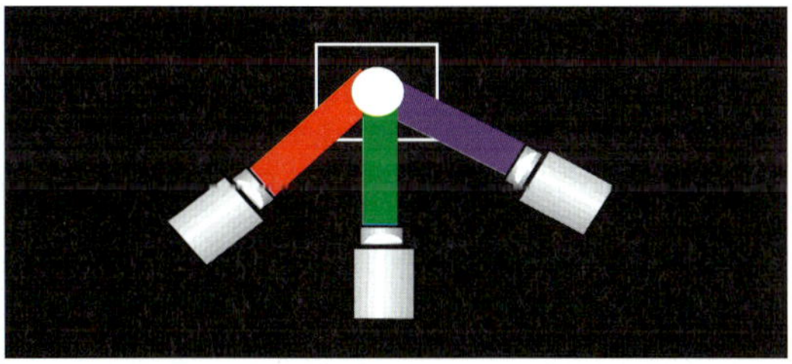

Bild 1: Additive Lichtmischung mit drei Farbtönen

Versuch 14: Mischen Sie am Farbenkreisel mit wechselnden Farbflächenanteilen von Rot(-orange), Grün und Blau(-violett), bis Grau entsteht **(Bild 2)**!

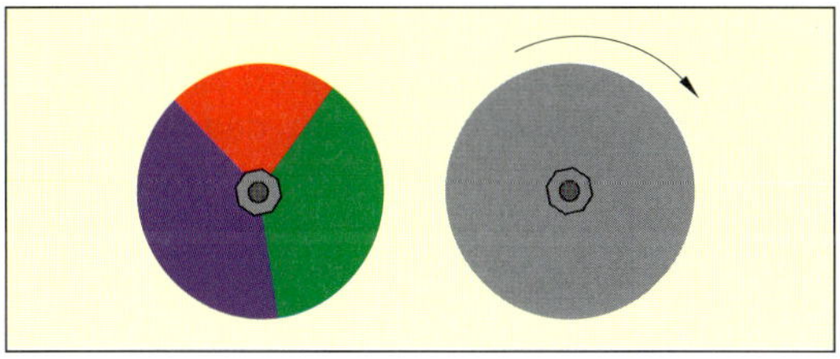

Bild 2: Kreiselmischung mit Aufstrichen von drei Vollfarben

▪ Subtraktive Mischungen

Versuch 15: Mischen Sie an einem Projektor mit den Lichtfiltern in den Farbtönen (Cyan-)blau, Rot(-violett) bzw. Magenta und Gelb (Yellow) durch Voreinandersetzen Schwarz **(Bild 3)**!

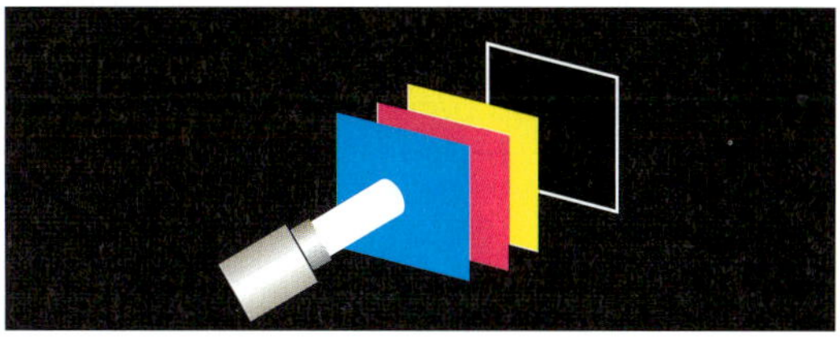

Bild 3: Subtraktive Lichtmischung mit drei Filtern

Seit einiger Zeit wird für **Rotviolett** der Begriff **Magenta** oder **Magentarot** benutzt, der aus dem Bereich des Druckereiwesens stammt. Magenta ist eine Lasurfarbe. Wenn Drucker damit arbeiten, bringt es dort mit Gelb oder Blau die Zwischenfarben Orange und Violett in recht guter Qualität. Der Einsatz im Malerhandwerk ist durch die lasierenden Eigenschaften jedoch weniger vorteilhaft.

Versuch 16: Probieren Sie, mit Rotviolett, Gelb und Cyanblau (oder Coelinblau) aus dem Malfarbensortiment ein Grau oder Graubraun zu mischen! Schwarz kann wieder nicht entstehen, weil Restlicht von den Pigmenten remittiert wird. Die Mischproben tragen Sie zum Vergleich in Felder wie in **Bild 4** ein!

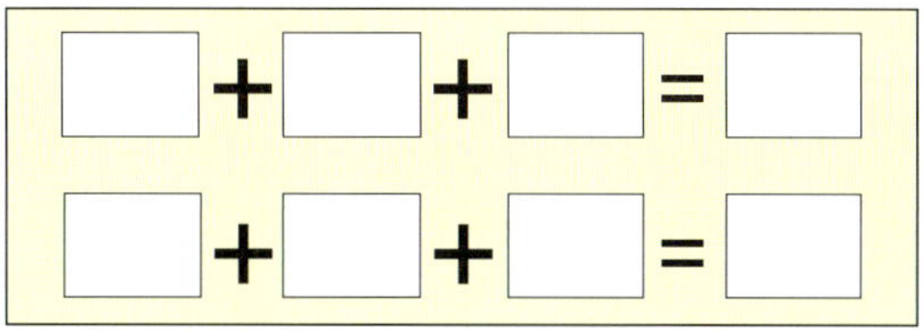

Bild 4: Felder für Pigmentmischungsversuche mit drei Vollfarben zum Mischen von Grau

▪ Schlussfolgerung

Aufgrund der bei den **Versuchen 13 bis 16** benutzten drei Ausgangsfarben hat sich für sie der Begriff **Grundfarben** eingebürgert. Es ist üblich, aus ihnen bunte Zwischenfarben zu mischen. Da sich die drei Farben für die additive und die subtraktive Farbenmischung wie bei den Gegenfarbenpaaren unterscheiden, muss eine genaue Zuordnung erfolgen. Außerdem kommen andere Zwischenfarben zustande.

Bei der **additiven Lichtmischung** benutzt man **Rot(-orange), Grün und Blau(-violett),** die als **Mindestsortiment** (ungenauer als Grundfarben) bezeichnet werden sollte **(Bild 1).**

Aus den etwas abgewandelten Farbtönen in Richtung **Mittelrot, Gelbgrün** und **Mittelblau** lassen sich an Bildschirmen des PCs oder des Fernsehens je nach Farbanteil Zwischenfarben in hinreichender Qualität mischen. Für sie wird die **Abkürzung RGB** benutzt.

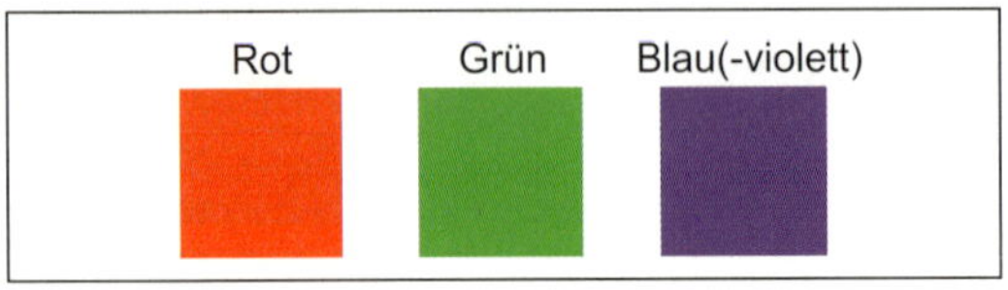

Bild 1: Farben für additive Lichtmischung

Beim **subtraktiven Lichtmischen** bilden dagegen **Blau(-grün), Rot(-violett)** bzw. Purpurrot und **Gelb** das **Mindestfarbensortiment.** Üblicher ist die Bezeichnung **Cyan(-blau), Magenta** und **Yellow** mit den Abkürzungen **CMY (Bild 2).** Für Druckerzeugnisse in höchster Qualität und bei hochwertigen Druckern von PCs werden noch weitere Buntfarben benutzt. Man kann sie sehen, wenn man Verpackungen auf entsprechende Hinweise innen untersucht **(Bild 3).**

Die genannten Farben werden auch als Druckfarben nach der **pointilistischen Mischweise** angewendet. Weil Papier noch etwas Licht remittiert, kann wie bei Normalpigmenten wiederum kein Schwarz entstehen. Deshalb benutzt man zum Verdunkeln zusätzlich noch Schwarz. Das **Mindestfarbensortiment** heißt dann **CMYK.** Das **K** ist vom Buchstaben K des engl. Worts für Schwarz **(Black)** oder von Schlüssel (engl.: **key**) zum Abdunkeln ableitbar. Ein **B** könnte mit Blue (Blau) verwechselt werden. Das K könnte aber auch von **Kontrast** stammen, der durch Schwarz verstärkt wird.

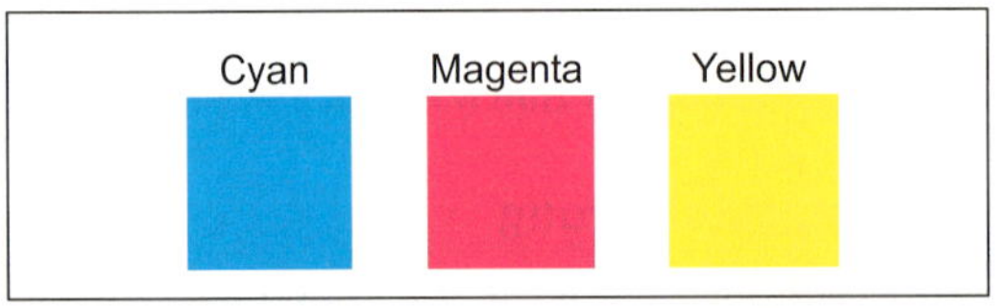

Bild 2: Farben für subtraktive Lichtmischung

Bild 3: Farbauszüge bei Verpackungsmaterialien

6.2.3 Mischen eines Farbtonkreises aus deckenden Malfarben

In vielen Fällen wendet man die Farbtöne Gelb, Rot (manchmal Rotviolett bzw. Magenta) und Blau (Cyanblau) auch zum Pigmentmischen an.

Johann Wolfgang von Goethe (1749–1832) bezeichnete sie als Erstfarben und stellte daraus die Zwischenfarben Orange, Violett und Grün her. Er nannte sie Zweitfarben. Aus diesen Farben stellte er einen 6-teiligen Farbtonkreis und ein Farbendreieck her.

Für die drei Ausgangsfarben und die Mischfarben wurden die Begriffe **Primärfarben** (lat. primus = der Erste) und **Sekundärfarben** (lat. secundus = der Zweite) benutzt.

Goethe hatte mit Aquarellfarben gearbeitet. Da Maler mit Deckfarben arbeiten, kann man seine Mischergebnisse nicht auf die Pigmentmischung übertragen. Die Begriffe wurden jedoch beibehalten, ohne auf die entstandenen Ungenauigkeiten zu achten.

Da das Problem für Maler und Lackierer äußerst wichtig ist, soll durch Versuche mit Pigmentmischungen gezeigt werden, wo die Sekundärfarben liegen, damit diese Formulierung nicht mehr angewendet wird.

Zu dem Zweck ist es notwendig, in mehreren Arbeitsschritten aus deckenden Malfarben einen in seiner Reinheit gleichwertigen Farbtonkreis herzustellen.

Versuch 18: Mischen Sie mit den sog. Primärfarben (P) Zwischenfarben, um die Sekundärfarben (S) „Orange", „Violett" und „Grün" zu erhalten! Setzen Sie Originalfarben (O) Ihres Malfarbensortiments ohne Zwischenraum direkt daneben! Vergleichen Sie die Ergebnisse mit den Farben in **Bild 1, S. 235!**

Ergebnisse

Die aus Malfarben entstandenen Mischergebnisse werden sich etwas von den in **Bild 1, S. 235** gezeigten Farben unterscheiden, weil mit den lasierenden Druckfarben auf Papier die Trübungen geringer ausfallen.

Dabei kann man auch feststellen, wie trüb trotzdem die gemischten Sekundärfarben gegenüber den Originalmalfarben aus der Tube sind!

Zu dem Zweck sollten auch die Mischergebnisse aus den beiden roten Farben (Rotviolett bzw. Magenta und Zinnoberrot) mit Blau betrachtet werden. Aus Zinnoberrot entsteht im Gegensatz zur Mischung mit Magenta kein Violett, sondern Braun! Dabei spielt auch die Blausorte eine Rolle.

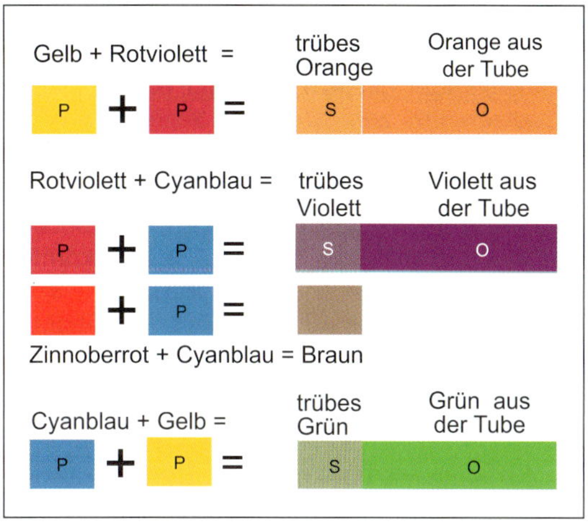

Bild 1: Vergleich der Reinheit von sog. Primärfarben mit Sekundärfarben und Originalmalfarben

Nachfolgend wird eine Ursache gezeigt, die zur Trübung der Sekundärfarben führt. Verantwortlich dafür ist ihre Lage im subtraktiven Farbtonkreis. Zu dem Zweck ist es nötig, sich den Farbtonkreis in **Bild 3** genau zu betrachten. Die Farbtöne darin entsprechen einem guten Sortiment von Temperafarben. In der Mitte des Kreises liegt ein dunkles Grau, das man sich als Folge der Mischungen mit Gegenfarben vorstellen muss. Zum Verständnis des Problems ist noch folgender Versuch nötig:

Versuch 19: Mischen Sie sich zuerst aus Weiß und Schwarz ein Grau, wie es in **Bild 2** zu sehen ist! Bilden Sie mit ihm und den drei Originalpigmenten (O) Orange, Grün und Blauviolett ihres Malfarbensortiments jeweils eine Farbenreihe!

Es entstehen getrübte bzw. vergraute Farben. In jeder Reihe wird eine der Mischfarben der Sekundärfarbe entsprechen, die Sie im Versuch 18 gemischt haben. Vergleichen Sie zum Verständnis dazu **Bild 1**!

Als nächstes kann man sich jetzt noch die Farben aus Versuch 18 als Mischreihe so vorstellen, dass die Primärfarben die Sekundärfarben als Mischprodukt einschließen. Wenn die Primärfarben auf den Kreisrand gelegt werden,

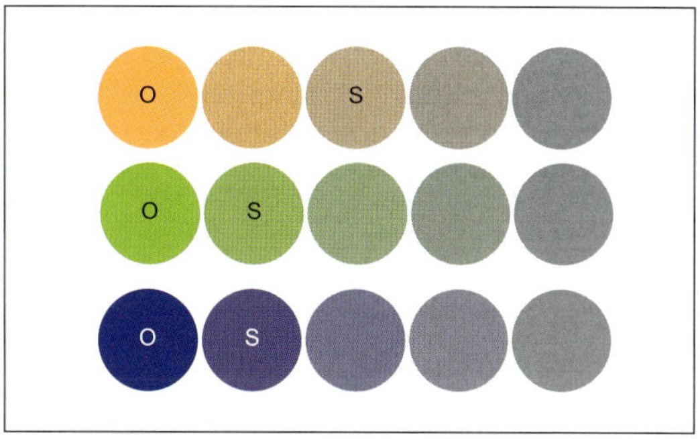

Bild 2: Trübung von Vollfarben durch Grau

befinden sich die Sekundärfarben innerhalb des Kreises **(Bild 3)**. Das ist logisch, denn die gemischten Farben sind gegenüber den Originalpigmenten Orange, Violett und Grün nicht rein, sondern getrübt. Ein weiterer Beweis ist, dass die Mischungen von Versuch 19 zum Kreismittelpunkt führen und die Sekundärfarben dann innerhalb des Kreises liegen.

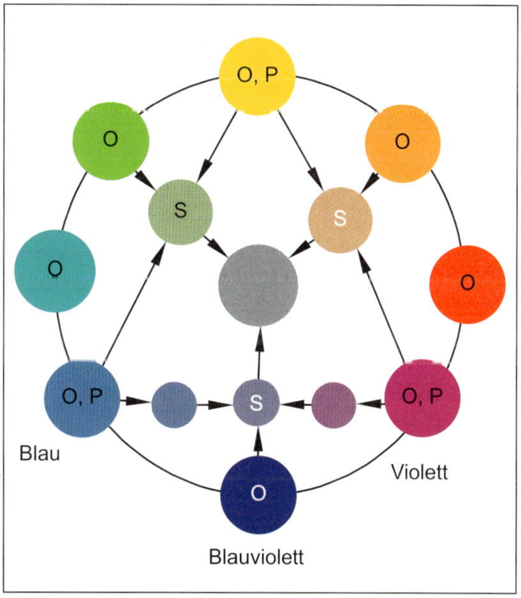

Bild 3: Lage von Primär- und Sekundärfarben im subtraktiven Farbtonkreis

▪ Schlussfolgerung

Es ist nicht möglich, mit drei Farbtönen eines Pigmentsortiments einen in der Reinheit gleichwertigen Farbtonkreis herzustellen.

Man benötigt zum Mischen eines subtraktiven Farbtonkreises mindestens Gelb, Orange, Zinnoberrot (Mittelrot), Rotviolett (Magenta als lasierende Farbe ist ungeeignet), Violett, Blauviolett, Blau, Mittelgrün und Gelbgrün **(Bild 1)**.

Mischt man zu Vergleichzwecken die nebeneinander liegenden Farbtöne miteinander, treten nur wenig getrübte Zwischenergebnisse auf. Erst dadurch ist es möglich, einen relativ guten Vollfarbenkreis zu mischen.

Die Begriffe Primär- und Sekundärfarben sind damit für Vollfarben nicht mehr angebracht.

Bild 1: Notwendige Farbtonpalette zum Mischen eines subtraktiven Farbtonkreises

Tipp Wenn man eine ausreichende Menge von Farbfiltern besitzt, kann das Problem auch mit den Lichtfarben an einem Projektor untersucht werden. Die Zwischenfarben Orange, Violett und Grün werden gegenüber den Ausgangsfarben Gelb, Rot oder Blau nicht die gleiche Sättigung besitzen und trüber aussehen. Wenn Sie allerdings den Abstand des Projektors zur Bildfläche verkürzen, ist die Brillanz der Mischfarben größer.

Primär- und Sekundärfarben können also auch bei diesem Versuch nicht als gleichwertig bezeichnet werden.

6.2.4 Schlussfolgerungen zu den Farbenmischungsarten

Entsprechend der durchgeführten Versuche ergeben sich bestimmte Erkenntnisse.

▪ Allgemeine Informationen

1. Es gibt **zweierlei Farbtonkreise,** den additiven und den subtraktiven Farbtonkreis.

- Der **additive Farbtonkreis** dient **Malern und Lackierern** zum Ordnen und Bezeichnen von Farben: z. B. für

  die **Farbenkarte DIN 6164** (deutsch),

  das **RAL-Design-System** (deutsch) und

  die Hersteller des **NCS-Systems** (schwedisch).

  Er ist nicht geeignet zum Pigmentmischen mit fremden Farben und Gegenfarben. Bei systematischen Farbenkombinationen müsste man andere Farben benutzen als beim subtraktiven Farbtonkreis.

  Der additive Farbtonkreis ist jedoch zum Farbenmischen an **Bildschirmen** des Fernsehens und der Computer (RGB-Modell) einsetzbar. Farbausdrucke auf Papier sind demzufolge mit den Lichtfarben des PCs nicht identisch.

- Der **subtraktive Farbtonkreis** ist dagegen vielseitiger einsetzbar. **Maler und Lackierer** setzen ihn zum Ordnen, Bezeichnen, Mischen und Kombinieren von Farben ein.

- An Druckmaschinen von Druckereien und Farbdruckern von Computern werden beide Farbtonkreise benutzt. Damit können sie auf das RGB–Modell (Rot – Grün – Blau) und das CMYK–Modell (Cyan – Magenta – Yellow – Schwarz) eingestellt sein.

2. **Abstandsbeziehungen der Farbtöne in beiden Farbtonkreisen**

Zur Nutzung der in den vorangegangenen Versuchen erarbeiteten Farbtonkreise sind noch folgende **Definitionen zur Abstandsbezeichnung der Farbtöne** nötig:

- Als **Nachbarfarben** bezeichnet man dicht nebeneinander liegende Farben. Sie sind sich sehr ähnlich. Beispiele dafür sind

  Gelb, Orange und Rot,

  Gelb, Gelbgrün und Grün,

  Grün und Blau usw., siehe **Bild 1, S. 237**.

- **Fremde Farben** basieren auf der Dreierteilung des Kreises. Sie liegen damit im Abstand von ca. 120° auf dem Farbtonkreis. Sie weisen zum entsprechenden Partnerfarbton geringere Ähnlichkeit auf als Nachbarfarben. Allerdings ist das Aussehen der Farbenpaare in den beiden Farbtonkreisen unterschiedlich.

  Ausgehend vom Gelb ist das Violett (10) im additiven Farbtonkreis etwas blauer. Im subtraktiven Kreis neigt es mehr zum Rot. Auf der linken Seite sind die fremden Farben zu Gelb bei den verschiedenen Farbtonkreisen etwas grünlicher (16) bzw. bläulicher (16). Diese Farbtonunterschiede führen zu unterschiedlichen Gegenfarbenpaaren.

- **Gegenfarben** liegen sich im Farbtonkreis genau gegenüber. Um sie zu erkennen, muss man die geeigneten Pigmente mischen. Je nach Mischungsart entstehen dabei Weiß, verschiedene Arten von Grau und Schwarz.

Die unterschiedlichen Paare von fremden Farben und Gegenfarben der beiden Farbtonkreise sind in **Bild 1** zu sehen.

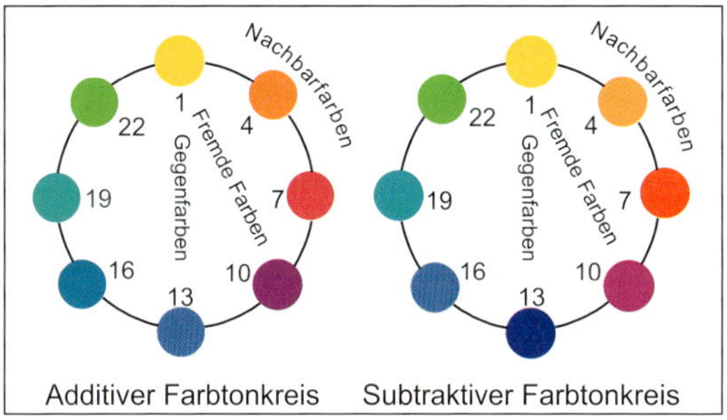

Bild 1: Vergleich der wichtigsten Farbenpaare im additiven und subtraktiven Farbtonkreis

In den vorangestellten Schlussfolgerungen wurde in Punkt 1 beschrieben, dass der additive Farbtonkreis auch von Malern benutzt wird, obwohl die Pigmentmischung zur subtraktiven Mischung gehört.

Bei der **Bezeichnung und Ordnung** der Farbtöne ist dies nicht ganz so problematisch.

Die **Bezeichnung der Farbtöne** kann völlig unabhängig von den Arten der Farbtonkreise mit Zahlen vorgenommen werden.

Im **RAL-System** werden die Farben z.B. vierstellig bezeichnet, gelbe mit der Kennung 1, orangehaltige mit 2, rote mit 3, violette mit 4, blaue mit 5, grüne mit 6. Braunhaltige Farben müssten zwar zu Rot gehören, aber sie erhielten die Kennung 8. Graue Farben sind unter 7 zu finden und weiß- und schwarzhaltige sogar nur unter einer weiteren Zahl, der 9. Trotz der fehlenden Logik der Bezeichnung hat sich das System über Jahrzehnte bewährt, weil die Farben unter den entsprechenden Farbrubriken relativ leicht zu finden sind. Sucht man eine gelbhaltige Farbe, findet man in der Tafel der gelben Farben z.B. Signalgelb unter RAL 1003.

Beim **Mischen und Kombinieren von Farbtönen** untereinander muss man jedoch auf die Lage der Farben in verschiedenen Farbtonkreisen achten. Keine Probleme gibt es bei Nachbarfarben, weil sie sich gleichen. Bei fremden Farben und Gegenfarben würde man jedoch unterschiedliche Farbtöne benutzen. Andere Mischergebnisse und Farbzusammenstellungen wären die Folge.

- **Mischen mit fremden Farben**

Wenn man vom additiven Farbtonkreis die entsprechenden fremden Farbtonpaare von Gelb nach dem violetten bzw. blaugrünen Bereich wählt und mit den subtraktiven Farbtonpaaren vergleicht und miteinander mischt, gibt es folgende Ergebnisse **(Bild 2)**:

Bild 2: Fremdfarbenpaare aus beiden Farbtonkreisen und deren Mischergebnisse

- **Mischen mit Gegenfarbenpaaren**

Das typische **additive Gegenfarbtonpaar Gelb – Blau** ergibt bei geeigneter Mischung Weiß **(Bild 1, S. 230)** bzw. Grau **(Bild 1, S. 231)**. Aber der Maler stellt aus Gelb und Blau mit Pigmenten Grün her **(Bild 3)**.

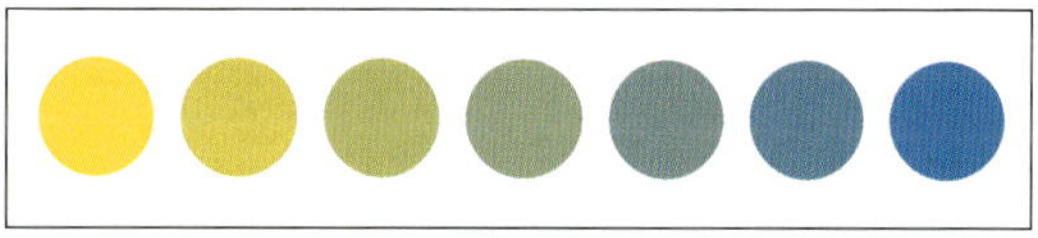

Bild 3: Beispiel zur Pigmentmischung mit additiven Gegenfarben

Das typische **subtraktive Gegenfarbtonpaar Gelb – Blauviolett** ergibt aus Pigmenten Graubraun bis **Dunkelgrau (Bild 4)**. Mischt man aus diesem Kreis Gelb mit Blau, muss man demzufolge vom Mischen mit fremden Farben sprechen.

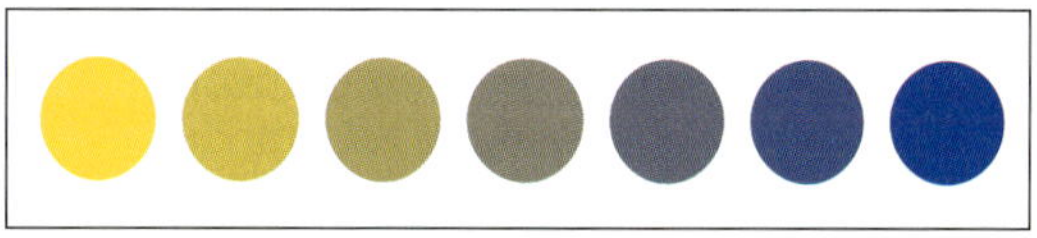

Bild 4: Beispiel zur Pigmentmischung mit subtraktiven Gegenfarben

Aus einem weiteren Grund ist es für Maler und Lackierer wichtig, den subtraktiven Farbtonkreis zum Mischen zu benutzen:

- **Maler trüben aus alter Gewohnheit zu reine Farben mit ihrer Gegenfarbe.**

Mit der additiven Gegenfarbe von Gelb würde man Grün erhalten **(Bild 3)**, aber kein getrübtes Gelb oder trübes Blauviolett, wie in **Bild 4** bei der subtraktiven Mischung zu sehen ist. Beachten Sie auch die Informationen auf Seite 249!

- **Kunstmaler nutzen bestimmte Farbenpaare zur Farbenkombination oder zur Bildgestaltung.**

Damit steigern sie die Wirkung bestimmter Farben. Die zu steigernde Farbe wird auffälliger.

Beispiel: Ein Objekt in gelber Färbung soll auffälliger wirken. Der Kunstmaler hinterlegt es mit der Gegenfarbe. Je nachdem, welchen Farbtonkreis er benutzt, müsste er eine andere Gegenfarbe verwenden **(Bild 1).**

Beim additiven Farbtonkreis müsste er Gelb durch Blau steigern, beim subtraktiven Farbtonkreis durch Blauviolett.

Der Kunstmaler benutzt in diesen Fällen aber Blauviolett in Form von Ultramarinblau und verwendet demzufolge den subtraktiven Farbtonkreis für seine Gestaltungsarbeit.

Tipp Überprüfen Sie diese Feststellung in Bildergalerien Ihrer Umgebung!

Bild 1: Steigerung der Auffälligkeit mit Gegenfarben

- **Informationen für Maler und Lackierer**

- **Maler und Lackierer arbeiten mit Pigmenten** und setzen für das Mischen von Farben sowie für Ordnungs- und Kombinationsaufgaben den **subtraktiven Farbtonkreis** ein.

  Zur Bezeichnung der Farben ist ein auf dem additiven Prinzip aufgebauter Kreis zwar möglich, aber er spielt für alle anderen Aufgaben keine Rolle, sodass er nur zur Verwirrung bei der praktischen Arbeit führt, wenn man zum Farbenmischen fremde Farben oder Gegenfarben auswählt.

  In der Folge beziehen sich deshalb alle weiteren Informationen zur Ordnung von Pigmenten auf den subtraktiven Farbtonkreis.

- An den **Farbenmischcomputern** der Farbenindustrie, der Autolackierer und der Baumärkte werden mehr als drei Buntfarben (mindestens 25) eingesetzt, um dem Auftraggeber die ganze Palette der Farben aus dem Bereich Bauen oder Fahrzeuglackierung zu bieten.

  Die Dreifarbentheorie ist für Pigmentmischungen damit eigentlich überholt und sollte nur als historisches Informationsmaterial, z.B. bei **Goethes** Farbenlehre, erläutert werden.

7 Farbenordnung im Malerhandwerk

Aufgrund der unterschiedlichen Aufgaben wurden im Laufe der Zeit verschiedene Farbenkörper entwickelt, um alle Farben in einem System unterzubringen. Bekannt sind u.a. die Arbeiten von

- **Philipp Otto Runge** (1777–1810, Maler und Grafiker), der eine Kugel zur Ordnung benutzte,
- **Wilhelm Ostwald,** der einen Doppelkegel herstellte, den er auf einem waagerecht liegenden additiven Farbtonkreis aufbaute.

Manchmal wird der Begriff **Farbkreis** benutzt. Die Formulierung deutet auf einen **farbigen Kreis** hin, in dem nicht nur gesättigte Farben zu finden sind, sondern auch ungesättigte Farben. Siehe auch **S. 220** und **Tabelle 1, S. 221**.

- Die **DIN Farbkarte** mit ihren **RAL-Farben** hat die Form eines Zylinders, dem ein additiver Farbtonkreis zugrunde liegt. Sie dient zur Bezeichnung der Farben.
- Das heute oft zur Kennzeichnung von Farben genutzte **schwedische NCS-System** ist wie bei **Ostwald** auf einem Doppelkegel aufgebaut. Der dafür benutzte, waagerecht liegende Farbtonkreis basiert auf 40 Stufen und dem additiven Ordnungssystem.
- Vergleichen Sie in der einschlägigen Literatur!

Aufgrund der Bedeutung des Doppelkegels wird gezeigt, wie man darin alle vorhandenen Farben anordnen kann. Um die Farben nach Farbton, Helligkeit und Reinheit unterzubringen, ist jedoch ein schiefer Doppelkegel notwendig. Basiert er auf dem subtraktiven Farbtonkreis wie bei **Aemilius Müller (s. S. 246),** ist er für die Pigmentmischung besser geeignet.

7.1 Der Pigmentfarbenkörper

Zur Herstellung eines Farbenkörpers verbindet man die in einem Kreis angeordneten reinen bunten Farben mit den unbunten Farben, die eine Reihe von Weiß nach Schwarz bilden **(Bild 1)**.

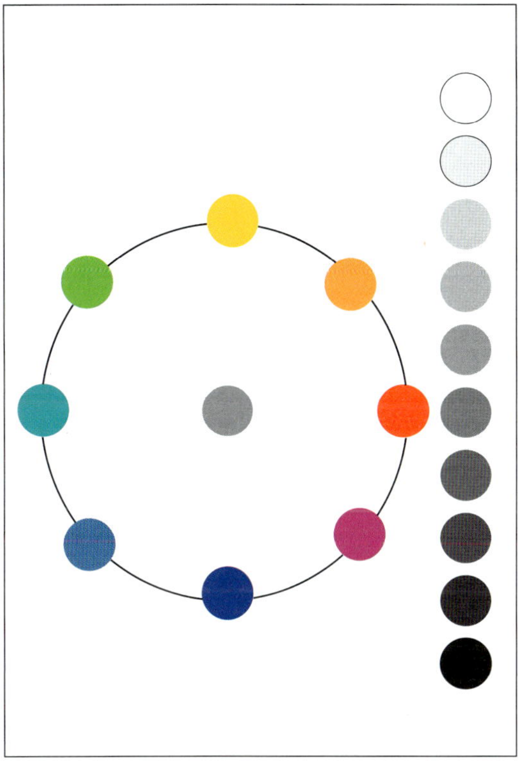

Bild 1: Ordnungsprinzip der Vollfarben und Unbuntfarben

Um ein räumliches Gebilde in der Form eines **symmetrischen Doppelkegels** zu erhalten, steckt man die Unbuntreihe als senkrechte Achse durch den Mittelpunkt des Farbtonkreises und verbindet die Buntfarben auf dem Kreisrand mit den Endpunkten Weiß und Schwarz. Im Inneren sind die Farben nach ihrem Farbton und ihrer Reinheit geordnet, jedoch noch nicht nach ihrer Helligkeit.

Passt man die bunten Farben den Helligkeitswerten der Unbuntreihe an, entsteht ein **schiefer Doppelkegel,** der alle Farben nach Farbton, Helligkeit und Sättigung ordnet.

Die Verbindungslinie vom Weiß zum Gelb ist damit z. B. kürzer als vom Gelb zum Schwarz. Auf diesen Linien liegen weiß- und schwarzhaltige bunte Farben. Zieht man von den Vollfarben Linien zu den Graustufen, befinden sich dort die vergrauten bunten Farben **(Bild 2)**.

Diesen aus Pigmenten hergestellten Farbenkörper kann man durch die Farben von Farbstoffen und Licht in Form von Spektralfarben gedanklich ergänzen. So ist es möglich, in einem räumlichen Gebilde alle existierenden Farben unterzubringen.

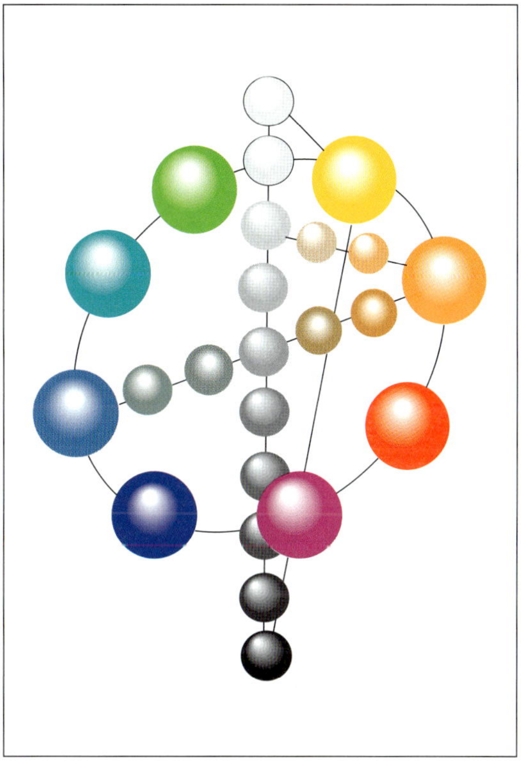

Bild 2: Farbenkörper für Pigmente als schiefer Doppelkegel

7.2 Farbenkörper für alle sichtbaren Farben

Aufgrund der größeren Reinheit der Lichtfarben liegen die Lichtfarben im Außenbereich des Doppelkegels **(Bild 1, S. 240)**. Nach Helligkeit geordnet liegt weißes Licht (WL) ganz oben, Finsternis (F) ganz unten. Schräg liegend, kreisförmig außen befinden sich die Spektralfarben (Spf). Spektrales Gelb ist dem Hellgrau angepasst, spektrales Blauviolett einem Dunkelgrau.

Im Innern liegen die weniger deckenden Lasurfarben und Farbstofflösungen, dann folgen die Pigmente. Im Pigmentfarbenkreis liegen die reinen Pigmentvollfarben außen und ganz innen die trüben bunten Farben und Unbuntpigmente.

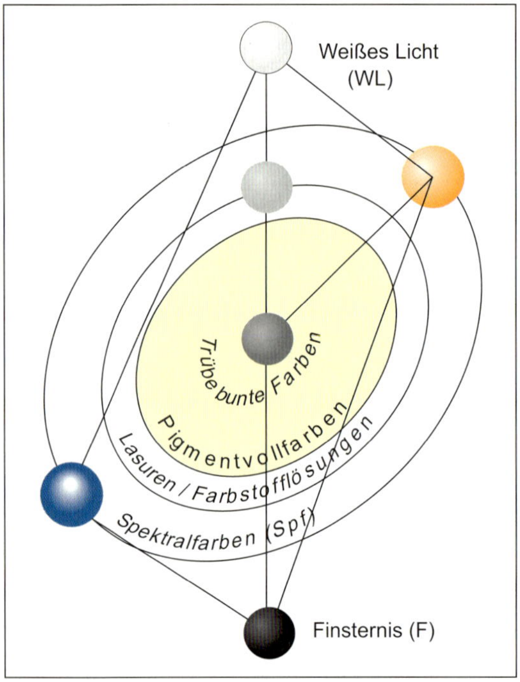

Bild 1: Schiefer Doppelkegel mit allen sichtbaren Farben

7.3 Schnitte durch den Farbenkörper

Schneidet man den schiefen Doppelkegel senkrecht durch, entstehen Dreiecke **(Bild 2)**. Der grau angelegte Bereich stellt die **Zone der Pigmente** (ZdP) dar. Die **Lasurfarben** muss man sich im Übergangsbereich zur Restfläche nach außen vorstellen.

Spf bedeutet Spektralfarbe, Vf Vollfarbe (reine bunte Farbe bzw. Pigmentvollfarbe), PW bedeutet weißes Pigment, PS schwarzes Pigment.

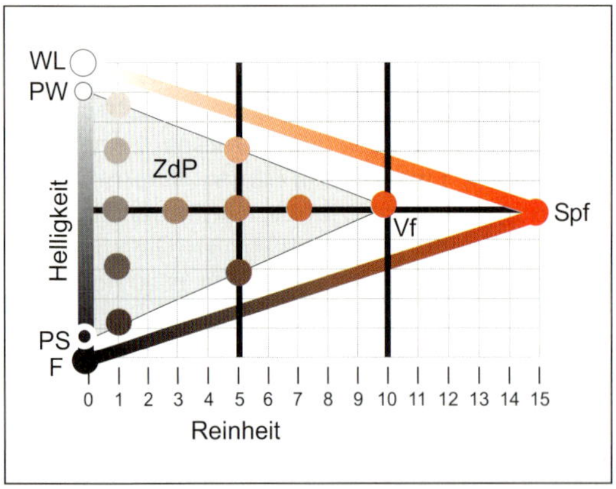

Bild 2: Schnittflächen durch einen schiefen Doppelkegel für alle sichtbaren Farben von Rot

8 Pigmentmischung

Im Maler- und Lackiererhandwerk bietet man aus rationellen Gründen Anstrichstoffe nicht in jeder beliebigen Farbe an. Deshalb sind Mischungen nötig. Im folgenden Kapitel wird gezeigt, wie man Farben rationell mischen kann und welche Besonderheiten bei den Mischergebnissen auftreten. An bestimmten Versuchen und Beispielaufgaben wird erläutert, welche Eigenschaften die Farben haben, wie man sie mischt, ordnet und bezeichnet.

Die Mischungen sollten mit deckenden Malfarben (z. B. Temperafarben) ausgeführt werden. Mit Abtönfarben der Praxis kommen trübere Mischergebnisse zustande. Aquarellfarben sind wegen ihrer lasierenden Wirkung leuchtkräftiger als Deckfarben. Weil damit angefertigte Farbentwürfe auf Papier schlecht in der Praxis umsetzbar sind, spielen sie im Malerbereich eine geringere Rolle. Ähnliche Mischergebnisse und Probleme wie bei Aquarellfarben treten bei den Farben am Bildschirm und entsprechenden Ausdrucken auf. Entwürfe am PC sind jedoch heute aus Zeitgründen unerlässlich.

8.1 Unbunte Farben

Zu den unbunten Farben gehören Weiß, Grau und Schwarz. Für „unbunte Farben" verwendet man auch den Begriff **„achromatische Farben"** (chroma, griech. = Farbe, die Vorsilbe a bedeutet die Verneinung). Eine Reihe von Weiß über Grau zum Schwarz heißt **achromatische Reihe** oder **Unbuntreihe**.

Früher bezeichnete man Unbuntreihen als **Graureihen** oder **Grauleitern**. Eigentlich bezog man dabei Weiß und Schwarz nicht mit ein.

Eine Menge von grauen Farben sollte man außerdem nicht als **Grautöne** bezeichnen, weil an den Begriff „-ton" immer Buntfarbe gekoppelt ist. Die bessere Formulierung wäre **graue Farbe** bzw. **Graustufe**.

Beispiele: Ungestrichener Putz besitzt eine hellgraue Farbe. Eine Grauleiter besitzt eine bestimmte Anzahl Graustufen oder graue Farben, die vom Hellgrau über Mittelgrau zum Dunkelgrau gehen.

8.1.1 Eigenschaften der unbunten Farben

Unbunte Farben sind unterschiedlich hell.

Physikalische Ursache dafür ist die unterschiedliche Menge von remittierten Lichtstrahlen, die bekanntlich mit Remissionsgraden angegeben wird.

Unbunte Farben können farbstichig sein.

Vergleicht man mehrere **weiße Anstrichstoffe,** indem man sie ineinander tropft, fällt auf, dass sie entweder etwas bläulich aussehen oder einen Gelbstich besitzen.

Beim **Schwarz** kann man beobachten, dass es ein wenig zum Blau oder zum Braun neigt.

Grau kann **blaustichig** erscheinen, wenn man es nur aus weißen und schwarzen Pigmenten mischt, weil es relativ viel langwellige (orangerote) Wellenanteile absorbiert. Weil deshalb die Blauanteile in den zurückgeworfenen Lichtanteilen überwiegen, wirkt das Grau kalt.

Diese Kenntnis wird zum **Korrigieren** des **Blaustichs** und zum Mischen von **neutralem Grau** genutzt. Um zu erkennen, wie neutrales Grau aussieht, ist eine Kreiselmischung aus **Weiß und Schwarz** geeignet.

Versuch 1: Grau am Farbenkreisel mischen
Mischen Sie am Farbenkreisel neutrales Grau, indem Sie eine weiße und eine schwarze Kreisscheibe ineinander stecken und rotieren lassen!

Der Blaustich einer aus Weiß- und Schwarzpigment gemischten grauen Farbe ist besonders gut zu sehen, wenn man eine kleine Kreisscheibe aus Pappe damit streicht und zusätzlich auf die beiden Kreiselscheiben aus Weiß und Schwarz steckt.

Durch Verändern der Weiß- und Schwarzanteile wird beim Rotieren der Kreiselscheiben zuerst der Helligkeitswert der grauen Scheibe ermittelt. Beim Vergleichen beider Farben erkennt man dann sehr gut den Blaustich der aus Pigmenten gemischten grauen Farbe **(Bild 1)**.

HINWEIS Beim Druck erscheint in der Abbildung der Blaustich sicherlich nicht so deutlich wie bei einer eigenen Pigmentmischung.

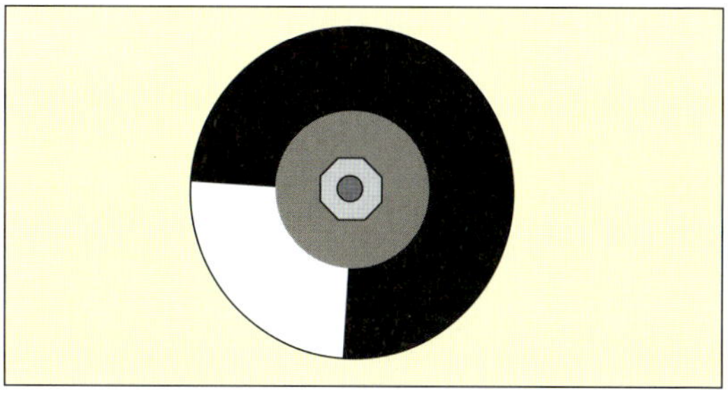

Bild 1: Neutrale Graumischung am Farbenkreisel

Versuch 2: Stufen von Schwarz an einer Schwarzröhre erkennen
Kleiden Sie eine Pappröhre und den einzuklebenden Boden innen mit schwarzem Velourpapier aus! Den Deckel bekleben Sie damit nur außen, nachdem Sie ein Loch von 5 mm Durchmesser **(Bild 2)** hineingestanzt haben.

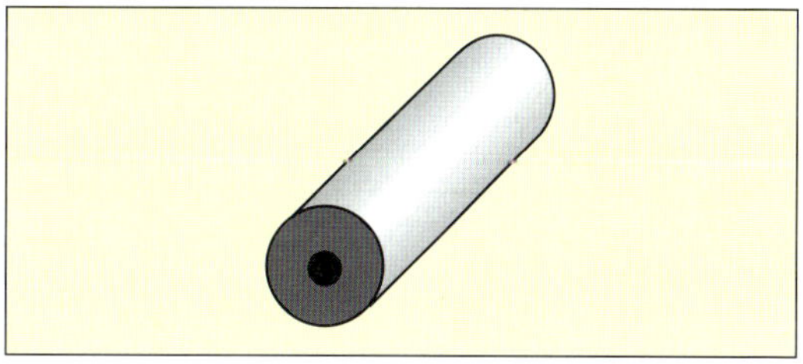

Bild 2: Schwarzstufen an einer Schwarzröhre

Schaut man auf das Loch dieser **Schwarzröhre,** sieht es schwärzer aus als das äußere Umfeld.

Eigentlich ist damit auch das schwärzeste Schwarz zu sehen, es sei denn, man befindet sich in einem absolut verdunkelten Raum.

An diesem Versuchsobjekt ist es möglich, gleichzeitig Absorption und Remission von Licht zu begreifen, weil das in das Innere der Röhre gelangende Licht vollständig absorbiert wird. Dagegen wirft der äußere schwarze Deckel noch etwas Licht zurück und sieht dadurch heller aus.

8.1.2 Ordnung und Bezeichnung der unbunten Farben

Es ist üblich, aus den unbunten Farben eine Reihe zu bilden, die je nach Zweck senkrecht, seltener waagerecht, von Weiß zum Schwarz führt.

Die **Anzahl der Stufen** der Unbuntreihe wird vom Anwender bestimmt.

▪ Bezeichnung der Unbuntstufen

Versucht man die verschiedenen Graustufen mit passenden **Namen** zu versehen, werden meist nur drei Begriffe verwendet: **Hellgrau, Mittelgrau, Dunkelgrau.** Um mehr Graustufen zu bezeichnen, müsste man z.B. von hellem und dunklem Hellgrau usw. sprechen. Das sind sehr ungenaue Begriffe.

Deshalb kommen neben den **Farbnamen** die **Remissionsgrade (Y)** mit Zahlen von 0% bis 100% oder die **Hellbezugswerte** zum Einsatz. Die Maßeinheit % wird oft weggelassen. Oft werden die Zahlenwerte auch zweistellig ausgewiesen. Statt 4% formuliert man 04%.

Für Schwarz setzt man den Wert 0 an, weil es kein Licht remittiert. Das ist absolute Finsternis.

In der Praxis empfindet man jedoch Remissionswerte bis 4% als Schwarz, wobei Pigmentschwarz ca. 3% bis 4% Licht zurückwirft.

Weißes Licht erhält den Wert 100. Weißpigmente besitzen einen Y-Wert um 90%.

Unbunte Pigmentaufstriche können also beispielsweise mit Namen und Zahlen so bezeichnet werden:

Weißpigment	90 Y = HBZ 90%,
Hellgrau	70 Y = HBZ 70%,
Schwarzpigment	4 Y = HBZ 04%.

▪ Aussehen einer Unbuntreihe

Man kann eine Unbuntreihe in 10er-Stufen der Remissionsgrade **linear gliedern (Bild 1).** Das bedeutet, dass sie im helleren Bereich wesentlich mehr Stufen als im dunkleren Bereich besitzt. Die **lineare Unbuntreihe** ist damit visuell **ungleichmäßig gestuft.** Damit ist sie für die praktische Anwendung besonders nützlich, weil im Malerbereich die dunklen Farben seltener eingesetzt werden als die hellen.

Wenn man eine **visuell gleichmäßig abgestufte Unbuntreihe** herstellen will, muss man eine **logarithmische Reihe** benutzen **(s. S. 228).**

Sie ist für die linear gewählten Maßeinheiten der farbtongleichen Dreiecke besser geeignet.

Im Ostwald-Institut in Großbothen bei Leipzig erhielten die Y-Werte zusätzlich die Bezeichnung **Helligkeitswert** oder **H-Wert** nach dem dekadischen System von 0 bis 10 bzw. 0 bis 100 **(Bild 2).**

Die Bezeichnung H entspricht der Methode zum Bezeichnen der Farben nach Farbton, Helligkeit und Reinheit, wobei man mit einem 6stelligen Zahlenwert auskommt. Damit kann die Bezeichnung der Farben mit einfach nachvollziehbaren Begriffen erfolgen. Mit den Zahlen der Ziffernfolge von 1 bzw. 01 bis 10 sind die Y-Werte allerdings verschlüsselt. **(s. Abschnitt 8.2).**

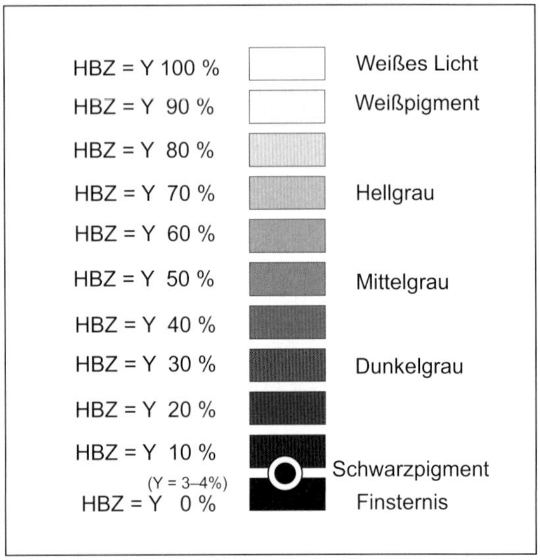

Bild 1: Lineare Unbuntreihe

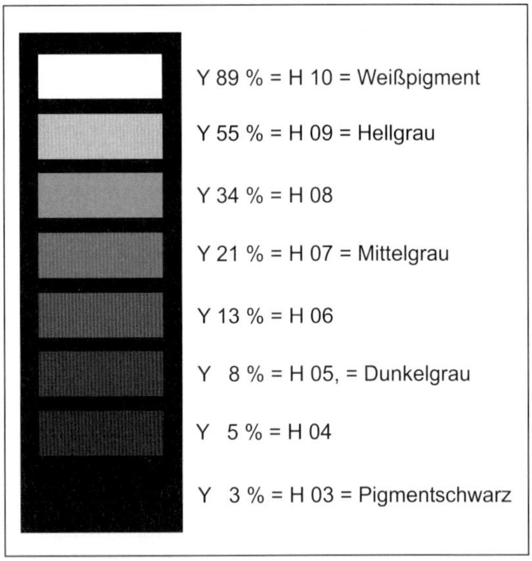

Bild 2: Visuell gleichmäßige Unbuntreihe

Beim Betrachten von Unbuntreihen ist zu beachten, dass die Untergrundfarbe ihr Aussehen wegen des auftretenden Simultankontrastes verändert. Die hellen Graustufen erscheinen auf dunklem Untergrund gleichmäßiger verteilt als auf weißem **(Bild 1, S. 243).**

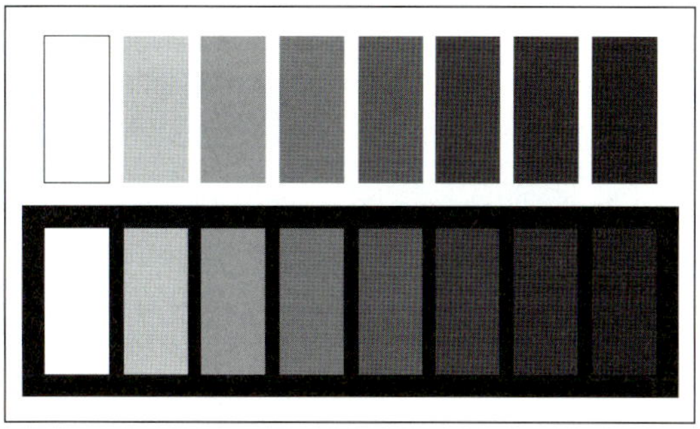

Bild 1: Scheinbare Farbveränderungen an Unbuntreihen durch veränderte Untergrundfarben

8.1.3 Nutzen einer Unbuntreihe

Mit den Hellbezugswerten der Unbuntreihe kann man die Helligkeitswerte von Buntfarben angeben. Das ist sinnvoll, wenn ein Architekt z.B. für Decken, Wände oder andere Raumelemente die Helligkeitsverhältnisse mehrerer Büroräume festlegt und dem Raumnutzer oder Maler die Farbwahl überlässt. Man kann dann gegebenenfalls bunte Farben gleicher Helligkeit freier wählen.

Um die Helligkeitswerte von bunten Farben festzustellen, werden sie von guten Farbenkarten abgelesen. Ist das nicht möglich, kann man die Werte auch durch Vergleichen mit einer **Messleiter** ermitteln.

Liegt diese nicht vor, muss man sie selbst herstellen. Dazu werden Unbuntfarben einer Farbenkarte ausgewählt und so zusammengestellt, wie es in **Bild 2** zu sehen ist. Die weiß dargestellten Felder sind ausgeschnitten. Mit etwas mehr Aufwand lassen sich die Farben auch selbst mischen.

Die Buntfarben sind in ihren Helligkeitswerten zu erkennen, wenn man sie unter die Messleiter legt und die Farben bei geringer Helligkeit betrachtet.

TIPP Um auf einfache Weise die Helligkeitswerte zu verringern, kann man die Augen stark zusammenkneifen oder die Farbflächen mit den Händen stark beschatten. Dabei wandeln sich die Farbtonwerte in Grauwerte um, deren HBZ-Werte dann an der Messleiter abgelesen werden können. Ursache dafür ist, dass die für das Farbensehen verantwortlichen Zapfen bei Dunkelheit ihre Reaktionsfähigkeit verlieren.

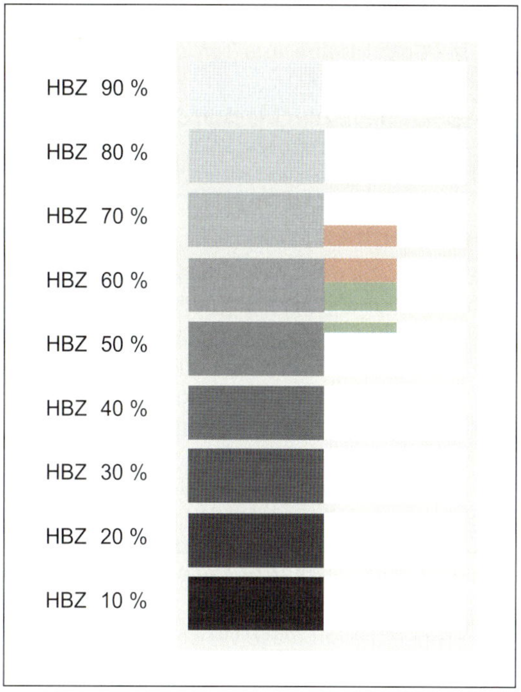

Bild 2: Unbuntreihe als Messleiter für HBZ-Werte

8.1.4 Mischen mit unbunten Farben

Wenn Farbmischarbeiten angefertigt werden sollen, sind zwei Mischgefäße (z.B. Konservendeckel), zwei Plattpinsel (möglichst keine Borsten-, sondern Haarpinsel der Größe 12), Wassergläser zur Pinselreinigung, deckende Malfarben und Zeichenpapier von mindestens 130 g/m² notwendig.

Es gibt viele Möglichkeiten, um Farbenmischungen durchzuführen. Sehr gebräuchlich ist es, die gemischten Farben in vorgezeichnete Kästchen einzutragen. Diese Methode ist jedoch unrationell, weil das Ausmalen zeitaufwändig ist. Hat man zusätzlich noch die Aufgabe, eine gleichmäßige Abstufung herzustellen, ist die Wiederholung der Arbeit vorprogrammiert.

Rationeller ist es, ausreichend große Flächen zu streichen, die man grob ausschneidet. Von diesen wählt man die passenden Farben aus. Schneidet man sie an einer Pappschablone auf entsprechende Größe, können sie dann als Reihe aufgeklebt werden.

Am Beispiel einer Unbuntreihe wird der Arbeitsvorgang erläutert. Die Methode ist für alle folgenden Farbarbeiten, auch für die Farbgestaltung von Räumen anwendbar.

Beispiel: Stellen Sie eine gleichmäßig gestufte Unbuntreihe aus Tempera- oder Dispersionsfarben her!

Die Reihe dient zum Messen der Hellbezugswerte von Buntfarben und sollte deshalb sehr sorgfältig hergestellt werden!

Arbeitsschritte

1. Bereiten Sie im 1. Mischdeckel Weiß streichfähig zu und stellen Sie einen Aufstrich von ca. 20 mm × 40 mm her!
2. Bereiten Sie im 2. Mischdeckel mit dem 2. Pinsel Schwarz streichfähig zu und stellen Sie einen Aufstrich von ungefähr derselben Größe her!
3. Nehmen Sie mit dem weißen Pinsel etwas Schwarz aus dem 2. Deckel und vermischen Sie es im 1. Deckel mit dem Weiß zu einem hellen Grau! Der Probeaufstrich wird unter das Schwarz gesetzt.
4. Fertigen Sie auf diese Weise weitere dunklere Graustufen an!
5. Wenn die Graustufen nicht mehr dunkler werden „wollen", nehmen Sie mit dem schwarzen Pinsel dieses Grau und mischen im schwarzen Deckel weiter! Es entstehen jetzt Graustufen im Schwarzbereich. Durch diese Mischmethode sollten ca. 20 Stufen entstehen **(Bild 1)**.
6. Schneiden Sie die Aufstriche grob aus! Lassen Sie keinen weißen Rand stehen!
7. Wählen Sie davon durch Vergleichen 10 Proben einschließlich Weiß und Schwarz aus, um eine visuell gleichabständige Unbuntreihe zu erhalten! Legen Sie dazu die Farbproben dicht aneinander! Weiße Zwischenräume stören. Tauschen Sie Proben aus, wenn die Abstufungen nicht gleichmäßig sind!
8. Zum Ausschneiden der Proben fertigen Sie eine Rechteckschablone aus Pappe von 30 mm × 15 mm Größe an **(Bild 2)**!
9. Kleben Sie die Proben auf ein weißes Zeichenblatt im Abstand von 5 mm! Die Benennung der Proben kann mit den Y-Werten, HBZ- oder H-Werten und Farbnamen erfolgen, die den ortsüblichen Bezeichnungen entsprechen **(s. Bild 2, S. 242)**.

Tipp Wenn Sie eine Musterreihe mit unbunten Farben besitzen, vergleichen Sie ihre Farbproben daran und geben Sie die Helligkeitswerte dazu an!

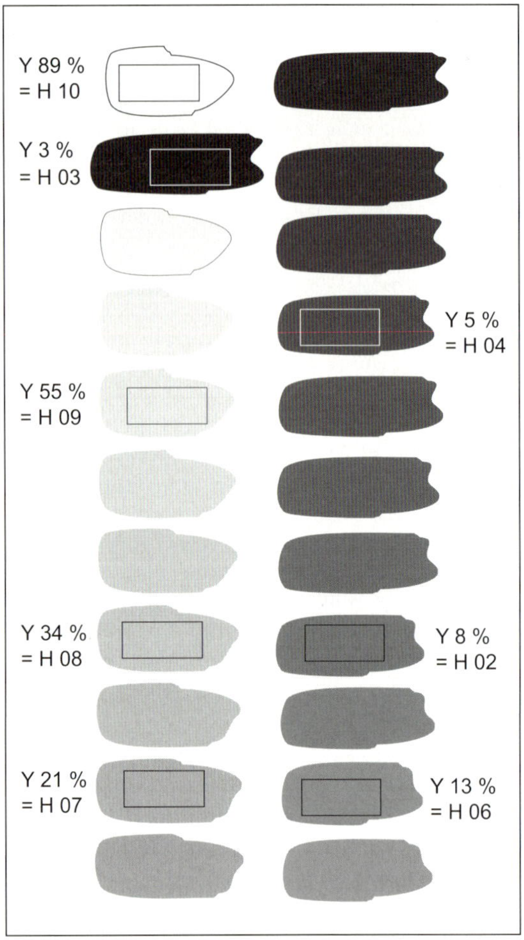

Bild 1: Farbproben zur Auswahl einer Unbuntreihe

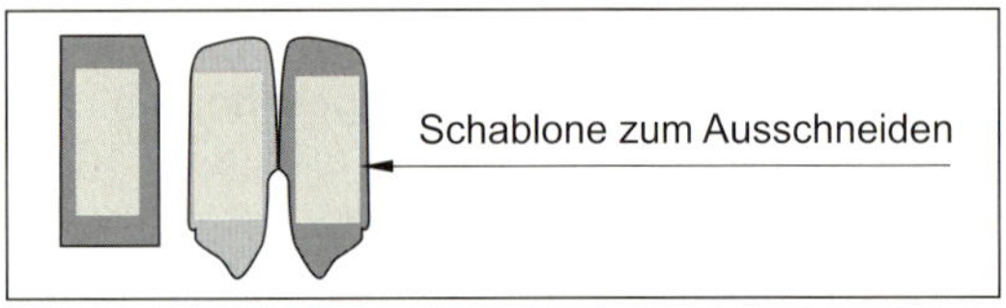

Bild 2: Einsatz der Pappschablone zum Ausschneiden der Unbuntproben

Wenn man eine aus Pigmenten gemischte Unbuntreihe sehr sorgfältig betrachtet, fällt auf, dass sie einen leichten Blaustich besitzt. Manchmal geht der Farbstich ins Violett. Diese Feststellung kann man am besten bei hellem Tageslicht treffen. Glühlampen- oder Leuchtstofflampenlicht verfälschen das Aussehen. Der Farbstich ist bei Farbanwendungen störend. Er fällt besonders unangenehm auf, wenn Grau mit Grün oder Gelb kombiniert wird. Auf dem Einrichtungsbeispiel eines Hotelzimmers in **Bild 1, S. 245** ist diese Eigenschaft an der Fußleiste gut zu erkennen. Aufmerksame Farbgestalter beseitigen deshalb diesen Farbstich in der Weise, wie in nachfolgender Aufgabe beschrieben wird.

Bild 1: Unzureichend gemischtes Grau an einer Fußleiste

Beispiel: Stellen Sie neutrales Grau her, d. h. beseitigen Sie den Blaustich einer aus Weiß und Schwarz gemischten grauen Farbe!

In den Versuchen für den subtraktiven Farbtonkreis **S. 231** und **232** wurde festgestellt, dass sich aus Gegenfarben mit Pigmenten geeigneter Qualität im Farbtonkreis Grau mischen lässt, z. B. aus dem Paar Blau – Orangerot. Wenn man demzufolge dem blaustichigen Grau etwas Orange zusetzt, lässt sich der Blaustich neutralisieren. Das Grau wirkt wärmer.

Die Mischarbeit wird in der Praxis fast immer in Schritten wie zur Herstellung einer Farbenreihe durchgeführt, die in **Bild 2** zu sehen ist.

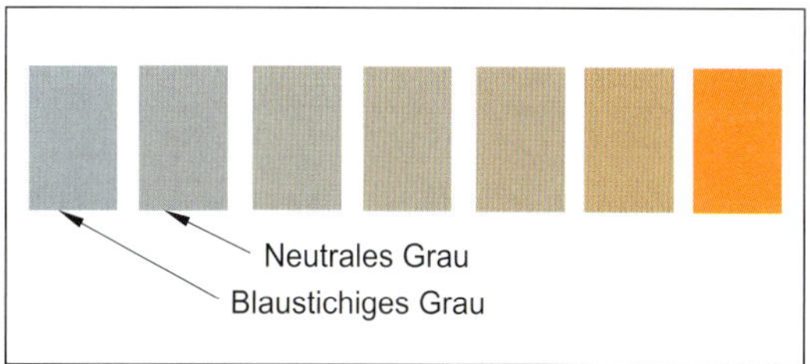

Bild 2: Beseitigung eines Blaustichs

Arbeitsschritte

1. Mischen Sie ein nicht zu dunkles Grau aus Weiß und Schwarz! Stellen Sie eine Streichprobe davon her! Der auftretende Blaustich soll durch die weitere Arbeit beseitigt werden.
2. Mischen Sie ein Orangerot und stellen Sie wieder eine Streichprobe her!
3. Setzen Sie dem Grau etwas Orangerot zu!
4. Bilden Sie auf diese Weise eine Mischreihe zum Orangerot!
5. Vergleichen Sie alle Proben miteinander, werden Sie feststellen, dass eine davon weder bläulich noch orangegetönt erscheint. Dies ist neutrales Grau.

   Falls die Reihe anfangs grünlich aussieht, ist das Orangerot zu gelbhaltig. Man muss es dann durch Zusatz von Zinnoberrot verändern.

TIPP Viele Maler und Lackierer beseitigen den Blaustich nicht mit Orangerot, sondern verwenden eine Kombination aus Ocker und Englischrot. Dadurch entsteht eine zusätzliche Trübung bzw. Vergrauung.

Einfacher wäre es, wenn das Grau aus einer grünlichen Umbra mit Weiß gemischt würde. Rötliche Umbra ergibt einen Violettstich. Auch dieser kann beseitigt werden, indem die geeignete Gegenfarbe zugesetzt wird.

Die abgebildeten Reihen können zum Vergleich in **Corel Draw** durch das Menü **Überblenden** bei **Effekte** hergestellt werden. Man könnte auch einen Vergleich zu Mischungen mit Pigmenten anstellen.

8.2 Bunte Farben

Für bunte Farben verwendet man gelegentlich den Begriff **chromatisch.** Entsprechend ihrer Unterteilung in Vollfarben und ungesättigte bunte Farben werden Mischung und Ordnung gesondert beschrieben.

8.2.1 Vollfarben

Vollfarben bezeichnet man auch als **Vollfarbtöne** oder **reine bzw. gesättigte bunte Farben.** Der Begriff ist nicht zu verwechseln mit den **Volltonfarben.** Er beinhaltet alle zum Abtönen angebotenen Farben einschließlich Schwarz.

▪ Eigenschaften der Vollfarben

- Vollfarben unterscheiden sich durch ihren typischen **Farbton.** In einem 24teiligen Farbtonkreis ist z. B. Farbton 1 bzw. 01 = Gelb, Farbton 3 = Orange usw.
- Vollfarben haben eine bestimmte **Eigenhelligkeit,** die durch den Remissionsgrad Y oder den HBZ-Wert oder entsprechend andere gleichwertige Begriffe angegeben wird.

In **Bild 1** sind Vollfarben zum Vergleich der Helligkeitswerte an einer Unbuntreihe angeordnet.

Tipp Wenn Sie blinzelnd auf die Farbtöne schauen, können Sie diese in ihren ungefähren Grauwerten erkennen.

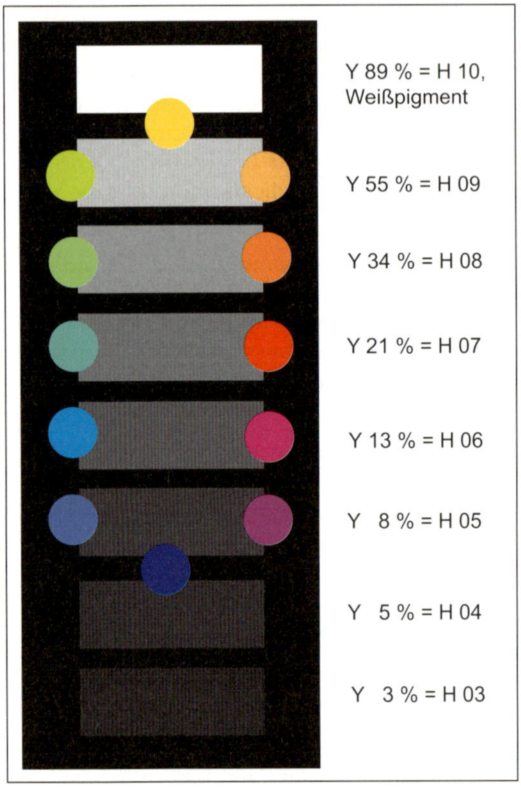

Bild 1: Vollfarben und ihre Helligkeitswerte

- Aufgrund der gleichen Entfernung vom Mittelpunkt des Kreises zum Rand besitzen alle Vollfarben die **gleiche Reinheit (R) (Bild 2)**.

  Unverschnittene Pigmente können den Reinheitsgrad 10 einer 15teiligen Reihe aufweisen, s. **Bild 2, S. 240.** Pigmente in Malfarben und von den in der Praxis vorkommenden Anstrichstoffen besitzen Reinheitsgrade von ungefähr R 5 bis R 7 bzw. R 05 bis R 07. Die Unbuntreihe senkrecht steht im Anfangspunkt bei R 0. Alle senkrecht übereinander stehenden Farben besitzen gleiche Reinheitsgrade.

Ordnung und Bezeichnung der Vollfarben

Vollfarben von Pigmenten werden für den Maler- und Lackiererbereich in einem subtraktiven Farbtonkreis geordnet, wie dies in den vorangegangenen Ausführungen begründet wurde.

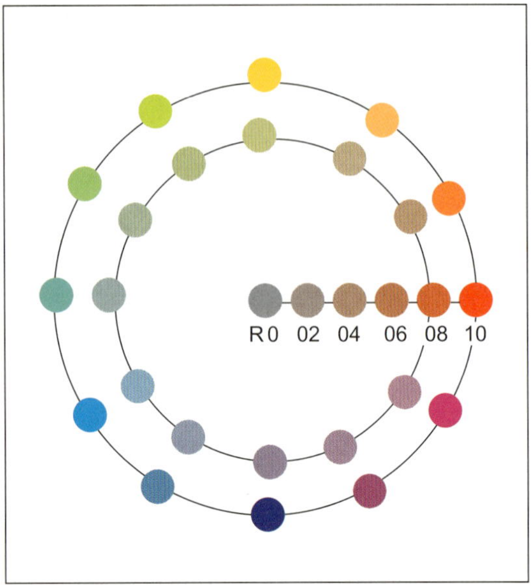

Bild 2: Reinheitsstufen von bunten Pigmenten

Aemilius Müller, der in Winterthur in der Schweiz lebte, schlug um 1960 vor, für praktische Malerarbeiten die Farbtöne entsprechend ihrer Eigenhelligkeit zu ordnen. Gelb liegt dadurch oben, Blauviolett als dunkelste Farbe unten. Beide Farbtöne bilden die senkrechte Achse des Farbtonkreises. Rot ist rechts und Grün links als waagerechte Achse angeordnet.

Die **wichtigsten Vollfarben,** die in der Praxis zum Mischen benötigt werden, sind im Farbtonkreis von **Bild 3** namentlich genannt.

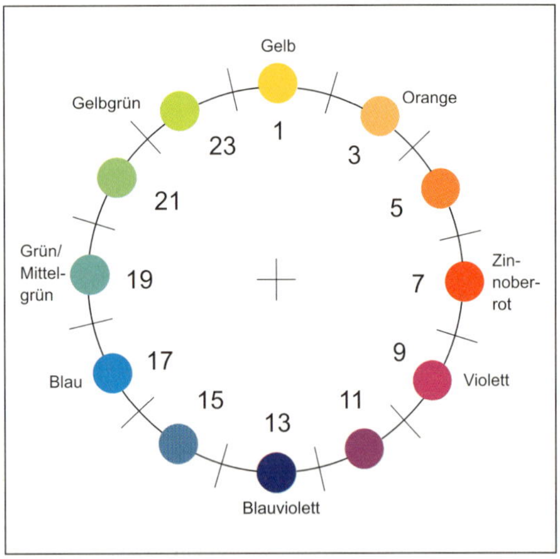

Bild 3: Farbtonkreis in 24er Teilung

Die Zwischenräume der markanten Farbtöne kann man je nach Bedarf mit weiteren Farbtönen ausfüllen, sodass bis zu 100 Farben untergebracht werden könnten. Mehr sind nur noch mit Mühe zu unterscheiden und daher nicht nötig.

Sehr nützlich ist wegen der Teilungsmöglichkeiten ein Farbtonkreis aus 24 Farben. Die Bezeichnung der Vollfarben erfolgte deshalb mit Zahlen von 1 bzw. 01 bis 24 **(Bild 3, S. 246)**.

Mit dieser Einteilung arbeitete **Wilhelm Ostwald.** Er benutzte jedoch einen additiven Farbtonkreis.

Über ein Kurzzeichen wie bei der Reinheit oder Helligkeit konnte man sich für den Farbton bisher noch nicht einigen.

Bei der **RAL-Karte** entsprechen die Farbtonbezeichnungen den Gradzahlen eines Kreises von 0° bis 360°.

Beim **NCS-System** werden die 40 Farbtöne mit einer Buchstaben-Zahlenkombination bezeichnet. Sie basiert auf den markanten Gegenfarbenpaaren Gelb (engl. Yellow – Y) und Blau (engl. Blue = B) sowie Rot (Red = R) und Grün (Green = G) des **additiven Farbtonkreises.** Ein Viertel des Kreises wird in 100 Teile gegliedert und ergibt die Farbtonbezeichnung mit Zahlen und Buchstaben.

Zum Beispiel wird der **Farbton 3** (Gelborange) von **Bild 1** bei **NCS** mit **Y 30 R** bezeichnet. Die Kombination entsteht, weil 30 Teile Rot zu der auf 100 ergänzbaren Menge Gelb, also 70 Teile, den gekennzeichneten Farbton ergeben **(Bild 1)**.

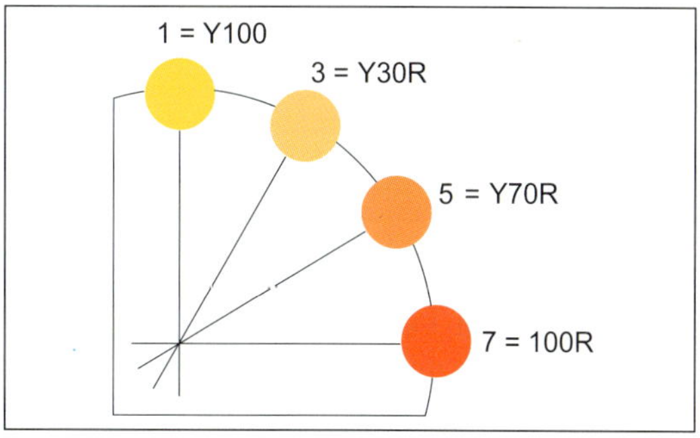

Bild 1: Bezeichnungsvergleich von Farbtönen nach Ostwald und NCS

Die durch Rechnen ermittelten Werte 30 Teile Rot und 70 Teile Gelb deuten Mischanteile an, was jedoch nicht der Fall ist. Ein Mischen ist mit diesen Angaben insofern nicht möglich, weil die Pigmente in unterschiedlicher Qualität wie Korngröße oder Verschnittmittel vorliegen und Farbänderungen hervorrufen. Die verwendeten Bindemittel der Anstrichstoffe ändern ebenfalls das Aussehen der Pigmente. Deshalb sind zu jeder Farbbezeichnung entsprechende Mischcodes üblich. Diese sind herstellerbedingt.

Tipp Fragen Sie bei Farbenhändlern oder in Fahrzeuglackierereien nach Mischcodes ihrer Farbenmischanlagen! Erkundigen Sie sich dabei unbedingt auch nach der Anzahl der in der Anlage verwendeten Farben!

▪ Nutzen des subtraktiven Farbtonkreises

Der Farbtonkreis gibt eine **Übersicht über die Lage und Eigenschaften** nach Farbton, Helligkeit und Reinheit der Vollfarben.

Dies ermöglicht **einfache Bezeichnungen** der Farbtöne mit Farbtonnamen und Zahlen.

Aus der Anordnung der Farbtöne kann man die **Beziehung der Vollfarbtöne zueinander** feststellen **(s. Abschnitt 6.2.4)**. Es gibt

- Nachbarfarben,
- fremde Farben und
- Gegenfarben.

Dadurch können **Farbenmischungen und Farbenkompositionen (Farbenkombinationen)** systematisch durchgeführt werden. In **Bild 2** sind als Beispiel einige Mischreihen und Kombinationen von Nachbarfarben, fremden Farben und Gegenfarben dargestellt, die von Gelb ausgehen.

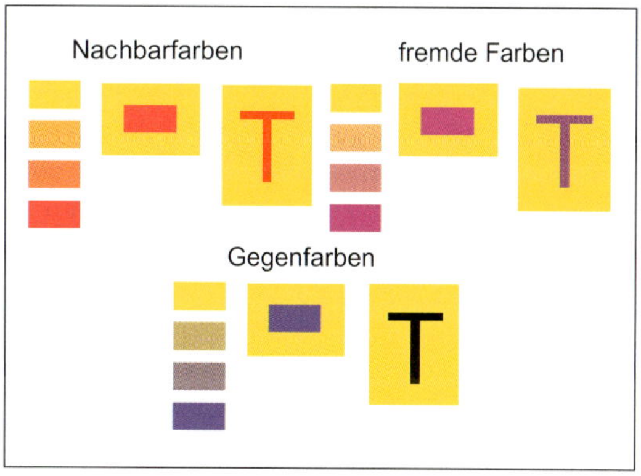

Bild 2: Systematisches Mischen und Kombinieren von Farbtönen

Farbenlehre

▪ Mischen mit Vollfarben

Es gibt mehrere Möglichkeiten, den Farbtonkreis für Mischzwecke zu nutzen. Um in diesem Stadium der Farbarbeit Trübungen weitgehend zu vermeiden, sollten möglichst viele Vollfarben zur Verfügung stehen. Völlig unzureichend ist die Arbeit mit den drei Farben Gelb, Rot und Blau. Aus Gründen der Deckfähigkeit sollten nur pastöse Malfarben verwendet werden.

• Mischen eines Farbtonkreises

In der Ausbildung wird es als eine Grundaufgabe angesehen, Vollfarben untereinander zu mischen, um daraus einen Farbtonkreis herzustellen. Zu dem Zweck mischt man Nachbarfarben miteinander. Von den daraus angefertigten Farbaufstrichen wählt man die vorgesehene Menge für den Farbtonkreis aus. Sie können in Quadratform ausgeschnitten werden. Durch ein kreisförmiges Stanzeisen wird die Arbeit vereinfacht.

Beim Anordnen zum Kreis gibt die Gelb-Blauviolettachse das Grundsystem mit seiner hellsten und dunkelsten Farbe an. Rechts und links müssen Rot und Grün mit gleicher Helligkeit liegen. Die übrigen Farbtöne sind entsprechend einzufügen. Dabei ist auf möglichst gleiche Helligkeit von Orange und Gelbgrün, Violett und Blaugrün sowie weiteren Farbtonpaaren zu achten, die zur Ergänzung der Farbübergänge dienen sollen.

Da es sehr schwierig ist, den Farbtonkreis gleichmäßig abgestuft herzustellen, ist es rationeller, einen gedruckten Farbtonkreis zu benutzen, z. B. den von **Bild 3, S. 246**.

• Mischen mit Nachbarfarben

Das Mischen mit Nachbarfarben ist insofern wichtig, weil sich keine Firma ein riesiges Lager mit Vollfarben anlegt. Rationeller ist es, **Zwischenfarben aus Nachbarfarbenpaaren** herzustellen und sie zum weiteren Mischen zu benutzen.

Mischübungen mit Nachbarfarben sind nützlich, weil man auf die Weise die Vielzahl von Buntfarben kennen lernen kann. Hierbei ist die Trübung der Zwischenfarben sehr gering und meist kaum feststellbar. Zu dem Zweck bietet es sich an, folgende Mischaufgabe auszuführen.

Beispiel: Mischen mit Nachbarfarben

Stellen Sie in **Gruppenarbeit** Mischreihen aus Nachbarfarbenpaaren her, um mit wenig Arbeitsaufwand die erreichbaren Zwischenfarben zu sehen! Die Verfahrensweise entspricht den Arbeitsschritten der Unbuntreihe. Die Anzahl der Zwischenfarben ist jedoch geringer, weil Nachbarfarben geringe Helligkeitsunterschiede gegenüber Weiß und Schwarz besitzen.

Die herzustellenden Mischproben müssen für alle Gruppenmitglieder ausreichen, wodurch natürlich viel Farbmaterial verbraucht wird.

Tipp Stellen Sie aus zwei Nachbarfarben in Kreisform mit **Corel Draw** Mischreihen her und drucken diese aus! Die beiden Formen mit den gewählten Farben sollten einen Zwischenraum von ca. 10 cm besitzen.

Markieren Sie beide Formen! Im **Menü Effekte** können bei **Überblenden** ihre **Zwischenfarben** gebildet werden.

Um eventuell einen Farbtonkreis herzustellen, müssen Sie aus den Reihen die passenden Farben auswählen und verschieben. Dazu ist es nötig, die Reihen bei **Anordnen** zu **trennen** und die bestehende **Gruppe auflösen**.

• Möglichkeiten zum Mischen von Farben innerhalb eines Farbtonkreises

Es ist möglich, durch die Lage der Mischreihen innerhalb des Farbtonkreises eine Farbe auf verschiedene Weise zu mischen.

Aus der Abbildung in **Bild 1, S. 249** kann man entnehmen, dass am Kreuzungspunkt von drei Farbenreihen sehr ähnliche Farben liegen. Daraus kann man schließen, dass es möglich ist, eine bestimmte Farbe aus unterschiedlichen Basisfarben zu mischen. Diese Methode ist zum Nachmischen von Farben unbekannter Zusammensetzung sehr nützlich.

Betrachtet man allerdings die auf verschiedene Weise nachgemischten Farben am Kreuzungspunkt unter anderer Beleuchtung, ändert sich ihr Aussehen. Der Vorgang heißt **Metamerie** (gr.-nlat.: von metamer, hintereinander liegend).

Für die Praxis bedeutet die Metamerie, dass zum Nachmischen von Farben die Mischrezeptur auf der Basis der Originalfarben bekannt sein muss. Bei Reparaturlackierungen von Kraftfahrzeugschäden wird die Rezeptur deshalb immer aus dem Farbcode der Lackierung abgeleitet.

Bild 1: Möglichkeiten zum Nachmischen einer Farbe innerhalb des Farbtonkreises

Um die Thematik aus eigener Erfahrung kennen zu lernen, bietet sich folgende Mischaufgabe an:

Beispiel: Mischen einer Zwischenfarbe aus verschiedenen Ausgangsfarben

Arbeitsanleitung

Stellen Sie aus den Farbtönen Gelb und Magenta oder Violett und aus Orange und selbst gemischtem Gelbgrün je eine Farbenreihe wie in **Bild 1** her! Prüfen Sie, ob an einer Stelle die Farben sich ähneln!

Ist dies der Fall, schneiden Sie eine bestimmte Anzahl von Farbproben quadratisch oder kreisförmig so aus, dass gleichmäßige Farbübergänge entstehen!

Die Farbproben können Sie in einem Kreis so anordnen, dass sich die ähnlichen Farben überlagern. Je nach Art der benutzten Ausgangsfarben werden die Reihen unterschiedlich lang sein.

Präsentieren Sie die Mischarbeit auf einem DIN A4-Zeichenblatt nach der Art der Blattgestaltung auf **S. 28!**

- **Trüben einer bunten Farbe**

Wenn beim Mischen einer Farbe das Endprodukt zu rein und „leuchtend" geworden ist, **trübt man oft mit der Gegenfarbe.**

Am meisten wird die Methode angewendet, um aus den Gegenfarben Rot und Grün Braun zu erhalten **(Bild 2)**. Andere Gegenfarbenpaare führen aber zum gleichen Ergebnis, wenn man die Informationen des vorigen Abschnitts beachtet. Aber auch hier ist bei Nachmischarbeiten die Metamerie ein Problem.

Sind außerdem für Außenanstriche die benutzten Vollfarben in ihrer Lichtechtheit nicht gleichwertig, kann eine Farbe im Laufe der Zeit davon ausbleichen. Die Mischfarbe passt dann nicht mehr zum Gesamtkonzept.

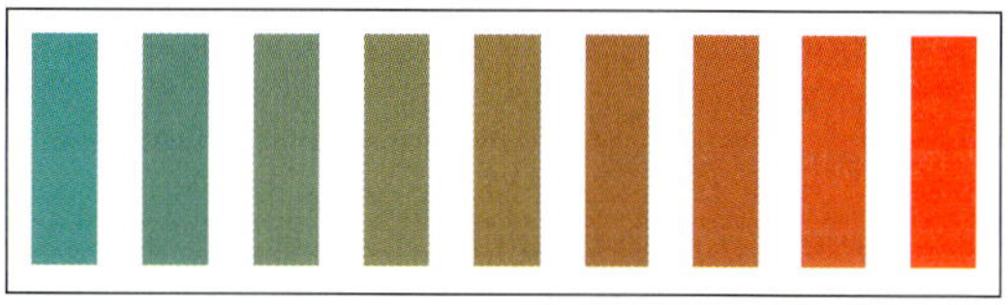

Bild 2: Braun mit Gegenfarben mischen

Trübungen erhält man allerdings auch durch **Zugabe von Grau zur Vollfarbe.** In **Bild 3** ist zu sehen, dass ein getrübtes Gelbgrün (Olivgrün) aus Gelb und Blauviolett auch aus Gelb und Grau herstellbar ist. Benutzt man allerdings blaustichiges Grau, treten Farbtonverschiebungen auf.

Weil das Ausbleichen nicht an zwei Farbtönen erfolgen kann, sondern nur am Gelb, werden Farbänderungen nicht so deutlich auffallen.

Die so hergestellten, scheinbar gleich aussehenden Farben beider Reihen weisen beim Betrachten unter anderer Beleuchtung allerdings wieder Metamerie auf.

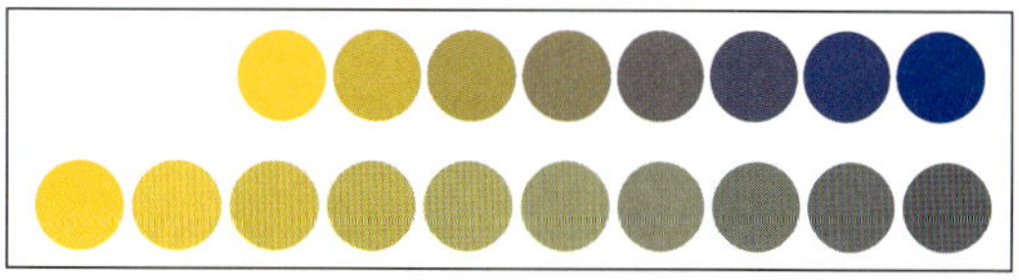

Bild 3: Trüben durch Mischen mit Gegenfarben und Grau

- **Vergleichendes Mischen**

In diesem Abschnitt wird gezeigt, wie unterschiedlich Mischergebnisse sein können, wenn man ähnlich aussehende Farben benutzt. Diese Situation ist dann von Bedeutung, wenn man den Auftrag erhält, mit nicht genau definierten Farbtönen Mischungen durchzuführen.

Mischungen aus Gelb mit Rot können mit Zinnoberrot (Mittelrot) oder Magenta erfolgen. Ähnliche Probleme gibt es bei Mischungen aus Gelb mit Grün, weil es verschiedene Sorten von Gelb und Grün gibt. Bei Mischungen aus Gelb mit Blau kann man mit Cyanblau und Ultramarinblau arbeiten. In allen Fällen entstehen zwar ähnliche, aber nicht die gleichen Zwischenfarben.

Um die Zwischenfarben kennen zu lernen, bietet sich folgende Mischaufgabe an:

Beispiel: Farbenmischen mit ähnlichen Farben

Arbeitsanleitung
Mischen Sie mit Gelb und zwei Sorten von Rot, Blau oder Grün je zwei Farbenreihen **(s. Bild 1)**! Stellen Sie alternativ Mischungen aus den verschiedenen Sorten von Blau und Rot her!

Schneiden Sie die Streichproben wieder in der Größe von 30 mm × 15 mm aus und ordnen Sie die Farben so, dass sie möglichst gleiche Helligkeitswerte besitzen!

Kleben Sie die Proben reihenförmig im Abstand von 5 mm auf Zeichenkarton wie im Muster von **Seite 28**!

Beschriften Sie die Arbeit in Normschrift mit dem Titel „Mischreihen aus Vollfarben" in 7 mm Schrifthöhe!

Bild 1: Mischreihen aus Vollfarben

Mischergebnis: An den Vergleichsreihen ist erkennbar, welche Farbtonänderungen und Trübungen entstehen, wenn Farbtöne ähnlicher Art bzw. unterschiedlichen Abstands im Farbtonkreis gemischt werden.

TIPP Stellen Sie alternativ die Reihen des zuvor genannten Beispiels wieder durch Überblenden mit Corel Draw her!

- **Anwendung der Vollfarben**

Vollfarben dienen normalerweise nur als Ausgangspunkt zum Mischen ungesättigter Farben. In einigen Fällen werden sie auch direkt zu Gestaltungszwecken benutzt. Beschriftungen und Fahrzeuglackierungen sind dazu geeignet, Raumgestaltungen dagegen weniger. An Fassaden können sie unter bestimmten Bedingungen vorkommen, wenn die Gebäude besondere Aufmerksamkeit erregen sollen (**s. Bild 5, S. 324** im Kapitel Farbenanwendung). Manchmal werden auch Bauzäune damit gestaltet, da sie nur kurzzeitig auf den vorübergehenden Betrachter einwirken **(Bild 2)**.

Bild 2: Durch Schulkinder gestalterisch aufgewerteter Bauzaun in Cottbus

8.2.2 Ungesättigte bunte Farben

In der Praxis der Maler und Lackierer spielen die ungesättigten bzw. getrübten bunten Farben wegen ihrer nicht so aufdringlichen Wirkungen eine dominierende Rolle **(Bild 3)**.

Bild 3: Fachmännische Arbeit mit ungesättigten Farben im Zillertal

▪ Ordnung und Bezeichnung

Wie im **Abschnitt 7** erläutert wurde, sind die ungesättigten bunten Farben in einem schiefen Doppelkegel so angeordnet, dass bei senkrechten Schnitten zur Körperachse **ungleichschenklige Dreiecke** entstehen.

Man kann in dieser Darstellung die notwendigen Eigenschaften **Farbton, Helligkeit** bzw. entsprechende HBZ- oder Remissionswerte und **Reinheit** bzw. Sättigungsgrad oder Trübung erkennen.

Da in jedem Dreieck nur von einer Vollfarbe die möglichen Ausmischungen gezeigt werden, spricht man von **farbtongleichen Dreiecken**.

Weil auch andere geometrische Figuren (Rechtecke, Quadrate, Halbkreise und gleichschenklige Dreiecke) benutzt werden, spricht man allgemein von farbtongleichen Flächen. Allerdings sind nicht in jedem Fall alle drei Farbeigenschaften darin zu finden. Damit ist ihre Aussagekraft dann nicht vollständig.

• Aussagekraft der farbtongleichen Dreiecke

Die farbtongleichen Dreiecke sind mit einem rasterförmigen Koordinatensystem versehen. Da die **Raster** wie Koordinaten wirken, kann man sie **zum Bezeichnen der Farbenpunkte** benutzen **(Bild 1)**.

An der senkrechten Achse liegt die **Unbuntreihe** mit dem obersten Endpunkt für Weiß und dem untersten für Schwarz. An ihr wird der **Helligkeitswert** der jeweiligen Vollfarbe von H 0 bis H 10 gemessen.

HINWEIS Beachten Sie, dass H 10 ein Weißpigment mit dem Y-Wert von 89 % ist! Weil H 0 absolute Finsternis ist, kann man damit nicht mischen. Deshalb wird als unterster Punkt zum Mischen Schwarz mit H 3 bzw. Y = 3 % angegeben.

Auf der rechten senkrechten Achse befindet sich die jeweilige **Vollfarbe.** Gelb liegt entsprechend seiner Eigenhelligkeit am höchsten, Blauviolett am tiefsten.

Der waagerechte Abstand der Unbuntreihe zur Vollfarbe gibt den **Reinheitsgrad** bzw. Sättigungsgrad an. Außen liegen die reineren, unverschnittenen Pigmente (R 10). Die in der Praxis üblichen verschnittenen und daher preisgünstigeren Buntpigmente liegen meist im Bereich von R 05 bis R 07.

Aus einem 24teiligen Farbtonkreis lassen sich 24 verschiedene farbtongleiche Dreiecke ableiten, bei NCS sind es entsprechend 40.

In **Bild 1** sind als Beispiel die farbtongleichen Dreiecke von Gelb und Blauviolett zu sehen. Allerdings ist nur das innere, farbig gekennzeichnete Dreieck mischbar, weil der Maler kaum Pigmente der Reinheitsstufe 10 besitzt.

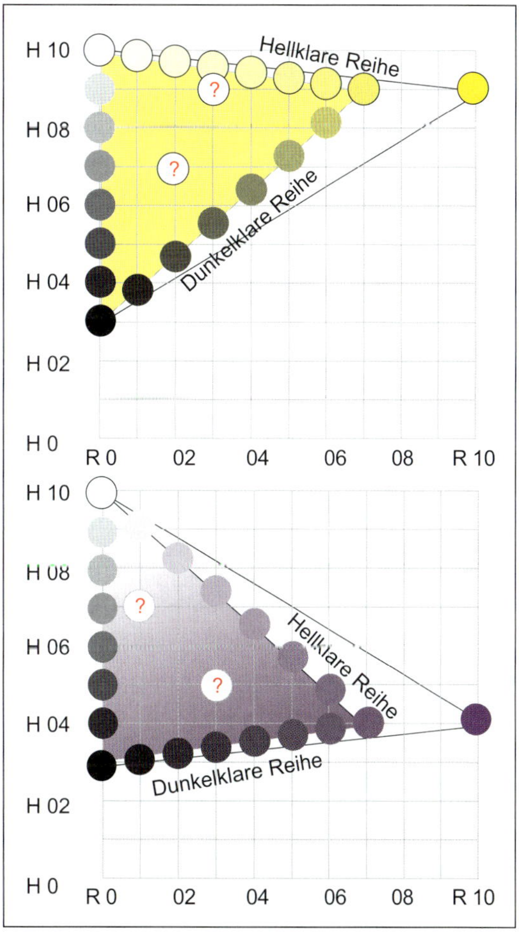

Bild 1: Farbtongleiche Dreiecke der Vollfarben Gelb 01 und Blauviolett 13

Auf den Schnittpunkten der Rasterlinien befinden sich **innerhalb des Dreiecks entsprechende Farbenpunkte von Mischfarben.** Dazwischen ließen sich noch weitere Farben angeben.

Das Malerpigment Gelb **(Farbton 01)** hat einen H-Wert von **H 09** und den Reinheitsgrad **R 07.** Für das Malerpigment Blauviolett **(Farbton 13)** gilt dann **H 04** und **R 07.**

Man benötigt somit immer 6 Ziffern zur Bezeichnung einer beliebigen Farbe, in der Reihenfolge Farbton, Helligkeit und Reinheit:

Gelb wird mit 01 09 07, Violett mit 13 04 07 bezeichnet.

Da Farbtonkreise mit 24 Vollfarben recht häufig angewendet werden, ist es recht einfach, sich die benutzte Vollfarbe anhand der ersten Zahlen von 01 bis 24 einzuprägen.

> **TIPP** In den beiden farbtongleichen Dreiecken können Sie selbstständig weitere Farben mithilfe der Koordinaten bezeichnen. Zu dem Zweck sind bestimmte Stellen kreisförmig (?) markiert.
>
> Vergleichen Sie zusätzlich Farbenbezeichnungen in anderen Farbenkarten, die Ihnen zur Verfügung stehen! Besonders sollten Sie nach Karten suchen, die auf der Basis des NCS-Systems beruhen!

- **Probleme bei der Farbenbezeichnung**

Wenn eine Mischfarbe mit dem Farbnamen **dunkles Blauviolett** mit den Koordinaten in der Reihenfolge Farbton, Helligkeit, Reinheit in **Bild 1, S. 251** mit den Werten **13 05 06** angegeben wird, ist dies eine sehr exakte Bezeichnung.

Aber der Farbname dunkles Blauviolett ist irreführend. Er müsste heißen: leicht aufgehelltes (genauer gesagt **verweißlichtes**) **Blauviolett.**

Ebenso hieße es dann entsprechend verschwärzlichtes Gelb für die im gelben Dreieck befindliche olivgrüne Farbe 01 08 06.

Zur **ungefähren Beschreibung** von ungesättigten Einzelfarben ist es ausreichend, die Begriffe hell, dunkel, grau oder trüb den Farbtonnamen zuzufügen. Liegen zwei Mischfarben jedoch sehr nahe beieinander, nutzt diese Namensbezeichnung kaum etwas.

Die aus dem Blauviolett hergestellten Farben in **Bild 1, S. 251** mit den Zahlenwerten 13 08 02 und 13 07,5 03 würden ohne Sichtvergleich beide den Namen helles Blauviolett tragen. Umgekehrt kann man sich nur mit Zahlenwerten auch keine genaue Vorstellung von einer Farbe machen. Somit ist es üblich, beide Bezeichnungsmethoden gleichzeitig einzusetzen.

Zum Sammeln bzw. Auffinden der unzähligen Farben sind Farbenkataloge hergestellt worden. Sie müssten die Bezeichnung **Farbenkarten** tragen, weil sich in ihnen bunte und unbunte Farben befinden. In der Praxis verwendet man übrigens statt Farbenkarten oder **Farbkarten** den Begriff **Farbtonkarten.**

> Die **Bezeichnung Farbtonkarte** trifft nicht zu, weil in einem solchen Sortiment nicht nur die Farbtöne von Vollfarben zu finden sind, sondern vor allem ungesättigte Farben.

Wichtige Mischreihen im farbtongleichen Dreieck

Im Maler- und Lackiererbereich sind Mischungen gebräuchlich, die man beim schrittweisen Herstellen als Farbenreihen bezeichnen würde. Nach OSTWALD gibt es dafür die Bezeichnungen hellklare Reihen, dunkelklare Reihen, Weißreihen und Verhüllungsreihen.

Hellklare Reihen sind Mischungen aus einer Vollfarbe und Weiß.

Dunkelklare Reihen sind Mischungen aus einer Vollfarbe und Schwarz.

Reine Verdunklungen von Vollfarben sind im Malerbereich relativ selten. Der Lackierer stellt sie für Fahrzeuge wegen ihrer vornehmeren Wirkung jedoch sehr oft her.

Weißreihen sind Mischungen aus einer dunkelklaren Farbe und Weiß **(Bild 1)**.

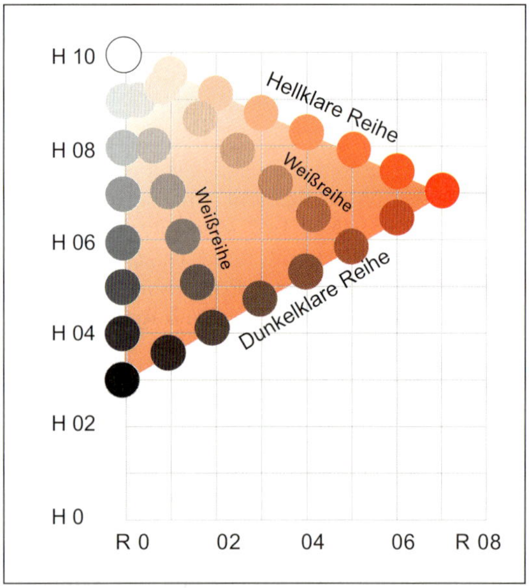

Bild 1: Lage von hellklaren, dunkelklaren und Weißreihen

Verhüllungsreihen entstehen immer durch Zusatz von Grau. Manchmal nennt man sie auch **Fernenreihen,** weil in der Ferne die Farbigkeit von Objekten weniger zu erkennen ist.

Da es unterschiedliche Graustufen gibt, kann man sehr viele Verhüllungsreihen bilden **(Bild 1)**. Sie entstehen prinzipiell nach drei Methoden:

- durch Mischen von Grau mit einer hellklaren Farbe,
- durch Mischen von Grau mit einer Vollfarbe,
- durch Mischen von Grau mit einer dunkelklaren Farbe.

Besondere Verhüllungsreihen sind **Reihen mit gleicher Helligkeit.** Sie liegen im farbtongleichen Dreieck immer waagerecht.

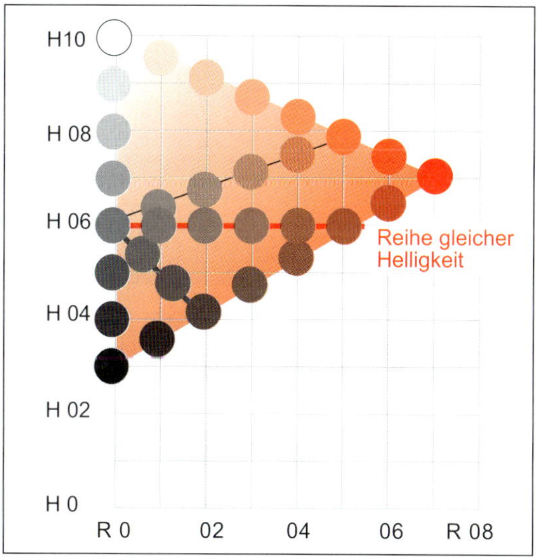

Bild 1: Verhüllungsreihen (Fernenreihen)

Farbenzonen in farbtongleichen Dreiecken

In der Praxis sind einige Bereiche in den farbtongleichen Flächen unter besonderen Begriffen bekannt. Man spricht von **Farbenzonen (Bild 2)**.

Das sind entweder **Pastellfarben** (1), **gesättigte (bunte) Farben** (3), **trübe (bunte) Farben** (2) und **dunkle (bunte) Farben** (4).

Das **Mischen von Stufen einer Farbenzone** entspricht dem Mischen nach Farbencodes in der Reparaturlackierung der Fahrzeuglackierer oder dem Mischcomputer von Farbenhändlern.

Zuerst wird aus Nachbarfarben eine Buntfarbe gemischt, der dann Unbunt in Form von Weiß und Schwarz zugesetzt wird (**Bild 2**, Farbe in Zone 3).

Da die in der Praxis üblichen Lackfarben aber selten so rein sind, akzeptiert man schon beim Mischen der Buntfarbe eine Trübung, wenn sie dem Farbencode entspricht. In dem Fall setzt man weniger unbunte Farben zu. Die benötigte bunte Farbe wird in dem Falle u. U. aus benachbarten oder fremden Vollfarben gemischt.

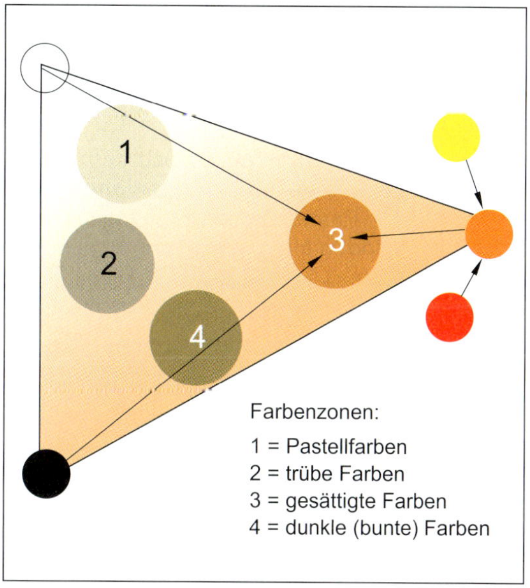

Bild 2: Farbenzonen im farbtongleichen Dreieck

Mischen von Farbenreihen

Beim Mischen der in diesem Abschnitt genannten Farbenreihen kann man feststellen,

- wie sich feine Farbnuancen herstellen lassen,
- wie die Mischfarben aus den verschiedenen Vollfarben aussehen und sich von Stufe zu Stufe verändern und
- wie man rationell verschiedene Farben mischen kann, um z.B. besonders helle oder besonders dunkle Farben einer jeweiligen Reihe zu erhalten.

Arbeitsanleitung zum Mischen von Farbenreihen

- Gehen Sie bei der Arbeit wie beim Herstellen von Unbuntreihen vor! Achten Sie auf gut deckende und in einer Richtung gleichmäßig verschlichtete Aufstriche!

Die Reihen könnten immer aus 10 Stufen bestehen. Es sind auch unterschiedlich lange Reihen möglich, wenn Sie die Helligkeitswerte der Vollfarben berücksichtigen. Eine Reihe aus Weiß und Gelb ist z. B. kürzer als eine Reihe aus Gelb und Grün.

- Bereiten Sie zuerst die Ausgangsfarben Weiß, Schwarz oder Grau und die jeweilige Vollfarbe streichfähig zu und fertigen Sie Probeaufstriche an! Für Weißreihen sind Weiß und eine dunkelklare Farbe nötig.
- Stellen Sie von den jeweiligen beiden Ausgangsfarben bis zu 15 Zwischenstufen her! Sind die Ausgangsfarben in der Helligkeit sehr ähnlich wie bei Weiß und Gelb, sind die Reihen kürzer.
- Schneiden Sie die Proben nach dem Trocknen randlos grob aus, um geeignete Aufstriche für Reihen mit visuell gleichmäßigen Abständen auszuwählen!
- Schneiden Sie die gewählten Proben auf eine Größe von 30 mm × 15 mm aus und kleben Sie davon die Farbenreihen!

Beispiel: Mischen Sie zum Vergleichen aus Weiß und zwei benachbarten Vollfarben zwei hellklare Reihen!

Die Ausmischungen mit Weiß können z. B. aus Gelb und Orange oder aus Gelb und Grün gemischt werden. In **Bild 1** sind mehrere hellklare Reihen zu Vergleichszwecken zu sehen.

Wenn Sie zwei Nachbarfarben miteinander mischen, können Sie die Zwischenstufen als Ausgangsfarbe benutzen. So kann dann z. B. eine hellklare Reihe aus Gelbgrün mit einer Reihe aus Grün verglichen werden.

Bild 1: Hellklare Reihen der wichtigsten Vollfarben

Feststellungen an den Mischreihen

Bei Mischreihen aus Weiß und roten Farbtönen treten Farbtonveränderungen auf, die man als **Farbtonverschiebung** bezeichnet. Mischreihen von Zinnoberrot oder Karminrot zu Weiß erscheinen etwas bläulich (kälter). Die Verschiebung zum Bläulichen ist wie beim Grau auf das Absorbieren von Lichtwellen aus dem wärmeren Lichtspektrum zurückzuführen.

Eine **Korrektur** ist möglich, wenn man den Buntfarben wärmere Nachbarfarbe zusetzt. Roten Farben gibt man Gelb zu, ehe mit Weiß aufgehellt wird **(Bild 2)**. Blaue Farben werden durch Karminrot bzw. Magenta wärmer.

TIPP Vergleichen Sie die hellklaren Reihen der Sorten von Blau, um den wärmeren oder kälteren Charakter dieser Ausmischungen zu erkennen!

Bild 2: Reihen mit Farbtonverschiebung und Korrektur

Beispiel: Mischen Sie zum Vergleichen aus Schwarz und zwei benachbarten Vollfarben zwei dunkelklare Reihen!

Arbeiten Sie so wie bei den hellklaren Reihen und vergleichen Sie mit **Bild 3**! Geben Sie geeignete Namen für die dargestellten Farben, insbesondere für die Brauntöne!

Bild 3: Dunkelklare Reihen der wichtigsten Vollfarben

Feststellungen an den Mischreihen

Auch bei einigen dunkelklaren Reihen treten **Farbtonverschiebungen** auf. Die Mischreihe von Gelb zu Schwarz erscheint grünlich (olivgrün).

Diese Farbtonverschiebung zum Grün ist wieder auf die bekannten Ursachen zurückzuführen, also auf das Absorbieren der roten Farbanteile. Die Vermischung der überwiegenden blauen Wellenanteile mit Gelb führt zum Grün.

Eine **Farbtonkorrektur** ist möglich, wenn dem Gelb etwas Rot zugegeben wird, ehe man mit Schwarz verdunkelt **(Bild 1)**. Die vorletzte Farbe der 2. Reihe enthält zu dem Zweck etwas Rot. Dabei entsteht eine dem Umbra ähnliche Farbe. Manchmal ist ihr Aussehen aber erst beim Aufhellen mit Weiß zu erkennen.

Das **Verdunkeln von bunten Farben** ist in der Praxis deshalb auch **mit Umbra** gebräuchlich.

Gelbe Töne werden jedoch **mit Ocker verdunkelt,** statt mit Schwarz. So entstehen besonders angenehm wirkende warme Farben. Der gefühlvolle Praktiker benutzt deshalb diese Variante des Trübens von Gelb am häufigsten.

Orange und **rote Farben** verdunkelt man oft mit **Englischrot** oder **Oxidrot.** Aus diesen Vollfarben entstehen die verschiedenen **Nuancen von Braun (Bild 1).**

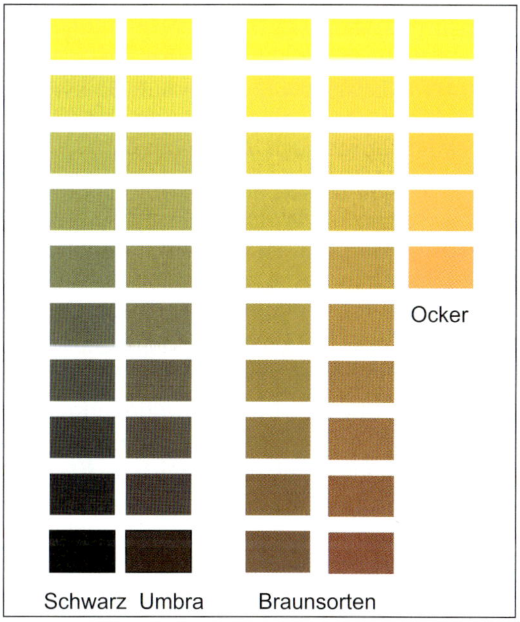

Bild 1: Korrektur der Farbtonverschiebungen beim Verdunkeln von Gelb

> **Beispiel:** Mischen Sie zwei Weißreihen aus Weiß mit verschiedenen Stufen einer dunkelklaren Reihe!
>
> Die Farbreihen sind in **Bild 2** zu sehen. Zum Vergleich sind noch die Unbuntreihe und die hellklare Reihe zugefügt.

Arbeitsanleitung

1. Mischen Sie zuerst eine beliebige dunkelklare Farbe aus einer Vollfarbe und Schwarz und streichen davon eine Probe!
2. Bereiten Sie mit einem zweiten Pinsel das Weiß zu und streichen Sie eine Probe!
3. Holen Sie mit dem weißen Pinsel aus der dunkelklaren Farbe eine geringe Menge, um sie im Weiß zu einer sehr hellen Farbstufe der Weißreihe zu vermengen!
4. Stellen Sie durch Zusetzen weiterer dunkelklarer Farbe die gesamte Reihe her, aus der Sie wie üblich die nötigen Farbproben auswählen, auf 30 mm × 15 mm Rechteckgröße ausschneiden und kleben!
5. Fertigen Sie nach dieser Methode eine weitere Weißreihe an, deren dunkelklare Ausgangsfarbe eine andere Helligkeits- und Reinheitsstufe besitzt!

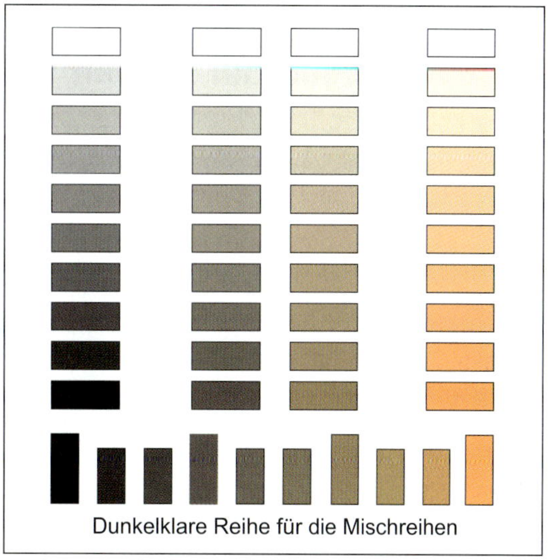

Bild 2: Weißreihen im Vergleich zur Unbuntreihe und einer hellklaren Reihe

> **TIPP** Wenn Sie im Unterricht **Gruppenarbeit** durchgeführen, liegen von anderen Auszubildenden Weißreihen aus weiteren Vollfarbtönen zum Vergleichen vor.

FARBENLEHRE

Feststellungen an den Mischreihen von Bild 2, S. 255

Alle Reihen werden nach oben heller.

Die linke Weißreihe ist stärker vergraut als die rechte Reihe. Sie enthält mehr Anteile von Schwarz und liegt nahe der Unbuntreihe, die im farbtongleichen Dreieck den Reinheitsgrad Null besitzt.

Die hellklare Reihe ist aufgrund des fehlenden Anteils von Schwarz am klarsten.

Laien führen meist nur Aufhellungen von gekauften bunten Farben mit Weiß durch. Die dabei erzielten Mischergebnisse sind meist zu wenig getrübt. Sie wirken aufdringlich und grell.

Tipp Bringen Sie aus der Praxis Farbaufstriche von Mischproben auf Dispersionsbasis mit!

Wenn Sie diese Proben mit den Stufen der Weißreihen vergleichen, werden Sie feststellen, dass diese im Bereich der Abstufungen Ihrer Weißreihen liegen.

Daraus können Sie erkennen, welch große Bedeutung die Weißreihen besitzen.

9 Wirkungen der Farben

Bei den Untersuchungen zu den Verhaltensweisen des Lichts wurde festgestellt, wie notwendig Licht ist, um die Umwelt farbig zu erkennen.

Bei bestimmter Helligkeit kann man besser sehen. Deshalb muss die Umgebung am Arbeitsplatz, beim Lesen und Schreiben oder anderen Tätigkeiten optimal beleuchtet werden. Zur Verbesserung der Sehbedingungen untersuchen Wissenschaftler in dem Zusammenhang die **physikalische Wirkung** der Farben.

Wenn man von einem dunklen Raum aus ins Helle tritt, wird man von dieser großen Lichtmenge überrascht. Die Augen reagieren schützend, indem sich die Pupillen verengen. Durch Blinzeln versucht man, sich an die Helligkeit zu gewöhnen. Das Reagieren der Körperorgane auf Farben bzw. Licht nennt man **physiologische Wirkung.**

Wenn man morgens bei Sonnenschein aufwacht, bewirkt das Licht eine bessere Stimmung als an einem trüben Tag oder zur sonnenarmen Winterszeit. Die Farben rufen Empfindungen anderer Sinnesorgane hervor. Solche Verknüpfungen von Farben mit ihren Auswirkungen bezeichnet man als **Synästhesie** (griech.). Orange und Rot wirken warm und erregend, machen aufmerksam. Im Krankenhaus sollten jedoch rote Farben an bestimmten Stellen vermieden werden, um die Beziehung zu Blut und Operation zu vermeiden. Aber für Verkehrszeichen sind auffällige bunte Farben notwendig. Sie informieren besser als blasse Farben. Grün und Blau und Aufhellungen von Farben kühlen und beruhigen.

Beim täglichen Umgang mit Farben sieht man, wo synästhetische Wirkungen für bestimmte Aussagen genutzt werden.

In der Produktion werden z. B. **Rohrleitungen** oder **Behälter** mit Farben gekennzeichnet, um über ihren **Inhalt** Auskunft zu geben. Für Sauerstoff benutzt man Blau, für Wasser Grün. Gelb ist die allgemeine **Warnfarbe** bei Beschilderungen, Rot bedeutet Halt. Damit spricht man die **Symbolwirkung** der Farben an.

Allbekannt ist der Zusammenhang von Farben mit Gefühlen. Schwarze Farbe bedeutet in vielen Kulturkreisen Trauer, Grau lustlos, grünliches Gelb sauer usw. Untersucht man unter diesen Aspekten die Wirkung der Farben, beobachtet man ihre **psychologische Wirkung.**

In dem Zusammenhang ist die Farbwahl bei Raumgestaltungen zu berücksichtigen. Dabei treten oft Mehrfachwirkungen auf. So symbolisiert das sonst lustlos wirkende Grau beim Mobiliar in Büros auch Vornehmheit.

Ganz besonderes soll an dieser Stelle auf die **verkaufsfördernde Wirkung** der Farben hingewiesen werden. Sie ist im Bereich der Textil- oder Kosmetikbranche allerdings wechselhaft, da sie stark von Modetrends beeinflusst wird. Damenkleidung erhält z. B. meist schon nach wenigen Monaten andere Farben und Formen.

Im Malerhandwerk wird die Farbgebung eines fertiggestellten Raumes oder einer Fassade vom zufriedenen Auftraggeber oder Betrachter mit Begriffen wie „schön" oder „zweckmäßig" bezeichnet. Auch Fahrzeuge werden dem Kunden kaum ohne die „passende" Farbe verkauft.

Werbung mit Schrift und Bild ist ohne die beeinflussende Kraft der Farbe nicht vorstellbar.

Um Auftraggeber in dieser Beziehung überzeugend informieren zu können, sind viel Erfahrung und umfangreiche Fachkenntnisse notwendig, die überzeugend dargeboten werden müssen.

Die Wirkungen der Farben wurden bisher an Einzelfarben beschrieben. Diese Situationen treten jedoch nur unter besonderen experimentellen Bedingungen ein, denn jedes Objekt steht in enger Beziehung zu einem anderen.

Damit stellt man auch bei Farben immer den Zusammenhang von mindestens zwei Farben fest. Somit werden normalerweise immer Farbkombinationen betrachtet.

Da sich diese Farben dann meist voneinander unterscheiden, spricht man von **Kontrasten,** Gegensätzen oder Polaritäten.

Sind die Unterschiede auffällig, liegen **große Kontraste** vor, bei kleineren Unterschieden **mittlere** oder **kleine Kontraste.**

Wie bei der Ordnung und Bezeichnung von Farben gibt es auch hier unterschiedliche Aussagen oder Meinungen. Eine besondere Rolle spielen die Ansichten von JOHANNES ITTEN (1888–1967), **Lehrer des Bauhauses in Weimar.** Seine Begriffe werden viel im Bereich der Kunstmaler benutzt, jedoch auch im Malerhandwerk. Teilweise sind die Begriffe nicht eindeutig oder aussagekräftig genug oder sie werden falsch interpretiert.

9.1 Kontraste und ihre Wirkungen

Stellt man Farbkombinationen entsprechend ihres Farbtons, ihrer Helligkeit oder ihrer Reinheit bzw. Sättigung her, ist dies eine objektive Tatsache. Aufgrund der unterschiedlichen Eigenschaften der Farben spricht man von **objektiven Kontrasten.**

Die Wirkung auf den Menschen ist jedoch von seinen Auffassungen und Gefühlen abhängig. Nicht jeder empfindet z.B. Kleidung in Grauabstufungen traurig, lustlos, sondern auch vornehm und dezent. Wirkungen sind also immer etwas Subjektives, Personenbezogenes. Deshalb spricht man auch von **subjektiven Wirkungen** und **Kontrasten.** Einige Kontraste davon wie Simultankontraste und Nachbildfarben sind jedoch Sinnestäuschungen bzw. Leistungen des Gehirns.

9.1.1 Simultankontraste

Simultankontraste entstehen, wenn zwei Farbenproben dicht nebeneinander liegen. Man sieht immer gleichzeitig **(simultan)** die sich berührenden Farben und stellt Veränderungen an denselben fest. Werden zu diesem Zweck die Farben an den folgenden Beispielen erst einzeln und dann in einer Farbenkombination simultan betrachtet, sind die veränderten Wirkungen feststellbar.

Die grauen und bunten Farben in **Bild 1** stehen zuerst in einem bestimmten Abstand nebeneinander. Man kann beim besten Willen nichts Besonderes an ihnen erkennen. Berühren sich die Farben jedoch, stellt man **sofort** fest, dass die Farbränder an der Anschlussstelle zur dunkleren Farbe heller erscheinen. An hellen Anschlusskanten wirken die dunklen Farbränder noch dunkler. Man spricht von **Farbrandverdunklungen.**

Diese Situation spielt eine Rolle, wenn Flächen zweifarbig gestaltet werden, wie dies bei Wänden mit Sockeln der Fall ist.

Bild 1: Farbrandveränderungen durch den Simultankontrast

Eine andere Darstellungsweise des Simultankontrastes zeigt **Bild 2.** Sie ist dann bedeutsam, wenn Striche zu Dekorzwecken gezogen werden. Auf dem hellen Grau wirkt der Strich dunkler, auf dem Schwarz heller. Damit wird deutlich, dass der Simultankontrast eine optische Täuschung ist.

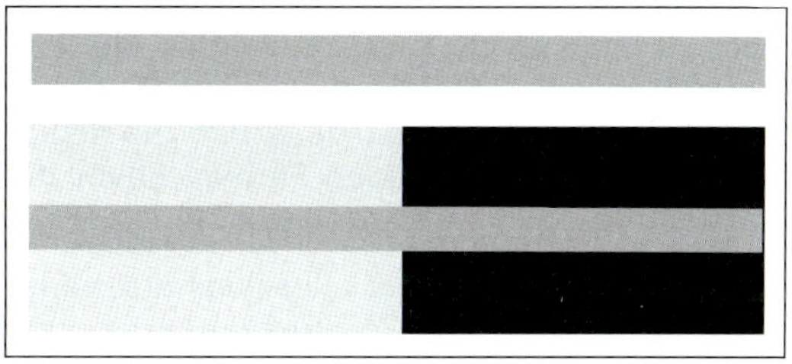

Bild 2: Helligkeitsveränderungen durch den Simultankontrast bei Strichen und Bändern

FARBENLEHRE

Werden bunte Farben in ähnlicher Weise angeordnet, treten neben den Helligkeits- noch Farbtonveränderungen auf **(Bild 1)**.

Das Rot erscheint auf dem gelben Untergrund gegenüber der Anordnung auf Weiß nicht nur dunkler, sondern auch intensiver rot. Auf dem Violett erscheint es dagegen heller und neigt zum Orange.

Auf dem Grün, der Gegenfarbe, „brennt" es feuerrot. Man hat das Gefühl, als ob die **Farben** an der Berührungsstelle flackern oder **flimmern**. Der **Flimmereffekt** kommt immer dann zustande, wenn zwei gleich helle Farben kombiniert werden.

Zur Farbgebung sollte dieser Effekt vermieden werden, weil er Unruhe auslöst. Es gibt jedoch Beispiele, mit denen gerade dadurch Aufmerksamkeit erregt werden soll **(Bild 3, S. 217)**.

Bild 1: Farbton- und Helligkeitstäuschungen durch Simultankontrast mit bunten Farben

In manchen Fällen wird die Flimmerwirkung nicht dem Simultankontrast zugeordnet, sondern als eigenständiger Kontrast mit der Bezeichnung **Flimmerkontrast** dargestellt. Damit wird jedoch nicht auf seine Ursachen eingegangen.

Beseitigung des Flimmereffekts

Der Flimmereffekt kann beseitigt werden, wenn man seine Ursache, die gleiche Helligkeit beider Farben, kennt. Man verändert die Helligkeitswerte einer der beiden Farben, bevor die Anstriche ausgeführt werden **(Bild 2)**.

Beharrt der Auftraggeber allerdings auf seiner Farbe oder sieht eine Aufhellung ungünstig aus, kann man die Farbflächen einrahmen. Dazu ist nicht nur Schwarz geeignet. Auch bunte Farben sind verwendbar.

Bild 2: Flimmereffekte und ihre Beseitigung

Anwendung des Simultankontrasts

Maler und Lackierer wenden den Simultankontrast an, wenn sie **Farbproben** herstellen. Sie tropfen beim Mischen die Farben zur Kontraststellung ineinander oder sie führen Probeanstriche aus. Die Wirkung der sich berührenden Farben ist jedoch erst nach dem Trocknen eindeutig erkennbar. Durch die Proben wird gleichzeitig die Streichfähigkeit bzw. Viskosität der Anstrichstoffe geprüft.

Der Simultankontrast wird oft mit dem Nachbildkontrast verwechselt.

9.1.2 Nachbildkontraste

Wenn man längere Zeit auf eine intensiv gefärbte Fläche, z. B. auf den gelben Kreis in **Bild 3** schaut, werden nach einiger Zeit die Augen schmerzen. Sieht man jetzt auf eine andere Fläche, z. B. auf das linke weiße Viereck, bildet sich **nach einiger Zeit** eine Kreisfläche in einer anderen Farbe, in diesem Falle in einem hellen Violett. Das ist die **Nachbildfarbe**.

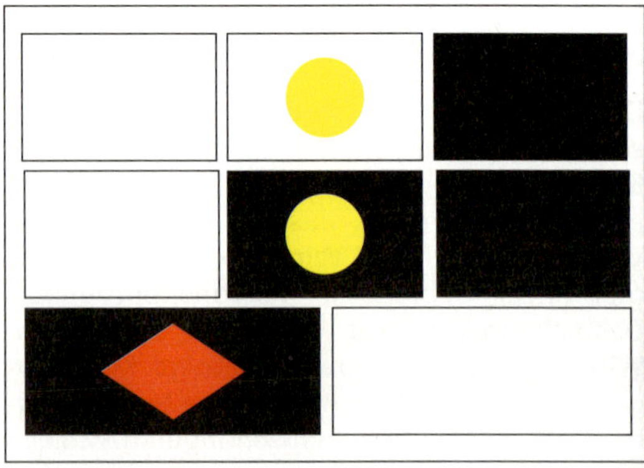

Bild 3: Nachweis von Nachbildfarben

Die Nachbildfarbe wird von der Farbe des Untergrunds beeinflusst. Beobachtet man in **Bild 3, S. 258** deshalb das Nachbild auf andersfarbigen Objekten, in dem Fall auf dem schwarzen Rechteck, bildet sich ein dunklerer violetter Kreis. Das Nachbild von Rot ist ein helles Blaugrün.

Weil in diesen Situationen zwei Farben zu sehen sind, liegt ein Kontrast vor. Als Bezeichnung wurde deshalb der Begriff **Nachbildkontrast** bzw. **Sukzessivkontrast** (**Sukzession,** lat. = Nachfolge) gewählt.

Die exaktesten Nachbilder erhält man immer, wenn die Originalfarben auf schwarzem Grund liegen und sich nach längerer Betrachtung auf weißem Untergrund bilden können.

Die Nachbildwirkung kommt zustande, weil die Sehzellen durch das lange Schauen auf einen Farbfleck überlastet werden.

Von der weißen Farbe, auf der das Nachbild entstehen soll, werden zwar alle Spektralfarben remittiert. Aber an der belasteten Stelle können die Sehorgane nicht alle Lichtwellen wahrnehmen, sondern nur die restlichen, die sich zu Violett vereinen. Die Nachbildwirkung ist damit eine Leistung des Gehirns.

Eine Nachbildfarbe entspricht keinesfalls einer Gegenfarbe im additiven oder subtraktiven Farbtonkreis. Der genauere Begriff ist daher **visuelle Gegenfarbe.** Sie erscheint zu den bekannten Farbtönen in den Farbtonkreisen in aufgehelltem Zustand.

TIPP Mit entsprechendem Aufwand kann ein Farbenkreis mit Nachbildfarben aufgestellt werden. Zu dem Zweck müssen die Farbtöne des subtraktiven Farbtonkreises nacheinander auf schwarzem Untergrund betrachtet werden. Die entstehenden visuellen Nachbildfarben kann man dann an bereitliegenden Farben aus Farbenkarten bestimmen.

Die Formen sollten nicht zu klein sein, wenn die Nachbildfarben mit bereitliegenden Farbenkarten verglichen werden.

Anwendung des Nachbildkontrastes

Für die Praxis sind Nachbildkontraste insofern wichtig, wenn man zeitweilig gezwungen ist, längere Zeit auf eine bestimmte farbige Fläche zu schauen. Die Augen schmerzen, man sieht andersfarbige Flecken und kann sich nicht konzentrieren.

Arbeiter greifen unter diesen Bedingungen am Fließband nicht mehr präzise zu. Ärzte können Operationen nicht mehr exakt durchführen. Das rote Blut scheint auf weißen Tüchern grüne Flecken zu erzeugen. Werden Abdecktücher in der Gegenfarbe von Grün bis Blaugrün benutzt, sind sie nicht mehr zu sehen. Einen Arbeitstisch müsste man in gelbbraunen Holztönen halten, wenn blaue Gegenstände darauf sortiert werden sollen.

Gerhard Zeugner, Leipzig, hat intensiv Versuche zu den beschriebenen Arten von Gegenfarben durchgeführt und Vorschläge zu ihrer Bezeichnung in Fachgremien vorgelegt. In **Bild 1** sind typische Gegenfarben zu Gelb dargestellt und bezeichnet. Die beiden ersten Farbproben ergaben sich aus der Kreiselmischung und der Pigmentmischung, wobei Hellgrau und Dunkelgrau entstanden. Das dritte Farbpaar ist die visuelle Gegenfarbe.

Die ersten beiden Gegenfarbenpaare stellen die senkrechte Achse der Farbtonkreise nach **Ostwald** und nach **Müller** dar.

Mischt man die Gegenfarben vergleichsweise nur mit Pigmenten, entstehen andere Ergebnisse als üblich. Nur bei subtraktiven Gegenfarben entsteht Dunkelgrau. Zum Vergleich sind die Mischreihen zugefügt.

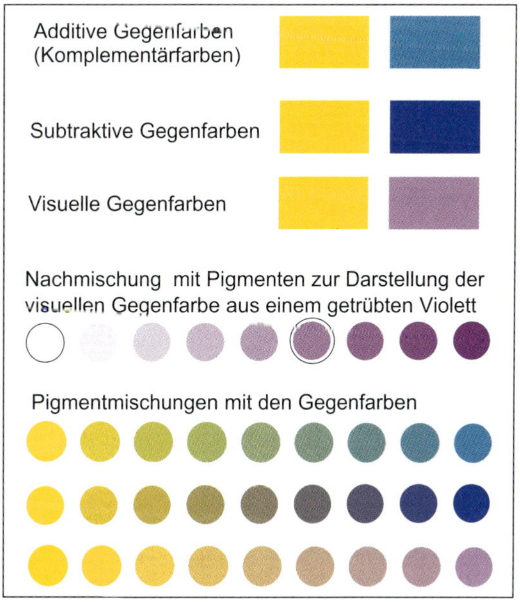

Bild 1: Bezeichnungen der möglichen Arten von Gegenfarben

HINWEIS Beachten Sie, dass der Begriff Komplementärfarbe auf den additiven Farbtonkreis angewendet wird! **ZEUGNER** hat in seiner Farbgestaltung eine Tabelle aufgestellt, in der die Komplementärfarben zu Farbtönen eines 24teiligen Farbtonkreises (subtraktiv) nach **MÜLLER** genannt werden.

9.1.3 Besondere Situationen beim Betrachten von Farben

An den nachfolgenden beiden Beispielen beim Betrachten von Farben treten Besonderheiten auf, die in der Farbgestaltung zu berücksichtigen sind.

▪ Überstrahlungen

Wenn die Farbflächen in **Bild 1** genau nachgemessen werden, kann man feststellen, dass alle Flächen gleich groß sind. Die helle Fläche erscheint aber auf dunklem Grund größer, weil sie mehr Licht remittiert als die dunkle. Die einzeln abgebildeten Flächen werden von dem vielen Weiß ihres Untergunds so stark überstrahlt, dass sie kleiner erscheinen.

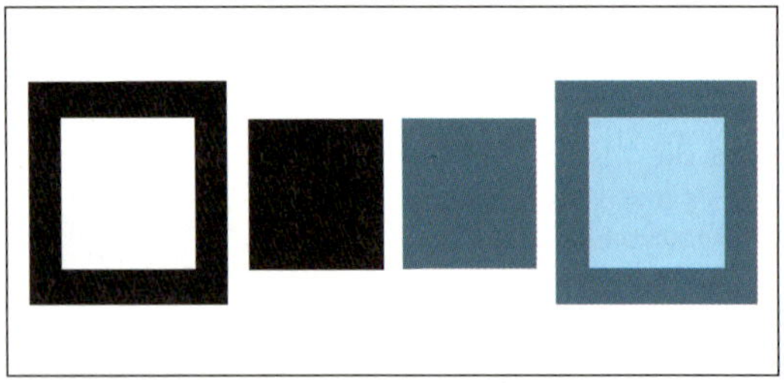

Bild 1: Überstrahlung

Anwendung der Überstrahlungen

Bei Farbgestaltungen können Räume mit ungünstigen Maßen durch hellere Farben optisch vergrößert werden **(Bild 2)**.

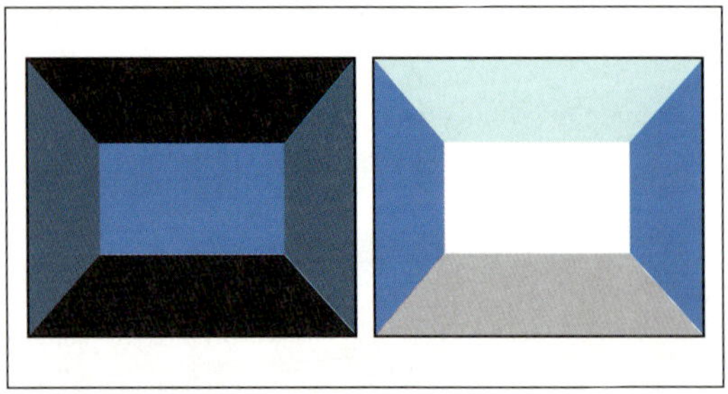

Bild 2: Anwendung der Überstrahlung in der Raumgestaltung

▪ Inversionen

Beim Simultankontrast wurde gesagt, dass für gelungene Farbgebungen immer ausreichende Helligkeitskontraste herrschen müssen. In diesem Zusammenhang tritt manchmal folgende Situation auf **(Bild 3, obere Reihe)**:

Wird z. B. eine hellblaue Fläche auf eine Farbe aus verdunkeltem bzw. getrübtem Orange, Rot, Grün bzw. Gelb (= Olivgrün) gesetzt, hat man das unangenehme Gefühl, als ob diese Kombinationen nicht zueinander passen würden. Teilweise kommt es zum Flimmern.

Bild 3: Merkwürdige Farbwirkung durch Inversion und ihre Korrektur

Die Ursache dieser Wirkung liegt darin, dass Blau im Farbtonkreis im unteren, dunkleren Bereich angeordnet ist. Die andern Farben stammen von Farbtönen im oberen, helleren Bereich des Farbtonkreises. Der menschliche Farbensinn ist aber daran gewöhnt, die genannten vier Farben heller zu sehen als Blau. Die **Umkehrung der natürlichen Helligkeitsverhältnisse** empfindet man als störend. Die geschilderte Wirkung heißt **Inversion** (invers, lat. = umgekehrt).

Vergleicht man zu diesem Zweck die Kombinationen in **Bild 3, untere Reihe,** in denen das Blau einen dunkleren Charakter erhalten hat, erscheint die Farbgebung akzeptabel.

Daraus ergibt sich folgende Regel:
Bei Kombinationen mit aufgehellten oder verdunkelten Farben müssen die natürlichen Helligkeitsverhältnisse der Vollfarben beachtet werden.

Da Gelb der hellste Farbton im Kreis ist, passen z. B. darauf alle anderen Farben, wenn diese beim Mischen dunkler gehalten werden. Auf gelben Untergründen lassen sich somit auch mehr Kombinationen herstellen als auf blauen, weil nur blauviolett dunkler ist **(Bild 1, S. 261)**.

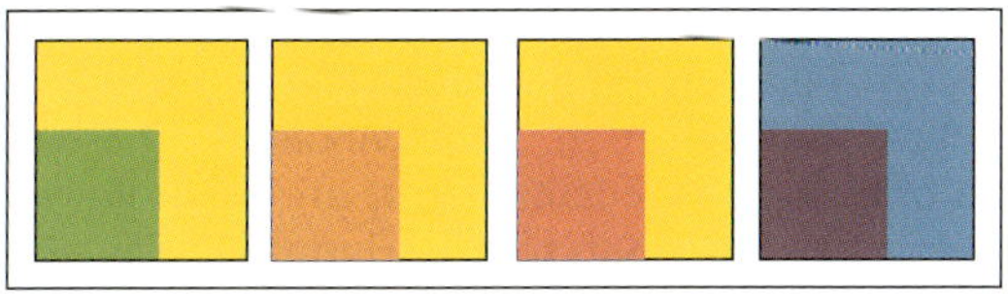

Bild 1: Anwendung der Inversion

TIPP Beobachten Sie einmal farbige Hausfassaden in geschlossenen Straßenzügen. Es ist erstaunlich, wie viele fehlerhafte Farbkombinationen im Zusammenhang mit Blau anzutreffen sind, die auf Unkenntnis der Inversion zurückgeführt werden können **(Bild 2)**.

Betrachtet man allerdings Naturformen wie grüne Bäume am hellblauen Himmel, wird die Inversion akzeptiert, auch wenn es sich nur um eine Zeichnung handelt **(Bild 3)**.

Bild 2: Nicht beachtete Inversion bei einer Fassadengestaltung

Bild 3: Akzeptierte Inversion bei Naturformen

9.1.4 Farbkontraste

Geht man von den Eigenschaften der Farben aus, gibt es Farbton-, Helligkeits- und Reinheits- bzw. Sättigungskontraste. Wegen ihrer Unabhängigkeit vom Betrachter heißen sie **objektive Kontraste.** Im Gegensatz dazu gibt es **subjektive Kontraste**.

▪ Farbtonkontraste (nach Itten: Farbe-an-sich-Kontraste)

Farbtonkontraste werden aus Vollfarben zusammengestellt, die vom subtraktiven Farbtonkreis abgeleitet werden. Je nach Entfernung der Farbtöne voneinander gibt es kleine, mittlere und große Kontraste.

Kleine Farbtonkontraste

Sie kommen zustande, wenn Nachbarfarbtöne miteinander kombiniert werden **(Bild 4)**.

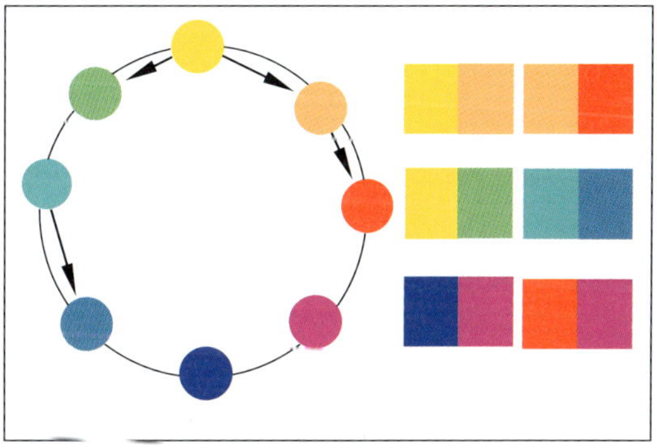

Bild 4: Kleine Farbtonkontraste aus Nachbarfarben

Wirkungen/Einsatzgebiete/Probleme

Bei der Kombination der eingesetzten Farbtöne in **Bild 1, S. 262** scheint es, wenn man die Strich-Bandkombination auf der gelben Fläche und bei dem gelben Fahrzeug betrachtet, keine Probleme in ihrer Wirkung zu geben.

Fahrzeuge und Beschriftungen mit benachbarten Vollfarbtönen sind, wie ihre Aufgabe zu Werbezwecken es verlangt, dadurch auffällig. Aber Räume kann man sich mit diesen reinen Farben wohl nicht ohne weiteres vorstellen. Sie wirken zu aufdringlich. Zusätzlich ist an der blauen Wand der grüne Fries schlecht zu erkennen. Dasselbe Problem würde auch an Fahrzeugen und bei Beschriftungen auftreten. Bei den Untersuchungen zum Simultankontrast ist dafür der Begriff des Flimmerns geprägt worden. Ursache ist ein zu geringer Helligkeitskontrast der eingesetzten benachbarten Vollfarben.

Bild 1: Kontraste aus benachbarten Vollfarben

Mittlere Farbtonkontraste

Sie kommen zustande, wenn fremde Farbtöne miteinander kombiniert werden.

Fremde Farben liegen zwar immer im Bereich von jeweils 120° bzw. von einem Kreisdrittel. Man bezeichnet aber auch die angrenzenden Bereiche der Farbtöne dieser Drittelteilung als fremde Farbtöne.

Fremde Farbtöne sind demzufolge, ausgehend vom Gelb, das Rotviolett und sein benachbarter Bereich bzw. Blau mit seinen angrenzenden Farbtönen **(Bild 2)**. Die fremden Farben zu Orange sind Blauviolett und Grün mit ihren jeweiligen angrenzenden Farbtönen.

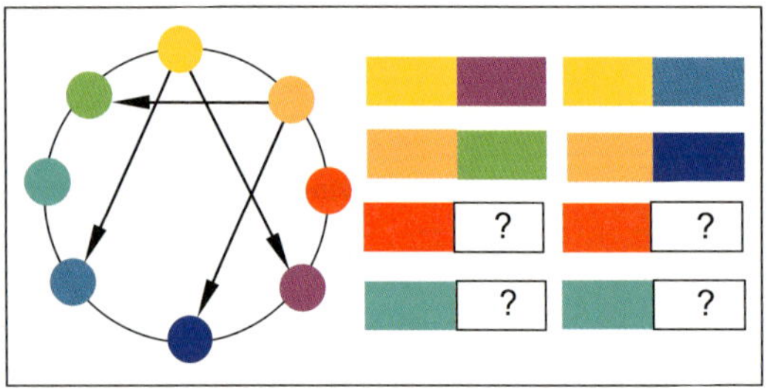

Bild 2: Mittlere Farbtonkontraste aus fremden Farben

Aufgabe

In der Darstellung von **Bild 2** sind einige Felder nicht mit Farbtönen gefüllt (?). Versuchen Sie, dazu die passenden fremden Farben zu benennen!

Wirkungen/Einsatzgebiete/Probleme

Mittlere Farbtonkontraste sind auffälliger als kleine Farbtonkontraste, wie aus **Bild 3** hervorgeht.

An Fahrzeugen und Beschriftungen ist diese Wirkung sehr nützlich. Sie fallen auf, sind gut erkennbar. Farbgestaltungen von Räumen mit diesen Farbtönen dürften jedoch nur wenige Interessenten finden. Hier wirken die Farben zu aufdringlich. Zusätzlich ist an der violetten Wand der Fries durch zu geringen Helligkeitskontrast schwer zu erkennen, er flimmert. Das Gleiche würde bei Fahrzeugdekoren und Beschriftungen passieren.

Damit gewinnt der Helligkeitskontrast an Bedeutung.

Bild 3: Einsatz von Kontrasten mit fremden Farben

Große Farbtonkontraste

Sie kommen zustande, wenn Gegenfarbtöne miteinander kombiniert werden **(Bild 4)**. Am subtraktiven Farbtonkreis sind es z. B. Gelb und Blauviolett oder Orange und Blaugrün.

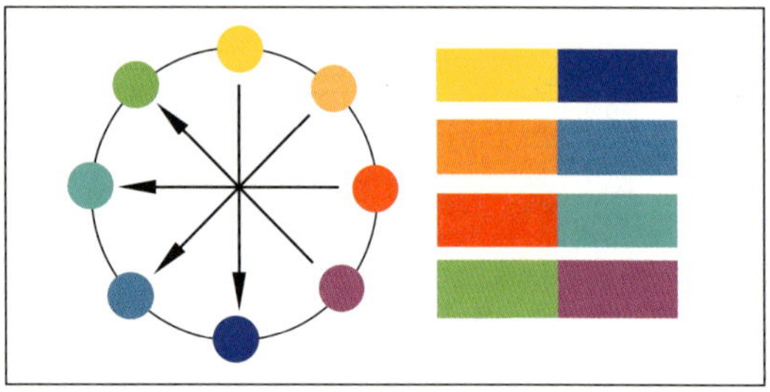

Bild 4: Große Farbtonkontraste aus Gegenfarben

Wirkungen/Einsatzgebiete/Probleme

Große Farbtonkontraste müssten normalerweise noch auffälliger als die vorangegangenen Farbtonkombinationen wirken.

Das gilt uneingeschränkt für die Kombination Gelb – Blauviolett. Obwohl Rot und Grün ebenfalls den größtmöglichen Abstand im Kreis haben, fallen sie jedoch weniger auf. Die Ursache der unterschiedlichen Wirkung ist in den Helligkeitswerten der Farben zu sehen. Gelb und Blauviolett fallen auf, weil sie den größten Helligkeitskontrast im Farbtonkreis besitzen. Rot und Grün besitzen keinen Helligkeitskontrast und erregen somit wenig Aufmerksamkeit, höchstens durch ihr Flimmern. Aber diese Kombination wird als lästig bzw. störend empfunden. Man sollte sie meiden.

Berücksichtigt man also die unterschiedliche Eigenhelligkeit der Farbtöne, sind Farbtonkontraste bei Fahrzeugen und Beschriftungen sehr nützlich **(Bild 1)**. Farbgestaltungen von Räumen dürften wegen ihrer Aufdringlichkeit dagegen kaum Interessenten finden, auch wenn sie nicht flimmern.

Bild 1: Einsatz von Kontrasten mit Gegenfarben

Gesamtschlussfolgerung

Farbtonkontraste sind unter Berücksichtigung der Eigenhelligkeit **unterschiedlich auffällig**. Farbtonkontraste sind immer dort nützlich, wo etwas stark hervorgehoben werden soll. Der Auffälligkeitsgrad steigt bei unterschiedlichen Helligkeitskontrasten von den Nachbarfarben bis zu Gegenfarben an.

Große Farbtonkontraste sind für **Schriftgestaltungen und Fahrzeuge** zu empfehlen.

Kombinationen mit **Farbtönen gleicher Helligkeit flimmern** und sollten vermieden werden.

Innenraumgestaltungen verlangen eine dezentere Farbgebung. Hier kann man nach demselben Prinzip zwar die Vollfarben wählen, um entsprechende Farbwirkungen zu erzielen, aber zusätzlich müssen Helligkeit und Reinheit bzw. Sättigung der Farben mit einbezogen werden. Sollen **Fassadengestaltungen** als besonderer Blickfang dienen, sind Farbtonkontraste geeignet. Die Farben sollten aber sehr sorgfältig gewählt werden, sonst passen sie sich kaum der vorhandenen Umgebung an und wirken zu aufdringlich **(Bild 2)**. Besser gelöst sind die Gestaltungen des Architekten **Bruno Taudt (s. Bild 5, S. 324)**, weil er auf diese Weise einen längeren Straßenzug in Magdeburg gestaltet hat.

Bild 2: Auffällige Fassadengestaltung am Sarrasani-Haus in Dresden-Radebeul

▪ Helligkeitskontraste (nach Itten: Hell-Dunkel-Kontraste)

Man unterscheidet kleine, mittlere und große Helligkeitskontraste.

Helligkeitskontraste findet man bei Stufen der Unbuntreihe, bei Vollfarbtönen und bei ungesättigten bunten Farben. Bei den ungesättigten bunten Farben sind die Helligkeitswerte durch die Anteile von Weiß und Schwarz an die Reinheit gekoppelt.

Die Helligkeitswerte können für die bunten Farben an einer Unbuntreihe abgelesen werden **(Bild 2, S. 243)**. Genauere Hellbezugswerte liefern jedoch hochwertige Farbenkarten.

Wirkungen/Einsatzgebiete/Probleme

Wenn Farbkombinationen erstellt werden, nennt der Auftraggeber meist die geplanten Farbtöne zuerst. Als nächstes fordert er die Helligkeitswerte, indem er von hellen oder dunklen Farben spricht. Sie beeinflussen durch die Zurückstrahlung des einfallenden Lichts die Sehbedingungen in Räumen oder anderen zu gestaltenden Objekten.

Kleine Helligkeitskontraste wirken zurückhaltend und ruhig. Zu kleine Helligkeitskontraste neigen jedoch zum Flimmern. Bei richtiger Wahl spricht man von dezenter Farbgebung.

Sie spielen deshalb im **Wohnbereich** eine relativ große Rolle.

Für **Präzisionsarbeiten** in der Produktion oder im medizinischen Bereich werden dagegen **große Helligkeitsunterschiede** gefordert. Diese Kontrastgröße gilt auch für Werbungsaufgaben, Beschriftungen und Warnungen.

Zu große Helligkeitswerte ermüden allerdings auch. In Klassenräumen werden die Tafeln deshalb schon lange nicht mehr in Schwarz gehalten. Krankenzimmer werden zur Entlastung der Augen oft durch Rollos abgedunkelt. Die dort wegen der hygienischen Forderungen üblichen hellen Farben wirken dann zurückhaltender.

Die verschiedenen Arten der Helligkeitskontraste sind in den folgenden Bildern zu sehen.

Bild 1 zeigt Helligkeitskontraste aus unbunten Farben. Man wendet sie heute für die Farbgebung von Büromöbeln an. In der Renaissance wurden Fassadengestaltungen damit ausgeführt. Die Gestaltung des Dresdener Schlosses in Sgraffitotechnik, einer speziellen Kratzputztechnik **(Bild 2)**, erfolgte ebenfalls in Graustufen.

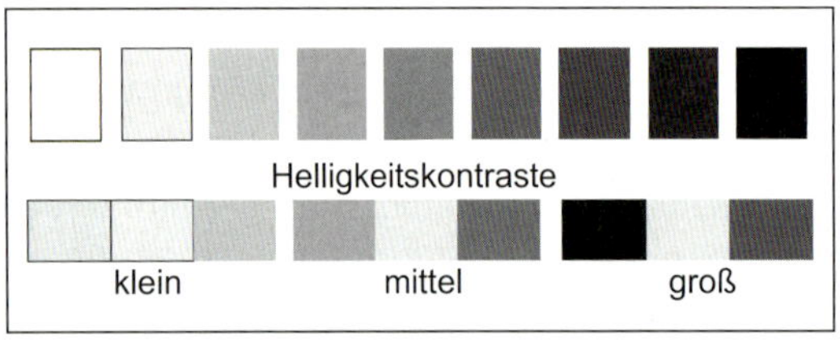

Bild 1: Helligkeitskontraste aus unbunten Farben

Bild 2: Schloss Dresden

Bild 3 zeigt Beispiele für Helligkeitskontraste aus Vollfarben. Anwendungen sind bei **Farbtonkontraste S. 261/262** zu sehen.

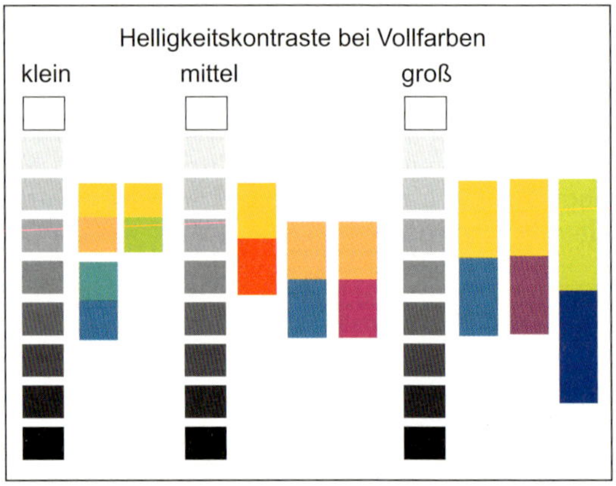

Bild 3: Helligkeitskontraste aus Vollfarben entsprechend der Eigenhelligkeit

In **Bild 4** sind Beispiele für Helligkeitskontraste in ungesättigten bunten Farben aus dem Bereich Rot zu sehen. Anwendungen sind bei den Reinheitskontrasten zu finden.

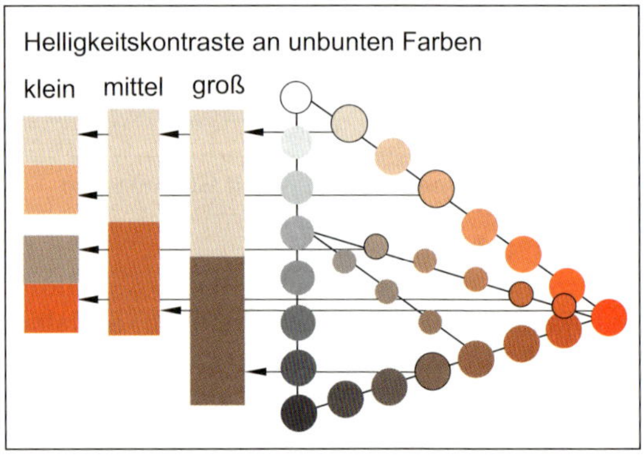

Bild 4: Beispiele für Helligkeitskontraste aus ungesättigten bunten Farben

- **Reinheitskontraste/Sättigungskontraste (nach Itten: Qualitätskontraste)**

Die Reinheit bzw. Sättigung der Farben wird in den Mischfarben der Maler und Lackierer durch den Anteil von Verschnittmitteln und unbunten Pigmenten beeinflusst.

Je nach Menge dieser Zusätze entstehen unterschiedlich große **Reinheitskontraste** bzw. **Sättigungskontraste**. Sie sind bei hellklaren Reihen, Weißreihen und Fernenreihen sowie bei den Farbenzonen zu finden.

Am einfachsten ist die Gestaltungsarbeit, wenn man mit **hellklaren** und **Weißreihen** arbeitet (**Bild 1**).

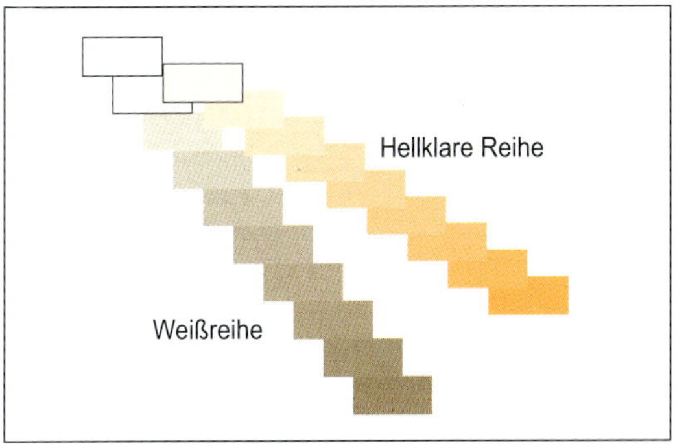

Bild 1: Reinheitsvergleich von hellklaren und Weißreihen

Fernenreihen werden wegen ihrer Grauverhüllung meist weniger angewendet. Mit ihnen sind jedoch feinste Nuancierungen möglich, besonders wenn die Farben in den hellen Bereichen von Grau liegen. Man spricht bei starker Vergrauung von **farbigem Grau** (**Bild 2,** unteres Beispiel).

Bild 2: Beispiele für Farbkombinationen mit unterschiedlich starker Vergrauung

In **Bild 4, S. 264** sind weitere Beispiele aus Fernenreihen, der hellklaren und dunkelklaren Reihe von Rot in verschiedener Größe zu sehen. Bei der Farbenwahl muss sehr auf ausreichenden Helligkeitskontrast geachtet werden, sonst kommt es zum Flimmern.

Itten benutzte für die Reinheitskontraste den Begriff Qualitätskontraste. Aus seiner Formulierung kann jedoch nicht ohne weiteres die Beziehung zu Reinheit oder Sättigung abgeleitet werden.

Wirkungen/Einsatzgebiete/Probleme

In **Bild 3** sind Wirkungen bei den Reinheitskontrasten zu sehen, die beim Anwenden der Reinheitskontraste besonders beachtet werden müssen.

- Farben unterschiedlicher Reinheit, aber gleicher Helligkeit flimmern.
- Zwischen Vollfarbtönen besteht kein Reinheitskontrast, nur Helligkeitskontrast.
- Der größte Reinheitskontrast besteht zwischen unbunten Farben und Vollfarben.

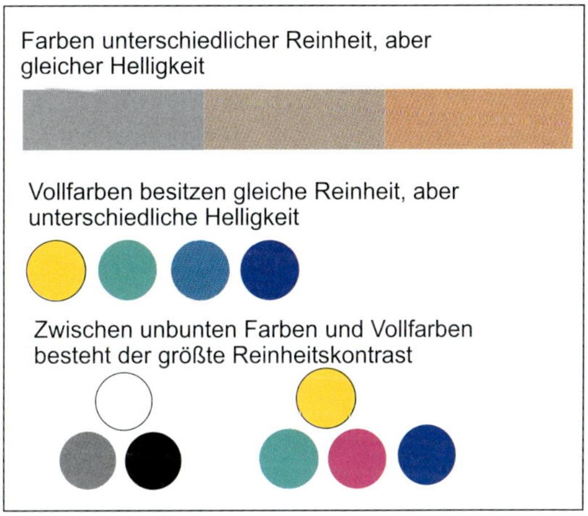

Bild 3: Besonderheiten bei Reinheitskontrasten

Gute Farbgestaltungen sind am ausgewogenen Umgang mit bunten Farben erkennbar (**Bild 4**). Sie werden durch vorsichtige Zugaben von Weiß, Grau oder Schwarz zum Vollfarbton erreicht. Die Reinheits- bzw. Sättigungskontraste stellen somit das so genannte Zünglein an der Waage dar. Damit beeinflussen diese Kontraste die Helligkeitskontraste und helfen, Aufdringlichkeit oder Flimmern **(Bild 4, rechtes Beispiel)** zu vermeiden.

Bild 4: Beispiele für Farbgestaltungen unterschiedlicher Qualität

Durch die Mischung der Vollfarben mit den unbunten Farben können bei Farbkombinationen relativ leicht Inversionen auftreten. Um diesen Gestaltungsfehler zu vermeiden oder zu beseitigen, ist darauf zu achten, dass die im Farbtonkreis dunklere Farbe auch nach der Ausmischung dunkler bleibt **(Bild 1, S. 266)**.

Bild 1: Inversionsprobleme bei Farbkombinationen mit Helligkeits- und Reinheitskontrasten

Hellklare Reihen ergeben Farbkombinationen, die frischer wirken als Weißreihen. Eine dezentere Wirkung kommt jedoch durch die Weißreihen zustande **(Bild 2)**, besonders dann, wenn die Kontraste nicht zu groß sind.

Bild 2: Anwendungsbeispiele für hellklare und Weißreihen

9.1.5 Quantitätskontraste (nach Itten: gleiche Bezeichnung)

Quantitätskontraste bzw. **Mengenkontraste** sind schon aus der Dekorlehre bekannt. Sie gehören zu den subjektiven Kontrasten, die auf den menschlichen Gefühlen beruhen.

Wie bei den Reinheitskontrasten gesagt wurde, fallen reinere Farben mehr auf. Sie drängen sich vor, sind aktiver. Großflächige Formen wirken so zu aufdringlich, wie aus den Wandgestaltungen auf **Seite 262** hervorgeht. Günstiger ist es, sie in zurückhaltenderen, weniger gesättigten Farben zu halten.

Kleinere Fächen erhalten dann zur Kontraststeigerung kräftigere, gesättigtere Farben. Fußleisten eines Raumes mit ihren schmalen Formen sollte man jedoch nicht so stark betonen, damit der Blick nicht nach unten gezogen wird.

Aus diesen Hinweisen kann folgende Regel zur Farbgebung abgeleitet werden:

Größere Flächen können zurückhaltendere Farben, kleinere Flächen auffälligere Farben erhalten.

Wirkungen/Einsatzgebiete/Probleme

Benutzt man für die Gestaltungen hellklare Reihen oder Weißreihen, werden große Flächen mit hellen Farben, kleine Flächen mit dunkleren Farben versehen. So entsteht der notwendige Helligkeitskontrast unter Berücksichtigung der Sättigung.

Die Wirkung ist in **Bild 2** bei den Liniendekoren und den Gestaltungsbeispielen von **Bild 3** an den Türrahmen und Türblättern zu sehen.

Weil helle Farben auf dunklem Grund stark auffallen, in diesem Fall die Türeinrahmung, wird ihre schmale Form durch die überstrahlende Wirkung aktiv. Somit können Formen auf dunklerem Grund auch wenig Platz einnehmen, um aufzufallen.

Der rotbraune Dekorbuchstabe auf der rechten Tür fällt dagegen auf dem stumpferen Braun bei kleiner Balkenstärke durch größere Reinheit auf. Die Überstrahlung ist etwas geringer durch den zusätzlich dezenten Helligkeitskontrast.

Die mengenmäßige Verwendung von Farben sollte vorsichtig getestet werden. Sehr schnell kann eine Form durch zu auffällige Farben in der guten Gestaltung stören. Deshalb sind Gestaltungsentwürfe notwendig. Die letzte Entscheidung wird immer am fertig gestellten Objekt erfolgen.

Bild 3: Wand-Türgestaltungen

9.1.6 Psychische Kontraste

Farbkontraste erzeugen Wirkungen, die auf den menschlichen Gefühlen basieren. Sie gehören damit zu den subjektiven Kontrasten. Man nennt sie auch psychische Polaritäten.

Einige Farbmuster in **Bild 1** zeigen eine Übersicht. Sie kann beliebig ergänzt werden. Die Wirkung der Farben ist in **Bild 2** demonstriert.

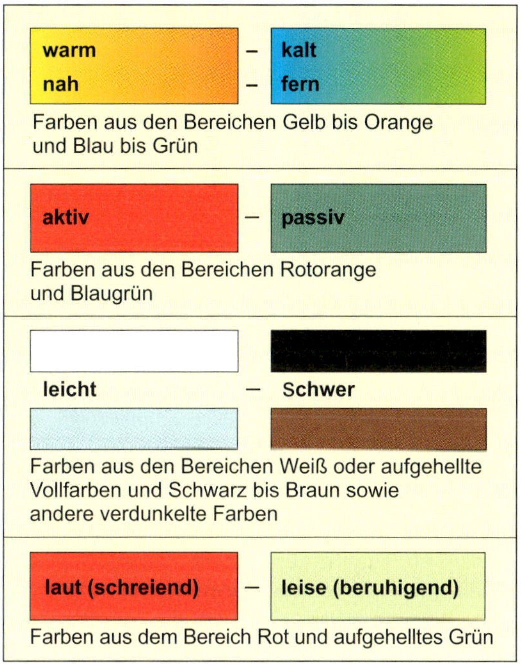

Bild 1: Psychische Polaritäten

Bild 2: Demonstration der symbolischen Wirkung von Farben (schwer – leicht)

Nachbemerkung zu Ittens Kontrastbegriffen

Die Begriffsbezeichnungen von **Itten** sind nicht vollständig, manchmal auch ungenau. Von den psychischen Kontrasten nannte er nur den Warm-kalt-Kontrast. Bei der Aufzählung nannte er den Komplementärkontrast. Dieser ist jedoch eine Unterart der Farbtonkontraste, also seines „Farbe-an-sich-Kontrastes". Zur Vollständigkeit wären dann auch Kontraste der Nachbar- und Fremdfarbtöne zu erwähnen.

Nach der Definition von **Zeugner** gilt der Begriff Komplementärfarbe außerdem nur für den additiven Farbtonkreis. Dadurch können Verständigungsschwierigkeiten auftreten, weil es beim Vergleich beider Farbtonkreise andere Gegenfarbenpaare gibt.

10 Möglichkeiten zur Farbgestaltung

Nach den Informationen zur Bezeichnung und Ordnung der Farben, zum rationellen Mischen, über Eigenschaften und Wirkung der Farben sowie über die Arten der Farbenkombinationen ist es nun möglich, diese Fachkenntnisse anzuwenden.

Die im Maler- und Lackiererhandwerk üblichen Objekte sind Räume, Fassaden, Schmuckwerk am Bau, Schrifttexte und Fahrzeuge. Bei Fahrzeuglackierern sind es hauptsächlich Fahrzeuge mit eventuellen Dekoren und Beschriftungen. Der dabei auszuführende farbgebende Arbeitsprozess heißt **Farbgestaltung**. Er kommt durch **Farbenkombinationen** zustande.

Wenn der Fachmann Farben zusammenstellt, wird er zielstrebig Kombinationen wählen, deren Wirkung er kennt oder die er „fühlt".

Auszubildende müssen sich die passende Farbzusammenstellung unter Berücksichtigung der bisher genannten Kenntnisse erst erarbeiten. Dazu werden an dieser Stelle die wichtigsten Regeln zusammengetragen. Anhand von Farbproben ist der Gestaltungsprozess dann kontrollierbar. Wenn die Arbeit mit dem PC vorbereitet wird, erspart man sich durch den dabei möglichen schnellen Farbwechsel viel Arbeitszeit. Die Bildschirmansichten und Farbausdrucke sollten zum Schluss jedoch mit Originalfarbproben von Farbenkarten oder Farbaufstrichen verglichen werden.

Die einfache Zusammenstellung von Farbproben heißt **elementare Farbkombination**.

Überträgt man die Farben auf die Objekte mit ihren Aufgabenstellungen, wird die so genannte **komplexe Farbgestaltung** durchgeführt.

Da diese Produkte dem Menschen dienen, entsteht der sich gegenseitig beeinflussende Zusammenhang von **Farbe – Mensch – Objekt (Bild 1, S. 268)**.

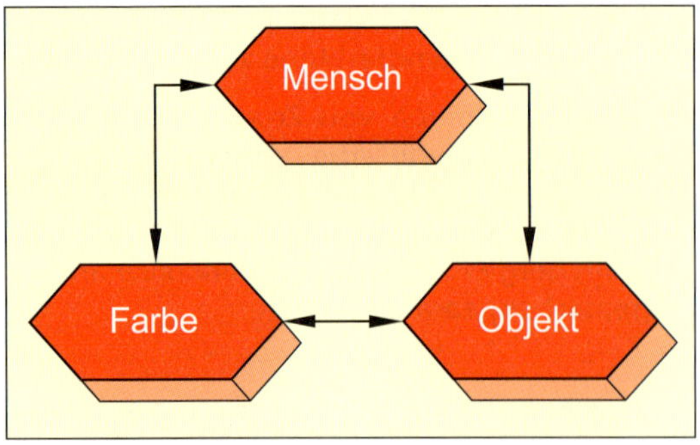

Bild 1: Zusammenhänge bei der komplexen Farbgestaltung

Die Gestaltung ist gelöst, wenn die Auftraggeber mit dem Farbvorschlag zufrieden sind. Der Vorschlag ist „schön" bzw. „gefällt". Man nennt diesen Zustand besser **harmonisch.**

10.1 Harmonie

Eine harmonische Gestaltung entsteht, wenn bestimmte, die Harmonie beeinflussende Faktoren berücksichtigt werden. Das sind

beim Menschen: Geschlecht, Alter, Ausbildung (Beruf), Gesundheitszustand und Kulturkreis,

bei der Farbe: die primären und sekundären Erscheinungsweisen unter Einsatz von Farbton, Helligkeit, Reinheit/Sättigung einschließlich der beschriebenen Wirkungen,

beim Objekt: Aufgabenstellung (Funktion), Größe, Materialoberfläche (Struktur), Umgebung, Mode, Symbolik.

> **HINWEIS** Wenn man mit Werkzeugen und verschiedenen Anstrichstoffen Strukturen nachahmt, entstehen Imitationen.

Beim Vereinigen der drei Faktoren zu einem harmonischen Ganzen unterscheidet man statische und dynamische Harmonie. Letztere wird auch als **Farbdynamik** bezeichnet.

Statische Harmonie wirkt ruhig. Die Farben sind nicht aufdringlich. Man benutzt zur Farbgestaltung ähnliche, nachbarliche Farben oder nur Aufhellungen eines Farbtons.

Dynamische Harmonie dagegen ist spannungsvoll. Es werden große Farbtonkontraste (meist von Gegenfarben) unter Beachtung der Helligkeitskontraste eingesetzt **(Bild 2)**. Trotzdem muss Ausgewogenheit herrschen. In dem Zusammenhang wird zur Gestaltung die Größe der Formen und ihre Anordnung mit berücksichtigt. Der Quantitätskontrast ist damit im Einsatz. Während bei guter Gestaltung, die Spannungen erzeugt, von **Dynamik** gesprochen wird, bezeichnet man eine nicht ausgewogene Gestaltung als unharmonisch oder als **Disharmonie.** Oft beruht sie auf Inversionen **(Bild 3)**.

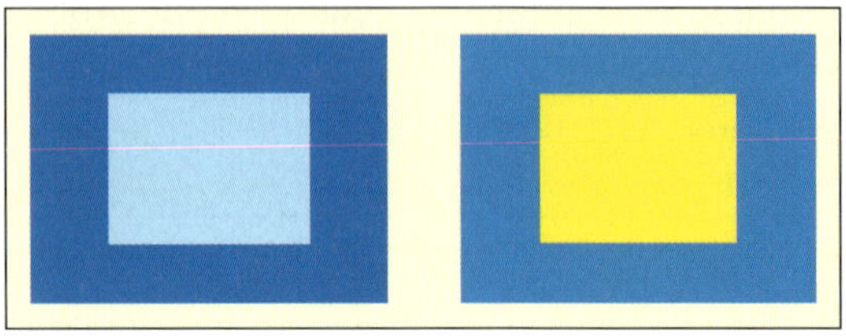

Bild 2: Beispiel für statische und dynamische Farbharmonie

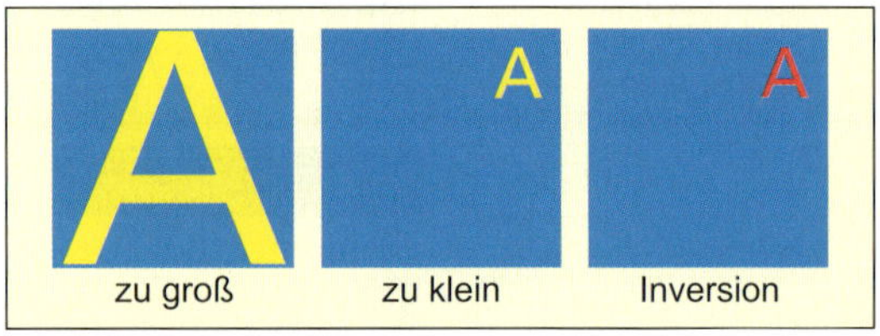

Bild 3: Beispiele für nicht ausgewogener Gestaltung

Die Gestaltungsarbeit kann man sich erleichtern, wenn die Farbkombinationen nach zwei Prinzipien zusammengestellt werden. Zuerst wählt man die elementaren Farbkombinationen und wendet sie dann auf das zu gestaltende Objekt an. Es entsteht die komplexe Farbgestaltung.

10.2 Elementare Farbkombinationen

Bei der elementaren Farbkombination werden Farben zusammengestellt, **ohne an bestimmte Objekte zu denken.**

Dies ist allerdings sehr schwierig, weil ein Objekt, z.B. ein Raum, ein Fahrzeug oder ein Schrifttext immer eine bestimmte Verbindung zur Farbe hervorruft, **s. S. 261 Farbkontraste**.

Der einfachste Weg ist das Benutzen einer **Farbenkarte,** mit deren Farbproben die Kombination zusammengestellt wird. Weil die gewählten Farben nebeneinander gesetzt werden, entsteht somit ständig ein Simultankontrast. Die vor dem Beschichten häufig ausgeführten **Farb- oder Anstrichproben** sind aufwändiger.

Entsprechend der Einteilung der Farben unterscheidet man die Kombinationen nach dem Aussehen und den Eigenschaften der Farben.

10.2.1 Kombination mit unbunten Farben

Gestaltungen mit unbunten Farben führt man heute relativ selten aus. In der Renaissance spielten sie als sog. **Griselletechnik** (sprich Grißej), d.h. **Graumalerei** eine Rolle **(Bild 1)**.

Bild 1: Graumalerei in Silikattechnik im Stallhof Dresden (Schlossnähe)

Es ist jedoch möglich, dass Vorgaben für Beschichtungen in Hellbezugswerten zur späteren Umsetzung in Farbe geliefert werden. In einem Beispiel wird gezeigt, was zur Gestaltung in Graustufen prinzipiell zu beachten ist **(Bild 2)**.

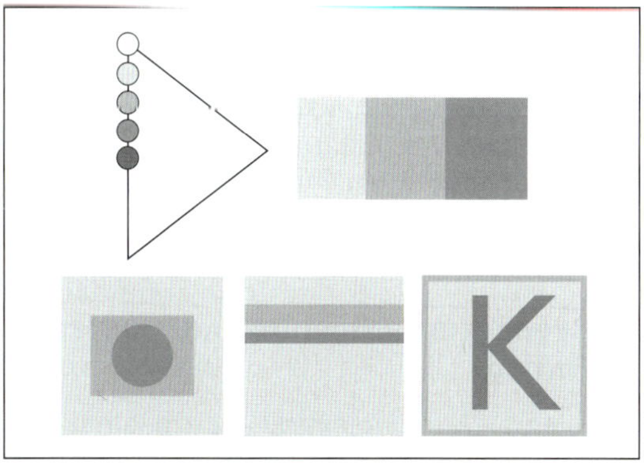

Bild 2: Durchführung einer Farbkombination in unbunten Farben

Beispiel: Vorbereitung einer schrittweisen Gestaltung in unbunten Farben

Die unbunten Farben werden **in einer farbtongleichen Fläche** angeordnet.

Die zur Anwendung kommenden Farben werden dann unter Berücksichtigung eines **ausreichend großen Helligkeitskontrasts flächig** so zusammengestellt, dass sie sich berühren. Auf diese Weise kann kontrolliert werden, ob die Farbkombination flimmert.

Als nächstes kann ein **Quantitätskontrast** hergestellt werden, der den zu gestaltenden Formen nahe kommt. Für die spätere technische Ausführung ist es dabei sinnvoll, **große Flächen hell und kleine Flächen dunkel** zu halten.

Für die **technische Ausführung des Farbentwurfs** ist zu empfehlen, dass die helle Farbe des Untergrunds ausreichend wasserfest ist, damit sie beim Übermalen mit den dunkleren Farben nicht aufgelöst wird. Besonders bei Strichzieharbeiten oder beim Konturenziehen ist das Beschneiden an den Formkanten einfacher. Noch günstiger ist die Anwendung der Klebetechnik, wenn die Dekorformen ausgeschnitten werden.

Um die genannten Probleme näher kennen zu lernen, ist es nützlich, an einigen einfachen Grundformen die Gestaltung mit Helligkeitskontrasten zu üben. Bei den nachfolgenden Farbkontrasten kann man dann auf Erfahrungen dieser Arbeit aufbauen und sich dann mehr den Farben als den Formen widmen.

Aufgabe

Stellen Sie von einem der Motive in **Bild 3** eine Zeichnung auf Zeichenkarton von möglichst 130 g/m² mit den angegebenen Maßen her und führen Sie die Farbgebung in den folgenden Arbeitsschritten mit unbunten Farben in mittleren Helligkeitskontrasten in Klebetechnik aus!

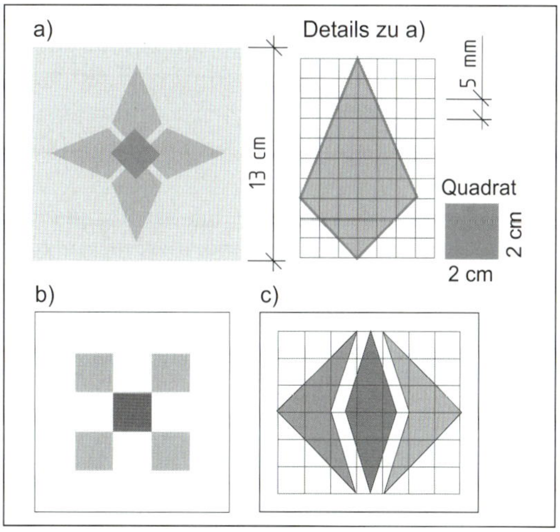

Bild 3: Motive zur elementaren Farbgestaltung

FARBENLEHRE

Arbeitsanleitung für diese und alle folgenden Arbeiten zur elementaren Farbgestaltung

1. Stellen Sie mehrere rechteckige Farbproben aus unbunten Farben in Form einer Reihe her!
2. Schneiden Sie davon die Farben viereckig aus, die Sie verwenden wollen!
3. Kleben Sie die Proben zu einem Simultankontrast zusammen, um die Wirkung zu beobachten! Auf die Weise entsteht die in der Praxis übliche **Farbprobe**. An ihr kann gleichzeitig der **Quantitätskontrast** bestimmt werden **(Bild 1)**.

Bild 1: Farbprobe

4. Wenn die Farbprobe erfolgreich ist, mischen Sie für die Teilobjekte die Farben in entsprechender Menge nach!
5. Rollen Sie ausreichend große Flächen mit einem kleinen Schwammroller (5 cm breit) aus!
6. Zeichnen Sie die Formen auf die getrockneten Flächen und schneiden Sie diese aus! Für mehrere gleiche Formen benutzen Sie eine Pappschablone wie beim Mischen von Farbenreihen!
7. Zeichnen Sie bei symmetrischen Zeichnungen die Achsen dünn auf der Untergrundfläche vor und kleben Sie die Dekorformen auf!

   Große Flächen versehen Sie nur am Rand mit Klebstoff! Verwenden Sie am besten einen Klebestift! Flüssige Klebstoffe geben meist hässliche Klebflecken, weil sie beim Andrücken auslaufen.
8. Kleben Sie die fertige Arbeit auf ein Zeichenblatt!
9. Zeichnen Sie darunter das farbtongleiche Dreieck, um zu zeigen, welche Farben zum Einsatz kamen!

   Die Farbproben können Sie mit einem Papierlocher ausstanzen. Einfacher ist ein Ankreuzen der Stellen, wo die Farbproben im Dreieck liegen.
10. Arbeitstitel sollten Sie in Normschrift mit Groß- und Kleinbuchstaben bei 7 mm Schriftgröße herstellen! Er könnte lauten:

    „Farbgebung mit unbunten Farben".

Tipp In der Praxis geben Sie beim Mischen von hellen Farben immer dunkle Mischfarbe als Abtönfarbe in den hellen Anstrichstoff, um Material zu sparen. Arbeiten Sie hier genauso!

Jede gemischte Farbe müssten Sie nun in die entsprechenden Farbflächen malen.

Die Arbeitsmethode ist sehr zeitaufwändig und sieht zum Schluss meist nicht besonders ordentlich aus, weil

- die Farben fleckig aufgetrocknet sind, wenn Sie erst Konturen ziehen und dann die Fläche füllen,
- die Farben zu dünn sind und nicht decken,
- die Konturen (Kanten) krumm wurden, wenn Sie nicht mit dem Malstock gearbeitet haben oder
- weil Sie zu kleine Pinsel benutzten.

Wenden Sie deshalb die in der Arbeitsanleitung beschriebene Schneidetechnik an, die für das Herstellen von Farbenreihen empfohlen wurde.

10.2.2 Kombinationen mit bunten Farben

Die Farbkombination mit bunten Farben kann entsprechend der Ordnung der Farben prinzipiell mit gesättigten und mit ungesättigten Farben erfolgen. Natürlich sind Einsatz und Wirkung der Farbgebung von den entsprechenden Objekten abhängig. Sie beginnt mit der elementaren Farbkombination.

▪ Regeln zur Farbgebung mit bunten Farben

Die elementare Farbkombination beginnt normalerweise mit der **Farbtonwahl**. Deshalb werden zuerst gedanklich die Farben für das Objekt ausgewählt. Sie ergeben die Grundstimmung.

Aus den Farbtönen werden dann **Farbenreihen** gemischt, von denen man bestimmte Einzelfarben auswählt.

Für jedes Anwendungsgebiet sind die nötigen **Helligkeitskontraste** zu bestimmen, um die geplante Wirkung zu erzielen. Die Feinabstimmung erfolgt durch Variationen mit den **Reinheits- bzw. Sättigungskontrasten**.

Farbgebung mit gesättigten bunten Farben

Die elementare Farbkombination aus gesättigten Vollfarben ist nach den Regeln, die zum Bilden von Farbtonkontrasten genannt wurden, relativ einfach. Es kommen Nachbarfarben, fremde oder Gegenfarben in Betracht. Aber es ist unbedingt wichtig, ihre Wirkung sofort zu berücksichtigen, weil diese Farben sehr auffällig sind, wie bei den Farbton-Kontrasten geschildert wurde **(s. Abschnitt 9.1.4 Farbkontraste)**.

Im Wohnbereich sind Vollfarben zu aufdringlich. Bei ausgewählten Gebäuden, z. B. am Sarrasani Haus in Radebeul bei Dresden, das auffallen soll **(Bild 2, S. 263)**, im Werbesektor oder am Fahrzeug sind sie berechtigt.

Interessant sind die Aussagen **Goethes zur Farbenkombination.** Er formulierte:

1. **Gegenüberliegende Farben sind harmonisch.**

Geht man davon aus, dass harmonisch mit „schön" zu verbinden ist und sieht im Begriff gegenüberliegende Farben nur Vollfarben, kann diese Wirkung der Farbkombinationen kaum nachvollzogen werden **(Bild 1 und 2, S. 262 sowie Bild 1, S. 263)**. Noch unangenehmer ist es, wenn die Gegenfarben gleiche Helligkeitswerte besitzen! Damit stellt man einen groben **Gestaltungsfehler** her, weil die Farben flimmern.

2. **Kombinationen mit fremden Farbtönen sind spannungsvoll und dynamisch.**

In der Darstellung der Wand mit einer Tür in **Bild 1** kann man zwar die Spannung erkennen, aber allgemeingültig ist die Formulierung nicht, weil Gegenfarben und Nachbarfarben auch Spannungen erzeugen. Außerdem sind die reinen Farben störend, denn die komplexe Beziehung des menschlichen Gefühls zum zu gestaltenden Objekt (hier ein Wohnraum) fehlt.

Bild 1: Nach Goethe: Kombinationen von fremden Farben sind spannungsvoll

3. **Kombinationen mit Nachbarfarben sind spannungslos, charakterlos, ohne dynamische Wirkung.**

Betrachtet man nochmals **Bild 1** unter dieser Beziehung, wird der Blick in der rechts abgebildeten Wand durch die orangefarbene Tür auch nach rechts gelenkt. Damit liegt doch ebenfalls Dynamik vor! Nur ist sie eben nicht so intensiv wie bei Gegenfarben oder fremden Farben.

Ergebnis: Goethes Aussagen sind nicht kommentarlos verwendbar. Man muss nach der systematischen Farbtonwahl die übrigen Eigenschaften der Farben in die Gestaltung einbeziehen, also mindestens die Helligkeits- und Reinheitskontraste und das zu gestaltende Objekt.

Stellt man zu dem Zweck entsprechende Farbskizzen her, können sehr schnell Gestaltungsfehler entdeckt und korrigiert werden. In **Bild 2** wurde das zu grelle Gelb der Wohnzimmerwand durch Aufhellen und Trüben dezenter gestaltet. Auch die Türfarbe wurde geändert.

Bild 2: Korrekturvorschlag zur Beseitigung eines Gestaltungsmangels

Um die Auswahl für die Farbkombinationen zu erleichtern, hat **Ostwald** Farbenharmoniesucher aufgestellt. Sie gelten aber ebenfalls nur, wenn die Sättigung in die Gestaltung mit einbezogen wird.

Die **Harmoniesucher** sind kreisförmige Scheiben, die auf einem Farbtonkreis befestigt werden. An Ausschnitten im Bereich von Nachbarfarben, fremden Farben und Gegenfarben sind die geeigneten Vollfarben zu Farbenkombinationen zu sehen.

Es werden normalerweise **Zweiklänge** und **Dreiklänge** gewählt, bei Zweiklängen zwei, bei Dreiklängen drei Vollfarben. Ein Sonderfall liegt bei Gegenfarben vor. Wenn man statt einer Gegenfarbe die benachbarten Farbtöne verwendet, sind drei Farbtöne zu sehen. Sie gehören somit zu den Dreiklängen. Aber man bezeichnet die Farbtonkombination als **aufgespaltenen Zweiklang (Bild 1, S. 272)**.

FARBENLEHRE

Bild 1: Harmoniesucher für Zwei- und Dreiklänge nach OSTWALD, jedoch am subtraktiven Farbtonkreis

Farbgebung mit ungesättigten bunten Farben

Nachdem die für die geplante Gestaltung gewählten Vollfarben ausgewählt sind, werden sie durch systematisches Mischen zu ungesättigten Farben umgewandelt. Dazu dienen die bekannten **Farbenreihen.** Die einfachste Mischreihe ist bekanntlich die hellklare Reihe. Höheren Ansprüchen werden wegen ihrer besonderen Trübung die Weißreihen gerecht.

- **Farbgebung mit Stufen einer Vollfarbe**

Die Benutzung nur einer Vollfarbe erfordert zur Gestaltung, dass man geeignete Farbenreihen mischt und davon einige Farben bzw. Farbstufen für das Gestaltungsobjekt auswählt **(Bild 2)**. Bei dieser Farbarbeit treten nur Kontraste im Bereich von Helligkeitswerten und der Reinheit bzw. Sättigung auf.

Weil nur Variationen eines Farbtons benutzt werden, hat sich der Begriff **Ton in Ton** dafür durchgesetzt. Neben dem Maler- und Lackiererbereich benutzt man ihn auch häufig in der Textil- bzw. Modebranche.

Eine persönlichere Farbgebung erreicht man, wenn die Vollfarbe aus zwei Nachbarfarben gemischt wird. Die dabei entstehende Trübung ist unbedeutend. Sie kann aber auch durch den Einsatz einer Weißreihe bewusst angestrebt werden.

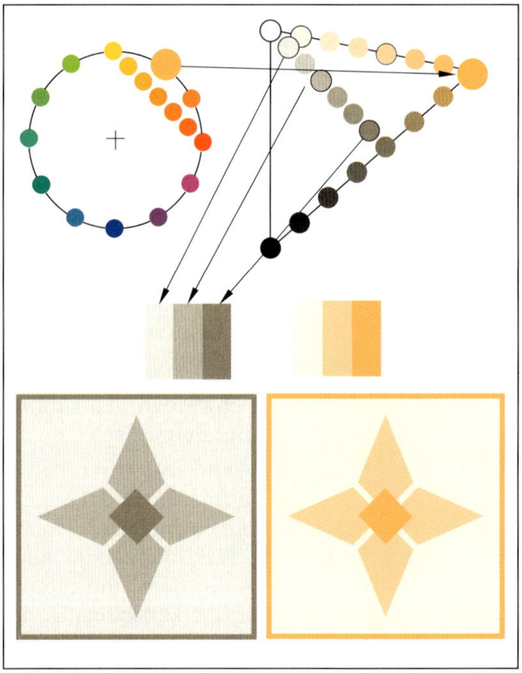

Bild 2: Farbgebung mit Stufen einer Vollfarbe (Ton in Ton)

Feststellung

Die Arbeit mit Stufen der hellklaren Reihe wirkt klarer, die Reihe mit den Stufen der Weißreihe wirkt trüber, grauer. Sie wird in vielen Fällen als sehr vornehm empfunden. Farbarbeiten aus Weißreihen sind schwieriger herzustellen, weil die Vergrauung genau abgestimmt sein muss.

- **Farbgebung mit Stufen von zwei Vollfarben**

Es wird in dem Zusammenhang oft von **Zweiklängen** gesprochen, die man aus **Nachbarfarben, fremden Farben** oder **Gegenfarben** zusammenstellt. Der Harmoniesucher kann die Auswahl erleichtern. Entsprechend der Arten der Farbtonkombinationen gibt es drei Möglichkeiten der Zusammenstellung der Ausgangsfarben:

Kombination mit Stufen von zwei Nachbarfarben

In dem Beispiel von **Bild 1** wurden Orange und Rot gewählt. Das Orange wurde stark aufgehellt. Die Rottöne sind dunkler gehalten. Dabei kamen Stufen der hellklaren Reihe zum Einsatz.

Gesamtwirkung: warm.

Eingesetzte Kontraste: Kleiner Farbtonkontrast, mittlere Helligkeits- und Reinheitskontraste.

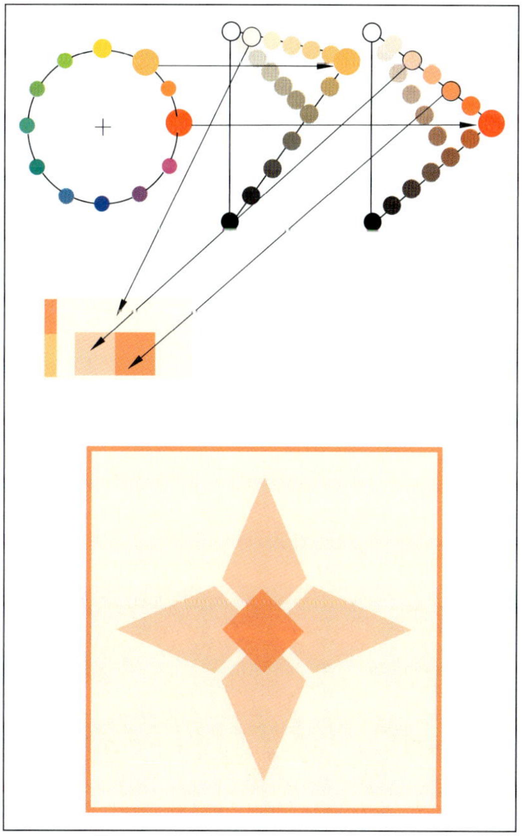

Bild 1: Gestaltungsbeispiel aus einer Kombination mit Stufen von zwei Nachbarfarben

Kombination mit Stufen von zwei fremden Farben

Im Beispiel von **Bild 2** ist mit den Farbtönen Gelborange und Violett gearbeitet worden. Es kamen wieder Stufen der hellklaren Reihe zum Einsatz. Dabei sind zwei Varianten zu sehen, in denen die Helligkeitsverhältnisse von Untergrund und Dekorformen umgekehrt wurden.

Geplante Wirkung: warm, vornehm.

Eingesetzte Kontraste: Mittlerer Farbtonkontrast, mittlere Helligkeits- und Reinheitskontraste.

Bild 2: Gestaltungsbeispiel aus einer Kombination mit Stufen von zwei fremden Farben

Kombination mit Stufen von Gegenfarben

Im Gestaltungsbeispiel von **Bild 2, S. 274** kamen die Vollfarben Orange und Blau mit Stufen der hellklaren Reihen und den Weißreihen zum Einsatz. Zusätzlich wurde untersucht, wie die Dekorfarben verteilt werden können. Dabei stellt sich heraus, dass ein Dekor aus zwei verschiedenen bunten Farben weniger günstig aussieht.

Geplante Wirkung: sachlich, etwas kühler.

Eingesetzte Kontraste: Großer Farbtonkontrast, mittlere Helligkeits- und Reinheitskontraste.

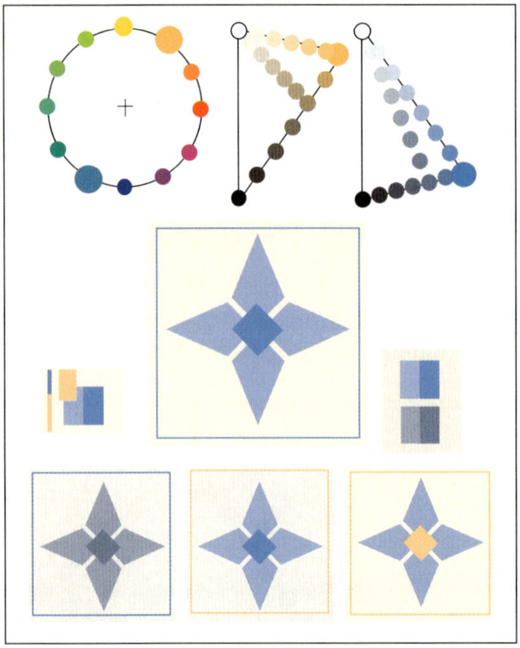

Bild 1: Gestaltungsbeispiele aus Kombinationen mit Stufen von zwei Gegenfarben

Nachbemerkung

Wenn man die beschriebenen Farbgestaltungen noch einmal auf den Einsatz des Quantitätskontrastes betrachtet, kommt man zu folgender Schlussfolgerung:

Die Gesamtwirkung der Objekte wird durch die Farbe bestimmt, die die größte Fläche einnimmt. Das gilt hauptsächlich für Innenräume oder an Fassaden. Bei Dekorflächen, Beschriftungen oder Fahrzeugen ist es normalerweise die Untergrundfläche. Deshalb bezeichnet man diese Farben als **Leitfarben.** Sie werden jedoch nicht nur nach den benutzten Farbtönen, sondern auch nach ihrer Wirkung eingeschätzt.

So wirken die Arbeiten in **Bild 2, S. 272** warm und je nach Trübung vornehm oder farbenfreudig, obwohl Untergrund und Dekor nur aus einem Farbton (hier Orange) erstellt wurden.

In **Bild 1 und 2, S. 273** sind die Dekorformen aus Abstufungen von anderen Farbtönen, den Nachbarfarben und fremden Farben geschmückt. Diese Farben geben der Untergrundfarbe eine etwas andere Gesamtnote. Die Farbgebung wird wärmer und dynamischer. Sie erregt mehr Aufmerksamkeit. Im **Bild 1** dieser Seite kommt durch die blauen Dekorformen dagegen eine kühlere Wirkung zustande.

Weil die Farbgebung sich auf große Flächen der Untergründe und kleine Flächen der Dekore bezieht, ist damit der **Quantitätskontrast** eingesetzt. Im Gegensatz zu der großflächigen Leitfarbe erhalten die kleinflächigen und meist kräftigeren Farben, die die Gesamtwirkung verändern, die Bezeichnung **Begleitfarbe.**

Leit- und Begleitfarben unterscheiden sich zusätzlich durch den **Helligkeitskontrast.** In **Bild 2, S. 273** sind dafür die beiden möglichen Varianten dargestellt.

TIPP Stellen Sie die beschriebenen Gestaltungsarbeiten dieses Abschnitts zu Übungszwecken selbst her! So können Sie feststellen, dass Sie die Regeln zur Farbgestaltung mit Stufen von einer oder von zwei Vollfarben verstanden haben. Die Ausführung der Arbeiten ist im **Abschnitt 10.2.1** beschrieben worden.

Des Weiteren sollten Sie sich jetzt in Ihrem Umfeld umsehen, wie dort Gestaltungsaufgaben gelöst wurden.

Sie werden z.B. sehen, dass die meisten **Fassadenanstriche** aus einer Vollfarbe hergestellt sind. Erst beim Vergleichen mehrerer nebeneinander stehender Gebäude spielen zwei und mehr Farbtöne eine Rolle.

Auch in **Innenräumen** ist eine begrenzte Zahl von Farbtönen im Einsatz.

Im **Schriftbereich** werden am Einzelobjekt oft nur Stufen von ein bis zwei Farbtönen benutzt, um eine zu bunte Wirkung zu vermeiden.

In der **Fahrzeuglackierung** sind neben den Modetrends auffälligere Farben im Einsatz, besonders dann, wenn dies von den Besitzern aus Repräsentationsgründen gewünscht wird **(Bild 2)**.

Bild 2: Aus Repräsentationsgründen auffällige Farbgebung am Pkw

Bisher bezog sich die Farbgebung auf Stufen von ein oder zwei Vollfarben. Selbstverständlich ist sie auch mit Stufen von drei und mehr Vollfarbtönen möglich. Die Arbeit ist jedoch weitaus schwieriger und sollte deshalb erst am Ende der Ausbildung geübt werden.

- **Farbgebung mit Stufen von drei Vollfarben**

Es wird in dem Zusammenhang von **Dreiklängen** gesprochen. Sie entstehen wie bei den Zweiklängen wieder aus Nachbarfarben, fremden Farben und, im weiteren Sinne, auch aus Gegenfarben. Die Farbwahl kann mit dem beschriebenen Harmoniesucher erfolgen.

Kombinationen mit Stufen von drei Nachbarfarben

In **Bild 1** bestehen die Farben aus Gelbgrün, Gelb und Gelborange. Sie wurden als hellklare Reihen und Weißreihen ausgemischt. Zur Gestaltung wurden die **Leitfarben gewechselt** und **die Dekorfarben** so ausgewählt, dass ausreichender Helligkeitskontrast unter Beachtung einer möglichen Inversion entstand. Die Dekorfarben müssen sich nicht unbedingt berühren.

Kombinationen mit Stufen von drei fremden Farben

In **Bild 2** bestehen die fremden Farben aus Blaugrün, Gelb und Rotviolett. Die Farben wurden nach dem Prinzip wie in **Bild 1** ausgemischt und kombiniert.

Kombinationen mit Stufen eines aufgespaltenen Zweiklangs

Da es drei Gegenfarben nicht gibt, wird die Dreifarbigkeit mit dem aufgespaltenen Zweiklang hergestellt. Die Farbenwahl und Ausmischung erfolgte wie bei den vorangegangenen Beispielen **(Bild 3)**.

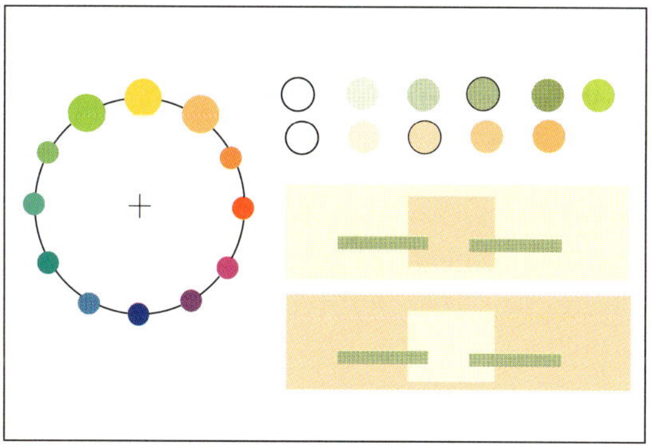

Bild 1: Farbgebung mit Stufen von drei Vollfarben: Nachbarfarben

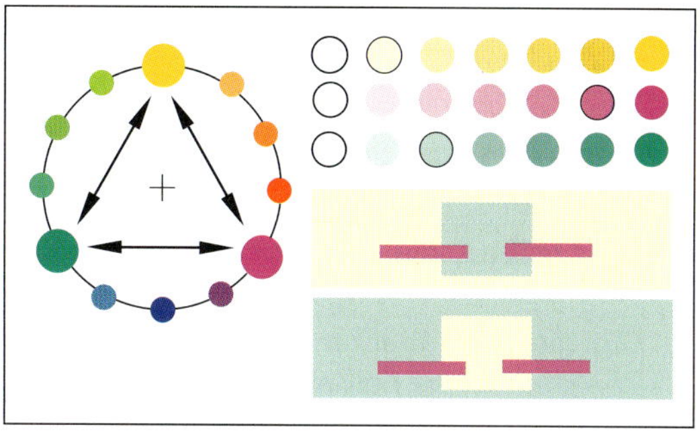

Bild 2: Farbgebung mit Stufen von drei Vollfarben: fremde Farben

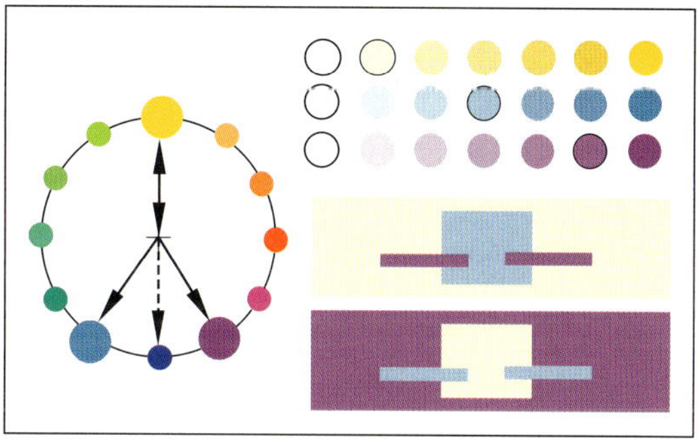

Bild 3: Farbgebung mit Stufen von drei Vollfarben: aufgespaltener Zweiklang

In **Bild 4** ist eine Dekorarbeit zur Gesellenprüfung zu sehen, in der das Rautenmotiv angewendet wurde. Als weitere schmückende Elemente sind Buchstabenteile und die Spachteltechnik eingesetzt. Es kamen Nachbarfarben zum Einsatz. Die gewählten grünen und roten Farben besitzen im Vergleich zu **Bild 1** vom Gelb aus gesehen einen größeren Abstand.

Bild 4: Gesellenprüfungsarbeit

FARBENLEHRE

11 Aufgaben

1. Wie kommt die Farbigkeit des Regenbogens zustande?
2. Wie heißen die wichtigsten Spektralfarben?
3. Gibt es noch mehr als 6 Spektralfarben? Wie könnten sie heißen?
4. Warum sind die in **Bild 1, S. 222** auf einem Bildschirm durch Druckfarben dargestellten Farben nicht so rein wie die Spektralfarben, wenn man in einem verdunkelten Raum den entsprechenden Versuch durchführt?
5. Wie werden Dingfarben unterteilt?
6. Sie schauen nacheinander auf ein Tuch, auf eine weiß lackierte Tür, durch eine Farbfolie. Zu welcher Art von Dingfarben zählen diese Objekte?
7. Wo kommen Farben vor?
8. Zählen Sie körperlose und körperhafte Farben auf!
9. Wenn Sie am Auto die Lackfarbe polieren, ändern Sie dann die primäre oder die sekundäre Erscheinungsweise der Farbe?
10. Ist das Grün einer Lackierung eine primäre oder sekundäre Erscheinungsweise des Anstrichs?
11. Nennen Sie die beiden Arten von Sehzellen und ihre Aufgaben!
12. Warum ist ein Lichtstrahl in einem verdunkelten Raum eigentlich nicht zu erkennen, sondern nur an der Stelle, wo er auf einen Körper fällt? Das wären z. B. ein Bildschirm oder auch Staubteilchen eines Tafellappens, der vor dem Strahl ausgestäubt wird.

    Benutzen Sie für die Beantwortung der Frage einen Diaprojektor mit einem Schlitzdia. Man stellt dieses her, indem man das Glasdia mit schwarzem Papier bis auf einen schmalen Spalt in der Mitte zuklebt.
13. Warum kann man bei Sternenschein bunte Farben schlecht erkennen?
14. Warum können Sie Sterne am Nachthimmel erkennen, aber neben ihnen ist es schwarz?
15. Klären Sie, welche von den nachfolgend genannten Farbbegriffen in Ihrer Gegend benutzt werden!

    a) Statt **Farbton** wird benutzt: Vollfarbton, Vollfarbe, Buntton, Buntart.

    b) Statt **Helligkeitswert** wird benutzt: Helligkeitsgrad, Hell-Dunkel-Wert, Remissionsgrad, Hellbezugswert (HBZ), Tonwert, Dunkelstufe.

    c) Statt **Reinheitsgrad** wird benutzt: Sättigung, Sättigungsgrad, Buntgrad.
16. An welchen Objekten findet Reflexion statt?
17. Betrachten Sie die Vorder- und Rückseite von Aluminiumfolie und entscheiden Sie, welche Ursache Glanz und Mattglanz darauf haben!
18. Beschreiben Sie den Vorgang der Absorption!
19. An welchen Körpern tritt Remission auf?
20. Ist das Licht des Mondes auf Reflexion oder Remission zurückzuführen? Begründen Sie Ihre Antwort!
21. Welche Wellenbereiche werden von einem gelbgrünen Körper mindestens remittiert? Geben Sie die Antwort zusätzlich in nm an! **(s. Bild 1, S. 222).**
22. Wenn von einem weißen Körper alle Spektralfarben remittiert werden und von einem schwarzen alle absorbiert werden, wie kommt dann Grau zustande?
23. Versuchen Sie mithilfe der Remissionsvorgänge zu erklären, wie Graugrün, Hellgrün und Dunkelgrün entstehen!
24. Nennen Sie vier Möglichkeiten, Farben zu mischen!
25. Begründen Sie, warum die genannten Mischmöglichkeiten zur additiven oder subtraktiven Farbenmischung gehören!
26. Warum ordnet man die Vollfarben zum Kreis und setzt das Gelb oben an?
27. Welche Farben entstehen grundsätzlich beim Mischen von Gegenfarben?
28. An welchem Farbtonpaar erkennen Sie am auffälligsten einen additiven und einen subtraktiven Farbtonkreis?
29. Welche Mischungsergebnisse entstehen beim Mischen von Gelb und Blau nach den verschiedenen Mischverfahren?
30. Warum sollte man den Begriff Farbtonkreis und nicht Farbkreis oder Farbenkreis benutzen?

31. Nennen Sie vier Gegenfarbtonpaare aus dem subtraktiven Farbtonkreis!

32. Durch welche Eigenschaften unterscheiden sich die sog. Primärfarben von Sekundärfarben?

33. Warum muss man die sog. Sekundärfarben innerhalb des Farbtonkreises anordnen?

34. Warum ist es nicht ratsam, einen Farbtonkreis aus drei Pigmenten (Grundfarben) zu mischen?

35. Woran erkennt man, dass der Farbenforscher **Ostwald** und die Anbieter des schwedischen NCS-Farbensystems einen additiven Farbtonkreis benutzten?

36. Warum wenden Maler und Lackierer beim Mischen mit Pigmenten den subtraktiven Farbtonkreis an und nicht den additiven?

37. Wodurch unterscheiden sich die Farben der Unbuntreihe?

38. Warum sollte man nicht Grauton, sondern besser Graustufe sagen?

39. Was bedeutet an einem hellen Grau der Begriff Y 70 %?

40. Warum ist es notwendig, Graustufen mit Zahlen zu kennzeichnen?

41. Wie kommt beim Mischen von Grau der Blaustich zustande?

42. Wie kann man den Blaustich von Grau beseitigen?

43. Nennen Sie acht wichtige Vollfarben aus dem Farbtonkreis und geben Sie ihre Lage an, indem Sie den 24teiligen Kreis als Zahlengrundlage benutzen!

    Zum Beispiel Farbton 1 = Gelb.

44. Nennen Sie zu jeder Vollfarbe des Farbtonkreises zwei Nachbarfarben!

45. Nennen Sie zu jeder Vollfarbe die zwei dazugehörigen fremden Farben!

46. Welche Auswirkungen hat es, wenn Sie Gegenfarben mit Pigmenten mischen?

47. Welche unterschiedlichen Eigenschaften besitzen Vollfarbtöne, was haben sie gemeinsam?

48. Welchen Reinheitsgrad haben Buntpigmente in der Malerpraxis? Wo liegt die Ursache?

49. Warum tritt beim Nachmischen von Farben unbekannter Zusammensetzung Metamerie auf?

50. Bezeichnen Sie mittels der Koordinaten für Farbton, H- und R-Wert vier Mischfarben in dem farbtongleichen Dreieck von **Bild 1, S. 252**! (Dezimalzahlen sind zur genaueren Bezeichnung auch möglich). Die Vollfarbe Rot besitzt die Farbtonnummer 07.

51. Durch welche Farbeigenschaften unterscheiden sich die Farben mit dem „?“ in **Bild 1, S. 251?**

52. Durch welche beiden Farbeigenschaften unterscheiden sich die Farben einer hellklaren Reihe?

53. Durch welche beiden Farbeigenschaften unterscheiden sich die Farben einer dunkelklaren Reihe?

54. Welche besondere Farbeigenschaft hat eine Weißreihe, die nahe an der Unbuntreihe liegt?

55. Woraus mischt man hellklare Reihen, dunkelklare Reihen, Weißreihen und Verhüllungsreihen bzw. Fernenreihen?

56. Beschreiben Sie, wie man folgende Farbenreihen mischt:

a) hellklare Reihen,

b) dunkelklare Reihen,

c) Weißreihen!

57. Wie mischt man rationell sehr helle Stufen einer hellklaren Reihe und einer Weißreihe?

58. Wie mischt man eine Stufe aus einer Weißreihe, wenn Sie folgende Zeichnung zum Mischen benutzen sollen **(Bild 1)?**

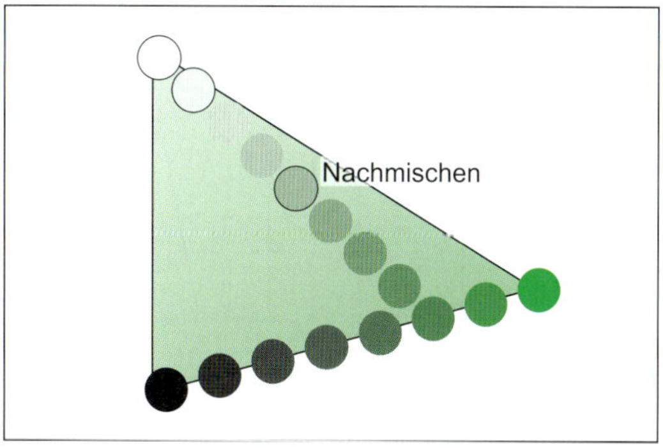

Bild 1: Mischskizze für eine Farbe aus einer Weißreihe

59. Wie mischt man eine relativ dunkle Farbe einer hellklaren Reihe oder einer Weißreihe?

FARBENLEHRE

60. Wie kann beim Mischen von verdunkeltem Gelb die Farbtonverschiebung ins Olivgrün beseitigt werden?
61. Wie kann die Farbtonverschiebung beim Verdunkeln von Gelb verhindert werden?
62. Wie würden Sie eine Pastellfarbe mischen?
63. Zählen Sie die Ihnen bekannten Kontraste auf und beschreiben Sie, wie diese zustande kommen können!
64. Beschreiben Sie, welche Auswirkungen der Simultankontrast für die praktische Arbeit hat!
65. Wann flimmern Farbkombinationen? Wie kann man das Flimmern bei einer fertig gestellten Arbeit beseitigen?
66. Nach welchem Prinzip findet man eine Nachbildfarbe? Geben Sie an, welchen Nutzen es bringt, wenn man die Nachbildfarbe eines farbigen Objekts kennt!
67. Stellen Sie nach der Musteraufgabe in **Abschnitt 10.2.1** Farbarbeiten mit Formen von **Bild 1** her! Stellen Sie sich das Ziel, nur mit einer Vollfarbe zu arbeiten! Führen Sie nach dem Herstellen der Farbflächen die Arbeit in der Schneidetechnik aus!

Bild 1: Formen zur elementaren Farbgestaltung

68. Führen Sie Farbarbeiten mit Stufen von zwei Vollfarben aus, indem Sie die Motive von **Bild 1** benutzen!
69. Stellen Sie eine Arbeit in Graumalerei für ein Bossenmauerwerk wie in **Bild 2** her, das im Schloss von Dresden **(Bild 2, S. 264)** als Kratzputztechnik (Sgraffitotechnik) ausgeführt wurde.

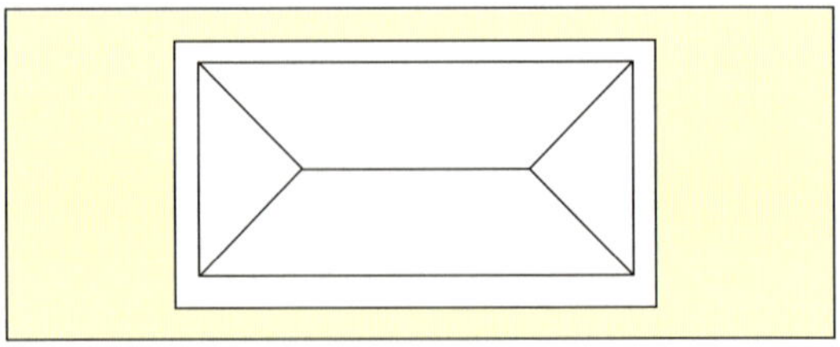

Bild 2: Ausschnitt von Bossenmauerwerk

70. Stellen Sie zu Testzwecken Farbmischarbeiten der Aufgaben 48, 56, 57, 67, 69, 70 mit Corel Draw aus!

    Die Farbenreihen werden durch Überblenden der jeweiligen Ausgangsfarben auf der Basis von Kreisen oder Rechtecken hergestellt. Für die Aufgaben 69 und 70 sind Farbenreihen notwendig, die nach dem **Überblenden** bei **Anordnen getrennt** werden müssen. Anschließend ist noch die **Gruppierung aufzulösen.** Dann können Sie die **Formen zeichnen** und **mit den Farben füllen.** Dazu benutzen Sie beim Menü **Bearbeiten** den **Befehl Eigenschaften kopieren von** ...!
71. Stellen Sie mit Corel Draw farbtongleiche Dreiecke für beliebige Farbtöne her! Gehen Sie dabei in folgenden Arbeitsschritten vor!

- Zeichnen Sie ein entsprechendes Dreieck mit dem Hilfsmittel Linie, bis sich das Dreieck geschlossen hat! Sie erkennen diese Eigenschaft, wenn Sie die Fläche farbig füllen. Sie können dann das Dreieck an der rechtsliegenden Spitze in der Höhe verschieben und für die verschiedenen Farbtöne entsprechend der Helligkeit ändern **(Bild 3).**

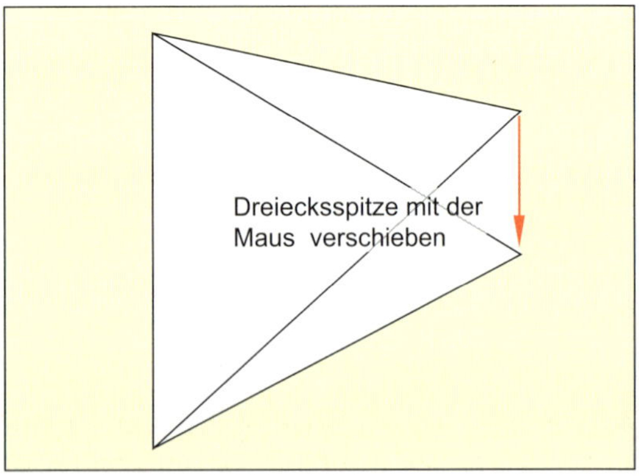

Bild 3: Farbtongleiche Dreiecke zeichnen

- Zeichnen Sie durch **Duplizieren** zwei gleich große Kreise! Richten Sie diese auf einer Hilfslinie in einigem Abstand senkrecht aus!
- Füllen Sie den oberen Kreis mit Weiß, den unteren mit Schwarz! Stellen Sie mit **Überblenden** 6 graue Farbstufen her!
- Passen Sie die Kreise an die Größe des Dreiecks an und legen Sie die Unbuntreihe auf das Dreieck **(Bild 1)**!

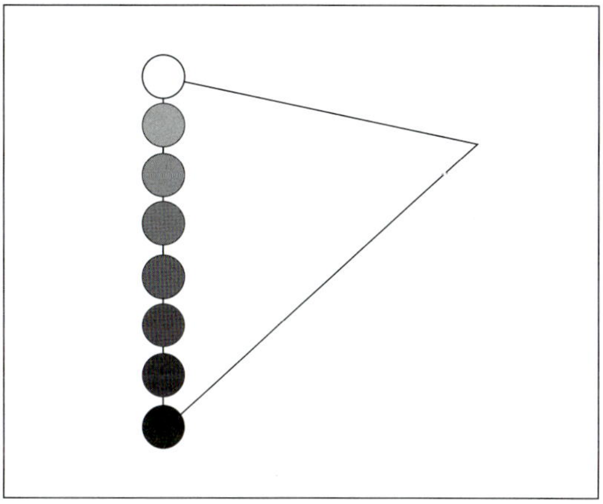

Bild 1: Unbuntreihe anbringen

- Stellen Sie von der Unbuntreihe ein Duplikat her! Wenn Sie den schwarzen Kreis durch eine Vollfarbe (Gelb, Orange, Rot usw.) ersetzen, entsteht sofort eine hellklare Reihe. Drehen und schieben Sie diese auf die entsprechende Dreiecksseite **(Bild 2)**!

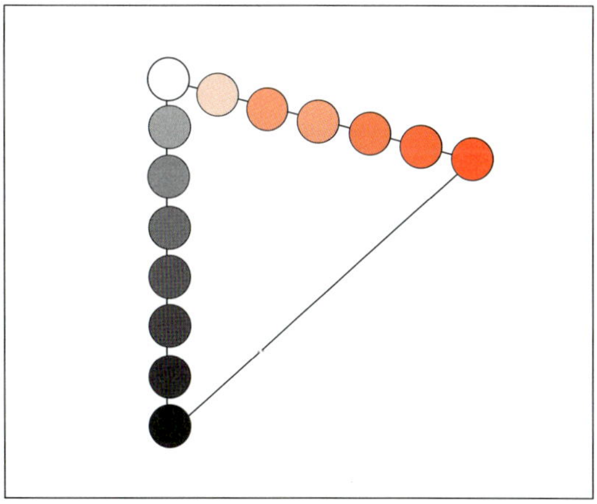

Bild 2: Hellklare Reihe anbringen

- Stellen Sie von der hellklaren Reihe ein Duplikat her! Ersetzen Sie das Weiß durch Schwarz, entsteht eine dunkelklare Reihe. Setzen Sie diese ebenfalls an die entsprechende Dreiecksseite **(Bild 3)**!

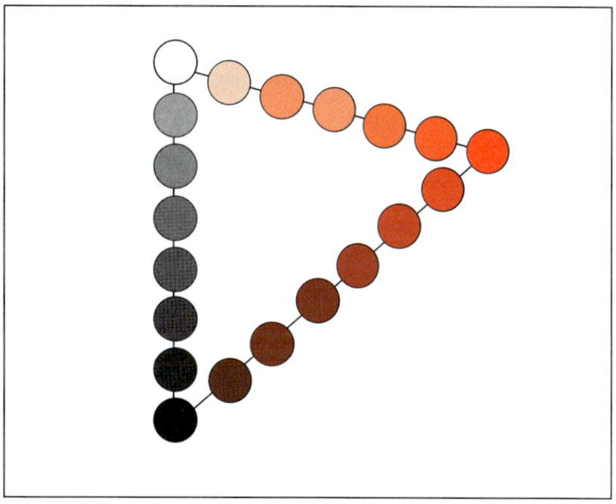

Bild 3: Dunkelklare Reihe anordnen

72. Gelegentlich stellt man an Fassadensockeln fest, dass sie zum angrenzenden oberen Bereich farblich nicht passen und flimmern. Sockel können Stabilität vermitteln, indem sie dunkler gehalten werden oder sie sollen sich durch ausreichende Helligkeit abheben. Mischen Sie deshalb zu folgenden Farbproben passende Sockelfarben!

Bild 4: Muster für Fassadenfarben

73. Betrachten Sie aufmerksam die Farbgebung des Gebäudes im **Bild 5** und stellen Sie fest, ob Fehler bzw. Mängel in der Farbgestaltung vorhanden sind! Nennen Sie diese und zeigen Sie Vorschläge zur Verbesserung durch eine Farbskizze! Begründen Sie diese!

Bild 5: Gebäude zur Bewertung der Farbgestaltung

INHALT

FARBENANWENDUNG

1 Einführung

Das Kapitel Farbenanwendung dient dazu, die in der Farbenlehre beschriebenen Regeln auf die gezeichneten Objekte der Abschnitte Fachzeichnen, Schriftlehre und Ornamentlehre mit dem Dekor am Bau und an Fahrzeugen zu übertragen.

Ergänzt wird das Kapitel durch Hinweise zur Vermittlung von Kenntnissen und Fertigkeiten beim Herstellen und Anwenden dekorativer Techniken auf Bautafeln und in Arbeitskojen.

Wie in den vorangegangenen Kapiteln dienen die Aufgaben mit Arbeitsanleitungen und Zeichnungsbeispielen dazu, das Beschriebene nachzuarbeiten oder zu eigener Tätigkeit anzuregen.

2 Prinzipielle Regeln zur Farbgestaltung

Grundsätzlich wäre es möglich, bei der Farbgestaltung allein mit den Regeln der **elementaren Farbgestaltung** zu arbeiten. Man müsste nur Farbton, Helligkeit und Sättigung/Reinheit der Farben berücksichtigen.

Weil aber jedes Objekt, das dem Auftraggeber farblich gestaltet angeboten werden soll, sofort Emotionen bzw. Gefühle bei ihm hervorruft, muss auch die Wirkung der Farbe auf den Menschen mit eingeplant werden.

Damit beginnt die **komplexe Farbgestaltung** und es wird sehr viel Einfühlungsvermögen benötigt, um den Wünschen des Auftraggebers gerecht zu werden.

Bei ihrer Realisierung ist zu berücksichtigen, dass der Auftraggeber eventuell die Gestaltungsregeln nicht kennt oder, aus welchen Gründen auch immer, nicht akzeptiert. An dieser Stelle sind dann Fachkenntnisse und gute Argumentationsfähigkeit des Malers und Lackierers gefragt, um merkwürdige Farbgestaltungen oder Gestaltungsfehler zu verhindern.

Schließlich fragt der vorübergehende Betrachter bei Gestaltungen, die der Öffentlichkeit zugänglich sind, z. B. bei Fassaden oder Fahrzeugen, nicht nur „wem gehört das Objekt?", sondern auch: „Wer hat denn das gemacht?" Gute und selbstbewusste Malerbetriebe hinterlassen bei gelungenen Arbeiten deshalb gern ihr Markenzeichen oder werben mit Beschriftungen am Firmenfahrzeug, um sich weitere Aufträge zu sichern.

2.1 Farbenwahl

Wenn man für das zu gestaltende Objekt die Farben wählt, wird im einfachsten Fall **eine Vollfarbe** benutzt, aus der die Ausmischungen hergestellt werden **(s. S. 272, Farbgebung mit Stufen einer Vollfarbe)**. Genügt dem Auftraggeber dies nicht, kann die Farbenmischung mit **zwei und mehr Vollfarben** erfolgen **(s. S. 273)**.

2.2 Kontrastwahl

Schrifttexte und **Ornamente** oder andere Dekorformen werden in den meisten Fällen auf einen helleren Untergrund aufgetragen **(s. Bild 1)**. **Fassaden** werden im oberen Bereich heller gehalten als am Sockel oder an schmückenden Bauteilen **(s. Bild 1, S. 319)**.

Bild 1: Meist angewendete Farbgebung bei Schrift und Dekor

Damit steht neben der Farbtonwahl der **Helligkeitskontrast** im Vordergrund. Feinheiten in der Farbgebung erreicht man durch geschickten Einsatz der **Reinheitskontraste.**

Die anzuwendenden Kontraste erfordern besonderes Fingerspitzengefühl, denn ihre Wirkungen sind altersabhängig.

Jüngere Menschen bevorzugen meist reinere Farben und mögen oft größere Helligkeitskontraste. Auch in der Architektur der heutigen Zeit tritt diese Tendenz auf **(s. Bild 1, S. 303** und **320)**. Erste Experimente dazu gab es schon um 1910 durch den Architekten **Bruno Taudt (s. S. 324)**. Die dadurch auftretende auffällige Gestaltung wird durch den Betrachtungsabstand gemildert. Ältere Menschen bevorzugen meist dezentere Farben.

Große und hell beleuchtete bzw. lichtdurchflutete Räume können unabhängig davon ebenfalls kräftigere Farben erhalten, wenn die Einrichtungsgegenstände es gestatten.

Damit **Beschriftungen** schon aus größerer Entfernung wahrgenommen werden können, benutzt man große Helligkeitskontraste. Das ist besonders bei Fahrzeugbeschriftungen notwendig.

Da bei den aufgezählten Gestaltungsobjekten die Untergrundfläche immer größer ist als das Dekor, kommen **Quantitätskontraste** zum Einsatz. Die großen Flächen erhalten die **Leitfarbe**, die durch **Begleitfarben** in Gestalt kleinerer Flächen differenziert wird. In **Bild 1** entsteht dadurch bei gleicher Untergrundfarbe einmal eine warme und einmal eine kühle Gesamtwirkung.

Bild 1: Veränderung der Gesamtwirkung der Leitfarbe durch Begleitfarben

Beispiele für Begleitfarben

- **Textelemente** an Gebäuden und Fahrzeugen,
- **Dekorelemente an Bauwerken,** wie Ornamente, Striche und Bänder in Innenräumen und Fassaden, Fenstereinfassungen oder Einzelteile von Türen, wie Rahmen oder Füllungen,
- **Dekore am Fahrzeug** in Form von Zierlinien und Zierflächen.

Aufgrund der auftretenden Größenverhältnisse zum Untergrund wird zur Farbgebung empfohlen, **große Flächen hell und dezent und kleine Flächen dunkel und farbkräftig** auszuführen.

Je größer man den Helligkeitskontrast wählt, desto auffälliger ist das Gestaltungsobjekt.

Bei der praktischen Ausführung treten mit dieser Gestaltungsart die wenigsten Schwierigkeiten bezüglich der Deckfähigkeit der Malfarben auf Papier als auch bei den Anstrichstoffen in der Praxis auf.

Wer den Aufwand mehrerer Farbschichten bis zur Deckfähigkeit nicht scheut, kann die Helligkeitswerte für Untergrund und Dekor auch umkehren.

2.3 Farbproben

Beim Anfertigen von Gestaltungsarbeiten sollten immer Farbproben in Form des Simultankontrastes hergestellt werden.

So kontrolliert man am schnellsten die Farbenwahl und verhindert Gestaltungsfehler. Zusätzlich stellt man fest, ob die vorgeschlagenen Farben den Anforderungen des Auftraggebers entsprechen. In **Bild 2** sind Proben und Anstriche für eine Jugendstilfassade zu sehen. Sie werden auch für die zu rekonstruierende Einfassung benötigt. Leider haben sich die Proben auf der zu gestaltenden Fassade nicht berührt, sodass die Helligkeitskontraste bei der Endausführung eigentlich nicht eindeutig festzustellen waren.

Bild 2: Farbproben und Anwendungsobjekte

2.4 Arbeitstechniken

Im Kapitel Farbenlehre wurden verschiedene Methoden der technischen Ausführung von Farbarbeiten erläutert. Dabei ist die Schneid- und Klebetechnik dem Ausmalen vorgezogen worden, weil sie rationelleres und sauberes Arbeiten ermöglicht. Sie wird deshalb auch hier wieder bei den Arbeitshinweisen favorisiert.

Zur schnellen und variantenreicheren Farbgebung werden jedoch auch nachfolgend Hinweise für PC-Zeichenprogramme gegeben, besonders für Corel Draw ab Variante 8.

3 Farbgebung für Schrift und Grafik

Die Gestaltung von Schrifttexten beginnt mit der Wahl des Wortlauts und der Schriftart. Größe, Richtung (senkrecht oder kursiv), Balkenstärke und Buchstabenabstände (schmal oder breit) bestimmen, wie auffällig ein Text wird. In diesem Stadium werden Schriftinhalt und Form miteinander verbunden.

3.1 Wahl der Schriftfarbe

Bei Büchern und Zeitungen hat sich die schwarze Schriftfarbe auf weißem Grund durchgesetzt, bei allen übrigen Objekten ist die Farbgebung ungebundener.

Um bestimmte Textelemente wie Anfangsbuchstaben bzw. Initialen oder Worte hervorzuheben, wurde bei Urkunden, Beschriftungen und Buchtexten schon frühzeitig mit bunten Farben gearbeitet. Rot, Gold, Blau und Grün kamen zum Einsatz. Diese Auszeichnungen steigerten dann gleichzeitig ihren Wert. Heute verbindet man konsequent den **Werbeinhalt** eines Textes mit dem **Symbolwert** bzw. der **Wirkung einer Farbe**.

Bei der Farbenwahl ist zuerst auf ausreichenden Helligkeitskontrast zum Untergrund zu achten, um Texte gut lesen zu können **(Bild 1)**.

Bild 1: Helligkeitskontraste für Schrifttexte

In der **Tabelle 1** ist zu erkennen, wie die Schriftfarbe die Werbeinhalte unterstützt. Die ausgewählten Texte wirken in Schwarz nichtssagend. Durch die passende bunte Farbe wird ihre Aussagekraft wesentlich erhöht. An den Beispielen ist zu erkennen, wie aufgrund des Symbolgehalts einer Farbe der Textinhalt werbewirksam unterstützt oder bei falscher Wahl gestört wird.

In besonderen Fällen ist auch eine Sinnentstellung möglich. Allbekannt ist das Symbol der Hilfsorganisation des Roten Kreuzes. Es ist mit den Farben Rot und Weiß dargestellt und findet an den entsprechenden Fahrzeugen Anwendung. Wird allerdings ein Schränkchen mit Verbandsmaterialien damit gekennzeichnet, ist die Farbe Grün (bedeutet Hilfe) auf weißem Grund zu wählen.

Tabelle 1: Beispiele zur farbigen Textgestaltung

Text	Empfohlene Farbigkeit	Ungünstige Farbigkeit
Eisbahn	**Eisbahn**	**Eisbahn**
Wirkung der Farbe	Blau symbolisiert Kälte	Rot wirkt warm und hat zum Thema keine Beziehung
Bäckerei	**Bäckerei**	**Bäckerei**
Wirkung der Farbe	Backwaren wie Brot und Brötchen sind braun	Die Farbe Grün könnte Schimmel andeuten
Lasurfarben	**Lasurfarben**	**Lasurfarben**
Wirkung der Farbe	Holz wird mit Lasurfarben imitiert	Da das Braun deckt, entsteht zum Begriff Lasur ein inhaltlicher Widerspruch
Notausgang	**Notausgang**	**Notausgang**
Wirkung der Farbe	Grün symbolisiert Hilfe	Blau symbolisiert Kälte, die hier keine Beziehung hat

3.2 Untergrundgestaltung

Als Untergründe für Beschriftungen kommen meist Putz, Metalle, Holz, Glas usw. in unterschiedlichen Formen und Größen mit entsprechenden Beschichtungen vor.

Deckende farbige Beschichtungen sind bei Schriftuntergründen am häufigsten. Sie werden normalerweise mit Pinsel, Roller oder Spritzpistole hergestellt, wobei man sie meist durch Schleifen und Spachteln zusätzlich glättet. Für kleinformatige Arbeiten kommt noch das Airbrushgerät infrage.

Strukturhafte Oberflächen, wie Holzmaserungen, Putz oder Gewebe mit ihrem räumlichen Charakter, sind als Schriftträger jedoch ebenfalls üblich. Wenn man diese Oberflächen in Sonderfällen räumlich und farbig nachahmt, entstehen **Materialimitationen.**

Werden strukturhafte Oberflächen glatt geschliffen und eventuell poliert oder lackiert, sieht man ihre typischen Linien und Formen. Man nennt sie **Texturen**. Sie sind gegenüber Strukturen ebenflächig. Werden Texturen imitiert, können sie z.B. schwer zu beschaffende Originalmaterialien, wie bestimmte Hölzer oder Marmor ersetzen.

3.3 Untergrund- und Schriftfarbe

An den folgenden Bildbeispielen ist erkennbar, was zu beachten ist, wenn die Farben für die Untergründe gewählt werden.

Helle Untergründe sind am häufigsten. Wird der Untergrund dunkel geplant, wirkt die Schrift wie ausgeschnitten. Aber sie nimmt einen strahlenden Charakter an **(Bild 1)**. Scheint die Untergrundfarbe beim Übermalen der Schrift durch, muss man weiß grundieren.

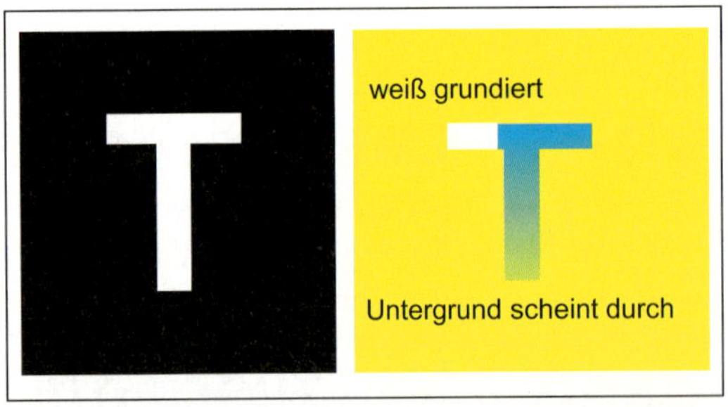

Bild 1: Wirkungen von Untergrund- und Schriftfarbe

Zur Farbgebung haben sich auf dem **Gebiet der Kommunikation** (Verkehr, Ordnung, Hilfe oder Sicherheit) genormte Farben mit ihrem Symbolwert durchgesetzt. Hierfür stehen die RAL- und DIN-Farben zur Verfügung **(Bild 2)**. Im **Bereich Information und Werbung** werden die Farben oft freier gewählt. Sie sind trotzdem aber häufig symbolträchtig **(s. Tabelle S. 285)**.

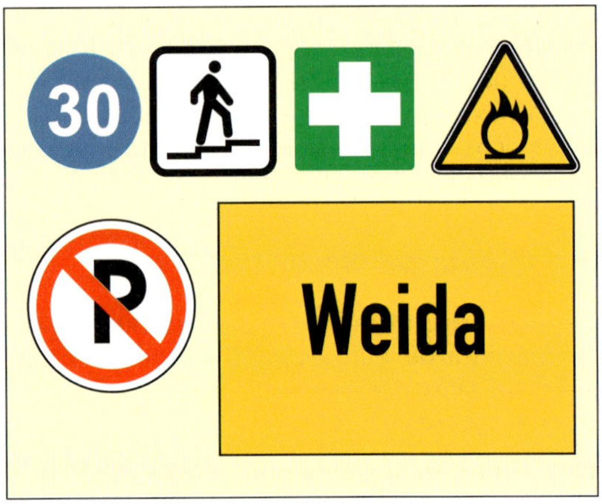

Bild 2: Gestaltung mit Symbolfarben

Die **Ausführung der Beschriftung** erfolgt meist in folgenden Etappen:

Anfertigen von Entwürfen

Da der Untergrund an Hausfassaden, Werbetafeln oder Fahrzeugen vorgegeben ist, empfiehlt es sich, zur Planung der Gestaltung Entwürfe anzufertigen. Für hochwertige Arbeiten sollte man dabei seine Farbe, Struktur oder Textur in die Gestaltung einbeziehen und so weit wie möglich nachahmen.

Farbenwahl

Leitet man die Schriftfarbe von der Farbe des Untergrunds ab, entspricht dies der Farbgebung mit Stufen einer Vollfarbe. Es können aber auch Stufen von zwei und mehr Vollfarben zum Einsatz kommen. Damit wird das in der **Farbenlehre Abschnitt 10.2.2** beschriebene Farbgebungsprinzip angewendet.

Gespräch mit dem Auftraggeber

Das Gespräch mit dem Auftraggeber dient der Bestätigung des vorgelegten Entwurfs. Gegebenenfalls werden Änderungen vorgenommen.

Realisierung des Arbeitsauftrags

Nach dem Bestätigen des Auftrages durch den Auftraggeber wird die Gestaltung am realen Objekt ausgeführt.

3.4 Übungsaufgaben

Für Übungen zur Schriftgestaltung sind Entwürfe im Format DIN A4 und DIN A3 geeignet.

Die **Behandlung der Untergründe** sollte mit einem kleinen Farbroller erfolgen, weil die Flächen damit schneller gestrichen sind als mit einem Pinsel. Wasserbeständige Dispersionsfarbe eignet sich besser als Temperafarbe. Sie kann sich beim Übermalen mit der Schriftfarbe nicht auflösen.

Zum **Auslegen der Schrift** ist ein flacher **Schriftmalpinsel** am besten geeignet. Seine Breite sollte größer als die halbe Balkenstärke sein. Durch diese Technik gelingt es, mit zwei Strichen den Schriftbalken zu füllen. Das Auslegen mit einem Schriftpinsel in der Breite der Balkenstärke ist zwar ebenfalls möglich, es erfordert jedoch noch größere Fertigkeiten. Auf keinen Fall ist zum Auslegen ein Spitzpinsel sinnvoll. Man müsste erst mit ihm Konturen ziehen und anschließend die Flächen füllen. Das Verschlichten ergibt meist Striemen. Zum Füllen der Ecken ist er jedoch geeignet.

TIPP Verwenden Sie für die Farbgebung der Untergründe weiße Dispersionsfarbe aus der Praxis! Wenn diese zu grobkörnig ist, kann auch mit wasserverdünnbaren Lacken gearbeitet werden. Das Abtönen kann mit Temperafarben erfolgen, die auch bei der Beschriftungsarbeit benutzt werden sollten.

3.4.1 Übungen in Maltechniken

Beispiel 1: Ziehen Sie auf einem Zeichenblatt mit einem Schriftmalpinsel längere gerade und gleichmäßig breite Striche! Achten Sie dabei besonders auf knotenfreies Ansetzen und gute Deckfähigkeit der Farbe!

Bei der Arbeit sind die Hinweise zum Benutzen des Malstocks und der Malbrücke im **Kapitel Schriftlehre, S. 151, Auslegen der gepausten Texte** zu beachten. Dazu ist es ratsam, einige **Vorübungen** durchzuführen **(Bild 1)**.

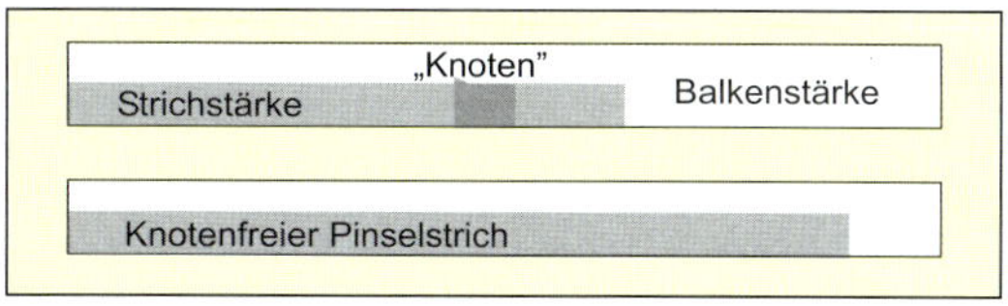

Bild 1: Vorübung für Beschriftungen

Beispiel 2: Legen Sie einen Schrifttext mit Pinsel und Malfarbe am besten in Großbuchstaben und in Schmaler Grotesk aus! Dafür eignet sich das Wort HOTEL, das im Kapitel Schriftlehre gezeichnet worden ist. Das gewählte Wort ist sinnvoll, weil es wenig Buchstaben besitzt und zum Üben mit dem Malstock dienen soll.

Bild 2: Arbeitsergebnis zu Beispiel 1

Voraussetzungen

Schrittext HOTEL aus dem Kapitel **Schriftlehre, Aufgabe 14, S. 162** auf Transparentpapier, Malstock/Malbänkchen, flache Schriftmalpinsel, Spitzpinsel, Deckfarben (möglichst Temperafarben), DIN A4-Zeichenkarton, Zeichenhilfsmittel.

Arbeitsschritte

1. Übertragen Sie das Wort HOTEL als Durchdrückpause mittig auf den Zeichenkarton! Der gepauste Text sollte aus Zeitgründen nicht nachgezeichnet werden.
2. Bereiten Sie eine gut deckende Farbe, am besten Schwarz, auf einem Konservenglasdeckel zu!
3. Legen Sie den Text aus, wie in **Beispiel 1** geschildert wurde! Für die Ecken verwenden Sie einen Spitzpinsel!
4. Beschneiden Sie den ausgelegten Text in ausreichend großem Abstand und kleben Sie ihn auf ein neues Zeichenblatt!
5. Die fertige Arbeit beschriften Sie in **senkrechter Normschrift** mit **Schriftübung Name, Vorname!** Eine schräge Schrift würde fremdartig zu der senkrechten Groteskschrift wirken. Ordnen Sie die Beschriftung symmetrisch unter dem Wort HOTEL an! Die Anordnung führen Sie wie auf **Seite 28 im Kapitel Fachzeichnen** aus!

Beispiel 3: Legen Sie einen einfachen Schrifttext (BAHNHOF), am besten in Großbuchstaben und in Schmaler Grotesk, aber mit passender Schriftfarbe aus **(Bild 1)!**

Bild 1: Farbgebung zu Beispiel 3

Voraussetzungen

Schrifttext: BAHNHOF auf Transparentpapier im Kapitel **Schriftlehre, S. 162, Aufgabe 14** im Format DIN A4. Hilfsmittel wie in **Beispiel 2.**

Arbeitsschritte

1. Übertragen Sie den Text mithilfe einer Durchdrückpause wie in **Punkt 1 des Beispiels 2.**
2. Wählen Sie für den Text die passende Schriftfarbe, also auf keinen Fall Schwarz!

   Bei der Farbenauswahl sollten Sie an die Farbvorgaben der Deutschen Bundesbahn denken, die ein bestimmtes Blau benutzt! Weil die Originalfarbe des Schriftuntergrunds Weiß ist, kann der Untergrundanstrich entfallen.

   Klären Sie zur Farbenwahl folgende Fragen!

   Wird Ultramarinblau oder Cyanblau (Cölinblau) benutzt?

   Wird das Blau rein verwendet oder mit Weiß aufgehellt?
3. Fertigen Sie die passende Schriftfarbe an und legen Sie den Text wie bei der ersten Schriftübung aus!
4. Umranden Sie die Texte in geeignetem Abstand mit einem Strich, der schmaler als die Balkenstärke der Schrift ist!
5. Die fertige Arbeit wird wie in **Pkt. 5 von Beispiel 2** beschriftet.

TIPP Benutzen Sie zum Finden des Randabstands bei der Blatteinfassung zwei Papierwinkel **(s. Schriftlehre S. 145, Bild 5 und Abschnitt 9.1 Umrandungsmittel)!** Wenn Sie den Strich zur Blatteinfassung an seiner Außenkante mit dem Messer abschneiden, entsteht eine schärfere Begrenzung als durch das Strichziehen mit dem Pinsel.

Probleme beim Auslegen des Textes

Die Schriftfarbe muss beim Auslegen die Schriftkonturen verdecken. Darum sollten die Konturen der durchgedrückten Schrift sehr dünn sein. Man erreicht das, indem mit einem harten Bleistift kopiert wird.

Wenn nach dem Auslegen trotzdem noch Linien zu sehen sind, können sie mit einem weichen Radiergummi entfernt werden. Erst dann ist eindeutig erkennbar, ob die Konturen gerade gezogen worden sind.

TIPP Wenn Sie beim Auslegen der Schrift eventuell knotenartig über die Bleistiftkonturen gemalt haben, können Sie die Kontur mit dem Schablonenmesser durch Kratzen begradigen.

Beispiel 4: Arbeiten Sie nach dem Prinzip der Beispiele 2 und 3 mit den Texten **EISCAFE** und **Friseur** weiter, die in der Schriftlehre berechnet wurden **(Schriftlehre, Seite 160, Aufgabe 1)!** Beziehen Sie jedoch jetzt die Untergrundfarbe in die Farbgebung mit ein!

Bei **EISCAFE** wird der Schwierigkeitsgrad durch die Untergrundfarbe erhöht, bei **Friseur** zusätzlich durch die Form der Kleinbuchstaben.

Zu erwartende Probleme

Wenn zur Gestaltung nur Temperafarbe verwendet wird, löst die Schriftfarbe bei zu intensivem Verschlichten die Untergrundfarbe an. Ein mit getönter Dispersionsfarbe gerollter oder gestupfter Untergrund eignet sich besser.

Farbenwahl

- Legen Sie fest, ob Sie mit Stufen von einer Vollfarbe oder von zwei Vollfarben arbeiten werden!
- Welche Farbenreihen werden eingesetzt?
- Planen Sie beim Auslegen wegen besserer Deckfähigkeit einen hellen Untergrund?

> **TIPP** Wenn Sie für den Untergrund Farbtöne aus dem Gelbbereich zum Mischen auswählen, kann keine Inversion auftreten.
>
> Zur eigenen Entscheidung nutzen Sie die Farbvorschläge in **Bild 1**!

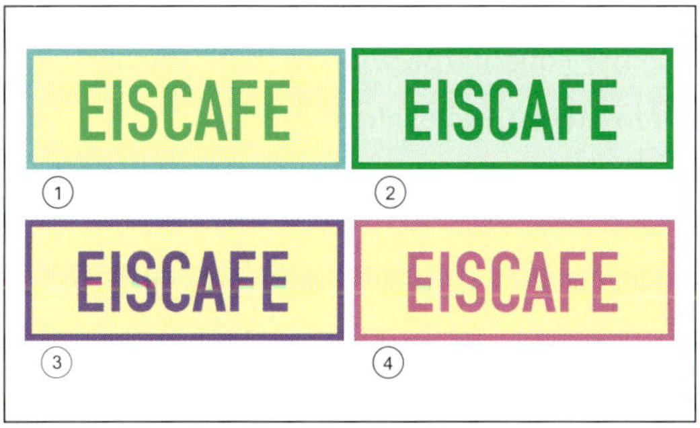

Bild 1: Farbvorschläge zu Beispiel 4

- Zeigen Sie zu Übungszwecken, wie die gewählten Farben der vier Farbbeispiele von **Bild 1** in das Farbenordnungssystem nach **OSTWALD** passen, und das durch **MÜLLER** auf dem subtraktiven Farbtonkreis aufbaut! Tragen Sie dazu die gewählten Farben in einen Farbtonkreis und in farbtongleiche Dreiecke ein, wie es in **Bild 2** für die Gestaltungsvariante ① zu sehen ist!

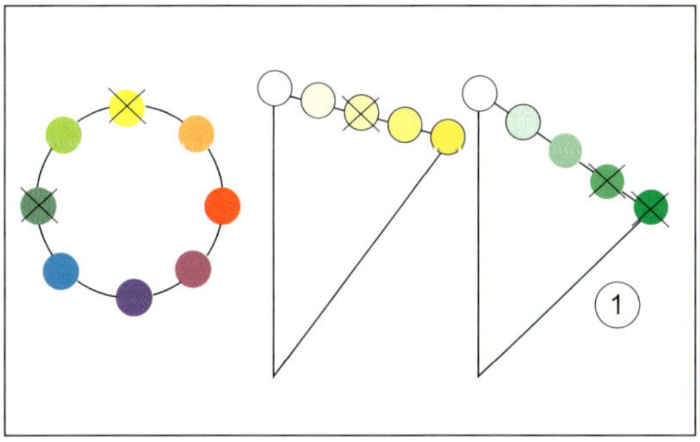

Bild 2: Grafische Darstellung der Farbenwahl für den ersten Schrifttext von Bild 1

- Wählen Sie nach diesem Prinzip ihre eigenen Farben und stellen Sie diese ebenso grafisch dar!
- Stellen Sie durch Farbproben auf der Basis des Simultankontrastes fest, ob die Mischfarben die Anforderungen an Deckfähigkeit und Fernenwirkung mit ausreichendem Helligkeitskontrast erfüllen **(Bild 3)**! Die Bleistiftkonturen des Textes müssen bei den Proben übermalt sein, damit sie die Farben nicht trennen.

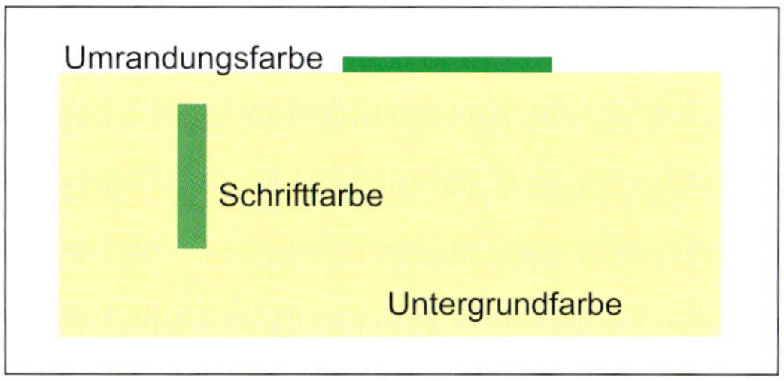

Bild 3: Muster für die eigene Farbprobe

Wenn Ihre Entscheidungen zur Farbgestaltung gefallen sind, beschreiben Sie die geplante Mischarbeit nach folgenden Stichworten!

- Gewählte Vollfarben
- Stellung der Vollfarben im Farbtonkreis
- Entstehung der Mischfarben für den Untergrund
- Benutzte Mischreihe
- Entstehung der Mischfarben für Text und Einrahmung
- Benutzte Mischreihe

Arbeitsausführung

Führen Sie nach diesen vorbereitenden Überlegungen Ihre Farbarbeit für den Untergrund und den Schrifttext aus! Umranden, beschneiden und beschriften Sie die fertige Arbeit wie bisher! Die Hilfslinien des Titels sollten sehr unauffällig sein.

Fügen Sie der Arbeit Ihre Festlegungen zur Farbgebung hinzu, wie es in **Bild 4** mit einem möglichen Endergebnis prinzipiell zu sehen ist!

Die Beschreibung für die Farbgebung nach den obigen Stichworten kann auf der Rückseite des Zeichnungsblattes erfolgen. Besonders repräsentativ würde sie in Normschrift aussehen.

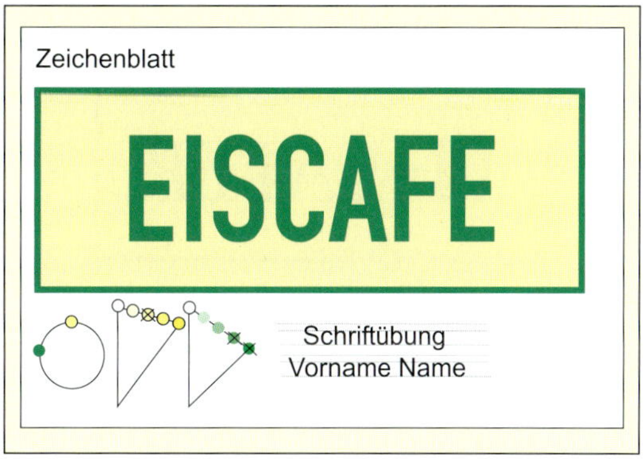

Bild 4: Mögliches Arbeitsergebnis zu Beispiel 4

Beispiel 5: Legen Sie einen durch die Kopiermethode entstandenen Text farbig aus, den Sie dem Kapitel Schriftlehre entnehmen **(Bild 1)**!

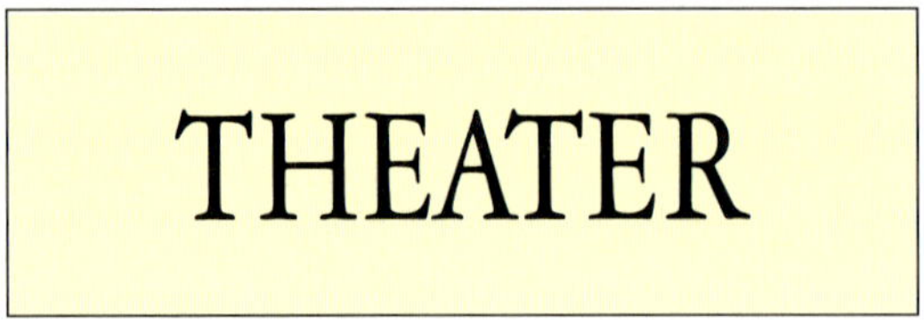

Bild 1: Text für Beispiel 5

Voraussetzungen

Kopierter Schrifttext auf Transparentpapier **(Schriftlehre Seite 141, Bild 1)**.

Hilfsmittel wie in **Beispiel 2**.

Arbeitsschritte

- Wählen Sie für den Text die Untergrund-, Schrift- und Umrandungsfarbe nach dem Inhalt des Schrifttextes aus: vornehm, ruhig, baustil- bzw. schriftstilbezogen!
- Zum Auslegen ist hier der Spitzpinsel günstig. Arbeiten Sie bei den Geraden mit dem Malstock!
- Achten Sie beim Auslegen auf die Besonderheiten der Schriftart mit ihren unterschiedlichen Strichstärken, Serifen und Übergängen an den Bögen! Bemühen Sie sich, die Farbe der Schriftelemente gleichmäßig zu verschlichten!
- Präsentieren Sie die mögliche Gestaltungsarbeit wie im Beispiel von **Bild 2!**
- Beschreiben Sie die Farbmischarbeit nach der grafischen Darstellung zur Farbenwahl auf der Rückseite des Zeichenblattes, am besten wieder in Normschrift!

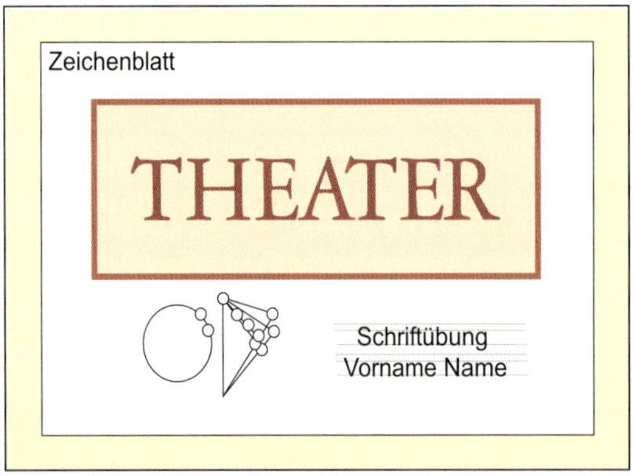

Bild 2: Präsentation des Textes von Beispiel 5

3.4.2 Schriftübungen in Farbe mit PC und Schneidplotter

Beispiel 1: Stellen Sie mit dem PC und der Schriftart **Fette Engschrift** (Schmale Grotesk) das Wort MALER in Großbuchstaben her! Die Schrifthöhe soll 50 mm betragen.

Schneiden Sie mit dem Schriftplotter das Wort in einer Folienfarbe aus, die Ihnen zusagt!

Alternativ ist Handschnitt möglich.

Kleben Sie den Text auf DIN A4-Zeichenkarton! Beschriften Sie die Arbeit!

Eine mögliche Gestaltungslösung ist in **Bild 3** zu sehen.

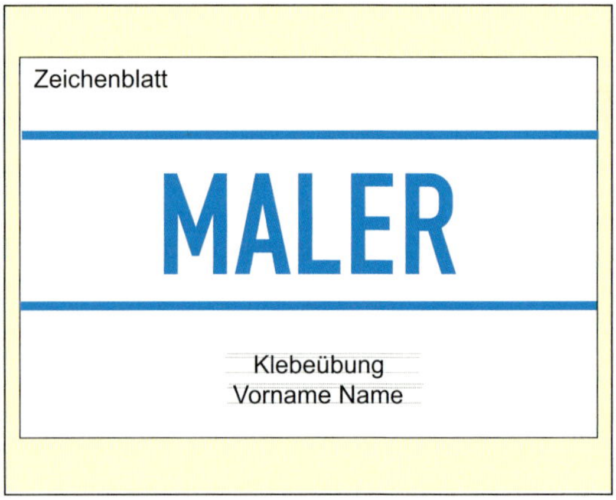

Bild 3: Präsentation zu Beispiel 1 mit einem in Corel Draw erstellten Text

Voraussetzungen

PC mit Corel Draw und Schneidplotter, Schriftart **Fette Engschrift**.

Schneidfolien verschiedener Farbe und Übertragungsfolie.

Zeichenhilfsmittel, Schablonenmesser.

Arbeitsschritte

- Stellen Sie den Text mit dem PC in Corel Draw nach Hinweisen in **Schriftlehre Abschnitt 5.4.3, S. 141** her, am besten nur durch Konturen!
- Schneiden Sie mit dem Schriftplotter das Wort aus Klebefolie in geeigneter Farbe!
- Entgittern Sie die Schrift, d. h. zerschneiden Sie die obere Folie des Textes und ziehen Sie diese stückweise vom Trägerpapier ab! Zu große Teile könnten sich verkleben.

- Kleben Sie den Text nach der **Arbeitsanleitung des Kapitels Schriftlehre S. 154** mithilfe von Übertragungsfolie auf ein DIN A4-Blatt!
- Schneiden Sie mit dem Schablonenmesser zwei Streifen Schriftfolie für die Randgestaltung und kleben diese dekorativ zur Schrift! Die Streifenbreite sollte kleiner als die Balkenstärke der Buchstaben sein.

TIPP Wenn kein Schneidplotter zur Verfügung steht, kann der Text mit Bleistift auf Transparentpapier gezeichnet werden, dann jedoch in 8 cm Schrifthöhe.

Klebt man auf den Text Übertragungsfolie und zieht diese sofort wieder ab, befindet sich der Text auf der Klebeseite der Folie. Diese Folie wird dann auf Schriftfolie geklebt und sofort wieder entfernt. Dadurch befindet sich die Textkontur auf der Schriftfolie.

Mit dem Schablonenmesser kann die Schrift vorsichtig ausgeschnitten werden, ohne das Trägerpapier zu verletzen. Die Folie sollte beim Schneiden auf einem festen Untergrund liegen.

Die weitere Arbeit erfolgt in den Schritten, die man mit der geplotterten Schrift durchführt.

Beispiel 2: Stellen Sie mit dem PC und der Schriftart **Fette Engschrift** nochmals das Wort MALER in Großbuchstaben wie in Beispiel 1 her! Die Farbarbeit soll jedoch nicht durch Klebefolie erfolgen, sondern durch Einsatz von Malfarben in verschiedenen Arbeitstechniken. Alternativ ist Handschnitt möglich.

Varianten zur Farbgebung

a) Benutzen Sie als erste Variante für jeden Buchstaben eine andere bunte Farbe!

b) Stellen Sie für die zweite Variante Farbübergänge her!

Voraussetzungen

PC und Schneidplotter, Schriftart Fette Engschrift.

Wasserbeständige Übertragungsfolie mit Trägerpapier.

Zeichenkarton, Zeichenhilfsmittel, Schablonenmesser.

Arbeitsschritte

- Stellen Sie den Text wie in Beispiel 1 her, legen Sie jedoch zum Schneiden Übertragungsfolie in den Schneidplotter ein!
- Entfernen Sie nach dem Schneiden des Textes die inneren Teile der Übertragungsfolie!
- Kleben Sie auf den Text eine weitere Schicht Übertragungsfolie und bringen Sie ihn nach der **Arbeitsanleitung, Seite 154 in Schriftlehre** auf das Zeichenblatt **(Bild 1)**!

Bild 1: Mit Übertragungsfolie angefertigter und entgitterter Text zur Farbgestaltung

Farbgebung nach Beispiel 2a

Jeder Buchstabe erhält eine andere Farbe **(Bild 2)**.

Mischen Sie zu dem Zweck aus dem vorhandenen Malfarbensortiment beliebige Farben! Es können wegen der besseren Auffälligkeit auch gesättigte bunte Farben eingesetzt werden. Gelb ist auf dem weißem Grund jedoch schlecht erkennbar und damit ungeeignet. Bringen Sie die Farben mit dem Schablonierpinsel in die Buchstabenflächen!

Bild 2: Mehrfarbige Schriftgestaltung zu Beispiel 2a

FARBENANWENDUNG

Farbgebung nach Beispiel 2b

Stellen Sie schräg gelegte Farbübergänge her, die im Farbbeispiel in **Bild 1** zu sehen sind! Auch ein waagerechter Verlauf ist denkbar.

Tragen Sie in diesem Falle die Farbe durch Stupfen mit einem kleinen Ringpinsel oder Spritzen mit der Airbrushpistole ein! Probieren Sie auch Sprenkeln mit einem Borstenpinsel! Die Technik wird auf **S. 351** beschrieben. Beim Stupfen muss die vorangegangene Farbe erst getrocknet sein, ehe die nächste folgt. Wenn Sie harte Übergänge erhalten wollen, erreichen Sie diese durch Abdecken von Schriftteilen.

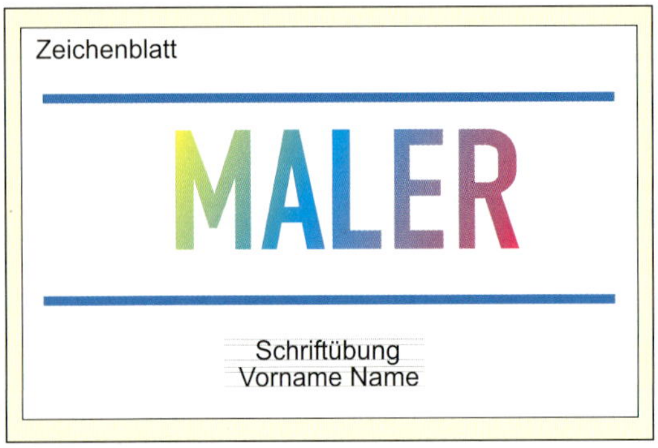

Bild 1: Mehrfarbige Schriftgestaltung durch Farbübergänge

> **Tipp** Achten Sie darauf, dass keine Farbe unter die Folie fließt! Drücken Sie die Folie deshalb an den Konturen mit dem Finger gut an! Genarbtes oder zu dünnes Papier ist für die Arbeit mit abziehbarer Folie nicht geeignet.

3.4.3 Farbige Schriftübungen als PC-Ausdruck

Da der PC im Maler- und Lackiererhandwerk zu Entwurfszwecken immer größere Bedeutung erhält, wird jetzt am Programm **Corel Draw** erläutert, wie farbige Schriftentwürfe hergestellt werden können.

> **Hinweis** Testen Sie alternativ das Menü **WordArt** im Textverarbeitungsprogramm **Word**! Die Musterbeispiele sind dort aber meist räumlich voreingestellt.
>
> Das Programm **AutoSketch** ist zur Farbgebung ebenfalls verwendbar. Die Farbgebung ist jedoch nur mit voreingestellten Farben möglich.

> **Beispiel 1:** Stellen Sie nochmals das Wort MALER in 50 mm Schrifthöhe in **Fetter Engschrift** mit Corel Draw her! Führen Sie die Farbgebung mit dem Zeichenprogramm in der Art aus, wie sie in **Beispiel 2, S. 291** durch Handarbeit gefordert wurde! Drucken Sie das Ergebnis aus!
>
> Vergleichen Sie die Farben des Papierausdrucks mit den Farben auf dem Bildschirm und beschreiben Sie die Unterschiede!

- **Farbgebung nach Beispiel 2a, S. 291**

Zum Herstellen der farbigen Einzelbuchstaben muss der Text für die Farbgebung vorbereitet werden. Dazu ist er bei **„Anordnen" „in Kurven zu konvertieren"** und die **„Kombination aufzuheben"**. Dadurch sind die Buchstaben einzeln bearbeitungsfähig.

Die Buchstaben **A** und **R** müssen allerdings jeweils wieder **kombiniert** werden, damit sie in ihrer normalen Form zu sehen sind **(s. Schriftlehre Abschnitt 5.4.3)**.

Wenn nötig, können die Buchstaben in diesem Zustand verschoben werden, um eventuell die Abstände der Buchstaben zu ändern. Damit ist es möglich, eventuell einen optischen Ausgleich durchzuführen.

Klicken Sie jetzt **jeden einzelnen Buchstaben** an, um ihn mit der gewünschten Farbe aus der **Farbenpalette** zu füllen!

- **Farbgebung nach Beispiel 2b, S. 291**

Um einen Farbübergang herzustellen, muss der ursprüngliche **Text markiert** werden. An der Werkzeugpalette gibt es bei **Füllung** das Dialogfeld **Farbverlauf**. Wenn Sie dieses anklicken, stellen Sie bei **Typ** die Einstellung **Linear** her! Bei **Optionen** kann man den schrägen Farbverlauf bei **Winkel** einstellen. Der daneben stehende Farbübergang kann auch mit der Maus schräg **gedreht** werden, wenn der Mauszeiger in das Feld gesetzt und gedreht wird. Für den Farbübergang stellen Sie bei **Farbüberblendung „Von"** und **„Bis"** die gewünschten Farben ein und **klicken** Sie auf **OK!**

> **Beispiel 2:** Die hellgraue Tür in einem Büro soll mit SEKRETARIAT beschriftet werden. Der Auftraggeber legt bei der Farbgebung Wert auf Neutralität und Sachlichkeit. Er fordert einen Entwurf am PC. Als Schriftart wird **Arial Rounded** empfohlen.

Vorüberlegungen

Bunte Farben wären für den vorgegebenen Text eventuell weniger geeignet. So kommt Grau als Schriftfarbe zum Einsatz **(Bild 1)**, denn Schwarz würde zu streng aussehen.

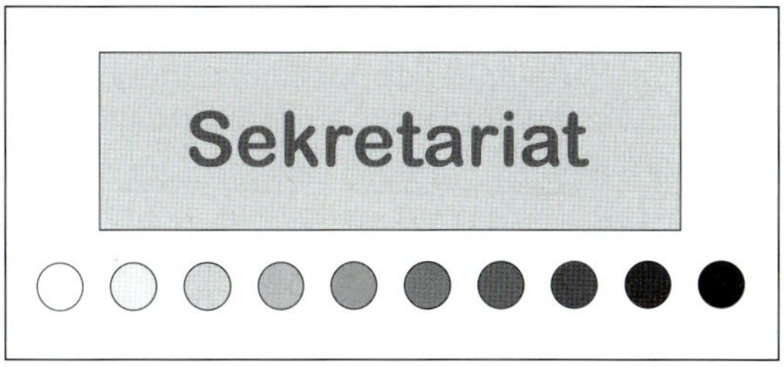

Bild 1: Lösungsvorschlag zu Beispiel 2

Arbeitsschritte

- Stellen Sie den Text her und kontrollieren Sie in ausreichender Vergrößerung die Buchstabenabstände, um sie eventuell zu korrigieren! Arbeiten Sie dazu nach den Arbeitsschritten in **Schriftlehre, Abschnitt 11, Aufgabe 3**!
- Rahmen Sie den Text rechteckig ein!
- Zur Farbgebung der Schrift, des Untergrunds und des Rahmens setzen Sie die Graustufen der Farbpalette ein! Markieren Sie zu dem Zweck jedes einzelne Objekt und klicken Sie mit der linken Maustaste auf die gewünschte graue Farbe! Für die Randfarbe müssen Sie jedoch die rechte Maustaste bedienen! Achten Sie auf ausreichenden Helligkeitskontrast!

TIPP Probieren Sie einmal folgende alternative Farbgebungsmethode! Sie sind dadurch in der Lage, selbst hergestellte Farbenreihen zur Farbgebung zu verwenden.

Stellen Sie aus je einem weißen und schwarzen Kreis nach dem gemeinsamen **Markieren** durch **Überblenden** bei **Effekte** eine Unbuntreihe aus z.B. 10 Stufen her!

Durch **Trennen** und **Gruppierung aufheben** im Menü **Anordnen** erhalten Sie frei nutzbare Farbflächen zur Farbgebung des Textes.

Markieren Sie dazu den Schrifttext und klicken Sie bei Bearbeiten auf den Befehl **Eigenschaften kopieren von** ... sowie **„Füllung"**. Der entstehende Pfeil wird auf eine Graustufe gesetzt. Durch **OK** wird die markierte Farbe auf den Text übertragen.

Beispiel 3: In einer Schule soll die Klassenzimmertür mit dem Wort **Physik** in **Fetter Engschrift** versehen werden. Für Tür und Text können frische Farben eingesetzt werden, die der Beweglichkeit der jungen Menschen entsprechen. Lösen Sie die Arbeit am PC!

Auftragsvarianten

Variieren Sie die Arbeit mit den Begriffen Büro, Lager, Bad/Sauna, Heizung, Direktion, Fahrstuhl, Kurier! Nutzen Sie auch andere Schriftarten! Führen Sie an den Texten, wenn nötig, den optischen Ausgleich aus!

Vorüberlegungen

Da Physik etwas mit Experimentieren zu tun hat, kommen wegen ihrer kühlen Sachlichkeit Farben aus dem Blaubereich einer Farbenreihe infrage.

Arbeitsschritte

- Zeichnen Sie die Tür mit Rahmen, indem Sie zwei unterschiedlich große Rechtecke übereinander legen! Achten Sie auf gleiche Rahmenbreiten!
- Fügen Sie den Schrifttext ein!
- Stellen Sie durch **Überblenden** eine Weißreihe aus Weiß und verdunkeltem Blau her und übertragen Sie die Farben entsprechend des **Tipps zu Beispiel 2**! Probieren Sie eventuell noch andere Varianten zur Farbenwahl **(Bild 2)**!

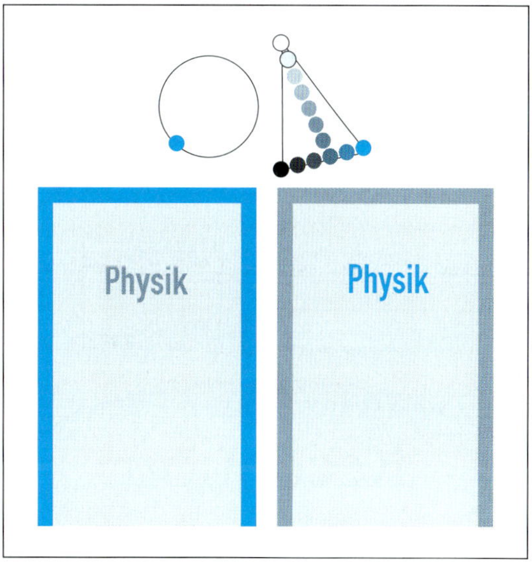

Bild 2: Arbeitsergebnis zu Beispiel 3

Beispiel 4: Der Entwurf für die **Reception** eines Hotels soll am PC in zwei Varianten hergestellt und ausgedruckt werden. Als Grundfläche des Textes dient eine Ellipse.

Vorüberlegungen zur Farbgebung

Einfaches Schwarz-Weiß wird zur Farbgebung nicht genügen. Sachliche, aber gleichzeitig vornehm wirkende Farben sind repräsentativer.

Variante 1: Versuchen Sie, das Arbeitsergebnis von **Bild 1** anhand der markierten Farben des Farbenmodells nachzuvollziehen!

Variante 2: Führen Sie die Arbeit mit Texturen aus, indem Sie den Schriftträger mit einer Steinimitation **(Bild 2)** aus dem Bereich der **Füllmuster** oder einem Farbverlauf **(Bild 3)** dekorieren!

Bild 1: Farbvorschlag aus einer Vollfarbe

Bild 2: Variante 1 als Steinimitation

Bild 3: Variante 2 mit Farbverlauf

Den Farbübergang erhält man beim Hilfsmittel **Füllung** im Dialogfeld **Farbverlauf, Farbüberblendung** und **Anpassen**. An dem Farbverlaufsstreifen können die Farben nach dem **Anklicken** der kleinen **Quadrate** bei **Aktuell** und **OK** geändert werden. Die kleinen Dreiecke entstehen, wenn man zwischen beiden Quadraten über dem Farbverlauf **doppelklickt**. Ihre Farben können wie die der Quadrate bei **Aktuell** geändert werden.

3.4.4 Themengebundene Schriftübungen in Farbe

Im folgenden Abschnitt werden Aufgaben zu bestimmten Themen gestellt, die in den erläuterten Techniken manuell oder am PC ausgeführt werden können. Es werden Fassadenbeschriftungen, Texte zur Beschriftung in Urlaubsregionen, Kombinationen von Texten mit Firmenzeichen oder Piktogrammen und Beschriftungen am Fahrzeug gezeigt.

Zur Veranschaulichung dienen Farb- und Formbeispiele, die als Muster zum Nachvollziehen vorgesehen sind. Die dafür angegebenen Arbeitsschritte beziehen sich auf die jeweiligen Herstellungsmethoden der Anwendungsobjekte.

3.4.4.1 Fassadenbeschriftung

Fassaden können zu Werbezwecken oder zu Informationen beschriftet werden. Dadurch wird der Betrachter über Herstellung und Verkauf von Produkten oder über Dienstleistungen in Kenntnis gesetzt. Deshalb eignen sich nur freistehende, gut sichtbare Flächen wie Giebel oder Bereiche über Eingängen oder Schaufenstern. Vielfach sind die Texte mit Abbildungen der Produkte kombiniert, die der Schriftgröße angepasst werden müssen.

Der Maler und Lackierer bringt die Beschriftung entweder direkt auf den Baustoff oder überträgt sie auf bewegliche Werbeträger wie Glasflächen oder Tafeln. Deshalb müssen bei der praktischen Ausführung deren Werkstoffeigenschaften beachtet und bei Entwürfen ihre Materialstrukturen oder -texturen imitiert werden.

Hersteller der Werbetexte ist aufgrund seiner Ausbildung in der Regel der Werbegrafiker.

Er wird aber bei Arbeiten zum Anbringen auf mineralischen Bauuntergründen mit dem Maler zusammenarbeiten, da dieser materialtechnische Probleme besser kennt. So können z. B. beim Anbringen von Schriften auf Metallflächen seine Erfahrungen über Korrosionsschutz gefragt sein. **Arbeiten auf bzw. hinter Glas** verlangen ebenso seine fundierten Sachkenntnisse, weil die porenfreien Flächen spezielle Anstrichstoffe verlangen.

Dagegen werden räumliche Schriften aus Kunststoffen, die man mit Fräsmaschinen erstellt, sicher ohne Hilfe des Malers entstehen.

Beispiel: Ein **Modehaus** möchte über dem Schaufenster mit einem Schriftzug werben, der den Hausfarben angepasst wird. Der Sockel des Gebäudes ist mit Rauputz versehen. Nach der Wahl der geeigneten Schriftart sind die Farben für Untergrund und Umrahmung so zu wählen, dass sie aus einem farbtongleichen Dreieck stammen **(Bild 1)**. Die Schriftarbeit ist am PC herzustellen, das Übrige durch Maltechniken! Vergleichen Sie zu dem Zweck die Hinweise zu **Abschnitt 6.3.2.2, Tupftechnik** auf **Seite 352!**
Auftragsvarianten: Stellen Sie bei gleicher Fassadenform Texte wie **Lederwaren, Apotheke, Spielwaren** oder **Sportgeräte** her!

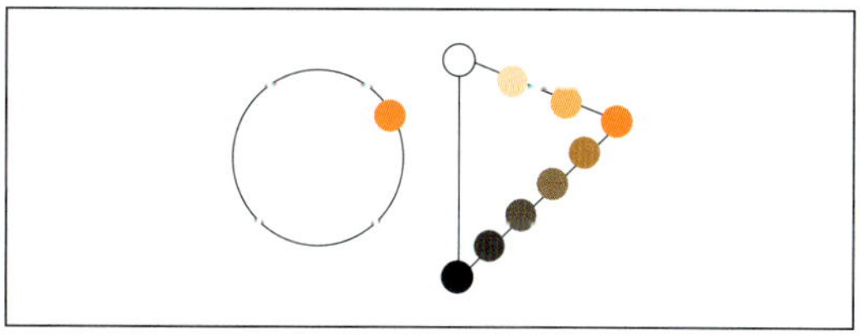

Bild 1: Farbenwahl für den Text Modehaus

Arbeitsschritte

- Übertragen Sie den Fassadenausschnitt von **Bild 2** in Konturformen vergrößert auf DIN A4-Zeichenkarton! Er dient gleichzeitig als Farbmuster, sollte aber möglichst in eigener Farbregie aus Stufen einer Vollfarbe angefertigt werden.
- Stellen Sie für die Fassadenflächen ausreichend große Farbflächen auf gesonderten Zeichenblättern zum Ausschneiden und Aufkleben her!

  Für die obere Fassadenfläche fertigen Sie einen normalen Farbanstrich an, für den Sockel die Imitation eines Rauputzes durch Stupfen bzw. Tupfen mit einem kleinen Ringpinsel und unverdünnter Temperafarbe. Dadurch entsteht eine etwas plastischere Struktur. Die Imitation kann aber auch als Textur durch einen PC-Ausdruck mit dem **Füllmuster „Bemalter Stuck"** in Corel Draw hergestellt, ausgedruckt und ausgeschnitten werden. Es ist auch möglich, sie durch ein gescanntes und ausgedrucktes Foto zu ersetzen.
- Kleben Sie die Einzelflächen auf der vergrößerten Zeichnung zu einem Ganzen zusammen!
- Spritzen Sie für das Schaufenster einen Verlauf mit der Airbrush-Pistole oder stellen Sie einen Farbverlauf als PC-Ausdruck her! Schneiden Sie die Fläche in Fenstergröße aus und kleben Sie die Imitation auf eine weiße Fläche! Wenn Sie diese 2 mm bis 3 mm breiter abschneiden, entsteht eine umrandete Schaufensterfläche. Man kann sie auf die Fassadenfläche kleben. Um etwas Raumtiefe zu erzeugen, kann die Fassadenfläche am Fensterbereich ausgeschnitten und die Schaufensterfläche dahinter geklebt werden.
- Fertigen Sie nach diesen Vorbereitungen des Untergrundes den Text „Modehaus" mit dem Schriftträger und seiner Einrahmung am PC an! Die Schriftgröße ist der Zeichnung proportional anzugleichen. Als Schrifthöhe planen Sie ca. 12 mm! Die Farbgestaltung soll sich der Fassadengestaltung unterordnen. Drucken Sie die Schriftfläche aus! Beschneiden und kleben Sie sie auf die Fassadenimitation!
- Kleben Sie abschließend die gesamte Gestaltungsarbeit repräsentativ auf ein weiteres Zeichenblatt, das in der bekannten Weise zu beschriften ist!

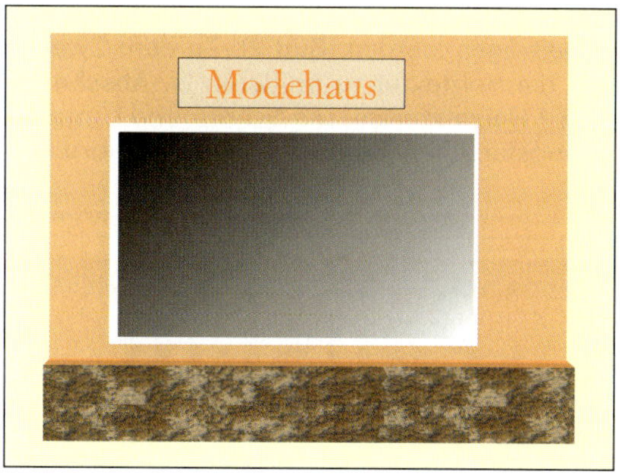

Bild 2: Fassadendetail zum Beispiel Modehaus

3.4.4.2 Schrift in Urlaubsregionen

Beispiel 1: Eine kleine **Pension** möchte mit einer rechteckigen, deckend lackierten Holztafel auf sich aufmerksam machen und vom Maler zu diesem Zweck zwei Entwürfe im DIN A4-Format gezeigt bekommen. Benutzen Sie die klare Schriftart **Schmale Grotesk** in Groß- und Kleinbuchstaben! Als Schrifthöhe sollen 80 mm benutzt werden. Führen Sie die Arbeit in Maltechniken aus! Aus Zeitgründen könnten die Arbeiten auch am PC hergestellt werden.

Lösungsvorschlag

Die Farbgebung kann nach den Mustern von **Bild 1** erfolgen. Bei eigenen Entwürfen arbeiten Sie nach folgenden Varianten!

Variante 1: Farbgebung mit Stufen einer Vollfarbe.

Variante 2: Farbgebung mit Stufen von zwei Vollfarben.

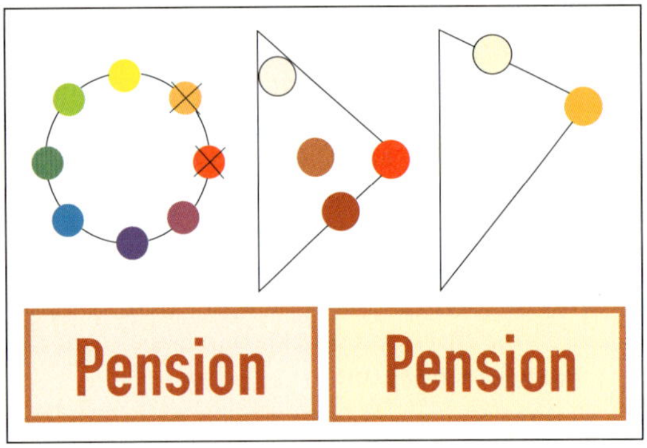

Bild 1: Farbvorschläge zum Beispiel Pension

Beispiel 2: Der Schrifttext **Pension** soll auf Zeichenkarton in Form eines Holzschildes übertragen werden **(Bild 2)**. Zu dem Zweck ist die Holztextur zu imitieren **(s. Abschnitt 6.3.1 Holztexturen)**. Die Schrift- und Umrandungsfarbe ist von der Holzfärbung abzuleiten.

Bild 2: Schrifttext auf einer Holztexturimitation

Arbeitsschritte

- Stellen Sie den **Schriftträger** als **Holztexturimitation** her! Für die Herstellung der Textur nutzen Sie die Hinweise aus dem Abschnitt **6.3.1 Holztexturen, S. 349!**
- Der Text kann durch Abpausen vom **Beispiel 1** entnommen werden. Bei einmaligem Pausen genügt die Durchdrückpause. Als Alternative kann auch eine geplotterte und entgitterte Schriftvorlage auf Folienbasis auf den Untergrund übertragen werden.
- Die Farbgestaltung des Textes erfolgt im ersten Falle mit dem flachen Schriftmalpinsel und dem Malstock.

  Im zweiten Falle kann mit dem Stupfpinsel oder dem kleinen Farbroller gearbeitet werden. Es besteht auch die Möglichkeit, die Airbrush-Pistole einzusetzen. Sie hat den Vorteil, dass sich die Untergrundfarbe nicht anlöst.
- Präsentieren Sie die Arbeit nach dem Ausschneiden in gewohnter Weise!
- Nach Fertigstellung beantworten Sie folgende Fragen auf der Zeichnungsrückseite, die für die Arbeit von Bedeutung waren!

a) Welche Farbkombinationen kamen zum Einsatz?

b) Welche Kontraste sind benutzt worden?

c) Welche Fernenwirkung ist erkennbar?

Beispiel 3: Für eine kleine **Kapelle** soll eine Hinweistafel erstellt werden. Das Bauwerk weist gotischen Charakter auf. Die Schriftart ist dem Baustil anzupassen.

Der **Schrifttext** sollte am PC mit einer Höhe von 55 mm erstellt und mit dem Plotter geschnitten werden!

Ein **Lösungsvorschlag** ist in **Bild 3** zu sehen. Benutzen Sie als Untergrund wiederum ausreichend stabilen Zeichenkarton und zur Imitation wasserbeständige Farben!

Bild 3: Lösungsvorschlag zum Beispiel Kapelle

Als manuelle **Alternativlösung** bietet sich die Schriftübertragung mit einer Pause an. Dann ist die Schrift mit dem Pinsel auszulegen. Beachten Sie jedoch, dass die verwendete gotische Schriftart an den Maler beim Auslegen höchste Ansprüche stellt!

Arbeitsschritte

- Fertigen Sie wie in **Beispiel 2** eine Holztextur an! Schneiden Sie die Textur in der angegebenen Form in geeigneter Größe aus!
- Stellen Sie den Text mit einer zum Baustil passenden Schriftart am PC her und plottern Sie ihn! Benutzen Sie wasserbeständige Übertragungsfolie, die Sie innen herauslösen, damit die Schrift ausgestupft oder ausgespritzt werden kann!
- Leiten Sie die Farbe für die Schrift in ausreichendem Helligkeitskontrast von der Holzimitation ab!

3.4.4.3 Schrifttexte und Firmenzeichen

Dieser Aufgabenkomplex verlangt neben Kenntnissen zur Farbgebung Einfühlungsvermögen in die Abstands- und Ausdehnungskontraste, die in der **Ornamentlehre im Abschnitt 2.1.1** beschrieben wurden.

Beispiel 1: Stellen Sie für ein **Cafe** Text und Firmenlogo in passenden Größen nach Motiven aus **Bild 1** her und fertigen Sie einen Farbentwurf im Format DIN A4 an! Stellen Sie bei der Farbenwahl evtl. Verbindungen zu Kaffeeverpackungen her!

Bild 1: Auswahlmotive zum Beispiel Cafe

Arbeitsschritte

- Kopieren Sie den ovalen Untergrund, den Text und das Logo in geeigneter Größe aus der Zeichnung im Kapitel **Schriftlehre, Seite 162, Bild 1** auf Transparentpapier!
- Markieren Sie durch Ankreuzen die passenden Farben wie in **Bild 2** für den Farbentwurf nach den bekannten Ordnungsprinzipien!

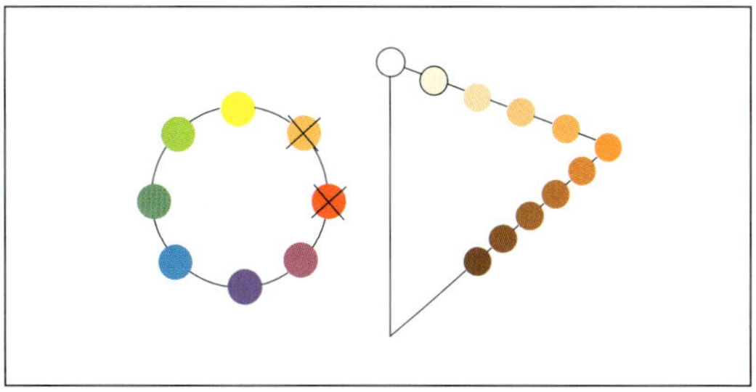

Bild 2: Farbmuster für Beispiel 1

- Beantworten Sie schriftlich folgende Fragen auf der Zeichnungsrückseite!

a) Welche Farbe wählen Sie für CAFE ?

b) Aus welchem Farbton wird sie gemischt?

c) Wie mischen Sie daraus die Schriftfarbe?

d) Welche Farben wählen Sie für die anderen Objekte?

- Stellen Sie Farbproben her, indem Sie die geplanten Farben in Felder wie in **Bild 3** eintragen, um per Simultankontrast die Farbkontraste zu überprüfen!

Bild 3: Probenfelder zur Farbenkontrolle

- Wenn die gewählten Farben zusammenpassen, führen Sie die Farbarbeit auf Zeichenkarton aus!

  Streichen Sie zuerst den Untergrund deckend, fügen Sie einen Rand hinzu und schneiden Sie die Ellipsenform aus!

  Pausen Sie darauf den Schrifttext und die Tasse. Legen Sie die Objekte mit Schriftmalpinsel und Spitzpinsel farbig aus!

TIPP Damit die Farbe für die Tasse auf dem Untergrund deckt, sollten Sie vorher Weiß streichen! Für diese Mehrschichtarbeit ist Dispersionsfarbe nötig. Sie können aber auch die Tasse in der gewählten Farbe auf weißem Papier extra ausmalen, ausschneiden und auf den Untergrund kleben.

Beispiel 2: Ein Blumenhaus möchte mit einem Schrifttext und Blüten werben, die in **Schriftlehre Abschnitt 11, Bild 1, Seite 162** zum Kopieren zu finden sind.

Der Auftraggeber verlangt vom Maler für seine feststehende Fassadenfarbe in einem gelbgrünen Ton für Text und Bild zwei Entwürfe im DIN A4-Format **(Bild 1)**.

Stellen Sie die 1. Variante in Maltechniken her, die zweite Variante als PC-Arbeit! Für diesen Fall entnehmen Sie die Formen der CD und bearbeiten Sie diese in Farbe entsprechend weiter!

Bild 1: Motivelemente zum Beispiel Blumenhaus

Lösungsbeispiele zur Farbenwahl

In **Bild 2** wurde links zum Gelbgrün des Untergrunds die Nachbarfarbe Grün für den Text verwendet. Rechts wurde das Gelbgrün mit der fremden Farbe aus den Bereichen Gelborange bis Orange gewählt.

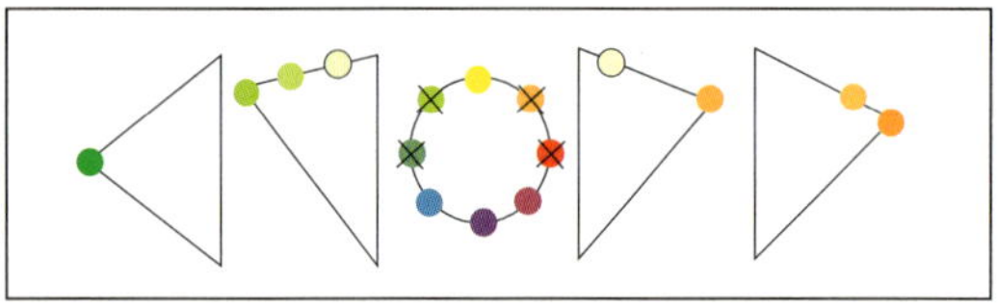

Bild 2: Hinweise zur Farbenwahl aus zwei Vollfarben

Beispiel 3: Führen Sie nach dem Prinzip von Beispiel 2 eine weitere Arbeit mit Bestandteilen von **Bild 3** aus! Das Original finden Sie in **Schriftlehre auf Seite 162**.

Bild 3: Auswahlmotive für Beispiel 3

3.4.4.4 Schrift am Fahrzeug

Die Fahrzeugbeschriftung bezeichnet man als **mobile Werbung**. Fahrzeuge können durch ihre Bewegung im Verkehr nur kurzzeitig betrachtet werden. Auch in den Standphasen beim Parken oder Halten muss die Werbung besondere Aufmerksamkeit erregen. Aus diesen Gründen wird die Beschriftung mit auffälligen und kontrastreichen Farben durchgeführt.

Die Farbgebung an Fahrzeugen unterliegt damit den gleichen Regeln, die für Maler und Lackierer erläutert wurden.

Als Besonderheit kommt die Farbgebung des Fahrzeugs hinzu. Während an Fassaden für den Untergrund wegen seiner Flächengröße Farben bevorzugt werden, die meist in hellen Farbzonen liegen, findet man bei Fahrzeugen Töne in der Nähe der Vollfarben. Es kommen aber auch sehr dunkle, schwarzhaltige Farben, stark aufgehellte Farben und besonders Metallpigmentierungen als Karosseriefarben vor.

Fahrzeuglackierer entwerfen Beschriftungen für den Kunden allerdings in den seltensten Fällen selbst. Sie bringen die vom Werbegrafiker gelieferten Texte an den Fahrzeugen nur an.

Dies kann eine am Plotter geschnittene farbige Folienschrift sein, die mit den beschriebenen Übertragungsmethoden angeklebt wird. Hierbei ist schon die Folienqualität berücksichtigt, die bestimmte Standzeiten ermöglicht.

Andererseits können die Texte auch auf Schneidfolie aus gewachstem Papier geliefert werden. Nach dem Entfernen des Textinneren werden sie auf die Fahrzeugflächen geklebt und mit Lackfarbe ausgespritzt. Arbeiten dieser Art sind als Dauerlösung geplant, weil sie nur bei einer Umlackierung entfernbar sind.

Das Auslegen der Texte mit Schriftmalpinseln kommt beim Fahrzeug aus Zeitgründen selten infrage. Die Oberflächeneigenschaften mit Pinselstriemen entsprechen nicht der Qualität einer Spritzlackierung.

Übungen zur farbigen Schriftgestaltung wurden in diesem Buch nicht nur für den Malerbereich beschrieben. Sie sind gleichermaßen für auszubildende Fahrzeuglackierer von Bedeutung und sollten auch für sie als Vorübung dienen.

Erläuterungen zu Pinselübungen auf Papier haben für den Fahrzeuglackierer während seiner

Ausbildung insofern Vorteile, dass keine Materialkosten entstehen und Entwürfe trotzdem rationell möglich sind. Daneben sind Entwürfe am PC oder wegen der Nähe zur praktischen Arbeit mit dem Airbrushgerät empfehlenswert.

Nachfolgend werden Übungsaufgaben mit Bildvorlagen und Arbeitsanleitungen zum Kennenlernen der Arbeitsmethoden auf Format DIN A4 oder DIN A3 gestellt. Man kann sie entweder nachvollziehen oder bei vorhandener Sachkenntnis mit eigener Farbgebung ausführen.

Beispiel 1: Stellen Sie eine Vergrößerung des Fahrzeugs von **Bild 1** auf DIN A3 oder der beschrifteten Türfläche von **Bild 2** auf DIN A4-Format her! Um die Farbarbeit darauf ausführen zu können, ist stabileres Papier in 150-Gramm-Qualität zu empfehlen. Legen Sie das Fahrzeug oder die Türfläche und die Schrift in zum Thema passenden Farben aus! Berücksichtigen Sie dabei die angegebene gelbe Farbprobe im unteren Türbereich!

Bild 1: Fahrzeug zu Beispiel 1

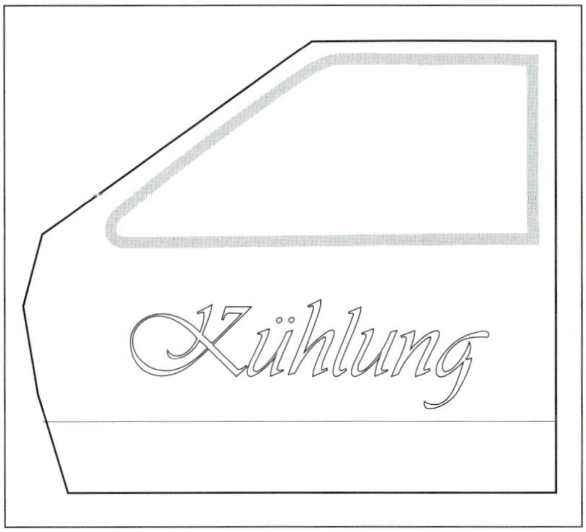

Bild 2: Fahrzeugtür zu Beispiel 1

Arbeitshinweise

Legen Sie die Fahrzeugflächen vollständig in der vorgesehenen gelben Farbe aus!

Benutzen Sie dazu Malpinsel und Deckfarben! Die Fenster sollen einen Farbverlauf aus Aquarellfarbe erhalten. Wenn Sie mit dem Airbrushgerät einen Verlauf spritzen, kleben Sie die Flächen ab! Vor der Farbgebung ist jedoch zu prüfen, ob die benutzten Klebefolien das Papier beim Abziehen nicht anreißen. Sollte das Zeichenpapier trotzdem verletzt werden, muss man eine Papierqualität mit reißfesterer Oberfläche wählen.

Da nach der Farbgebung am Fahrzeug die Beschriftung nicht mehr erkennbar ist, pausen Sie den Schrifttext mithilfe einer Durchdrückpause auf die vorgesehene Fläche!

Klären Sie durch Farbproben, welche Schriftfarbe in ihrem Symbolwert der Aufgabenstellung entspricht! Achten Sie außerdem auf ausreichenden Helligkeitskontrast!

Benutzen Sie zur Farbgebung des Textes Spitzpinsel und deckende Maltarbe! Faserstifte werden sich weniger eignen, weil sie lasierende Farben besitzen, die durch den Untergrund verändert werden.

Zur Präsentation der Arbeit beschriften Sie diese in Normschrift mit dem Titel „Fahrzeugbeschriftung" und Ihrem Namen!

Beispiel 2: Stellen Sie für den Transporter mit der Beschriftung Heizungen **(Bild 1, S. 300)** die zum Untergrund farblich passende Beschriftung her! Die Farbe des Fahrzeugs ist am vorderen Kotflügel zum Nachmischen angegeben.

Vergrößern Sie mit dem Fotokopierer entweder das ganze Fahrzeug oder die abgebildete Tür auf DIN A4 in ausreichender Papierqualität!

Klären Sie am Farbtonkreis und an den entsprechenden farbtongleichen Dreiecken nach dem Muster von **Bild 1, S. 295**, wo die zur Farbgebung benutzten Farben liegen! Die Farbangaben fügen Sie bei der Präsentation der Gestaltungsarbeit bei!

Zur Beschriftung sind Titel (Fahrzeugbeschriftung) und Name wie in den vorangegangenen Zeichnungen ausführbar.

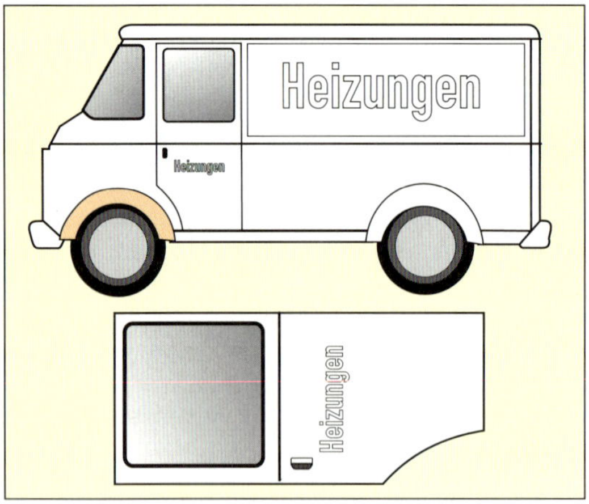

Bild 1: Fahrzeug für Beispiel 2

Beispiel 3: Diese Aufgabe stellt eine Vereinfachung des Beispiels 2 dar.

Vergrößern Sie die Schriftfläche des Fahrzeugs von **Bild 1** zur Farbarbeit auf Format DIN A4! Der Schrifttext liegt dann in 5 mm bis 6 mm Balkenstärke vor.

Führen Sie die Farbarbeit dann weiter wie in Beispiel 2!

Da bei der Grundierung der Schriftfläche der Text nicht mehr sichtbar ist, kopieren Sie ihn auf Transparentpapier, damit er per Durchdrückpause auf den farbigen Untergrund übertragen werden kann! Sie können ihn jedoch bei einer möglichen Balkenstärke von 5 mm sogar selbst in **Schmaler Grotesk** konstruieren.

Beispiel 4: Stellen Sie für den Transporter der **Feuerwehr (Bild 2)** die Beschriftung durch Konstruktion aus **Schmaler Grotesk-Schrift** auf der abgebildeten Schriftfläche her, die zu dem Zweck abzumessen und zu vergrößern ist! Die Balkenstärke soll 6 mm betragen. Verwenden Sie als Zeichenformat DIN A4! Arbeiten Sie mit den Farben Rot und Weiß!

Bild 2: Fahrzeug mit Schriftfeld für Beispiel 4

Arbeitshinweise

Die Farbgebung ist am einfachsten, wenn in diesem Fall nicht die Schrift, sondern das Umfeld ausgelegt wird. Um eine gleichmäßige Fläche zu erhalten, muss man die Schrift mit Übertragungsfolie abdecken und die Konturen mit dem Schablonenmesser schneiden. Wenn das Schriftumfeld entfernt wird, kann man die rote Farbe mit dem Farbroller auftragen.

Achten Sie darauf, dass die Farbe nicht unter die Folie fließen kann, indem Sie die Konturen der Folie nicht zu tief schneiden und zur Sicherheit noch einmal mit dem Finger erwärmen und fest andrücken!

Auf diese Weise ist es nicht notwendig, die Schrift mit Weiß auszulegen. Eventuell können kleine, rote Farbflecken vorsichtig mit dem Schablonenmesser abgeschabt werden.

Führen Sie die Präsentation und Beschriftung der fertigen Arbeit wie in Beispiel 2 aus!

Beispiel 5: Stellen Sie für den Transporter eines Malerbetriebes **(Bild 3)** die Werbung her! Vergrößern Sie die Schriftfläche des Fahrzeugs auf DIN A4-Format.

Konstruieren Sie den Text Der Maler in Schmaler Grotesk mit 6 mm Balkenstärke! Fügen Sie den farbigen Pinsel als Dekor hinzu!

Die Schriftfarbe ist der Karosseriefarbe anzupassen! Der Pinsel soll die sog. „Malerfarben“ erhalten.

Während der Untergrund mit Aquarellfarbe ausgelegt werden kann, sind für die übrigen Teile deckende Malfarben zu empfehlen.

Bild 3: Rollende Werbung eines Malerbetriebes

Stellen Sie die Farbenwahl grafisch nach der Darstellung in **Bild 1** dar, ehe Sie die Misch- und Auslegearbeiten durchführen!

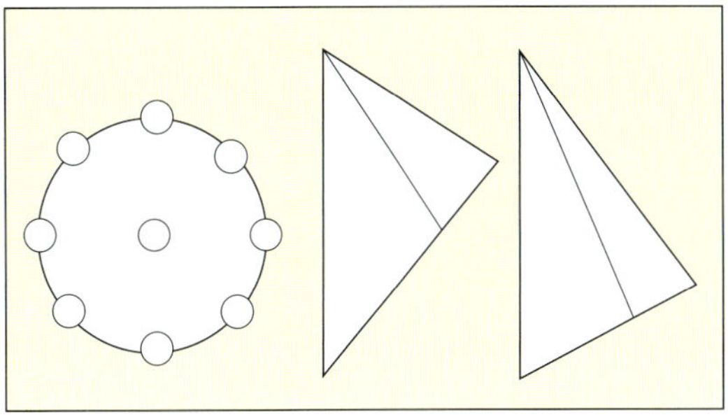

Bild 1: Grafik zum Eintragen der Farben für Beispiel 5

Wenn die Arbeit mit dem Airbrushgerät ausgeführt wird, ist die Schriftkontur auf Airbrushfolie zu übertragen und zu schneiden. Entfernt man das Innere der Schrift, kann es farbig ausgespritzt werden. Ratsam ist dann jedoch, den Textuntergrund mit Weiß vorzuspritzen, damit durch die etwas lasierenden Airbrushfarben keine Farbvermischung mit der Untergrundfarbe entsteht.

Klären Sie bei der Farbgebung, wie Sie die gelbe Farbe des Pinselstiels in ausreichenden Helligkeitskontrast zum Untergrund bringen können, ohne seine Farbe zu ändern!

Beispiel 6: Stellen Sie für den Pkw eines Kuriers die Beschriftung und das Dekor passend zur Farbe der Karosserie her **(Bild 2)**! Zu dem Zweck vergrößern Sie die linear abgebildete Seitenfläche auf das Format DIN A4!

Die grün-gelbe Farbkombination des Fahrzeugs dient nur zur Darstellung des Farbgebungsprinzips. Sie kann entsprechend geändert werden.

Die Arbeit ist als Maltechnik ausführbar.

Arbeitsschritte

- Vergrößern Sie die Zeichnung auf das vorgegebene Format!
- Stellen Sie vom Text eine Pause auf Transparentpapier her!
- Legen Sie das Fahrzeugteil in zwei Farben farbig an! Schärfere Kanten lassen sich wie in der Praxis durch Abkleben erreichen. Es sind dann Deckfarben geeignet, die durch Stupfen rationell in die Farbflächen eingebracht werden können. Ratsam ist es auch, die gelbe Farbe zuerst einzutragen, weil bei ungenauen Konturen die dunklere Farbe die helle überdeckt.
- Pausen Sie zum Schluss den Text auf die gelbe Fläche und legen Sie ihn mit einem Faserstift farbig aus! Sollte sich die Schriftfarbe durch den Untergrund ändern, müssen deckende Malfarben und ein Spitzpinsel benutzt werden.

  Alternativ könnte die Schrift in Klebefolie am Plotter geschnitten werden, um sie auf die Farbfläche zu kleben. Die Schriftübertragung kann nach den Hinweisen der **Schriftlehre S. 154** erfolgen.
- Ziehen Sie zum Schluss die Konturen der Tür und des Kotflügelteils nach, um eine gewisse Schattenwirkung zu erzeugen! Für den Zweck eignet sich ein weicher Bleistift. Die Bögen sollten an einem Kurvenlineal gezogen werden.

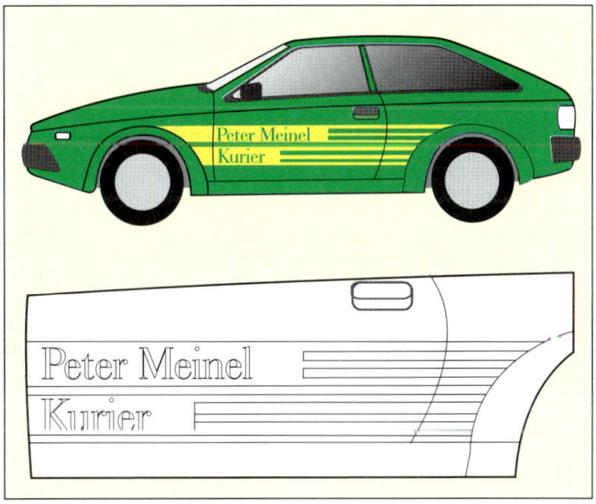

Bild 2: Kurierfahrzeug

TIPP Die Aufgaben dieses Abschnittes können auch auf Format DIN A3 ausgeführt werden. Zu dem Zweck sind die vereinfacht dargestellten Fahrzeuge in Linienform abgebildet und können mit dem Fotokopierer vergrößert werden **(Bild 3)**.

Bild 3: Fahrzeug zur Vergrößerung auf Format DIN A3

4 Farbgestaltung von Räumen

Die Farbgestaltung von Räumen wird in Innenraumgestaltung und Fassadengestaltung unterteilt.

Objekte zur **Innenraumgestaltung** können sein:

- Wohnräume,
- Arbeitsräume (Produktionsräume, Verwaltungsräume),
- Objekte für Bildung und Erziehung (Kindergärten, Schulen),
- Kulturstätten wie Theater, Hotels/Gaststätten, Sportstätten usw.,
- Objekte im Gesundheitswesen (Arztpraxen, Krankenhäuser, Altenpflegeheime).

Die **Fassadengestaltung** erfolgt an Einzelgebäuden oder ganzen Gebäudekomplexen wie Straßenzügen oder Plätzen.

Während beim Neubau der Farbentwurf Aufgabe des Architekten vor allem bei größeren Objekten ist, bekommt bei kleineren Gebäuden oft der ortsansässige Malerbetrieb Aufträge für Ausführung einschließlich Entwurf. In beiden Fällen müssen die Gestaltungsentwürfe immer mit dem Auftraggeber besprochen werden.

Die Gestaltung der **Gebäude ganzer Straßenzüge und Plätze** liegt ausschließlich in der Kompetenz von Architekten, Städteplanern und Denkmalpflegern. Der Maler ist dabei Ausführender und Mittler zum Auftraggeber.

4.1 Gestaltungsregeln

Um die Gestaltung der Objekte zur Zufriedenheit der Auftraggeber durchzuführen, müssen Regeln beachtet werden, die mit seinen Vorstellungen zu den jeweiligen Objekten zu verbinden sind. Ziel ist eine harmonische Raumgestaltung. Der Begriff „schön" spielt dabei eine bestimmende Rolle. Es wird nach einer komplexen Einheit von Farben, Formen und Zweck der Bauten für den Menschen gestrebt, wobei auch der Baustil zu berücksichtigen ist.

Im **Bereich Wohnen** beeinflusst neben der Einrichtung die Farbe der raumbegrenzenden Flächen das Wohlbefinden und Repräsentationsbedürfnis der Bewohner. Der Maler nimmt so durch geeignete Farbgebung Einfluss auf Vorgänge wie Essen (Esszimmergestaltung), Freizeitgestaltung (Wohnzimmergestaltung, Kinderzimmer, Sporträume), Hygiene (Bad), Schlafen (Schlafzimmer) usw. Dabei kann er den persönlichen Geschmack des Auftraggebers mit seiner Fachkenntnis beeinflussen.

Im **Schulbereich** wird durch gezielte Farbgebung Lernfreude erzeugt, die sich in Lernergebnissen widerspiegelt. Gestaltungsobjekte sind Klassenräume, Flure, Speiseräume usw.

Im **Arbeitsbereich** wird das Arbeitsklima beeinflusst, um die Sehbedingungen durch Helligkeit und Farbwahl zu fördern. Unfälle können vermieden, Arbeitsfreude am Arbeitsplatz erhöht und dadurch die Produktivität im Betrieb verbessert werden.

Kulturstätten repräsentieren das Bildungsniveau und Gedankengut der Bewohner von Städten und Gemeinden, wobei landschaftsbezogene Merkmale mit einfließen.

Im **Gesundheitswesen** bestimmen in vielen Fällen neben den Farbgestaltern Ärzte die Farbgebung mit. Im Ergebnis werden durch Farbe Lebensfreude und Lebensmut erzeugt.

4.1.1 Einflussfaktoren zur Farbgestaltung

Um die Farbgebung für Innen- und Außenobjekte durchzuführen, sind subjektive, vom Menschen abhängige und objektive, vom Menschen unabhängige Faktoren zu berücksichtigen.

4.1.1.1 Subjektive Faktoren

Um subjektive Faktoren kennen zu lernen, kann schon der Lernende in seinem Ausbildungsbereich von Berufsschule und Lehrbetrieb oder bei der Kundschaft durch Gespräche feststellen, wie sich die Farbvorstellungen der Menschen unterscheiden.

Meinungen zu einem Gestaltungsauftrag werden sich unterscheiden, wenn man Geschlecht, Alter, Ausbildungsstand/Bildungsgrad, Gesundheitszustand und das Temperament der Auftraggeber vergleicht.

Zu diesem Zweck kann man z. B. Vorzugsfarben der Kleidung von Personen unterschiedlichen Geschlechts und Alters vergleichen. Damenbekleidung ist meist farbenfreudiger. Vor Jahrzehnten bevorzugten ältere Menschen stark grauhaltige Farben. Im Kleinkindalter sind die Farben an Kleidung und Spielzeug auffälliger.

Kranke reagieren empfindlich auf aktive Farben. Im Krankenhaus wird deshalb Rot sehr vorsichtig eingesetzt. Am häufigsten ist sonniges, aufmunterndes Gelb oder beruhigendes Grün zu sehen. Meist kommen die Farbtöne in stark aufgehelltem und ungesättigtem Zustand zum Einsatz.

Zur Farbgebung sollte sich der Gestaltende auch an den **Temperamenten der Menschen** orientieren, die grundsätzlich in vier Gruppen eingeteilt werden:

phlegmatisch (träge, gleichgültig),
sanguinisch (aktiv, beweglich),
cholerisch (aufbrausend),
melancholisch (schwermütig).

Für die Farbwahl bedeutet es, dass meist gegensätzlich wirkende Farben berücksichtigt werden. Für den trägen Typ sind aufmunternde, für den aufbrausenden Typ beruhigendere Farben zu empfehlen. Der aktive Mensch kann Anregung durch aktive Farben bevorzugen, er kann jedoch auch nach Ruhe streben und entsprechend dezente Farben fordern. Der schwermütige Typ benötigt zum Aufmuntern eine belebende Farbgebung.

Auftraggeber werden demzufolge häufig für Gestaltungsarbeiten sehr konkrete, eigene Farbvorstellungen bei geplanten Malerarbeiten äußern, die es zu berücksichtigen gilt.

Des Weiteren werden Farbgebungen durch **Modetrends, Sitten und Brauchtum** beeinflusst. Besonders gilt das für Fassaden. In diesem Fall kann man beobachten, wie schnell sich Formen und Farben ändern. Dieser Wechsel ist im Bauwesen an der **Baustilentwicklung** vergleichbar. Er geht jedoch bedeutend langsamer vor sich. Anfangs waren es Jahrtausende bzw. Jahrhunderte. Heute sind es Jahrzehnte. Bauwerke wie Schloss Oranienburg bei Berlin, ein Gasthaus in Bayern oder die Kinderklinik der Universität Dresden zeigen dies sehr deutlich **(Bild 1)**.

Die Stiländerungen sind auf die geistige und wirtschaftliche Entwicklung der Menschen zurückzuführen, die wiederum von den Kulturen und Lebensräumen beeinflusst wird, in denen sie leben. Heute sieht man den Aufschwung insbesondere in ostasiatischen Ländern, der mit einem ungeahnten Industrieboom verbunden ist.

Kulturhistorisch bedeutsame Bauten dürfen nicht ohne weiteres verändert werden. Jedes Land, jeder Staat hat dazu eigene Festlegungen. Bei Gestaltungsarbeiten an solchen Objekten ist deshalb eine Zusammenarbeit des Malers mit Behörden und Restauratoren, bei sakralen Bauten mit Kirchenmalern notwendig.

Bild 1: Beispiele für stilgebundene und traditionsbewusste Bauten

4.1.1.2 Objektive Faktoren

Objektive Faktoren zur Farbgebung sind ebenfalls sehr zahlreich. Man kann sie schon durch aufmerksames Betrachten erkennen, ohne mit dem Auftraggeber umfangreiche Gespräche führen zu müssen. Im Einzelnen sind dies die eingesetzten Baustoffe, die Umgebung, das Licht usw. Man findet demzufolge an Außenobjekten andere Einflussfaktoren vor als an Innenobjekten.

4.1.1.3 Einflüsse an Außenobjekten

Baustoffe am Gebäude weisen Eigenfarben und Oberflächenstrukturen von rau bis eben oder stumpf bis glänzend auf, die zu den geplanten Anstrichstoffen passen müssen.

Oftmals wird gefordert, Baumaterialien zu überstreichen. Damit werden jedoch ihre interessanten Strukturen und Eigenfärbungen beseitigt und es wird eine Uniformierung der Fassadenfläche hergestellt. Außerdem liegen die Standzeiten der Anstrichstoffe normalerweise unter denen der Baustoffe. Man sollte deshalb immer eine Einheit zwischen den Baustoffen und den Beschichtungen anstreben. Das trifft vor allem auf Naturstein und Ziegelmauerwerk zu.

Bei Gestaltungen von Fassaden werden markante Bauteile wie Einfassungen von Fenstern und Türen, Sockel, Gesimse, Friese, Säulen oder Pilaster (flache Mauerpfeiler mit Kapitell und Basis) sowie hervortretendes Bossenmauerwerk farbig betont.

Einflüsse der Umgebung verändern die Fassadenfarben ebenfalls **(Bild 1)**. Reine Putzfassaden oder mit eintönigen Farben versehene Flächen wirken an grauen Straßenbelägen trostlos. Einfassendes Grün ist eine von den Jahreszeiten abhängige Methode zur Verschönerung des Wohnumfeldes. Mit farbigen Beschichtungen erzielt man langfristigere Verbesserungen.

Das Licht mit seinen unterschiedlichen Färbungen sollte man ebenfalls berücksichtigen **(Bild 2)**. Abends und nachts ändert sich die Gebäudefarbe durch die Straßenbeleuchtung. Das Gleiche bewirken die unterschiedlichen Farben des Tageslichts. Es ist auch jahreszeitlich bedingt verschieden. Ähnliche Farbveränderungen kommen durch die Remission des Blattgrüns naher Bäume oder durch Betrachtung mit farbigen Sonnenbrillen zustande.

Die Gestalter nehmen darauf Rücksicht, indem sie meist mit kontrastierenden Farben arbeiten. An trostlos wirkenden Objekten werden aktivere Farben eingesetzt. Wo Grün der Umgebung vorherrscht, wird das Gebäude in zurückhaltenden Farben gehalten. Vielfach ist es neutrales Weiß. Beliebt sind Farben von Gelb, Orange oder Gelbgrün. Vergleichen Sie zu dem Zweck Ihre Umgebung! Kräftige Farben, besonders von Blau wirken in vielen Fällen sogar fremdartig **(Bild 1, S. 305)**. Sie werden deshalb seltener eingesetzt.

Bild 1: Farbeinflüsse durch umgebende Objekte

Bild 2: Veränderung der Fassadenfarben durch Licht

Bild 1: Fremdartig wirkende Farbgebung

4.1.1.4 Einflüsse an Innenobjekten

Man unterscheidet Innenräume nach Größe, Bauart und Lage. Für die Farbgebung spielt auch der Zweck des Raumes einer Rolle. Der Maler kann durch seine Farbgebung die vorhandene Situation beeinflussen und ungünstig gestaltete Raumzustände optisch korrigieren. Bei Erstbeschichtungen sollte er deshalb mit dem Auftraggeber über mögliche Einflüsse dieser Art reden.

Die Raumgröße steht bei diesen objektiven Faktoren sicher an erster Stelle. Bei Farbgestaltungen ist es üblich, darauf Einfluss zu nehmen.

Zu niedrige Räume erscheinen durch eine helle Decke oder durch nach oben führende Muster höher **(Bild 2)**.

Zu hohe oder zu lange Räume (Flure) werden mit dem entsprechenden Helligkeitskontrast ausgeglichen: Ein Fußboden erhält durch dunkle Farben Tragfähigkeit, ein schmaler Raum durch helle Farben größere Weite. Dunkle Farben können einen Raum niedriger, länger oder kürzer erscheinen lassen **(Bild 3)**.

Durch bestimmte Linien im Raum können Raumflächen optisch geteilt werden.

Friese, Sockellinien und Fußleisten teilen z. B. Wandflächen. Durch Farbe oder Größe kann die Teilung sogar noch überbetont werden. Zu hoch angesetzte „Ölsockel" **(Bild 4)** oder Fliesenzonen sind zwar aus hygienischen Gründen notwendig, aber sie können auch, genau wie zu hoch angeordnete kleine Fenster **(Bild 2, S. 306)**, so wirken, als ob man im Raum „ertrinkt".

Fußleisten ab ca. 10 cm Höhe wirken recht aufdringlich, insbesondere dann, wenn sie einen großen Helligkeitskontrast zur Wand besitzen.

Türen können ebenfalls wandteilend wirken, wenn sie sehr dunkel, also auffällig gehalten werden. Sie können dadurch aber auch einen hinweisenden Charakter erhalten **(Bild 5)**.

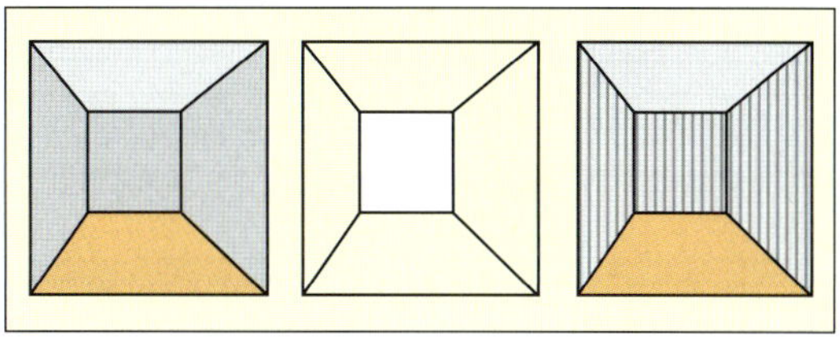

Bild 2: Optische Raumerhöhung

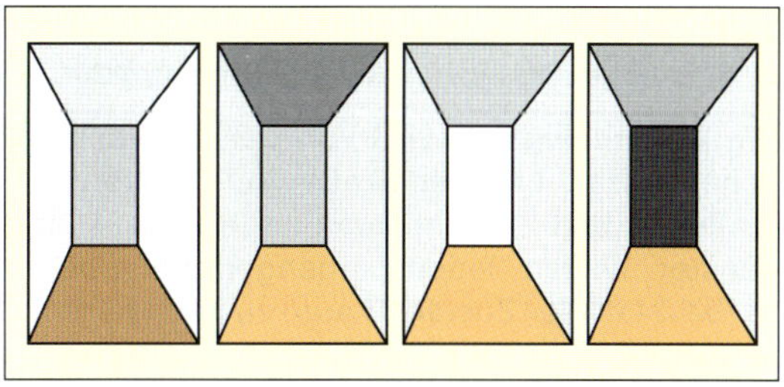

Bild 3: Scheinbare Veränderungen in Höhe, Breite und Tiefe

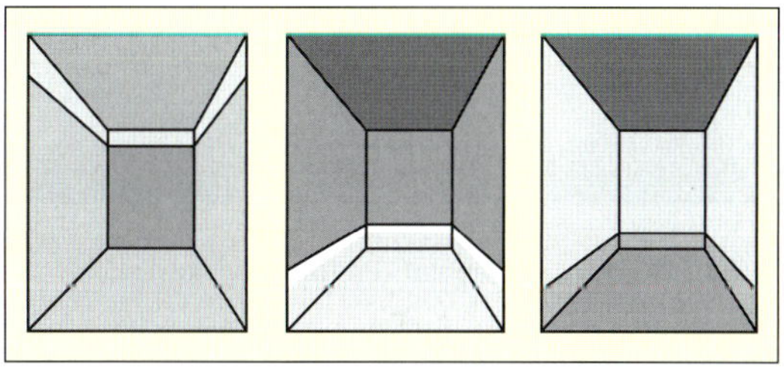

Bild 4: Teilungen durch Fries, Sockel und Fußleiste

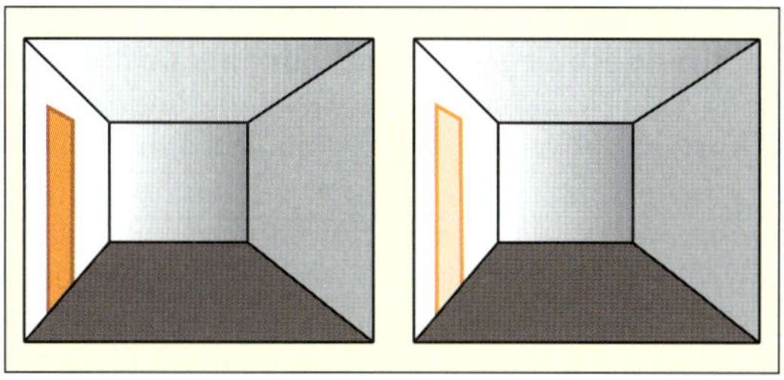

Bild 5: Flächenteilung durch Türen

Für die genannten Objekte sind deshalb Farben mit nicht zu großem Helligkeitskontrast zur restlichen Wandfläche ratsam.

HINWEIS Die gleiche zerteilende Wirkung durch Farben und Formen findet man z. T. an Fassaden **(Bild 1 oben und Bild 1, S. 306)**. Mit etwas mehr gestalterischem Aufwand könnte diese Situation vermieden werden.

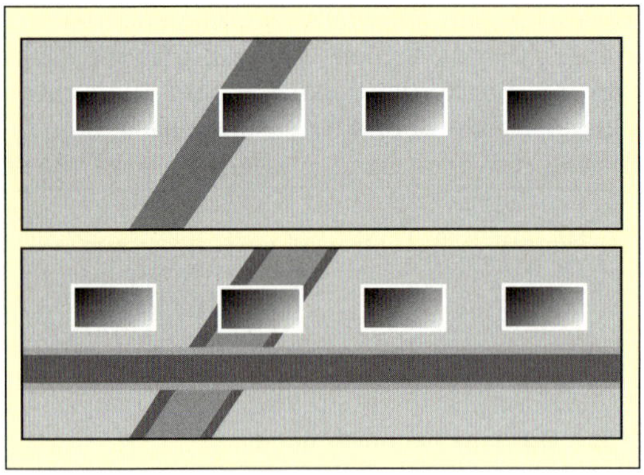

Bild 1: Zerteilende Wirkung durch Farben und Formen an Fassaden und mögliche Korrektur

Die **Raumhelligkeit** wird von der unterschiedlichen Anzahl und der Größe von Fenstern beeinflusst **(Bild 2)**. Sehr hoch angesetzte, kleine Fenster wirken jedoch unangenehm. Durch Farbe ist dieser Zustand kaum zu korrigieren.

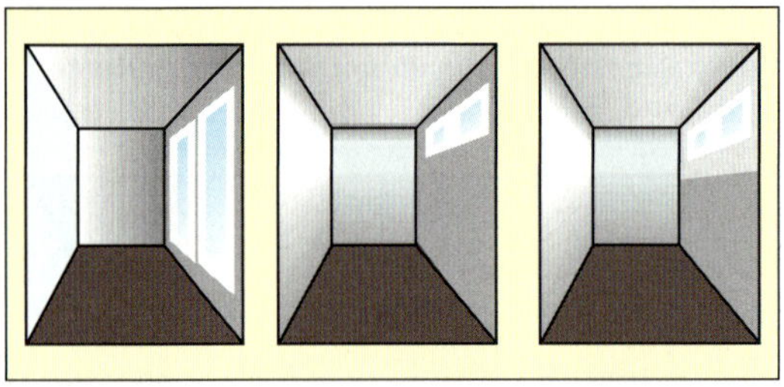

Bild 2: Fenstereinfluss auf die Raumwirkung

Einen weiteren Einfluss übt die **Etagenhöhe** auf die Gesamthelligkeit eines Raumes aus.

Hoch gelegene Räume werden durch Tageslicht besser ausgeleuchtet. Zur Farbgestaltung kann man in dem Fall etwas dunklere Farben einsetzen. **Räume in unteren Etagen** sollten im Gegensatz dazu hellere Farben erhalten, wenn man nicht mit hohen Energiekosten durch künstliche Beleuchtung den Ausgleich herstellen will, um gute Sehbedingungen zu erreichen.

Die **Himmelsrichtung** hat neben Folgen für die Lage bestimmter Räume auch Auswirkungen auf ihre Farbgebung.

So liegen **Küchen und Bäder** oft nach Norden. **Schlafzimmer** werden mit Blick nach Osten ausgerichtet, um durch die aufmunternden Sonnenstrahlen beim Aufwachen für positive Stimmung zu sorgen. Da der Arbeitsprozess normalerweise nachmittags beendet wird, ist es üblich, **Wohnzimmer** nach Süden und Westen auszurichten.

Fehlt die Sonne, könnte aufgrund dieser Gedanken die Färbung der Tapeten und Anstriche immer an sonniges Gelb gekoppelt sein. Aber dies hätte zur Folge, dass der Maler nur mit warmen, gelbhaltigen Farben arbeitet. Eintönigkeit in der Farbgebung wäre die Folge.

Die in einen Raum fallenden Lichtstrahlen können auch jahreszeitlich und witterungsbedingt verschiedene Raumwirkungen hervorrufen.

Künstliches Licht wird durch elektrische Glühlampen und Leuchtstofflampen erzeugt, die man in Leuchten verschiedenster Form unterbringt. Sie schirmen das Licht ab oder lenken es direkt oder indirekt in verschiedene Richtung. Dabei entstehen Schattenwirkungen. Sie sind bei direkter Beleuchtung am stärksten. Man spricht von Schlagschatten.

Als **Regel** gilt, dass man in Wohn- und Arbeitsbereichen eine allgemeine schattenarme Beleuchtung erzeugt, die mit direkter punktartiger Beleuchtung gekoppelt wird. Das trifft z. B. für den Schreib- und Lesebereich oder bei Maschinen im Einstellbereich zu.

Neben diesen Lichtwirkungen spielen die **Beleuchtungsstärke,** die die Helligkeit im Raum beeinflusst, und die **Lichtfarben** eine Rolle.

Zwischen der Beleuchtung eines Raumes und der Helligkeit der Beschichtungsfarbe besteht folgender Zusammenhang: Helle Beschichtungen remittieren mehr Licht, schaffen bessere Sehbedingungen und reduzieren die Stromkosten. Dunkle Beschichtungen bewirken das Gegenteil.

Glühlampen erzeugen warmes Licht und bewirken bei direkter Einstrahlung harte Beleuchtungskontraste und deutliche Schlagschatten. Diese Kontraste können bei längerer Einwirkung z. B. am Arbeitsplatz ermüdend wirken. Indirekte Beleuchtung verringert diese negativen Begleiterscheinungen.

Leuchtstofflampen liefern meist kühleres und schlagschattenarmes, diffuses Licht.

Aufgrund der Lichtfarbe sollte der Maler mit dem Auftraggeber über den Einfluss auf das Aussehen der Beschichtungsfarben diskutieren. So ist es möglich, Farbveränderungen im Raum durch Licht gezielt zu planen. So ist z. B. in **Bild 1, S. 307** zu sehen, wie die bläulichen Farben an einem Airbrusharbeitsplatz durch warmes Licht einer Glühlampe geändert werden.

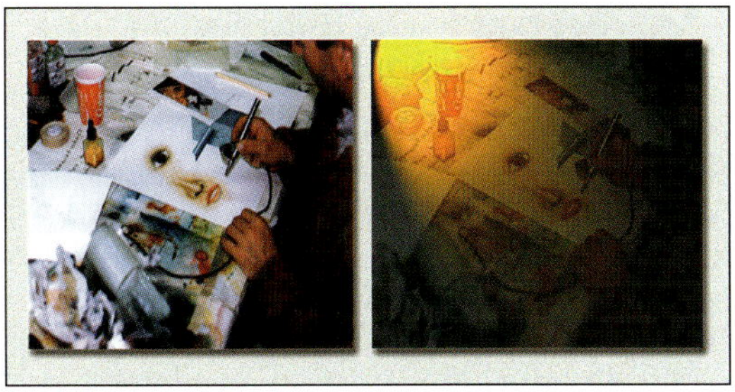

Bild 1: Farbänderung durch künstliches Licht an einem Airbrusharbeitsplatz

Eine **Farbtonänderung im Raum** kann aber auch durch **Gardinen** zustande kommen. Ähnlichen Einfluss haben die von den anderen **Einrichtungsgegenständen,** wie Möbeln, Teppichen und Grünpflanzen, zurückgeworfenen farbigen Lichtstrahlen.

Hölzer der Möbel rufen in der Regel durch ihren braunen Charakter eine warme Wirkung hervor. Dazu zählen Buche, Kirsche, Nussbaum und Mahagoni **(s. Bild 3, S. 350)**. Birke und Ahorn wirken als helle Hölzer etwas kühler. Die Wandbeschichtungen können die Möbel je nach Helligkeitskontrast mehr oder weniger stark hervortreten lassen, farbige Beschichtungen die Raumwirkungen wie künstliches Licht verändern.

Sind Möbel etwas farbintensiver als die Wände, bestimmen sie die Raumsituation **(Bild 2)**. Die in dem Bild symbolisch dargestellten grünen bzw. braunen Sitzmöbel stellen dadurch die Begleitfarbe zur jeweiligen Leitfarbe der Wände dar. Sie erzeugen somit die unterschiedlichen Farbwirkungen in den Gestaltungsbeispielen. Mit grünen Sitzmöbeln entstehen kühlere, mit braunen wärmere Gesamtwirkungen.

Sollen gesättigtere Raumfarben eingesetzt werden, bestimmen sie aufgrund ihrer Ausdehnung die Raumsituation mehr als die Sitzmöbel **(Bild 3)**. Sind die Töne zu aufdringlich, müsste man jedoch Aufhellungen vornehmen. Allerdings können in diesem Fall Inversionen auftreten. Demzufolge sind Farbtonänderungen vorzunehmen, um sie zu beseitigen.

Wenn sehr auffällige Wandfarben verwendet werden sollen, könnten angrenzende Raumflächen hell gehalten werden, um einen Blickfang zu erzielen **(s. Bild 3, untere Reihe)**. Gleichzeitig wird die Gesamtwirkung weniger aufdringlich.

Bild 2: Beziehung von Einrichtungsfarben zur Wandfarbe mit mittlerem Helligkeitskontrast

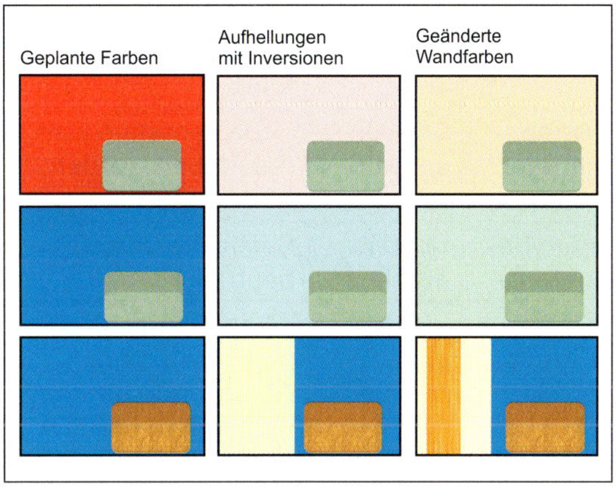

Bild 3: Gestaltungsvarianten zu Bild 1

TIPP Um am PC Variationen zur Wandgestaltung mit Sitzmöbeln auszuprobieren, kann man mit Corel Draw Sitzmöbelimitationen erzielen, indem mit gebogenen Ecken versehene Rechtecke durch das **Füllmuster Wolle** gefüllt werden. Für Gardinen kann man Rechteckformen mit dem **Füllmuster Seide** füllen **(Bild 3, untere rechte Wand)**.

In vielen Fällen findet der Maler und Lackierer bei seinen Arbeiten jedoch nur den Leerraum vor und kann deshalb kaum Entscheidungen dieser Art treffen. Das gilt besonders bei Neubauten, deren Nutzer er nicht kennt.

Ein besonders wichtiger Einflussfaktor für die Farbgebung ist die Zweckbestimmung des Raumes bzw. seine **Raumfunktion**.

Eine einfache Auflistung in **Tabelle 1, S. 308** soll dazu dienen, geeignete Farben für die jeweiligen Räume zu verwenden. Sie besitzt entsprechend der genannten subjektiven Einflussfaktoren jedoch nur empfehlenden Charakter. Sehr schnell könnte sonst daraus eine uniformierte Farbgebung entstehen.

Tabelle 1: Einfluss der Raumfunktionen auf die Farbgebung

Raumart	Aufgabe	Empfohlene Farbwirkung
Flur, Korridor	Eintreten, kleiden	Auf die Wohnung neugierig machen.
Küche	Speisen bereiten	Sachlich, reinlich.
Schlafzimmer	Ruhen	Einerseits kühle, beruhigende Farben, andererseits auch sonnige Farben, wenn Morgensonne fehlt.
Wohnzimmer	Erholen, speisen, feiern	Repräsentative warme Farben werden überwiegen.
Büro/Sekretariat	Schreibarbeiten	Sachliche, meist neutrale Farben.
Klassenzimmer	Lernen, experimentieren	Je nach Altersgruppe verschieden. Ablenkende Buntheit vermeiden. Festlich wirkende Farben aus Rot bis Violett, auch in starken Aufhellungen vermeiden. Grün- und Blautöne stören, weil sie sehr kalt wirken.
Gaststätten	Essen, trinken, reden	Feierlich vornehm bis einfach, je nach Art des Hauses. Oft nach Landestradition gestaltet.
Krankenzimmer	Genesen, beruhigen	Zurückhaltende, sonnige Farben mit geringen Helligkeitskontrasten einsetzen, Rottöne nie einsetzen.
Produktionshallen	Arbeitssituation fördern	Sehbedingungen mit hellen Farben fördern. Durch einheitliche Farbenzonen Arbeitsbereiche zusammenfassen. Sicherheits-, Kennzeichnungs- und Warnfarben müssen erkennbar sein.

4.1.1.5 Gestalterische Hinweise zu Wandteilungen

Früher stellte man Wandanstriche in Küchen, Bädern, Klassenzimmern und Korridoren öffentlicher Gebäude mit Kalk- und Leimfarbenanstrichen her. Sie waren im unteren Bereich stark verschmutzungsgefährdet. Aus dem Grunde wurden dort reinigungsfähige Zonen in Form eines Ölsockels angefertigt. Verschmutzungen konnten davon sehr leicht entfernt werden. Damit sie jedoch nicht so stark auffielen, wurden relativ dunkle Farben eingesetzt. Die Sockeloberkanten setzte man oftmals recht hoch an.

Diese Teilung und Farbgebung war zwar nützlich. Bei aufmerksamer Betrachtung wurde sie aber als unangenehm empfunden. Auch in halber Wandhöhe war sie unpassend. Heute könnten Sockelanstriche entfallen, weil die wasserempfindlichen Anstriche durch reinigungsfähige ersetzt wurden.

Sollen dennoch Sockel angelegt werden, koppelt man in **Küchen** die Sockelhöhen an die Arbeitshöhe der Kücheneinrichtung oder passt sie, wenn nötig, den Fliesenbereichen an.

Bei frei stehenden Flächen bietet es sich an, zur Teilung den **Goldenen Schnitt** zu benutzen. Am einfachsten ist es, dazu die **Raumhöhe mit 0,625 zu multiplizieren (Bild 1)**. Die Zahl ergibt sich aus dem Dividieren des Verhältnisses 5 : 8.

Bild 1: Berechnung der Sockelhöhen nach dem Goldenen Schnitt

Spritzsockel sind sehr niedrige reinigungsfähige Sockel in Feuchträumen oder Treppenhäusern. Als Höhe kommen in den meisten Fällen ca. 20 cm bis 30 cm infrage.

In **Treppenhäusern** ergibt sich das Problem, wie die Schräge der Sockel angetragen wird. Ziel ist es, in der Schräge und über den Podesten optisch gleiche Höhen zu erhalten.

Es gibt zwei Varianten, die Maße anzutragen. In **Bild 1** zeigt die Reihenfolge der Zahlen, wie die Bemaßung erfolgen soll. Die untere Zeichnungsmethode ergibt einen etwas schmaleren Sockel im schrägen Bereich.

Den rechten Winkel erhält man in der Schräge über den Stufen mit dem Gliedermaßstab durch die bekannten Verhältnisse 30 cm : 40 cm : 50 cm.

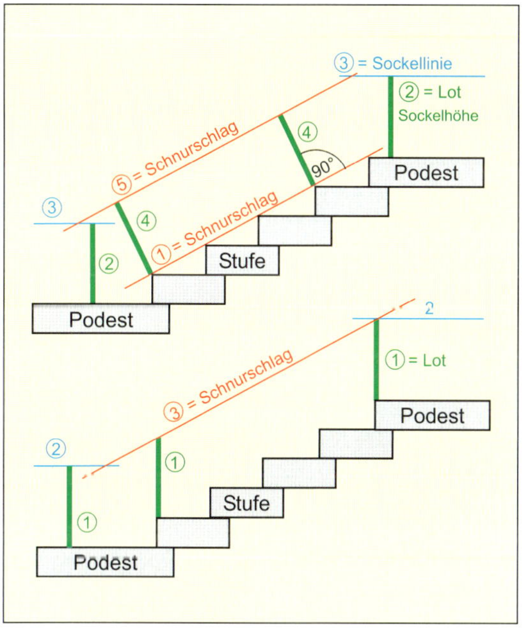

Bild 1: Möglichkeiten zum Antragen der schrägen Sockelhöhe in Treppenhäusern

4.2 Gestaltungsentwürfe für Innenräume

Um den Auftraggeber über die Vorstellungen zur Farbgebung eines Gestaltungsobjekts zu informieren, kommen Farbenkarten, Farbenproben, Farbentwürfe und Farbenpläne zum Einsatz.

Farbenkarten stellen die einfachste Lösung dar. Es ist allerdings schwierig, mit ihnen die proportionalen Flächengrößen zu vermitteln, wenn die Karten gebunden sind. Bei losen Kartensammlungen können die Proben den realen Flächengrößen durch Verdecken proportional angeglichen werden **(Bild 2)**.

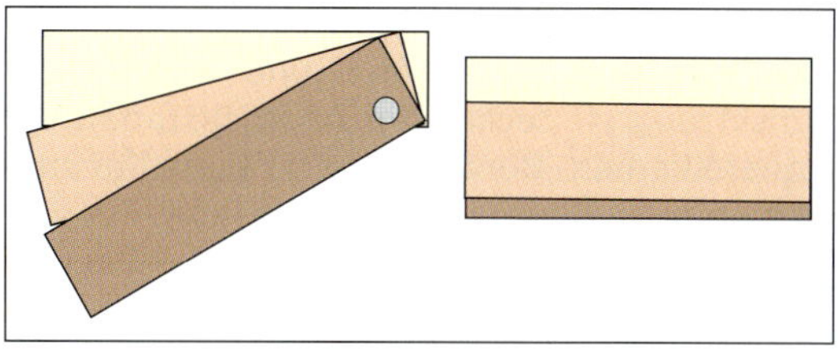

Bild 2: Beratung mit Farbenkarten

Farbenproben sind dann sinnvoll, wenn Farbenkarten fehlen und stattdessen fertig gemischte Anstrichstoffe vorhanden sind. Ihre Eignung lässt sich durch Streichproben an den Raumflächen erkennen. Sie sollten so ausgeführt werden, dass sich die Proben berühren. Sie entsprechen damit der normalen Raumsituation, in der z. B. Decke und Wand ebenfalls direkt nebeneinander liegen. Nur so ist es möglich, störende Flimmereffekte zu erkennen.

Farbentwürfe bzw. **Farbvorschläge** für aufwändige Gesamtkonzepte werden in geeigneten Maßstäben durch farbige Raumdarstellungen geliefert. Je nach geplantem Arbeitsaufwand sind Ansichten von Wänden oder Decken, Abwicklungen, isometrische Darstellungen und perspektivische Darstellungen möglich. Die einfachste Form von Farbvorschlägen stellen **Farbskizzen** dar.

Man müsste die Entwürfe normalerweise mit den Anstrichstoffen des Raumes ausführen. Die Materialien wirken auf Zeichenkarton aber recht grob. Deshalb benutzt man Tempera- oder Gouachefarben. Man muss sie entsprechend trüben, denn Malfarben enthalten reineres Weiß als Anstrichstoffe.

HINWEIS Bei Farbentwürfen sollten Konturen nicht nachgezeichnet werden. Sie würden es ermöglichen, Farben gleicher Helligkeit zu kombinieren, ohne dass dies auffällt **(Bild 3)**.

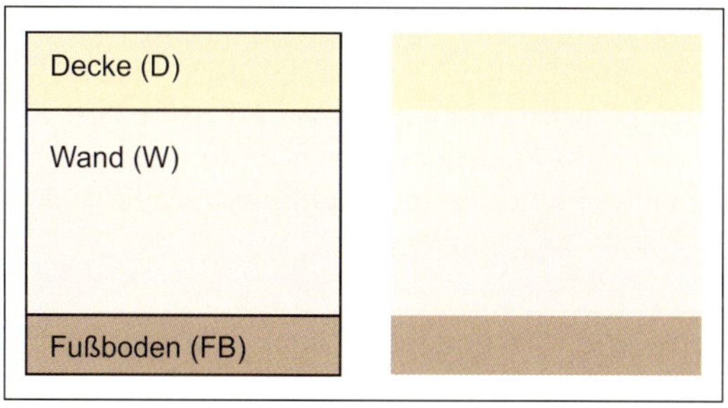

Bild 3: Ungünstiger Farbentwurf durch Einsatz von Konturen

Ungeeignet für Farbentwürfe sind wegen der lasierenden Eigenschaften und schwieriger Umsetzung zu deckenden Anstrichstoffen die Aquarellfarben. Buntstifte und Faserstifte sollte man auch vermeiden. Aber solche Entwürfe sind sehr dekorativ, wenn man die Darstellungstechniken beherrscht.

Für **Werbezwecke,** z. B. für Bautafeln, ist die **Airbrushtechnik** einsetzbar. Da die Farben wegen ihres Lasurcharakters recht leuchtkräftig sind, ist auf entsprechende Trübungen zu achten.

Wenn **Architekten** Farbentwürfe anbieten, benutzen sie heutzutage den **Computer** und entsprechende Ausdrucke.

Jedoch entsprechen weder die Eigenschaften der Lichtfarben am Bildschirm noch die Druckfarben beim Papierausdruck denen der Praxis. Aber die Entwürfe sind hervorragend geeignet, dem Auftraggeber rationell erste Entwürfe anzubieten. Eine Umsetzung in Mal- und Anstrichfarben ist weiterhin notwendig.

Die ausführlichste Art eines Farbentwurfs heißt **Farbenplan** oder **Farbprojekt.** Er enthält neben den Farbvorschlägen auch technologische Angaben **(s. Abschnitt 4.4).**

4.2.1 Ansichten und Abwicklungen in Maltechniken

Die folgenden Aufgaben zur Raumgestaltung sind als Auftrag des Kunden anzusehen. Um sie zu bearbeiten, werden Hinweise zur Farbenwahl gegeben, damit sie in der bekannten Weise in Arbeitsschritten nachvollziehbar sind. So soll die Gestaltung nicht nur in hoher Qualität, sondern auch rationell ausgeführt werden.

Um die vorgegebenen Raumflächen mit Tempera- oder Dispersionsmalfarben anzufertigen, bestehen folgende Möglichkeiten:

Das **Auslegen** bzw. **Ausmalen** der Flächen ist die häufigste Art der Farbgestaltung. Zu diesem Zweck muss man mit Spitz- und Plattpinseln scharf beschneiden und recht flott die umrandete Fläche mit dem Plattpinsel füllen. Es sollte Papier in der Qualität von mindestens 120 g/m² benutzt werden.

Die Arbeit ist wegen der geraden Kanten recht schwierig. Oft entstehen auch fleckige Anstriche. Deshalb kommen durch diese Art der Darstellung meist wenig repräsentative Entwürfe zustande.

Die **Schneid- und Klebetechnik** ist rationeller. Für diesen Fall müssen auf hochwertigem Zeichenpapier ausreichend große Flächen mit Plattpinseln striemenfrei gestrichen, mit dem Ringpinsel (z. B. Nr. 6) gestupft oder mit einem Schwammroller von ca. 4 cm bis 5 cm Breite gerollt werden. Eine relativ teure Variante ist es, wenn man industriell vorgefertigte Farbblätter in DIN A4-Größe verwendet.

Die Farbflächen werden auf die Größe der Raumflächen am Lineal zugeschnitten. Als Hilfsmittel dienen Schablonenmesser und eine Kunststoffschneidmatte **(s. Bild 1, S. 20).**

Die farbigen Teilflächen klebt man anschließend auf Stoß nebeneinander. Etwas einfacher ist es, wenn man den Flächen ca. 3 mm Kleberand zufügt und die Teile übereinander klebt **(Bild 1).** Damit die Formen zueinander passen, klebt man sie auf die Konstruktionszeichnung, die für diesen Zweck auf möglichst dünnes Zeichenpapier kopiert werden sollte.

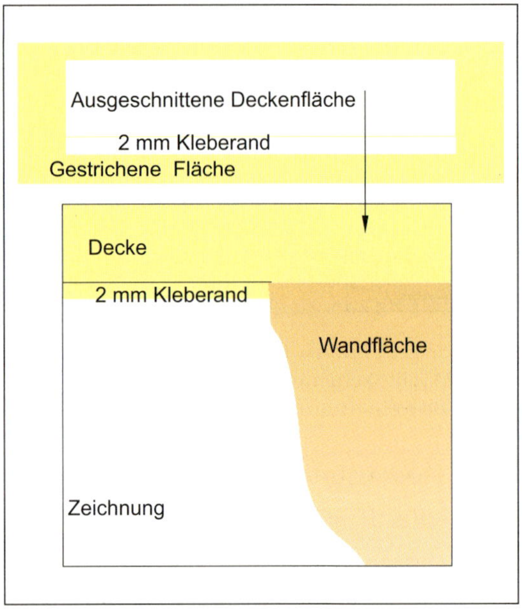

Bild 1: Durch Schneid- und Klebetechnik hergestellte Flächen

Tipp Um Klebflecken zu vermeiden, sollte kein lösemittelhaltiger Klebstoff benutzt werden, sondern ein Klebestift. Airbrushfans benutzen Fixogum. Außerdem genügt es, wenn nur die Ränder der Farbflächen Klebstoff erhalten.

4.2.1.1 Farbskizzen

Entwürfe in Gestalt einer Farbskizze sind für jede Gestaltungsarbeit zu empfehlen, um schnell erste Farbideen auszuprobieren. Sie sind mit den teilflächigen Abwicklungen vergleichbar.

Beispiel: Farbgebung für ein **Schlafzimmer**: Zeichnen Sie von **Bild 1** die Flächenformen mit einer Gesamthöhe von 70 mm! Die übrigen Maße wählen Sie in geeigneten Proportionen selbst! Als Gesamteindruck soll eine kühle, beruhigende Wirkung erzielt werden, die aus Stufen von zwei Vollfarben entsteht. Die Farbenproben sollen eine Größe von 15 mm × 30 mm haben.

Bild 1: Muster einer Farbskizze mit Farbenproben

Farbgebung

Setzen Sie für Wand und Türteile Stufen einer Vollfarbe ein! Fußleiste und Fußboden mischen Sie von einer zweiten Vollfarbe! Als Material stellen Sie sich dafür einen einfarbigen PVC-Belag vor, der für die Fußleiste in aufgehellter Form als Streifen eingesetzt wird!

Wenden Sie für diese Arbeit die Klebetechnik an! Die Farbenproben kleben Sie an den Rand des Zeichenblattes. Sie dienen später zum Kontrollieren von nachzumischenden Farben **(s. Bild 1, S. 313)**.

Zeigen Sie grafisch an Farbtonkreis und farbtongleichen Dreiecken, wie Sie die Farben gewählt und gemischt haben!

TIPP Stellen Sie Farbskizzen dieser Art auch mit Corel Draw her, um Ihre Ideen schneller umzusetzen!

4.2.1.2 Farbvorschläge als Abwicklungen

Abwicklungen sind die einfachsten Zeichnungen, an denen die komplexe Farbgebung für Räume gezeigt wird. Wandansichten oder Deckenansichten sind einzelne Teile davon. Lösungsvorschläge dafür kann man aus den Arbeitsschritten für Abwicklungen ableiten.

Beispiel 1: Fertigen Sie auf DIN A4-Zeichenkarton einen Farbentwurf für ein **Wohnzimmer** mit den Maßen der teilflächigen Abwicklung von **Bild 2** an!

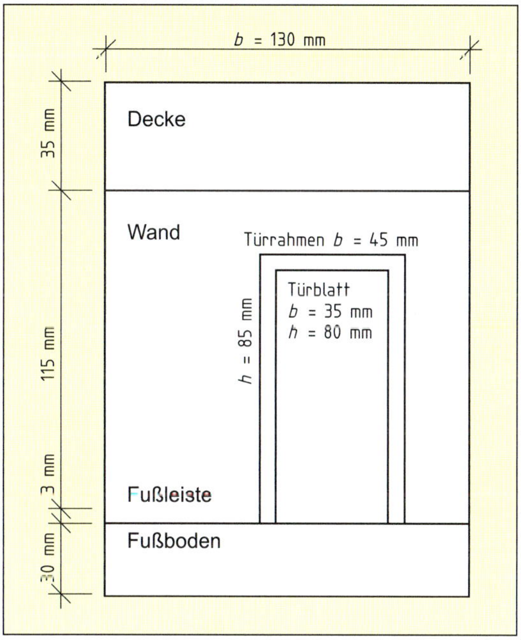

Bild 2: Teilflächige Abwicklung für ein Wohnzimmer

Farbgebung

Die **Decke** soll in einem mit Ocker gebrochenem Weiß gehalten werden, um den Raum höher erscheinen zu lassen **(Bild 3)**.

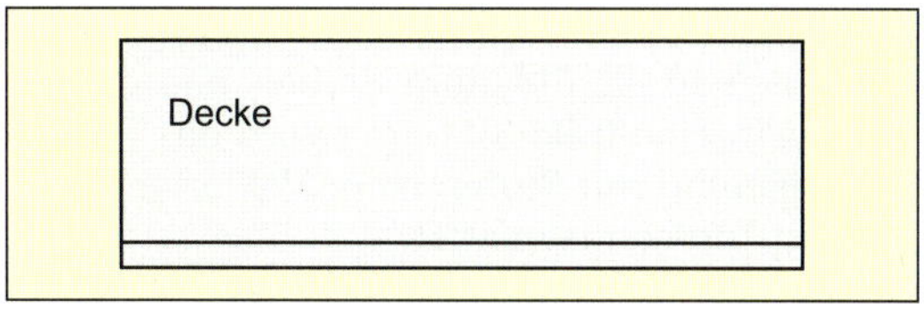

Bild 3: Ausschnitt der teilflächigen Abwicklung mit Decke

Die **Wand** soll eine helle Farbe aus einer Weißreihe erhalten, die aus Orange gemischt wird. **(Bild 1, S. 312)**. Als alternative Wandfarbe eignet sich Gelbgrün oder Gelb.

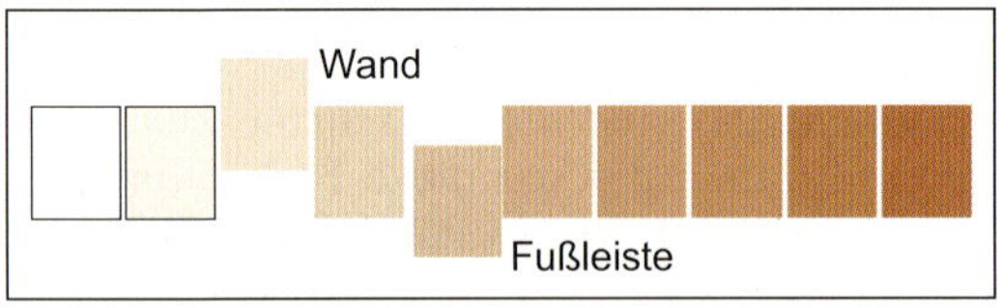

Bild 1: Weißreihe zur Wandgestaltung

Die Farbe für die **Fußleiste** ist normalerweise dieselbe wie die des Fußbodens. In einem Farbentwurf wirkt es jedoch besser, wenn zu dem Zweck die Fußbodenfarbe etwas aufgehellt oder abgedunkelt wird. Sie soll für diese Aufgabe aus derselben Weißreihe stammen **(Bild 1)**. Eine Trennlinie mit Bleistift zu ziehen, ist auf diese Weise vermeidbar.

In **Bild 2** sind Decke, Wand und Fußleiste zusammengeklebt.

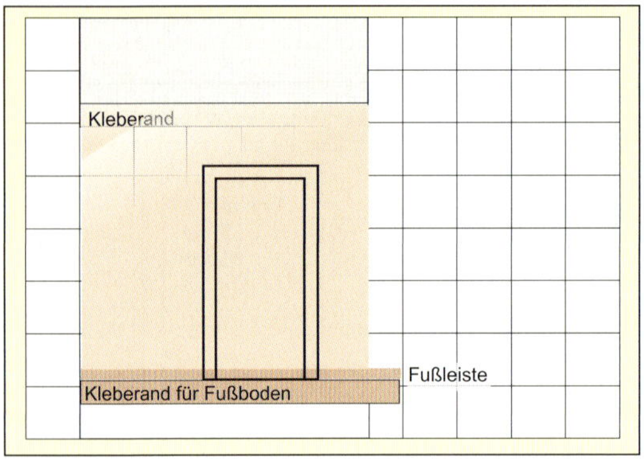

Bild 2: Decke mit Wand und Fußleiste verklebt

TIPP Wenn die Farbflächen bei einfachen Arbeiten wie Abwicklungen auf Rechenkästchenpapier geklebt werden, kann man das senkrechte und waagerechte Anordnen besser kontrollieren.

Türblatt und **Türrahmen** werden normalerweise mit ein und derselben Farbe gestrichen.

In unserm Beispiel soll der Türrahmen jedoch etwas dunkler ausgeführt werden. Zur Farbgebung eignen sich weitere Farben aus derselben Weißreihe **(Bild 3)**. Damit wird das Prinzip „Farbgebung mit Stufen einer Vollfarbe", d. h. „Ton-in-Ton" angewendet.

Um die Arbeit auszuführen, werden zwei Farbflächen mit den Türfarben gestrichen, zu unterschiedlich großen Rechtecken zerschnitten und übereinander geklebt. Wenn man eine gewisse Tiefenwirkung erzielen will, kann der Türrahmen als umlaufender Streifen geschnitten und auf das Türblatt geklebt werden. Für diesen Zweck muss man die Fläche des Türblatts bis zur Rahmenaußenkante vergrößern.

Die Tür unterbricht nach dem Aufkleben die bisher durchlaufende Fußleiste. Die Türunterkante endet damit an der Oberkante des Fußbodens.

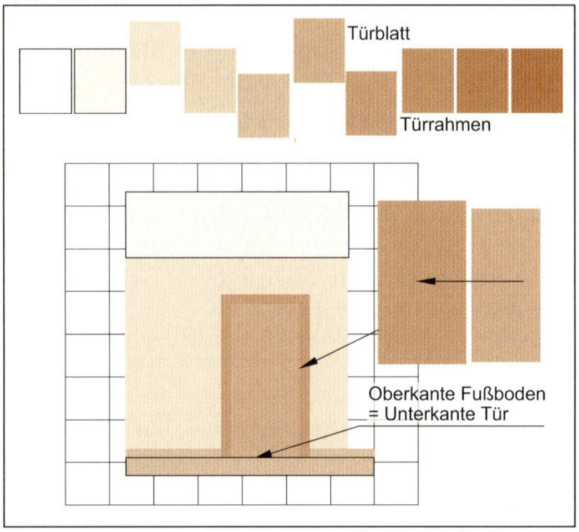

Bild 3: Wand mit Tür verklebt

Für den **Fußboden** soll ein noch dunklerer Ton der Weißreihe benutzt werden **(Bild 4)**. Mit einer daraus hergestellten und maßgenau geschnittenen Fußbodenfläche wird die Abwicklung abgeschlossen.

Bild 4: Farbenprobe für den Fußboden

Präsentation

Zur Präsentation wird die gesamte Farbarbeit beschnitten und auf das Musterblatt für Zeichnungen geklebt. Abschließend kann man an den Zeichenblattrand Farbenproben von 15 mm × 30 mm Größe kleben, die von den Farbaufstrichen übrig geblieben sind. Damit können sie zu späteren Farbvergleichen herangezogen werden.

Im unteren Bereich des Präsentationsblattes kann in einer Grafik gezeigt werden, wie die Farben gemischt wurden. Aus ihr geht hervor, dass die verwendeten Farben aus der Weißreihe einer Vollfarbe gemischt wurden.

Der fertige Entwurf **(Bild 1, S. 313)** erhält den Titel **„Farbvorschlag für ein Wohnzimmer"**.

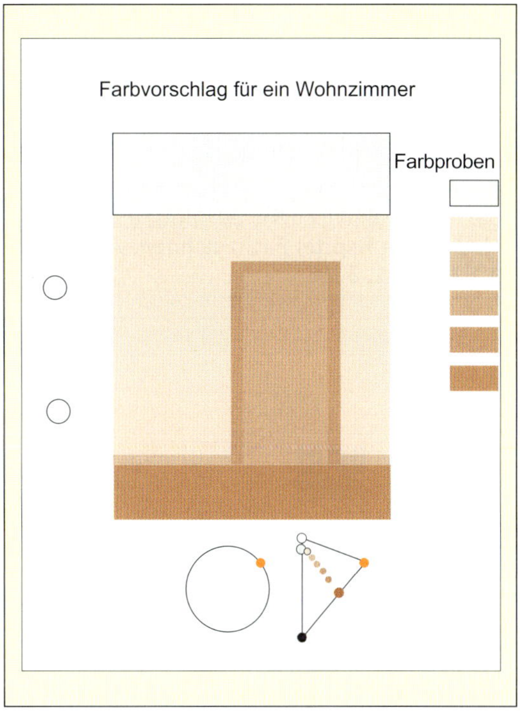

Bild 1: Präsentation der teilflächigen Abwicklung

Da Entwürfe am PC immer größere Bedeutung erhalten, wird nachfolgend erläutert, wie die von Beispiel 1 mit dem Zeichenprogramm Corel Draw ausgeführt werden kann.

Beispiel 2: Führen Sie die Farbgebung von Beispiel 1 (Präsentation der teilflächigen Abwicklung für ein Wohnzimmer) mit Corel Draw aus! Nutzen Sie zur Lösung die angegebenen Arbeitsschritte!

Zeichnung anfertigen

Zeichnen Sie ein beliebig großes Rechteck in Corel Draw!

Ändern Sie die Maße des Rechtecks in der Menüzeile, indem Sie, wie in **Bild 2** zu sehen ist, die Breiten und Höhen der Teilflächen der Abwicklung nach den Maßen von **Bild 2, S. 311** ändern! Zuvor klicken Sie auf das Schloss, damit sich die eingegebenen Maße nur auf eine Größe auswirken!

Geben Sie zum Ändern des Maßes im oberen Feld mit dem waagerechten Doppelpfeil (↔) die Zahl 130 ein und klicken Sie mit der Maus auf die Zeichenfläche! Der Pfeil ändert sich dabei in ein Kreuz mit Rechteck. Es entsteht die Deckenbreite.

Geben Sie nach dieser Methode die Deckenhöhe bei ↕ mit 35 ein, um das Rechteck weiter zu ändern!

Zeichnen Sie die übrigen Rechtecke nach dieser Methode und setzen Sie die Formen zur Abwicklung durch Schieben mit der Maus zusammen!

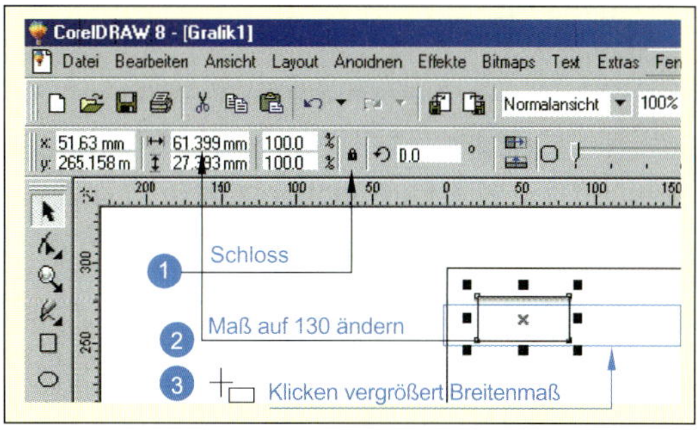

Bild 2: Corel Draw – Oberfläche zum Ändern der Flächengrößen

Farbgebung

Zur Farbgebung stellen Sie eine **Weißreihe** aus Weiß und verdunkeltem Orange durch **Überblenden** her! **Trennen** Sie diese Überblendung bei **Anordnen** und **lösen Sie die Gruppe auf!** Dadurch können die einzelnen Farben bei **Bearbeiten** mit **Eigenschaften kopieren von ...** auf die jeweils **markierte** Raumfläche übertragen werden **(s. Tipp S. 293)**.

Beispiel 3: Stellen Sie einen Farbentwurf in Mal-, Schneid- und Klebetechnik von der **teilflächigen Abwicklung** eines **Korridors** für ein Bürohaus her **(Bild 3)**! Der Entwurf dient als Vorlage für die Farbarbeit der perspektivischen Raumdarstellung des Korridors in **Fachzeichnen, Bild 1, S. 90**.

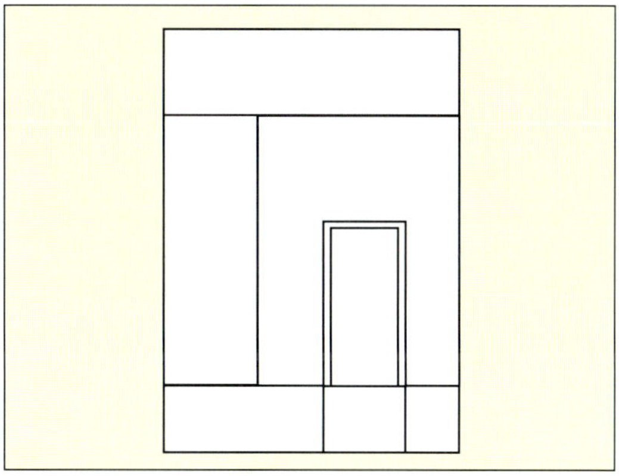

Bild 3: Korridor in teilflächiger Abwicklung

Zeichnung anfertigen

Die **Gesamtmaße** für die Raumflächen und die Tür entsprechen der Zeichnung in **Bild 1, S. 311**. Teilen Sie jedoch links eine 4 cm breite Seitenwand ab! Von der Tür geht ein Läufer mit dem Türbreitenmaß aus.

Farbgebung

Benutzen Sie zum Farbenmischen für Decke und Wand zwei verschiedene Vollfarben! Beachten Sie dabei das Problem der Inversion!

Fertigen Sie die Farbflächen durch Streichen und Stupfen an! Schneiden Sie diese aus und kleben die Flächen überlappt auf kariertes Zeichenpapier, um größere Genauigkeit zu erreichen!

Decke: Da der Korridor recht hoch ist, soll eine farbige Decke mit geeigneter Helligkeitsstufe gewählt werden.

Rechte Wand: Sie entspricht der Mittelwand der perspektivischen Darstellung und soll den langen Korridor optisch verkürzen.

Linke Wand: Sie soll die Farbe beider Seitenwände der perspektivischen Darstellung zeigen und den Raum optisch verbreitern. Deshalb ist ihre Farbe heller zu halten.

Tür und Türrahmen: Stellen Sie beide Teile in zwei Helligkeitsstufen in holzähnlichen Farben her!

Fußboden und Fußbodenläufer: Wählen Sie die Farben selbstständig! Halten Sie die Töne aber so dunkel, dass eine ausreichende Trittsicherheit symbolisiert wird! Als **Alternative** kann der Läufer aus Velourpapier oder aus einem Teppichkatalog ausgeschnitten werden.

HINWEIS Alle Farbenproben sollen sich so gut unterscheiden, dass eine Flächenumrandung entfallen kann.

Präsentation

Führen Sie die Präsentation der farbigen Abwicklung nach dem Muster von **Bild 1, S. 313** durch! Vergessen Sie nicht die Farbproben!

Beantworten Sie auf der Blattrückseite die Frage in Normschrift von 5 mm Höhe: Welche Grundstimmung besitzt die Farbgestaltung?

Benutzen Sie dabei die Begriffe Leitfarben und Begleitfarben!

Beispiel 4: Stellen Sie den Farbentwurf für einen **Klassenraum in teilflächiger Abwicklung** nach **Bild 1** her! Bei der Farbenwahl ist zu beachten, dass in dem Raum ein blauer Fußboden vorhanden ist.

Die Arbeit dient als Vorstufe zur Farbgebung der perspektivischen Zeichnung **Klassenzimmer** im **Kapitel Fachzeichnen, Abschnitt 9.1.2, Bild 1, S. 88.**

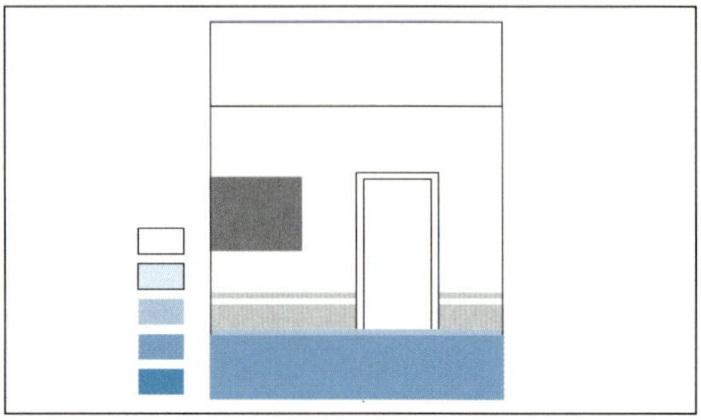

Bild 1: Klassenraum in teilflächiger Abwicklung

Maße: Benutzen Sie die Maße wie in **Bild 2, S. 311!** Fügen Sie jedoch folgende Objekte zusätzlich ein:

Wandtafel: Größe 4 cm x 3,5 cm,

Spritzsockel: Höhe 1,5 cm,

Strich: Dicke 2 mm, Abstand zum Sockel 2 mm,

Fußleiste: Höhe 3 mm.

Farbgebung

Stellen Sie als Erstes die Farbflächen für **Fußboden und Fußleiste** in unterschiedlicher Helligkeit aus Blaustufen her! Sie finden dadurch eine praxisnahe Situation vor und müssen die übrigen Farben des Raumes den vorhandenen Farben anpassen.

Die **Decke** soll ein mit Ocker gebrochenes Weiß erhalten.

Wand-, Sockel- und Strichfarbe mischen Sie aus einer Vollfarbe, die zur Fußbodenfarbe passt!

Die **Tafelfarbe** soll keinesfalls Schwarz sein, sondern ein gebrochenes Grün.

Für **Tür und Rahmen** benutzen Sie zwei Farbabstufungen von der Vollfarbe der Wand!

Kleben Sie die angefertigten farbigen Teilflächen wieder überlappend auf kariertes Papier und dann das Ganze auf Zeichenkarton!

Präsentation

Die Präsentation kann wieder wie in **Bild 1, S. 313** erfolgen. Die Beschriftung soll linksbündig über dem Farbentwurf ausgeführt werden.

Farbentwurf für ein Klassenzimmer

Geben Sie auf der Blattrückseite Hinweise zur Grundstimmung des Raumes an!

> **TIPP** Vergleichen Sie im Klassenverband alle Farbarbeiten dieser Art an der Tafel! Ordnen Sie diese dabei so an, dass Produkte mit gleichen Vollfarben zu einer Gruppe gehören. Sie können so erkennen, wie trotz weniger Ausgangsfarben eine interessante Farbenvielfalt möglich ist.

Beispiel 5: Stellen Sie von der **vollflächigen Abwicklung** vom **Bild 1, S. 65** im Kapitel **Fachzeichnen, Abschnitt 7.2,** eine Farbarbeit in Mal-, Schneid- und Klebetechniktechnik her! Sie soll für ein **Schlafzimmer** geeignet sein **(vgl. Bild 1).**

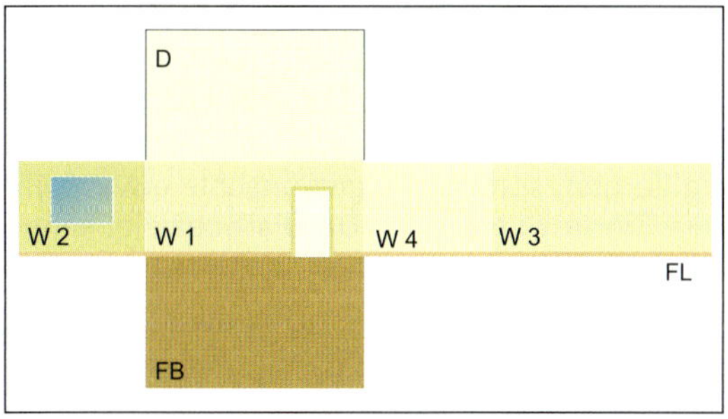

Bild 1: Vollfächige Raumabwicklung eines Schlafzimmers

Farbgebung

Mischen Sie zu dem Zweck die abgebildeten Farben der Farbskizze von **Bild 1, S. 311** nach!

Die Fensterwand W 2 erhält die dunkelste Farbe, die Wand W 4 die hellste, die Wände W 1 und W 3 erhalten einen Mittelton. Auf diese Weise kann für die vier Wandflächen der Lichteinfall durch das Fenster simuliert werden.

Für die Arbeit stellen Sie von dem Farbton, den Sie für die Wände benutzen, Stufen einer hellklaren Reihe oder einer Weißreihe her! Setzen Sie beim Herstellen der Weißreihe zum Verdunkeln der Vollfarbe wegen möglicher Farbtonverschiebungen kein Schwarz, sondern die passende Ersatzfarbe ein!

> **TIPP** Weil bei dieser Darstellungsart der Abwicklung nicht alle Wandflächen mit der Deckenfarbe in Berührung kommen, kann man die Farben von Decke und Fußboden als schmale Streifen an die Wandflächen setzen **(Bild 2)**. So ist kontrollierbar, ob alle Farben zueinander passen.

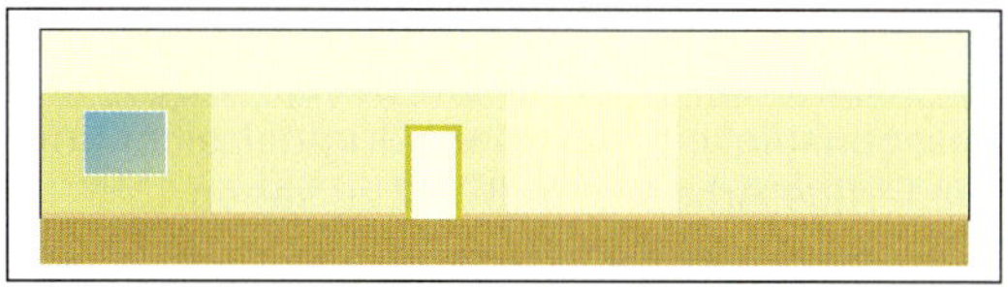

Bild 2: Alternative zur Abwicklung von Bild 1

4.3 Farbvorschläge für räumlich dargestellte Objekte

Durch räumlich dargestellte Objekte kann man eine größere Werbewirksamkeit als mit Abwicklungen erreichen. Die Beispiele basieren auf den isometrischen Darstellungen und den Darstellungen in der Distanzpunktperspektive im **Kapitel Fachzeichnen, Abschnitt 7.3 und 7.4**.

Beispiel 1: Farbgebung für ein **Wohnzimmer** in isometrischer Darstellung aus Stufen einer Vollfarbe. Benutzen Sie die isometrische Zeichnung aus dem Konstruktionsbeispiel im **Kapitel Fachzeichnen, Abschnitt 7.3**! Stellen Sie zur Farbenwahl eine eigene Farbskizze von 70 mm Höhe für den Raum mit fünf Zwischenstufen einer Weißreihe her! Als Muster dient **Bild 1, Seite 311.**

Zeichnung anfertigen

Kopieren Sie an einem Lichttisch die Flächen einzeln und mit Kleberändern versehen **(Bild 3)**! Zur Vereinfachung lassen Sie das Fenster weg!

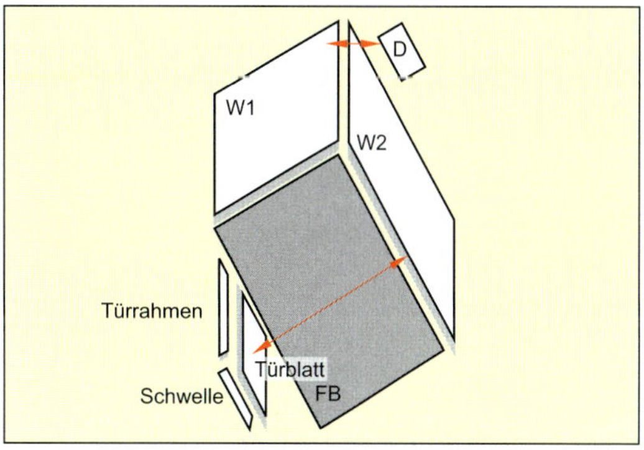

Bild 3: Kopierte Einzelflächen zur Farbgebung

FARBENANWENDUNG

Stellen Sie eine Farbskizze her! Ist sie gelungen, mischen Sie die Farben Ihres Farbvorschlags in ausreichender Menge für die Einzelflächen der isometrischen Zeichnung systematisch nach und stellen Sie davon Farbflächen zum Ausschneiden her!

Schneiden Sie die Flächen mit dem Messer so aus, dass ca. 3 mm breite Kanten zum Überkleben entstehen! Kleben Sie die Einzelteile exakt zusammen **(Bild 1)**, am besten wegen der Passgenauigkeit auf der Originalzeichnung! Die fertige Arbeit ist in **Bild 2** zu sehen.

Präsentieren Sie die Arbeit in der üblichen Weise!

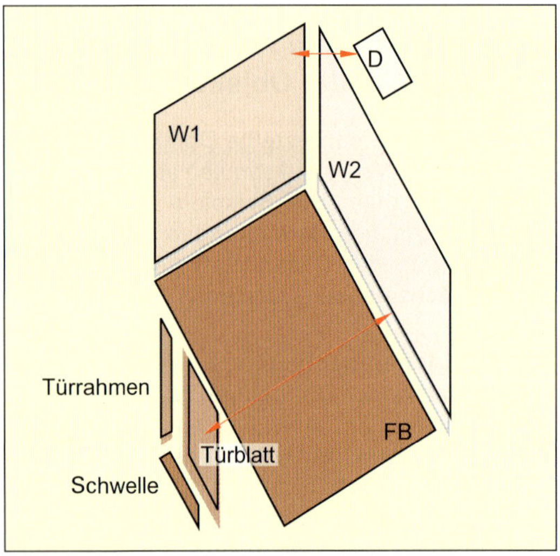

Bild 1: Hinweise zum Zusammenkleben der Einzelteile

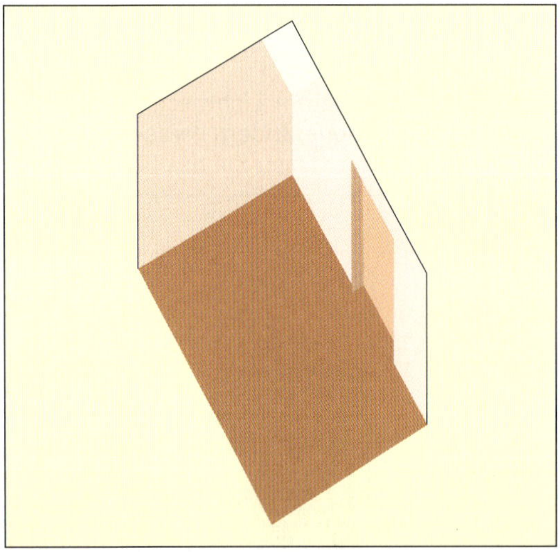

Bild 2: Farbentwurf in isometrischer Darstellung für ein Wohnzimmer

Beispiel 2: Farbgebung für ein **Wohnzimmer** in perspektivischer Darstellung mit Stufen von zwei Vollfarben. Der Raum soll eine kühlere Gesamtwirkung erhalten.

Benutzen Sie das perspektivisch gezeichnete Wohnzimmer im Format DIN A3 **(Fachzeichnenn, Bild 1, S. 74)** und stellen Sie durch Kopieren entsprechende Einzelflächen her! Die Teilflächen versehen Sie wieder mit größeren Kleberändern (grau markiert) **(Bild 3)**.

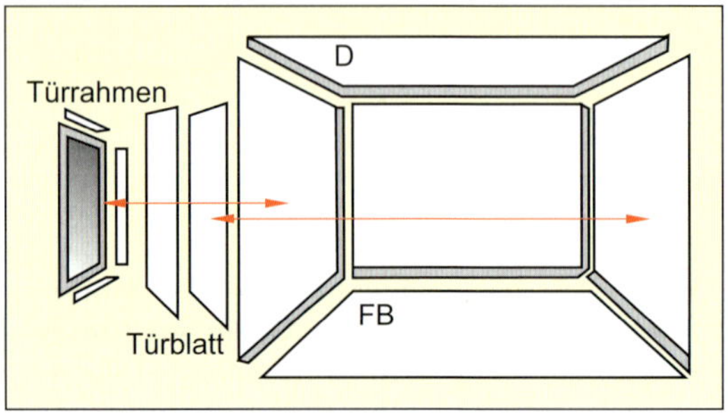

Bild 3: Teilflächen des Wohnzimmers

Farbgebung

Stellen Sie eine **Farbskizze** für das Wohnzimmer aus zwei Vollfarben her! Die Decke erhält ein gebrochenes Weiß. Für Wände, Tür und Fußboden benutzen Sie Abstufungen von zwei Vollfarben, sodass der gewünschte etwas kühlere Eindruck entsteht! Das Farbbeispiel sehen Sie in **Bild 4.**

Bild 4: Farbskizze für ein Wohnzimmer mit etwas kühlerer Gesamtwirkung

Die Farbarbeit für die **perspektivische Darstellung** kann in folgenden Schritten geschehen:

Farbe der Decke mischen und die Deckenfläche streichen und stupfen bzw. rollen.

Für die Wände sind drei Abstufungen der Wandfarbe der Skizze nötig. Die dunkelste Farbe ist für die dem Licht abgewandte Seite, also für die Fensterseite gedacht. Sie kann auch für den Türrahmen benutzt werden. Die erste Aufhellung übertragen Sie auf die Mittelfläche und die senkrechte Fensterleibung! Sie kann auch als Türblattfarbe dienen. Die zweite Aufhellung ergibt die Wand, die der Fensterseite gegenüber liegt.

Verfahren Sie mit Fußboden und Fußleiste durch Aufhellungen genauso **(Bild 1)**! Zur Vereinfachung kann die Fußleiste auch weggelassen werden.

Bild 1: Gestrichene Raumflächen

Für die Fensterglasfläche fertigen Sie eine Lasur aus Aquarellfarbe an!

Wenn Sie die Teile ausschneiden und zusammenkleben, entsteht die geplante farbige perspektivische Darstellung. Zum Aufkleben sollte wieder Kästchenpapier als Untergrund benutzt werden **(Bild 2)**.

TIPP Wenn zum Schneiden die Konturen nicht deutlich genug zu sehen sein, betrachten Sie die Flächen am Lichttisch oder am Fenster!

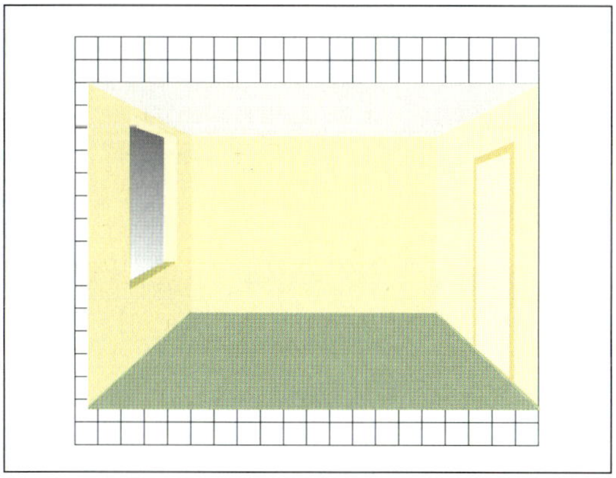

Bild 2: Rechenkästchenpapier als Klebehilfe

Kleben Sie den fertigen Raum nach dem Abschneiden der überstehenden Kästchen auf ein neues Blatt!

Die Beschriftung soll mit

Farbvorschlag für ein Wohnzimmer

in senkrechter Normschrift von 7 mm Höhe erfolgen. Ordnen Sie die Beschriftung symmetrisch zum Raum an!

Beispiel 3: Farbvorschlag für den Korridor eines Bürogebäudes.

Stellen Sie von dem Korridor aus **Fachzeichen, Abschnitt 9.1.3** die einzelnen Teilflächen mit den nötigen Kleberändern her **(Bild 3)**! Benutzen Sie den Farbentwurf von **Beispiel 3, S. 313** zur Herstellung der farbigen perspektivischen Darstellung! Um die Boden- und Stufenbereiche voneinander optisch zu trennen, stellen Sie von der Fußbodenfarbe eine Farbabstufung her, die den Helligkeitsstufen von **Bild 3** entspricht!

Bild 3: Zeichnung zur Farbgebung eines Korridors

Beachten Sie bei der Farbgebung, dass der Raum optisch verkürzt und in der Breite vergrößert erscheinen soll! Auch die Höhe des Korridors kann optisch verkürzt werden.

Wenn Sie die Raumgestaltung aufwerten wollen, können Sie den Läufer aus Velourpapier oder einfarbigem Stoff zufügen. Der Stoff müsste zu dem Zweck vorher auf Papier geklebt **(kaschiert)** werden.

4.4 Gestaltungsentwürfe für Fassaden

Die Farbgestaltung von Fassaden ist wegen ihrer Komplexität im Normalfall dem Architekten vorbehalten. Hinweise zur Fassadengestaltung beschränken sich deshalb hier darauf, für den Maler und Lackierer Grundgedanken zu nennen, die bekannt sein sollten, um die Problematik zu verstehen. Näheres zu weiteren Gestaltungsproblemen kann in ergänzender Fachliteratur nachgelesen werden.

Grundsätzliches Ziel der Fassadengestaltung ist, das trübe Grau mancher Putz- oder Betonfassaden zu beseitigen. Werden Baustoffe vorgefunden, die eine markante Eigenfärbung besitzen, wie dies z. B. bei Holz, Ziegel oder Naturstein der Fall ist, muss die angrenzende Farbe sich diesen Materialien unterordnen. Auch die an den Gebäuden vorhandenen Dekore müssen beachtet werden.

Die Farbgebung hat sich wie die Bauformen der Gebäude im Laufe der stilgeschichtlichen Entwicklung verändert. Formen und Farben sind zu einer Einheit verschmolzen, die es bei Renovierungsarbeiten zu beachten gilt.

Weitere Elemente, die bei der Gestaltung herangezogen werden müssen, sind im baulichen Umfeld zu suchen. Es können benachbarte Gebäude oder die natürliche Umgebung in Form von Bäumen oder Wiesen sein.

Bei der Ausführung der Gestaltungsarbeiten spielt nicht zuletzt auch die finanzielle Situation des Auftraggebers eine Rolle, wodurch einfachere Lösungen angestrebt werden müssen.

4.4.1 Farbgebung an Einzelgebäuden

Die Farbgebung an kleineren Einzelgebäuden in kleineren Orten kann in bestimmten Fällen durch den Maler mit dem Besitzer selbst abgestimmt werden. Nachfragen bei den Bauämtern sind trotzdem ratsam.

Die einfachste Fassadengestaltung erfolgt mit einem einheitlichen Anstrich. Die dekorativen Fassadenteile werden durch Licht- und Schattenwirkungen hervorgehoben **(Bild 1)**. In den meisten Fällen werden Fassaden jedoch mit relativ hellen bunten Farben, den sog. Pastellfarben behandelt. Damit wird die **Leitfarbe** am Gebäude festgelegt.

Bild 1: Licht- und Schattenwirkung an Bauten

Sollen Einzelteile der Fassade besonders betont werden, sind weitere Farben notwendig. Teilflächen des Putzes **(Bild 2)**, **Faschen** (Einrahmungen an Öffnungen), Gesimse, Sockel, **Lisenen** (flache, nur wenig aus der Wand hervortretende Pfeiler ohne Kapitell), Säulen usw. erhalten eine andere Farbe geeigneter Abstufung. Diese Methode wendet man auch dann an, wenn Baustoffe nicht verdeckt sind. Fachwerkbauten mit ihren Holzbalken **(Bild 1, S. 319)**, Stahlkonstruktionsteile oder Balkongeländer sind Beispiele dafür.

Bild 2: Farbgebung mit Stufen einer Vollfarbe

Bild 1: Fassadenverzierung durch farbiges Fachwerk und Geländer

Die genannten Objekte erhalten durch ihre gesonderte Farbgebung die Eigenschaft einer **Begleitfarbe.** Weil sie relativ kleine Flächen einnehmen, hebt man sie kontrastreich hervor.

Bei dieser Art der Farbgebung können Stufen von einer Vollfarbe oder mehreren Vollfarben zum Einsatz kommen. Meist benutzt man hellklare oder Weißreihen.

Allerdings gibt es Ausnahmen. Diese Objekte fallen dann besonders auf. Sie ordnen sich manchmal wenig in das Gesamtkonzept eines Straßenzuges oder Platzes ein, können bzw. sollen aber einen Anziehungspunkt bilden, wie das SARRASANI-Haus in Radebeul bei Dresden **(Bild 2)**. Der **Zirkusdirektor STOSCH-SARRASANI** bereitete dort 1901/02 die Weltpremiere seines Unternehmens in Meißen vor.

Bild 2: SARRASANI-Haus in Radebeul bei Dresden

Am neuen Rathaus in Coswig bei Dresden wirken die kräftigen Töne dieser Art der Farbgebung etwas zurückhaltender **(Bild 3)**. Die Ursache liegt in der streifenförmigen Anordnung der Fensterreihen, die auf hell gestrichenen Putzflächen angeordnet sind. Sie teilen dadurch das quaderförmige Gebäude und ergeben so eine günstige Gestaltungslösung.

Bild 3: Farbe am Rathaus Coswig

TIPP Vielleicht können Sie sich in Ihrer Umgebung zu diesem Zweck umsehen und die Wirkung der Gestaltungen einschätzen. Bauten in anderen Ländern sind übrigens auch überraschend farbig, wie es in **Bild 4** an einem Haus am Hafen von Hällevik in Schweden zu sehen ist.

Bild 4: Haus am Hafen von Hällevik in Schweden

Fassadengestaltungen wie im Art-Fischer-Haus in Sebnitz/Sachsen **(Bild 1, S. 320)** werden aber die Ausnahme bleiben, da sie durch Form und Farbe fremd wirken, wie der im Volksmund geprägte Name „Villa Kunterbunt" aussagt. Ursache für diese Empfindungen sind sicher die nicht in unserem Kulturkreis gewachsenen Dekorformen.

Bild 1: Art-Fischer-Haus in Sebnitz/Sachsen

Ablehnung finden ungebetene Graffitis als „Hausdekor“, weil sie in den seltensten Fällen mit dem Hauseigentümer abgesprochen sind und dadurch keinen inneren Zusammenhang zum Gebäude besitzen **(Bild 2)**.

Bild 2: Meist abgelehntes „Fassadendekor“

An folgenden Aufgaben können die genannten Farbgebungsregeln ausprobiert werden.

Beispiel 1: Zeichnen Sie den **Fassadenausschnitt** von **Bild 3** im Maßstab 3 : 1 auf DIN A4-Zeichenkarton und legen Sie ihn farbig aus! Wenden Sie dazu Stufen einer Vollfarbe an! Es ist die gebräuchlichste Methode der Farbgebung.

Arbeitsschritte

Stellen Sie die Zeichnung durch Vergrößern her! Ermitteln Sie die Maße durch Messen!

Fertigen Sie ausreichend große Farbaufstriche an! Benutzen Sie zur Mischung eine Vollfarbe Ihrer Wahl, die Sie am besten aus zwei Nachbarfarben mischen, um eine persönlichere Note zu erhalten! Stellen Sie aus ihr Stufen einer Weißreihe in den dargestellten Helligkeitswerten der Musterzeichnung her, um daraus die Farbflächen mit dem Roller oder einem Ringpinsel (z. B. Nr. 6) anzufertigen!

Den Fensterrahmen lassen Sie ungestrichen!

Für das Fensterglas stellen Sie eine Lasur aus Schwarz oder Cyanblau her, die auch verlaufen kann! Nässen Sie zu dem Zweck stabilen Zeichenkarton mit einem großen Malpinsel mit Wasser gleichmäßig an! Lassen Sie die Fläche so lange trocknen, bis sie matt aussieht! Wenn Sie an dem oberen Rand einen Streifen mit schwarzer Lasurfarbe anlegen, zieht er sich im Prinzip von allein nach unten. Helfen Sie jedoch mit dem Pinsel nach, damit die Flächen gleichmäßiger verlaufen! Durch zusätzliches Wasser im Pinsel wird die Farbe weiter verdünnt. Damit die Fläche beim Trocknen nicht wellig bleibt, schneiden Sie alle trockenen Teile um das Gestrichene ab!

Bild 3: Gebräuchlichste Farbgebungsmethode: Einsatz von Stufen einer Vollfarbe

Schneiden Sie alle Flächen wie bei den Raumflächen für **Bild 1, S. 316** am Lineal aus, die Glasfläche und den Fensterrahmen nach außen aber etwas größer!

Kleben Sie den Fensterrahmen zuerst auf die „Glasfläche“. Verdecken Sie den Rahmen durch die farbige Fenstereinfassung (Fasche)! So entsteht etwas Tiefenwirkung. Kleben Sie dann die Teile der Fassade (Oberteil, Sockel) zusammen! Setzen Sie als Letztes das Fenster auf den oberen Fassadenbereich!

Kleben Sie die gesamte Farbarbeit auf ein neues Zeichenblatt nach dem Muster von **Seite 28**, die Farbenreihe an den Blattrand! Zeigen Sie unter der Zeichnung grafisch die Lage der gewählten Farben, indem Sie einen Farbtonkreis und das farbtongleiche Dreieck wie in **Bild 1, S. 313** benutzen!

Als Beschriftungstext wählen Sie den Titel **Farbvorschlag für eine Fassade!**

TIPP Stellen Sie den Verlauf für das Fenster eventuell entweder mit der Airbrushpistole her, oder fertigen Sie mit dem PC einen Farbverlauf auf einer ausreichend großen Fläche an **(Bild 1)** und drucken Sie ihn aus!

Vergleichen Sie an der Tafel alle angefertigten Arbeiten, um zu erkennen, wie vielfältig die Gestaltungsmöglichkeiten trotz Verwendung von nur einer Vollfarbe sind! Ordnen Sie die Arbeiten evtl. in der Reihe der Vollfarben!

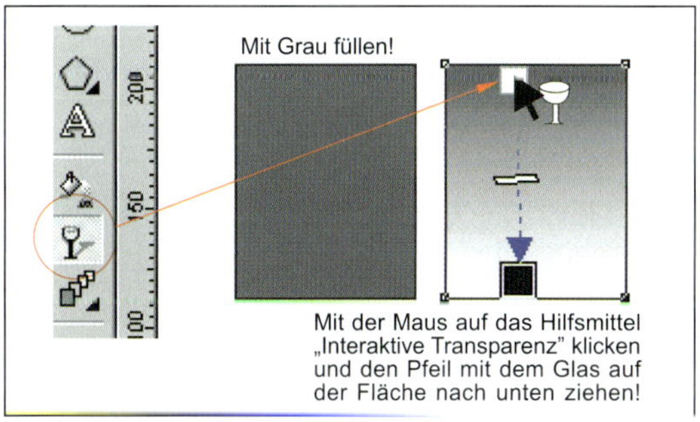

Bild 1: Herstellung eines Verlaufs mit Corel Draw

Beispiel 2: Zeichnen Sie den **Fassadenausschnitt** von **Bild 2** im Maßstab 3 : 1 auf DIN A4-Zeichenkarton und legen Sie ihn farbig aus! Wenden Sie dazu Stufen von zwei Vollfarben an!

Die Arbeitsschritte sind die gleichen wie in **Beispiel 1** mit dem Titel „Farbvorschlag für eine Fassade". Jedoch ist bei der Farbenwahl vor dem Mischen zu klären, ob geringe oder größere Farbtonkontraste zum Einsatz kommen sollen. Sie können Nachbarfarben, fremde Farben oder Gegenfarben einsetzen. Zusätzlich kann die Wirkung der Farben festgelegt werden, z. B. warm, kalt, zurückhaltend oder auffällig. Sie legen damit die Leitfarbe fest. Die Begleitfarbe ergibt sich für die Fasche des Fensters und den Sockel. Die Sockelfarbe sollte im Vergleich zur Fasche durch stärkere Verdunklung und Trübung einen tragenden Charakter erhalten. Interessant ist es, dass auch helle Sockel akzeptiert werden. Die Ursache liegt sicher daran, dass sie dann weniger auffallen und sich der Leitfarbe unterordnen.

Bild 2: Aufwändigere Farbgebungsmethode: Einsatz von Stufen von zwei Vollfarben

Beispiel 3: Stellen Sie durch Ausschneiden von geeignetem farbigen Papier oder am PC einen Baum her, der der Form von **Bild 3** entspricht! Legen Sie ihn auf die farbigen Zeichnungen von **Beispiel 1** und **2,** um zu kontrollieren, welche Wirkung durch das Grün des Baumes mit den Fassadenfarben zustande kommt!

Bild 3: Verbindung von Fassadenfarben mit Naturobjekten

Beispiel 4: Vergrößern Sie die Zeichnung des **Giebels** von **Bild 1** im Verhältnis 2 : 1! Ermitteln Sie seine Größen durch Abmessen! Fertigen Sie von den weißen Flächen zusätzliche Teile an, damit sie nach dem farbigen Auslegen zerschnitten und auf die Fassadengrundfläche geklebt werden können!

Für die Farbgebung mischen Sie die im **Bild** gezeigte Wandfarbe nach und stellen Sie daraus die fehlenden Farbaufstriche nach dem Prinzip Farbgebung mit Stufen einer Vollfarbe her!

Bild 1: Fassadengiebel zur Gestaltung mit Stufen einer Vollfarbe

Beispiel 5: Stellen Sie von der **Fassade** in **Bild 2** eine Vergrößerung her! Mischen Sie die vorgegebene Wandfarbe nach und legen Sie damit die Wandfläche aus! Fertigen Sie für die Balkonseiten und -verkleidungen, die Fensterfaschen sowie den Sockel Farbaufstriche an, die Sie aus einer zweiten Vollfarbe herstellen!

Stellen Sie die Arbeit wiederum in Klebetechnik her!

Führen Sie ebenfalls wie bei der Beispielaufgabe 1 Farbvergleiche mit Arbeiten von anderen Auszubildenden durch! Ordnen Sie die Arbeiten dabei so, dass Nachbarfarben, fremde Farben und Gegenfarben eine Gruppe bilden! Sie können auf diese Weise den Variantenreichtum der Farbgebung erkennen.

Bild 2: Fassade zu Beispiel 5

Beispiel 6: Stellen Sie für die **Putzfasche** des Fensters auf dem Ziegelmauerwerk von **Bild 3** einen geeigneten Farbanstrich her!

Bild 3: Basiszeichnung zur Farbgebung für eine Putzfasche

Sie können an dieser Aufgabe testen, dass es nicht so einfach ist, zu den an vielen Fassaden vorkommenden Ziegelfarben die geeigneten Farben für die Putzfaschen der Öffnungen zu finden.

Zeichnen Sie zur Lösung der Aufgabe die Putzfasche und den Schlussstein! Mischen Sie für die Fasche eine geeignete Malfarbe und legen Sie diese in Form eines ausgeschnittenen Rahmens auf die Abbildung im Buch! Heben Sie in der Zeichnung den Schlussstein etwas hervor! Damit der Stein nicht lochartig wirkt, sollte er etwas dunkler als die Fasche gehalten werden. Das kann durch eine Farbschattierung erfolgen, die aus der Faschenfarbe angefertigt wird. Auch ein Aufkleben der Steinform ist möglich.

Beispiel 7: An Fassaden sind Wandöffnungen oftmals mit Sandstein eingefasst. Wenn Maler für Fassaden mit Steinfassungen geeignete Wandfarben mischen, werden manchmal ungeeignete Farben gewählt, weil man Farbton- und Helligkeitskontraste nicht ausreichend beachtet. Stellen Sie deshalb für die Einfassung des Fensters von **Bild 1** einen geeigneten Putzanstrich her!

Bild 1: Sandsteineinfassung eines Fensters

Zur Realisierung dieser Arbeit stellen Sie eine ausreichend große Wandfläche in rechteckiger Form her, aus der Sie die Öffnung mit dem Fenstergewände ausschneiden! Wenn Sie den so entstandenen Rahmen auf das Fenstermotiv legen, können Sie sehen, ob die Farben zueinander passen.

Als **alternative Lösung** bietet sich an, die Fassade mit dem darauf befindlichen Anstrich rechteckig in der Größe der Steinfassung auszuschneiden und auf die Zeichnung zu legen.

Beispiel 8: Wenn an Fassaden Wandöffnungen mit einer gemalten Fenstereinfassung verziert werden, muss sich die Fassadenfarbe ebenfalls dazu anpassen **(Bild 2)**. Stellen Sie, wie in Beispiel 7 beschrieben wurde, auch für dieses Fenster einen geeigneten Fassadenanstrich her!

Zur Realisierung dieser Arbeit drucken Sie die Abbildung von der CD aus! Kleben Sie diese nach dem Ausschneiden auf eine Fläche mit der passenden Wandfarbe!

Bild 2: Fenstereinfassung im Zillertal (Lüftlmalerei)

Ursprünglich benutzte man zu dieser Art der Fassadengestaltung die **Freskotechnik**. Dafür wurden alkalienbeständige und lichtechte Erd- und Mineralpigmente mindestens 24 Stunden dick mit Wasser eingesumpft. Nach entsprechender Verdünnung mit etwas Wasser wurde dann die Malerei lasierend auf frischem Kalkputz ausgeführt. Weil der Kalkputz sehr hell auftrocknete, wurden die darauf gemalten Farben besonders leuchtkräftig.

Diese Technik erhielt im bayerischen Alpenland seit dem Mittelalter den Namen **Lüftlmalerei.** Der Name wird auf **Franz Seraph Zwink** zurückgeführt, der im 18. Jahrhundert das Haus „Zum Lüftl" in Oberammergau bewohnte.

Alternativ kann dem gesumpften Pigment Silikatbindemittel zugesetzt werden. Heute wird die Malerei auch mit Dispersionsfarben ausgeführt. Dabei muss ebenfalls auf den lasierenden Charakter der Malerei geachtet werden.

4.4.2 Grundsätze zur Gestaltung eines Fassadenkomplexes

Die Grundsätze zur Gestaltung eines Fassadenkomplexes können an einer Flächenkombination unterschiedlicher Breite und Höhe betrachtet werden **(Bild 1)**. Dabei sollten mögliche Dachformen mit berücksichtigt werden, weil sie die Gestaltung beeinflussen.

Bild 1: Fassaden nebeneinander stehender Gebäude

In den meisten Fällen kommen bei Fassadenbeschichtungen Pastellfarben zum Einsatz. Es entsteht eine ruhige, sachliche Farbgebung. Bei zu häufiger Anwendung wirkt diese Gestaltung aber auch zu gleichförmig. Deshalb sollten wichtige Objekte hervorgehoben werden **(Bild 2)**. Man kann durch kräftigere Farben aber auch zu kleine Gebäude optisch betonen, weil sie sich vordrängen.

Bild 2: Fassadengestaltung in Bad Griesbach

Zum Einsatz können jedoch auch reinere Buntfarben kommen. Farbgebungen dieser Art setzen besonders deutliche Akzente in Stadtteilen oder Plätzen **(Bild 3)**. Aufgrund ihrer Auffälligkeit kommen diese Betonungen normalerweise sparsam zum Einsatz.

Bild 3: Akzentuieren eines Straßenzuges

Wenn Akzente etwas maßvoller gesetzt werden sollen, genügt es schon, an einem Gebäude die Balkonbrüstungen hervorzuheben **(Bild 4)**. In der Darstellung ist zu erkennen, dass an den Gebäudeflächen mit den Gegensätzen Ausdehnungskontrast (groß – klein) sowie Farbkontrast in Form von Nachbar- und Gegenfarben gearbeitet wurde.

Bild 4: Akzentuierung durch Balkonbrüstungen

Dieser Normalform der etwas dezenten Weise der Farbgebung stehen Experimente gegenüber, bei denen ganze Gebäudekomplexe Farben erhielten, die in der Nähe von Vollfarben liegen. Einer der Vertreter war der **ARCHITEKT BRUNO TAUDT.** Er arbeitete in dieser auffälligen Art um 1913 in Berlin-Treptow mit Keim-Silikatfarben und um 1922 mit dem Maler **KRAYL** in Magdeburg-Sudenburg in der Kaseintechnik zusammen **(Bild 5)**.

Bild 5: Fassadengestaltung mit gesättigten Farben in Magdeburg

Heute sind diese Straßenzüge in Dispersions-Silkattechnik ausgeführt und wieder in voller Farbenpracht zu sehen.

Allerdings wirkt ein solcher Komplex schnell bunt. Wegen der Aufdringlichkeit ist diese Farbwahl gewöhnungsbedürftig, besonders dann, wenn angrenzende Bereiche zurückhaltend gestaltet wurden.

Bei aufmerksamer Untersuchung erkennt man an dem Bildausschnitt, dass die Gegenfarbenpaare Blauviolett – Gelb und Rotorange – Blaugrün eingesetzt wurden. Damit wendete **Bruno Taudt** schon damals die Farbgebungsregeln an, die **Wilhelm Ostwald** ausführlich beschrieb und die Grundlage der Farbgebungsregeln im Kapitel Farbenlehre dieses Buches sind.

Da Entwürfe zu komplexen Fassadengestaltungen ausschließlich Sache von Architekten sind, soll nur eine Aufgabe gestellt werden, die dazu dient, die Problematik zu verstehen.

Beispiel: Gestaltung eines **Fassadenkomplexes** Vergrößern Sie die stilisierten Fassadenkomplexe aus **Bild 1** im Maßstab 3 : 1! Wählen Sie zu Ihrer Farbgestaltung (eventuell auch anhand von Farbenkarten) Farbkombinationen nach den in der Farbenlehre beschriebenen Regeln mit einer Vollfarbe und mit zwei Vollfarben!

a) Probieren Sie die Farbgebung mit Pastellfarben!

b) Probieren Sie die Farbgebung mit stark gesättigten Farben!

c) Heben Sie ein Gebäude optisch hervor!

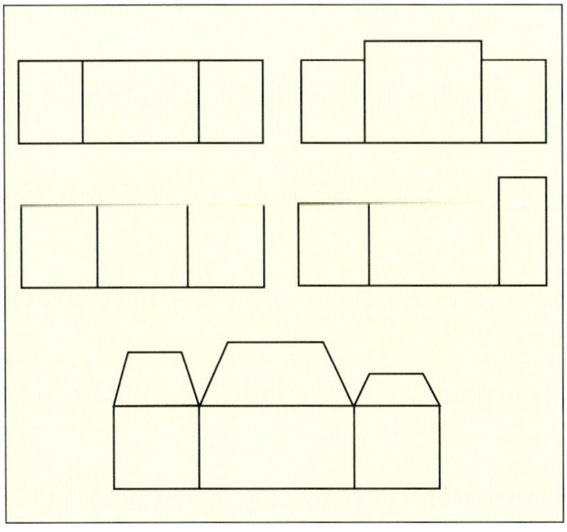

Bild 1: Stilisierte Fassadenkomplexe

Arbeitshinweise

Stellen Sie mit einem kleinen Farbroller oder einem Ringpinsel (z. B. Nr. 6) ausreichend große Aufstriche her!

Schneiden Sie die Flächen passend aus und kleben Sie diese aneinander!

Stellen Sie die Lage der benutzten Farbenproben grafisch dar, wie es in **Beispiel 1 von Abschnitt 4.2.1.2, S. 311** beschrieben wurde und in **Bild 1, S. 313** zu sehen ist!

Beschriften Sie die Arbeit in Normschrift von 7 mm Höhe mit dem Titel

„Farbvorschläge für Fassaden!"

Ordnen Sie die Beschriftung und die Fassadenbeispiele entweder achsialsymmetrisch oder im Flattersatz an! Die Schrift sollte senkrecht stehen.

4.5 Farbprojekte (Farbpläne)

Für die vollständige und grundlegende Vorbereitung eines Gestaltungsauftrages werden Farbprojekte bzw. Farbenplanungen angefertigt. In ihnen sind folgende Informationen enthalten:

Man gibt die einzelnen Beschichtungsträger mit Ihrer Untergrundart an, um die möglichen Anstrichstoffe und die Beschichtungstechniken vorzuschlagen. Für den Auftraggeber wird die geplante Farbgebung am wichtigsten erscheinen. Sie erfolgt nach akzeptierten Farbentwürfen mit Farbnamen, Farbcodes und Farbenproben. Dabei macht sich bemerkbar, dass die Farbenbezeichnungen sehr fantasievoll sind. Viele Lieferfirmen verwenden für Anstrichstoffe eigene Farbcodes. Sie stellen keine Mischrezeptur dar.

Gibt man Hellbezugswerte der Farben zusätzlich mit an, können Farbänderungen schneller erfolgen, wenn die einzusetzenden bunten Farben die gleichen Helligkeitswerte erhalten sollen.

Diese Angaben aus Technologie und Gestaltung bilden dann die Grundlage für einen Arbeitsauftrag, der mit Kostenanschlägen und Arbeitsablaufplänen verbunden werden kann.

Die grundsätzlichen Angaben sind in einem Farbenplan beispielartig zusammengefasst **(Tabelle 1, S. 326)**. Sie können durch Informationen zu Fußleisten, Fußboden usw. mit einem eigenen Farbenkatalog nachgestellt werden.

Farbenplan Wohnzimmer

Auftraggeber:

Position	Farbträger	Untergrund	Behandlungs-technik	Farbe	Farbcode	HBZ-Wert	Farbenprobe
1	Decke	Kalk-Zement-Putz mit alter wischender Leimfarbe	Renovierungs-anstrich	Prärie		78	
2	Wand	wie Decke	Renovierungs-anstrich	Gabun 8		70	
3	Tür	Holz mit Altanstrich	Renovierungs-anstrich	Gabun 0		13	
usw.							

Tabelle 1: Farbplan für ein Wohnzimmer

5 Baustile und Baufarben in Europa

Die Geschichte der Baukunst umfasst einen Zeitraum von ca. 5000 Jahren, die durch Funde oder andere Quellen belegt sind. Die ältesten Zeugnisse z.B. in Ägypten sind vorwiegend Tempelbauten und Grabmale. Später kommen Verteidigungsanlagen und Paläste hinzu. Aus römischen Zeiten liefern vor allem die Ausgrabungen von Pompeji zahlreiche Beispiele des Alltagslebens mit vielen Beispielen für die hohe Meisterschaft von Handwerkern und Künstlern.

Alle Bauepochen griffen in den Mitteln ihrer Gestaltung auf die Erfahrungen ihrer Vorgänger zurück. Die Kenntnis dieser Zusammenhänge ist für den Maler von Bedeutung, um die Zuordnung von Ornamenten, Schriften oder typischen Materialien treffen zu können.

5.1 Antike

Der Begriff „Antike" umfasst die Geschichte im Mittelmeerraum von den alten Griechen bis zum Zerfall des römischen Weltreiches. Die in dieser Zeit entstandenen Bauformen, Plastiken, Wandmalereien waren so ausgereift, dass sie für Bauten der Romanik, der Renaissance, des Barock, des Klassizismus sowie der Neostile in reiner oder abgewandelter Form angewendet wurden und in speziellen Fällen auch heute noch zum Einsatz kommen.

5.1.1 Antikes Griechenland (ca. 3000 v. Chr. bis 100 v. Chr.)

Die ältesten Überlieferungen stammen von Homer aus der Sage vom trojanischen Krieg. Sie schließen die Kultur auf der Insel Kreta mit der Anlage des Palastes des sagenhaften Königs Minos ein, der auch als Palast von Knossos bezeichnet wird. Zu der Epoche gehört auch die Kultur von Mykene, einer Stadt damaliger Zeit auf der Halbinsel Peloponnes, südlich von Korinth gelegen. Die Zeit wird als **kretisch-mykenische** oder **vorklassische Kultur** Griechenlands bezeichnet. Der Höhepunkt ihrer Kultur wird auch als **klassische Phase** bezeichnet. Von hier stammt der Begriff des klassischen Schönheitsideals.

Zum Bauen verwendete man anfangs übermäßig große Steine **(Megalithe)**. Auf diese Weise konnten große Tordurchgänge hergestellt werden. Indem man flache Steine an Raumwänden immer weiter vorkragte, entstanden sog. **falsche Gewölbe**. Erhalten gebliebene Bauten des alten Griechenlands sind vor allem Tempel und Theateranlagen. Der Baustoff ist Marmor oder Kalkstein. Die Tempel sind durch typische Bestandteile gekennzeichnet, die man von der ursprünglich üblichen Holzbauweise abgeleitet hat **(Bild 1, S. 327)**.

Ein innerer geschlossener Raum, die **Cella** wird von **Säulen** umgeben, die auf einem **treppenartigen Unterbau** stehen. Das Dach ist ein flaches Satteldach, das an der Vorder- und Rückseite einen dreieckigen Giebel **(Tympanon)** besitzt. Er wird von auf einem speziellen **Gebälk** bzw. **Gesims** getragen.

Bild 1: Merkmale griechischer Tempel

Alles wurde reich durch **Reliefs, Mosaike (Bild 2)** und **Plastiken** verziert. Sehr bekannt sind das **Mäanderband,** das in seiner Form von dem sich stark windenden Lauf des Mäanderflusses (heutige Türkei) abgeleitet ist, das **Flechtband,** das **Wellenband** sowie das **Perlstab-** und das **Eierstabornament.**

Bild 2: Römische Ornamente nach griechischem Vorbild auf Cypern

Die Säulen **(Bild 1 und 3)** bestimmen entsprechend ihrer Form und Größe die Bauformen. Die Säulenschäfte sind nicht glattrund, sondern rillenförmig eingebuchtet **(kanneliert).** Alle besitzen einen Säulenkopf, das **Kapitell,** an dem man sie am besten erkennen kann. Durch ihre Kapitelle wirken die Säulen edler und kostbarer.

Die **dorische Ordnung** entstand im Raum Sparta auf dem Peloponnes durch den Stamm der Dorer, die **ionische Ordnung** ist von Athen bis nach Kleinasien anzutreffen, die **korinthische Ordnung** ging von Korinth aus.

Dorische Säulenordnung

Die Säulen der dorischen Tempel sind relativ gedrungen und etwas bauchig **(Schwellung).** Sie stehen direkt auf dem Unterbau. Die Kanneluren haben die Form einer halben Ellipse und stoßen scharfkantig aneinander. Das Kapitell besteht aus einem tellerförmigen **Wulst** und einer **Abdeckplatte (Bild 3, linke Säule).**

Ionische Säulenordnung

Die Säulen der ionischen Ordnung sind schlanker als die der dorischen. Sie stehen auf einem Sockel **(Basis)** und dann erst auf dem Unterbau. Die Kanneluren sind halbrund und durch Stege voneinander getrennt. Das Kapitell ist durch schneckenförmige Elemente **(Voluten)** gekennzeichnet **(Bild 3, mittlere Säule).**

Korinthische Säulenordnung

Der Schaft der Säulen dieser Zeit ähnelt der ionischen. Das Kapitell trägt jedoch aufwändigen bildhauerischen Schmuck durch das Akanthusblatt, das ist eine distelartige Pflanze **(Bild 3, rechte Säule).**

Bild 3: Griechische Säulen und Kapitelle

Die Gebäude wurden im Gegensatz zu früheren Erkenntnissen mit Weiß, reinem Blau, Rotbraun (Englischrot) oder Gelbbraun (Ocker) bemalt oder mit Blattgold überzogen.

> **TIPP** Besuchen Sie das Pergamonmuseum in Berlin, um die Schönheit griechischer Kunstwerke direkt zu erleben!

FARBENANWENDUNG

5.1.2 Antikes Rom (700 v. Chr. bis 450 n. Chr.)

Die Entwicklung des Römischen Weltreiches brachte römisches Wissen von Nordafrika bis in weite Teile des heutigen Europas. Die Leistungen der Römer sind vor allem in technisch konstruktiver Form bemerkenswert.

Zur künstlerischen Gestaltung der Bauten wird besonders die griechische Kunst übernommen und weiterentwickelt. Tempelbauten werden mit den bekannten griechischen Bauelementen, dem Dreiecksgiebel und den Säulenformen verziert. Zusätzlich wird für die Säulen aus ionischen und korinthischen Elementen eine Kombination erzeugt, die man als **Kompositkapitell** bezeichnet **(Bild 1)**. Freskomalerei und Mosaikkunst gelangen zu hoher Blüte. Besonders die Ausgrabungen in den durch einen Vesuvausbruch im Jahre 79 n. Chr. verschütteten Städten **Pompeji** und **Herculaneum** geben ein beredtes Zeugnis vom Leben in dieser Zeit.

Bild 1: Kompositkapitell, Detail von Bild 2

Bauaufgaben in Rom

Neben **Tempeln** und **Palästen** werden viele öffentliche Bauten errichtet. **Triumphbögen (Bild 2)** verherrlichen große Feldherren und Kaiser. Reliefs zeigen darauf Szenen ihrer Taten. Die **Porta Nigra** in Trier ist das größte erhaltene Stadttor dieser Zeit.

Bild 2: Triumphbogen auf dem Forum romanum

Die römischen Städte haben ein sehr gut ausgebautes **Straßen- und Kanalisationssystem**.

In allen römischen Städten gibt es große öffentliche Bäder, die **Thermen.** Ihre Innenräume werden von riesigen **Gewölben** überspannt. Das Mauerwerk wird mit Marmor und Mosaiken reich geschmückt. Das Wasser wird über weite Entfernungen transportiert. Da die Römer keine Druckleitungen kannten, wurden Täler mit großen Brücken, den **Aquädukten** (aqua, lat. Wasser, ducere, lat. führen), überquert. Mit gewaltigen **Rundbögen** überspannten sie in mehreren Etagen die Täler. Sie waren Vorbild für viele spätere Verkehrsbauten, wie z.B. für die im 19. Jh. gebaute Göltzschtalbrücke in der Nähe von Greiz, die größte Ziegelbogenbrücke der Welt.

Es entstehen riesige **Theaterbauten,** die z.T. noch heute genutzt werden. Bekanntestes Beispiel ist das **Kolosseum** in Rom.

Zu Versammlungszwecken oder für Warenlager wurden große Hallen gebaut, die man als **Basilika** bezeichnete. Als sich das Christentum durchsetzte, benutzte man sie als Kirche.

Konstruktionen und Werkstoffe

Die Römer sind Meister im **Gewölbebau.** Das **Pantheon** in Rom ist ein Rundtempel mit einem Durchmesser von 43 m. Seine Kuppel besteht aus Opus caementitium, der Urform des heutigen Betons. Das Gebäude wird heute noch genutzt.

Römisches Mauerwerk ist sehr beständig. Der Mörtel enthält vulkanische Aschen, die es wasserbeständig und elastisch machen.

Die Putzflächen der Innenräume von römischen Villen und anderer repräsentativer Bauten wurden in **Freskotechnik** bemalt. Dazu wurden Pigmente in Wasser eingesumpft und auf frischem Putz ohne weiteren Bindemittelzusatz vermalt. Allein durch das Abbinden des Kalkputzes wurden die Pigmente verfestigt. Aufgrund der sauren Bestandteile der Luft sind die Fresken als auch die steinernen Zeugen dieser Zeit leider sehr stark dem Verfall ausgesetzt.

Die Fresken beinhalten fast alle Farbtöne. Zum Einsatz kommen reine Erdpigmente wie Pompejanischrot (ähnlich dem heutigen Englischrot), Ocker, Grüne Erde, Umbra und Schwarz. Bei bildhaften Darstellungen werden sie mit weißen Erdpigmenten aufgehellt.

5.2 Romanik (900 bis 1250)

Mit dem Zerfall des Römischen Weltreiches und der einsetzenden Völkerwanderung gehen viele Kenntnisse aus Kunst und Handwerk verloren. Erst im Mittelalter entsteht nördlich der Alpen seit Karl dem Großen eine eigenständige Bauform, die Romanik.

Die repräsentativen kirchlichen **(sakralen)** Bauten wie Klöster, Kirchen, **Dome, Münster** und **Kathedralen** (Bischofssitze) besitzen nur wenige Schmuckformen. Auch die weltlichen **(profanen)** Bauten wie Burgen und **Pfalzen** (Kaiserliche Burgen) sind einfach gehalten. Ihre Gesamthöhe ist gegenüber der späteren gotischen Bauweise relativ niedrig. Herausragend sind die Türme. Turmdächer haben Kegel- und Pyramidenform. Aufgrund ihrer massiven Bauweise aus Natursteinen bieten die Gebäude bei Verteidigungsaufgaben hohe Sicherheit. Fenster sind deshalb auch klein und erst in höheren Bereichen anzutreffen. Sie konnten noch nicht verglast bzw. verschlossen werden. Das wichtigste Merkmal der Romanik ist der bei den Römern entstandene **Rundbogen**. Er schließt Fenster und Tore bzw. Haupteingänge **(Portale)** nach oben ab.

Merkmale romanischer Kirchen

Kirchen sind i.d.R. **geostet,** d.h. der Altar liegt im Osten. **Längs- und Querschiff** bilden ein Kreuz. Das entstehende Kreuzungsquadrat im Grundriss, die **Vierung,** bildet die Maßgrundlage für den Gesamtbau. Aus römischer Tradition kommt der Bautyp **Basilika,** der Türme zugefügt sind. Ein hohes Hauptschiff mit hochliegenden Fenstern wird von niedrigen Seitenschiffen flankiert.

Bild 1: Romanische Kirche auf der Insel Reichenau

Die Kirchendecke ist eine flache Balkendecke. Später kommen **Tonnengewölbe** und **Kreuzgratgewölbe** hinzu. Letzteres entsteht bei der Kreuzung von zwei Tonnengewölben.

Im Osten schließt ein meist halbrunder Raum, die **Apsis,** jedes Kirchenschiff ab. Sie dient i.d. R. zur Aufnahme von Altären. Zwischen Haupt- und Seitenschiff bilden **Rundbogenarkaden** mit Pfeiler- und Säulenwechsel im Innern die Abgrenzung. **Romanische Säulen** sind rund. Es werden jedoch auch viereckige Formen angewendet. Diese nennt man **Pfeiler.** Säulen und Pfeiler besitzen in der Regel keine Kanneluren. Die Säulen enden oft im **Würfelkapitell (Bild 2).** Diese ursprüngliche Form wird gegen Ende der Romanik vielfältig variiert und mit Pflanzen- und Tiermotiven ergänzt.

Bild 2: Kapitelle im ehem. Kloster von Paulinzella

Farbgebung

Die Innenräume sind meist weiß getüncht. Grau, Ziegelrot und Englischrot sowie Ocker werden für Verzierungen eingesetzt. Im 13. Jh. wird die Farbgebung vielfarbig **(polychrom),** wie es die rekonstruierte Fassade des Limburger Domes zeigt. Ähnlich ist die Farbvielfalt in den wenigen erhaltenen Fresken.

Bedeutende Bauten

Dome in Speyer, Worms und Mainz, Abteikirche Maria Laach, Klosterruine Paulinzella, Wartburg bei Eisenach, Kaiserpfalz in Goslar, Bamberger und Naumburger Dom am Übergang in das gotische Zeitalter.

5.3 Gotik (1250 bis 1550)

Die Gotik ist der Höhepunkt mittelalterlicher Kunst. Sie ist nur aus der tiefen Religiosität der damaligen Zeit zu verstehen. In kleinen Städten entstehen gewaltige himmelragende Kirchen, die nicht selten ein Vielfaches der Einwohnerzahl hätten aufnehmen können. Der Versuch, sich dem Himmel zu nähern, drückt sich in übermäßigen Gewölbehöhen (bis zu 50 m) und Turmhöhen bis zu 160 m aus.

Voraussetzung für die Bauweise ist ein neues Gewölbesystem, das **Rippengewölbe.** Das Prinzip Basilika wird beibehalten. Die hohen Wände werden aber in riesigen **Buntglasfens-**

tern aufgelöst und weichen einem komplizierten System von **Stütz- und Strebepfeilern.**

Diese Pfeiler umgeben die Kirche außen und nehmen Dach- und Gewölbelasten auf. Die Stützpfeiler sind von spitzen Türmchen, den **Fialen** bekrönt. Sie verleihen neben der Verzierung dem Pfeiler eine größere Masse und damit Standfestigkeit. Pfeiler im Inneren der Kirchen bestehen meist aus mehreren Säulen mit kleinem Durchmesser, die man zu Bündeln **(Bündelpfeiler)** vereinigt.

An die Stelle des romanischen Rundbogens tritt der **gotische Spitzbogen (Bild 1)**. Wandöffnungen und Fassaden werden mit feingliedrigen Steinmetzarbeiten, dem **Maßwerk** wie **Drei-** und **Vierpass** oder **Fischblase (Bild 1)** überzogen. Die Westseite der Kirchen, die Turmfront, zeigt oft eine **Fensterrose** mit Glasmalereien und einem Höchstmaß an Steinmetzpräzision.

Bild 1: Gotisches Fenster und Fischblase

Als Baustoff wird normalerweise Naturstein benutzt. Innenräume werden verputzt. Im natursteinarmen norddeutschen Raum verwendet man Backsteine für ebenso gewaltige Kirchenbauten **(Backsteingotik)**. In ihrem Innern werden der figürliche Schmuck und das Maßwerk durch den Farbkontrast der Backsteine, durch weiße Fugen und Putzflächen ersetzt.

Gegen Ende der Gotik **(Spätgotik)** entsteht die **Hallenkirche**. Haupt- und Seitenschiffe sind darin gleich hoch. Die Gewölbe entwickeln sich aus den Stützpfeilern netzartig **(Netzgewölbe, Bild 2)** oder als **Rippengewölbe**. Bei Profanbauten werden die Spitzbogenfenster durch **Vorhangbogenfenster** ergänzt.

Im Gegensatz zu repräsentativen Bauten bestehen die Wohnhäuser des Bürgertums aus **Fachwerk.** Die Bauweise mit Holz und die Schilf- oder Strohdeckung bewirken hohe Brandgefahr. Zur Repräsentation des aufstrebenden Bürgertums werden Rathäuser gebaut, in Norddeutschland natürlich wieder mit Backsteinen. Sie erhalten oft aufwändig gestaltete **Vorhangfassaden** wie z. B. in Stralsund.

Bild 2: Netzgewölbe mit Verzierungen

Malerei und Farbgebung

Die **Glasmalerei** steht in höchster Blüte. Altäre sind reich vergoldet und werden mit kostbaren Malereien eingefasst **(Fassmalerei)**.

Putzflächen in Kirchen werden weiß gekalkt. Abgrenzungen und Zierelemente erhalten oft Malereien in Ocker, Englischrot, Ultramarinblau (lapis lazuli, das ist gemahlener blauer Halbedelstein) und Schwarz. Große Freiflächen werden mit Bildnistafeln mit kirchlichen Motiven geschmückt **(Tafelmalerei)**. Bei Fachwerkbauten wird das Holz dunkelbraun gestrichen und an der Grenze zum Putz teilweise in Zinnoberrot, Ocker oder Grün eingefasst.

Berühmte Bauten

Dome in Köln, Regensburg und Erfurt, Münster in Straßburg, Freiburg und Ulm. Rathäuser in Wernigerode, Stralsund, Greifswald und Münster, Albrechtsburg in Meißen.

5.4 Renaissance (1420 bis 1600)

Die Renaissance bringt eine Rückbesinnung auf das weltliche Leben. Sie ist eine Wiedergeburt der Antike. Kirchen werden nur noch selten gebaut, dafür Paläste, Bürgerhäuser und Rathäuser. Ursprungsland ist Italien. Es ist die Zeit der Universalgenies wie **Leonardo da Vinci** oder **Michelangelo.**

Filippo Brunelleschi entwickelt die Regeln der **Zentralperspektive.** Er konstruiert auch die erste große Kuppel der Neuzeit über dem Dom von Florenz und die ersten bogentragenden

Säulenreihen **(Arkaden)** der Neuzeit. Die Zentralperspektive nutzen die Maler seit dieser Zeit für **illusionistische Raumgestaltungen**. Der Goldene Schnitt wird zur Ermittlung ausgewogener Proportionen eine wichtige Grundlage.

Die **Fassaden** erhalten waagerechte Betonung durch Arkaden und Ausbildung stark profilierter Simse zwischen den einzelnen Geschossen. Sockel und Erdgeschoss werden oft als stark gegliedertes **Bossenwerk** mit groben gemalten oder aus Stein behauenen Quadern ausgeführt. Die **Fensterleibungen** sind rechteckig und für einen besseren Lichteinfall abgeschrägt. Türen und Fenster erhalten **Dreiecks- oder Segmentgiebel** als Verdachung. Sie wurden von griechischen und römischen Bauten abgeleitet. Die einzelnen Geschosse erfahren ihre Gliederung durch Halbsäulen, **Pilaster** (halbe Wandpfeiler mit Kapitell) und Nischenplastiken **(Bild 1)**.

Bild 1: Erfurter Bürgerhaus und Fenster

Die **Portale** dieser Zeit tragen reichen plastischen Schmuck, der sich aber immer der Rechteckform unterordnet. Typisch sind die **Sitznischen** zu beiden Seiten der Eingangstüren. **Rollwerk,** schmiedeeisernen Beschlägen ähnelnd, ziert in Stuck oder Steinmetzarbeiten die Haupteingänge. **Gebäudekanten** werden mit Natursteinquadern **(Bossen)** abgegrenzt oder man imitiert sie durch Maltechniken.

Malerei und Farbgebung

Die Renaissance ist die Blütezeit des **Sgraffito,** einer Putzkratztechnik aus verschieden gefärbten Schichten für umfangreiche ornamentale und bildliche Fassadengestaltungen.

Putzfassaden sind oft weiß oder grau gehalten. Sie werden im Fensterbereich je nach Fassadenfarbigkeit englischrot, grau, ocker und andersfarbig abgesetzt. Die Ornamente zeigen reichen figürlichen und pflanzlichen Schmuck, ordnen sich aber stets dem vorgegebenen Rahmen unter.

Berühmte Bauten

Die bedeutendsten Bauten sind Paläste von Fürsten und wohlhabenden Bürgern. Das Heidelberger Schloss zeugt noch als Ruine von seiner einstigen Größe. Bedeutende Anlagen sind das Residenzschloss in Dresden, die Schlösser in Aschaffenburg und Güstrow.

Viele Städte wie Leipzig, Paderborn oder Bremen errichteten prächtige Rathäuser. In Augsburg, der Stadt der Fugger, der reichsten Kaufleute dieser Zeit, baut **Elias Holl** das aufwendigste deutsche Rathaus der Reaissance.

5.5 Barock (1600 bis 1760)

Der Stil des Barock sprengt den Rahmen der Renaissance. Die Bauherren setzen alles daran, ihren Reichtum zur Schau zu stellen. Auftraggeber sind in dieser Zeit die zahllosen Landesherren in Deutschland, die alle dem Vorbild von Versailles nacheifern, und die katholische Kirche, die in Süddeutschland und in Böhmen die Reformation im üppigen Barockstil rückgängig macht. Es entsteht eine Fülle von Schlössern und aufgrund der Zerstörungen des 30jährigen Krieges auch von Bürgerhäusern.

Im Barock baut man symmetrisch in Grundriss, Fassade und Gartenanlage. Im französischen Garten werden geometrische Figuren aus den Bäumen geschnitten. Blumenbeete sehen aus wie Stickereien. Rechteckige Formen weichen Ovalen und Kreisen.

Das Bürgerhaus wird zum Reihenhaus in den Straßen barocker Städte, wie z.B. im alten Dresden. Die Giebelstellung der Fassaden weicht der Traufstellung, d.h. die Dachrinne läuft parallel zur Straße. Das **Mansardendach** mit Gaube ist typisch für diesen Wandel. Türme enden in **Turmzwiebeln** mit **Laterne** (**Bild 3, S. 332**). Senkrechte Architekturglieder wie Säulen, Pilaster und **Lisenen** (vorspringende Putzstreifen ohne Kapitell) gehen über mindestens zwei Etagen. Fenster und Türen tragen als Überdachung **gesprengte** bzw. **gekröpfte Giebel** in Dreieck- oder Bogenform. Gesprengte Giebel sind im Mittelbereich unterbrochen. Das freie Feld wird durch ein Dekorelement gefüllt. Bei gekröpften Giebeln wird das ausgeschnittene Element versetzt eingefügt **(Bild 1)**. In vielen Fällen sind die Gewände **„geohrt"**, d.h. sie haben im oberen Bereich ausladende Ecken. Häufig werden statt der Überdachung Wappenfelder **(Kartuschen)** mit reichen Umrahmungen zur Zierde verwendet **(Bild 2)**.

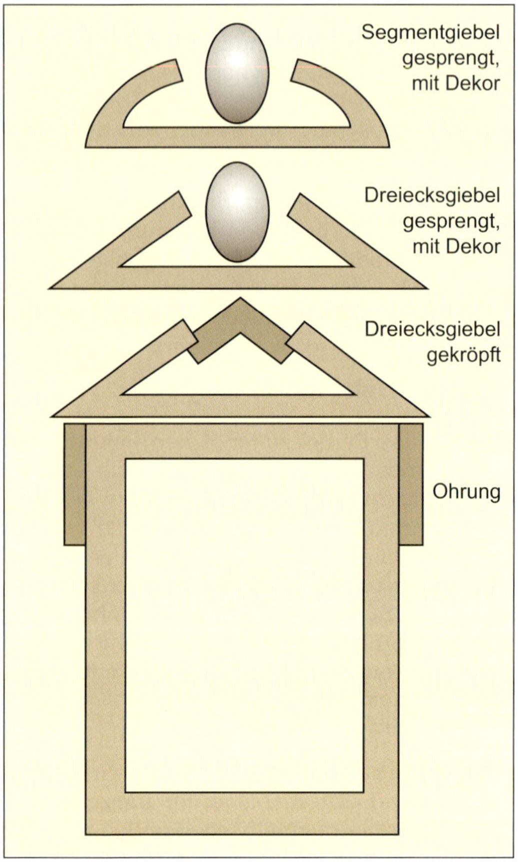

Bild 1: Giebelarten

Bild 2: Türöffnung mit Kartusche

Barocke Bauwerke tragen an Fassaden und Innenräumen überreichen plastischen figürlichen und pflanzlichen Schmuck. Alle am Bau Beteiligten arbeiten gemeinsam am Ziel der Illusion. Das Künstliche wird dem Natürlichen vorgezogen. Übergänge von einzelnen Geschossen, von der Fassade zum Dach und von der Wand zur Decke werden durch Stuck, Malerei und Architektur verwischt. Reiche Deckenfresken öffnen scheinbar den Blick in den Himmel, wo sich je nach Geschmack fromme Heilige oder antike Götter tummeln.

Aus Zeitgründen werden beim Bauen Gewölbe imitiert, indem man Stuckgips auf Lattenroste zieht. Marmor wird durch **Stuccolustro** und **Kunstmarmor** ersetzt. Bei Stuccolustro wird bemalter marmormehlhaltiger Feinputz geglättet, meist mit einer heißen Kelle. Beide Imitationen glänzen, normaler Stuck dagegen nicht.

Berühmte Baumeister und Bildhauer sind **Balthasar Neumann, Matthias Pöppelmann, Balthasar Permoser und George Bähr.**

Balthasar Neumann baut die Würzburger Residenz, die durch das riesige Fresko von Tiepolo über dem Treppenhaus bekannt ist. Von ihm stammt auch die Wallfahrtskirche Vierzehnheiligen. In dieser Kirche ist die Kurvung des Grundrisses aus Ovalen besonders bemerkenswert.

Matthias Pöppelmann erbaut mit **Balthasar Permoser** den Zwinger in Dresden **(Bild 3)**. Er ist bedeutsam wegen seiner Plastiken im Barockstil und dient seither für die Kunstsammlungen von August dem Starken. Heute beherbergt er die Porzellanausstellung, die Rüstkammer mit Prunkwaffen des Mittelalters und den Mathematisch-Physikalischen Salon.

Bild 3: Dresdener Zwinger

Nach Plänen **George Bährs** entstand in seiner Nähe die Frauenkirche, die durch Spenden aus aller Welt wieder entstehen konnte **(Bild 1, S. 333)**.

Bild 1: Dresdener Frauenkirche im Jahre 2005

Farbgebung

Barocke Farben sind helle Pastelltöne und Ocker. Beliebt sind Rosétöne, aber auch Blau und Grün sind anzutreffen. Die Freskomalerei blüht neu auf. Stuck trägt reiche Vergoldungen und wird teilweise naturalistisch bemalt. **Bild 2** zeigt Ausschnitte des Innenraums der Frauenkirche.

Bild 2: Malerei an den Brüstungen der Frauenkirche

Der Hang zum Schmücken wird im ausklingende Barock, im **Rokoko**, noch gesteigert **(Bild 1, S. 169)**. Meist werden Innenräume der Gebäude verziert, jedoch mit filigranerem Dekor als im Barock.

5.6 Klassizismus (1760 bis 1830)

Im Klassizismus lösen klare kühle Formen die Pracht barocker Zeiten ab. Das erste Bauwerk in Deutschland, das Wörlitzer Schloss, zeigt die neuen Formen. Es steht in einem Englischen Park, d.h. die Natur kann sich scheinbar frei entfalten. Große Baumgruppen, Weiden und Felder mit künstlichen Ruinen und antiken Zitaten kennzeichnen diese Gartenarchitektur.

Die Fassade dieses Bauwerks und anderer klassizistischer Bauwerke hat als wichtigsten Schmuck einen **Portikus**. Das ist ein von Säulen getragener Vorbau mit Giebeldreieck und Gebälk wie bei den griechischen Tempeln. Er ist oft mit römischen Zahlen des Eröffnungsjahres versehen. Als tragende Elemente kommen glatte runde und zylinderförmige **(toskanische) Säulen** zur Anwendung.

Die meisten Fassaden sind aber betont schlicht. **Karl Friedrich Schinkel,** bedeutendster klassizistischer Architekt, begründet mit seinen Berliner Bauten den Namen „Spreeathen". Er versieht seine Neue Wache in Berlin mit einem dorischen Portikus. Das Schauspielhaus am Gendarmenmarkt und das Alte Museum auf der Museumsinsel schmücken ionische Säulen. Für seine Neue Wache kommt für die Außenwände nur rohes Ziegelmauerwerk zur Anwendung, für die sog. Schinkelwache in Dresden glatt behauener Sandstein **(Bild 3)**.

Bild 3: Schinkelwache in Dresden

Oberstes Ziel im Klassizismus ist die humanistische Bildung mit den Idealen der Antike. So werden in dieser Zeit besonders viele Theater, Universitäten und Museen gebaut.

Das bekannteste Bauwerk in Deutschland dieser Zeit ist das Brandenburger Tor in Berlin. **Carl Gotthard Langhans** verwendet als Hauptelement dorische Säulen. Er entwickelte aber eine derartige Großzügigkeit der Form, dass die Torfunktion noch heute dem Großstadtverkehr gerecht wird.

Im Gegensatz dazu ist die Walhalla, die Gedenkstätte für berühmte Deutsche bei Regensburg, die komplette Kopie eines griechischen Tempels.

In diese Zeit fällt auch der Bau von großen Kuppelkirchen. In Petersburg, in London oder in Potsdam werden die Kirchenkuppeln von Säulen getragen.

Die Bildhauer bedienen sich ebenfalls antiker Formen. Es entstehen viele Denkmäler. GOTTFRIED SCHADOW ist der Schöpfer der **Quadriga** auf dem Brandenburger Tor, einem Viergespann, das im Altertum zu Wettfahrten und Triumphzügen genutzt wurde.

Der Obelisk, aus der ägyptischen Architektur kommend, wird an Fassaden und besonders an Grabmälern verwendet.

Auch die Alltagsbauten schmücken antike Elemente. Das Mäanderband ist weit verbreitet. Ein weiteres Detail sind plastische Blumengehänge **(Feston)**, die den Bau in vielseitiger Form meist unter Fenstern schmücken **(Bild 1)**.

Bild 1: Feston am Taschenbergpalais in Dresden

Farbgebung

Die Farbgebung ist dem kühlen Charakter der Bauten entsprechend zurückhaltend. Blendendes Weiß, helles Grau oder Ocker dominieren. In Petersburg ist Gelb die Hauptfarbe für klassizistische Bauwerke. Es lassen sich aber auch kräftigere Töne in Englischrot, z. B. beim Alten Museum in Berlin, nachweisen. Vergoldungen, Marmorierungen oder andere Bemalungen finden sparsam Anwendung, damit die Baumaterialien durch Licht- und Schattenwirkungen besser hervortreten können.

5.7 Historismus und Gründerzeit (19. Jh.)

Der **Historismus** ist gekennzeichnet durch die Nachahmung von Baustilen vergangener Zeiten, besonders des Mittelalters. Schon SCHINKEL baut im klassizistischen Stadtzentrum von Berlin die Friedrichwerdersche Kirche in gotischen Formen. Im Wörlitzer Park steht das Gotische Haus.

Die unvollendet gebliebenen gotischen Dome in Köln und Regensburg werden fertiggestellt. Das Ulmer Münster erhält erst im 19. Jh. den höchsten Kirchturm Deutschlands. Die preußischen Könige veranlassen den Wiederaufbau vieler Burgruinen am Rhein in schönster Burgenromanik. Neue Rheinbrücken erhalten gewaltige romanische Brückentore, wie z. B. in Worms. In Feyburg an der Unstrut steht die Turnhalle von Turnvater Jahn. Sie ist in eine romanische Burgfassade gehüllt.

In den rasch wachsenden Großstädten entstehen Vorstadtkirchen in gotischer, romanischer oder byzantinischer Formensprache. Die Baustoffindustrie liefert dazu Formziegel und Fertigteile für jeden gewünschten Baustil.

Die besten Architekten dieser Zeit arbeiten auch mit diesen Formen. Sie verstehen es aber, moderne Nutzung und Historisches zu vereinen.

GOTTFRIED SEMPER baut in Dresden die Gemäldegalerie im Stil der italienischen Renaissance, d. h. mit einem flachen Dach. Seine Semperoper **(Bild 2)** ist heute wieder wegen ihrer Akustik weltberühmt.

Bild 2: Semperoper in Dresden

Seit Mitte des 19. Jh. kommen Baustoffe wie Gusseisen und Stahl zum Einsatz. Sie ermöglichen völlig neue Konstruktionen. Große Spannweiten sind möglich. Mit dem Aufbau des europäischen Eisenbahnnetzes entsteht eine Vielzahl von Großbrücken und Bahnhofshallen.

Die Kettenbrücke in Budapest stammt aus den 40er Jahren des 19. Jh. Mit der Erfindung des Stahlbetons durch MONIER ist das Angebot moderner Baustoffe vollständig.

Nach 1870 erfolgt ein gewaltiger wirtschaftlicher Aufschwung. In Deutschland entstehen Groß- und Millionenstädte. Es ist die **Gründerzeit.** Unter anderem entsteht in Berlin das Rote Rathaus im Rundbogenstil nach Vorbildern der italienischen Frührenaissance, wegen seiner roten Ziegel so bezeichnet, und der Reichstag in neobarocker Form.

Die Fassaden der Wohnhäuser werden mit allen bekannten Stilformen zu Repräsentationszwecken geschmückt. Man bezeichnet die Stilformen als **Neostile** (Neoromanik bis Neoklassizismus). Ein Beispiel zeigt **Bild 1**.

Bild 1: Neostilbauten in Cottbus

Im **Eklektizismus** finden gleich mehrere Neostile an einem Gebäude Anwendung. Das ist z. B. am Schweriner Schloss zu sehen.

5.8 Jugendstil (1890 bis 1910)

Der Jugendstil entsteht als Gegenbewegung zu der pompösen Bauweise der Gründerzeit. Hauptmerkmal ist die Ornamentik, die oftmals Pflanzenformen stilisiert und mit elegantem Schwung darstellt. Nur in wenigen Bauten ist dieser Schwung auch im Grundriss von Gebäuden zu sehen, wie z. B. im Theater von Cottbus **(Bild 2)**.

Bild 2: Theater Cottbus mit Jugenstilgrundriss

Jugendstildekor ist an Mehrfamilienhäusern und an Villen von Fabrikanten und Kaufleuten zu finden **(Bild 3)**. Die Farbgebung ist sehr vielschichtig. Bevorzugt werden Grün- und Rosatöne, Ocker, Rotbraun und Violett. Materialsichtigkeit ist ebenso anzutreffen wie aufwändige Vergoldung.

Bild 3: Jugendstilmotive in einem Wohnhaus

5.9 Baukunst im 20. Jahrhundert

Das Merkmal der Architektur dieses Zeitraums, die man auch als die **Moderne** bezeichnet, ist der Verzicht auf jegliche Verzierung. Der einzige Schmuck besteht aus der geschickten Kombination der verschiedenen Baumaterialien. Die Bauten sind kubisch bzw. würfelförmig und haben Fassaden aus Stahl, Glas und Beton. Erste Bauten sind Werkhallen.

1907 wird in Deutschland der Werkbund gegründet. Er vereint Designer, Handwerker und Künstler, um besonders materialgerechte Formen zu erhalten. **Walter Gropius** eröffnet 1909 in Weimar eine staatliche Hochschule für Bau und Gestaltung, das **Bauhaus.** Diese Schule siedelt in den 20er Jahren nach Dessau. Dort wird auch das weltbekannte gleichnamige Gebäude errichtet, das mit seinen Bauformen in vielen Städten nachgeahmt wird **(Bild 1, S. 336)**. Man erkennt sie an den räumlichen kubischen Formen bzw. den betont rechteckigen Grundrissen. Die Fassaden sind klar und übersichtlich gegliedert und demonstrieren damit den neuen Begriff von Schönheit durch Geradlinigkeit und Übersichtlichkeit.

Bild 1: Bauhausgebäude in Cottbus

Expressionistische Bauwerke sind der Einsteinturm von ERICH MENDELSOHN in Potsdam und das Chilehaus in Hamburg. Der Expressionismus spielt mit Form und Farbe. Das zeigt besonders die Backsteinarchitektur des Chilehauses, die an die Gotik anlehnt als auch die Form eines Schiffsbuges beinhaltet.

Intensive Bautätigkeit kennzeichnet die Zeit nach 1933 bis zum Beginn des 2. Weltkrieges. Man projektiert in neoklassizistischen Formen. Für Berlin werden überdimensionale Gebäude geplant und z.T. auch gebaut.

Nach 1945 verwendet man wieder die Formensprache des Bauhauses. Es entstehen Hochhäuser und Wohnbauten ohne jede Verzierung. Die Konstruktionen werden als **Skelett- und Plattenbauten** bezeichnet. Die massenhafte Produktion dieser Bauten in Satellitenstädten mit den damit verbundenen Menschenkonzentrationen führt nicht selten zu sozialen Spannungen.

In den neuen Bundesländern versuchte man in den 50er Jahren eine Neuauflage des Historismus. Die damals so bezeichnete Stalinallee in Berlin, die heutige Karl-Marx-Allee, besitzt klassizistische Elemente. Der Wiederaufbau des Dresdner Altmarktes erfolgte zunächst in barockisierenden Formen. Rostock erhielt seine neue Hauptstraße mit Bezügen zur Backsteingotik. Die Baukosten ließen weitere Entwicklungen in dieser Richtung nicht zu.

Postmoderne (ab 1960)

Parallel zu den weiterhin produzierten Gebäuden der Moderne entwickelt sich die Postmoderne (post, lat. nach). Sie bekämpft die Anonymität des Bauens und versucht mit spielerischen Formen wieder unverwechselbare Bauten zu errichten.

Nach 1990 z.B. wurden in Cottbus moderne Gebäude errichtet, die formmäßig ihresgleichen suchen. Beim Gebäude in **Bild 2** wurde nach Errichten des Stahlskeletts die Fassade mit Natur- bzw. Kunststein und Glas verhangen. Gebogene Formen sind auch möglich, wie es die Universitätsbibliothek zeigt. Dort wurde das Stahlskelett mit Glaselementen verhangen **(Bild 3)**.

Bild 2: Modernes Bauen nach 1990 in Cottbus

Bild 3: Universitätsbibliothek in Cottbus

In besonderen Fällen werden viele Formen aus älteren Epochen verwendet. Giebel, Erker, Türmchen finden meist ohne besondere Funktion Verwendung. Gesprengte, gedrehte Fassadendetails sollen Individualität vermitteln. Fenster und Türen haben vielmals abweichende Maße. Eingänge werden besonders betont. Das Gefühl ist wichtiger als die Funktion. Die Bauten von FRIEDENSREICH HUNDERTWASSER entsprechen diesen Vorstellungen **(Bild 1, S. 337)**. Man findet sie in Wien als KunstHaus, in der Lutherstadt Wittenberg an einer umgebauten Schule, am Bahnhof in Uelzen und als letztes an einem Neubau in Magdeburg. Sie stellen durch ihre Eigenartigkeit einen touristischen Anziehungspunkt in diesen Städten dar.

Bild 1: KunstHaus in Wien (Detail)

5.10 Aufgaben

1. Nennen Sie die europäischen Baustile in ihrer chronologischen Reihenfolge!
2. Welche Bedeutung haben die griechischen Bauformen für die europäischen Baustile?
3. Wie heißen die griechischen Bauordnungen und woran erkennt man sie?
4. Skizzieren Sie die Vorderansicht eines griechischen Tempels! Stellen Sie jedoch nur eine der notwendigen Säulen detaillierter dar!
5. Zeichnen Sie eine griechische Säule und benennen Sie ihre Teile!
6. Unterscheiden Sie durch Grundrissskizzen Säulen, Pfeiler und Pilaster!
7. Welchem Zweck kann eine Basilika dienen?
8. Skizzieren Sie einen römischen Aquädukt oder einen Triumphbogen!
9. Nennen Sie Beispiele für sakrale und Profanbauten des Mittelalters!
10. Wie heißt das in **Bild 2** dargestellte Bauteil?

Bild 2: Bauteil zu Aufgabe 10

11. Skizzieren Sie ein romanisches und ein gotisches Fenster in der Ansicht!
12. Skizzieren Sie ein Satteldach und ein Mansardendach in der Giebel- und in der Traufansicht!
13. Geben Sie den Öffnungen von **Bild 3** ihren stilgerechten Namen!

Bild 3: Öffnungsarten verschiedener Baustile

14. Wie bezeichnet man die Bildhauerarbeit von **Bild 4**?

Bild 4: Dekor zu Aufgabe 14

15. Stellen Sie eine Linearzeichnung von dem Jugendstilmotiv in **Bild 5** her und legen Sie diese farbig aus!

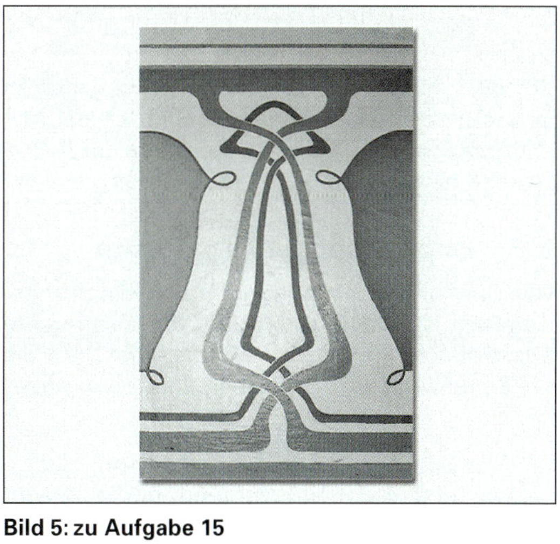

Bild 5: zu Aufgabe 15

6 Farbgebung für Dekore

Im Kapitel Ornamentlehre wurde gezeigt, wie man Dekorentwürfe zur Ausgestaltung von Innenräumen zeichnerisch herstellen kann. Da sie an bestimmte Formen gebunden sind, spricht man vom **formgebundenen Dekor**.

Dekorative Gestaltungen kann man aber auch nur mit Anstrichstoffen ausführen, die an keine vorher entwickelte Dekorform wie beim Ornament gebunden sind. Man bezeichnet sie deshalb als **formungebundene Dekore**. Sie werden auch als **materialgebundene Dekore** bezeichnet. Aufgrund der Beimischungen von Zusatzstoffen verschiedener Korngröße können Beschichtungsstoffe unterschiedliche Oberflächenstrukturen ergeben.

Mit den verschiedenen Beschichtungswerkzeugen können ebenfalls markante Dekore erzeugt werden. Man bezeichnet sie daher als **werkzeuggebundene Dekore.** In vielen Fällen sind sie an die Materialbeschaffenheit gekoppelt. Spachtelmassen oder breiigere Anstrichstoffe ergeben je nach angewendetem Werkzeug glatte, rundkörnige, spitzkörnige, narbige oder streifige Oberflächenmerkmale.

Entsprechend der Übersicht über die Erscheinungsweisen der Farben gehören die geschilderten Eigenschaften und Strukturen zu den sekundären Erscheinungsweisen der Farben. Nachfolgend wird erläutert, wie man diese Dekore herstellen kann.

6.1 Farbgebung für formgebundene Dekore

Zu den formgebundenen Dekoren gehören Ornamente sowie Striche und Bänder. Bei Kfz-Lackierern werden sie als Zierlinien und Zierstreifen bezeichnet.

6.1.1 Farbgebung für Ornamente

Wie bei den vorangegangenen Gestaltungsarbeiten ist die Farbgebung für Ornamente ebenfalls ein komplexer Vorgang, bei dem die bekannten Regeln zur Farbenwahl anwendbar sind:

- Auswahl der Farben nach Farbton, Helligkeit und Reinheit/Sättigung unter Beachtung der übrigen Kontraste.
- Absprachen mit dem Auftraggeber, um zu erkennen, für welches Objekt und für wen das Ornament geplant ist.

Während für den Entwurfsbereich Farbskizzen im Format DIN A4 ausreichen, werden repräsentative Arbeiten im Format DIN A3 auf Dekorplatten oder Wandteilen angefertigt.

Die folgenden Ornamentbeispiele sind farbig dargestellt. Ihre Farbgebung kann als Anhaltspunkt zum Nacharbeiten dienen. Bei eigener Farbwahl sollten beim Nacharbeiten die gestellten Vorgaben berücksichtigt werden.

Zur **handwerklichen Ausführung** der Entwürfe dient die Schabloniertechnik. Für Arbeiten auf Zeichenkarton benutzt man spezielle Schablonierpinsel. Es ist aber auch möglich, normale Ringpinsel zu benutzen, wenn man sie mit Schnur vorbindet. Einfacher ist es, die Borstenlänge mit Klebeband zu verkürzen **(Bild 1)**.

Für **rationelle Entwürfe** eignen sich auch hier Corel Draw oder andere PC-Programme.

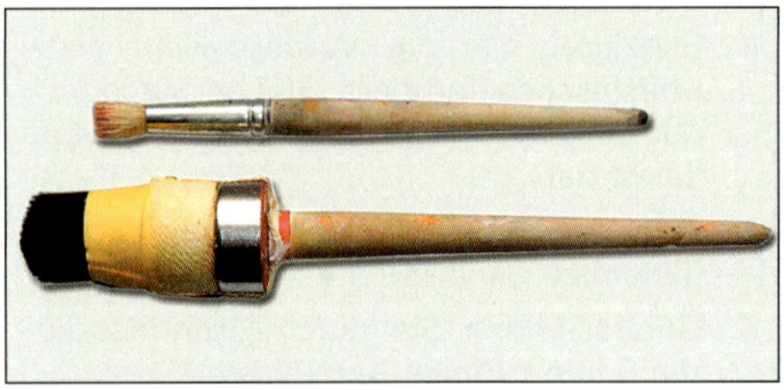

Bild 1: Pinsel zum Schablonieren

6.1.1.1. Farbgebung mit Stufen einer Vollfarbe

> **Beispiel**: Stellen Sie für folgendes **Reihenornament** die Farbgebung mit Stufen einer Vollfarbe her, die den abgebildeten Helligkeitswerten entsprechen **(Bild 2)**!

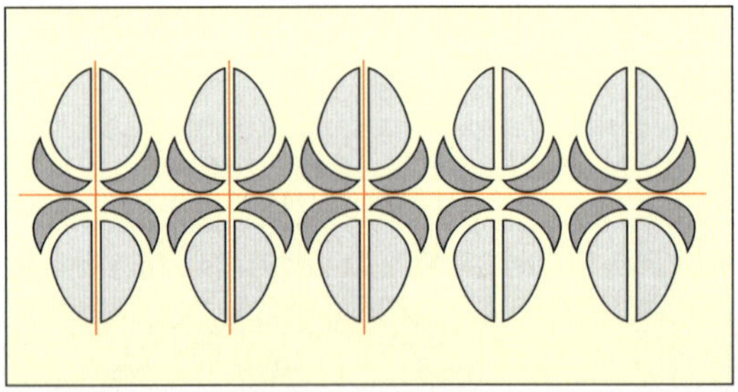

Bild 2: Blattornament in Helligkeitswerten mit Rasterlinien

▪ Farbentwurf manuell herstellen

Zum Herstellen des Farbentwurfs genügt ein einzelnes Motiv, das mit zwei Schablonen hergestellt wird, die den Originalformen des geplanten Reihenornaments entsprechen **(Bild 1)**. So kann man ausprobieren, ob die Rasterlinien im gezeichneten Entwurf mit den Passern der Schablonen übereinstimmen. Gleichzeitig gewöhnt man sich an die Eigenarten der Schabloniertechnik.

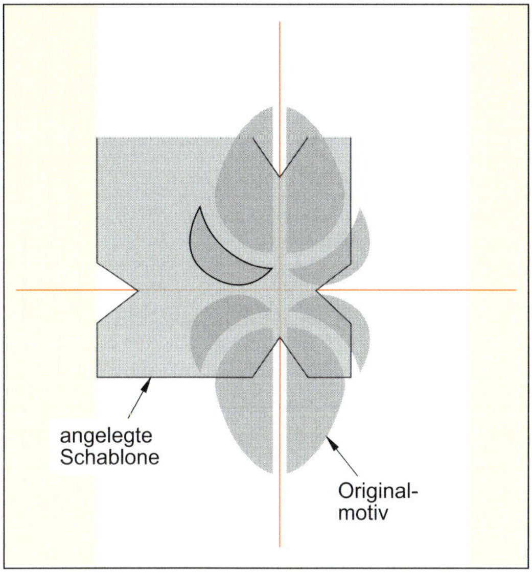

Bild 1: Originalgröße des Motivs für die Farbskizze

Schablonen anfertigen

Zeichnen Sie die notwendigen Dekorformen auf Transparentpapier! Ziehen Sie um die Formen einen ausreichend großen Arbeitsrand, der von der Größe des Schablonierpinsels abhängt! Vergleichen Sie Ihre Arbeit mit **Bild 2!**

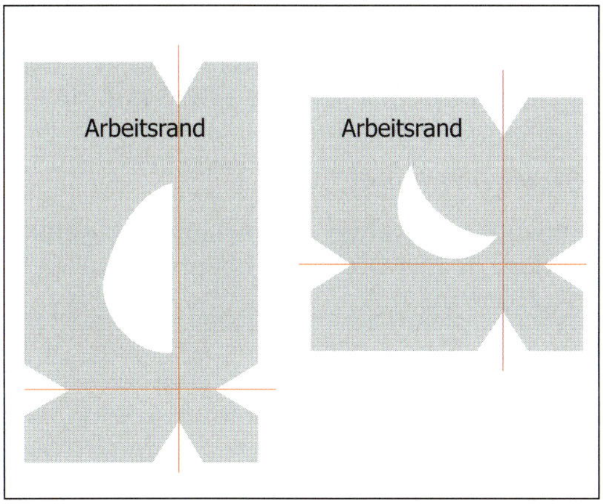

Bild 2: Schablonen mit Arbeitsrand und Passern

Übertragen Sie die Zeichnung der Schablonen auf Kunststofffolie und schneiden Sie die Blattkonturen mit dem Messer auf einer Schneidunterlage aus! Die Einkerbungen der Passer schneidet man besser mit der Schere. Damit sie genau an den Rasterlinien enden, legt man die Schablonen zur Kontrolle auf das Raster.

> **TIPP** Probieren Sie die geschnittenen Schablonen aus, indem Sie die Schablonen an das Raster von **Bild 1** anlegen!
>
> Als **Variante** ist es möglich, ein Rasterkreuz zu zeichnen, die Schablonen anzulegen und die Konturen der Schablonen nachzuzeichnen.

Farbe mischen

Als Untergrundfarbe sollte eine wasserfeste Malfarbe benutzt werden, weil sie sich durch das spätere Schablonieren nicht aufreibt.

Zum Schablonieren sind Temperafarben oder Gouachefarben besser geeignet, weil daraus Farbabstufungen guter Qualität hergestellt werden können. Volltonfarben der Praxis sind für Arbeiten auf Papier zu grobkörnig und liefern meist zu trübe Mischfarben.

Die Schablonierfarben stellen Sie am besten von einer hellklaren Reihe in mehreren Stufen, z. B. aus Orange her. Wenn Sie davon eine Weißreihe anfertigen, erhalten Sie etwas getrübtere Töne **(Bild 3)!**

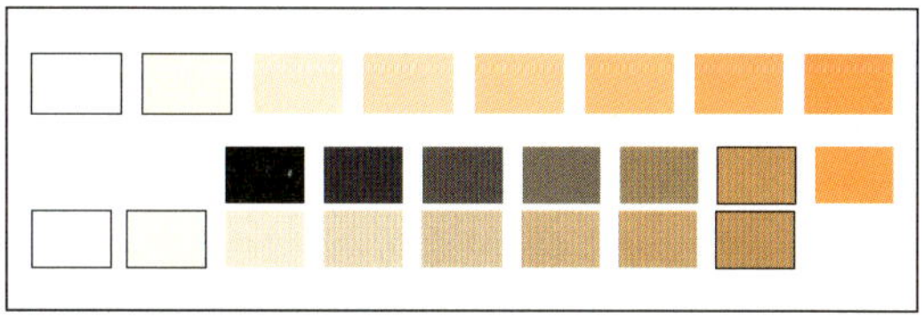

Bild 3: Farbenreihen für den Entwurf

Untergrund streichen

Wählen Sie einen geeigneten hellen Ton aus der vorgesehenen Reihe für den Untergrund und mischen Sie ihn aus einer wasserfesten Dispersionsfarbe nach! Tragen Sie die Farbe am besten mit einem kleinen Roller auf weißen Zeichenkarton auf!

Rasterlinien zeichnen

Zeichnen Sie die Rasterlinien auf die getrocknete Untergrundfarbe!

Damit die Raster zum Schluss mit einem weichen Radiergummi entfernt werden können, sollten Sie die Linien sehr vorsichtig zeichnen!

Auf größeren Flächen, wo man praxisgerechter mit Schnurschlägen statt mit Bleistiftlinien rastert, wird die dabei eingesetzte Papierkohle mit einem Tuch abgeschlagen. Sollten die Linien noch sichtbar sein, hätte man das Kohlepulver mit Kreide aufhellen müssen.

Schablonieren

Wählen Sie für die obere große Dekorform eine Farbe aus der gewählten Reihe, die dunkler als der Untergrund ist. Mischen Sie diese in einem flachen Mischdeckel nach! Legen Sie die Schablone genauestens an die Rasterlinien an und beginnen Sie zu schablonieren, indem Sie die Stupftechnik anwenden!

Nehmen Sie zum Schablonieren nur wenig Malfarbe in den Pinsel! Eventuell muss man etwas Farbe vor dem Stupfen auf einem Extrablatt aus dem Pinsel herauswischen.

Verfahren Sie mit der zweiten, noch dunkleren Dekorfarbe ebenso **(Bild 1)**!

Bild 1: Farbentwürfe aus einer hellklaren und einer Weißreihe

> **Tipp** Achten Sie beim Stupfen darauf, dass keine Farbe unter die Schablonenfolie fließt und unscharfe Kanten entstehen! Dieser Mangel ist immer auf zuviel Farbe im Pinsel zurückzuführen. Trocknen Sie in dem Fall den Pinsel, indem Sie ihn im Waschbecken ausquirlen!

▪ Farbentwurf in Corel Draw

Um den Farbentwurf alternativ in Corel Draw herzustellen, werden die Farbenreihen von **Bild 3, S. 342** in dem Falle bei **Effekte** durch **Überblenden** aus den Ausgangsfarben hergestellt. Die Einzelfarben werden auf den Untergrund und die Dekorformen übertragen, indem man bei **Anordnen** die Funktion **Trennen** anwendet und die **Gruppe auflöst**. Im Menü **Bearbeiten** steht die Hilfestellung **Eigenschaften kopieren von** ... zur Verfügung, um die notwendigen Farben auf die Flächen zu übertragen.

▪ Präsentation

Wenn der Farbentwurf gelungen ist, kann die Schablonierarbeit als Reihenornament auf DIN A3-Zeichenkarton ausgeführt werden. Die Arbeitsschritte sind die gleichen. Zeichnen Sie jedoch die senkrechten Rasterlinien von der Blattmitte nach links und rechts, um die Abstände gleichmäßig zu verteilen. Die Maße könnten statt mit einem Lineal evtl. auch mit einem Messstreifen wie beim Antragen von Schriftlinien angetragen werden.

Die fertige Arbeit ist als Friesgestaltung an einer Wand vorstellbar **(Bild 2)**.

Bild 2: Reihenornament als Friesgestaltung

Da für Papierentwürfe meist keine ausreichend große proportional günstige Fläche zur Verfügung steht, fertigen Sie von dem Reihenornament einen streifenförmigen Abschnitt an und kleben ihn zur Präsentation auf ein Blatt Zeichenkarton DIN A3 **(Bild 1, S. 341)**! Die Beschriftung mit dem Titel

„Ornamententwurf"

sollte in senkrechter Normschrift ausgeführt werden, da das Ornament ebenfalls senkrecht aufgebaut ist.

Wenn ein Schneidplotter zur Verfügung steht, könnte die Beschriftung mit Klebefolie ausgeführt werden. Als Schrifthöhe sind jedoch höchstens 20 mm bis 25 mm geeignet. Wenn Sie wollen, können Sie zum Plottern Übertragungsfolie benutzen. Wird das Innere herausgelöst, kann man eine Farbe vom Ornament zum Ausschablonieren benutzen. So ist es möglich, die Beschriftung den Farben des Ornaments feinfühlig anzugleichen **(Bild 1)**.

Bild 1: Präsentation des Reihenornaments

6.1.1.2 Farbgebung mit Stufen von zwei Vollfarben

Führt man die Schablonenarbeiten mit Stufen von zwei Vollfarben aus, entstehen als Farbskizzen mit Nachbarfarben oder fremden Farben z. B. folgende Varianten **(Bild 2)**.

Bild 2: Farbentwürfe mit Stufen von zwei Vollfarben

Die einfachste Lösung erhält man, wenn für den Untergrund die hellere Vollfarbe zum Ausmischen gewählt wird und für die Ornamentformen die dunklere Vollfarbe. Die Untergrundfarbe ist damit die **Leitfarbe,** die Dekorfarben stellen die **Begleitfarben** dar. Wenn ihre Ausmischungen dunkler sind als die Untergrundfarbe, wird eine Inversion vermieden.

Sind die Reihenornamente fertiggestellt, können diese interessanter aussehen, wenn man sie einfasst **(Bild 3)**. Die Strichfarbe kann aus den Dekorfarben entnommen werden.

Bild 3: Einfassungsvarianten

6.1.1.3 Weitere Beispiele und Hinweise zur Farbgebung

Die folgenden Ornamentbeispiele, die alle mit Corel Draw erstellt sind, zeigen Anwendungen nach diesen Farbgebungsprinzipien. An ihnen ist zu sehen, wie abwechslungsreich die Thematik ist. Sie sollen zum Nacharbeiten anregen.

Die **Ornamentmotive** in **Bild 1, S. 342** sind durch Teilen der Ausgangsformen erstellt worden. Beim Herstellen von Schablonen aus Buchstaben bieten sich zusätzliche Formteilungen bzw. Schablonenhalter an, z. B. beim ♃ an der Verbindung des senkrechten Schaftes zum schrägen Anstrich.

Die **Reihenornamente** in **Bild 2, S. 342** zeigen Gesamtwirkungen bei der Verwendung von zwei Vollfarben in Form von Nachbarfarben, fremden Farben und Gegenfarben. Dabei sind die Farben für die Ornamente so gemischt worden, dass sie einerseits durch Verdunkeln der Untergrundfarbe und andererseits durch Verdunkeln der Motivfarbe entstanden sind.

In den **Ornamentbeispielen** von **Bild 3, S. 342** wechselt die Farbigkeit der Motive. Dabei muss unbedingt die Symmetrie beachtet werden. Ein Ornament muss immer mit der Farbe aufhören, mit der es begonnen wurde. Dazu beginnt man in der Mitte mit dem Schablonieren. Die nach diesem Prinzip hergestellten Farbkombinationen zeigen Wirkungen von warm bis kühl.

Das **Kassettenornament** in **Bild 4, S. 342** mit seiner flächigen Wirkung zeigt, wie notwendig eine Ergänzungsform ist. Ihre Farbe ist zu Testzwecken unterschiedlich ausgeführt. Die Formen an den Ornamentgrenzen sind Teilstücke des benutzten Kreises.

Die Schablonierung der violetten Formen ist als Farbverlauf ausgeführt. Er entsteht in der Praxis, wenn die Schablone zweimal angesetzt wird. Zuerst schabloniert man im inneren Bereich Weiß. Nach dem Trocknen wird von außen nach innen in wischender Technik die zweite Farbe schabloniert.

TIPP Mit Corel Draw hergestellte Ornamente können nach dem Ausdrucken ausgeschnitten und als Dekor auf manuell angefertigten Entwürfen von Wand- oder Deckenansichten geklebt werden.

Bild 1: Farbige Motiventwürfe zur Ornamentgestaltung

Bild 2: Reihenornamente aus Stufen von zwei Vollfarben

Bild 3: Symmetrisch angeordnete Reihenornamente mit wechselnder Farbigkeit und Einfassungen

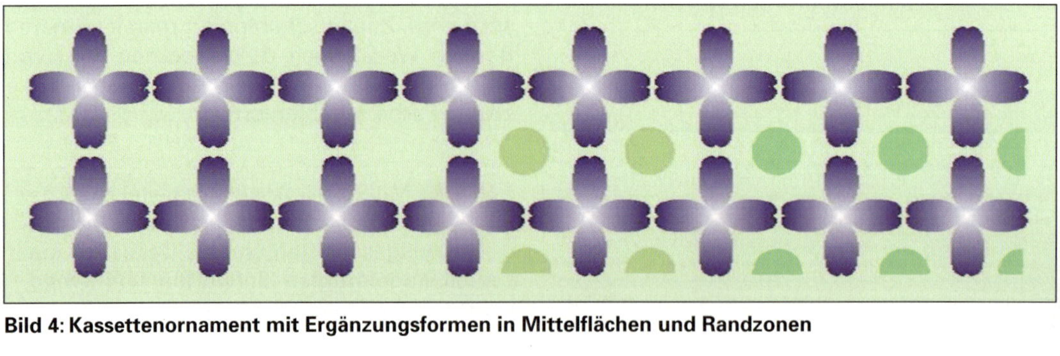

Bild 4: Kassettenornament mit Ergänzungsformen in Mittelflächen und Randzonen

Eine **Ecklösung** aus einem geometrischen Motiv ist in **Bild 1** zu sehen. Sie könnte in passender Größe als Dekor einer Decke oder als Umrahmung einer Tür dienen.

Im waagerechten Teil der Ecklösung sind noch die Rasterlinien zu sehen. Eine Schablone ist für die Eckenschablonierung angelegt.

Im linken Teil des Bildes befinden sich die benutzten Schablonen. Die orangefarbenen Streifen stellen Klebeband dar. Dadurch können an der schrägen Rasterlinie mit der ursprünglichen Schablone Teilformen schabloniert werden.

Bild 1: Farbentwurf mit einer Ecklösung

Ein **kreisförmiges Deckenornament** zeigt **Bild 2.** Es ist aus Buchstaben hergestellt.

Zum Schablonieren könnte der Buchstabe unter dem waagerechten Strich noch einen Halter bekommen. Die Stelle ist im **Bild** rot gekennzeichnet. Als Raster dienen strahlenförmige Linien und eine Kreislinie am Fuß der Buchstaben.

Ein **Flächenornament** ist in **Bild 3** zu sehen. Es ist nach dem Prinzip eines Scherenschnitts hergestellt. Man könnte es an einer Teilfläche einer Wand anbringen, die eine herausragende Stelle im Raum besitzt. Den Auftraggeber sollte man darüber informieren, dass das Ornament nicht durch Einrichtungsgegenstände verstellt wird, die eventuell selbst noch ein Dekor besitzen.

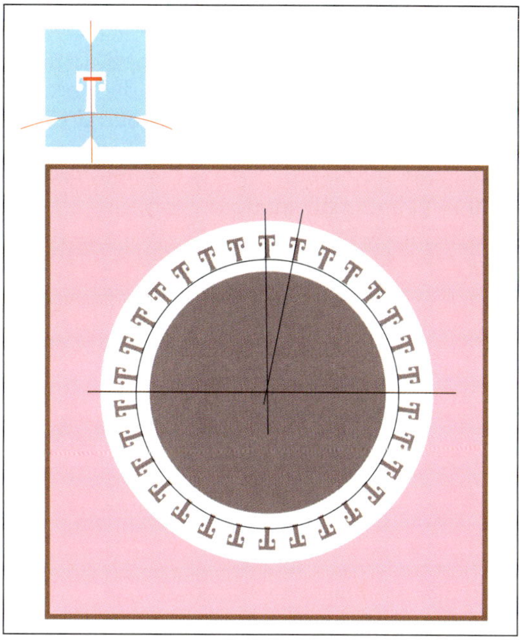

Bild 2: Kreisornament aus Buchstaben

Bild 3: Farbiges Scherenschnittornament

TIPP Da Entwürfe von Ornamenten sehr zeitaufwändig sind, müssten die Motive im Format DIN A3 sehr klein gehalten werden. Für Kreisornamente könnten sie deshalb als Viertelkreisausschnitte angefertigt werden, für Flächenornamente in geeigneten viereckigen Ausschnitten. Um ihre Gesamtwirkung trotzdem zu sehen, könnte man die Teilstücke am Spiegel betrachten, der senkrecht an die Achsen oder Kanten der Ornamente gestellt wird.

6.1.1.4 Aufgaben

1. Vergrößern Sie das Ornamentmotiv in **Bild 1** zweifach! Zeichnen Sie davon die notwendigen Schablonen mit ausreichend großem Arbeitsrand und Passern auf Transparentpapier! Probieren Sie die Schablonen auf ihre Eignung hin aus!

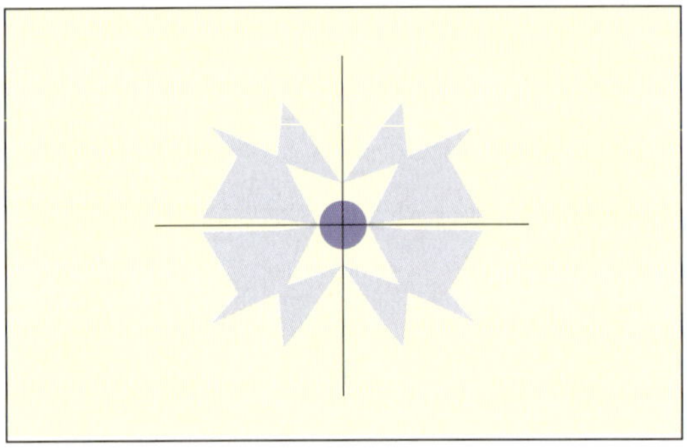

Bild 1: Ornamentmotiv zu Aufgabe 1

a) Zeichnen Sie zu dem Zweck Rasterlinien zum Schablonieren für drei Motive auf ein DIN A4-Blatt!

b) Färben Sie die Konturen der Schablonenformen wie bei Durchdrückpausen für Schrifttexte mit Bleistiftlinien ein! Probieren Sie die gezeichneten Schablonen aus, indem Sie sie an den Rasterlinien anlegen und die Motivkonturen wie beim Arbeiten mit Durchdrückpausen nachzeichnen!

2. Fertigen Sie von den Ornamenten in **Bild 2** und **Bild 3** vergrößerte Kopien an und zeichnen Sie die möglichen Varianten von Rasterlinien ein!

Bild 2: Ausschnitt eines Flächenornaments zum Eintragen der Rasterlinien

3. Zeichnen Sie von der Farbarbeit in **Bild 3** die benutzten Farbtöne in einen Farbtonkreis und die Mischfarben in die entsprechenden farbtongleichen Dreiecke ein, um die Farbgebung zu analysieren!

Bild 3: Reihenornament zum Bestimmen der eingesetzten Farben

4. Nach welchem Prinzip sollten die kleinen Dekorformen und einfassenden Striche ihre Farbigkeit erhalten? Vergleichen Sie dazu z. B. **Bild 3, S. 342** und **Bild 3** dieser Seite!

5. Nach welchem Prinzip wählt man bei den Ornamenten den zweiten Vollfarbton, d. h. die Begleitfarbe, wenn der Untergrund vorgegeben ist? Gehen Sie bei der Antwort von der Untergrundfarbe (Leitfarbe) in **Bild 4** aus, indem Sie geeignete Farbproben auf die vorgezeichneten Flächen legen!

Bild 4: Untergrundfarbe für ein Ornament zum Bestimmen der Dekorfarben

6. Wie wird bei der Farbwahl für die Dekorformen die Inversion verhindert?

7. Mit welcher Farbe beginnen und enden prinzipiell bei Ornamenten die Reihungen, wenn für die Schablonierarbeit zwei Farben eingesetzt werden? Vgl. dazu **Bild 3, S. 342!**

8. Schneiden Sie von den gezeichneten Schablonenformen der Aufgabe 1 Schablonen aus Kunststofffolie! Fertigen Sie ein Reihenornament auf DIN A3-Format mit eigener Farbwahl an!

9. Fertigen Sie Reihenornamente auf DIN A3-Format nach eigenen Motiven an, die Sie im Kapitel Ornamentlehre gezeichnet haben! Die Motive sollten für diese Blattgröße ca. 5 cm hoch sein. Sie können in dieser Form ohne Schwierigkeiten schabloniert werden. Stellen Sie jedoch zur Farbgebung immer erst Farbskizzen her, wodurch die angefertigten Schablonen ausprobiert werden können **(Bild 1, S. 342)!**

6.1.2 Farbgebung für Liniendekore

Liniendekore wie Striche und Bänder begrenzen im Malerbereich normalerweise bestimmte Flächen von Räumen. Man findet sie z. B. an Sockeln und Friesen oder als Einfassungen von Decken vor. Für Präsentationen können auch Tafelarbeiten damit verziert werden. Beispiele dazu sind im **Abschnitt 1 des Kapitels Ornamentlehre** zu sehen.

Bei Fahrzeugen orientieren sich die Liniendekore in Form von Zierlinien und Zierstreifen ebenfalls an vorhandenen Bauelementen, z. B. an den Zierleisten oder den Formen der Karosserie, der Motorhauben, Heckklappen oder Türen **(Bild 1)**.

Bild 1: Zierleiste an einem Oldtimer

Die Wahl der Farben ist von der Linienbreite und der Untergrundfarbe abhängig.

> **HINWEIS** **Als Regel gilt:** Schmale Striche und Zierlinien werden, um sie besser hervorzuheben, in kräftigeren Farben gezogen als breitere.

Zur praktischen Ausführung geht man normalerweise von der Untergrundfarbe aus und verdunkelt sie. Damit werden wieder die Abstufungen aus einer Vollfarbe benutzt, die als Ton-in-Ton-Farbgebung bekannt sind **(Bild 2)**. Im Prinzip fertigt man mit dieser Methode eine **Schattenreihe** an.

Zum Verdunkeln sollte man jedoch für gelbhaltige Farben Ocker oder Braun, für Farben auf der Basis von Rot und Grün Umbra einsetzen, um Farbtonverschiebungen zu vermeiden. Nur blaue Farben verdunkelt man mit Schwarz, weil keine Farbtonverschiebungen auftreten.

Bild 2: Strichfarben aus der Untergrundfarbe mischen

Zur abwechslungsreicheren Gestaltung der Dekore ist eine zweite Vollfarbe möglich. Man leitet die Farbe dann meist von einem anderen Gestaltungselement ab. Das kann ein Schrifttext **(Bild 3)** oder ein Ornament sein **(Bild 3, S. 342)**. Die Strichfarbe sollte dabei aber möglichst nicht in den Vordergrund treten.

Bild 3: Aus einer Beschriftung abgeleitete Strichfarbe

Eine interessante Lösung zur Gestaltung mit Linien sind Strichbündel, die man mit Zackenpinseln **(Bild 4)** an Raumflächen zieht. Damit lassen sich nach streifenförmigem Abkleben Friese oder Einfassungen herstellen **(Bild 5)**. Sie wirken besonders durch Mehrfarbigkeit. Eine Variante sind **Kammzugarbeiten,** die als Sockeldekor oder bei Holztäfelungen mit **Gummi-** oder **Stahlkämmen** ausgeführt wurden.

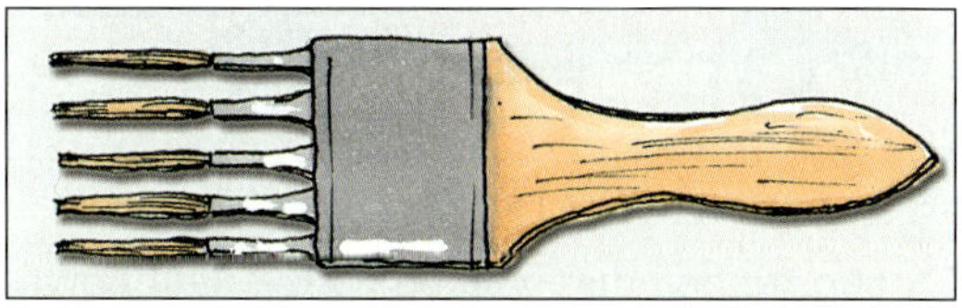

Bild 4: Zackenpinsel

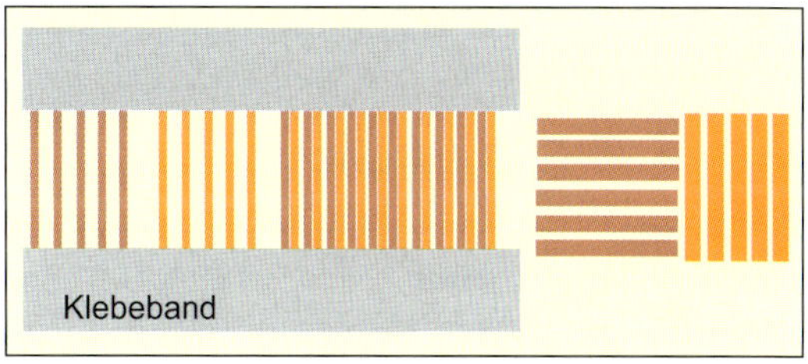

Bild 5: Friesgestaltung mit dem Zackenpinsel

FARBENANWENDUNG

Für Fahrzeuge gelten diese Ausführungen prinzipiell auch, besonders dann, wenn es sich um helle Lackierungen handelt. Da aber häufig dunkle Untergründe anzutreffen sind, werden hellere Verzierungen angebracht. Man kann sie nach den bekannten Regeln auswählen. In **Bild 1** wurde z. B. für den violetten Untergrund des Fahrzeugs die fremde Farbe Gelb gewählt.

Bild 1: Farbgebung für Zierstreifen an dunklen Fahrzeugen

Bei der technischen Ausführung kann es zu Schwierigkeiten kommen, weil die Dekorfarben schlecht decken. Dann muss bei Entwürfen wie in der Praxis mit Weiß grundiert werden, was allerdings beim Arbeiten mit der Airbrush -Pistole kein Problem ist.

Die Farben der Zierstreifen sind in den meisten Fällen gleichmäßig gefärbt. Durch ihre symbolischen Eigenschaften können sie zur Vermittlung weiterer Informationen benutzt werden. Krankenfahrzeuge erhalten z. B. typisch rote Streifen, bei der Feuerwehr sind es als Ergänzung zur weißen Beschriftung Streifen gleicher Färbung **(Bild 2)**.

Bild 2: Zierstreifenfarbe am Feuerwehrfahrzeug

Farben können durch einen Farbverlauf Bewegung ausdrücken **(Bild 3)**.

Bild 3: Zierstreifen mit der Eigenschaft Bewegung

Die Bewegung kann auch durch Teilung oder Ausfransen des Zierstreifens symbolisiert werden **(Bild 4)**.

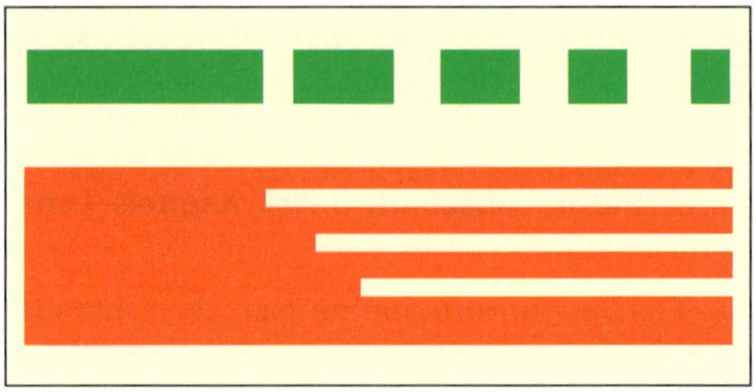

Bild 4: Darstellung der Bewegung durch Teilen und Ausfransen

Beispiel: Führen Sie auf einem Zeichenblatt **Strichzieharbeiten** mit repräsentativer Wirkung aus! Als Dekorfläche benutzen Sie Rechtecke! Bei Räumen können die Formen Deckenflächen symbolisieren, beim Fahrzeug die Kastenaufsätze von Transportern.

Die Striche, Bänder oder Zierstreifen sollten mit dem Spitzpinsel am Lineal gezogen werden. Ein Satz Faserstifte wäre eine mögliche einfachere Lösung. Sie kann aber leicht zu bunte Eigenschaften ergeben und damit für die üblichen Wand- oder Fahrzeuggestaltungen ungeeignet sein. Da Faserstifte schlecht decken, kann es auch wie beim Herstellen farbiger Schriften zu Farbtonveränderungen kommen.

6.2 Materialgebundene Dekore

Bei materialgebundenen Dekoren kommen glänzende, matte bis raue bzw. plastische Oberflächen zum Einsatz.

In der Praxis gibt es bei den wasserverdünnbaren Anstrichstoffen die Glanzgrade matt bis seidenglänzend, bei Lackierungen meist seidenglänzend bis glänzend. Mit wachshaltigen Materialien und durch Schleiflackierungen entstehen ebenfalls seidenglänzende Flächen. Aus plastischen Anstrichstoffen kann man durch verschiedene Auftrags- und Bearbeitungsmethoden mit Glättkelle, Roller oder Stupfbürste räumliche Strukturen erzeugen.

Schon in der Entwurfsphase kann man den Auftraggeber von den Gestaltungsmöglichkeiten mit diesen Materialien informieren, indem man sie in diesen Techniken ausführt. In vielen Fällen können Sie für diesen Zweck sogar auf Papier entsprechender Qualität hergestellt werden.

6.2.1 Schleiflacktechnik

Mit der Schleiflacktechnik mattiert man glänzende Lackierungen in bestimmten abgegrenzten Bereichen.

Dazu klebt man z.B. auf eine gut ausgehärtete glänzende Spritzlackierung Klebefolie und schneidet Striche, Bänder oder andere Dekorflächen vorsichtig mit dem Messer aus. Die Lackfläche darf dabei auf keinen Fall verletzt werden. Das Innere wird abgezogen. Die entstandenen Leerflächen werden mit einem **Schleifmodler** und angefeuchtetem Bimsmehl in Laufrichtung der Dekore nass geschliffen, bis die Schicht nach dem Trocknen matt aussieht. Beim Richtungswechsel an Ecken klebt man wie bei Gehrungsschnitten an Türrahmen im Winkel von 45° ab **(Bild 1)**.

Um gleich bleibende Mattglanzgrade zu erhalten, muss die Anzahl der Modlerstriche immer die gleiche sein.

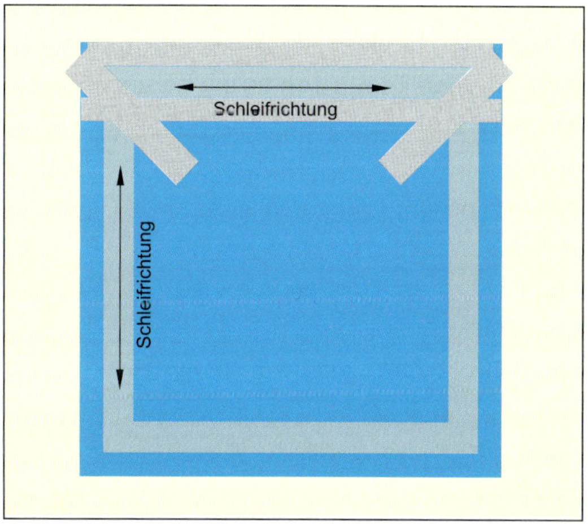

Bild 1: Ausführung einer Schleiflackarbeit

Für einen Entwurf könnte zu diesem Zweck eine in dunklen Farben gehaltene Fläche aus Malfarben bandartig abgeklebt werden. Streicht man auf die nicht abgeklebten Teile Latex-Bindemittel oder besprüht sie mit Fixativ, entsteht ein bestimmter Mattglanz. Er steht im Gegensatz zu den stumpf gebliebenen Teilen der abgeklebten Flächen.

6.2.2 Großflächiger Wachsglanz

Diese seidenglänzende Dekortechnik bringt man an Wandflächen an, die repräsentativen Charakter aufweisen sollen. Für diese Arbeit stehen wachshaltige Spachtelmassen oder Lasuren zur Verfügung.

Entwürfe in dieser Technik kann man mit unverdünnten Temperafarben herstellen, allerdings ohne Glanzeffekte. Vgl. dazu die Hinweise zu **Spachteltechniken, S. 355**!

6.2.3 Vergoldungsmöglichkeiten für Entwürfe

Wesentlich wirkungsvoller als die Schleiflacktechnik und die Wachstechnik ist der Einsatz von Metallglanz. Goldglanz kann in der Praxis natürlich nur mit **Blattgold** voll zur Geltung kommen. Da Gold ein wertvolles Material ist, sollte diese Eigenschaft durch kleinformatige Dekore symbolisiert werden **(Bild 2, linkes Dekor)**. Sonst entstehen protzige Wirkungen.

Für Entwürfe kann man Streifen oder andere einfache Dekorflächen aus Goldklebefolien oder Schokoladenpapieren schneiden und auf dunkle Malfarbenflächen kleben. Als Ersatz könnten Goldmalstifte ausprobiert werden.

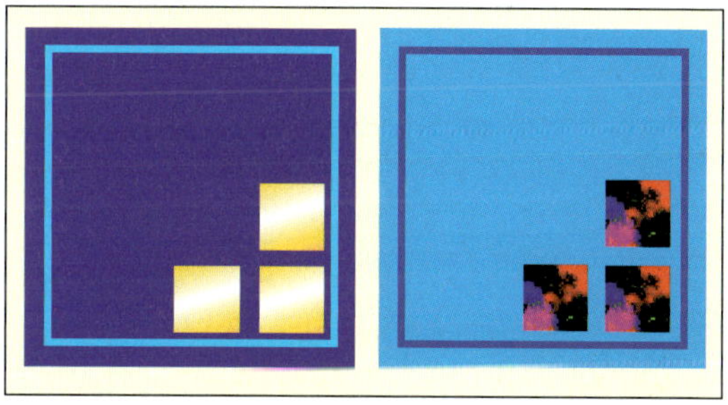

Bild 2: Materialabhängiges Dekor aus „Gold" und farbigen Anstrichstoffen

6.2.4 Fließtechnik

Wenn man verschiedenfarbige Lackfarben auf hochwertig lackierte Untergründe gießt und die entstehenden Flecken evtl. leicht verzieht, entstehen interessante **Farbverläufe**. Benutzt man dazu sehr reine Farben, kommen sie auf kontrastreichen Untergründen sehr gut zur Geltung **(Bild 2, rechtes Motiv)**.

Für Entwürfe auf Papier werden normal verdünnte Malfarben verwendet, nach dem Trocknen ausgeschnitten und auf andersfarbige Flächen geklebt. Die Gesamtwirkung hängt sehr von den Größenverhältnissen der Dekorformen ab.

6.2.5 Spiritustechnik

Bei der Spiritustechnik arbeitet man mit einer relativ dunklen Lasur, die für Entwürfe mit Aquarellfarbe auf Zeichenkarton aufgetragen wird. Man streicht die waagerecht liegende Fläche schnell mit viel Farbe ein. Auch eine zweite Farbe ist möglich. Wenn die Flüssigkeit ein wenig eingezogen ist, tröpfelt man mit einem kleinen Spitzpinsel Spiritus hinein. Dabei zieht sich die Farbe eigenwillig zusammen. Die Flächen kann man ausschneiden und auf farbige Untergründe kleben. Ihre Farbe wird aus den Dekorfarben abgeleitet **(Bild 1)**.

Bild 1: Spiritustechnik

Dekorvarianten entstehen, wenn man einen kleinen Naturschwamm mit Spiritus anfeuchtet und damit in die Lasur tupft.

Bei praktischen Arbeiten werden waagerecht gelegte Dekorplatten oder Schrankelemente z. B. mit Alkydharz- oder Acrylharzfarben hochwertig lackiert, am einfachsten in Weiß. Den Abschluss bildet eine Mattlackierung. Auf diese wird eine **Bierlasur (s. S. 365)** mit einem Naturschwamm aufgetragen. Sollte sie abperlen, muss die Fläche nass geschliffen werden. Mit einem Zackenpinsel wird der Spiritus eingespritzt. Tupfen mit einem in Spiritus getränkten Schwamm oder Ledertuch ergibt andere Dekorformen. Wichtig ist, dass die entstehenden Formen möglichst symmetrisch verteilt sind. Entsprechende Vorversuche sind ratsam.

Nach dem Verdunsten des Wassers versiegelt man die Dekorschicht mehrfach mit Klarlack, sodass Hochglanz entsteht. Zum Abschluss werden die Flächen wieder farbig eingerahmt.

6.2.6 Plastische Putzstrukturen

Die plastischen Massen kann man als Sockel zur alternativen „Ölfarbenarbeit" anbieten. Sie haben aber den Nachteil, dass ihre grobe Oberfläche ein Staubfänger ist.

Zu ihrer Herstellung werden in der Praxis plastische Anstrichstoffe mit Füllstoffen verschiedener Korngrößen benutzt. Man trägt sie auf deckend vorbehandelte mineralische Untergründe auf und verreibt sie mit einer Glättkelle aus Kunststoff **(Bild 2)**. Wenn die Massen mit dem Roller aufgetragen werden, erhält man je nach Art der Zuschlagstoffe oder dem Grad der Konsistenz spitze oder rundere Formen **(Bild 3)**.

Die tiefer liegenden Einfassungen oder Liniendekore entstehen, wenn man Teile der Fläche vor dem Auftragen der Strukturmassen mit wasserbeständigem Klebeband abdeckt. Die Einrahmungen bzw. Linienmuster kann man abschließend Ton-in-Ton farbig herausheben.

Bild 2: Strukturputz, mit der Kelle verrieben

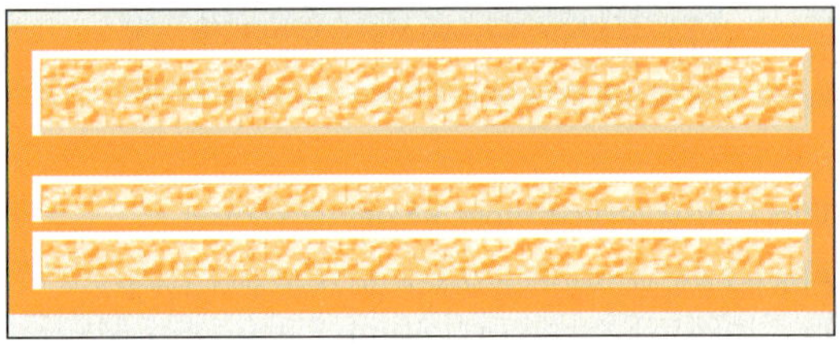

Bild 3: Strukturputz, mit dem Roller bearbeitet

Nachdem die Massen etwas angetrocknet sind, kann das Klebeband vorsichtig herausgezogen werden. An getrockneten Massen würden die Kanten brechen.

Um diese Strukturen auf Zeichenkarton zu imitieren, wird Temperafarbe unverdünnt mit einem Schablonierpinsel gestupft.

Bringt man nach dem Trocknen noch eine Lasur auf und schleift die Spitzen der Struktur evtl. noch vorsichtig ab, entstehen weitere Dekorvarianten.

In **Bild 1** ist ein Anwendungsbeispiel für eine Sockelgestaltung zu sehen, wobei die Farbgebung aus einer Vollfarbe abgeleitet wurde.

Bild 1: Sockelgestaltung mit Strukturputz

6.3 Werkzeuggebundene Dekore

Durch speziellen Werkzeuggebrauch kann man Imitationen von Holz-, Stein- oder textilen Materialien (z. B. Teppichen) herstellen.

Die **Arbeitsgänge** heißen Masern, Grannieren, Wischen, Wickeln, Sprenkeln oder Tupfen bzw. Stupfen.

Als **Arbeitsgeräte** benötigt man Pinsel, Lappen, Schwämme, Spachtel usw. Deshalb spricht man in dem Fall von **werkzeuggebundenen Dekoren.**

Da für diesen Zweck die Malfarben relativ dünnflüssig gehalten werden, entstehen keine Strukturen, sondern **Texturen.** Wenn die Entwurfsflächen in passende Größen geschnitten werden, sind sie als Ergänzung der Gestaltungsvorschläge von Räumen für Türen, Sockel, Deckenspiegel, Fußböden usw. geeignet. Man kann sie auch als Untergründe für Beschriftungen benutzen.

Nachfolgend wird erläutert, wie diese Dekore als Entwürfe angefertigt werden können.

6.3.1 Holztexturen

Für Holztexturen sollte man **Aquarellfarben (Ocker, Englischrot, Umbra rötlich und grünlich)** benutzen, die mit einem flachen Borstenpinsel striemig auf **Zeichenkarton** von mindestens 150 g/m² hergestellt werden, sodass eine Art Maserung entsteht. Tempera- oder Dispersionsfarbe in starker Verdünnung ist nach dem Trocknen nicht mehr so wisch- oder radierfest und damit weniger geeignet.

Anfertigung von Holztexturen

Man beginnt die Imitationen auf weißem Karton am besten mit hellen, stark verdünnten Farben, z. B. mit Ocker. Mit einem flachen Borstenpinsel werden lange Striche von oben nach unten gezogen. Der Pinsel sollte recht trocken sein, damit strichähnliche Formen entstehen. Nach dem Trocknen können mit dunklerer Lasurfarbe weitere möglichst parallele Linien über die ersten Linienbündel gezogen werden, z. B. mit einer Mischung aus Ocker und Umbra oder Englischrot **(Bild 2)**.

Bild 2: Herstellen einer Holztextur

In **Bild 1, S. 350** sind Varianten mit mehreren Schichten von verdünntem Umbra bzw. Englischrot zu sehen. Sie entstanden auch dadurch, dass erst eine gleichmäßige farbige und striemenfreie Lasur angelegt wurde. Dann folgten zum Maserieren dunklere Lasuren.

Anwendung

Auf der Grundlage der Holzimitationen lässt sich eine Tür mit Rahmen herstellen.

Man zeichnet vorsichtig mit Bleistift oder Farbstift eine Konturlinie im Abstand von ca. 5 mm auf eine rechteckige Texturfläche. Die Maserungsrichtung des Türrahmens muss für einen solchen Entwurf im waagerechten Bereich (Türsturz) nicht angepasst, also waagerecht angelegt werden.

Die abgegrenzte Fläche des Türrahmens überzieht man mit einer gleichmäßigen dunkleren Farblasur, am besten mit einem Plattpinsel und mithilfe eines Lineals oder Malstocks. Wenn mit Aquarellfarbe gearbeitet wurde, kann man die Bleistiftkontur nach dem Trocknen abradieren **(Bild 2)**.

Bild 2: Türimitation

Bild 1: Varianten von Holztexturen

Tipp Lasuren müssen immer auf hellen Untergründen von hell nach dunkel aufgebaut werden.

Scharfkantige Maserungen des Holzes entstehen nur auf trockenen Untergründen. Feuchtes Papier führt zum Auslaufen der Lasur. Die „verwaschenen" Linien entsprechen nicht den Adern des Holzes.

Es ist auch möglich, auf die getrocknete Maserung eine andersfarbige Lasur zu streichen. Damit verändert sich die ursprüngliche Farbe der Maserung nach den Regeln der Farbmischung.

Wenn Holztexturen genauer nachgeahmt werden sollen, kann man sich nach den Mustern von **Bild 3** richten.

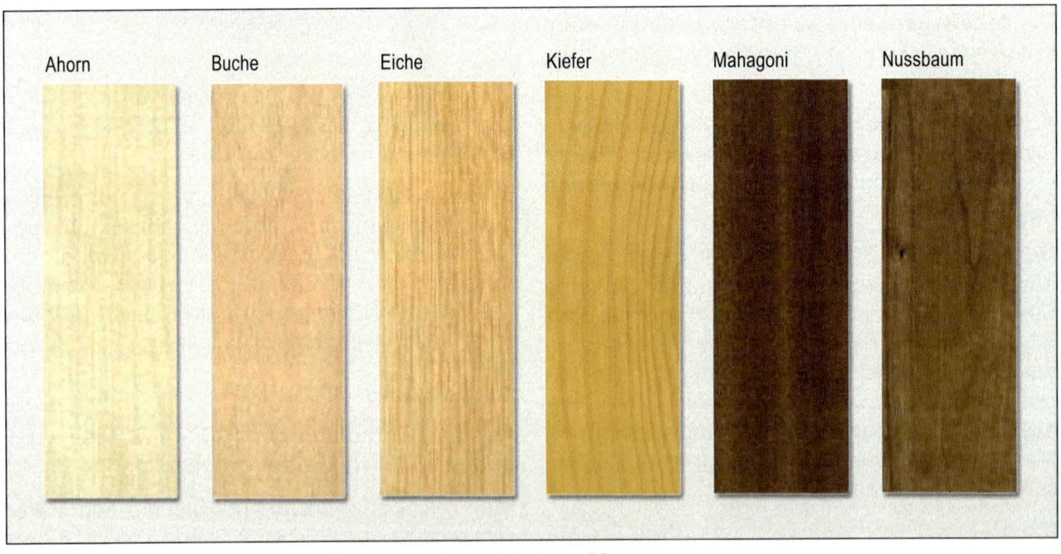

Bild 3: Holztexturen in typischer Färbung und vereinfachter Maserung

6.3.2 Teppich- und Steintexturen

Teppichtexturen können durch Sprenkeln, Steintexturen durch Tupfen bzw. Stupfen erzeugt werden. Als Muster sollte man Proben von Originalmaterialien benutzen.

6.3.2.1 Sprenkeltechnik

Um die Sprenkel zu erzeugen, wird Temperafarbe oder Aquarellfarbe benutzt. Man verwendet harte Borstenpinsel oder Zahnbürsten und „rupft“ aus ihnen die Farbe heraus, bis genügend dichte Sprenkel entstanden sind **(Bild 1)**.

Bild 1: Ausführen der Sprenkeltechnik

In **Bild 2** wurde mit Englischrot, Ocker und Schwarz so lange auf weißes Papier gesprenkelt, bis eine ausreichende Dichte entstanden war, die an ein Teppichmuster erinnert. Durch farbig grundierte Flächen entstehen Farbvarianten.

Bild 2: Muster einer Sprenkelarbeit

Wenn man die Farben etwas dünnflüssiger hält, kommen durch den Lasurcharakter der Farben hellere Varianten zustande **(Bild 3)**.

Schneidet man aus den beiden Flächen der Sprenkeltechniken Teile in unterschiedlich breite Streifen und klebt sie übereinander, entsteht der Eindruck von Fußleiste und Fußbodenmaterial **(Bild 4)**.

Bild 3: Hellere Ausführung der Textur durch Verdünnen der Farbe

Bild 4: Teppichimitation mit Fußleiste

> **TIPP** Eine elegante Alternative zum Sprenkeln mit dem Pinsel bietet die Airbrush-Technik, indem man mit Sprenkeldüsen arbeitet.

Klebt man die Fußbodenimitation von **Bild 4** und die Tür aus **Bild 2, S. 350** auf den Farbentwurf eines Wohnzimmers in teilflächiger Abwicklung von **Bild 3, S. 312,** entsteht ein Anwendungsbeispiel der Sprenkeltechnik **(Bild 5)**.

Bild 5: Anwendungsbeispiel der Sprenkeltechnik

Tipp Um für das Zusammensetzen von werkzeugbedingten Dekorflächen Zeit zu sparen, kann man z.B. eine Tür und den Fußboden mit lösemittelhaltigem Kleber auf durchsichtige, stabile Klarsichtfolie genau auf die Stelle kleben, wo sich die entsprechenden Dekorelemente anderer Gestaltungsentwürfe befinden. So bleiben die übrigen Farbflächen sichtbar. Beim Überdecken der Originalflächen einer Raumdarstellung mit der Folienfläche kann man sofort erkennen, ob die Farbvorschläge aufgewertet werden **(Bild 1)**.

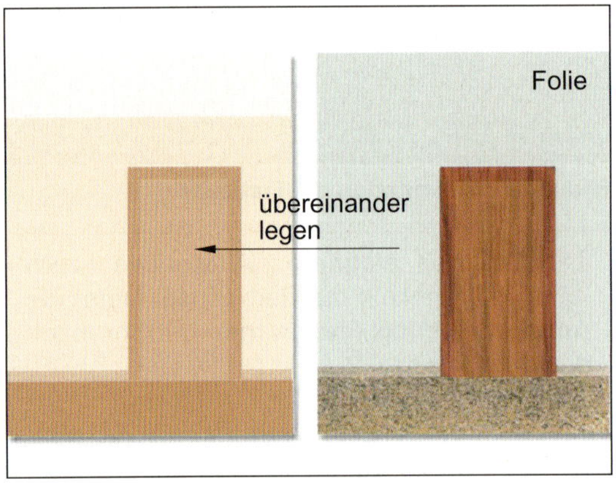

Bild 1: Vereinfachung der Farbentwürfe durch Einsatz von Klarsichtfolien

6.3.2.2 Tupftechnik

Die Tupftechnik bzw. Stupftechnik wird mit Ringpinsel und Schwamm ausgeführt. Am besten eignet sich Naturschwamm. Es entstehen gröbere und eckigere Strukturen als beim Sprenkeln **(Bild 2)**. Der Untergrund kann weiß oder farbig (lasierend oder deckend) angelegt werden. Kleinere Farbeinschlüsse imitiert man durch Sprenkeln. Ziel ist es, eine gleichmäßige Flächenwirkung ohne auffällige Zwischenräume zu erhalten. Diese ist jedoch auch bei Natursteinproben nicht ohne Weiteres zu finden **(Bild 3)**.

In der Praxis gelangt ein möglichst großer Naturschwamm zum Einsatz. Man kann auch Kunstschwämme ausprobieren. Für Entwurfsarbeiten auf Zeichenkarton sind kleine Naturschwämme besser geeignet.

Steinstrukturen kann man als Fußbodenimitationen einsetzen, die als Abwicklungen geplant sind. Auch Türeinfassungen in öffentlichen Gebäuden sind üblich **(s. Bild 1, S. 97)**.

Bild 2: Muster von Tupftechniken

Bild 3: Natursteinproben

6.3.2.3 Wickeltechnik

Die Wickeltechnik ist eine schon sehr lange gebräuchliche Technik zur Belebung von Sockeln oder Deckenspiegeln. Man benutzt normalerweise Stofflappen unterschiedlicher Struktur. Zu grobe Muster wirken u.U. etwas primitiv. Lederlappen sind ebenfalls möglich. Zum Wickeln taucht man den Lappen am besten in Leimfarbe, wringt ihn etwas aus und knüllt ihn in der Hand leicht zusammen. Dann wird er beidhändig auf dem farbigen Untergrund in verschiedene Richtungen so gewickelt, dass keine gleichmäßigen Bahnen entstehen.

Auf Papier sind für Entwurfsarbeiten zusammengeknüllte Papiertaschentücher besser geeignet, weil sie kleinere Abdruckmuster ergeben. Das in verdünnte Malfarbe getauchte Taschentuch sollte aber für die Imitation des Wickelns besser vorsichtig abgetupft und nicht gerollt werden. Jedoch muss man das Tuch auch hier öfter in eine andere Richtung drehen, um gleichmäßige Texturen zu erhalten.

Beispiel: Stellen Sie zum Kennenlernen des Wickelns vier Entwürfe auf einem DIN A4-Zeichenblatt her!

Gehen Sie zur Lösung des Problems in folgenden Arbeitsschritten vor, um Ergebnisse zu erhalten, die **Bild 1** entsprechen!

Teilen Sie für die Arbeit ein DIN A4-Blatt achsialsymmetrisch in vier gleiche Teile!

In der 1. Fläche probieren Sie die Technik nur aus, um die Dichte der Formen zu ermitteln. Die Abdrücke mit dem Papiertaschentuch sollen sehr klein sein. Benutzen Sie als Lasur verdünntes Englischrot! Temperafarbe oder Aquarellfarbe sind geignet.

Grundieren Sie die übrigen Flächen mit einer Lasurfarbe aus Gelb und Ocker! Damit keine Trockenränder entstehen, verwenden Sie einen größeren Aquarellpinsel!

Ist die Lasur getrocknet, setzen Sie der Restfarbe etwas Englischrot zu! Tupfen Sie damit über die zweite Fläche!

Für die dritte und vierte Fläche verdunkeln Sie die Farbe zum Tupfen noch mehr mit Englischrot! Zur Farbänderung und Steigerung der Farbbrillanz kann auch etwas Zinnoberrot oder Magentarot zugesetzt werden.

TIPP Die Trocknungsvorgänge kann man mit einem Fön beschleunigen.

Damit die Farbgebung beim Wickeln nicht zu bunt und aufdringlich wird, sollte man die Wickelfarben immer an den Untergrundton anpassen. Man verdunkelt die Farbe in der Weise, wie es für die Farbgebung von Strichen und Bändern beschrieben wurde, d.h. die Untergrundfarbe wird verdunkelt. Eine zweite bunte Farbe in geeigneter Ausmischung kann ebenfalls eingesetzt werden. Vergleichen Sie auch mit **Bild 2!** Andere Farbvarianten sind natürlich auch möglich.

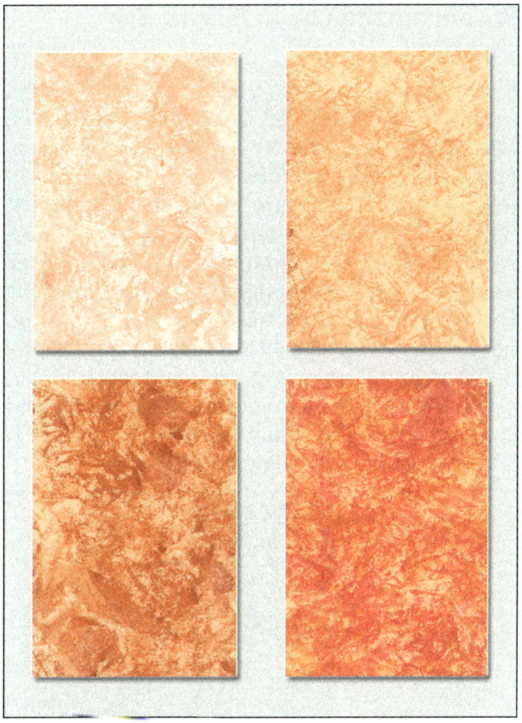

Bild 1: Dekore in Wickeltechnik

In **Bild 2** ist ein Anwendungsbeispiel der Wickeltechnik im Sockelbereich eines Korridors zu sehen.

Bild 2: Anwendungsbeispiel der Wickeltechnik

Besonderheiten beim Einsatz der Techniken

In der Praxis ist es schwierig, für großflächige Arbeiten gleichmäßige Dekore durch Wickeln oder Tupfen zu erhalten. Es ist deshalb empfehlenswert, die Wandflächen in Felder einzuteilen. Jedes Feld kann zusätzlich mit einem Band eingefasst werden **(Bild 1)**. Als Einfassungsfarben benutzt man unter Beachtung des Helligkeits- und Reinheitskontrastes meist eine Farbe aus dem Dekor. Aber auch der Einsatz einer zweiten Vollfarbe ist interessant **(Bild 2)**. Bei der Wahl der Einfassung sollte jedoch auch auf deren Breite geachtet werden. Zu breite Striche sind meist zu aufdringlich. Entsprechende Proben werden unerlässlich sein.

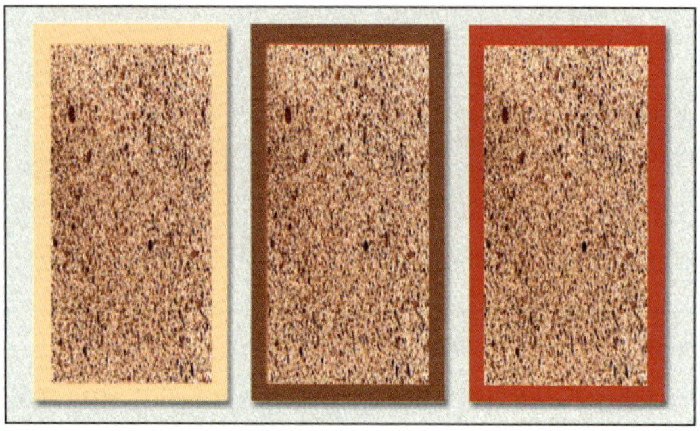

Bild 1: Einfassungsmöglichkeiten

Bild 2: Sockelgestaltung mit Einfassungen des Dekors in Tupftechnik

TIPP Um sich die Arbeit des Einfassens zu vereinfachen, kann man die Dekorfläche mit dem Messer beschneiden. Diese werden auf eine Fläche in der Strichfarbe geklebt und im Abstand von 2 mm ringsherum abgeschnitten.

6.3.2.4 Wischtechnik (Granniertechnik)

Die Wischtechnik erfolgt **in der Praxis** mit kurzborstigen Streichbürsten oder breiten Modlern. Von ihren Borsten wird auch der Name Granniertechnik abgeleitet. **Grannen** sind die langen Borsten von Tierfellen. Auch Schwämme werden benutzt. Wegen der relativ großen Werkzeuge ist die Technik für große Flächen gut geeignet.

In der Praxis wird das Werkzeug mit lasierender Farbe meist bogenförmig bewegt. Aber nur die Spitzen berühren den Untergrund. Damit die streifigen Borstenmuster entstehen, muss mit trockenem Pinsel gearbeitet werden.

Um eine gleichmäßige Flächenwirkung zu erzielen, ändert man beim Wischen ständig die Richtung. Zu dichte Stellen dürfen jedoch nicht entstehen.

Auf Zeichenkarton arbeitet man mit Platt- oder Borstenpinseln. Durch Aufstupsen auf einem Probeblatt werden die Haare oder Borsten gespreizt. So entstehen beim Malen die typischen Linien **(Bild 3)**.

Bild 3: Ausführen der Wisch- bzw. Granniertechnik

Zur variantenreicheren Gestaltung ist es möglich, mehrere Farben einzusetzen. Denkbar sind die Stufen einer Weißreihe, aber auch Aufhellungen mit Weiß von zwei Nachbarfarben. Verdünnt man nur die Farben, entstehen wegen der lasierenden Wirkung leuchtkräftigere Ergebnisse. Unter Umständen müssten die Farben jedoch getrübt werden. Dazu setzt man Umbra ein, wie in **Bild 1** zu sehen ist.

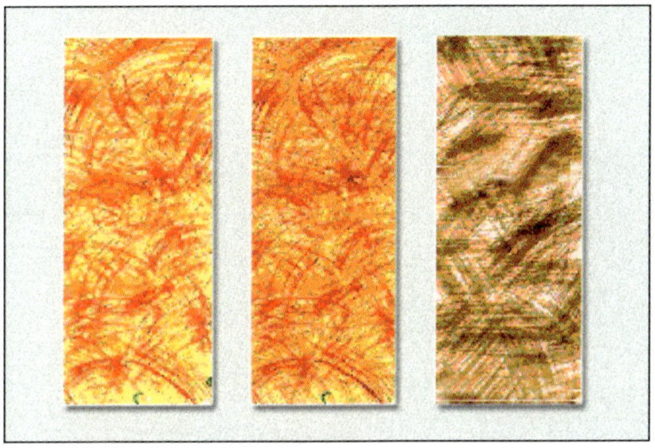

Bild 1: Beispiele für Granniertechniken

6.3.2.5 Spachteltechnik

In der Praxis wird für diese Technik spezielles Material mit lasierenden und seidenglänzenden Eigenschaften angeboten. Es entstehen damit Flächenfüllungen oder Dekorflächen als Blickfang größerer Räume **(Bild 2)**.

Bild 2: Dekorfläche in Spachteltechnik

Auf Zeichenkarton kann man zur Imitation dieser Technik Temperafarbe benutzen, aber in diesem Fall unverdünnt.

Als Werkzeug ist eine Spachtel aus Kunststoff geeignet, von der man Streifen von ca. 2 cm abschneidet.

Zum Spachteln muss man das Werkzeug recht steil ansetzen und möglichst kleine Farbflecken in Abständen auf ebenen weißen Karton ziehen **(Bild 3)**.

Bild 3: Ausführen der Spachteltechnik

Bei der Farbwahl sollte man zuerst mit Stufen einer hellklaren Reihe arbeiten, ehe Nachbarfarben, fremde oder Gegenfarben benutzt werden **(Bild 4)**.

Bild 4: Beispiele für Spachteltechniken

TIPP Wenn die Dekorfläche zu bunt aussehen sollte, kann man noch mit weißer Temperafarbe darüber spachteln, weil die Farben bei dieser Auftragsmethode lasieren **(Bild 5)**.

Bild 5: Mit Weiß überzogene Spachtelungen

6.4 Einsatzgebiete der Dekortechniken

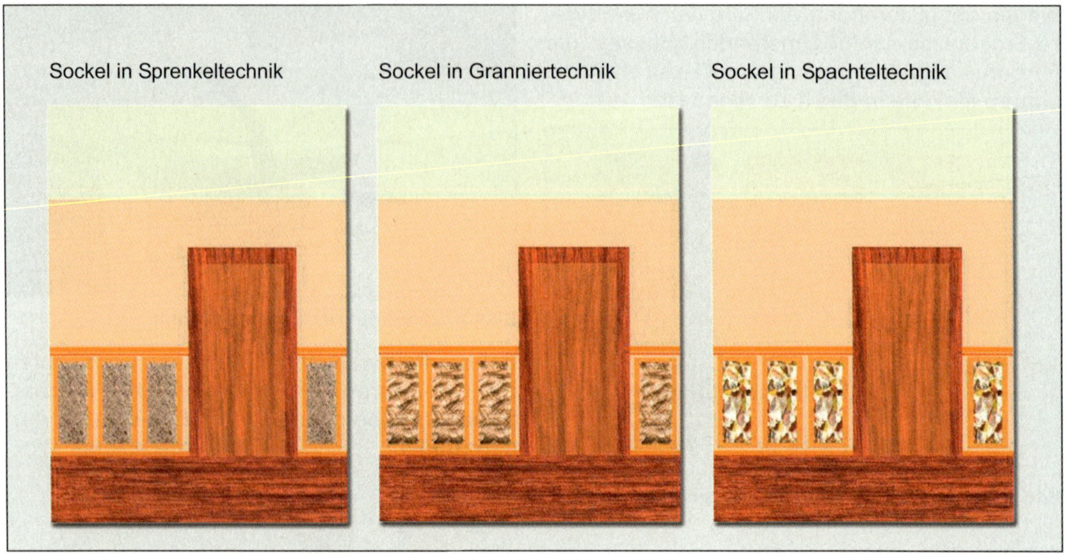

Bild 1: Beispiele für den Einsatz mehrerer Dekortechniken

Wie in den vorangegangenen Beispielen für die verschiedenen Dekortechniken schon zu sehen war, kann man die Techniken miteinander kombinieren. Man findet sie an Decken, Wänden **(Bild 1)** und in einigen Fällen an Fahrzeugen vor.

Dabei wird heutzutage das zeitaufwändige Schablonieren von Ornamenten durch Kleben von **Bordüren** für Friesgestaltungen und durch das Tapezieren für flächige Schablonenarbeiten ersetzt.

Wird jedoch die Gesamtwirkung des Farbentwurfs von **Bild 2** betrachtet, kann man festellen, dass er durch den gesprenkelten Fußboden etwas unruhig aussieht.

Daraus ist zu schließen, dass sich bestimmte Techniken gegenseitig stören. Als Ursache dafür kann man den zu geringen Formkontrast des getupften Sockeldekors zur Sprenkelung des Fußbodens ansehen. Die Kombination mit der linienförmigen Maserung der Holzimitation im ersten Dekorbeispiel in **Bild 1** stört dagegen nicht.

Man sollte deshalb bei Dekorarbeiten nicht nur auf den Farbkontrast, sondern auch auf Formkontraste mit ihren Elementen Punkt – Linie – Fläche und vorhandene Ausdehnungskontraste achten. Die kleinen Punkte der Sprenkeltechnik könnten u. U. nicht einmal zu den relativ großen Flecken einer Spachteltechnik passen. Die Linie ist in dem Falle die beste Kontrastform. Auch hier sind also entsprechende Entwürfe auszuprobieren, deren Gesamtwirkung jedoch erst mit viel Erfahrung erkannt wird.

Bild 2: Zu viele Dekortechniken in Gestaltungsarbeiten stören sich gegenseitig

6.4.1 Dekor an Decken

Der Abschnitt Dekor an Decken baut auf den Informationen des **Kapitels Ornamentlehre** bei **Gestaltungselemente,** insbesondere bei **Linien** auf.

Decken sind meist rechteckig oder quadratisch. Bringt man an ihnen Dekore an und führt sie nicht bis in das Ixel, entsteht der so genannte **Deckenspiegel.** Er ist jedoch nur für ausreichend hohe Räume geeignet. Um eine deutlichere Trennung zur angrenzenden Fläche herzustellen, sollte er wie bei den Sockelgestaltungen eingefasst werden. Früher wurden zu dem Zwecke aufwändigere Strich-Band-Kombinationen eingesetzt als heute. Räumliche Wirkungen erzielte man mit Profilleisten und Kehlungen.

Als Verzierung der Spiegel setzt man normale Anstriche und Dekortechniken ein. Die Farben zur Einfassung leitet man am einfachsten wieder aus dem Dekor ab.

Die **Form des Spiegels** entsteht durch Verkleinerung der Deckenform, sodass meist Quadrate **(Bild 1)** und Rechtecke anzutreffen sind.

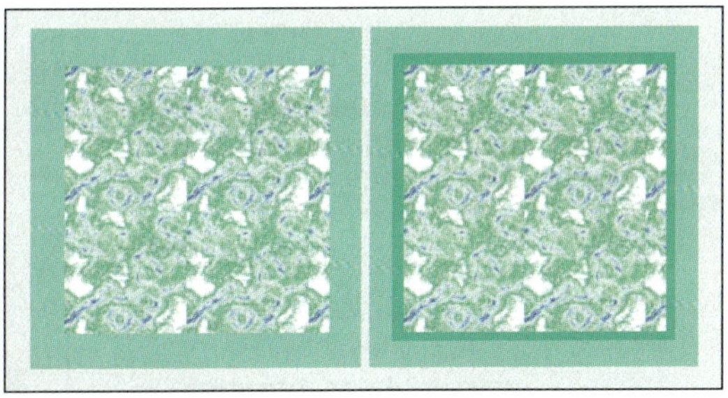

Bild 1: Formfindung für Deckenspiegel und Einfassung

In bestimmten Räumen kann man Gegenformen anwenden. Für quadratische Decken eignen sich kreisförmige, für rechteckige Decken ellipsenförmige Spiegel **(Bild 2)**. Die in dem Bild gezeigten Einfassungen sind allerdings sehr mühevoll in Freihandtechnik anzufertigen. Man sollte u. U. vielleicht eine Stuckeinfassung planen.

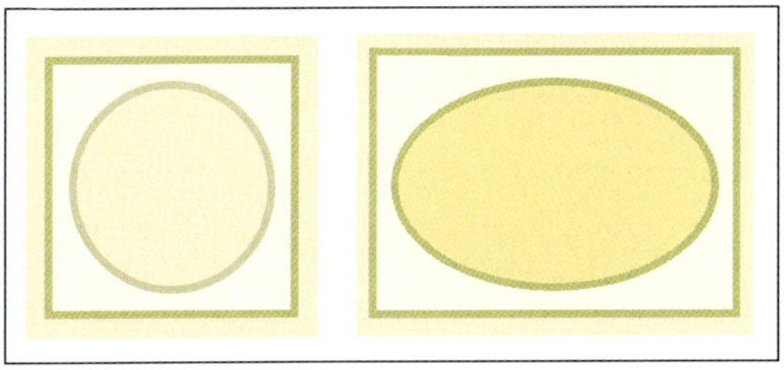

Bild 2: Kreis und ellipsenförmige Deckenspiegel

6.4.2 Dekor an Wänden

Wandflächen erhalten neben Strichen und Bändern für besonders repräsentative Gestaltungen einen Fries. Er wird meist in Schablonentechniken ausgeführt. Bei Sockelgestaltungen findet man materialbedingte oder werkzeugabhängige Techniken vor, wenn nicht Originalbaustoffe wie Holz zu Verkleidungen eingesetzt werden.

Zur technischen Ausführung von Entwürfen mit Schablonentechniken sind für Zeichnungsgrößen bis zum Format DIN A3 Computerausdrucke der Ornamente zu empfehlen, weil die Formen zum Schablonieren zu klein sind.

Ein Reihenornament geeigneter Ausdehnung wird dann zu einer in der Farbe passenden Ansichtszeichnung hergestellt, ausgedruckt und, auf Größe geschnitten, eingeklebt.

Werkzeug- oder materialbedingte Dekore für Türen, Fußböden, Sockel kann man bei Entwürfen jedoch manuell in der beschriebenen Weise anfertigen und auf die Wandflächen kleben. Am besten eignen sich zu dem Zweck Raumansichten **(Bild 3)**.

Bild 3: Wandgestaltung mit einem Friesornament und werkzeugabhängigem Dekor

6.4.3 Dekor in perspektivischen Darstellungen

Ornamente kann man erst dann in perspektivisch verlaufende Flächen einfügen, wenn ihre Form räumlich angepasst wird. Eine manuelle

Ausführung ist aus Zeitgründen nicht sinnvoll, denn jedes Dekor müsste an den Seitenwänden eine andere Größe und Form erhalten. Durch Scannen eines schablonierten Reihenornaments in einem Bildbearbeitungsprogramm könnte man sich behelfen, wenn man es perspektivisch verzerrt. Meist werden die Formen aber dadurch unscharf. Wird trotzdem ein Entwurf gewünscht, ist es besser, eine Ansichtszeichnung in Form einer Wandabwicklung anzubieten.

Die **Maserung von Holzfußböden** sollte in perspektivisch gezeichneten Objekten so eingefügt werden, dass sie waagerecht verläuft **(Bild 1)**. Andernfalls müsste die Maserung sich am Horizontpunkt orientieren. Diese Linienführung wäre für einen Entwurf jedoch nicht sinnvoll, weil er sehr mühsam im Herstellungsprozess wäre. Der waagerechte Maserungsverlauf ist auch bei Abwicklungen zu empfehlen **(Bild 3, S. 357)**.

Bild 1: Holzmaserungsverlauf in perspektivisch gezeichneten Räumen

6.4.4 Zierfelder an Fahrzeugen

Die Herstellung der Zierfelder wurde in **Abschnitt 4** des **Kapitels Ornamentlehre** beschrieben. Dort sind auch Hinweise und Aufgaben zur Füllung mit Dekoren und Farbgebungen zu finden. Eine weitere Aufgabe ist auf **Seite 346** zu finden.

6.5 Aufgaben

1. Stellen Sie für die Farbentwürfe des Abschnitts Raumgestaltung geeignete Dekore her! Leiten Sie die Farben von den jeweiligen Objekten ab, damit die typische Farbgebung erhalten bleibt!

   Legen Sie die Teilobjekte mit den Dekoren nach dem Zuschneiden zum Vergleich auf die entsprechenden Teilobjekte oder kleben Sie diese auf Klarsichtfolie, wie es für **Bild 1, S. 352** beschrieben wurde!

   a) Die Tür in der teilflächigen Abwicklung von **Bild 1, S. 313** kann eine Holzmaserung erhalten.

   b) Das **Klassenzimmer** in teilflächiger Abwicklung von **Bild 1, S. 314** kann z. B. einen Sockel in Sprenkeltechnik erhalten.

   c) Der **Korridor** von **Bild 3, S. 313** kann einen Läufer erhalten, der von der Tür ausgeht. Zu dem Zweck ist es nötig, die Fluchtlinien noch einmal zu zeichnen. Als Dekor eignet sich die Tupf- oder Sprenkeltechnik. Die Tür kann durch eine Holzimitation ersetzt werden.

2. Vergrößern Sie die Zeichnung einer Fassade von **Bild 2** auf Format DIN A4, nachdem Sie die nötigen Maße gemessen haben!

   Stellen Sie für den Sockel eine Steinimitation her! Leiten Sie nach seinen Farben die übrigen Fassadenfarben ab!

Bild 2: Fassadendetail

7 Gestaltungsmöglichkeiten für Präsentationen

Jeder Auszubildende, Geselle oder Meister ist in bestimmten Situationen gefordert, seine Kreativität in Form einer besonderen dekorativen Gestaltung zu zeigen. Aufträge dieser Art können zu Ausstellungen, zu Werbezwecken in der Firma oder zu Leistungsvergleichen erteilt werden. Oft werden Spanplatten von ca. 1 m² in quadratischer oder rechteckiger Art bevorzugt. Manchmal werden auch mehrteilige Stellwände und Würfel, Säulen o. Ä. benutzt. Platten und Stellwände können maßstäblich dargestellte Decken oder Wände oder Ausschnitte davon darstellen **(Bild 1)**.

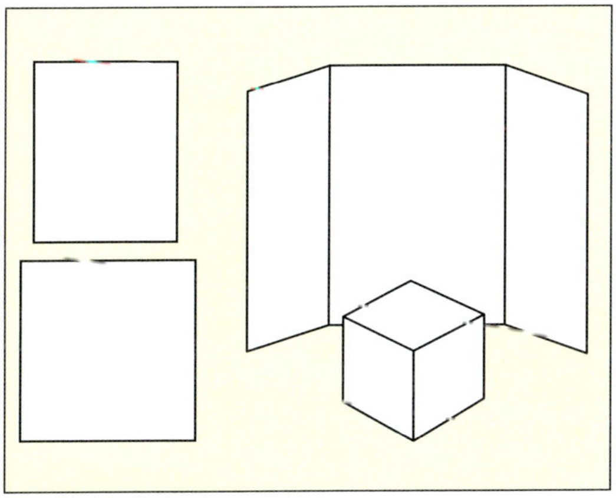

Bild 1: Basisobjekte zur Ausstellung von Gestaltungsarbeiten

Vorbereitung der Dekorplatten

Dekorplatten können aus Gipskarton oder anderen Baustoffen mit putzähnlicher Oberfläche bestehen. Die Bearbeitung erfolgt normalerweise mit wasserverdünnbaren Anstrichstoffen. In jedem Fall ist eine hochwertige Beschichtung zu empfehlen, sodass eine mehrmalige Wiederverwendung möglich wird.

Der Grundanstrich muss deshalb dauerhaft sein, die letzte Schicht auswechselbar. Als Werkzeug kann der Roller dienen. Die Oberflächen werden durch ihn feinkörnig und eben, sodass alle Techniken darauf ausführbar sind, auch das Strichziehen.

Tapetenpapiere in Form von Rollenmakulatur eignen sich als Untergrundbeschichtung ebenfalls. Sie werden auf Tapetenwechselgrund geklebt. Raufasertapeten sind wegen ihrer Grobkörnigkeit ungünstig, da das Strichziehen darauf unnötig erschwert wird.

Auf den vorbereiteten Flächen kann ein farbiger Deckanstrich mit Dispersionsfarbe ausgeführt werden. Auf diese Weise sind die Flächen bei der Weiterbearbeitung mit den Dekormaterialien nicht so wasserempfindlich. Die nachfolgenden Dekortechniken wie Schablonieren, Strichziehen, Wickeln, Sprenkeln usw. können in Leimfarbe ausgeführt werden, weil man sie ohne großen Arbeitsaufwand wieder gut entfernen kann.

Dispersionsfarben für die Dekore einzusetzen würde bei ständiger Wiederverwendung der Platten zu reliefartigen Formen und störenden Schattenwirkungen führen. Sie sind in den meisten Fällen nicht einmal durch Schleifen entfernbar.

Mögliche Gestaltungselemente auf den Präsentationsobjekten sind

- Striche und Bänder,
- Flächen mit werkzeug- und materialabhängigem Dekor,
- formgebundene Dekore (Ornamente, Symbolformen, Hauszeichen, Firmenlogos usw.).

In einigen Fällen werden Schrifttexte in die Dekorelemente eingebunden.

Auch für diese Arbeiten sind stets entsprechende Entwürfe auf Papier oder am PC nötig. In den meisten Fällen fordert man sogar alternative Vorschläge.

Nachfolgend werden Aufgaben zur Vorbereitung und Übung dieser Arbeiten gestellt. Sie enthalten Hinweise für die Entwürfe und Informationen zur Ausführung auf den genannten Objekten zur Repräsentation.

7.1 Gestalten mit Liniendekor

Da Liniendekore in Form von Strichen und Bändern Grundlage der praktischen Ausbildung im Maler- und Lackiererhandwerk sind, werden sie in ihrer besten Qualität zum Aufwerten von repräsentativen Gestaltungsobjekten eingesetzt. In der Hauptsache geschieht dies durch Einfassen der Dekorflächen. Striche und Bänder sind jedoch auch zum Teilen oder Aufteilen dieser Präsentationsflächen geeignet.

Beispiel 1: Untersuchen Sie die Dekorarbeiten in **Bild 1**, um die verwendeten Gestaltungsregeln zu erkennen!

Halten Sie sich dabei an folgende Teilaufgaben und beantworten Sie diese in schriftlicher Form!

a) Mit welchen Grundformen wurden die Gestaltungen ausgeführt?

b) Nennen Sie die Gestaltungselemente, die zur Formfindung eingesetzt wurden!

c) Welche Farbkontraste wurden benutzt?

d) Welche Vollfarbtöne dienten als Ausgangspunkt und wie wurden sie ausgemischt? Zeigen Sie die Ergebnisse im Farbtonkreis und an farbtongleichen Dreiecken!

e) Geben Sie an, nach welchem Prinzip die Farbtöne gewählt wurden!

Bild 1: Repräsentative Strich-Band-Gestaltungen

Beispiel 2: Führen Sie auf einem DIN A4-Zeichenblatt einen farbigen Entwurf nach einem der Muster in **Bild 1** aus!

Die Kanten der Gesamtfläche des Entwurfs sollten bei Quadraten 12 cm und bei Rechtecken 12 cm × 16 cm nicht überschreiten!

Wenden Sie die in Beispiel 1 festgestellten Regeln zum Finden des Dekors auf Ihrer Grundfläche an!

Achten Sie besonders auf Symmetrie in der Senkrechten und Waagerechten! Auf diese Weise erzielen Sie eine ruhige Gestaltung.

Ziehen Sie die Striche und Bänder mit Spitzpinsel und Lineal oder Malbänkchen! Ein Satz Faserstifte wäre eine mögliche, einfachere Lösung. Die Farben werden aber sicher zu grell aussehen.

Tipp Stellen Sie für die Felder nicht zu viele Teilungen oder Strichkombinationen her, da die Arbeit recht schwierig ist!

Beachten Sie bei unterbrochenen Linienführungen, dass die Flucht erhalten bleibt! Kontrollieren Sie dies in Ihrem Entwurf durch Anlegen eines Lineals, bei Dekorplatten durch Schnurschläge (im Bild 1 rot dargestellt)!

Diskutieren Sie den Entwurf im Kreise Ihrer Kollegen zur Qualitätseinstufung und führen Sie evtl. Korrekturen durch!

Beispiel 3: Übertragen Sie den Entwurf von **Beispiel 2** in entsprechender Vergrößerung auf eine fachgerecht vorbehandelte Dekorwand oder Dekorplatte!

Führen Sie die Arbeit mit Leimfarbe aus!

Tipp Wenn Sie eine Dekorplatte benutzen, führen Sie die Gestaltung möglichst praxisnah aus, indem Sie die Platte entweder auf eine Staffelei stellen oder an einer Wand befestigen! Durch die senkrechte Stellung haben Sie auch bessere Kontrollmöglichkeiten.

Führen Sie die Maßantragungen mit Bleistift an den Motivachsen aus! Tragen Sie die Linien- bzw. Bandbreiten mit einem Messstreifen senkrecht zu den Linien der Grundform an!

Stellen Sie Linien mit Schnurschlägen her und nicht mit Bleistift, damit sie entfernbar sind!

Führen Sie vor dem Strichziehen Eignungstests der Farbe aus (Ziehfähigkeit, Wischfestigkeit, Deckfähigkeit, Kontrolle eventueller Inversion)!

Beispiel 4: Stellen Sie einen Farbentwurf nach den Mustern von **Bild 2** auf DIN A4-Zeichenkarton her! Arbeiten dieser Art stellen Beziehungen zur Deckengestaltung her.

Bild 2: Farbige Dekorplattenentwürfe

a) Klären Sie zuerst, auf welche Weise die Dekorformen gebildet worden sind, damit Sie einen eigenen Entwurf nach dem Vorbild von **Bild 2, S. 360** herstellen können!

b) Setzen Sie zur Farbgebung zwei Vollfarben ein! Stellen Sie davon geeignete Farbenreihen her und wählen Sie die nötigen Farben zur Gestaltung aus! Achten Sie bei der Auswahl auf die günstigsten Helligkeitskontraste!

c) Testen Sie die Farben an einer Farbskizze! Wenden Sie Farbwiederholungen in den entstandenen Flächen oder an den Einfassungen an, damit die Arbeit nicht zu bunt wirkt!

d) Legen Sie die Flächen durch Farbanstriche aus!

e) Ziehen Sie die Striche wie in **Beispiel 2**!

TIPP Streichen Sie die hellsten Farben zuerst! Auf die Weise ist es leichter, nach dem Trocknen Begrenzungen mit dunklen Farben deckend auszuführen.

Ziehen Sie die Striche mit einem Spitzpinsel zuletzt! Probieren Sie aus, ob Sie mit einer Ziehfeder des Zirkelkastens die Striche besser ziehen können! Dadurch erhalten Sie schon bei Entwürfen repräsentative Ergebnisse!

Wenden Sie evtl. die Schneid- und Klebetechnik an, um schneller Entwurfsergebnisse zu erhalten! Außerdem ist es einfacher, Farben auszuwechseln.

Beispiel 5: Führen Sie einen Farbentwurf wie in Beispiel 4 aus, jedoch mit der Dekorform einer Ellipse oder einer Raute **(Bild 1)!** Auch die Arbeit mit einem Kreisdekor ist möglich, dann jedoch auf einer quadratischen Grundfläche.

TIPP Bei Ellipsen und Kreisen sollten zur Arbeitserleichterung die Formen durch Ausschneiden und Kleben hergestellt werden.

Um die bogenförmigen Begrenzungen zu erhalten, stellen Sie unterschiedlich große Flächen her, die Sie nach dem Schneiden übereinander kleben!

Für den Einzelbogen ist ein Kurvenlineal nötig, das Sie wie bei einem Malbänkchen hochlegen, z. B. durch Unterlegen eines Buches.

Bild 1: Deckengestaltung durch Gegenformen und Farbwiederholungen

Beispiel 6: Verzieren Sie eine rechteckige Grundfläche von 12 cm x 16 cm mit dem Dekorelement Trapez oder Fünfeck! Fertigen Sie nach dem zeichnerischen Entwurf eine Farbskizze mit Stufen einer Vollfarbe an, z. B. aus einer Weißreihe!

TIPP Testen Sie beim Formfindungsprozess die Möglichkeiten, die sich wie in **Bild 2** durch Spiegeln der Ausgangsform ergeben! Fügen Sie u. U. eine Ergänzungsform ein!

Setzen Sie als **Alternative** zum Finden der Dekorformen und zur Farbgebung den PC ein!

Stellen Sie zur Farbenwahl am PC ebenfalls eine Farbenreihe durch Überblenden her! Die Übertragung der Farben erfolgt dann mit **Eigenschaften kopieren von** ... bei **Bearbeiten**.

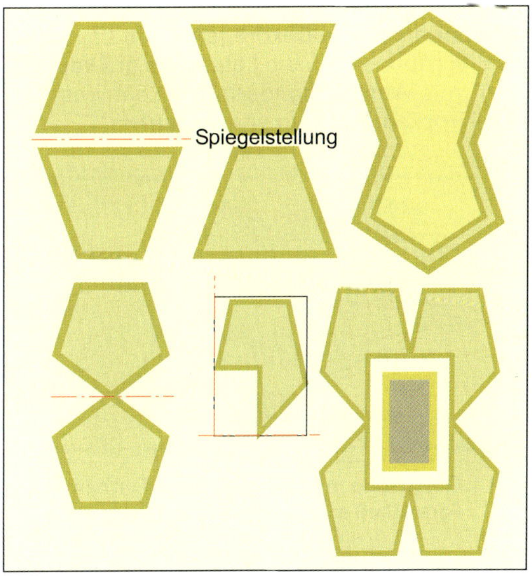

Bild 2: Formfindung durch Spiegeln

Beispiel 7: Stellen Sie eine Dekorplatte mit zwei verschiedenen geometrischen Formen auf einer rechteckigen Grundfläche her! Fertigen Sie zuvor einen verkleinerten Entwurf auf Zeichenpapier an, der den Größenverhältnissen der Platte ähnlich wie in **Bild 1** entspricht!

Die Arbeit dient dazu, geeignete Formen zu finden und in ihren Größen so anzugleichen, dass eine ausgewogene Gestaltung entsteht. Versuchen Sie bei der Formkombination eine statische Wirkung zu erzielen!

Achten Sie beim Ineinandersetzen verkleinerter Formen wie Dreiecken oder Trapezen auf gleiche Abstandsmaße! Benutzen Sie dazu evtl. einen Messstreifen und setzen Sie ihn immer senkrecht zur Außenkante der Flächen an!

Führen Sie die Farbgebung mit normalen farbigen Deckanstrichen mit Stufen einer Vollfarbe aus! Auch dadurch soll die statische Wirkung erhalten bleiben.

Kleben Sie die Flächen zur Farbgebung auf der Platte jedoch nicht ab, sondern begrenzen Sie diese, indem Sie Striche ziehen! Füllen Sie dann die Fläche aus! Bei dieser Arbeit müssen Sie zügig vorgehen, damit keine Trockenränder entstehen!

TIPP Führen Sie die Farbgebung von der hellsten Farbe zur dunkelsten Farbe aus!

Führen Sie den Grundanstrich in Dispersionsfarbe aus, die Dekore jedoch in Leimfarbe! Verdünnen Sie die Leimfarbe auf keinen Fall mit Wasser, sondern mit Leimwasser, um Trockenränder zu vermeiden!

Bild 1: Gestaltung mit geometrischen Formen und Farben mit statischer Wirkung

Beispiel 8: Stellen Sie weitere Entwürfe her, die Sie nach den Mustern von **Bild 2** anfertigen! Einfache Lösungsvarianten zur Flächenaufteilung erzielen Sie durch Einsatz von nur einer Flächenart.

Vermeiden Sie bei den Dekorkombinationen räumliche Wirkungen, die auf der Isometrie beruhen! Man vermisst beim Betrachten dieser Objekte in größeren Formaten die natürlichen Wirkungen der Perspektive **(Bild 3).**

Beim Füllen der Flächen können auch mehrere Dekortechniken eingesetzt werden. Dabei sollte jedoch immer auf eine ruhige Gesamtwirkung geachtet werden.

Bild 2: Vorschläge zu weiteren Flächenaufteilungen

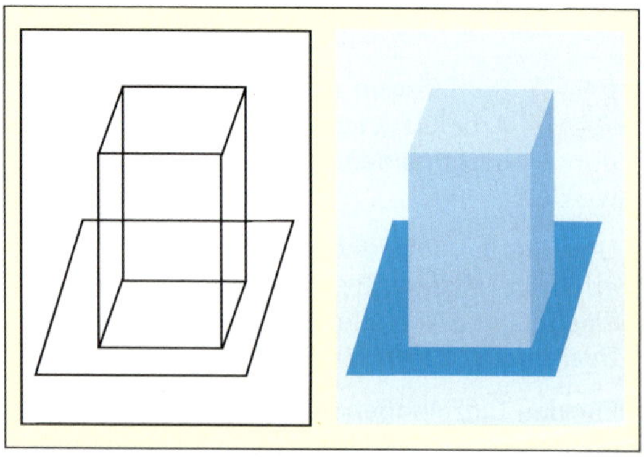

Bild 3: Räumliches Dekormotiv mit ungünstiger Gesamtwirkung durch die Isometrie

7.2 Gestalten mit werkzeugabhängigem Dekor

Zur weiteren Produktverbesserung werden nachfolgend die bisher gezeigten, deckend gestrichenen Dekorflächen durch werkzeugabhängiges Dekor ergänzt.

Dabei ist zu beachten, dass nicht zu viele Dekortechniken eingesetzt werden. Am einfachsten ist es, wenn eine Farbfläche neben eine Dekortechnik gesetzt wird. Durch Mehrfarbigkeit wirken die Flächen interessanter.

Zur besseren Gesamtwirkung sind Strich- und Bandeinfassungen notwendig.

Die Dekortechniken sollten wieder wie beim Strichziehen mit Leimfarbe ausgeführt werden.

Beispiel 1: Führen Sie die Arbeit zur Herstellung einer Dekorplatte von Beispiel 7 mit einer geeigneten Dekortechnik, z.B. in der Tupftechnik, nach dem Farbprinzip von **Bild 1** aus! Schneiden Sie für den Entwurf entsprechende Flächen aus! Stellen Sie durch Unterkleben einer einfarbigen Fläche die Einrahmungen der Dekorflächen her!

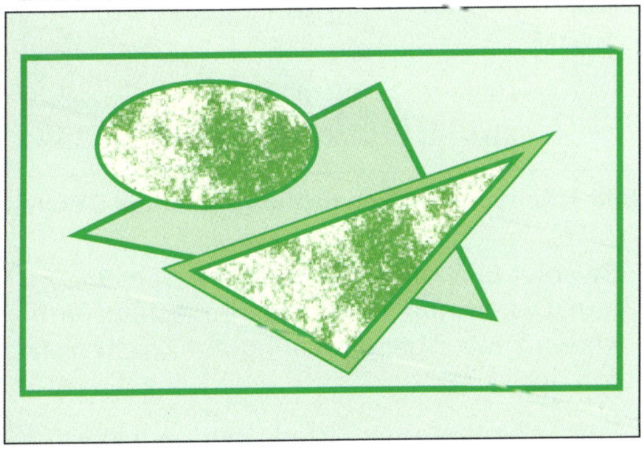

Bild 1: Freie Gestaltung mit Formen, Farben und dekorativen Techniken

TIPP Die Imitation in Tupftechnik von Beispiel 8 kann durch Corel Draw beim Hilfsmittel **Füllung** mit dem **Füllmuster Auspuffgase** erfolgen. Die Farben können verändert werden, wenn man bei **Hintergrund** auf das Dreieck klickt. An dem sich öffnenden Farbmenü kann man auf **Andere** klicken und dann die Helligkeits- und Reinheitswerte durch **Schieben des kleinen Quadrats in der Farbfläche** ändern.

Beispiel 2: Stellen Sie einen Dekorentwurf wie in **Bild 2** im Maßstab 4 : 1 für eine Decke auf Zeichenkarton her, indem die Farbflächen durch Wickeltechnik aufgewertet werden! Zur Abgrenzung der Dekorflächen sind Einfassungen nötig. Führen Sie die Arbeit anschließend auf einer Dekorplatte in geeigneter Vergrößerung aus!

Achten Sie bei der Farbenwahl darauf, dass eine vornehme Wirkung entsteht!

In **Bild 2** sehen Sie, dass ausreichend interessante Lösungen entstehen, wenn nur eine einzige Technik verwendet wird, die durch unterschiedliche Formgrößen und Farben in Helligkeitswerten variiert.

TIPP Bei einem PC-Entwurf dieser Aufgabe kann die Imitation in Wickeltechnik mit dem **Füllmuster Lehm** erfolgen.

Bild 2: Dekorbeipiele mit einem werkzeugbedingten Dekor in verschiedenen Farben

Beispiel 3: Stellen Sie einen Entwurf mit einer Dekortechnik her, der den Teilbereich einer Wand betonen soll **(Bild 1, S. 364)**! Arbeiten Sie zur Farbgebung mit Nachbarfarben! Nach entsprechender Lösung setzen Sie die Arbeit auf einer Wandfläche um!

FARBENANWENDUNG

Bild 1: Dekor an einer Wandfläche

Beispiel 4: Stellen Sie einen Dekorentwurf wie in **Bild 2** für eine Sockelgestaltung in Spachteltechnik her! Zur Abgrenzung der Dekorflächen sind Einfassungen nötig. Setzen Sie mehrere Dekorflächen als Reihung auf eine Wand wie in **Beispiel 3!**

Führen Sie die Arbeit anschließend auf einer Dekorplatte in geeigneter Vergrößerung aus!

Bild 2: Dekorkombinationen in Spachteltechnik

Nachfolgende Aufgaben sollen mit mehreren werkzeugabhängigen Dekoren hergestellt werden. Wenn sie wie in **Bild 3** angeordnet sind, wirkt die Gestaltung unruhig. Ursache ist fehlende Symmetrie. Durch eine rautenförmige Anordnung wird das Problem behoben.

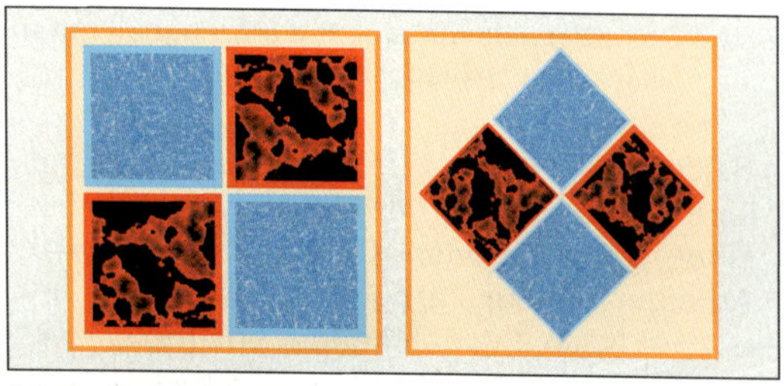

Bild 3: Problematische Gestaltung und ihre Korrektur

Bei den werkzeugabhängigen Dekoren kommen häufig Richtungsbetonungen vor. **Spezielles Spachteln,** die **Wischtechnik** oder die **Holzimitationen** sind typisch dafür.

Richtungsbetonte Dekore sollten statisch, ruhig wirken. Dazu müssen sie zum Zentrum hinweisen. Die Spachteltechnik z. B. in **Bild 4** zeigt zum Zentrum. Der helle Strukturputz passt jedoch nicht so recht, weil die Innenfläche wieder wie leer erscheint. Ein dunkles Zentrum scheint eine bessere Lösung zu bringen.

Beispiel 5: Stellen Sie die Gestaltungsarbeit von **Bild 4** mit eigenen Farben her! Für den Entwurf schneiden Sie aus einer mit Temperafarbe auf Papier gespachtelten Fläche passende Trapeze aus! Den Strukturputz stellen Sie aus unverdünnter Temperafarbe her! Bei Arbeiten auf Dekorplatten hilft es, die Flächen vor dem Spachteln abzukleben.

Bild 4: Kombination von richtungsbetonten Dekoren

Beispiel 5: Stellen Sie mit zwei verschiedenen Dekorarten einen quadratischen Farbentwurf mit eigener Teilung auf Zeichenkarton her!

Gut kombinierbar sind die punktartige Sprenkel- oder Tupftechnik mit der Wickeltechnik oder die linien- und richtungsbetonende Wischtechnik mit der flächigen Spachteltechnik **(Bild 1, S. 365).** Bauen Sie die Arbeit zentral auf!

TIPP Führen Sie den Entwurf nach dem Herstellen der Dekore wieder in der Schneid- und Klebetechnik aus! Nach erfolgreicher Ausführung bietet sich der Entwurf zur Plattengestaltung an. Dafür kleben Sie die zu dekorierenden Flächen ab!

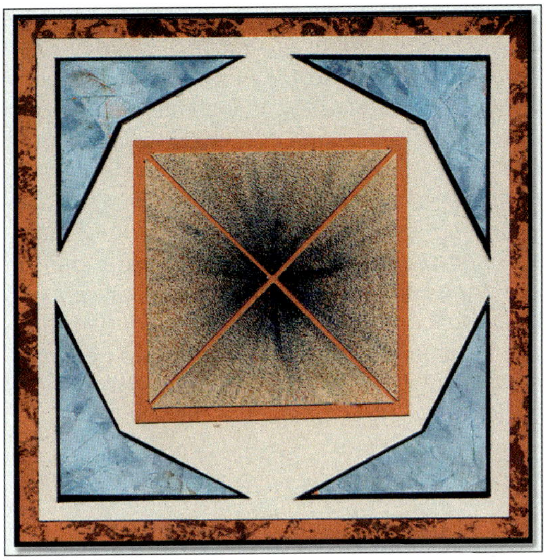

Bild 1: Entwurfsarbeit einer Auszubildenden

Wenn man Holztexturen kombiniert, kann man Imitationen von Sägefurnieren (streifig, richtungsbetont) und Messerfurnieren (richtungslos) benutzen **(Bild 2)**.

Bild 2: Arten von Holztexturen

Im Abschnitt **Holztexturen (S. 349 ff.)** wurde gezeigt, wie Entwürfe auf Zeichenkarton mit linienbetonten Maserungen hergestellt werden können.

Um mit diesen Materialien Dekore herzustellen, sollten ihre richtungsbetonenden Eigenschaften und ihre Färbung berücksichtigt werden **(Bild 3)**. Holzflächen mit senkrecht angeordneter Maserung wirken ruhig. Eine Maserung mit Schrägrichtung ergibt Bewegung. Sie kann störend empfunden werden. Stellt man mit diesem Holzmuster jedoch eine rautenförmige Maserung her, die zum Zentrum hinweist, tritt wieder Ruhe ein. Auch Einfassungen können richtungsbetont sein. Intarsienartige Eigenschaften entstehen. Eine zusätzliche Einfassung mit dunklen Holzstreifen ist nicht in jedem Falle sinnvoll.

Um **Entwürfe** dieser Art herzustellen, ist zu empfehlen, wieder die Schneid- und Klebetechnik anzuwenden.

Bild 3: Dekormöglichkeit mit Holztexturen in verschiedenen Maserrichtungen

Für **Holztexturen auf Dekorplatten** ist ein fachgerechter Anstrichaufbau mit lösemittelhaltiger Farbe auf einer Hartfaserplatte einschließlich Spachtelung und Schleifarbeit nötig. Die Beschichtungen einschließlich der farblich passenden Vorstreichfarbe müssen striemenfrei sein.

Auf diese wird die Dekoreinteilung nach den Mustern von **Bild 3** aufgepaust.

Dann werden die Einzelflächen für die Holztexturen mit wasserbeständigem Klebeband eingefasst.

Anschließend wird die Holzimitation in den Einzelflächen mit einer Wasserlasur ausgeführt. Da die Lasur sehr dünnflüssig ist, muss man sie beim Verarbeiten immer gut umrühren.

Rezeptur einer Wasserlasur (Bierlasur)

Wasserlasur soll mit feinkörnigen Pigmenten hergestellt werden. Die Trockenpigmente kann man dazu z. B. mit einem Mörser feinkörnig zerreiben. Anschließend sumpft man sie mindestens 24 Stunden dick in Wasser ein. Zur Herstellung der Lasur gibt man den Pigmentbrei in Wasser, dem etwas abgestandenes helles Bier zugesetzt wird, das dadurch seine Kohlensäure abgegeben hat. Das Bier ermöglicht das Kleben der Pigmente am Untergrund.

Nach dem Trocknen der Lasur wird die lasierte Teilfläche mit verdünntem Klarlack überstrichen bzw. stabilisiert. Übersprühen mit Lackspray in dünnen Schichten ist möglich. Es dürfen sich keine Lackpfützen bilden, damit es schneller trocknet. Ist der Lack angetrocknet, kann das Klebeband abgezogen werden.

Nach dem vollständigen Trocknen werden die angrenzenden Felder abgeklebt und maseriert. Weitere Überlackierungen und Nassschleifarbeiten schließen sich im Wechsel an, um eine einheitliche Oberfläche zu erhalten.

TIPP Probieren Sie sorgfältig die Klebebänder aus, ob sie sich gut von den Lasurversiegelungen und den Grundanstrichen ablösen lassen!

Wenn Holzdekore mit anderen Materialien kombiniert werden sollen, muss geprüft werden, ob sie logisch zueinander passen. Bei den oberen Dekorkombinationen in **Bild 1** scheint das Holzdekor weder auf die Sprenkeltechnik noch auf den umgebenden Anstrich zu passen.

Bild 1: Dekorkombinationen mit Holztexturen

Die Ursache der Disharmonie der Dekorkombinationen ist darin zu suchen, dass aus Erfahrung heraus Holz keinen Putzuntergrund haben kann. Stellt man jedoch aus den Materialien Wandtäfelungen her, wo Holzflächen von Putz begrenzt werden und mit einem normalen Farbanstrich verbunden sind, erscheint die Anwendung wieder real. Auch Türen im Zusammenhang mit mineralischen Untergründen erscheinen mit den beiden Dekoren logisch und eignen sich für Entwürfe **(Bild 1)**. In den unteren Beispielen könnten die schmalen Farbfassungen der Holzimitationen Metalltürrahmen andeuten.

7.3 Gestalten mit materialabhängigem Dekor

Arbeiten mit materialabhängigem Dekor sind von der Beschaffenheit der eingesetzten Beschichtungsstoffe abhängig. Entweder kommt der Glanzgrad oder die Struktur in bestimmter Körnigkeit zur Geltung. Den Dekorcharakter dieser Materialien kann man wie bei den werkzeugbedingten Dekoren durch Einfassungen oder Flächenteilungen betonen **(Bild 2)**.

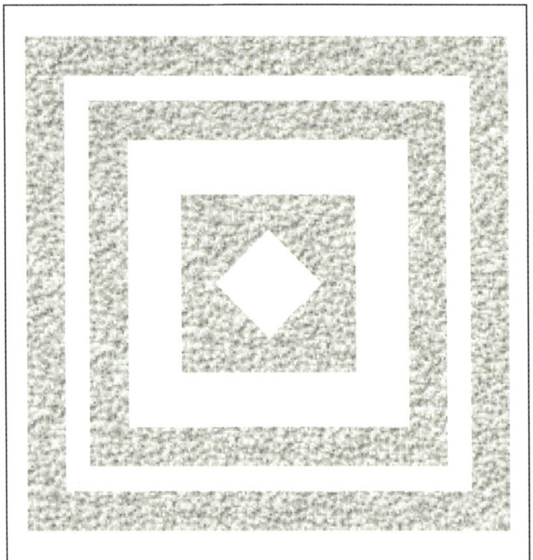

Bild 2: Strukturplatte mit Strich-Band-Dekor

Um die Strukturarbeiten auf einer Platte herzustellen, geht man folgendermaßen vor:

Man stellt eine Vergrößerung des Farbentwurfs auf Transparentpapier her und fertigt eine Stechpause davon an. Die Teilungsstriche sollten mindestens 1 cm breit sein.

Dann paust man die Zeichnung für die Strukturarbeit auf die Platte. **Alternativ** können die Maße des Dekors zeichnerisch auf der Platte angetragen werden.

Anschließend werden die Formen mit wasserbeständigem Klebeband abgeklebt. Auch die Kanten der Platten sollten abgeklebt werden, um saubere Abschlüsse zu erhalten.

Dann wird die plastische Putzmasse aufgebracht und in gleichmäßiger Schichtdicke und Struktur mit der Kunststoffkelle verrieben.

Nach leichtem Antrocknen der Beschichtung werden die Klebebänder aus der Fläche herausgezogen. Getrocknete Anstrichkanten würden unsauber abbrechen. Anschließend lässt man die Materialien ausreichend durchtrocknen.

Die teilenden Dekorelemente können farbig ausgelegt werden **(Bild 1)**. Dazu ist unbedingt am Lineal zu arbeiten.

Bild 1: Strukturplatte mit farbig ausgelegten Bändern

TIPP Beachten Sie die unterschiedliche Wirkung der Strukturgröße im Verhältnis zur vorhandenen Dekorfläche **(Bild 2)**! Es ist besser, kleine Flächen mit feinkörnigem Material herzustellen.

Wenn Sie die Spitzen der Strukturputze mit einem Schleifbrett mit Klemmvorrichtung vorsichtig abschleifen, kommt der weiße Putz wieder zum Vorschein. Er stellt zu den bunten Farben der Lasur einen interessanten Kontrast her.

Auch die strukturierten Flächen können Farbveränderungen erhalten. Man kann den Putz einfärben oder den Originalputz nach dem Freilegen des Dekors und ausreichender Durchtrocknung farbig überarbeiten. Da die Farbe durch die Strukturierung schlecht verlaufen kann, muss man stupfen **(Bild 2)**.

Bild 2: Strukturplatte mit farbig verändertem Putz

Wenn **Entwürfe in Corel Draw** ausgeführt werden, können die Flächen mit den Füllmustern **Bemalter Stuck** oder **Zement** versehen werden. Zur Strukturänderung in der Zeichnung ist es möglich, bei **Dichte** auf 80 % zu gehen. Die Farbe kann bei **1. Mineral** und **2. Mineral** umgestellt werden **(Bild 3)**.

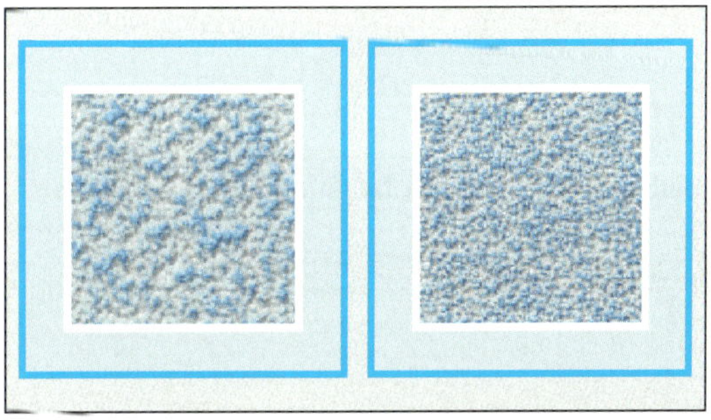

Bild 3: Vergleich der Strukturgrößen zur Dekorfläche

Eine Verzierung der Flächen wie in **Bild 1, S. 368** herzustellen, ist relativ einfach. Man benutzt die bekannten Teilungsmethoden von Flächen aus der Ornamentlehre. Es wird z. B. von der Grundform des zu schmückenden Objekts ein Teilstück abgeschnitten und in angemessenem Abstand als zusätzliches Dekor angesetzt **(Bild 2, S. 368)**. Auch Teilstücke der abgeschnittenen Form sind geeignet. Andere Varianten sind in **Bild 3, S. 368** zu sehen. Die Gesamtwirkung erkennt man, wenn an die rot gekennzeichneten Achsen zwei Handspiegel gestellt werden.

Sie können diese Arbeiten auch am PC ausprobieren. Dazu **zerschneidet** man die Flächen mit passenden Formen im **Menü Anordnen** und ergänzt sie mit **Füllmustern.**

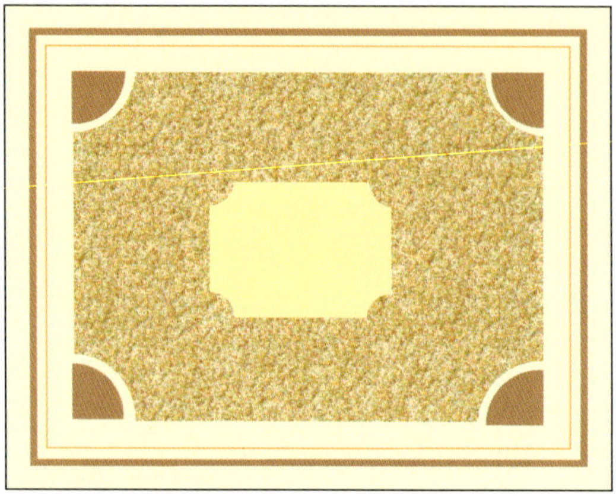

Bild 1: Deckenspiegel in plastischer Technik

Bild 2: Verzieren durch Teilen mit geometrischen Formen

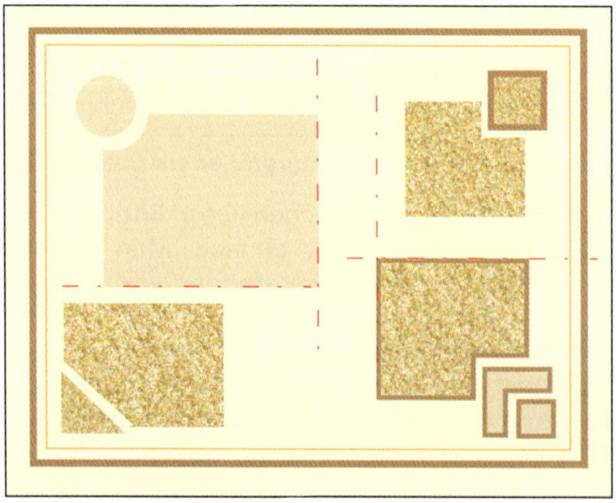

Bild 3: Varianten von Dekormöglichkeiten

7.4 Gestalten mit ornamentalen Motiven

Schmuckelemente können, wie in der Ornamentlehre erläutert wurde, aus Linien, geometrischen Formen oder Naturformen hergestellt werden. Letztere sind in repräsentativen Bauten früher recht häufig gewesen und werden sozusagen heute wieder neu entdeckt.

Setzt man diese Formen in die Ecken der Dekorplatten ein, entstehen etwas verspieltere Wirkungen. Wenn das Zentrum hervorgehoben werden soll, benutzt man die Grundform des Motivs und spiegelt sie. In dem Fall wird eine Vergrößerung des Motivs notwendig sein **(Bild 4)**.

Bild 4: Deckenentwurf mit Motiven von Naturformen

Interessante **Ergänzungen** entstehen durch Einsatz von material- und werkzeugabhängigen Dekoren. Dazu ist es nötig, Klebefolien auf den farbig gestrichenen Untergrund aufzubringen. Das Motiv nimmt man vorher durch die Kopiermethode von der auf Transparentpaier vergrößerten Zeichnung ab. Mit Übertragungsfolie bringt man es exakt auf die vorgesehenen Stellen der Dekorplatte und schneidet es aus.

In **Bild 1, S. 369** ist eine Arbeit mit einer Kombination aus Schablonen- und Wickeltechnik zu sehen, die als Gesellenprüfungsstück angefertigt wurde. Die diagonale Halbierung der Fläche zeigt die Möglichkeit, das gewählte Schablonenmotiv unterschiedlich anzuordnen.

Bild 2, S. 369 zeigt ein Anwendungsbeispiel der Schablonentechnik aus Buchstaben.

Bild 1: Arbeiten von Auszubildenden mit Schablonen- und Wickeltechniken zur Plattengestaltung

Bild 2: Fenstereinfassung mit Buchstaben an einem Haus im Zillertal

In **Bild 3** ist eine Dekortechnik als Hauszeichen zu sehen, die man als Entwurf durch Linienziehen mit Lasurfarbe und durch Schneid- und Klebetechnik herstellen kann.

Bild 3: Steinbock als Wappentier eines Hauses im Zillertal in Maltechnik

Bild 4 zeigt ein symmetrisches Dekor in Maltechnik, das durch helle und dunkle Konturen Licht und Schattenwirkung imitiert. Es ist jedoch auch mit plastischen Materialien vorstellbar.

Für die Maltechnik müsste das Motiv auf ebene Putzmaterialien gepaust und anschließend ausgemalt werden. Zur Ausführung in Plastiktechnik wäre eine Klebeschablone nötig, die man ausschneidet und dann mit Putzmassen füllt. Nach Entfernen der Folie erfolgt die weitere Ausmalung der Konturen.

Bild 4: Symmetrisches Linienmotiv in Maltechnik mit Licht- und Schattenwirkung im Zillertal

8 Projektaufgaben

8.1 Fahrzeuglackierung

Auftrag 1: Ein **Transporter für Milch** soll seine Erstlackierung erhalten. Erläutern Sie für diese die anfallenden Arbeiten in den Bereichen Gestaltung, Technologie und Abrechnung! Als Farbmuster soll die Gestaltung in **Bild 1** dienen. In **Bild 3** ist die Tür als Detailzeichnung zu sehen, die Sie auch zum Vergrößern benutzen können. Das angegebene Maß von 1,10 m dient zum Finden eines geeigneten Umrechnungsmaßstabs.

Bereich Gestaltung

a) Vergrößern Sie von **Bild 3** die Fahrzeugtür mit ihrer Beschriftung auf 14 cm Gesamtbreite und die entsprechende Höhe auf Zeichenkarton und stellen Sie einen eigenen Farbentwurf her!

b) Vergrößern Sie von **Bild 2** den Milchbehälter mit seiner Beschriftung auf ca. 26 cm Breite auf Zeichenkarton und stellen Sie einen Farbentwurf her, der zur Tür und dem Fahrerhaus passt!

c) Vergrößern Sie das Milchfahrzeug in **Bild 2** auf DIN A3-Format und stellen Sie einen Farbentwurf her!

Bild 1: Milchfahrzeug

Arbeitsanleitung zu Auftrag 1a:
Wählen Sie nach dem Vergrößern der Tür eine zum Milchbehälter kontrastierende Farbe und legen Sie diese in Handarbeit mit Pinsel und deckenden Malfarben aus!

Schneiden Sie das Fenster aus der Tür aus!

Stellen Sie als Fensterfarbe eine graue Lasur aus Aquarellfarbe verlaufartig auf einem anderen Blatt her!

Kleben Sie ein passendes Teilstück davon hinter die ausgeschnittene Fensterfläche! So entsteht eine räumliche Wirkung.

Zeichnen Sie eine bergig wirkende Landschaft und malen Sie diese flächig aus! Achten Sie auf den Helligkeitskontrast zur Tür!

Fertigen Sie den Text für MILCH in passender Größe und Farbe an! Alternativ ist der Text in Groteskschrift möglich.

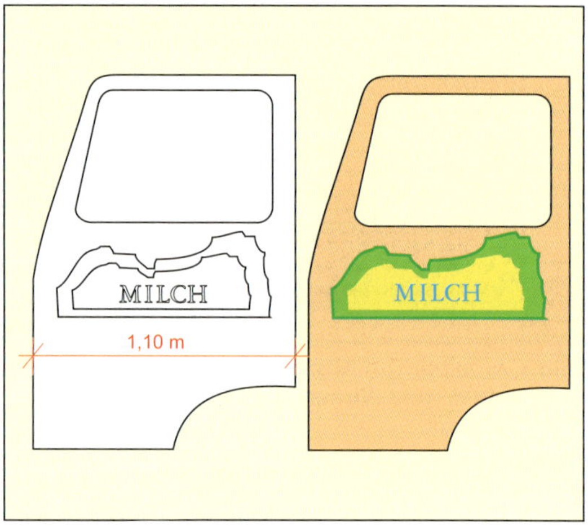

Bild 3: Fahrzeugtür für Auftrag 1a

Bild 2: Milchfahrzeug in Linienform zum Vergrößern mit dem Fotokopierer

Arbeitsanleitung zu Auftrag 1b:
Spritzen Sie mit dem Airbrushgerät nach dem Vergrößern des Behälters mit verdünntem Schwarz einen räumlich wirkenden kühlen, grauen Verlauf, wie er in **Bild 1, S. 370** zu sehen ist!

Stellen Sie den Text am PC her und schneiden Sie ihn am Plotter auf wasserbeständiger Übertragungsfolie aus! Entfernen Sie das Innere der Schrift und kleben Sie die Folie auf den Behälter! Spritzen Sie die Schriftfarbe und entfernen dann die angrenzende Schutzfolie!

Arbeitsanleitung zu Auftrag 1c:
Führen Sie die Farbarbeit am Gesamtfahrzeug in Airbrushtechnik aus!

Bereich Technologie

1. Verschaffen Sie sich einen Überblick über die am Transporter vorkommenden Metalluntergründe!
2. Nennen Sie die Eigenschaften der Metalluntergründe!
3. Leiten Sie von den Eigenschaften tabellarisch die Vorarbeiten ab!
4. Welcher Beschichtungsaufbau ist zu empfehlen?
5. Welche Anstrichstoffe und Hilfsstoffe sind zur Beschichtung möglich?
6. Geben Sie an, aus welchen Bestandteilen die Arbeitsmaterialien bestehen! Leiten Sie davon die Materialeigenschaften und die Trocknungsbedingungen ab!
7. Wie werden die Materialien für die Beschichtung zubereitet?
8. Unter welchen Bedingungen muss die Beschichtung erfolgen?
9. Welche Anlagen und Geräte sind zur Beschichtung einsetzbar?
10. Stellen Sie den Beschichtungsaufbau für die einzelnen Metallarten am Transporter tabellarisch zusammen!
11. Nennen Sie die Sicherheitseinrichtungen an der Spritzanlage!
12. Wie wird die Reinigung und Instandhaltung der Beschichtungsgeräte durchgeführt?
13. Welche persönlichen Schutzmaßnahmen sind bei der Arbeit einzuhalten?

Bereich Abrechnung

1. Zur Berechnung der Flächen legen Sie einen Umrechnungsfaktor fest, der sich durch Vergleichen der vergrößerten Zeichnung des Transporters mit einem realen Objekt ergibt! Auch das eingetragene Türmaß ist dafür verwendbar.
2. Messen Sie dann für die Fahrzeugtür und den Milchbehälter die Maße, mit denen Sie die ungefähren realen Maße mit dem Vergrößerungsfaktor ermitteln können!
3. Berechnen Sie aufgrund dieser Maße die ungefähren Beschichtungsflächen der beiden Türen (außen) und des Behälters!
4. Leiten Sie von den Flächen den Materialverbrauch ab! Gehen Sie bei der Berechnung von Mischtabellen der gewählten Anstrichstoffe aus! Berücksichtigen Sie auch den Materialverlust durch Spritznebel!

Auftrag 2: Führen Sie anhand der Abbildung eines Straßenbahnhängers in **Bild 1, S. 372** eine Komplexarbeit durch wie für Auftrag 1! Um die Berechnung durchzuführen, können Sie die Maße in der Zeichnung abmessen und im Maßstab 100 : 1 anwenden.

8.2 Malerarbeit

Auftrag 1: Ein **Klassenzimmer** soll seine Erstbeschichtung erhalten. Das Aussehen des Raumes können Sie dem **Kapitel Fachzeichnen Abschnitt 9.1.2** als Grundriss und als perspektivische Darstellung entnehmen.

Der Klassenraum besitzt frisch geputzte Decken und Wände. Sie sollen geeignete Anstriche erhalten, die zum vorhandenen Fußboden passen, der mit einem blauen Kunststoffbelag ausgelegt ist. Die Tür mit Futter und Bekleidung sowie die Fenster sind aus Holz hergestellt. Sie sollen beiderseitig beschichtet werden, die Tür deckend, die Fenster lasierend.

Die Tafel wird in stumpfen Grün beschichtet angeliefert.

Erläutern Sie die anfallenden Arbeiten in den Bereichen Gestaltung, Technologie und Abrechnung!

Bild 1: Straßenbahnhänger M ca. 1 : 100

Bereich Gestaltung

Kopieren Sie von der DIN A3-Zeichnung die Teilflächen und versehen Sie diese eventuell mit Kleberändern wie in **Bild 2**!

Mischen Sie nach dem Farbvorschlag von **Beispiel 4, S. 314** die Farben in ausreichender Menge nach! Ergänzen Sie die fehlenden Abstufungen nach dem Muster von **Bild 2** und streichen Sie damit die Einzelflächen ein!

Schneiden und kleben Sie die Einzelflächen an den Zeichnungskanten aneinander, am besten wegen der Passgenauigkeit auf kariertem Papier! Um Tür und Fenster in die richtige Flucht zu kleben, stellen Sie nochmals den Horizontpunkt her, indem Sie nach dem Zusammenfügen der Raumflächen vorsichtig Fluchtlinien ziehen! An ihnen können Sie die Lage der beiden Öffnungen kontrollieren **(Bild 3)**.

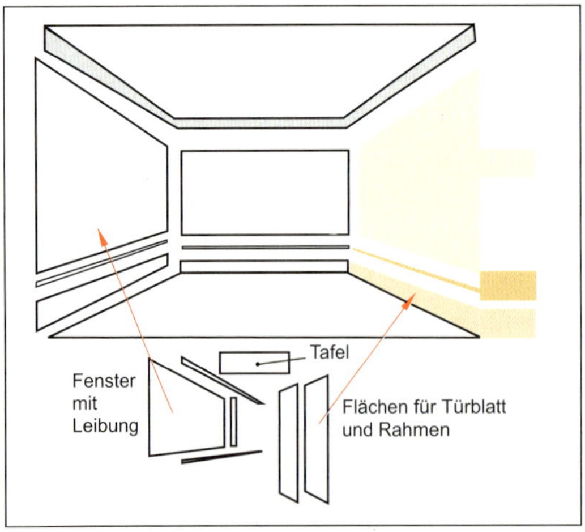

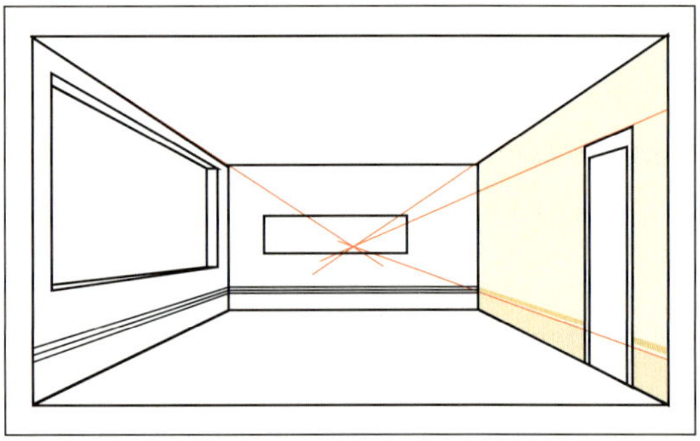

Bild 3: Kontrolle der Fluchtlinien beim Anordnen der Öffnungen

Die fertige Arbeit kleben Sie auf ein neues Blatt! Beschriften Sie die Arbeit in senkrechter Normschrift mit

„Farbvorschlag Klassenraum!"

Bereich Technologie

1. Verschaffen Sie sich Informationen über Putzuntergründe in Innenräumen!
a) Arten
b) Zusammensetzung
c) Eigenschaften
2. Welche Anstrichstoffe sind für den Raum auf Putz zu empfehlen? Begründen Sie Ihre Festlegungen!
3. Verschaffen Sie sich Informationen über die Holzuntergründe im Raum und ihre Eigenschaften!
4. Erläutern Sie die Zusammensetzung der gewählten Anstrichstoffe!

Bild 2: Teilflächen des Klassenraumes

5. Nennen Sie die Anstrichbedingungen für die Putz- und Holzobjekte!
6. Welche Werkzeuge und Hilfsmittel sind für die Ausführung der Arbeiten notwendig?
7. Geben Sie tabellarisch den Anstrichaufbau der Beschichtungsobjekte einschließlich der Vorarbeiten an!
8. Welche Arbeitsschutzmaßnahmen sind bei der Beschichtung einzuhalten?
9. Beschreiben Sie die Zubereitung und das Abtönen der Anstrichstoffe!
10. Nennen Sie die Anstrichbedingungen für die einzelnen Objekte im Raum!
11. Beschreiben Sie die Ausführung der Malerarbeiten im Klassenraum!
12. Stellen Sie einen Arbeitsablaufplan her, der aus den Objektgrößen und dem Anstrichaufbau der Teilobjekte besteht! Berücksichtigen Sie dabei die Trocknungszeiten der eingesetzten Anstrichstoffe! Die Arbeit soll von zwei Malern ausgeführt werden. Führen Sie zu dem Zweck entsprechende Berechnungen durch!

Bereich Aufmaß und Abrechnung

1. Ermitteln Sie anhand der Maße des Grundrisses die Anstrichflächen für den Raum!

a) Decke

b) Wände unter Berücksichtigung der Öffnungen

c) Sockel

d) Strichzieharbeit

e) Fenster allseitig

f) Tür beiderseitig

2. Ermitteln Sie aufgrund der Beschichtungsflächen den Materialverbrauch!
3. Berechnen Sie die Arbeitszeit für die einzelnen Anstriche, damit der Arbeitsablaufplan aufgestellt werden kann! Legen Sie für jeden Arbeitsschritt die Trocknungszeiten der Materialien fest!
4. Stellen Sie den Arbeitsablaufplan her, wie er im Bereich Technologie gefordert wurde!

Auftrag 2: Fertigen Sie ein **Kreisornament** aus dem Buchstaben T auf einer quadratischen Deckenfläche (Mörtelgruppe III) an! Erläutern Sie alle nötigen gestalterischen und technologischen Arbeiten! Stellen Sie den Farbentwurf mit Corel Draw her **(Bild 1)!**

Zeichnen Sie vier unterschiedlich große Kreise und setzen Sie diese bei **Anordnen** sowie **Ausrichten und Verteilen** auf einen Mittelpunkt, wie in **Bild 1** zu sehen ist! Fügen Sie auf die gleiche Weise ein Achsenkreuz mittig ein.

Zeichnen Sie den Buchstaben T in ausreichender Größe einmal in das Kreisband ein!

Markieren Sie ihn durch **Doppelklicken** und ziehen Sie den Mittelpunkt, der im Buchstaben zu sehen ist, auf den Mittelpunkt des Kreises!

Bei **Anordnen, Ändern** und **Drehen** können Sie die Anzahl der Dekorobjekte kreisförmig verteilen, wenn Sie 360° durch die Anzahl der geplanten Buchstaben dividieren (z. B. 360° : 12 = 30°) und die 30° bei **Winkel** eintragen. Verteilen Sie das Objekt durch mehrfaches Klicken bei **Duplikat zuweisen.**

Schneiden Sie den kleinen Kreis aus dem großen aus! Das entstehende Kreisband und die Dekore füllen Sie probeweise mit Farben!

Schneiden Sie dann das Kreisband von dem Quadrat aus und ändern Sie die Farben mit Stufen aus zwei Vollfarben und Weißreihen!

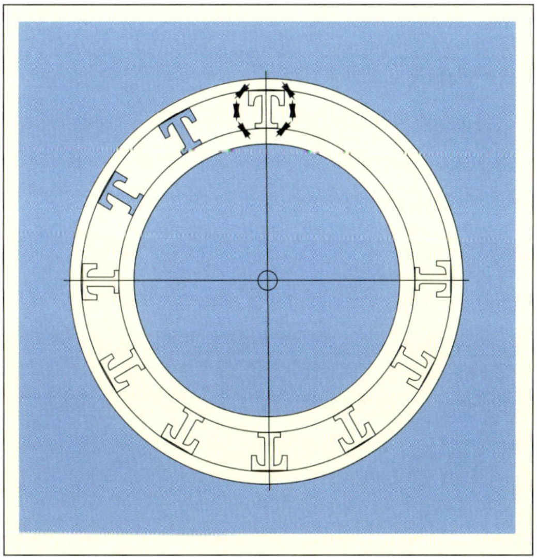

Bild 1: Kreisornament mit Arbeitshilfen

Sachwortverzeichnis

Weiterführende Literatur

Da das vorliegende Buch das Grundwissen des Lernens im Bereich der Gestaltung anbietet, ist als weiterführende Literatur zu empfehlen:

Baumgart / Müller / Zeugner: Farbgestaltung, Baudekor, Schrift, Zeichnen.
Cornelsen Verlag, ISBN 3-464-43401-X, 2002

Bleckwein, Ruth/**Schwarze,** Beathe: **Gestaltungslehre.**
Verlag Handwerk und Technik, ISBN 3.582.0 5624.4

Eucker, Johannes/**Walch,** Josef: **Farbe.**
Schroedel Schulbuchverlag, ISBN 3-507-10216-1

Korger, Hildegard: **Schrift und Schreiben.**
VEB Fachbuchverlag Leipzig, 1986 (antiquarisch)

Nerdinger, Eugen/**Beck,** Lisa: **Schriftschreiben Schriftzeichnen.**
Callwey Verlag München, ISBN 3-7667-0958-5, 1989

Peschel, Peter/u. a.: **Technisches Zeichnen – Grundlagen.**
Verlag Europa-Lehrmittel, ISBN 3-8085-4152-0, 2000

Pothorn, Herbert/**Hackelsberger,** Christoph: Das große Buch der Baustile.
Cormoran-Verlag, ISBN 3-517-07909-X, 1998

Reimann, Ernst: **Der kleine Schriftatlas.**
Deutsche Verlagsanstalt Stuttgart, ISBN 3-421-02559-2

Bezugsquellen für Schriften und Anschauungsmittel

Die in diesem Buch benutzte Schriftart

Rhodes

wurde freundlicherweise zur Verfügung gestellt von

Sentfactor Inc., 1520 Broad Street, Story City, IA 50248, USA.

Eine kostengünstige **CorelDraw-Version** und **Workshops** bietet die

PEARL Agency GmbH, Pearl-Straße 1–3, 79426 Buggingen, an.
Internetbestellung über www.pearl.de.

Die zur Lichtmischung beschriebenen transparenten Farbfolien sind hergestellt von **ORAFOL-Klebetechnik GmbH,** Am Biotop 2, 16515 Oranienburg. Sie sind geeignet zum Einpassen in Diapositivrähmchen.

Bezeichnung: DIN A4 Werbeprospekt mit Proben der ORACAL Serie 8300 Transparent CAL in Größen von 30 mm x 15 mm.

Vertrieb: WTB Werbe Technik Bedarf GmbH & Co KG, Löbtauer Str. 67, 01159 Dresden

Inhalt der CD und Foto- bzw. Bildnachweis

Die diesem Buch beigelegte CD enthält eine Testversion von CorelDRAW Graphics Suite X3 mit einer Nutzungsdauer von 30 Tagen. Sie ist jedoch nicht für Windows 98 geeignet.

Wenn diese danach deshalb nicht oder nach dem Test nicht weiter genutzt werden soll, ist es möglich, eine kostengünstige CorelDraw Version (11) und Workshops dazu von PEARL Agency GmbH, Pearl-Straße 1–3, 79426 Buggingen, zu erwerben. Internet: www.pearl.de.

Die Software ist ab Windows 98 geeignet.

Das auf der CD gespeicherte Bildmaterial ist im Format PDF und CorelDraw gespeichert. Um dieses aufzufinden, sind aus dem Buch die Seitenzahl und die Bildnummer einzugeben.

Die **PDF-Version der Bilder** ist bei vorhandener Software von Acrobat Reader für den Unterricht als Anschauungsmittel per Beamer vorgesehen. Die Bilder können in diesem Format jedoch nicht bearbeitet werden.

Die **CorelDraw-Version der Bilder** ist ebenfalls zu den genannten Anschauungszwecken geeignet. Vorrangig soll sie jedoch dazu dienen, dass sich der Lernende diese auszugsweise auf den eigenen PC lädt, um daran Gestaltungsübungen durchzuführen. Das können einerseits Schriftgestaltungen in verschiedenen Größen und Arten und Farben oder andererseits Raumgestaltungen sein.

Dazu liegen entsprechende Aufgabenstellungen und Beispielaufgaben vor. Auch selbstständiges Auswählen der Texte und Raumdarstellungen ist sinnvoll, um weitere Übungen an vorhandenen Bildern durchzuführen.

Fotonachweis

Dr. Grote-Wolff: 2/105, 4/319,

Sächsische Landesbibliothek – Staats- und Universitätsbibliothek, Abt. Deutsche Fotothek Dresden: In Bild 3/327: Ionisches Kapitell, Korinthisches Kapitell, Bild 2/329,

Malermeister Harald Reichel: Bild 1/331 und 1/369,

Siegmund Göthel: Bild 1/333.

Alle übrigen Fotos sind vom Autor.

Zeichnungen

Einige Cliparts sind aus CorelDraw 8, 1997

Zeichenvorlage für Bild 1/194 von Herberts GmbH, Wuppertal

Einige Arbeiten stammen von ehemaligen Auszubildenden an der Staatlichen Berufsbildenden Schule in Gera, an der der Autor gearbeitet hat: 2/175, 2/207, 1/365.